Augustin Rösler

Der katholische Dichter Aurelius Prudentius Clemens

Augustin Rösler

Der katholische Dichter Aurelius Prudentius Clemens

ISBN/EAN: 9783743327702

Hergestellt in Europa, USA, Kanada, Australien, Japan

Cover: Foto ©ninafisch / pixelio.de

Manufactured and distributed by brebook publishing software
(www.brebook.com)

Augustin Rösler

Der katholische Dichter Aurelius Prudentius Clemens

.

Der katholische Dichter

...ius Prudentius Clemens.

...ag zur Kirchen- und Dogmengeschichte des vierten
und fünften Jahrhunderts.

Von

P. Augustin Rösler,

aus der Congregation des allerheiligsten Erlösers.

Mit einem Titelbild in Farbendruck:

...e Huldigung der Magier,

aus den römischen Katakomben, nach Liell.

...ion des hochw. Herrn Erzbischofs von Freiburg und Bewilligung
...ischöflichen Ordinariates von Seckau, sowie der Ordensobern.

Freiburg im Breisgau.

Herder'sche Verlagshandlung.

1886.

Zweigniederlassungen in Straßburg, München und St. Louis, Mo.

Wien I, Wollzeile 33: B. Herder, Verlag.

Der unbefleckt empfangenen Jungfrau,

der allzeit jungfräulichen Gottesmutter,

der glorreichen Königin des Himmels

Maria

legt diese Arbeit als Zeichen unbegrenzter Dankespflicht

demüthigst zu Füßen

der Verfasser.

Vorwort.

„Die katholische Kirche hat fort und fort dem Prudentius ihre
Aufmerksamkeit zugewendet." Nicht lange bevor diese Worte in der
bedeutendsten Monographie, welche wir über Prudentius aus der Feder
des Protestanten Brockhaus (Leipzig 1872) besitzen, zu lesen waren,
habe ich die Wahrheit derselben durch den Mund meines hochverehrten
Lehrers, des hochwürdigsten Herrn Prälaten Prof. Dr. Hugo Lämmer,
auf der schlesischen alma mater Viadrina kennen gelernt. Die dort
erhaltene Anregung war der Keim zu dieser Arbeit. Ihr Ziel ist, darzuthun: warum die katholische Kirche allezeit dem Dichter ihre Zuneigung
geschenkt hat. Die Antwort auf letztere Frage ist in der Wahl des
Titels: „Der katholische Dichter Aurelius Prudentius Clemens" gegeben.
Prudentius ist in Wahrheit, wie ihn Arevalo in der Widmung seiner
Werke an den Papst Pius VI. genannt hat, „catholicus poëta", d. h.
seine Poesie ist der Ausdruck seines religiösen Lebens, das
er in und mit der katholischen Kirche zu seiner Zeit in
seiner Heimath geführt hat. Indem ich als Katholik für die
katholische Kirche dieß darzulegen suche, nehme ich insofern einen Partei-
standpunkt ein, als es sich um die Partei der Wahrheit handelt. Mit
Prudentius bekenne ich Jesus Christus als die Wahrheit und als den
göttlichen Stifter „der Säule und Grundfeste der Wahrheit", der katholischen Kirche. Somit fällt für mich das Streben, Prudentius als
katholischen Dichter zu erweisen, mit dem Versuche zusammen: den
Forderungen der historischen Wahrheit und Wissenschaft
gemäß in das lebendige Verständniß des Prudentius einzuführen. Die Arbeit Bernays' über die Chronik des Sulpitius
Severus (Berlin 1861) hat mir hierüber in gewisser Beziehung als
Vorbild gegolten. Was letzterer über seinen Gegenstand geäußert hat,
sage ich von den prudentianischen Dichtungen: „. . . . ein lebendiges Ver-

ständniß kann erst dann entstehen, wenn mit der richtigen Würdigung des laut ausgesprochenen Zweckes der Einblick in die stillern Neben= absichten sich verbindet, und es wird daher erforderlich, im Anschluß an die wenigen Nachrichten über die Person des Severus (Prudentius) die gleichzeitigen staats= und kirchengeschichtlichen Vorgänge in's Auge zu fassen." Dazu ist freilich mehr erfordert, als allgemeine Reflexionen über jene Zeit, die in das erste Kapitel jeder Arbeit über einen christ= lichen Schriftsteller des vierten Jahrhunderts eingereiht werden könnten. Wir müssen uns vielmehr so tief als möglich in das Gemüth des Dichters versenken und die ganz speciellen Einflüsse erforschen, welche in seiner Zeit und in seiner Heimath ihn zum Dichten befähigten und veranlaßten; kurz, wir müssen die Forderungen einer gesunden Hermeneutik erfüllen, die der unübertreffliche Möhler bezüglich der Leistungen des christlichen Alterthums mit classischer Schönheit in der Einleitung seines patro= logischen opus posthumum gestellt hat. Prudentius veranlaßte mich, in dieser Beziehung auf manche dunkle Fragen aus der Geschichte der Kirche und besonders ihrer Lehre einzugehen; deßhalb kann ich die Arbeit als einen bescheidenen Beitrag zur Kirchen= und Dogmengeschichte jener Zeit bezeichnen. Der Untersuchung über die Liturgie der alten Kirche, ins= besondere über die altspanische, mußte ein großer Theil der Arbeit gewidmet werden. Mehr zur vorläufigen Erklärung als zur Vertheidigung dieses Abschnittes möge hier dem Dichter „des verlorenen Paradieses" ein Wort gestattet sein. „Der Zweck aller Dichtung", sagt Milton, „ist, in er= habenen und eindringlichen Lobgesängen die Herrlichkeiten des allmächtigen Gottes zu preisen und was er in seiner Allweisheit in seiner Kirche schafft; den siegreichen Todeskampf der heiligen Martyrer und die Thaten und Triumphe gerechter und frommer Völker zu besingen und alles, was im Glauben heilig und erhaben und in der Tugend lieblich und ehr= würdig ist, darzustellen. Die Dichtung soll erzeugt sein durch andachts= volles Gebet zu jenem ewigen Geiste, der da bereichern kann mit jeder Sprache und Wissenschaft und der seine Seraphim ausschickt, um die Lippen derer, die er anblickt, zu berühren und zu reinigen." Man könnte meinen, Milton habe Prudentius im Auge gehabt, als er dieß schrieb. Ein großer Theil der prudentianischen Dichtungen ist ja nur der Reflex „des andachtsvollen Gebetes", welches der Dichter mit der katho= lischen Kirche in seiner spanischen Heimath verrichtet hat. Möge der Leser, ben ich in Folge dessen auf das interessante, aber immer noch nicht ganz aufgehellte Gebiet der altspanischen Liturgie zu führen genöthigt bin, Nachsicht üben. Die Hauptsache, die Abhängigkeit des Dichters von der Liturgie im Allgemeinen, dürfte über einen gegründeten Zweifel erwiesen sein. Wenn aber in einzelnen Fragen der Dichter durch die Liturgie und die Liturgie durch den Dichter mit scheinbarem Zirkelschlusse erklärt wird, so möge man nicht übersehen, daß ein wirkliches Wechselverhältniß zwischen Dichter und Liturgie angenommen werden muß, so lange der Zustand und der Umfang der altspanischen Liturgie unmittelbar vor der Zeit des Dichters nicht anderweitig klar erwiesen ist.

Ob eine monographische Einführung in die Werke des Dichters im angedeuteten Sinne neben und trotz der großen Literatur über Prudentius Existenzberechtigung hat: dieß zu entscheiden, bleibt selbstverständlich der Kritik überlassen. Persönlich mußte ich mir die Frage bejahen, ehe ich an die Veröffentlichung meiner Arbeit denken durfte. In der katholischen Literatur fand ich hierzu nur Aufmunterung. Nicht zuletzt habe ich hier die Worte Buse's in seiner schönen Monographie über den hl. Paulinus (Bd. I. S. 182) im Sinne: „Neben Prudentius hat Paulin am nach= drücklichsten in dem vierten Jahrhundert für die Ausbildung der christ= lichen Poesie gewirkt. Ihnen gebührt der Ruhm; zuerst die Poesie in allen ihren Zweigen in den Dienst der Kirche eingeführt zu haben. . . . Beide genossen als Dichter einen großen Ruhm; in Prudentius zeigt sich mehr das Studium und die Kunst, in Paulin das weiche Gemüth und die einfache Natur. Darum steht Paulin ebenbürtig neben Prudentius." Möchte doch Prudentius, der als Dichter einen höhern Ruhm als der heilige Bischof von Nola genoß und genießt, auch durch eine irgendwie den Gegenstand erschöpfende Monographie ebenbürtig neben Paulinus treten! Dieser Gedanke drängt sich bei den angeführten Worten auf. Wie verschieden muß aber dieselbe von der über den hl. Paulinus sein. „Grundverschieden ist ja die Natur dieser beiden Männer." Mit der Betrachtung dieser Verschiedenheit bei aller Aehnlichkeit ist auch der Plan für unsere Monographie über Prudentius gegeben.

Kaum sechs Jahre liegt der Geburtstag beider Dichter auseinander. Die vortreffliche Schilderung der Zeitverhältnisse, welche Buse dem Leben des hl. Paulin (S. 1—22) vorausgeschickt hat, könnte ohne die geringste Veränderung dem Leben des Prudentius vorgesetzt werden. Aquitanien,

Spanien, Italien ist der gemeinsame Schauplatz ihres Lebens. „Wenige außerordentliche Handlungen, wenige großartige Begebenheiten" zeichnen die Erscheinung des hl. Paulinus aus, so daß Buse mit Recht von der „Verborgenheit" desselben reden kann. Das Leben unseres Prudentius kann nicht besser gekennzeichnet werden, als durch das apostolische Wort: „Mein Leben ist mit Christus in Gott verborgen." Dieselbe glühende Liebe zu Jesus strömt endlich aus dem Herzen dieser dem Temperamente nach offenbar recht verschiedenen Männer. Trotz dieser parallelen Züge gestaltet sich nun die Aufgabe, ihr Leben darzustellen, ganz verschieden. Bei Paulin handelt es sich vorzugsweise, ja einzig um die Darstellung dessen, was er gethan. Trotz seines stillen, idyllischen, verborgenen Lebens entfaltete er in seinem Jahrhundert eine großartige Wirksamkeit. „Er ruht, und dennoch ist immer Bewegung um ihn und in ihm." Alle Geistesheroen seiner Zeit treten mit ihm in Beziehung, und dieser Verkehr bietet seinem Biographen das reichhaltigste Material. Baronius nennt ihn „den erhabensten Schmuck seines Jahrhunderts, der würdig befunden wurde, von den Schriften der heiligsten und gelehrtesten Männer gepriesen zu werden: von Hieronymus im Oriente, von Ambrosius in Italien, von Augustin in Afrika, von Prosper und Eucherius in Gallien ..., aus dessen herrlichen Thaten jeder schließen kann, ein wie großer Mann er gewesen ist". Seine Schriften sind nur die Zeugnisse und Bestätigungen seiner Thaten; „in denselben werden mehr Gegenstände der Moral als der Dogmatik behandelt", weil eben sein Leben eine verkörperte christliche Moral ist.

Ganz anders steht es um Prudentius. Was er selbst von seinem Leben sagt, ist wenig; aber dieß wenige ist doch noch sehr viel im Vergleiche zu dem, was seine Zeitgenossen über ihn berichten. Dieses reducirt sich nämlich fast auf nichts. Die Beziehungen des Prudentius zu seiner Zeit und deren Größen können wir nur, und zwar oft nicht ohne Mühe, aus seinen Schriften erschließen, obgleich diese hinwieder doch nur durch die Betrachtung dieser Zeit verstanden werden. Aber gerade wegen der Objectivität seiner Schriften beginnt sein Ruhm erst mit seinem Tode; umgekehrt wie bei Paulin besteht sein Leben allein in seinen Gedichten; diese sind seine uns bekannten Thaten. Daß „kein lateinischer Dichter wie er in der Folgezeit Verbreitung und Nachahmung gefunden", werden wir in einem eigenen Kapitel darthun. Aber während

eine beträchtliche Anzahl von Glossen zu seinen Werken aus dem Mittelalter dieß bestätigt, kann Raumer (Die Einwirkung des Christenthums
auf die althochdeutsche Sprache S. 104) für die Gedichte des hl. Paulin
aus derselben Zeit nur eine einzige nennen. Neben den überaus zahlreichen Editionen der Gedichte des Prudentius, die in der letzten 1860
von Dressel besorgten eine gewisse kritische Vollendung erreicht haben,
existiren von den Werken des hl. Paulinus kaum sieben Ausgaben, von
denen keine einzige dem Bedürfnisse der kirchlichen Wissenschaft genügt.
Nicht die christliche Sittenlehre, wie bei Paulinus, sondern die Glaubenslehre bildet den hauptsächlichen Inhalt der prudentianischen Gesänge.
Demnach wird auch die Darstellung der Theologie des Prudentius,
d. h. der Art und Weise, wie er die Dogmen der Kirche dargestellt
und vertheidigt hat, einen Haupttheil der Monographie bilden müssen.
Auf „die reiche Ausbeute, welche seine Werke neben frommer Erbauung
für die theologische Wissenschaft bieten", hat Kayser (Beiträge zur
Geschichte und Erklärung der ältesten Kirchenhymnen S. 273) „die
Freunde der christlichen Literatur im Allgemeinen und den Clerus insbesondere" seit langem aufmerksam gemacht. Die Untersuchungen über
das Leben und die Schriften des Dichters bilden hiernach naturgemäß
den vorausgehenden ersten Theil der Arbeit, an den sich der zweite Theil,
die Theologie des Prudentius, gleichsam als Resultat des ersten anschließt.

Zuletzt haben katholischerseits Paul Allard und das „Nord-
amerikanische Pastoralblatt", Jahrgang 1885, das Interesse für die Dich-
tungen des Prudentius in dankenswerther Weise zu beleben gesucht. Die
Aufsätze des erstern in der Revue des questions historiques, 1884,
t. XXXV und t. XXXVI: „Prudence historien" und „Rome au
IVe siècle d'après les poèmes de Prudence", beruhen auf eingehendem
Studium der Werke des Dichters und ausgebreiteten archäologischen
Kenntnissen. Die Kenntnißnahme derselben war mir aber erst nach
Beginn des Druckes möglich. Um so mehr erfreute es mich, in der
Arbeit Allards eine Bestätigung meiner Ansicht über das Martyrium
des hl. Hippolyt nach der Darstellung des Prudentius zu finden (unten
S. 149 f.) Dasselbe gilt in der Hauptsache von der Untersuchung Allards
über das Dittochäon des Prudentius (Revue t. XXXVI, p. 33 s.).
Insbesondere kommt hier das Zeugniß des Prudentius für die älteste
nachweisbare Darstellung der Kreuzigung in Betracht. Die Worte Allards

über Dittoch. v. 165 sq.: „Si le tableau dont le poète a composé l'inscription a été réellement exécuté, c'est la plus ancienne représentation connue du crucifiement", beſtätigen, was unten S. 140 hierüber bedingungslos behauptet iſt. Zur Aufhellung des Dunkels dagegen, welches über dem Leben des Prudentius ſchwebt, haben die meiſt unhaltbaren Hypotheſen Allards kaum etwas beigetragen; eher iſt das Dunkel noch vermehrt worden. Die deutſche Literatur hierüber iſt von Allard unberückſichtigt geblieben. Somit konnten die genannten Aufſätze der Revue keine irgendwie weſentliche Aenderung meiner Arbeit veranlaſſen. Letztere dürfte aber mit Rückſicht auf die Kirchen- und Dogmengeſchichte als ausführlicher Nachweis für die Wahrheit der Worte Allards gelten, womit er ſeinen Aufſatz „Prudence historien" einleitet: „Connaîtrions-nous bien la Rome d'Auguste sans Horace, ou de Domitien sans Juvénal? Prudence est pour le IV° siècle un témoin historique de même ordre, d'autant plus considérable et plus digne de foi qu'il n'a jamais songé à écrire l'histoire." Zum Verſtändniſſe der Bücher des Prudentius gegen Symmachus hat die vorzügliche Arbeit von Prof. Both im Jahresberichte des Gymnaſiums von Raſtatt 1882 mindeſtens ebenſo viel beigetragen als die Aufſätze Allards.

Der Theologie des Dichters widmet auch die vorhandene Monographie von Brockhaus ihre vorzügliche Aufmerkſamkeit. Regte mich die katholiſche Literatur poſitiv zu Studien über den Dichter an, ſo verdanke ich der eben genannten Arbeit, daß dieſe Anregung nachhaltig wirkte. Dieſelbe fordert nämlich vielfach zu einer Vertheidigung des Dichters heraus. Meine Arbeit erhielt daher durch die Rückſicht auf die Brockhaus'ſche Monographie nothwendig ein apologetiſches Gepräge. Ich darf es getroſt der ſtrengſten Prüfung überlaſſen, ob Brockhaus durch ſeine Darſtellung eine Vertheidigung des katholiſchen Dichters im Intereſſe der Wahrheit und Wiſſenſchaft nothwendig gemacht habe oder nicht. Hierbei war ich mir wohl der Mahnung des großen hl. Auguſtinus bewußt: „Fratres mei, vobis dico, gemendo vocate, non rixando; vocate orando, vocate invitando, vocate ieiunando, de charitate intelligant, quia doletis illos . . . Veni, ubi est columba, cui dictum est: Una est columba mea, una est matri suae" (Tract. VI n. 15 in Ioh.). Immerhin trägt die Aufdeckung und Zurückweiſung einer Entſtellung, welche die Wahrheit erfahren hat, nothwendig etwas Herbes an ſich. Indem

die Bitterkeit aber vom Apologeten selbst verkostet wird, gestaltet sich die
Apologie in der That „zum Seufzen, nicht zum Zanke".

Eine Erklärung bezw. Entschuldigung bedarf die verschiedene Art
und Weise, wie die Worte des Prudentius angeführt worden sind. Dieselben erscheinen bald im lateinischen Texte, bald in Uebertragung mit
und ohne Beibehaltung der poetischen Form. Maßgebend hierfür war,
ob die Entwicklung der Lehre des Dichters sich mit der wörtlichen oder
freieren Uebersetzung vereinigen ließ, oder vielmehr die Citation im Urterte
erforderte. Dabei sollte auch nach Möglichkeit ein Einblick in die Sprache
des Dichters und seine Gedankenfülle, die eine befriedigende Uebersetzung
oft nicht wenig erschwert, erzielt werden. Ich gestehe, daß das aufgestellte Princip nicht streng gewahrt worden ist. Indeß dürfte der
Hauptzweck, die in den Gedichten offenbarte Persönlichkeit des Dichters
dem Leser vorzustellen, erreicht sein. — Die Citate aus den Vätern sind
verschiedenen Ausgaben entnommen, je nachdem mir dieselben zu Gebote
standen. Die Werke des Dichters sind nach den Ausgaben von Arevalo
(Rom 1788. Migne t. 59 u. 60), Obbarius (Tübingen 1845) und
Dressel (Leipzig 1860) angeführt.

Mit besonderem Danke muß ich erwähnen, daß das, nach einer sehr
werthvollen, durchaus getreuen Originalzeichnung des Herrn Liell
ausgeführte Titelbild dem in der Herder'schen Verlagshandlung in
Kurzem erscheinenden Werke: Liell, F. H. J., Die Darstellungen der
allerseligsten Jungfrau und Gottesgebärerin Maria auf den Kunstdenk-
mälern der Katakomben, mit gütiger Erlaubniß des Herrn Verfassers
entnommen, nicht, wie es nach der ursprünglichen Absicht S. 415 heißt,
den Imagines selectae Deiparae von de Rossi entlehnt ist. An letzterer
Stelle ist der Hauptgrund für die Aufnahme des Bildes angegeben. Dazu
kommt, daß gerade dieses Bild die Zeit des Prudentius charakterisirt
(vgl. S. 142). Das „Miratur genitrix" des Dichters kann zudem
kaum eine trefflichere Illustration finden als in dieser Darstellung. Viel
trägt der Blick der Mutter Gottes auf den herankommenden Magier
hierzu bei, während nach der de Rossi'schen Tafel Maria die Augen zu
Boden senkt. Daß nicht gerade das nämliche Bild dem Prudentius bei
der Abfassung der Dittochäonverse vor Augen stand, kann man uns schwerlich zum Vorwurfe machen. Die Gestalt der Mutter Gottes wenigstens
muß mit der auf unserem Bilde die größte Aehnlichkeit gehabt haben.

Das könnten wir schon auf Grund des stereotypen Charakters annehmen, der den bildlichen Darstellungen der ersten christlichen Jahrhunderte eigen ist. Ein Vergleich unseres Bildes mit den Copien desselben Gegenstandes in Stahlstich oder Holzschnitt dürfte endlich am besten zeigen, daß wir mit der Aufnahme dieses Farbendruckes dem Leser einen Dienst zu erweisen hoffen durften.

Schließlich benütze ich diese Gelegenheit, meinen innigstgeliebten Lehrern, den Herren p. t. Prof. Dr. Hugo Lämmer, Prof. Dr. Probst und Prof. Dr. Arthur König, öffentlich zu danken für die Liebe zur Wissenschaft, die sie auf dem Gymnasium und der Universität mir eingepflanzt haben. Dem feinfühlenden Kenner der altchristlichen Poesie, Herrn Prälaten Dr. Johann Kayser in Breslau, für sein liebevolles Interesse an dieser Arbeit, dem hochwürdigsten Herrn Prälaten Vincenz im Cistercienserstifte Rein für die gütige Erlaubniß zur Benützung der Stiftsbibliothek, und dem Herrn Bibliothekar Dr. Alois Müller für die zuvorkommende Gewährung von literarischen Hülfsmitteln aus der k. k. Universitätsbibliothek zu Graz trage ich gleichfalls hiermit meine Dankesschuld ab.

Mautern in Steiermark, am 25. September 1886.

Der Verfasser.

Inhalt.

Der katholische Dichter

Aurelius Prudentius Clemens.

Erster Theil.

Das Leben des Prudentius.

Erstes Kapitel.

Lebensverhältnisse, Charakter und Werke des Prudentius.

———

In einer Vorrede zu seinen Werken, welche 45 Verse umfaßt, hat uns Prudentius selbst sein Leben beschrieben. Für einen Geschichtsforscher, der das Christenthum nur als historische Thatsache kennt, der aber nicht selbst mit Herz und Mund sich zum Christenthume bekennt, kann diese Vorrede nur geringen Werth haben.

Wer dagegen bestrebt ist, das Paulinische Bekenntniß: „Christus ist mein Leben und Sterben mein Gewinn" (Phil. 1, 21), zu dem seinigen zu machen, dem müssen diese wenigen Verse als ein Meisterstück der Poesie gelten, anstatt ihm Bedauern einzuflößen, daß der Dichter nicht mehr über sein Leben mitgetheilt hat [1]. Prudentius will Christ und nur Christ sein; darum kann er auch nur vom Standpunkte des lebendigen Christenthums aus verstanden werden. Prudentius hatte offenbar alle seine uns bekannten Dichtungen vor sich, als er die Vorrede schrieb. Er will mit sich selbst darüber zu Gericht gehen, wie er die ihm verliehenen Lebensjahre benützt habe. Zum Verständnisse der Vorrede muß man sich diese Situation des Dichters vergegenwärtigen.

„Ich stehe nun im 57. Lebensjahre," beginnt Prudentius. „Wie habe ich diese lange Zeit benützt?" Nach dieser Einleitung des Selbstgerichtes beschreibt er seine Kindheit. „Sie weinte unter der züchtigenden Ruthe." Diese Worte genügen, um eine strenge Erziehung des Dichters durch Eltern und Lehrer zu charakterisiren. Bald nach der Anlegung der Toga besuchte er eine Rhetorenschule, um sich der juristischen Laufbahn zu widmen. Diese zweite Lebensperiode wird mit den bitteren Worten ge=schildert: er habe, von Lastern angesteckt, betrügen gelernt (V. 8 u. 9). „O wie beschämt und schmerzt es mich," so heißt es weiter von den darauffolgenden Jahren, „daß ich meine Jugend mit dem häßlichen Schmutze

---

[1] Kayser (Beiträge zur Geschichte und Erklärung der ältesten Kirchenhymnen. 2. Aufl. Paderborn 1881. S. 250) hat diesen Gedanken den treffenden Ausdruck gegeben: „Memoiren zu schreiben war nicht Sache der alten christlichen Schriftsteller!"

1 *

muthwilliger Ausgelaſſenheit und leichtſinniger Vergnügungsſucht beflecte"
(V. 10—12). Alsbald läßt er dieſem dritten Lebensabſchnitte die Schil=
berung ſeiner öffentlichen Wirkſamkeit folgen (V. 13—21). Mit Heftig=
keit brauchte er die Waffe des Wortes als Sachwalter; aber auf dieſem
Felde unterlag ſein hartnäckiger Eifer dem Gewichte ungünſtiger Ver=
hältniſſe. Zweimal war er Statthalter berühmter Städte [1] (V. 16 u. 17).
Ueber dieſe ſeine Thätigkeit macht er ſich keine Vorwürfe mehr. „Den
guten Bürgern habe ich den Schutz des Geſetzes verſchafft, die böſen in
Furcht geſetzt." Endlich erhob ihn die Huld des Kaiſers (Theodoſius)
zu einer hohen militäriſchen Stellung [2], die ſeinen Aufenthalt in der
nächſten Umgebung des Kaiſers zur Folge hatte.

Hier hält der Dichter inne. Der erſte Theil der Antwort auf die
Frage: „Was habe ich in den 57 Jahren meines Lebens gethan?" iſt
gegeben. „Ich war alt geworden, ehe ich es dachte; meine grauen Haare
erinnerten mich, daß ich ſchon unter dem Conſulate des Salia (im Jahre 348)
meinen Geburtstag feierte" (V. 22—25). Wohl zu beachten iſt, daß
Prudentius ſich hier lebhaft in jene Zeit zurückverſetzt, wo er noch in
ſeiner letzten öffentlichen Stellung an das Aufgeben derſelben gedacht hat.
Er geht darum im 22. Verſe in's Präſens über und führt jetzt dem Leſer
jenes Selbſtgeſpräch vor, das er damals mit ſich hielt und das ſeinen
Entſchluß zur Lebensänderung einleitete. Weil dieß außer Acht gelaſſen
worden iſt, hat man vielfach die ſonderbare Anſicht aufgeſtellt, Prudentius
habe erſt im Jahre 405, als er dieſe Worte ſchrieb, den Entſchluß gefaßt,
ſich vom öffentlichen Leben zurückzuziehen; in dieſer nun folgenden Zurück=
gezogenheit ſeien ſeine Dichtungen entſtanden.

„Wird die bisher beſchriebene Thätigkeit,". ſo ſprach der Dichter
damals zu ſich, „dir nach dem Tode etwas nützen? Darauf muß ich denn
mir ſelbſt die Antwort geben: Wer immer du biſt: die Welt, welcher dein
Geiſt bisher ſeine ganze Aufmerkſamkeit zuwandte, hat derſelbe dann nach
ſeiner Trennung vom Leibe verloren (verlaſſen). Das, was er bisher
angeſtrebt hat, iſt werthlos vor Gott, dem du doch (einmal) ganz an=
gehören wirſt. Doch — noch jetzt, an der Neige meiner Tage, ſoll meine
Seele ablaſſen von der Thorheit ihres ſündhaften Strebens; mit Worten
wenigſtens möge ſie Gott (in dieſem letzten, zunächſt vor mir liegenden
Lebensabſchnitte) verherrlichen, wenn ſie es mit (thatſächlichen) Verdienſten

---

[1] Zu berühmten Städten hatte er als praeses provinciae ſeine Reſidenz; ſo
iſt der Ausdruck „frenos nobilium reximus urbium" (V. 17) zu verſtehen.

[2] Die Gründe, mit welchen Kayſer (S. 254) das „militiae gradu evectum"
gegen Gams, Brockhaus u. a. von einer militäriſchen Stellung im engern Sinne
verſteht, ſind überzeugend. Von einer bisher nicht beachteten Beſtätigung dieſer
Erklärung aus dem Hymnus auf den hl. Quirin (Perist. VII) wird ſpäter die
Rede ſein.

nicht mehr vermag. Tag und Nacht soll sie, Hymnen singend, ihren Herrn loben, kämpfen gegen die Irrlehren, den katholischen Glauben ver= künden, stürzen den heidnischen Göttercult und deinen Idolen, o Rom, den Untergang bringen; die Martyrer und Apostel endlich durch Lob= gesänge verherrlichen" (V. 28—42).

Der Dichter ist mit dem Berichte über sein Leben zu Ende. Er ist seinem Entschlusse, sich in der Zurückgezogenheit einzig dem Dienste Gottes durch die Pflege der religiösen Poesie zu widmen, theilweise nachgekommen. Noch ist er in der Ausführung desselben begriffen und will in dieser gottgeweihten Thätigkeit bis zum Tode verharren, nach welchem er in den Schlußversen der Vorrede verlangt. „Während ich mit dem Munde und der Feder diesen Vorsatz ausführe, wünschte ich frei von den Banden des Körpers aufzuschweben dahin, wohin ich noch verlangen will mit dem letzten Worte meiner Zunge" (V. 43—45). Ich glaube, das „haec dum scribo vel eloquor" nothwendig auf das vorher (V. 37—42) aufgestellte Programm beziehen zu müssen und nicht allein auf die Vor= rede. Einerseits drückt Prudentius in diesen Worten überhaupt seine Sehnsucht nach der Vereinigung mit Christus im Tode aus, andererseits verlangt er, bis zu diesem ersehnten Augenblicke durch Wort und Schrift für Christus thätig zu sein.

Mit dieser Vorrede steht in innigem Zusammenhange der Epilog, welcher mit Unrecht von einigen Herausgebern als Vorrede zum Buche der Hymnen auf die Martyrer (Peristephanon) bezeichnet worden ist [1]. Prudentius spricht darin dieselbe Todessehnsucht und Todesahnung aus, mit welcher er die Vorrede schließt. „Vielerlei Gefäße gibt es im Hause eines reichen Herrn ..., doch jedes Gefäß hat seine (nützliche) Bestim= mung, wenn es sich nur für den Gebrauch des Herrn eignet. Mich bestimmt wie ein veraltetes Gefäß zu gemeinem Gebrauche Christus im Hause seines Vaters und gestattet, daß ich in irgend einem Winkel bleibe. (Zwar nur) als ein irdenes (leicht zerbrechliches) Gefäß gehe ich ein in den Palast des (ewigen) Lebens; indeß, ein Glück ist's, für Gott auch nur den kleinsten und geringsten Dienst geleistet zu haben. Mag (jetzt am Ende meines Lebens) kommen, was da will: das wird meine Hoff= nung und mein Trost sein, daß ich im Worte Christus verherrlicht habe."

Es dürfte schwer, ja unmöglich sein, in einer Uebersetzung die de= müthige Gesinnung des Dichters zum vollen Ausdruck zu bringen, mit welcher er in diesem Schlußworte sein Leben und seine Dichtungen beur= theilt. Wir werden dieser Demuth noch öfter begegnen. Wer irgend=

---

[1] Praefationem libri Perist. esse illos (versus) Trithemius (De script. eccl. I. p. 211) et Giselinus, qui in ed. Davent. ita positos invenit, iudicant; quem sequuntur recc. praeter Arevalum omnes. *Obbarius*, Aurelii Prudentii Clementis carmina. Tubingae 1845. p. 306.

wie mit der katholiſchen Ascese bekannt iſt, wundert ſich über dergleichen
Ausdrücke nicht; dieſe Sprache tönt uns nicht als Phraſe oder Ueber=
treibung, ſondern als Ausdruck der innerſten Ueberzeugung aus dem
Munde aller Heiligen entgegen. Wenn nun wiederholt in den Urtheilen
über Prudentius von proteſtantiſcher Seite ſeine Geſinnung als „über=
beſcheiden" oder übertrieben, ja als unwürdig eines Mannes wie Prudentius
bezeichnet wird[1], ſo liegt hierin nur eine Beſtätigung deſſen, was Anfangs
über die Erforderniſſe zum Verſtändniſſe des katholiſchen Prudentius
geſagt worden iſt.

Worin beſteht nun vor Allem der Werth dieſer Vorrede, der im
Eingange dieſer Beſprechung ſo ſtark betont worden iſt? Darin, daß ſie
die Dichtungen des Prudentius zu einer durch die Jahrhunderte hallenden
Predigt über das wichtigſte Thema, über die Beſtimmung des Menſchen,
ſtempelt. Sie iſt ja nur eine Variation des Auguſtiniſchen Wortes: „Du
haſt uns, o Herr, für dich geſchaffen, und unruhig iſt unſer Herz, bis
es in dir ruht!", welches der hl. Ignatius von Loyola ſeinem wunder=
baren Exercitienbüchlein wie ſeiner glorreichen Stiftung zum Principe
und Fundamente gegeben hat in der bekannten Form: „Geſchaffen iſt der
Menſch dazu, daß er den Herrn ſeinen Gott lobe und ehre, ihm diene
und ſo einſt ſelig werde." Das iſt das Eine Nothwendige, und mit
ihm iſt Alles gegeben (Eccl. 12, 13). Wäre der Menſch aber auch um
Vieles beſorgt, hätte er Großes gewirkt und geſchaffen und eine halbe
Welt bewegt: hat er ſich dabei gedient und nicht Gott, zu ſeiner eigenen
Ehre gelebt und gekämpft und nicht zu Gottes größerer Ehre, dann iſt
Alles nichts (μὴ ὄντα) geweſen, Eitelkeit über Eitelkeit. Es vergeht wie
Spreu vor dem Wirbelwinde, wie Nebel vor der aufgehenden Sonne,
wie dürres Gras im Feuer des göttlichen Gerichtes. Non sunt illa Dei,
ſagt Prudentius.

Dieſer eigenthümliche Charakter der Vorrede hat nothwendig die
Sparſamkeit des Dichters in den näheren Angaben über ſein Leben zur
Folge gehabt. Dieſe Mittheilungen, welche an zweiter Stelle den großen
Werth der Vorrede ausmachen, haben wir nun in Beziehung zu den
Zeitverhältniſſen des Dichters zu bringen, um ſie zur Beurtheilung ſeiner
Dichtungen und Anſichten benützen zu können. Vor Allem muß als un=
beſtreitbare Thatſache gelten, daß Prudentius im Jahre 405, da er die
Vorrede ſchrieb, ſeine uns bekannten Gedichte bereits verfaßt hatte[2]. Die

---

[1] Brockhaus, Aurelius Prudentius Clemens in ſeiner Bedeutung für die
Kirche ſeiner Zeit. Leipzig 1872. S. 161. Obbarius a. a. O. zu Ham. v. 930.
p. 908. *Dressel*, Prudentii carmina. Lipsiae 1860. p. 167.

[2] Vgl. *Kantecki*, De Prudentii genere dicendi quaestiones. Monasterii 1872.
p. 12. Bähr, Die chriſtlichen Dichter und Geſchichtſchreiber Roms. S. 76. Teuffel,
Geſchichte der römiſchen Literatur 2. Aufl. S. 994. Obbarius a. a. O. p. XI. n. 39.

gegentheilige Anſicht, wonach er im Jahre 405 erſt den Entſchluß faßte, ſich zurückzuziehen, iſt ſchon bei einer genauen Leſung der Vorrede un= haltbar, ganz abgeſehen von unüberwindlichen chronologiſchen Schwierig= keiten. Es befremdet, wie auch Feßler[1] und Gams[2] nach letzterer Mei= nung Prudentius erſt mit 57 Jahren anfangen laſſen konnten, dichteriſch zu ſchaffen. Dann iſt es allerdings „eine faſt unerklärliche Erſcheinung, wie der Laie Prudentius mit 57 Jahren — eine ſolche Vollendung als chriſtlicher Dichter bewährt". Ganz anders freilich als dieſe, den tiefen hiſtoriſchen Sinn auch im Irrthume bekundenden Worte klingt es, wenn Schröckh[3] ſagt: „Bedenkt man, daß Prudentius erſt gegen das ſech= zigſte Jahr ſeines Alters, um welche Zeit auch das Feuer wirk= licher und großer Dichter zu erlöſchen anfängt, doch ein nicht ganz verunglückter Nachahmer von ihnen (den heidniſchen Dichtern der claſſiſchen Latinität) geworden iſt; ingleichen, daß er das Meiſte für die gemeine Faſſung und Andacht geſchrieben hat, für welche ein höherer Schwung vergeblich angebracht wird: ſo iſt man deſto geneigter, ihn mit Gelindigkeit zu beurtheilen." Wir führen letztere Worte nur der Merk= würdigkeit wegen an, weil Brockhaus es nicht für unnöthig gehalten hat, auf Schröckh zu verweiſen, während er Gams nie erwähnt[4].

Wann, ſo darf jetzt gefragt werden, hat ſich alſo Prudentius vom öffentlichen Leben zurückgezogen und wie viel Jahre haben wir von 405 aufwärts für die Entſtehung ſeiner Gedichte anzunehmen? Zunächſt iſt die Meinung abzuweiſen, wonach die Antwort hierauf in der Vorrede (V. 1—3) von Prudentius ſelbſt gegeben ſein ſoll. Bähr, der in der zweiten Auflage ſeines Werkes „Die chriſtlichen Dichter und Geſchichts= ſchreiber Roms" im Gegenſatze zu ſeiner frühern Meinung ganz richtig die vorhandenen Gedichte vor 405 entſtanden ſein läßt, behauptet nun (S. 76): „Die einzelnen Dichtungen müſſen in dieſen ſieben Jahren (398—405) entſtanden ſein; wenn ſie auch gleich in ihrem Inhalt und ſelbſt in ihrer dichteriſchen Vollendung auf längere vorausgegangene Studien uns hinweiſen." Bähr iſt zu dieſer Beſtimmung eben durch die Verſe (praefat. 1—3) gekommen:

---

[1] Institutiones patrolog. Oenip. 1850. t. II. p. 479.

[2] Die Kirchengeſchichte von Spanien. Regensburg 1864. II. Bd. 1. Abth. S. 343 f.

[3] Chriſtliche Kirchengeſchichte. Bd. VII. S. 100 f.

[4] Silbert, Aurel. Prudentius' Clem. Feiergeſänge, heilige Kämpfe und Siegeskronen metriſch überſetzt. Wien 1820, ſchreibt gar p. IX: „Endlich im 75ſten Jahre ſeines Alters ſchreibt er ſeine Hymnen." Hier einen Druckfehler anzunehmen, verbietet uns S. 3, wo es heißt: „Der Dichter, ein Greis von 75 Jahren, weiht die noch übrige Friſt ſeines Lebens frommen Werken." Dieſelbe Ungenauigkeit tritt in der ganzen Ueberſetzung hervor, ſo daß Kayſer (a. a. O. S. 274) den nur allzu berechtigten Wunſch äußert, dieſelbe wäre beſſer nie gedruckt worden.

„Per quinquennia iam decem
Ni fallor fuimus: *septimus* insuper
Annum cardo rotat, dum fruimur sole volubili.“

Gewiß ist es nun sonderbar, wenn man in diesen Worten mehr lesen will als den dichterischen Ausdruck für die Angabe: „Jetzt stehe ich im 57. Jahre.“ Sollte Bährs Ansicht einer Widerlegung bedürfen, so ist sie in Vers 6 gegeben, wo Prudentius mit der Frage: „Quid nos utile tanti spatio temporis egimus?“ seine 57 Jahre als ein Ganzes aufgefaßt wissen will. Ebenso ohne hinreichenden Grund beschränkt Bähr den Ausdruck „fine sub ultimo“ (V. 34), welcher offenbar den Zeit-raum seines Lebens in der Zurückgezogenheit angibt, auf die Abfassungs-zeit der Hymnen des Tagzeitenbuches (Kathemerinon).

Indem wir an die positive Beantwortung der Frage gehen, müssen wir uns zuerst bei den beiden Büchern gegen Symmachus aufhalten. Das zweite Buch schließt sich unmittelbar an das erste an, so daß sie in dieselbe Zeit fallen. Diese Zeit ist uns nun angegeben II. c. Symm. 696 sq. „Vor Kurzem versuchte der getische Tyrann Italien zu vernichten, der zornentbrannt von seinem heimathlichen Ister kam ... Ein Jüngling führte uns zum Siege mit seinem väterlichen Beschützer Stilicho. Die Nachwelt wird sich bereinst wundern, wie weit die Leichen der Gefallenen umher-lagen, von deren Gebeinen die Gefilde von Pollentia bedeckt sind. Dort ist endlich das Volk Pannoniens, das 30 Jahre lang Schrecken ver-breitete, vernichtet worden.“ Alle kommen, gestützt auf diese Stelle, darin überein, daß dieses Werk unmittelbar nach der Schlacht von Pollentia 402 oder 403 geschrieben und an Honorius gerichtet ist. Wenn Gams (a. a. O. S. 350 Anm.) bemerkt: „Tillemont meint, das Werk gegen Symmachus sei am Ende des Jahres 403 verfaßt. Das ‚nuper‘ (II. c. Symm. 696) aber paßt auch noch für 405“ — so leitet ihn dabei eben die unhaltbare Ansicht, Prudentius habe erst 405 zu dichten ange-fangen. Zudem bittet der Dichter am Schlusse (II. c. Symm. 1125) den Kaiser um Abschaffung der Gladiatorenkämpfe.

Honorius verbot dieselben wirklich, wenn nicht allein, so doch jeden-falls zum Theil bewogen durch die Vorstellungen des Prudentius im Jahre 404 [1]. Offenbar hat also Prudentius seine Bücher gegen Sym-machus vor diesem Verbote abgefaßt, da ihm dieses unmöglich unbekannt geblieben ist.

Wenden wir uns jetzt zu einer andern, für unsere Frage wichtigen Thatsache. Prudentius spricht wiederholt von einer Reise nach Rom, die

---

[1] Theodoret. h. e. l. V. c. 26. Vgl. Montalembert, Die Mönche des Abendlandes Bd. I. S. 128 f. Stolberg, Geschichte der Religion Jesu Christi, 14. Th. N. XXXII.

er seit seinem Abschiede vom öffentlichen Leben unternommen hat[1]. Er legte dieselbe auf der großen Heerstraße, die von Leon oder auch von Gades nach Rom führte, zurück, wie aus Perist. IX. v. 3 hervorgeht. Er erwähnt hier sein Gebet, das er in Imola (Forum Cornelii) am Grabe des hl. Martyrers Cassian um günstigen Erfolg seiner Reise verrichtete. Schwere Sorgen müssen ihn nach Rom geführt haben. Mit Thränen hat er an dem erwähnten Grabe alle Mühen seines Lebens, seine (Herzens=) Wunden und seine heftigen Schmerzen erwogen (V. 7). Sein häusliches Glück stand auf dem Spiele (V. 101 f.). Er kam glücklich nach Rom und erreichte dort, was er wünschte.

Die Martyrerhymnen XI und XII berichten, daß er in Rom die Katakomben besucht und die Feste des hl. Hippolyt und der Apostelfürsten gefeiert habe. Am Schlusse dieser drei Gesänge wird bezeugt, daß er dieselben nach seiner glücklichen Rückkehr gedichtet habe. Den Hymnus auf den hl. Hippolyt (Perist. XI) widmet er seinem Seelenhirten, dem Bischof Valerian von Saragossa, und bittet ihn, das Fest dieses Heiligen auch in seiner Kirche feierlich zu begehen.

Wann hat nun Prudentius diese Reise gemacht? Gams (S. 432) sagt, die Zeit sei nicht näher zu bestimmen. Tillemont[2] nimmt für gewiß an, daß Prudentius beim Kaiser Honorius Abhülfe für seine bedrängte Lage gesucht habe. Unter dieser Voraussetzung, meint er, sei die Reise in's Jahr 407 zu setzen, weil damals Honorius sich beständig in Rom aufhielt[3]. Folgerecht läßt Tillemont nun auch die Hymnen auf die heiligen Martyrer Hippolyt und Cassian „und wahrscheinlich auch alle anderen" erst nach der Rückkehr von Rom, also um 408 verfaßt sein. Darin, daß in diesen Hymnen die Verheerungen weder erwähnt noch angedeutet sind, welche das Vaterland des Dichters im Jahre 409 erlitt, findet Tillemont eine weitere Bestätigung seiner Ansicht. Den Hymnus auf den hl. Laurentius (Perist. II) dagegen möchte Tillemont wegen Vers 541

---

[1] Gilbert (a. a. O. S. IX) läßt den Dichter „öfters nach Rom reisen", anstatt zu sagen, daß er mehreremal von seiner (einen) Reise spricht. Kayser (a. a. O. S. 253) sagt: „Auch Rom besuchte er; doch läßt sich die Zeit dieser Reise ... nicht mehr bestimmen. Es bleibt daher zweifelhaft, ob sie in die Jugendzeit oder in sein späteres Alter fiel." *Brys*, Dissertatio de vita et scriptis Aurel. Prudentii. Lovanii 1855. p. 58, zweifelt noch stärker: „Que Prudence ait été à Rome, ses vers le témoignent en vingt droits différents; il paraît même, que les livres contre Symmaque et l'hymne en honneur des SS. apôtres Pierre et Paul furent composés pendant son séjour dans la ville éternelle; mais y a-t-il été plusieurs fois et quand y a-t-il été? voilà ce qu'on ne pourrait déterminer sans grand danger de tomber dans l'erreur." Schon die Schlußverse von Perist. IX beschränken Zweifel und Gefahr ganz bedeutend. Ueber Allard's Ansicht s. Nachtrag.

[2] Mémoires pour servir etc. t. X. p. 566.

[3] *Tillemont*, Histoire des emper. t. V. p. 551. l'an 407.

direct vor die Romreise in's Jahr 406 setzen. Prudentius sagt nämlich dort: „kaum durch das Gerücht sei es außer Rom (also auch in Spanien) bekannt, wie reich Rom an Reliquien der heiligen Martyrer sei". Da also, schließt Tillemont, der Dichter Rom nur aus den Erzählungen der Rei=senden kennt, so konnte er damals noch nicht in Rom gewesen sein.

Allein die von Tillemont beigebrachten Gründe sind nicht stichhaltig. Wenn wir uns der Ansicht anschließen, daß das Ziel der Reise eine Audienz bei Honorius war — eine Ansicht, die in den Worten des Dichters keineswegs begründet ist —, so folgt daraus doch nicht, daß die Reise erst dann geschehen konnte, als Honorius seine Residenz beständig in Rom genommen hatte. Wir wissen nicht, wie oft sich Honorius besuchs=weise von Ravenna aus in Rom aufgehalten hat. Daß dieß vor dem Jahre 407 geschehen ist, dafür genügt als Beweis der feierliche Einzug, welchen der Kaiser im December 403 in Rom hielt[1]. Warum sollte Prudentius den Kaiser nicht während eines solchen vorübergehenden Aufent=haltes in Rom aufgesucht haben? Somit verliert das Argument Tille=monts seine Kraft.

Wir haben indeß positive Gründe gegen Tillemont anzuführen. Daß Prudentius seine Vorrede im Jahre 405 geschrieben hat, wurde oben außer Zweifel gestellt. Ließe sich aus derselben auch nicht für jedes ein=zelne der uns erhaltenen Gedichte mit voller Gewißheit folgern, daß es vor diesem Jahre geschrieben war, so haben wir diese Gewißheit doch jedenfalls für den Hymnus auf die heiligen Apostelfürsten (Perist. XII) zu beanspruchen. Wir haben nämlich kein anderes Gedicht, auf welches in Vers 42 der Vorrede das „laudet apostolos" bezogen werden könnte. Dieser Hymnus setzt aber die Romreise voraus, und somit hat dieselbe zweifelsohne vor dem Jahre 405 stattgefunden. — Zur nähern Zeit=bestimmung derselben verhilft uns derselbe Hymnus auf die heiligen Apostel. In den Versen 45—54 beschreibt nämlich Prudentius die größere, fünf=schiffige Basilika des hl. Paulus, deren Bau Valentinian II. und Theo=dosius statt der von Constantin auf Anregung Sylvesters erbauten kleinen im Jahre 386 begonnen hatten[2]. Prudentius sah sie bereits in der ganzen Pracht ihrer Vollendung. Wir wissen, daß der Bau unter Honorius im Anfange des fünften Jahrhunderts vollendet wurde. Somit ist auch der Hymnus in diese Zeit, 400—405, zu setzen.

Unsere Untersuchung nöthigt uns, noch einmal auf die Bücher gegen Symmachus zurückzukommen. Die Frage nämlich, wo diese Bücher ge=

---

[1] *Tillemont*, Histoire des emp. t. V. p. 534. (Claudian. de VI° Honorii consulatu p. 188.) Vgl. Obbarius a. a. O. p. XI. n. 39. Both, Des christ=lichen Dichters Prudentius Schrift gegen Symmachus. Rastatt 1882. S. 5.

[2] Real-Encyklopädie der christlichen Alterthümer. Unter Mitwirkung mehrerer Fachgenossen bearbeitet und herausgegeben von F. X. Kraus. Freiburg 1882. I. S. 134.

ſchrieben worden ſeien, führt uns auf Beziehungen derſelben zur Romreiſe
des Dichters. Die Meinungen hierüber ſind getheilt. Obbarius [1] hält
die Gründe, welche man für Rom als Abfaſſungsort anführt, für un=
genügend; aus den Worten des Dichters laſſe ſich nicht ermitteln, wo
Prudentius das Werk geſchrieben habe. Allein betrachten wir die Worte,
auf welche ſich dieſe Anſicht ſtützt! In der That läßt ſich aus
I. c. Symm. 36 und 192, wo der Dichter Rom „unſer Rom‟ und das
römiſche Volk „unſer Volk‟ nennt, nichts für die fragliche Meinung ent=
nehmen. Prudentius kann im Namen aller Chriſten, welche Rom als
ihren Mittelpunkt betrachten, im Gegenſatze zum Heidenthume von ſeinem
Rom ſprechen, ohne ſelbſt in Rom zu ſein. (Vgl. Arevalo zu dieſen
Stellen.) Verhält es ſich aber ebenſo mit der Beweiskraft der Worte in
II. c. Symm. 725 sq., welche dafür angeführt werden? Von Vers 655
an läßt Prudentius Rom auftreten und den Kaiſer Honorius um Ab=
ſchaffung des heidniſchen Cultus bitten: Eine Schmach hat Symmachus
Rom dadurch angethan, daß er ihm die Bitte um Wiederherſtellung des
Götzendienſtes in den Mund legte. Mit ganz anderem Recht will ich
nun im Namen Roms, gleichſam aus ſeinem Munde, die entgegengeſetzte
Bitte ſtellen (V. 650 f.). Die Bitte ſelbſt zielt nun nicht direct auf
die Beſeitigung der noch übrigen Reſte des Heidenthums ab, ſondern be=
ſteht in einer Einladung an den Kaiſer Honorius [2], nach Rom zu kom=
men, um dort den Triumph über den ſoeben beſiegten Feind zu feiern
(V. 726 f.). „Beſteige den Triumphwagen und komme hierher im
Glanze des Siegers! Chriſtus ſei dein Begleiter!‟ ... Nur deßhalb hat
Symmachus wagen können, als mein Geſandter aufzutreten und um
Wiederherſtellung des todten Heidenthums zu bitten, weil er nicht ſieht,
wie du mit mir den allein wahren Gott anbeteſt, und weil er nicht er=
kennt, daß wir gerade aus Ehrfurcht gegen dieſen Gott die heidniſchen
Tempel geſchloſſen und ihre Altäre zerſtört haben.‟ In der ganzen
Stelle iſt das Lob des Kaiſers, die Einladung zum Beſuche Roms und
die Widerlegung des Symmachus ſo geſchickt vereinigt, daß dieſelbe ein

---

[1] A. a. O. p. XI. n. 39. Arevalo, Proleg. n. 55 ſpricht ſich entſchieden
für Rom als Abfaſſungsort aus und deutet in n. 72 die Gründe genügend an, ſo
daß Obbarius kaum ſagen konnte: Caussam non addidit. *Dressel*, Proleg. p. XIII.
n. 28 umſchreibt die Worte des Obbarius alſo: „Qui plura de carminibus Prudentii (c. Symm., quam ante an. 405 ea absoluta fuisse) quaesiverunt, oleum et
operam perdidisse videntur; nil enim certi ex ipsis hac de re definiri potest.
Neque probabilibus, nedum certis argumentis probare est, ubinam loci composita fuerint, Romae an in Hispania.‟

[2] „O clari salvete duces!‟ (V. 655) wendet ſich an beide Söhne des Theo=
doſius. Allein die Erwähnung des Mitkaiſers· wird nur durch den Kanzleiſtil ver=
langt. Vgl. Both, Des chriſtlichen Dichters Prudentius Schrift gegen Symmachus.
Raſtatt 1882. S. 6.

rhetorisches Meisterstück genannt zu werden verdient. Stolberg betrachtet daher das ganze Gedicht als eine Einladung an den damals zu Ravenna weilenden Honorius, nach Rom zu kommen. Prudentius hat auch seinen Zweck erreicht. An und für sich folgt nun freilich aus den Worten: „Huc Christo comitante veni!" (B. 732) keineswegs mit Nothwendig= keit, daß Prudentius selbst in Rom war und von Rom aus diese Worte geschrieben hat, da er nicht in eigener Person, sondern im Namen Roms spricht. Nur eine Wahrscheinlichkeit läßt sich daraus herleiten, daß er sich in directen Gegensatz zu Symmachus stellt. „Wie Symmachus als falscher Legat Roms aufgetreten ist, so will ich jetzt die wahre Gesinnung Roms darlegen." War nun Symmachus in Rom, woran nicht zu zwei= feln ist[1], so ist es wahrscheinlich, daß auch Prudentius damals dort weilte. Indeß die genaue Erwägung der Umstände steigert diese Wahr= scheinlichkeit zu einem solchen Grade, daß sie der durch ein directes ur= kundliches Zeugniß erlangten Gewißheit kaum nachsteht.

Hat Prudentius gegen Symmachus nicht in Rom geschrieben, dann können wir ihn bei dieser Arbeit nur in seiner Zurückgezogenheit in Spanien suchen. Die zweite Lebensperiode, welche Prudentius zum christlichen Dichter gemacht hat — mögen wir dieselbe auch so weit als nur irgend möglich zurückdatiren —, ist eben nach seinen klaren Worten in der Zu= rückgezogenheit verflossen und nur durch die Romreise unterbrochen wor= den. Ist es nun aber denkbar, daß Prudentius in seiner Zurück= gezogenheit Veranlassung fand, gegen Symmachus aufzutreten und bei dieser Gelegenheit den Kaiser zum Besuche Roms einzuladen? Mit einer an Gewißheit grenzenden Wahrscheinlichkeit muß diese Frage verneinend beantwortet werden. Wir haben im Vorworte auf die auf= fallende Thatsache hingewiesen, daß Prudentius nicht wie Paulinus mit seinen Zeitgenossen in ein ähnliches freundschaftliches Verhältniß getreten ist. Dieß erklärt sich nur, wenn seine Zurückgezogenheit dem Einsiedler= leben möglichst nahe gekommen ist. Wie können wir nun hiermit eine so rege Theilnahme am öffentlichen Leben und insbesondere an den Wünschen der Römer, wie sie aus der Schrift gegen Symmachus hervorgeht, in Einklang bringen? — Prudentius schreibt im Namen Roms. Eine auf= merksame Lecture belehrt uns, daß er wirklich im Namen und im Auf= trage der Römer jene Einladung an Honorius abgefaßt hat, ebenso wie Symmachus in seiner Bitte an den Kaiser nicht bloß seine private Be= geisterung für die Götter Roms, sondern die Wünsche der heidnischen Reactionspartei überhaupt zum Ausdrucke gebracht hat. Sollten die Römer etwa den Prudentius in seiner Einsamkeit zur Vertretung ihrer Interessen aufgefordert haben? Der Widerspruch dieser Annahme mit

---

[1] Vgl. *Tillemont*, Histoire des empereurs t. V. p. 534.

ben bamaligen Zeitverhältnissen ist so augenfällig, daß eine besondere
Widerlegung berselben als unnöthig erscheint. Die lebhafte Schilberung
der bamaligen Stimmung Roms allein würde bei bieser Annahme schwer
zu erklären sein. Wir sehen fast, wenn wir bie Verse bes Prubentius
lesen, bie Entrüstung, welche in ben christlichen Kreisen Roms über bie
Anmaßung bes Symmachus herrschte; wir hören gewissermaßen, wie auf
ben Straßen Roms bie e i n e Tagesfrage biscutirt wird, ob ber Kaiser
nach Rom kommen werbe ober nicht. Brockhaus macht (S. 80) über
bie Bitte um Abschaffung ber Glabiatorenspiele am Schlusse bes zweiten
Buches bie beachtenswerthe Bemerkung: „Dieser Schluß bestätigt bie
Vermuthung, baß bieses Gebicht bem Honorius bei seiner Anwesenheit in
Rom[1] 403 unb 404 übergeben wurde. D i e B e t o n u n g b e r S p i e l e
w e i s t a u f F e s t l i c h k e i t e n hin, bie wahrscheinlich mit ber Ankunft bes
Kaisers in Verbinbung stanben." Die Vorbereitung ber Spiele konnte
inbeß auch unabhängig von ber Ankunft bes Kaisers stattfinben, wenn
wir mit Stolberg für wahrscheinlicher annehmen, baß bas Gebicht bem
Kaiser als wirkliche Einlabung zu Ravenna überreicht wurde. Es
hanbelte sich ja hauptsächlich barum, ben über bie Gothen errungenen
Sieg festlich zu begehen. In jebem Falle aber kommen wir auf ben Ge-
banken, Prubentius sei Augenzeuge bieser Vorbereitungen gewesen. Wenn
n u n z u s o v i e l e n A n b e u t u n g e n, b a ß j e n e s G e b i c h t z u R o m
g e s c h r i e b e n w o r b e n i s t, b i e G e w i ß h e i t k o m m t, b a ß b e r
D i c h t e r u m b i e s e Z e i t e i n e R e i s e n a c h R o m g e m a c h t h a t,
b a n n b ü r f e n w i r b o c h k a u m B e b e n k e n t r a g e n, b i e s e R e i s e
m i t b e r A b f a s s u n g b e s G e b i c h t e s i n V e r b i n b u n g z u b r i n g e n
u n b b a r a u s z u f o l g e r n, b a ß b i e B ü c h e r g e g e n S y m m a c h u s
w i r k l i c h i n R o m g e s c h r i e b e n s i n b, u n b b a ß b i e R o m r e i s e
i n b i e J a h r e 402 o b e r 403 z u r ü c k z u v e r l e g e n i s t[2].
     Sobalb wir bieses Resultat für gesichert annehmen, erhalten wir
über ben Zusammenhang ber uns überlieferten Gebichte unter einanber
ben besten Aufschluß. Wenn nicht unmöglich, so ist es boch sehr unwahrscheinlich, baß in bas e i n e Jahr 404 bie Reise nach Rom, bie
Rückkehr unb bie Abfassung ber Hymnen auf bie römischen Martyrer zu-
sammengebrängt werben können. Sehr bequem bagegen reicht bas Jahr 404
zur Rückreise unb zur Abfassung jener Hymnen, bie mit ber 405 geschriebenen Vorrebe im engsten Zusammenhange stehen. Die Verse 41

---

[1] Wahrscheinlicher, wie S t o l b e r g meint, vor seiner Anwesenheit in Rom zu
Ravenna. Vgl. Montalembert a. a. O. Bb. I. S. 128.
[2] B o t h a. a. O. S. 5. „Unsere Schrift (gegen Symmachus) wurbe zwischen
bem Jahre 403 unb 404, nach ber Schlacht bei Verona unb vor bem Einzuge bes
Honorius unb Stilicho in Rom abgefaßt." Vgl. B r o c k h a u s a. a. O. S. 73. Anm. 3.
Arevalo, Proleg. n. 70 (Migne t. 59. col. 614).

bis 44 der Vorrede laſſen die Gedichte nicht beliebig, ſondern nach
der Entſtehungszeit geordnet erſcheinen¹. In der That ſteht das laudet
apostolos, worunter wir ohne Anſtand die übrigen römiſchen Martyrer=
hymnen rechnen dürfen, an letzter Stelle.

Verfolgen wir nun auf den Spuren, die der Dichter uns zurück=
gelaſſen hat, ſeinen Lebensweg nach rückwärts weiter, ſo werden wir die
bisher gewonnenen Reſultate mannigfach beſtätigt finden. Wie über die
Zeit der Reiſe, ſo hat uns Prudentius auch über die Veranlaſſung der=
ſelben nur dunkle Andeutungen hinterlaſſen. Wir haben dieſelben jetzt
nach Möglichkeit aufzuhellen. Zunächſt kommt hierbei die Heimath des
Dichters, wohin er ſich auch beim Abſchiede von der Welt zurückzog, in
Betracht. Eine neue Unterſuchung hierüber anzuſtellen, wäre durchaus
unnütz. Alles nämlich, was über die Frage nach der Heimath des Dichters
geſagt werden kann, iſt von Gams², Ebert³, Kayſer⁴ u. a. erörtert
worden. Ein genaueres Reſultat läßt ſich hierbei nicht erzielen. Das
Vaterland des Dichters war das nordweſtliche Spanien
(die Provinz Taraconenſis) und ſeine Vaterſtadt höchſt
wahrſcheinlich Saragoſſa. Uebrigens genügt dieſes Reſultat zur
Beurtheilung der Prudentianiſchen Dichtungen vollkommen. Mit dem
Vaterlande mag die große Liebe und Anhänglichkeit des Dichters an ſeinen
Landsmann Theodoſius und deſſen Söhne zuſammenhängen. Das Urtheil
der Geſchichte über die kaiſerlichen Brüder Honorius und Arcadius ſtimmt
mit den Lobeserhebungen nicht überein, welche Prudentius ihnen ertheilt.
Man würde dem Dichter aber offenbar Unrecht thun, wollte man ihn
deßhalb einer niedrigen Geſinnung beſchuldigen. Man braucht nicht einmal
auf „das Zeitalter der Panegyriker, in welchem ſchmeichelhafte Ueber=
treibungen auch von den beſten Schriftſtellern nicht ganz vermieden werden
konnten"⁵, zu verweiſen. Den Lobſprüchen des Prudentius liegt einfach
die Ergebenheit zu Grunde, mit der er dem Theodoſius gedient hatte.
Unten wird davon die Rede ſein, wie Prudentius in dieſen Worten des
Lobes, anſtatt zu ſchmeicheln, vielmehr geſchickt den Wunſch ausgedrückt
hat, die Söhne möchten ihrem großen Vater nicht unähnlich werden. —
Beide Momente, das Vaterland und die politiſche Geſinnung des Dichters,
drängen uns nun faſt unwillkürlich, ſie in Beziehung zu ſeinen Lebens=
ſchickſalen zu bringen, d. h. dieſe aus jenen zu erklären.

¹ Damit ſoll indeß nicht geſagt ſein, daß auch die einzelnen Hymnen der
Bücher Kathemerinon und Periſtephanon chronologiſch geordnet ſeien.
² A. a. O. II. 1. S. 337—342.
³ Geſchichte der chriſtlichen lateiniſchen Literatur von ihren Anfängen bis auf
Karl d. Gr. Leipzig 1874. S. 243.
⁴ A. a. O. S. 251.
⁵ Vgl. Roth a. a. O. S. 6.

Wie sah es nämlich in der Heimath des Dichters damals aus, als er sich zur Romreise anschickte? Die Antwort gibt uns Gams in seiner Kirchengeschichte Spaniens. „Die Lage war in Spanien (um's Jahr 400) unerträglich." Hervorgerufen war diese Lage durch die Priscillianische Häresie. Die Dichtungen des Prudentius stehen nun zu den Priscillianischen Wirren in dem engsten Verhältnisse. Den Nachweis dieser Behauptung, welche bisher kaum hie und da angedeutet worden ist, zu liefern, scheint uns eine der Hauptaufgaben dieser Arbeit zu sein. Das Verständniß gerade der bedeutendsten Dichtungen des Prudentius bleibt ohne Rücksicht auf diesen Umstand verschlossen. Es ist betrübend, daß Brockhaus die Priscillianisten nur erwähnt hat, um der gehässigsten Gesinnung gegen die Kirche Luft zu machen. Ohne die Secte in eine nähere Beziehung zum Dichter zu bringen, spricht er von ihr nur zur allgemeinen Charakterisirung jener Zeit [1]: „Eine Abart der Manichäer, die Priscillianisten in Spanien, erscheinen ihren Gegnern doch so gefährlich, daß sie von einem rohen Tyrannen Maximus die Hinrichtung ihrer Häupter bewirken und in solcher Kampfesweise den Anfang mit der schreiendsten Sünde der katholischen Kirche, der Ketzerverfolgung, machen." Brockhaus schreibt so im Anschlusse an Richter [2]. Wenn schon Reinkens [3] im Jahre 1866 zu der Abhandlung „Martin von Tours" in Herzogs Real-Encyklopädie für protestantische Theologie und Kirche (IX. Bd. S. 126—130) mit vollem Rechte schreiben konnte: „Die Behauptung, in dem Priscillianisten-Handel habe ‚die Kirche das erste Blut vergossen', gehört in das Gebiet jener historischen Irrthümer und Vorurtheile, die längst von jedem gebildeten Schriftsteller beseitigt sein sollten"; wenn derselbe Historiker ganz gewiß nicht zu hart die Behandlung der erwähnten Frage in dem angeführten Buche von Richter folgendermaßen kritisirt (a. a. O. S. 286): „Unter aller Kritik ist des Verfassers Darstellung des Priscillianischen Handels; er kennt nicht die gründlichen Specialforschungen der letzten fünf Jahre, die Licht in diese Sache gebracht haben, weder die von Bernays, obgleich dessen Schrift über die Chronik des Sulpicius Severus selbst· im Auslande bereits Anerkennung gefunden hat, noch die von Gams": was soll man dann im Jahre 1872 über die aus Brockhaus citirten Worte sagen? —

Wir führen aus der Geschichte des Priscillianismus jene Thatsachen an, welche uns mit unserer Prudentiusfrage in Beziehung zu stehen scheinen [4]. Nach der Hinrichtung des Priscillian zu Trier im Jahre 385

---

[1] A. a. O. S. 7.   [2] Das weströmische Reich. 1865.
[3] Martin von Tours, der wunderthätige Mönch und Bischof. Breslau 1866. S. 284.
[4] Vgl. Gams a. a. O. S. 383 f.

beschloß der Usurpator Maximus, bewaffnete Tribunen mit Vollmacht nach Spanien abzusenden, um die Häretiker zu ergreifen und sie am Leib und Gütern zu strafen. Die Gegenvorstellungen des hl. Martin von Tours vermochten nicht, die Ausführung dieses Beschlusses zu hindern. Daß Maximus zu dieser Bestimmung hauptsächlich durch die Absicht bewogen wurde, um den leeren Staatsschatz durch Güter-Confiscation der reichen Priscillianisten zu füllen und so Mittel für den drohenden Krieg mit Theodosius zu haben, hat Bernays [1] dargethan. Hieraus allein ist ersichtlich, wie leicht die kirchliche Glaubensangelegenheit in eine politische umgewandelt werden konnte. Diese Möglichkeit wurde auch bald zur Wirklichkeit. Die politische Parteileidenschaft und ein blinder Glaubenseifer öffnete den Verdächtigungen bald Thür und Thor. Priscillian wurde zu einem politischen Heiligen ähnlich wie später Huß. „Der Zorn gegen die Ankläger war grenzenlos. Priscillian und die Seinigen wurden als Martyrer verehrt. Ihre Leichen wurden in Trier ausgegraben, nach Spanien zurückgeführt und ihnen eine glänzende Leichenfeier veranstaltet. Man fing an, bei Priscillian zu schwören, indem man sein Andenken auf jede Weise ehren wollte." [2] Die Angabe, daß nur der Nordwesten Spaniens, die Provinz Galicien, von dieser Bewegung fortgerissen wurde [3], ist nach dem „a potiori fit denominatio" zu beurtheilen. Die im Jahre 400 zu Toledo versammelten Bischöfe Spaniens und die Akten dieser Synode sind hierfür ein deutlicher Beweis.

Das Uebel wuchs beständig. Im Jahre 400 gehörten sämmtliche Bischöfe von Galicien zur Secte des Priscillian. Gams hat für diese in der Kirchengeschichte ganz unerhörte Erscheinung, daß der Episkopat einer ganzen Kirchenprovinz zu der schmutzigsten und abscheulichsten Häresie abgefallen ist, den politischen Parteigeist als Grund beigebracht. Seine Beweisführung hat alle Wahrscheinlichkeit für sich. Unerhört wird diese Erscheinung noch besonders dadurch, daß Galicien im Rufe reiner, kernhafter Sitten stand. Gams formulirt seinen Grund folgendermaßen: „Durfte ganz Spanien mit Recht darauf stolz sein, dem römischen Reiche einen Kaiser Theodosius geschenkt zu haben, so vor Allem die Provinz Galicien, aus der er stammte (zu welcher das heutige Altcastilien damals gehörte). Gegen diesen Spanier Theodosius erhob sich ein anderer Spanier, der Tyrann Maximus, der sich zwar einen Verwandten des Theodosius nannte, aber sonst von unbekanntem Geschlechte und wahrscheinlich aus einer andern Provinz war ... Maximus verfolgte die Anhänger und nächsten Landsleute des Theodosius. Aber bei ihm, dem Usurpator, gingen die Ithacianer (die Ankläger Priscillians) betteln, bei ihm ver-

---

[1] Ueber die Chronik des Sulpicius Severus. Berlin, Herz. 1864. S. 11. 16 f.

[2] S. August. contra mendac. c. 5. 9.

[3] *Idatius*, Chronicon ad an. 387.

folgten sie die Landsleute des Theodosius bis zum Tode. Es war, so argumentirten die Galicier, Parteigeist, nicht Glaubenseifer, was sie trieb. Priscillian und die Seinigen aus Altcastilien waren dem Maximus und seinen spanischen Anhängern als Anhänger und Landsleute des Theodosius verhaßt. In dem Galicier Priscillian haßte und töbtete Maximus den Galicier Theodosius. So war die ursprünglich religiöse Secte mehr und mehr eine politische Parteifrage geworden. Kein Wunder denn, wenn die Galicier, die nächsten Landsleute des Theodosius, sich in Masse in das Lager des Priscillian begaben, den sie, von ihrem patriotischen Eifer und Zorne geblendet, für einen guten Katholiken und christlichen Martyrer hielten." Bestärkt wurden sie in ihrem Glauben durch das Leben und das Schicksal des Ithacius und Ydacius, der Ankläger des Priscillian. Den Bischof Ithacius schildert Severus [1] als einen Mann ohne Pflichtgefühl und Gewissen, verwegen, geschwätzig, unverschämt, verschwenderisch und unmäßig. Wenn auch sein Freund Ydacius von Severus ein weniger schlimmes Zeugniß erhält, so spielte doch eben Ithacius die Hauptrolle, und sein Charakter war gewiß nicht im Stande, die Spanier von der Bosheit des Priscillian zu überzeugen. Nach dem Tode des Maximus aber im Jahre 388 verloren Ithacius sowohl wie Ydacius ihre Bisthümer (Sulp. Sev. Chron. II. c. 51). Wenn Severus sagt, Ydacius habe freiwillig sein Bisthum niedergelegt, später aber seine verlorene Stelle (amissum locum) wieder zu erhalten getrachtet, so erkennt man alsbald, was von einer solchen freiwilligen Niederlegung zu halten sei.

War dieses Ende der eifrigsten Gegner Priscillians nicht ganz geeignet, die öffentliche Meinung für Priscillian einzunehmen und manche zu seinen Anhängern zu machen, welche von seinen Irrthümern nichts wissen wollten? Dazu kommt das äußere Auftreten des Priscillian, von welchem Severus folgendes Bild entwirft [2]: „Viele Gaben des Geistes und Körpers waren in ihm vereinigt. Er wachte viel, vermochte Hunger und Durst zu ertragen, er war in keiner Weise lüstern nach Besitz und machte von dem, was er besaß, den mäßigsten Gebrauch. In Miene und Haltung trug er die Demuth zur Schau und hatte alle mit Ehrfurcht und Hochachtung erfüllt." Hier ist alles vereinigt, was man an Ithacius vermißt, und all das war wohl im Stande, seine Landsleute für Priscillian einzunehmen. So erklärt sich, was Gams behauptet: „Sie fielen nicht vom Glauben ab, indem sie dem Priscillian zufielen. Denn Theodosianer sein und Priscillianist sein — war ihnen dasselbe." Allein wir können die letzteren Worte auch umgekehrt auf die=

---

[1] Chron. II. c. 50 (ed. Halm p. 103).

[2] A. a. O. c. 46 (p. 99).

jenigen anwenden, welche der Sache auf den Grund schauten und in den Anhängern Priscillians wirkliche Häretiker erblickten. Konnte, ja mußte nicht bei den entschiedenen Gegnern Priscillians und insbesondere bei der Partei des Ithacius die bloße Anhänglichkeit an das Haus des Theodosius als ein verdächtiges Zeichen der Häresie gelten? Verlangten sie nicht vielleicht auch eine gewisse Abneigung gegen das Kaiserhaus als Zeichen des rechten Glaubens? Niemand wird diese Möglichkeit in Abrede stellen. Die Anwendung auf Prudentius liegt nun nahe. Er war, wie erwähnt, recht eigentlich ein Theodosianer; ja, wir haben Grund zur Vermuthung, daß der Dichter im Entscheidungskampfe zwischen Theodosius und Maximus sich an der Seite des erstern im Felde befand. Bei allen Hymnen, welche Prudentius auf die Martyrer gedichtet hat, läßt sich nämlich die specielle Veranlassung nachweisen, welche ihn zur Wahl seiner Helden veranlaßt hat. Später wird der Nachweis hierfür zu führen sein. Der siebente Hymnus des Buches Peristephanon auf den hl. Quirinus scheint hiervon eine Ausnahme zu machen. Gams (a. a. O. S. 353) sagt: „Zu Quirinus aber zog ihn wohl eine besondere Verehrung." Aber gerade das ist die Frage, warum ihn eine besondere Verehrung zu Quirinus zog. Die Frage wird nicht beantwortet durch die sehr richtige Bemerkung Kaysers (a. a. O. S. 269): „Die Martyrer-Hymnen haben sämmtlich einen localen Anknüpfungspunkt, indem sie entweder Blutzeugen Spaniens besingen, deren Gräber dem Dichter besonders nahe lagen, oder Martyrer feiern, deren Gräber er auf seiner Reise nach Rom oder in Rom selbst besuchte." Denn gerade auf unsern Hymnus paßt diese Bemerkung nicht. Siscia (Sissek) in Illyrien, wo der hl. Quirinus nach Prudentius (a. a. O., V. 3) starb, liegt außer dem Wege nach Rom. Da Prudentius bei den Heiligen Cassian, Hippolyt, Petrus und Paulus ausdrücklich erwähnt, daß der Besuch ihrer Gräber auf der Romreise für ihn Veranlassung geworden ist, sie zu besingen, so erwarten wir diese Bemerkung auch für den Hymnus auf den hl. Quirinus, falls Prudentius bei der Gelegenheit der Romreise nach Siscia gekommen ist. Diese Bemerkung fehlt jedoch. Wohl aber ist Siscia in der Geschichte des Theodosius berühmt geworden. Als der Tyrann Maximus im Jahre 387 in Italien eingefallen war, rückte Theodosius im Juni 388 auf der Heerstraße von Sirmium gegen ihn heran. Bei Siscia erfolgte der Zusammenstoß, der den Untergang des Maximus zur Folge hatte[1]. Besaß nun Prudentius wirklich einen militärischen Grad und befand er sich nach seiner ausdrücklichen Versicherung (praef. v. 21) in der nächsten Umgebung des Theodosius, so war er auch an dem Kampfe bei Siscia betheiligt. Ist unsere Vermuthung richtig, dann haben wir auch für den

---

[1] Vgl. Gams a. a. O. S. 385.

Hymnus auf Quirinus den „localen Anknüpfungspunkt". Einen andern gibt es jedenfalls nicht. Somit hat unsere Vermuthung Alles für sich. Ist sie richtig, dann verstärkt sie die Gefahr des Prudentius, als Theodosianer in den Verdacht des Priscillianismus zu kommen. Wäre sie unbegründet, so würde trotzdem diese Gefahr nicht wesentlich vermindert. Die Heimath des Dichters läßt uns gleichfalls an einen solchen Verdacht denken. Wohnte er nicht in Galicien selbst, so doch an der Grenze dieser Kirchenprovinz. In Saragossa war 380 die erste Synode gegen die Priscillianisten gehalten worden. Ziehen wir weiter die Lebensweise des Dichters in Betracht. Sie war nach der strengsten Ascese eingerichtet. Den Fleischgenuß verpönt er im Allgemeinen; nur Geflügel läßt er noch zu (Cath. III, 56 sq.). Dem Fasten sind zwei seiner begeistertsten Hymnen gewidmet (Cath. VII. VIII). Den Schlaf will er möglichst beschränkt wissen. Seine große Demuth, wie sie uns in seinen Schriften begegnet und wie er sie sicher auch geübt hat, ist wirklich eines Heiligen würdig. Dem Studium der heiligen Schriften und den gottesdienstlichen Uebungen war er mit Eifer ergeben. Von Natur aus neigte er, wie jede auch bloß oberflächliche Lectüre seiner Gedichte erkennen läßt, zur ernsten Einkehr in sich, zum eigentlichen Mönchsleben hin. Nun berichtet Severus[1] ausdrücklich, daß die Uebung strenger Ascese, häufiges Fasten, vieles Lesen in den Augen der Späher schon als Grund zum Verdachte der Theilnahme am Priscillianismus galt. Da fand sich bei jedem vornehmen, reichen Christen leicht ein Anknüpfungspunkt für die Anklage. Warf man doch sogar dem hl. Martin vor, der Häresie verdächtig zu sein. Dürfte es uns wundern, wenn unbesonnene Eiferer den vornehmen, fein gebildeten und frommen Prudentius in den Verdacht des Priscillianismus gebracht hätten?

Der Mönch Bachiarius mag uns in unseren Vermuthungen über Prudentius einen Schritt weiterführen. Flori und Florez, die Herausgeber seiner Schriften[2], folgern aus der Bekämpfung manichäischer bezw. priscillianistischer Irrthümer bei Bachiarius, daß Galicien seine Heimath war; eine Folgerung, die man bei aufmerksamer Lectüre seiner opuscula kaum in Frage stellen, vielleicht auch auf das nördliche

---

[1] A. a. O. c. 50 (p. 103). Vgl. Reinkens, Der hl. Martin von Tours. S. 160.
[2] Vgl. Gams a. a. O. II, 1. S. 411. Franz Flori, Canonicus zu Aquileja, edirte: „Opuscula Bachiarii monachi ad codd. Ambrosianae biblioth. castigavit, dissertationibus et notis auxit. Romae, De Rubeis, 1747. Zu verbinden ist diese Ausgabe mit Bachiarius illustratus sive de Priscilliana haeresi in Angeli Calogerae opusc. s. tit.: Raccolta d' opuscoli scientifice e filologice. Veneziae 1742. tom. 27. p. 61—157. — In Gallanbi's Bibliotheca finden sich die opuscula Bachiarii in tom. IX., woraus sie Migne t. 20 abgedruckt hat. Florez besorgte 1759 eine neue Ausgabe. tom. 15. Vgl. Nirschl, Lehrbuch der Patrologie und Patristik. Mainz 1881. Bd. II. S. 500 f.

Spanien überhaupt ausdehnen wird. Die Schrift, welche hier in Be=
tracht kommt, iſt eine Vertheidigung ſeiner Rechtgläubigkeit mit dem
Titel: De fide (libellus adv. querulos et infamatores). Dieſe Ab=
handlung ſchrieb er fern von ſeiner Heimath, die er verlaſſen hatte, um
dem Verdachte der Häreſie zu entgehen. „Verdächtig macht uns," ſagt
er, „wie ich ſehe, nicht die Sprache, ſondern die Gegend, und wir, die
wir unſeres Glaubens wegen nicht zu erröthen brauchen, werden beſchämt
wegen unſerer Heimath" (c. 1). „Weil die Makel einer Häreſie den
Boden unſerer Heimath befleckt hat, werden wir nach der Anſicht einiger
Vorſteher (praesidentum) verurtheilt, als könnten wir nicht frei von
der Täuſchung des Irrthums ſein." Gennadius [1] berichtet: Bachia=
rius, ein chriſtlicher Philoſoph, der frei und unbelaſtet Gott allein ſich
weihen wollte, habe ſich zu einer Wanderſchaft für die Erhaltung ſeines
Lebens (integritate) (d. i., wie Gams erklärt, ſeines Glaubens) ent=
ſchloſſen. „Ich," fährt Gennadius fort, „habe aus ſeinem Werke nur
das eine Buch De fide geleſen, in welchem er ‚dem Pontifex der Stadt‘ [2]
gegen die Ankläger und Verleumder ſeiner Wanderſchaft genugthun wollte,
indem er barthut: nicht aus Menſchenfurcht, ſondern um Gottes willen
ſei er ausgewandert, um ein Miterbe des Patriarchen Abraham zu wer=
den, indem er ſein Land und ſeine Verwandten verlaſſe." Wir werden
ſpäter noch auf die unverkennbare Aehnlichkeit der Schriften des Bachiarius
mit den Gedichten des Prudentius zurückkommen. Hier drängt ſich uns
nur nach dem oben Geſagten ſogleich die Frage wieder auf: Konnte dem
Dichter nicht leicht ein gleiches Schickſal widerfahren?

Prudentius verband mit der Strenge gegen ſich eine große Milde
und Schonung gegen andere. Wir können freilich keine Thaten aus ſeinem
Leben als Beiſpiel hierfür anführen. Allein bei Prudentius trifft das
Wort: „Der Stil iſt der Menſch" ganz gewiß zu. Wem unter ſeinen
Leſern kann unter dieſer Vorausſetzung ſeine in tiefſter Demuth be=
gründete Milde und Sanftmuth entgehen? Von dem ſchroffen Charakter
ſeines Zeitgenoſſen Severus hat er nichts an ſich. Ein einziges Beiſpiel,
das unten ausführlich zu beſprechen ſein wird, genügt zum Beweis hier=
für. Prudentius kannte ebenſo wohl wie Severus die Habſucht vieler
Prieſter ſeiner Zeit und ſeines Landes. Wie ſarkaſtiſch ſtreng ſtellt nun
Severus dieſe unglückliche Verirrung an den Pranger! Wie ſchonend
dagegen wird dieſelbe von Prudentius angedeutet! (Psych. 497 sq.)
Dieſe Schonung muß ſich im ganzen Auftreten des Dichters kundgegeben
haben; in welche Gefahr aber mußte ihn ſeine Milde den unbeſonnenen

---

[1] Catalog. ill. vir. c. 24.
[2] Nach Gams (S. 412) muß es dahingeſtellt bleiben, wer dieſer pontifex
urbis iſt. Allein wir haben keinen Grund, an jemanden anders als an den römi=
ſchen Papſt zu denken.

Eiferern und Sionswächtern seiner Heimath gegenüber bringen? Gerade
die Milde des großen hl. Martin von Tours gegen Priscillian wurde
seinen Feinden zum Anlaß, ihn selbst in den Verdacht der Häresie zu bringen.
Beachten wir endlich, welchen Umfang nach dem klaren und unzwei=
deutigen Zeugnisse des Severus unter den Katholiken im nördlichen
Spanien und Aquitanien jene Spaltung und Entzweiung, jene theils ge=
hässigen, theils unbesonnenen Verdächtigungen angenommen hatten! „Eben
jetzt," so schließt Severus seine Chronik[1] etwa im Jahre 402, nach=
dem er die bereits fünfzehnjährigen traurigen Zustände der Kirche in
seiner Heimath geschildert hat, „streitet die Mehrzahl (der Bischöfe) mit
wahnsinnigen Plänen und hartnäckiger Leidenschaftlichkeit gegen eine
Minderzahl, welche besonnen für das Gute einsteht; unterdeß aber wird
das Volk Gottes und jeder brave Mann beschimpft und zum Narren ge=
halten." Prudentius deutet, vielleicht gerade durch seine Milde bewogen,
diese traurigen Verhältnisse, die sich doch unter seinen Augen entwickelt
hatten, kaum an. Seinem Bischofe Valerius von Saragossa war er da=
gegen in Liebe ergeben[2]; konnte nicht gerade dieser letztere Umstand den
Haß und Neid, welchem sein Bischof seitens einiger Mitbischöfe zweifels=
ohne ausgesetzt war, sich auch auf Prudentius selbst ausdehnen, so daß
er in die Lage kommen konnte, wie Bachiarius über eine falsche Ver=
urtheilung durch einige Vorsteher (praesidentes) zu klagen? Seine hohe
Achtung vor der priesterlichen Würde dagegen, die er überall an den Tag
legt, verbunden mit seiner Demuth und Milde, erklären es, warum er unter
dieser Voraussetzung seinen Klagen nicht so frei und offen Luft machte
wie Severus.
    So viele Umstände lassen es möglich erscheinen, daß Prudentius in
die Widerwärtigkeiten der Priscillianischen Händel verwickelt wurde. Nun
berichtet der Dichter von einem Unglücke, das ihn gerade um diese Zeit
traf, das sein ganzes Glück in Frage stellte: werden wir nicht die Ver=
anlassung hierzu gerade in diesen Umständen suchen müssen? — Und nun
geht er nach Rom; dort allein also hofft er Schutz vor der drohenden
Gefahr zu finden. Nach Rom an den Papst wandten sich die Spanier
beständig in den priscillianistischen Angelegenheiten. Priscillian selbst
war nach Rom gegangen, um den Papst für sich zu gewinnen. Papst
Siricius schrieb selbst an den Tyrannen Maximus; die Antwort des=
selben ist uns bekannt. Die Absetzung des Ithacius geschah wenigstens
nicht ohne Vorwissen Roms[3]. Die im Jahre 400 zu Toledo versammelten
Bischöfe schrieben an den Papst Anastasius. Der Bischof Hilarius begab

---

[1] Chron. l. II. c. 51. Vgl. Dialog I. c. 21. 26. Vita S. Martini c. 27
(ed. Halm p. 105. 173 sq. 187).
[2] Perist. XI, 2. 233.
[3] Vgl. Gams a. a. O. II, 1. S. 386.

sich zur Klärung der kirchlichen Angelegenheiten in Spanien zu Papst
Innocenz I., der in Folge dessen eine Encyklika an die zu Toledo ver=
sammelt gewesenen Bischöfe erließ[1]. Bachiarius schreibt an den pontifex
urbis, der aller Wahrscheinlichkeit nach der römische Papst ist. — Sollte
Prudentius in Rom bei jemandem anders Hülfe gesucht haben, als beim
Papste, und wird er in anderer Weise Schutz vor der drohenden Gefahr
gesucht haben, als indem er den Beweis von der Reinheit seines durch
die Häresie nicht getrübten katholischen Glaubens führte? — Dieß Alles
sind nun freilich nur Vermuthungen, aber Vermuthungen von einem Ge=
wichte, die deutlich ausgesprochenen historischen Zeugnissen wenig nach=
stehen. Sonach dürfen wir als ein der historischen Wahrheit nahe kom=
mendes Resultat unserer Untersuchung aufstellen: Prudentius ist in
der Zeit von 401—403 nach Rom gereist, um sich dort aller
Wahrscheinlichkeit nach beim Papste von dem Verdachte
der Priscillianischen Häresie zu reinigen. Vor dem Jahre
403[2] schrieb er in Rom die beiden Bücher gegen Symmachus,
welche wahrscheinlich den Kaiser Honorius in seinem Ent=
schlusse, nach Rom zu kommen, bestärkten. Prudentius hat
nun wahrscheinlich sein Anliegen auch dem Kaiser, der sich
vom December 403 bis wenigstens Juli 404 in Rom auf=
hielt, vorgetragen, hat die Gewährung seiner Bitte er=
langt und ist 404 nach Spanien zurückgekehrt.

Ueber das Leben des Dichters in den Jahren 401—405 haben die
vorausgehenden Erwägungen einiges Licht verbreitet. Die Hymnen auf
die Martyrer, wenigstens auf die römischen, und die Bücher gegen Sym=
machus sind in diesem Zeitabschnitte entstanden.

Die übrigen Dichtungen haben wir demnach in die Zeit bis zum
Jahre 401 zu verlegen. Die Ordnung, in welcher der Dichter in der
Vorrede (V. 37—43) seine Werke aufzählt und die auch noch aus anderen
Rücksichten die Entstehungszeit der Gedichte zum Principe zu haben scheint,
bestätigt diese Behauptung. Das Buch der Tagzeitenlieder (Kathemerinon)
und die drei polemischen Dichtungen, Apotheosis, Hamartigenia und
Psychomachia, gehen dort den oben angegebenen voran. Wie weit sollen
wir nun diese Dichtungen zurückdatiren? Wegen Mangel an Nach=
richten entzieht sich diese Frage einer genauen Beantwortung; allein die
Betrachtung des Charakters dieser Werke führt uns auf Vermuthungen,
die einen hohen Grad von Wahrscheinlichkeit beanspruchen dürfen. Die
Hymnen des Tagzeitenbuches setzen einen ungewöhnlich hohen Grad

---

[1] Ebenda S. 395. Nach Jaffé's Regesten (p. 23) ist die Encyklika vom
Jahre 404 zu datiren.

[2] *Tillemont*, Histoire des emp. t. V. art. XX. p. 532.

von Ascese und eine genaue Bekanntſchaft mit dem kirchlichen Leben
voraus; die gegen die Häretiker gerichteten Schriften verrathen eine
große Beleſenheit in den heiligen Schriften und jene theologiſche Bildung,
welcher der Dichter überhaupt ſeine Bedeutung verdankt. Bedenken wir
nun, daß Prudentius vor ſeiner Zurückgezogenheit ſich wenig um ſeine
religiöſen Pflichten und die Angelegenheiten der Kirche gekümmert hat,
daß die Thätigkeit im Staatsdienſte ſeine Zeit faſt ganz in Anſpruch
genommen hat, ſo dürfen wir eben für dieſe ascetiſche und wiſſenſchaft=
liche Bildung, welche der Abfaſſung ſeiner Schriften vorausging, mit
gutem Rechte eine ziemliche Reihe von Jahren annehmen. Auch Bähr
ſieht ſich durch dieſe Erwägung genöthigt, ſeine eigenthümliche, oben wider=
legte Meinung zu beſchränken, indem er bekennt, daß der Inhalt wie die
dichteriſche Vollendung der Gedichte uns auf längere, dem Jahre 398
vorausgehende Studien hinweiſen. Andererſeits verbieten die Energie, mit
welcher ſich Prudentius dem religiöſen Leben hingab, und die damaligen
Verhältniſſe Spaniens, in denen theologiſche Fragen das Tagesgeſpräch
bildeten, an die Bildung des Dichters den gewöhnlichen Maßſtab anzu=
legen. Demnach werden wir kaum irren, wenn wir die Lebensänderung
des Prudentius noch in die Regierung des Theodoſius vor das Jahr 395
zurückdatiren. Wieder finden wir hierfür an der Vorrede eine Stütze, wo
er Vers 20 den Theodoſius erwähnt. Jene Stellung am kaiſerlichen
Hofe war die letzte und höchſte Würde, welche er in ſeiner öffentlichen
Laufbahn erreichte. Hätte er ſie erſt unter Honorius niedergelegt, ſo
würde er dieſes Herrſchers ſicher Erwähnung gethan haben. Möglich,
ja wahrſcheinlich iſt demnach, daß er, wie einige vermuthet haben, mit
dem Tode des Theodoſius aus dem öffentlichen Leben zurücktrat. Der
Gedanke an dieſe Lebensänderung und in Folge deſſen der Eifer im religiös=
kirchlichen Leben wird aber nicht plötzlich in ihm entſtanden ſein. Weder
die Selbſtbiographie noch der Charakter des Prudentius geben hierfür
irgend welchen Anhalt. Allmählich iſt der Entſchluß in ihm gereift, den
Glanz des Hofes mit der ſtillen Einſamkeit zu vertauſchen. Somit dürften
wir wenig fehlen, wenn wir den Keim dieſes Entſchluſſes in der Zeit um
390 ſuchen. Zur ſelben Zeit bereitete ſich auch Paulinus, nachdem er
im Jahre 389 die Taufe empfangen hatte, darauf vor, ſein Leben Gott
allein zu weihen, und mit ihm ſehen wir gerade damals eine ganze Reihe
hervorragender Geiſter von der Sehnſucht nach dem Frieden des religiöſen
Lebens ergriffen und fortgeriſſen.

Mit dieſen wenigen Angaben über des Dichters Leben, die eben über
die Grenze der Wahrſcheinlichkeit nicht hinausgehen, müſſen wir uns be=
gnügen. Nur die Frage könnte noch von Bedeutung für uns ſein, ob
nämlich Prudentius von chriſtlichen Eltern geboren und von Jugend auf
im Chriſtenthum erzogen worden iſt oder nicht. Schmidt hat in ſeiner

Abhandlung Prudentiana[1] behauptet, Prudentius ſtamme wirklich von
heidniſchen Eltern ab; ſeine Bekehrung, die den Gegenſtand ſeiner Vor=
rede bildet, ſei alſo von ſeinem Eintritte in's Chriſtenthum durch die
Taufe zu verſtehen. Die für dieſe Meinung angeführten Gründe ent=
behren jedoch durchaus der Beweiskraft. Freilich iſt Prudentius mit der
altclaſſiſchen Literatur wohl vertraut und ahmt nachweisbar den Vergil
nach. Daraus wird aber niemand, der mit dem chriſtlichen Alterthume
nur etwas bekannt iſt, folgern, daß der Dichter in ſeiner Jugend Heide
geweſen ſei. Der heilige Biſchof von Barcelona, Pacian, welcher ein
Zeitgenoſſe und Landsmann des Prudentius war, ſchreibt an einen ge=
wiſſen Sympronian[2]: „Ego a parvulo didiceram (Vergilium)". Folgt
etwa hieraus, daß auch Pacian Heiden zu Eltern hatte? Noch weniger
Bedeutung kann es für unſere Frage haben, daß Prudentius, wie Schmidt
ſagt, zuweilen etwas dunkel und unbeſtimmt in der Darlegung der chriſt=
lichen Dogmen iſt, und daß er ſeine Eltern nie erwähnt. Jeder auf=
merkſame Leſer wird dem gegenüber vielmehr dem Urtheile Gams' bei=
ſtimmen: „Seine unſterblichen Werke bezeugen, daß er von Jugend auf
in dem und aus dem gelebt hat, was er am Abende ſeines Lebens ſo
unvergleichlich beſchreibt und beſingt." Ueber die angebliche Dunkelheit
in ſeiner Darlegung chriſtlicher Dogmen wird der zweite Theil dieſer
Arbeit Rechenſchaft geben. Was die Eltern betrifft, ſo verliert hierbei
das argumentum ex silentio jede Bedeutung.

Eine andere Frage iſt, ob Prudentius ſchon in früher Jugend oder
nach dem damals faſt zur Gewohnheit gewordenen Mißbrauche erſt im
ſpätern Alter wie ſein kaiſerlicher Gönner Theodoſius die heilige Taufe
empfangen hat. Es herrſcht in dieſer Beziehung ein eigener Zug in den
Sitten jener Zeit. Um ſich einen richtigen Begriff von der damaligen
(chriſtlichen) Geſellſchaft zu machen, muß man darin nothwendig zwei
Klaſſen von Menſchen unterſcheiden, die in gleicher Weiſe, obſchon aus
verſchiedenen Gründen, den Ehrennamen der „Chriſten" trugen. Die einen
waren frühzeitig, bisweilen ſchon in der Wiege, durch das Bad der
Wiedergeburt nach dem Wunſche der Kirche gereinigt worden. Die anderen,
und ihre Zahl war die größere, begnügten ſich während ihres ganzen
Lebens, ohne die Taufe wirklich zu empfangen, mit dem Verlangen danach[3].
Gehörte Prudentius zu dieſer letztern Klaſſe, und beziehen ſich ſeine Klagen
über die verlorene Jugendzeit vielleicht vor Allem auf den Aufſchub der
heiligen Taufe? Wir würden im Falle einer bejahenden Antwort dann
in der Lage ſein, den Dichter gegen jene in Schutz zu nehmen, die aus

---

[1] Zeitſchrift für lutheriſche Theologie von Delitzſch 1866. S. 643 f.
[2] Paciani opera ep. II, 4 (Migne t. 13).
[3] Vgl. Baunard, Geſchichte des hl. Ambroſius, überſetzt von Bittl. Frei=
burg 1873. S. 20.

seinen Klagen voll bemüthiger Reue über die Sünden seiner Jugend wirklich auf ein ausschweifendes Leben schließen, wie z. B. Kayser[1] schreibt: „Der wilde Bursch wurde zum ausgelassenen Jünglinge und ergab sich den Ueppigkeiten und Ausschweifungen, worüber noch der Greis bitter zu klagen hatte." Andere, wie Arevalo[2] und Gams, sehen in dem Bekenntnisse des Dichters vielmehr den Ausdruck der Demuth und Zerknirschung, die wir bei allen Frommen und Heiligen finden, besonders wenn sie früher in weltliche Geschäfte verwickelt waren. Letztere Meinung würde viel Wahrscheinlichkeit erhalten durch den Nachweis, daß Prudentius wirklich jener traurigen Unsitte gemäß aus Gleichgültigkeit die Taufe verschoben habe. Allein die vorhandenen Nachrichten geben uns kein Recht, diese Ansicht für wahrscheinlich zu halten. Die Klagen der Vorrede, besonders Vers 10—12, haben nun einmal einen durchaus andern Gegenstand.— Sodann tritt hier das argumentum ex silentio in voller Kraft auf. War die Taufe der Wendepunkt im Leben des Prudentius, dann wäre dieses geheimnißvolle, wunderbare Bad auch der Gegenstand besonderen Preises in der Vorrede geworden, ähnlich wie beim hl. Cyprian, den Prudentius als seinen Gewährsmann rühmt (Perist. XIII, 6 sq.). Die Verse 34 f. enthalten nicht die geringste Anspielung. Wir halten also Prudentius für einen Christen von Jugend auf. Ob sein Bekenntniß nach dem gewöhnlichen Maßstabe oder nach dem der Heiligen zu beurtheilen ist, läßt wohl Zweifel zu. Der Umstand, daß die Vorrede ziemlich sicher zuletzt von den uns bekannten Werken des Prudentius, — also nicht mehr von einem Anfänger im geistlichen Leben geschrieben ist, dürfte am meisten zu Gunsten der mildern Auslegung ausfallen. Je mehr eine wahrhaft fromme Seele in und aus Gott zu leben sich bestrebt, desto ähnlicher wird sie Gott auch in ihren Ansichten und Urtheilen; desto größer wird ihr Abscheu vor jeder, auch der kleinsten Sünde. Sie hält dann der Wahrheit entsprechend auch jene Flecken der Seele für beweinenswerthe Verbrechen, welche das von der Sinnlichkeit umnebelte Geistesauge des Weltmenschen nicht einmal entdeckt. Gleichwohl wird man eher mit Kayser auf die andere Seite treten müssen. Zu den Worten der Vorrede, die nun einmal auf wirkliche Jugendverirrungen hinweisen, kommen die Gebete des Dichters am Schlusse der Hamartigenia (B. 953 f.) und im Hymnus auf die hl. Agnes (Perist. XIV. v. 130 sq.). Wenn der Dichter sich hier den agmina casta virorum gegenüberstellt, und durch die Fürsprache der hl. Agnes gerade die pudicitia erhofft, so ist die Sprache doch zu deutlich. Dabei bleibt bestehen, daß wir die

---

[1] A. a. O. S. 252.
[2] Proleg. n. 44 sq. „Legi possunt, quae innocentissima virgo S. Theresia de se narrat exponens quid egerit, antequam monasterium ingrederetur." Hier ist das „Nego paritatem" wohl sehr am Platze. Vgl. Allard a. a. O. p. 349.

Selbstanklage des Dichters vom strengen Standpunkte der chriftlichen
Vollkommenheit aus zu beurtheilen haben.

Die Vorrede hat Prudentius im Jahre 405 bei der Herausgabe der
uns überlieferten Gedichte geschrieben. Wir schließen daraus mit großer
Wahrscheinlichkeit, daß der Dichter bald darauf entweder durch den Tod
oder durch schwere Krankheit in seinem poetischen Schaffen gehindert worden
ist. Andernfalls wäre Prudentius entweder seinem Vorsatze untreu ge=
worden, bis zum Ende seines Lebens sein Dichtertalent durch Wort und
Schrift für die Ehre Gottes nutzbar zu machen, oder wir müssen an=
nehmen, daß etwaige nach 405 verfaßte Werke verloren gegangen sind.
Für die eine Annahme so wenig als für die andere läßt sich ein irgend=
wie genügender Grund anführen. Erwägen wir dazu, daß Prudentius
im Jahre 405 von Todesahnungen erfüllt war, die er in seiner Vorrede
und sonst wiederholt ausspricht; ferner, daß wir kein Gedicht besitzen, in
denen das im Jahre 408 und 409 über die Heimath des Dichters herein=
gebrochene Unglück angedeutet wird: so können wir schwerlich Bedenken
tragen, den Tod des Prudentius bald nach 405 anzusetzen. „Der fromme
chriftliche Dichter entschlief nach dem Jahre 405,“ sagt Nirschl (a. a. O.
S. 504). Jede genauere Angabe des Todesjahres muß als willkürlich
zurückgewiesen werden [1].

Wir können indeß die genauere Zeitbestimmung der Abberufung
des Dichters aus der Zeitlichkeit um so eher vermissen, als sein Leben
damit kein Ende genommen hat. Mit seiner Bekehrung hatte er ein
neues Leben begonnen. Er war mit Christus in die innigste Verbindung
getreten, so daß Prudentius auf sich das apostolische Wort anwenden
konnte: „Jch lebe, doch nicht mehr ich, sondern Christus lebt in mir“
(Gal. 2, 20). Oder was anders als eine herrliche Umschreibung dieses
Wortes sind die schönen Verse (Apotheos. 386 sq.):

„Quidquid in aere cavo reboans tuba curva remugit,
Quidquid ab arcano vomit ingens spiritus haustu,
Quidquid casta chelys, quidquid testudo resultat,
Organa disparibus calamis quod consona miscent,

---

[1] Eigenthümlich genug findet man oft 413 als Todesjahr angegeben. Wahr=
scheinlich hat die irrige Annahme, die Werke des Prudentius seien innerhalb sieben
Jahren entstanden (oben S. 7), verbunden mit dem Mißverständniß, wonach Pru=
dentius im Jahre 405 erst zu dichten begonnen haben soll, zu diesem Irrthum Anlaß
gegeben. (Vgl. Arevalo, Proleg. n. 56. Migne t. 59 col. 604.) — Jm Chronikon
des Pseudo=Dexter heißt es freilich ad ann. 424: „Prudentius Roma Caesaraugustam
rediens ad aedem Caesaraugustanam S. Mariae plenus dierum et illustrium
operum post multas pugnas cum omnibus haereticis sui temporis habitas, tran-
quille moritur.“ Arevalo hat a. a. O. diese Dichtung, welche mehreren älteren
Lebensbeschreibungen zu Grunde liegt, genügend berücksichtigt, bezw. widerlegt, ob=
gleich sie der Widerlegung nicht bedarf. Vgl. Gams II, 1. S. 335.

Aemula pastorum quod reddunt vocibus antra,
Christum concelebrat, Christum sonat, omnia Christum
Muta etiam fidibus sanctis animata loquuntur.
O nomen praedulce mihi, lux et decus et spes
Praesidiumque meum, requies o certa laborum,
Blandus in ore sapor, fragrans odor, irriguus fons,
Castus amor, pulcra species, sincera voluptas."

Das wahre und praktische Christenthum, welches im Leben des Pru=
dentius eine vollkommene Umgestaltung hervorgerufen hatte, ist eben mehr
als eine bloße Annahme der Lehre Christi, es ist eine wirkliche, mehr
oder minder vollkommene Vereinigung mit Christus. Darum nennt der
hl. Ignatius von Antiochien sich selbst „Gottesträger, der Christus in
der Brust habe", die Gläubigen aber „Christusträger" [1], und der hl. Au=
gustin ruft aus: „Gratulemur et gratias agamus non solum nos
Christianos factos esse, sed Christum; ... admiramini, gaudete:
Christus facti sumus. [2] " Dieses vorher schlummernde und unterdrückte
Leben in Christus kam in Prudentius durch seine Bekehrung zur Er=
scheinung, wie die oben angeführten Verse bezeugen. Im Gegensatze zu
dem an die Grenzen der Zeitlichkeit gebundenen natürlichen Leben heißt
es das übernatürliche, wahre, der Idee entsprechende Leben. Ihm ver=
dankt Prudentius auch seinen unsterblichen Namen als Dichter. Er selbst
führt ja seinen Entschluß, Gott im Gesange zu verherrlichen, auf jenes
„Non sunt illa Dei" (praef. v. 33) zurück, das den Anfang seiner gänz=
lichen Hingabe an Christus bildete. Seitdem sind seine Gedichte das Ab=
bild seines Lebens im Glauben an Christus geworden und haben jene
Kraft erhalten, in Folge deren sie noch bis heute an unsere Ohren
bringen [3]. In dem Glaubensleben des Christen wird nun beständig auf's
Neue die Aufgabe erfüllt, welche als der Inhalt des Lebens Christi von den
himmlischen Geistern bezeichnet worden ist, da er selbst in diese Welt eintrat
mit den Worten: „Ehre Gott in der Höhe und auf der Erde Friede den
Menschen, die guten Willens sind." Um die Verherrlichung Gottes und
die Heiligung der Menschen drehen sich alle Gedanken, Worte und Werke

---

[1] „θεοφόρος ... ὁ Χριστὸν ἔχων ἐν στέρνοις" (Martyrium Ignatii. c. 2); χριστο-
φόροι (Ep. ad Ephes. c. 9); ed. Hefele p. 125. 185. ed. II^a). Vgl. die Bezeichnung
der Christen als οἱ ἐν Χριστῷ, die der hl. Paulus braucht (Röm. 8, 1), correlativ
mit Χριστὸς ἐν ὑμῖν (8, 10).

[2] In Joh. tract. 21. n. 8. Hoc sublime doctrinae caput, bemerkt P. Hurter S. J.
in seiner Ausgabe 1884. p. 348, s. Doctor saepissime ingeminat, ut pluribus
ostendimus. Opusc. XXVII, 8. sqq. Vgl. Thalhofer, Lehrbuch der katholischen
Liturgik. Freiburg 1883. S. 8 f.

[3] Inwieweit Prudentius das Fortleben seines Namens der dichterischen Voll=
endung seiner Werke verdankt, kommt hierbei nicht in Betracht, weil er seine Existenz
als Dichter ganz und gar dem Christenthume schuldet. Das „non omnis moriar"
des Horaz ist freilich nur dichterischer Nachruhm.

Christi; beides muß folgerecht auch jedes Menschenleben beherrschen, das in der Vereinigung mit Christus verläuft. Indem nun das christliche Leben des Prudentius durch die poetische Sprache zum Ausbruck gelangte, mußte es bementsprechend einerseits zum Gebete werden, anderseits auf die Belehrung des Nächsten abzielen[1]. Die oben mitgetheilten Lebensverhältnisse des Dichters brachten es mit sich, daß er in seinem Streben, den Nächsten zur Erkenntniß der friedebringenden Wahrheit zu führen oder darin sicherzustellen, zum Kämpfer wurde. So hat Prudentius durch Christus und für Christus ein Leben des Gebetes und ein Leben des Kampfes geführt; insofern sich aber in seinen Gedichten sein Leben abspiegelt, betet und kämpft er noch in seinen Werken. Demnach dürften die Prudentianischen Dichtungen am einfachsten und richtigsten eingetheilt werden in solche, die im Gebete, und solche, die im Kampfe entstanden sind. Auf diese Eintheilung führen uns die Worte des Prudentius selbst, in welchen er am Schlusse der allgemeinen Vorrede seine Werke aufgezählt hat (v. 37 sq.):

(Anima peccatrix)

> Hymnis continuet dies
> Nec nox ulla vacet, quin Dominum canat,
> Pugnet contra haereses, catholicam discutiat fidem,
> Conculcet sacra gentium:
> Labem, Roma, tuis inferat idolis,
> Carmen martyribus devoveat, laudet apostolos.

Die dem Lobe Gottes geweihten Hymnen und die Gesänge auf die Martyrer und Apostel zeigen uns den Dichter im Gebete. In den Kampf begibt sich Prudentius mit dem Vorsatze, die Häresie und die Götter des heidnischen Rom zu bekriegen. Daß das catholicam discutiat fidem mit dem pugnet contra haereses (v. 39) nothwendig ein Ganzes bildet, ist im Vorhergehenden angedeutet worden und wird im Folgenden noch ausführlich gegen jene bewiesen werden, welche unter den vorhandenen polemischen Gedichten mit Berufung auf diesen Vers noch eine Unterabtheilung vornehmen[2]. Jede Polemik gegen den Irrthum wird nothwendig auch zu einer Aufhellung der Wahrheit. Dementsprechend weisen wir der ersten Abtheilung folgende Gedichte des Prudentius zu, aus denen wir erfahren, wie er und seine Zeit gebetet hat.

I. Das Buch καθημερινῶν[3], die Tagzeitenlieder, eine Sammlung von 12 Hymnen mit folgenden Ueberschriften: 1) Hymnus ad galli-

---

[1] Vgl. die im Vorworte mitgetheilte Auffassung Miltons vom Berufe des Dichters.

[2] Vgl. Ebert (a. a. O. S. 241), welcher das catholicam discutiat fidem nur auf die Apotheosis bezieht; durch das pugnet contra haereses aber die Hamartigenia angedeutet sein läßt. Bei Allard (p. 358) findet sich die umgekehrte Beziehung.

[3] Die griechischen Titel rühren von Prudentius selbst her.

cantum, beim Erwachen; 2) Hymnus matutinus, Morgengebet; 3) Hymnus ante cibum und 4) Hymnus post cibum, Tiſchgebete; 5) Hymnus
ad incensum lucernae, Abendgebet; 6) Hymnus ante somnum, Nacht=
gebet; 7) Hymnus ieiunantium und 8) Hymnus post ieiunium, Ge=
bete für die Faſttage; 9) Hymnus omni hora, immerwährende Erin=
nerung an Jeſus; 10) Hymnus in exequiis defunctorum, Begräbnißlied;
11) Hymnus de natali Domini, Geſang auf das Weihnachtsfeſt; 12) Hymnus Epiphaniae, Geſang auf das Feſt der Erſcheinung des Herrn. Auf
dieſe Hymnenſammlung laſſen wir folgen II. das διττοχαῖον. Dieſes
kleine und unbedeutende Büchlein, das die Kritik jetzt allgemein dem
Dichter zuerkennt, umfaßt 49 vierzeilige Strophen. 24 derſelben ſtellen
dem Leſer Begebenheiten aus dem alten Teſtamente und die übrigen 25
neuteſtamentliche Scenen vor Augen. Die chronologiſche Reihenfolge, wie
ſie in den heiligen Büchern herrſcht, verbindet dieſe ſonſt nicht zuſammen=
hängenden Tetraſtichen zu einem Ganzen. Es ſind erklärende Ueber= oder
Unterſchriften, welche für Bilder in einem chriſtlichen Gotteshauſe be=
ſtimmt waren. Ich glaube deßhalb, es ein Betrachtungsbuch[1] nennen zu
dürfen, das uns in eine ſpaniſche Kirche des vierten Jahrhunderts ver=
ſetzt. Dieſe vorläufige Bemerkung genügt, um die Erwähnung des Büch=
leins an dieſer Stelle zu rechtfertigen. Erfahren wir durch das Tag=
zeitenbuch, wann die Chriſten zur Zeit des Dichters gebetet haben, ſo
belehrt uns die poetiſche Bilderbibel des Prudentius, daß dieſelben in der
Kirche, dem eigentlichen Orte des Gebetes, ſich der Bilder als Hülfsmittel
beim Gebete bedienten. Dem erhabenſten Gebete, der kirchlichen Liturgie
im engern Sinne, entſtammt, wie unten nachzuweiſen iſt, endlich III. das
Buch περὶ στεφάνων, über die Siegeskronen der Martyrer, mit

---

[1] Dem entſpricht auch der Titel διττοχαῖον, der nach Ebert (a. a. O. I. S. 281)
„ohne Zweifel das Fraglichſte an dieſem Werkchen iſt". Es findet ſich dafür in zwei
Manuſcripten des 16. Jahrhunderts „Diptychon", was Cellarius und Obbarius in
ihre Ausgaben aufgenommen haben. Ebert bezeichnet dieß mit Recht „nur als eine
gelehrte Conjectur des Zeitalters des Humanismus". Unrichtig ſagt daher Dippel
in der Real-Encyklopädie der chriſtl. Alterth. Art. „Diptychen" S. 369: „. . . man
ſcheint ganze fortlaufende Cyklen von bibliſchen Darſtellungen auf den Diptychen
angebracht zu haben, wie das von Prudentius verfaßte Gedicht ‚Διπτυχον‘
beweist, wenn daſſelbe, wie Buonarotti vermuthet, die Beſchreibung eines wirklichen
Diptychons aus dem vierten Jahrhundert iſt." Dieſe Vermuthung hat außer der
unglücklichen Conjectur des Namens Alles gegen ſich, wie unten im zweiten Kapitel
klar erhellen wird. Indeß iſt auch Ebert im Unrecht, wenn er die Erklärung:
διττοχαῖον von διττός und ὀχή = duplex refectio, doppelter Genuß, der aus dem
alten und neuen Teſtamente geſchöpft wird, „vollſtändig abgeſchmackt" nennt, „die
auch grammatiſch nicht zu rechtfertigen iſt". „Die eigenthümliche Natur des Werkchens
als eines bloß erklärenden Textes" iſt durchaus nicht dagegen, wenn wir darin eine
Anleitung zur Betrachtung der Bilder erblicken, aus welcher die Gläubigen geiſtigen
Genuß und Erbauung ſchöpften. Vgl. Cath. IV, 33. 94 sq.

14 Hymnen. Von diesen besingt der erste[1] die heiligen Soldaten Chelidon und Emeterius, die zu Calagurris um 286 den Martyrertod erlitten[2]; der zweite den hl. Laurentius; der dritte die heilige Jungfrau Eulalia von Emerita, welche unter Diocletian Martyrin wurde; der vierte die (nicht näher bekannten) 18 heiligen Martyrer von Saragossa; der fünfte den hl. Vincentius, den dritten Diakon neben Stephanus und Laurentius, dessen Ruhm die ganze christliche Welt erfüllt und der in der Litanei zu allen Heiligen von der ganzen Kirche ohne Unterlaß angerufen wird; der sechste den heiligen Bischof Fructuosus von Tarraco mit seinen Diakonen Augurius und Eulogius († 259); der siebente den heiligen Bischof Quirinus von Siscia (vgl. oben S. 18); der achte enthält 9 Distichen auf die Taufstätte (Baptisterium) von Calagurris, wo die heiligen Martyrer ihr Blut vergossen hatten; der neunte ist dem heiligen Lehrer Cassian gewidmet, der wohl unter Diocletian zu Imola von seinen heidnischen Schülern wegen Christus getödtet wurde; der zehnte dem hl. Romanus; der elfte dem hl. Hippolyt; der zwölfte den heiligen Apostelfürsten; der dreizehnte dem hl. Cyprian von Carthago; der vierzehnte der hl. Jungfrau Agnes.

Gewöhnlich theilt man die Prudentianischen Dichtungen in lyrische und bidaktische. Zu den lyrischen Gedichten rechnet man von den bisher erwähnten Werken die Bücher Kathemerinon und Peristephanon; das Dittochäon dagegen weiß man nicht recht unterzubringen. Brockhaus[3] sagt nach der Aufzählung und Analyse aller übrigen Werke: „Neben den berührten Poesien des Prudentius existirt noch ein kleines, ihm zugeschriebenes Buch von wesentlich eigenthümlicher Art, das weder den Lehrgedichten, noch den Hymnen zuzugesellen ist. ... Es ist das Liber Διττοχαῖον.“ Am besten, so könnte es demnach scheinen, nimmt man mit Kayser[4] eine Dreitheilung an: 1) polemisch-bidaktische, 2) epische und 3) ly-

---

[1] Diese Reihenfolge ist in den Ausgaben des Dichters jetzt allgemein angenommen; ob sie die ursprüngliche ist, bleibt später zu untersuchen.

[2] S. Gams, K.-G. von Spanien I. S. 293. „Man hielt sie früher für die ältesten Martyrer Spaniens, welche in der Verfolgung des Nero gelitten. Denn sie seien zu einer Zeit Martyrer geworden, als die Provinz Galicien noch mit der Provinz Tarraconensis vereinigt gewesen. Die Trennung habe aber wahrscheinlich schon unter Kaiser Trajan stattgefunden. Aber die Trennung Galiciens von Tarraconensis fand erst z. Z. der neuen Eintheilung Spaniens unter Kaiser Constantin statt ... Im Jahre 286 oder 287 brach zuerst unter dem im Abendlande dem Maximian unterworfenen Heere eine heftigere Verfolgung gegen die Christen aus. Um die Christen kennen zu lernen, sollten alle Soldaten den Götzen opfern. Es ist wahrscheinlich, daß gerade um diese Zeit, wenige Jahre vor dem Ausbruche der allgemeinen Verfolgung ... die beiden Martyrer in Leon und Calaharra für den Glauben starben.“

[3] A. a. O. S. 158.   [4] A. a. O. S. 157.

rische Gedichte, und weist das Dittochäon der zweiten Klasse zu. Allein
Kayser muß (S. 162) sagen: „Das Dittochäon enthält eine Reihe von
Geschichten oder richtiger Bildern des alten und neuen Bundes, jedes
in den engen Rahmen von vier Hexametern gefaßt.“ Beschriebene Bilder
sind aber streng genommen doch keine epische Dichtung. Ueber diese
Schwierigkeit kommen wir durch obige Eintheilung hinweg. Thatsächlich
hatten die erklärenden Beschreibungen des Dittochäon den Zweck, die
Christen bei der Betrachtung der betreffenden Bilder zu unterstützen,
sie zur frommen Erwägung der biblischen Begebenheiten anzuleiten. Entstanden sind sie, indem Prudentius selbst dieser Uebung der Frömmigkeit
oblag. Mit vollem Rechte zählen wir das Dittochäon darum jenen
Werken bei, die uns Prudentius im Gebete schildern. Indem wir hierzu
die beiden „lyrischen“ Gedichtsammlungen rechnen, entgehen wir einer andern Schwierigkeit. Man hat nämlich mit Recht an dem lyrischen Charakter (im gewöhnlichen Sinne) des Tagzeitenbuches und der Martyrer-
Hymnen Anstoß genommen. Das epische Element tritt hier oft so stark
hervor, daß Kayser von ihnen sagt: „Man könnte sie christlich-religiöse
Balladen nennen.“ [1] „Mit der Ballade haben sie außer der Liedform auch
noch das vielfach eingewobene dramatische Element gemein; selbst der
Humor fehlt stellenweise nicht.“

Hierbei ist das apologetisch-polemische Element einzelner Hymnen des
Peristephanon-Buches (II. V. X.) nicht einmal in Anschlag gebracht. Und
dennoch kann man diesen Gedichten den lyrischen Grundcharakter und die
Bezeichnung als „Hymnen“ nicht absprechen. Alle enden mehr oder
minder schließlich mit einem Gebete, sind zuweilen durchweg Gebet oder
der Nachklang eines Gebetes. „Das wahre Gebet selbst aber hat stets
den lyrischen Grundcharakter.“ [2] Probst behandelt daher in seinem schönen
Buche „Lehre und Gebet in den drei ersten christlichen Jahrhunderten“ [3]
die christliche Hymnologie als eine Unterabtheilung des Gebetes. „Auch
der Hymnus ist eine Erhebung oder ein Aufschwung des Herzens, die
in ihm (im Hymnus) wie im Gebete ihre Ursache in dem Ergriffen-

---

[1] A. a. O. S. 271. Vgl. Brys a. a. O. S. 111. „C'est le livre des
couronnes qui fait le plus beau titre de gloire de Prudence, comme poète et
comme écrivain. L'élément lyrique qui domine dans les Cathemerinon, dis-
paraît souvent ici pour faire place au genre narratif et descriptif provoqué
par la nature même du sujet.“ Die Lyrik des Prudentius ist so eigenthümlich,
daß sie Gegenstand einer Dissertation geworden ist: Delavigne, De lyrica apud
Prudentium poesi. Thèse de la faculté de Bordeaux 1848. Mit Brys (S. 150)
muß ich sagen, daß alle Bemühungen, dieses Schriftchen aufzutreiben, vergeblich gewesen sind. Brockhaus (S. 164) sagt: „... in seinen Büchern Peristephanon und
Kathemerinon hat er sich als Epiker und Lyriker bewiesen.“ Vgl. Ebert a. a. O. I.
S. 281. Allard (a. a. O. p. 359).

[2] Kayser a. a. O. S. 7. 　[3] Tübingen bei Laupp 1871. S. 255.

sein des Subjectes von der Größe seines Gegenstandes hat, und dieser Gegenstand ist in beiden Gott und Göttliches." An einer andern Stelle sagt Probst vom Hymnus[1]: „Zu einem Hymnus gehören nach Augustinus (In Ps. 148, 17; Migne t. 36. col. 1047) drei Merkmale: laus, Dei laus et cantus. Das Lob knüpft jedoch an den Tag oder das Fest, welches gefeiert wird, an, so daß Guyetus[2] hierin das unterscheidende Merkmal zwischen Psalmen und Hymnen findet, indem die Psalmen das Lob Gottes im Allgemeinen, die Hymnen es aber mit Rücksicht auf ein Geheimniß oder einen Heiligen verkünden. Merati definirt daher den Hymnus als einen metrischen Gesang, der das Lob Gottes mit Rücksicht auf einen bestimmten Tag oder ein Fest ausdrückt." Diese Begriffsbestimmung paßt genau auf die in Rede stehenden Dichtungen des Prudentius. Ihren Eigenthümlichkeiten werden wir aber am ehesten gerecht werden, wenn wir in denselben den fortlebenden Dichter im Gebete finden. Diese Eigenthümlichkeiten bestehen nämlich in der langen Ausdehnung der Hymnen, die mehr verstandesmäßige Reflexionen und Erzählungen enthalten, als lebhafte Gemüthserhebungen, wie sie der Lyrik eigen sind. Woher stammt nun dieser reflectirende Charakter? Aus der religiösen Betrachtung; ja er ist selbst die Betrachtung, welche der religiöse Dichter zur Erfüllung seiner Aufgabe nöthig hat. „Die Aufgabe des Dichters," sagt Jungmann[3], „bei religiösen

---

[1] Brevier und Breviergebet. 2. Aufl. S. 112 f. Bei Kayser a. a. O. S. 10.

[2] Heortologia sive de festis propriis locorum et ecclesiarum opus novum et intentatum hactenus. Auctore Carolo Guyeto Tuconensi presbytero. Venetiis 1729.

[3] Aesthetik. Freiburg 1884. S. 747. Die Definition, welche Jungmann (S. 704) von der religiösen Poesie gibt, paßt genau auf die Dichtungen des Prudentius: „Die religiöse Poesie ist hiernach die Kunst, der übernatürlichen Offenbarung angehörenden Thatsachen durch das Wort in solcher Weise Ausdruck zu geben, daß dieser dazu angethan ist, die den Thatsachen entsprechenden religiösen Gefühle in andern zu veranlassen." Ueber das Buch Peristephanon würde indeß hierbei ein Zweifel entstehen, weil S. 747 die der Kirchengeschichte entnommenen Thatsachen nur unter gewissen Bedingungen den Gegenstand der so definirten religiösen Poesie bilden können. In der Controverse, die Jungmann aus Anlaß dieser Definition über den Begriff der religiösen Poesie speciell gegenüber Stöckl und Kayser herbeigeführt hat (S. 375 f.), scheint indeß Jungmann zu weit gegangen zu sein. Der an sich richtige Begriff der religiösen Poesie wird zu eng begrenzt. Die Profanation, welche die beim Gottesdienste zur Verwendung kommende Kunst erlitten hat, hat Jungmann bestimmt, alle Dichtungen religiösen Inhalts, die darauf ausgehen, anderen ästhetischen Genuß zu vermitteln, der sogen. hedonischen Poesie zuzuweisen, und die gewöhnliche Eintheilung in christliche (religiöse) und profane Dichtung aufzugeben. Das Richtige hierbei ist, daß in Malerei, Musik und Poesie der übernatürliche Gegenstand vielfach naturalisirt und profanirt worden ist, wie dieß P. Albert Weiß in seiner Apologie des Christenthums Bb. III. S. 813 f. trefflich dargestellt hat, daß also der übernatürlich religiöse Gegenstand an sich noch kein Grund ist, ein Kunstwerk religiös

Gedichten umfaßt ... zwei Stücke. Er hat einerseits den von der Offen=
barung gegebenen Stoff zu durchdringen, sich betrachtend in den=
selben zu versenken, ihn nach seiner innern Bedeutung sowohl als
nach seiner Beziehung zum religiösen Leben mit der ganzen Kraft eines
lebendig und wahr empfindenden Gemüthes aufzufassen; und er hat dann
andererseits dieser seiner Auffassung unter Verwerthung der geeigneten
Mittel der Poesie den angemessenen sprachlichen Ausdruck zu geben."
Dem Begriffe entsprechend, welchen man gewöhnlich von der lyrischen
Poesie gibt, erwartet man nun im lyrischen Gemüthsergusse des Dichters
nicht sowohl die verstandesmäßige Erwägung des Gegenstandes, die Be=
trachtung in ihrer Ausdehnung, sondern das Resultat derselben, den Ein=
druck, welchen die Erwägung im Dichter hervorgerufen hat. Mit dem
Begriffe des Hymnus aber verbindet man gewöhnlich die Bestimmung
für öffentliche Cultuszwecke. Kayser [1] definirt den kirchlichen Hymnus
als „ein geistliches Lied, welches die religiösen Gefühle in gebundener
Redeform vorträgt und zu öffentlichem liturgischen Gebrauche gedichtet
oder doch dazu herangezogen ist". Prudentius aber theilt uns in seinen
Hymnen recht eigentlich seine Betrachtung in ihrer Ausdehnung mit. Die
religiösen Thatsachen, der Gegenstand der Betrachtung, werden uns vor=
geführt, und daran knüpft Prudentius, seinem ernsten in sich gekehrten
Wesen entsprechend, seine Reflexionen. „Man sieht daraus," sagt Ebert [2]
über die so entstandene Länge der Hymnen, indem er Prudentius mit

---

zu nennen. Allein die künstlerische Darstellung übernatürlicher Wahrheiten des Christen=
thums, mag sie für öffentliche oder Privatzwecke berechnet sein, muß immer religiöse
Gefühle veranlassen können (1 Cor. 10, 31), wenn sie nicht ein gröberer oder fei=
nerer Mißbrauch der Religion sein soll. Im Princip dürfte somit die Eintheilung
der Kunst überhaupt und der Poesie insbesondere in profane und christliche festzu=
halten, die neue Eintheilung Jungmanns aber verfehlt sein. Vgl. Jakob, Die
Kunst im Dienste der Kirche. Landshut 1870. 2. Aufl. S. 370. „Der nämliche
Geist war die Quelle all' jener herrlichen Lieder, die, obgleich nicht in dem liturgischen
Dienst aufgenommen, dennoch ebenso viele Nachklänge jener höheren, durch die
Kirche gleichsam geweihten Sangesweisen sind."

[1] A. a. O. S. 10. „Obwohl," sagt deßhalb derselbe Autor S. 271, „die
Lieder (des Prudentius) im Buche der Tagzeiten und auch im Buche über die Kränze
die Ueberschrift Hymnus führen: — Kirchenhymnen in dem früher definirten Sinne
sind es nicht." Thatsächlich macht die vorwaltende Reflexion des Dichters und die
hierdurch veranlaßte Länge die Hymnen des Prudentius für den liturgischen Ge=
brauch ohne Weiteres weniger geeignet. Allein abgesehen davon, ob dieses Moment
wesentlich zum Begriffe des Hymnus gehört, sind nicht bloß der sechste Hymnus des
Peristephanon=Buches, sondern mit Ausnahme von Perist. VII. IX. XI. XII u. XIII
(VIII kann hier nicht in Betracht kommen) alle ganz oder im Auszuge in's moz=
arabische Brevier aufgenommen. Vgl. Breviar. Gothicum ed. Lorenzana (Migne t. 86.
col. 1050. 1055 sq. 1062 sq. 1274 etc.). Dazu: „Die Verwendung der Hymnen des
Prudentius in der Liturgie" im Nordamerikanischen Pastoralblatte. 1885. S. 49.

[2] A. a. O. S. 246.

dem hl. Ambrosius vergleicht, „daß Prudentius praktische Cultuszwecke
— wobei ich den Hausgottesdienst des täglichen Gebets mit einbegreife —
weniger zunächst im Auge hatte oder mindestens im Auge be=
hielt, als der Bischof von Mailand." Wir haben die Privatandacht
des Dichters (im richtig alsbald zu erklärenden Sinne) in seinen Hymnen
vor uns. Weder die mitgetheilte Definition von Kirchenhymnus, noch
auch die einfache Benennung „lyrische Dichtungen" lassen sich auf die
Bücher Kathemerinon und Peristephanon anwenden. Hiermit dürfte es
genügend begründet sein, warum wir namentlich die letztere Bezeichnung
als wenig geeignet für diese Schöpfungen des Prudentius bezeichnet haben.
Der Titel Hymnus, welchen Prudentius selbst seinen Liedern gegeben
hat [1], läßt sich überhaupt kaum nach den heute in der Poetik geltenden
Begriffsbestimmungen beurtheilen. Zu seinem Verständniß muß man
nothwendig auf die Bedeutung dieses Wortes im altchristlichen Gottes=
dienste zurückgehen. Euseb von Cäsarea sagt in seiner Erklärung des
64. Psalmes [2]: „In den Worten: Te decet hymnus in Sion lehrt der
heilige Geist die aus den Völkern Hinzutretenden, daß Gott allein der
Hymnus gebühre, der in Sion, d. h. in der Kirche gesungen wird.
Denn die Heiden und Häretiker schrieben die Leitung des All bösen
Mächten zu, und selbst die Juden irrten von dem Gott gebühren=
den Hymnus ab, welchen die in der Kirche, von Christus selbst belehrt,
Gott darbringen." Und in der Erklärung des 65. Psalmes sagt der=
selbe Euseb [3]: „Den Auftrag (den allein wahren Gott zu preisen) voll=
zieht die über die ganze Erde verbreitete Kirche, indem sie den Einen
von den Propheten verkündeten Gott mit lauter Stimme durch Hymnen
und Psalmen verherrlicht." „Solche und ähnliche Worte," heißt es zu
Pf. 58, 18 [4], „wie: ,Ich werde deinen Namen meinen Brüdern ver=
künden; mitten in der Kirche werde ich dich loben und am Morgen
werde ich deine Barmherzigkeit verherrlichen', sprach darum der prophe=
tische Geist in der Person des Erlösers. Denn sie deuten den am
Sonntag früh in seiner Kirche regelmäßig gefeierten Cult (λατρεία) pro=
phetisch an. Wenn es heißt: in medio ecclesiae laudabo te, so
wird dadurch der Ort angegeben, an welchem Christus den
Vater zu verherrlichen (ὑμνήσειν) verspricht. In den Worten
celebrabo diluculo misericordiam tuam macht er die Zeit namhaft,
in welcher der Eingeborne durch sein Volk die Barmherzigkeit des Vaters
verherrlicht." Das liturgische Gebet im Allgemeinen und das Dankgebet

---

[1] Praef. gen. v. 37. Cath. IV. v. 73 sq.
[2] Migne, Ser. gr. t. 23. p. 625. Vgl. Probst, Die Liturgie nach der Be=
schreibung des Eusebius von Cäsarea im achten Jahrgange der Innsbrucker Zeitschrift
für kathol. Theologie, 1884. S. 682 f.
[3] L. c. p. 657.   [4] L. c. p. 550.

des euchariftischen Opfers insbesondere tragen den Namen Hymnus[1]. „Das liturgische Dankgebet wurde nicht nur ein Hymnus, sondern es wurde der Hymnus genannt, obwohl es das, was man heute unter Hymnus versteht, nicht ist, sondern mehr eine poetische Beschreibung der göttlichen Werke enthält." Das ist der Hauptgrund, warum wir den ersten Theil der Prudentianischen Gesänge „Prudentius im Gebete" und dem entsprechend auch den zweiten Theil „Prudentius im Kampfe" überschreiben möchten. Keine andere Eintheilung wird näm= lich das Verständniß der Werke des Dichters mehr befördern, weil keine andere so wie diese uns an die Quelle führt, aus welcher die durch die Jahrhunderte rinnenden Bächlein der Poesie des Prudentius entsprungen sind. Dem individuellen Leben des Christen Prudentius haben seine Dichtungen ihr Dasein zu verdanken; aus diesem Leben müssen sie erklärt werden. Aber das ist das Eigenthümliche des wahren Christenthums, daß seine Bekenner trotz aller individuellen Verschiedenheit doch unter= einander einen lebendigen Organismus, den myftischen Leib Christi, bilden. Der Mensch tritt nur dadurch in Gemeinschaft mit Christus, daß er ein Mitglied der Kirche Christi wird. Es gibt kein Privatchristenthum in dem Sinne, als ob der Glaube und das Leben der einzelnen Christen in subjectiver Verschiedenheit nebeneinander bestehen könnte. Geeinigt durch den einen Glauben und die eine Liebe, repräsentiren vielmehr alle Christen in der einen Kirche zugleich den fortlebenden Christus. Mit der Kirche betet der Christ, in ihr kämpft er. Ist nun auch das Leben dieser Kirche wesentlich immer dasselbe, wie Christus stets derselbe ist, so gestaltet es sich doch in seinen Aeußerungen je nach Ort und Zeit verschieden. Der unvergängliche Geist des Christenthums kommt nur in der vorübergehen= den concreten Gestalt der Christen in ihrer Gesammtheit, d. h. der Kirche, zur Erscheinung. Auch das Gebetsleben und Kampfesleben des Prudentius muß diesem Gesetze unterworfen gewesen sein. Das Leben der Kirche, ihr Gebet und ihr Kampf, ist die Quelle der Prudentianischen Poesie. Seine Lieder, die im Gebete entstanden sind, fordern, daß wir unter= suchen, in welchem Zusammenhange dieselben mit dem Gebete der Christen, d. h. der Kirche, seiner Zeit und seines Landes stehen; seine Kampf= gesänge nöthigen uns, den Kampfplatz und die von ihm bekämpften Feinde aufzusuchen. Auf diese Weise allein kann wieder Geist und Leben in die tobten Buchstaben kommen. Bei der bisherigen Eintheilung in lyrische

---

[1] Vgl. Probst a. a. O. S. 699 f. Probst, Die Liturgie der ersten Jahr= hunderte S. 47. Lehre und Gebet S. 57. 263 f. Wesentlich dasselbe bezeichneten mit die Griechen mit ihrem ὕμνος, nämlich ein Loblied auf die Götter und Heroen, welches bei feierlichen Opfern von einem vor dem Altare stehenden, oft auch tan= zenden Chore zur Cither gesungen wurde. Kayser a. a. O. S. 11 und dazu Probst, Lehre und Gebet S. 263.

und didaktische Gedichte nach den Begriffen, welche die Aesthetik mit diesen
Worten verbindet, blieb dieser Umstand unberücksichtigt. Prudentius wurde
wie ein moderner Kunstpoet behandelt [1]. Es ist etwas Wahres in dem Ur=
theile Eberts [2]: „Prudentius gab der Ambrosianischen Hymne in seinem
Kathemerinon den Charakter der christlichen Ode, indem er sie von dem
bloßen liturgischen Zweck emancipirend zum rein ästhetischen Kunstproduct
machte; mochte seine Hymne auch an Volksthümlichkeit und Sangbarkeit
verlieren, sie ward aber ein eigenthümliches und zugleich selbständiges
Kunstgebilde. In seinem Peristephanon aber schuf er zum Theil lyrisch=
epische Dichtungen, die eine ganz neue, dem Alterthum fremde Kunst=
gattung zeigen, welche dagegen in der mittelalterlichen Volks= und in der
modernen Kunstpoesie sich wiederholt und fortlebt.“ Das Wahre hier=
von, welches oben dargelegt wurde, wird aber durch das Unrichtige über=
boten. Prudentius ist, abgesehen von der Nebensache, dem Gebrauche
der künstlichen classischen Versmaße und seiner Latinität, kein Kunstdichter,
sondern ganz eigentlich Volks= und Gelegenheitsdichter [3]. Das zu erweisen
ist die Aufgabe der folgenden Kapitel. Bevor wir hierzu übergehen,
müssen wir die Gedichte des zweiten Theiles, in welchen Prudentius als
Kämpfer vor unsern Augen steht, anführen. Derselbe enthält a) die
Dichtungen gegen die Häresie in den drei zusammenhängenden Werken:
Apotheosis, Hamartigenia und Psychomachia. Dieselben
sind, wie im dritten Kapitel darzuthun ist, gegen die Priscillianisten ge=

---

[1] Besonders Brys hat sich bestrebt, die Behauptung zu beweisen: „Les oeuvres
de Prudence sont l'expression la plus parfaite de la poésie narrative et di-
dactique comme du lyrisme dans la littérature chrétienne ... des premiers
siècles.“ A. a. O. p. 37. 64. 150. Bei dem Nachweise geht er ganz von allge=
meinen und aprioristischen Gesichtspunkten aus, trotzdem er die Principien zur
richtigen Erklärung des Dichters vortrefflich aufgestellt hat. Wie verfehlt seine Ansicht
über die „didaktischen“ Gedichte des Prudentius ist, zeigt besonders der Vergleich
zwischen Prudentius und Juvencus (p. 152): „Prudence accepte la manière de
l'auteur de l'Histoire évangélique; tous les deux imitent de près les bons auteurs
païens, en substituant aux fictions chantées par ceux-ci la réalité des faits de
l'histoire sacrée et les dogmes positifs de la religion positive.“ Brockhaus
ist allerdings auch nicht weiter gekommen.
[2] A. a. O. I. S. 281. Vgl. S. 246 f.
[3] Nur in dem Sinne, in welchem Probst (Lehre und Gebet S. 286) von dem
alexandrinischen Clemens sagt: „Mit ihm trat ein Wendepunkt in der christlichen
Hymnologie ein. Wenn der Ausdruck erlaubt ist, mit ihm trat an die
Stelle der Volkspoesie die Kunstpoesie“ — kann auch Prudentius ein Kunst=
dichter genannt werden. — Aus der Behauptung, daß Prudentius die Ambrosianische
Hymne zur christlichen Ode umgestaltet habe, gewinnen wir aber wieder deßhalb nichts
für die Charakteristik des Dichters, weil uns das genau unterscheidende Merkmal
zwischen Hymnus und Ode im altchristlichen Sinne nicht bekannt ist. Vgl.
Probst, Lehre und Gebet S. 266 f.

ſchrieben. In der gemeinſamen Richtung der Apotheoſis, der Hamartigenie und der Pſychomachie gegen die priscillianiſtiſche Häreſie werden wir dort das Band erfennen, welches dieſe Werfe zu einer polemiſchen Trilogie verbindet. Die fatholiſche Lehre von der gottmenſchlichen Perſon Chriſti gegen den priscillianiſtiſchen Irrthum zu vertheidigen, iſt Aufgabe der Apotheoſis; die Hamartigenie legt gegenüber demſelben Feinde die fatho= liſche Lehre über den Urſprung des Uebels dar, und in der Pſychomachie fommt das bewußte freie Tugendſtreben des einzelnen Chriſten, ſowie der ganzen Kirche gegenüber den fataliſtiſchen Anſchauungen des Priscillianis= mus als Grundgedanfe zur Darſtellung. Jedem dieſer drei Werfe iſt eine Vorrede vorausgeſchickt.

Gegen das Heidenthum fämpft Prudentius b) in den beiden Büchern gegen Symmachus und deſſen Bemühungen, den Götter= cult der altheidniſchen Roma wieder in Aufnahme zu bringen.

Aehnlich, wie mit der Bezeichnung der Hymnen in den Büchern Kath= emerinon und Periſtephanon als lyriſche Dichtungen, ſteht es mit dem Charafter, welcher den aufgezählten Werfen des zweiten Theiles durch den Namen „didaftiſche" Poeſien von den Literarhiſtorifern aufgeprägt wird. Gewiß iſt die Glaubenslehre des Chriſtenthums der Stoff, welchen Prudentius in dieſen Gedichten behandelt, und wie fönnte der Dichter ſeinen ausgeſprochenen Zweck, die Feinde der chriſtlichen Lehre zu widerlegen, erreichen, ohne als Lehrer aufzutreten? Allein trotzdem iſt die Benennung „didaftiſche Werfe" zur Charafteriſirung derſelben wenig geeignet. Abgeſehen von der falſchen Zweckbeſtimmung, der dieſe Bezeich= nung zumeiſt ihren Urſprung verdanft und wovon im dritten Kapitel eingehend zu handeln iſt, unterwirft dieſelbe den Dichter der theoretiſchen, ſchulgerechten Poetif, über welcher Prudentius gerade als ächter Dichter ſteht. „Ich folge," ſagt Gams [1] ſehr richtig, „in der Beurtheilung dieſes Gedichtes (der Apotheoſis) nicht denjenigen, welche ſagen, daß es in Folge des Inhaltes ganz in die Klaſſe der didaftiſch=erzählenden Gedichte gehöre, was in feiner Weiſe richtig iſt, ſondern ich bewundere den Dichter, der — bei einem ſo ſchwer zu behandelnden Stoffe — nie= mals und nirgends den geborenen und geweihten Dichter verläugnet." Und doch berechtigte gerade die Apotheoſis noch am meiſten zu dieſer Benennung, weil der lehrhafte Inhalt mehr wie in den übrigen die Form beherrſcht. In der That iſt aber Prudentius gerade wegen des Inhaltes zum Didaftifer geſtempelt worden; darum fönnen wir für uns folgende Worte Göthe's anrufen. „Es iſt nicht zuläſſig," ſagt er, „daß man zu den drei Dichtarten, der lyriſchen, epiſchen und bramatiſchen, noch die didaftiſche hinzufüge. Dieſes begreift jedermann,

---

[1] A. a. O. II, 1. S. 340.

welcher bemerkt, daß jene drei ersten der Form nach unterschieden sind und also die letztere, die von dem Inhalte ihren Namen hat, nicht in derselben Reihe stehen kann. Alle Poesie soll belehrend sein, aber unmerklich; sie soll den Menschen aufmerksam machen, wovon sie zu belehren werth wäre; er muß die Lehre selbst daraus ziehen, wie aus dem Leben." Ja wohl! der wahre Dichter lebt in seinen Gedichten; und gerade das kommt zum Ausdrucke, wenn wir seine polemischen Gedichte überschreiben: „Prudentius im Kampfe". Sie sind dann nicht bloß genügend charakterisirt, sondern auch als bestimmte Lebensäußerung des unsterblichen Dichters gekennzeichnet. Mit richtigem Takte hat Kayser die Psychomachie deßhalb ein allegorisches Epos genannt; hierbei tritt aber die Zweckbeziehung allzusehr in den Hintergrund. Wir verzichten darum am besten darauf, diese Dichtungen — und das gilt auch von den „lyrischen Dichtungen" des ersten Theiles — einer bestimmten Dichtungsart zuzuweisen. „Nichts ist natürlicher, als daß in Einem Gedichte das epische, lyrische und dramatische Element zusammenfließt, und wahrscheinlich ist das die erste und älteste Form der Poesie; ist es ja die natürlichste Form, worin ein Volk mit Begeisterung seine Helden preist und die Hauptmomente seiner Schicksale festhält; es gründet sich darauf die neuere Kunstform der Ballade." [1] Gerade das ist bei Prudentius in allen seinen Dichtungen der Fall. Anstatt ihn deßhalb zu tadeln, können wir ihn mit den Worten Göthe's loben: „Die drei Dichtweisen (die ächten Naturformen der Poesie) können zusammen oder abgesondert wirken. In dem kleinsten Gedichte findet man sie oft beisammen, und sie bringen eben durch diese Vereinigung im engsten Raume das herrlichste Gebilde hervor, wie wir an den schätzenswerthesten Balladen aller Völker deutlich gewahr werden." In den sogenannten bidaktischen Werken des Prudentius finden wir die herrlichste Epik, z. B. in der Schilderung der Veränderung, welche über die Natur durch den Sündenfall hereinbrach (Ham. 216 sq.); nicht selten lyrische enthusiastische Begeisterung in dem Lobe auf Christus (Apoth. 386 sq.), in dem rührenden Gebete (Ham. 931 sq.); dramatische Entwicklung in der ganzen Psychomachie, in den Monologen des Theodosius (I. c. Sym. 415 sq.), des Honorius (II. c. Sym. 17 sq.), der heidnischen und christlichen Roma (II. c. Sym. 655) miteinander vereinigt. Der Dichter hat

---

[1] Ganz richtig hat Kayser (oben S. 33) die Aehnlichkeit der Martyrerhymnen des Prudentius mit der Ballade anerkannt. Vgl. über die Eintheilung der Poesie in epische, lyrische, bidaktische Jungmann a. a. O. S. 772: „Diese Eintheilung der Poesie ist bekanntlich die gewöhnlichste; besondern Werth hat sie vielleicht nicht: wenigstens gibt es Werke der Poesie, bezüglich deren es, den in der Poetik herrschenden Bestimmungen gegenüber, schwer sein kann, zu entscheiden, welcher Gattung sie zuzuweisen seien." Das Drama faßt Jungmann als eine eigene, selbständige Kunst neben der Poesie auf.

eben den Stoff in sich aufgenommen und ihm seine Seele eingehaucht;
der ganze Dichter tritt uns darum in seinen Werken entgegen, und
wir glauben, dieselben nicht besser charakterisiren zu können, als wenn
wir sagen: theils betet der Dichter in ihnen, theils kämpft er. „Zwischen
dem rein Lyrischen," sagt Bone treffend, „und dem rein Epischen (dessen
Zusammensetzung im Dramatischen mit inbegriffen) sind so viele Mittel=
stufen und Mischungen, daß eine Namenumgrenzung fast ebenso viel sein
würde, als wenn man die verschiedenen Naturen und Charaktere der
Menschen in schulgerechte Gruppen bringen wollte. Mit solcher Namen=
und Regelpoetik haben sich besonders die Deutschen seit der Mitte des
vorigen Jahrhunderts abgemüdet." An Prudentius ist gleichfalls viel
unnöthige Mühe in dieser Beziehung verschwendet worden.

Die Authenticität der uns überlieferten Werke des Prudentius
ist oft bewiesen worden, oder vielmehr, sie ist so unbestritten, daß sie eines
Beweises nicht bedarf. Nur bezüglich des Dittochäon hat man die Autor=
schaft des Prudentius bezweifelt, weil es in der allgemeinen Vorrede des
Dichters nicht angedeutet ist und vom Stile des Prudentius abweichen
soll [1]. Der Zweifel ist von der Kritik heute als unbegründet aufgegeben.
Ohne deßhalb die vortrefflichen Ausführungen des Arevalo, Obbarius
und Dressel zu wiederholen, glauben wir uns mit den Worten Eberts [2]
begnügen zu dürfen: „Das Werkchen zeigt dem Kenner des Prudentius
eine solche Uebereinstimmung mit verschiedenen seiner anderen Dichtungen
in Bezug auf Inhalt wie Ausdruck, daß einem solchen auch nicht der
geringste Zweifel an seiner Autorschaft kommen kann. Aber wie viele
haben darüber geurtheilt, ohne Prudentius überhaupt oder mit Aufmerk=
samkeit gelesen zu haben!" Merkwürdiger Weise sagt Nirschl [3]: Migne
führe das Dittochäon unter den Werken des Prudentius nicht auf. Es
steht aber in tom. 59, col. 89—112.

Mehr als genug ist über die „verlorenen" Werke des Prudentius
und die ihm fälschlich beigelegten geschrieben worden, so daß wir diesen
Punkt wie Brockhaus nur anzudeuten brauchen [4]. Anlaß dazu hat die
Stelle des Gennadius gegeben, der im 13. Kapitel seines Catalogus die
Werke des Prudentius aufzählt und dabei sagt: „Commentatus est et
in morem Graecorum *Exaemeron* e mundi fabrica usque ad conditionem primi hominis et praevaricationem eius." Bryß [5] legt allzu-
viel Gewicht · auf diese Worte des Gennadius. Es ist mehr als wahr=

---

[1] Vgl. *Obbarius*, Proleg. p. 12 sq. *Arevalo* (Migne t. 60 vol. 89 sq.).
Dressel, Proleg. p. XIV. *Allard* a. a. O. p. 358.   [2] A. a. O. I. S. 279. Anm. 2.   [3] Patrologie II. S. 507. Anm. 1.
[4] Vgl. *Arevalo*, Proleg. n. 59 sq. (Migne t. 59. col. 607 sq.). *Obbarius*,
Proleg. p. XIV sq. *Dressel*, Proleg. c. II. p. XIV.
[5] A. a. O. S. 63.

scheinlich, daß sie einen Irrthum enthalten. Vielleicht ist dieses Hexaemeron nur eine mißverstandene Bezeichnung eines Theiles der Hamartigenie (V. 158—353). Das Buch Peristephanon wenigstens erhält von Gennadius auf ähnliche Weise den Titel: Invitatorium ad martyrium. In den aufgezählten Werken lebt Prudentius fort. Das Verständniß derselben und die Würdigung des fortlebenden Dichters hängt, wie oben angedeutet, zumeist von der Darlegung der historischen Verhältnisse ab, unter denen Prudentius geschrieben hat. Durch bloße Analyse und Inhaltsangabe der einzelnen Werke kann dieses Verständniß nicht erreicht werden. Wir betrachten daher zunächst, um das Verständniß des ersten Theiles zu vermitteln, die Dichtungen, in welchen wir Prudentius im Gebete finden.

Zweites Kapitel.

Prudentius im Gebete.

Das christliche Alterthum kennt keine Vereinigung mit Christus, noch ein christliches Leben, außer in der von Christus gestifteten Kirche. Das Wort des hl. Cyprian: Christianus non est, qui in Christi ecclesia non est [1], gilt als Axiom. Am besten entspricht daher dem Geiste der Kirchenväter jene Begriffsbestimmung der Kirche, wonach sie ist: „der im Laufe der Jahrhunderte in Zeit und Raum erscheinende und fortlebende Christus als Centralmensch" [2]. In der Kirche, seinem mystischen Leibe, setzt der Gottmensch sein Leben auf Erden fort. Sein Leben ist vor Allem ein Gebetsleben; darum muß das Leben der Kirche sich äußern im Gebete, und der einzelne Christ wird in dem Maße vom Geiste des Christenthums durchdrungen sein, als er in und mit der Kirche betet [3]. Das gemeinsame, öffentliche Gebet der Kirche, die Liturgie im weiten Sinne, ist auch das Gebet des einzelnen Christen. In der alten Kirche war dieß in der vollkommensten Weise der Fall. „Die Liturgie hatte eine viel größere praktische Bedeutung, als manche moderne Theologen ahnen; sie war der Mittelpunkt des Gebetes und des frommen Lebens überhaupt. In ihr wurde jeder religiöse Unterricht vermittelt, aus ihr

---

[1] Ep. 55. (al. 52) ad Antonian. n. 24.
[2] Vgl. Thalhofer, Handbuch der kathol. Liturgik. Freiburg 1883. S. 11. Scheeben, Die Mysterien des Christenthums. Freiburg 1865. S. 517 f. „Glied der Kirche sein ist dasselbe, wie ein wirkliches Glied am Leibe Christi sein."
[3] Vgl. Real-Encyklopädie der christlichen Alterthümer, Art. „Gebet", S. 550 und 503.

zog die Privatandacht ihre Nahrung, in ihr floß der Gnaden=
strom für einen gottseligen Wandel. Aus Basilius, Ambrosius und
Chrysostomus wissen wir, daß die Gläubigen selbst in ihren
privaten Gebeten eine Ordnung beobachteten, die sie der
Liturgie entlehnten, wodurch das außerhalb des Gottes=
dienstes verrichtete Gebet mit dem liturgischen nach Form
und Inhalt eine Aehnlichkeit erhielt."[1] „Während mehr als
tausend Jahren," sagt Guéranger[2], „sehen wir, wie die Kirche, welche
in ihren Gotteshäusern siebenmal während des Tages und mitten in der
Nacht betet, niemals allein betete. Die Völker des Erdkreises schlossen
sich ihren Gebeten an und nährten sich mit Wonne von dem Manna,
das in den Worten und den Geheimnissen der Liturgie verborgen ist.
Eingeweiht in den göttlichen Kreislauf der Mysterien, kannten die Gläu=
bigen, die auf den Geist achteten, die Geheimnisse des ewigen Lebens,
und ohne andere Vorbereitung wurde oft ein Mann von den Bischöfen
auserwählt, um Priester, selbst Bischof zu werden, damit er über das
christliche Volk die Schätze des Glaubens und der Liebe ausbreite, die er
an dieser Quelle geschöpft hatte." Gebetsstätten, nicht Lehrschulen
waren die ersten und regelmäßigen Versammlungsorte der Christen. Daß
Prudentius in dieser innigen Gemeinschaft mit der Kirche gestanden hat,
und daß in seinen Gebetsliedern das Gebet der Kirche seiner Zeit vor=
liegt, ist oben behauptet worden. Den Nachweis hierfür haben wir zu=
nächst durch eine nähere Betrachtung 1. des Buches Kath=
emerinon zu liefern.

Unter den zwölf Hymnen dieses Buches sind die beiden letzten von
den zehn vorangehenden zu trennen, welche ein in sich abgeschlossenes
Ganzes bilden. Prudentius will nämlich in ihnen das Leben des Christen,
wie es sich tagtäglich gestalten soll, vom Erwachen am Morgen bis zur
Stunde des Entschlummerns im Tode, schildern. Diesem Plane des Dich=
ters entspricht auch durchaus die oben angegebene Reihenfolge der Hymnen,
welche daher von Prudentius selbst herrühren dürfte. Allerdings scheinen
die beiden Hymnen auf das Fasten (VII und VIII) besser nach dem
neunten Hymnus ihre Stelle zu haben[3], weil sie für die bestimmten Fast=
tage der Woche und des Jahres gedichtet sind, während die ersten sechs
Hymnen für die einzelnen Stunden jedes Tages gelten und der Hym=
nus IX gewöhnlich „omni hora" überschrieben wird. Allein trotzdem

---

[1] Probst, Die Liturgie nach der Beschreibung des Eusebius von Cäsarea.
Zeitschrift für kathol. Theologie. Innsbruck. VIII. Jahrg. 1884. S. 684. Vgl.
Ambrosius, De instit. virg. c. 2. n. 9. De Cain lib. II. c. 6. n. 21. Chrysost.
in Matth. hom. 55. n. 6.

[2] Das Kirchenjahr. Autorisirte Uebersetzung. Mainz, Kirchheim, 1874. Bd. I. S. 2.

[3] Siehe Kayser, Beiträge u. s. w. S. 264. Brockhaus, a. a. O. S. 81.

ift gerade in diefer Reihenfolge die von Prudentius beabsichtigte Dar=
stellung der chriftlichen Tagesordnung am besten enthalten. Wenn näm=
lich auch nicht jeder Tag ein Fafttag ift, so beherrschte doch thatsächlich
die Faftenpraxis zur Zeit des Prudentius das ganze Leben der Christen;
sie war die wenigstens jeden Mittwoch und Freitag mit Ausnahme der
Ofterzeit r e g e l m ä ß i g wiederkehrende Seelenläuterung und gehörte somit
zur Tagesordnung im weitern Sinne. Der ganze Tag und das ganze
Leben des Christen aber soll sich zum Gemälde gestalten auf dem Gold=
grunde des beständigen Andenkens an den göttlichen Meister. Deßhalb
hält Prudentius dem Christen einen Abriß des Lebens Jesu im neunten
Hymnus vor Augen, dessen Bedeutung wohl am besten durch die Ueber=
schrift „Beständige Erinnerung an Jesus" bezeichnet werden dürfte [1].
Dieses so geordnete Leben, welches von der ununterbrochenen Betrachtung
der Thaten des göttlichen Meisters durchdrungen ift, findet seinen Abschluß
in der Todesftunde. Deßhalb errichtet der Dichter dem entschlummerten
Christen das herrliche Denkmal im zehnten Hymnus. Die Hymnen XI
(De natali Domini) und XII (Epiphaniae) beginnen offenbar einen
neuen Cyklus. Das bekundet auch ihre Stellung in den Handschriften [2].
„Iam pridem," sagt Dressel a. a. O., „ii (hymni) a libro Cathemerinon separati fuisse videntur, propterea quod in certum quendam
atque fixum terminum compositi potius ad illos pertinere vide-
bantur, quos ad dies natales martyrum celebrandos canebant."
Allerdings ift es irrig, diese Hymnen zum Periftephanon=Buche zu zählen,
anftatt in denselben den Anfang zu einem neuen, nicht vollendeten Hymnen=
kreise zu erblicken. Können wir nämlich die ersten zehn Hymnen des Kath=
emerinon=Buches im Vergleiche zu der jetzigen kirchlichen Gebetsordnung
im Breviere das *Ordinarium* de tempore nennen, so entsprechen die
beiden letzten dem *Proprium* de tempore. Wir werden kaum irren,
wenn wir den Tod des Dichters für die übrigen fehlenden Hymnen ver=
antwortlich machen, welche dem ganzen damals beftehenden Jahresfeftkreise
entsprochen haben würden.

Wir haben jetzt genauer darzuthun, inwiefern sich in dem erften
Hymnenkranze (Cath. I—X) das Gebetsleben der damaligen Kirche wieder=

---

[1] Die Handschriften überschreiben verschieden: Hymnus omnis horae, in omni
hora, omnibus horis, ad omnes horas, hora atque die, *semper canendus.* Siehe
bei *Dressel*, Prud. carmina p. 52. Die zuletzt genannte Ueberschrift, welche sich im
cod. R. aus dem zwölften Jahrhundert findet, entspricht wohl dem Sinne am
besten; die gleich zu besprechende Rücksicht auf Cyprian nöthigt indessen, daß mehr
bezeugte omni hora oder omnis horae vorzuziehen.

[2] *Dressel*, p. 65. „Hymni XI et XII in N. R. a b i m q (des. in o p)
passionem Romani martyris sequuntur librum Peristephanon claudentes." Vgl.
Obbarius p. 43. Brys, a. a. O. S. 107.

spiegelt. Zu diesem Zwecke müssen wir das Gebetsleben, das im Kath-
emerinon=Buche seinen Ausdruck gefunden hat, mit den anderweitigen Nachrichten über das Gebet der ersten christlichen Jahrhunderte in vergleichende
Beziehung setzen.

Der erste Hymnus[1] ist eine eindringliche Ermahnung, das
evangelische Wort: Vigilate et orate, in Ausführung zu bringen. An
diese beiden Worte läßt sich auch die Disposition des Gesanges, wenn
man eine solche sucht, anschließen. „Vigilate, iam sum proximus!"
(v. 8) ruft Christus den Gläubigen zu, und zum Gebet mahnt der
Dichter: „Iesum ciamus vocibus" (v. 81). Der Auszug von vier
Strophen aus dem Hymnus, welchen das römische Brevier als Hymnus
zu den laudes fer. III. enthält, hat gerade diese beiden Verse als die
beiden Hauptgedanken aufgenommen. Allein das vigilate beherrscht doch
den ganzen Hymnus so, daß das orate daneben fast nur angedeutet wird.
Aber es bedarf auch keiner ausdrücklichen Mahnung zur „Arbeit des Gebetes" (B. 12), weil dieselbe mit dem vigilate bereits gegeben ist. Nur
zum Gebete wird ja die Nachtwache angestellt. Daß das vigilate nicht
ein Weckruf: „Erwachet!", sondern eine Mahnung, dem Schlafe zu wider-
stehen und einen Theil der Nacht schlaflos zuzubringen, ist, wird im Hymnus
ausdrücklich ausgesprochen, auch wenn es nicht schon an sich klar wäre[2].

> Post solis ortum fulgidi
> Serum est cubile spernere
> Ni *parte noctis* addita
> Tempus labori· adieceris. (v. 9 sq. Cfr. v. 77 sq.)

Es handelt sich also um die Uebung des Nachtgebetes,
um die Vigilien im eigentlichen Sinne. Die allgemeine Uebung
desselben bezeugt der Hymnus dadurch, daß er sich an die Christen überhaupt wendet.

> „Inde est quod *omnes* credimus
> Illo *quietis tempore,*
> Quo gallus exultans canit,
> Christum redisse ex inferis." (v. 65 sq.)

Aus der Ueberschrift „Ad gallicantum oder gallicinium" darf
man nicht folgern, daß der Dichter nur die Zeit unmittelbar vor Tages-
anbruch im Auge habe. Arevalo führt gegen diese Ansicht die Worte
des hl. Isidor (Orig. l. V, c. 30) an: „Dies inchoat secundum Romanos a media nocte. Unde et tum gallicinium est, i. e. gallo-

---

[1] Vgl. Kayser, a. a. O. S. 275 f. Eine gute deutsche Uebersetzung des
Hymnus findet sich bei Schlosser, Die Kirche in ihren Liedern, und bei Brockhaus, a. a. O. S. 82.

[2] Vgl. Kayser, a. a. O. S. 479.

rum cantus, quorum vox diei ostendit praeconium, quando et mesonyctius afflatus est." Es handelt sich um den Nachtgottesdienst überhaupt, ohne Unterschied, ob derselbe vom ersten, zweiten oder dritten Hahnenschrei seinen Anfang zu nehmen hat. Ganz ebenso bezeichnen die apostolischen Constitutionen den Nachtgottesdienst der Christen mit diesem Ausdrucke[1]. Die Abschnitte der Nacht, vigiliae, custodiae oder auch noctes, wurden von den Alten gewöhnlich nach dem Hahnenschrei bestimmt und benannt. So heißt es in dem Consecrationseide, welchen der Liber diurnalis Pontificum Romanorum den Bischöfen vorschreibt: „Spondeo ac promitto me omni tempore per singulos dies a *primo gallo* (b. h. Mitternacht) usque mane cum omni ordine clericorum meorum vigilias in ecclesia celebrare."[2] Der hl. Ambrosius erklärt in seinem Hymnus: „Aeterne rerum conditor", der mit Recht „Ad nocturnum officium" überschrieben wird, den Ausdruck „ad gallicantum" in wahrhaft classischer Weise (v. 2 sq.):

> Praeco diei iam sonat,
> Noctis profundae pervigil
> Nocturna lux viantibus
> Ac nocte noctem segregans.

Der Hymnus des Prudentius zeigt mit dem genannten Ambrosianischen Gesange, der dem Gesagten zufolge wohl schwerlich „ein Morgenlied" zu nennen ist[3], inhaltlich eine auffallende Uebereinstimmung. Derselbe ist, wie Kayser sagt (a. a. O. S. 266), gewissermaßen nur eine Erweiterung des Ambrosianischen Hymnus. Mag nun unserem Dichter das Lied des hl. Ambrosius bekannt gewesen sein, oder mag Prudentius ebenso wie Ambrosius die Gedanken aus einer gemeinschaftlichen Quelle, nämlich dem liturgischen Nachtgebete, entnommen haben: in jedem Falle hat dieser Prudentianische Hymnus in dem öffentlichen Gebete der Christen jener Zeit seinen Ursprung. Was wir an demselben im Vergleich mit

---

[1] Lib. VIII. c. 34. Εὐχὰς ἐπιτελεῖτε ... ἀλεκτοροφωνίᾳ ... ἀλεκτρυόνων δὲ κραυγῇ (sc. εὐχὰς ἐπιτελοῦντες) διὰ τὸ τὴν ὥραν εὐαγγελίζεσθαι τὴν παρουσίαν τῆς ἡμέρας εἰς ἐργασίαν τῶν τοῦ φωτὸς ἔργων. Vgl. Bickell, Ueber die Entstehung und Entwicklung der canonischen Tagzeiten im Katholik 1873. II. Hälfte S. 292. „Im achten Buche der apost. Constit. c. 34 werden sechs Gebetszeiten aufgezählt, nämlich Matutin, Terz, Sert, Non, Vesper und das nächtliche Gebet zur Zeit des Hahnenschreies."

[2] Kayser, a. a. O. S. 162. Lib. diurn. Pontif. Rom. tit. VII. p. 67 ed. Garneril.

[3] Vgl. Kayser, a. a. O. S. 150. 264. Allerdings ist der Hahn der Herold des Tages, der das herannahende Licht verkündet; allein sein Heroldsruf selbst erschallt in der Nacht, und das Gebet, wozu sein Ruf ermahnt, ist ein Nachtgebet. Das monastische Officium hat dem entsprechend den Ambrosianischen Hymnus im Matutinum.

dem Hymnus des hl. Ambrosius als Erweiterung bezeichnen können, spiegelt auf's Interessanteste das Charakterbild des Prubentius wieder. Bei Ambrosius ist die symbolische Auffassung der Nacht, des Hahns, des Lichtes nur angedeutet; Prubentius vertieft sich mit seiner Anlage zur Contemplation betrachtend in den Gegenstand und spinnt die symbolische Deutung so weit aus, daß daneben die buchstäbliche in den Hintergrund tritt. Die Nacht z. B. ist ihm das Bild des ewigen Todes, der Sünde, der weltlichen Eitelkeit. Dabei tritt die Anwendung auf seine Person auf's Stärkste hervor. Wir haben nur eine Ausführung seiner Selbstbiographie, die er in der praefatio gegeben hat, vor uns, wenn er singt (v. 85 sq.):

Sat convolutis artubus
Sensum profunda oblivio
Prescit, gravavit, obruit
Vanis vagantem sompniis.

Sunt nempe falsa et frivola,
Quae mundiali gloria
Ceu dormientes egimus:
Vigilemus, hic est veritas.

Aurum, voluptas, gaudium,
Opes, honores, prospera
Quaecunque nos inflant mala,
Fit mane, nil sunt omnia. (Cfr. praef. v. 28 sq.)

Mehr also aus der Persönlichkeit des Dichters, als aus „dem herrschenden Tagesgeschmack"[1], der hierbei freilich nicht ausgeschlossen sein soll, haben wir die eigenthümliche Ausdehnung der Prubentianischen Hymnen zu erklären (vgl. oben S. 33). Die weitere Untersuchung wird uns bei den übrigen Hymnen dasselbe Doppelelement zeigen: die religiösen Gedanken und Uebungen seiner Zeit und seines Landes einerseits, die contemplative Geistesrichtung des Dichters andererseits.

Der zweite Hymnus im Tagzeitenbuche ist ein Morgengebet. Das Licht geht auf, es erhellt sich der Himmel; die Finsterniß der Erde, vom Pfeile der Sonne getroffen, zerreißt; schon erhält durch den Anblick des glänzenden Gestirnes Alles die Farbe wieder (V. 2 f.); kurz, die Sonne geht auf: „Sol ecce surgit igneus" (V. 25). Mit der Zeit des Hymnus, dem Sonnenaufgange, ist auch der Inhalt gegeben. Die Sonne ist das Bild Christi, welcher die Nacht der Sünde aus dem Menschenherzen vertreibt. Die erste Strophe bereits ist dieser symbolischen Deutung gewidmet, die den ganzen Hymnus beherrscht.

---

[1] Ebert, a. a. O. S. 247.

Nox et tenebrae et nubila
Confusa mundi et turbida,
Lux intrat, albescit polus,
Christus venit, discedite [1].

Darum geht auch die Bitte an Christus, die Geistessonne (v. 65 sq.):

Quodcunque nox mundi dehinc
Infecit atris nubibus,
Tu rex Eoi sideris
Vultu sereno illumina.

Prudentius hat somit in gebundener Sprache ausgedrückt, was Cyprian von den Gläubigen seiner Zeit forderte: „... et mane orandum est, ut resurrectio Domini *matutina oratione* celebretur. Quod olim Spiritus sanctus designabat in psalmis dicens: Rex meus et Deus meus, quoniam ad te orabo, Domine; *mane* exaudies vocem meam, mane assistam tibi ... Recedente item sole ac die cessante necessario rursus orandum est. Nam quia *Christus sol verus* et dies est verus, sole ac die saeculi recedente, quando oramus et petimus, ut super nos lux denuo veniat, Christi precamur adventum lucis aeternae gratiam praebiturum" [2]. Die matutina oratio des Cyprian ist der hymnus matutinus des Prudentius, durch den er das „mane novum" (v. 15) verherrlicht. Der hl. Cyprian unterscheidet a. a. O. das nächtliche Gebet genau von diesem Morgengebete [3]. Demselben, wie dem Prudentianischen Hymnus, entspricht im heutigen römischen Breviere das officium ad Primam als liturgisches Morgengebet. Hiermit steht nicht im Widerspruche, daß der Hymnus des Prudentius im römischen Breviere für die laudes verwendet wird. Beide Officien, Laudes wie Prim, sind Morgengebete, die in der Zeit Cyprians sicher nicht von einander geschieden waren, deren Scheidung sich aber zur Zeit des Prudentius im monastischen Officium vollzog. Cassian [4] berichtet nämlich, daß zu seiner Zeit, um 390, in dem bethlehemitischen Kloster, worin er sich aufhielt, die Prim als Gebetszeit eingeführt worden sei, damit die Mönche nicht die Zeit von den Laudes bis zur Terz in müßigem Schlafe auf ihren Zellen zubrächten. Es wurde somit ein zweites Morgengebet ab-

---

[1] „Einen symbolisirenden Parallelismus" nennt Kayser sehr treffend die ganze Anlage dieser Strophe in seiner ausgezeichneten Erklärung der beiden Auszüge aus diesem Hymnus, welche das römische Brevier als Hymnen in die laudes fer. IV und fer. V aufgenommen hat (a. a. O. S. 286). Wie der aus Cath. I entlehnte Brevierhymnus, so enthält auch der Auszug für das Mittwoch-Officium aus Cath. II gerade die oben citirten Hauptgedanken; für die laudes am Donnerstage sind ganz ähnliche Verse zusammengestellt. Vgl. *Bona*, De divina psalmodia c. VI: De Prima. Antverpiae 1694. p. 436 sq.

[2] De orat. dominica. c. 35. [3] Vgl. Probst, Lehre und Gebet. S. 342.

[4] *Cassian*, De instit. coenob. l. III. c. 3.

gehalten, nachdem das erste bei Sonnenaufgang stattgefunden hatte. Diese Stelle hat bei den späteren Liturgikern eine nicht geringe Begriffsver=wirrung hervorgebracht. Bona[1] sagt mit Berufung auf dieselbe: „Quod spectat ad officium Primae nulla eius expressa mentio apud patres Cassiano antiquiores reperitur, quidquid dicant Fr. Turrianus . . . Patres enim cum mane orandum esse dicunt non de Prima, sed de laudibus matutinis intelligi debent.“ Diese Worte sind aber nur von jeder Zweideutigkeit frei, wenn daneben die klare Auseinandersetzung Bona's über den Namen matutinum festgehalten wird. „Von einigen,“ sagt der Cardinal[2], „werden die matutinae laudes zusammen mit den Nocturnen recitirt, von anderen gesondert: in Folge dessen ist nun der Name ‚Matutin‘ zweideutig geworden. Manchmal wird er (nämlich) allein für die Nocturnen, getrennt von den Laudes, gebraucht, und das ist irrthümlich und durchaus unzulässig[3]. Sodann gilt ‚Ma=tutin‘ für Nocturnen und Laudes zusammen, insofern sie zu einem Ganzen vereinigt worden sind, und dieser Gebrauch ist allgemein verbreitet . . . Endlich wird ‚Matutin‘ allein für die Laudes genommen; obgleich diese Bezeichnung den eigentlichsten Sinn wieder=gibt[4], soll sie der Deutlichkeit wegen nicht mehr in Anwendung kommen.“ Nun verstehen aber, eben weil Matutin = Morgengebet für Laudes gar nicht mehr gebraucht wird, alle ohne Weiteres nur unter „Prim“ das kirchliche Morgengebet überhaupt, von welchem die Väter als oratio ma-tutina reden. Indem ihnen also Prim mit den Laudes identisch ist, sowie beide von den Vätern ohne Unterscheidung als Morgengebet bezeichnet werden, wird die an sich richtige Argumentation Bona's für sie unver=ständlich. Aus dem Gesagten erklärt sich aber, warum ein Theil des ersten Hymnus im Kathemerinon, den wir als Nachtgebet im eigentlichen Sinne erklärt haben, ebenso in den Laudes des römischen Breviers Platz finden konnte, wie die Auszüge aus dem zweiten, dem eigentlichen Morgen-liede. Frühzeitig müssen die Laudes im kirchlichen Officium in der engen Weise mit dem Nachtofficium in eins zusammengewachsen sein, wie wir es heute zu betrachten gewohnt sind[5]. Deßhalb konnte Cath. I. dafür

---

[1] De divina psalmodia c. VI. § 4. n. 2. Vgl. *Merati*, Novae observationes et additiones ad Gavanti commentaria in rubricas. Augustae Vindel. 1740. t. II. p. 127.

[2] A. a. O. c. V. § 1. n. 2. (p. 431.)

[3] Im römischen Breviere ist trotzdem diese Benennung jetzt durchaus eingeführt; die Anwendung dieser Sitte auf die Zeit des Prudentius hat dazu geführt, sein Nachtgebet (Cath. I) als Morgenlied zu bezeichnen. Vgl. unten Anm. 5.

[4] Vgl. oben S. 44. n. 1. Das ὄρθρου der apostol. Constitution bedeutet Matutin.

[5] „Joh. Cassian (De institutis coenobitorum III, 6) nennt es ausdrück=lich eine antiqua consuetudo, am Schlusse der Matutin (Laudes), welche bei den Mönchen unmittelbar an die Nocturn angeschlossen wurde, die drei letzten Psalmen

verwandt werden, namentlich jene Stellen, welche auf die Nähe des Tages
hindeuten. Es dürfte aber kaum angehen, in Folge dessen heute den ersten
Hymnus des Prudentius, sowie den entsprechenden Ambrosianischen „ein
Morgenlied" zu nennen [1]. Andererseits konnte schon durch die Psalmen
der Laudes [2] das Bewußtsein nicht verwischt werden, daß man in den
Laudes ein Morgengebet verrichte, und so war die Verwendung von
Cath. II. für dieselben selbstverständlich. Der Morgenhymnus unseres
Dichters gewährt aber deßhalb für unsere Frage besonderes Interesse,
weil in demselben unverkennbare Spuren der Aehnlichkeit mit dem Hymnus
zur Prim im römischen Breviere: „Iam lucis orto sidere" vorkommen.
„Zunge und Auge möge Gott vor sündhaften Ausschweifungen bewahren",
so lautet die erste Bitte im letztern Hymnus (V. 5 f.). Prudentius betet
(v. 97 sq.):

zu singen. Als man gegen Ende des vierten Jahrhunderts im Orient eine zweite,
von der Nocturn getrennte Matutin (unsere Prim) eingeführt, habe
man, um jener alten Gewohnheit treu zu bleiben, die Laudespsalmen in der alten,
die Nocturn beschließenden Matutin gelassen, statt sie, wie in Gallien, in die neue
Hore aufzunehmen. Eine glänzende Bestätigung erhält die Angabe Cassians durch
den syrisch-jakobitischen Ritus, welcher die Laudespsalmen zwar auch in der von der
Nocturn getrennten Matutin, daneben aber noch gegen Ende der Nocturn hat. Es
zeigt sich hierin offenbar noch ein Rest der alten Sitte, die Matutin unmittelbar auf
die Nocturn folgen zu lassen; denn der Schlußtheil der Nocturn, in welchem die
Laudespsalmen vorkommen, enthält noch andere Bestandtheile des primitiven Morgengebetes, namentlich die große Dorologie. Diese Notizen sollen nur einen vorläufigen
Beweis liefern, daß die Psalmen 148—150 immer der Matutin ange-
hört und nicht etwa den Schluß der eigentlichen Nocturnpsalmodie
gebildet haben." Bickell a. a. O. S. 315. Vgl. S. 402 f. „Dasjenige Officium, welches Cassian bald als Nocturn, bald als Vigil bezeichnet, muß übrigens
als eine Verbindung des nächtlichen Gebetes mit der Matutin betrachtet werden, in
ähnlicher Weise wie unsere dem alten Morgengebet entsprechenden
Laudes in einen ununterbrochenen Zusammenhang mit den Nocturnen gebracht worden sind und sogar als eine einzige Hore gezählt werden."
[1] Vgl. oben S. 44. Anm. 3.
[2] Die apostolischen Constitutionen citiren für das Morgengebet den Psalm 62
(63), der noch heute mit den eigentlichen Lobpsalmen 148, 149, 150 den Grundstock
der Laudes bildet. Constit. Apost. l. II. c. 59. Probst, Lehre und Gebet S. 345.
Vgl. Bickell, a. a. O. S. 296. 310 u. 315. „... mit großer Sicherheit lassen
sich die sogen. Laudes (Ps. 148—150) als ein ursprünglicher Bestandtheil der Matutin betrachten, da sie in allen Riten die Psalmodie der Matutin beschließen." Der
62. Psalm ist so sicher als der ständige Morgenpsalm der primitiven Kirche bezeugt,
daß wir nothwendig annehmen müssen, er sei nur in die neue Matutin (d. h. die
Prim) versetzt worden, habe aber schon früher in der mit der Nocturn vereinigten
Matutin (Laudes) des ältern monastischen Officiums eine Stelle eingenommen.
Ebendaselbst S. 413. Die letztere Bemerkung bezieht sich nur auf die Einrichtung in
den orientalischen Klöstern; im Occident wurde Ps. 62 in den Laudes gelassen.
Cassian. l. c. III. 6.

Haec lux serenum conferat
Purosque nos praestet sibi,
Nihil loquamur subdolum,
Volvamus obscurum nihil.

Sic tota decurrat dies,
Ne *lingua mendax*, ne manus
Oculive peccent lubrici,
Ne noxa corpus inquinet.

Die Bitte um Reinheit des Herzens, der Hinweis auf den Verlauf des Tages[1] bei Prudentius ist ebenso in dem citirten Hymnus enthalten.

Rein sei des Herzens Sinn und Drang,
Fern bleib' uns träger Müßiggang;
Des Fleisches Stolz und Ueppigkeit
Besiege weise Mäßigkeit.

Daß wir, wenn sich der Tag geneigt
Und Nacht zur Erde niedersteigt,
Von aller Sünd' und Thorheit fern,
Die Ehre geben Gott dem Herrn.

Wenn endlich der Morgenhymnus „Iam lucis orto sidere" ermahnt, Gott zu bitten:

Ut in *diurnis actibus*
Nos servet a nocentibus,

so erinnert Prudentius:

Speculator adstat desuper
Qui nos diebus omnibus
Actusque nostros prospicit
A luce prima in vesperum. (v. 105 sq.)

Die auffallende Uebereinstimmung, die sich sogar auf einige Ausdrücke erstreckt, wird man kaum zufällig nennen können, zumal der angeführte Hymnus des römischen Breviers wenn nicht von Ambrosius selbst, so doch der Zeit des Ambrosius entstammt[2]. Wir werden also etwa dasselbe Verhältniß zwischen Cath. II. und „Iam lucis orto sidere" annehmen dürfen, wie oben zwischen Cath. I. und dem Ambrosianischen Hymnus: „Aeterne rerum conditor". Das Morgenlied:

---

[1] Hierbei bleibt bestehen, daß *tota dies* (v. 101) bei Prudentius zunächst den ganzen Lebenstag bezeichnet. Vgl. Kayser a. a. O. S. 293. Die Matutin- (und Vesper-) Prophonese der apostolischen Constitutionen liegt hier als Quelle zu Grunde: „Lasset uns erflehen Mitleid und Erbarmen vom Herrn, diesen Morgen und Tag frieblich und sündenfrei, wie auch die ganze Zeit unserer Pilgerschaft, den Engel des Friedens, ein christliches Ende, die Huld und das Wohlgefallen Gottes." Const. Apost. l. VIII. c. 37. — Vgl. Bickell a. a. O. S. 306.

[2] Vgl. *Bona* l. c. c. VI. § 4. n. 2. (p. 442.)

„Splendor paternae gloriae", welches auf die wichtigsten Gründe hin
dem hl. Ambrosius zuzueignen ist [1], enthält dagegen nicht solche Anklänge
an unsern Hymnus, welche zu derartigen Vermuthungen Anlaß geben
könnten. In dem letzten der oben citirten Verse des Prudentius dürfte
übrigens der Ausdruck „*a luce prima*" vielleicht darauf hindeuten, daß
man damals bereits die dem Morgengebet gewidmete Zeit prima nannte.
Die Existenz eines ersten und zweiten Morgengebetes, welche im moz=
arabischen Breviere als ad auroram und ad primam unterschieden wer=
den [2], können wir aber bei Prudentius weder nachweisen noch an=
gedeutet finden.

Das zweite Element im Hymnus, die Anwendungen, welche Pruden=
bentius auf seine eigene Person macht, sind im vorliegenden Hymnus
ebenso offenbar, wie im ersten, und brauchen nur angedeutet zu werden.
Schon der zweite Vers, in welchem er die Nacht mit dem stürmischen und
verworrenen (dunkeln) Treiben der Welt (Confusa mundi et turbida)
vergleicht, enthält eine Beziehung auf die erste Periode seines Lebens. Die
energische Aufmunterung (v. 93 sq.) aber:

> Tandem facessat caecitas
> Quae nosmet in praeceps diu
> Lapsos sinistris gressibus
> Errore traxit devio —

ist offenbar nur eine Wiederholung des „Atqui fine sub ultimo" aus
der praefatio (v. 34) [3]. Die herrliche Stelle endlich (v. 37—56), wo
er gegenüber der Geschäftigkeit der Weltmenschen als seine einzige Be=
schäftigung nur das Lob Christi bezeichnet, ist gleichfalls nur eine aus=
führliche Variation von praef. v. 36 sq.

> At nos lucelli ac faenoris
> Tantique prorsus nescii
> Nec arte fortes bellica
> Te, Christe, solum novimus.

---

[1] Kayser a. a. O. S. 194 f. Im römischen Breviere findet sich dasselbe
in laud. fer. II. Die Uebersetzung bei Schloffer a. a. O. I. S. 7.

[2] Breviar. Gothicum ed. Lorenzana. Migne t. 86. col. 939. Man nannte
diese Stunde auch ad pullorum cantum. (Vgl. praefat. ad Brev. Goth. ibid.
col. 28.) Es steht nichts im Wege, den Hymnus des Prudentius (Cath. II), wie
Arevalo thut (Migne t. 59. col. 785), so zu benennen. Nur darf man dabei nicht
voraussetzen, daß schon zur Zeit des Dichters aurora und prima gesondert existirt
haben.

[3] Vers 93 mit der Aenderung: *Pallens* facessat caecitas v. 94 und 96 sind
in den Laudes=Hymnus (fer. V.) Lux ecce surgit aurea aufgenommen. Kayser
(a. a. O. S. 291) bemerkt dazu: „Bei dem letzten Verspaare dürfte Prudentius
zunächst an sich selbst gedacht haben, da er ja lange Zeit (diu) ein gottentfremdetes
Leben führte; mehr oder weniger passen sie jedoch auf jeden Menschen."

Te mente pura et simplici,
Te voce, te cantu pio
Rogare curvato genu
Flendo et canendo discimus. (v. 45 sq.)

Diese Verse sind nur durch die persönlichen Verhältnisse des Dichters genügend zu erklären. Nachdem er allem weltlichen Treiben völlig entsagt hat (prorsus nescii), ist er ein Schüler Christi geworden (discimus) [1]. Die beiden zusammengehörigen Hymnen III. und IV. sind Tischgebete. Der erste derselben übertrifft mit seinen 206 Versen die vorangehenden bedeutend an Länge, während der andere mit 103 Versen denselben an Ausdehnung gleichkommt. Daß der Dichter in der Sitte des Tischgebetes mit den Christen seiner Zeit vollkommen übereinstimmt, braucht keinen besondern Nachweis. Bereits Tertullian [2] beruft sich gegenüber den Heiden auf den allgemeinen Gebrauch des Tischgebetes wie auf ein Gesetz, und der hl. Cyprian [3] schließt seinen Brief an Donatus mit der Mahnung, das Abendessen nicht ohne Gebet vorübergehen zu lassen. Beim einfachen Mahle höre man Psalmen und während des Essens soll geistliche Lesung das Ohr erfreuen. Prudentius betet (v. 171):

Da locuples Deus hoc famulis
Rite precantibus, ut tenui
Membra cibo recreata levent.

Damit ist die allgemeine Sitte genügend bezeichnet. Das geistliche Lied aber, welches nach Cyprian (a. a. O.) neben der Lesung den Theilnehmern am Mahle „fromme Süßigkeit" (religiosa mulcedo) verschaffen soll, bereitet Prudentius in unserem Hymnus vor, indem er singt (v. 26):

Sperne camena leves hederas,
Cingere tempora quis solita es [4],
Sertaque mystica dactylico
Texere docta liga strophio
Laude Dei redimita comas.

Bieten die beiden Hymnen in dieser Beziehung weder Schwierigkeiten noch Eigenthümlichkeiten, so prägt sich in ihnen desto mehr der Charakter des Dichters aus. Seiner Bußstrenge nicht minder wie seiner idealen Richtung entspricht es, wenn er den Sündenfall der Stammeltern und als Ursache desselben die nicht überwundene Eßlust ausführlich schildert

---

[1] Den Kampf Jakobs mit dem Jehova-Engel (Gen. c. 32) hat Prudentius v. 73—92 für seinen Zweck symbolisch ausgelegt. Vgl. Bona l. c. cap. V. § 4. (p. 435.)

[2] Tertull. apolog. c. 39; cfr. de orat. c. 25.

[3] Epist. 1: „Ponet psalmos convivium sobrium et ubi tenax memoria est, vox canora, aggredere hoc munus ex more." Vgl. Probst, Lehre und Gebet. S. 348.

[4] Er redet sich selbst an und zeigt mit diesen Worten seine frühere, von ihm jetzt so oft beklagte Lebensweise an.

(B. 96—136), um daran die Mahnung zu knüpfen, daß nur durch
Mäßigkeit die durch Christus erlangte Erlösung bewahrt werden könne,
und wenn er die meisterhafte Darstellung der Herrschaft, die Gott dem
Menschen über die sichtbare Schöpfung eingeräumt hat (B. 35—55), be=
nützt, um daran seinen Abscheu vor dem Genusse von Fleischspeisen und
ein begeistertes Lob der einfachsten Pflanzenkost zu reihen (B. 56—80).
Dasselbe Lob der Frugalität kehrt im Hymnus nach dem Essen wieder.
Der größere Theil des letztern beschäftigt sich mit der Geschichte Daniels
in der Löwengrube und seiner wunderbaren Speisung durch Habakuk,
welche symbolisch auf den enthaltsamen Christen angewendet wird (B. 37
bis 99). „Das einfache Mahl (dapes inemptae), welches der gut=
müthige Prophet Ambakum seinen Schnittern nach Bauernweise (agresti
arte) bereitet hatte", veranlaßt Daniel, der es wunderbar erhalten hat,
zu herzlichem Danke (B. 70):

> His sumptis Danielus excitavit
> In caelum faciem ciboque fortis
> Amen reddidit, Halleluia dixit.
>
> Sic nos muneribus tuis refecti
> Largitor Deus omnium bonorum
> Grates reddimus et sacramus hymnos.

Weder die gänzliche Enthaltsamkeit von Fleischspeisen, noch die Sitte,
erst am späten Nachmittage — „luce sub occidua" — zur Mahlzeit zu
gehen, welche Prudentius Cath. III, 88 erwähnt, kann bei den Christen
jener Zeit allgemein nachgewiesen werden. Beides kann sich daher nur
auf die persönlichen Verhältnisse des Dichters beziehen, der diese Uebungen
mit den Strengeren unter seinen Zeitgenossen, vielleicht in einer Art reli=
giöser Genossenschaft, festhielt.

Das Amen und Alleluja, welches Prudentius den Propheten
in den obigen Versen beten läßt, zeigt uns übrigens wieder, daß Pru=
bentius in seinen Hymnen von den allgemein üblichen Gebetsformeln aus=
gegangen ist. Tertullian [1] berichtet nämlich: „Die fleißigeren Beter pflegen
bei ihren Gebeten das Alleluja anzureihen und Psalmen von der Art,
daß die Mitanwesenden deren Schlußworten antworten können. Und
alles das ist fürwahr eine treffliche Einrichtung, was zur Lobeserhebung
und zur Ehre Gottes gereicht, um ihm ein durchsättigtes Gebet gleichsam
als eine ganz vorzügliche Opfergabe (saturatam orationem [2] velut op-
timam hostiam) darzubringen."

---

[1] De orat. c. 27. Vgl. Probst, Lehre und Gebet. S 314: „Diese Notiz
(Tertullians) zeigt, daß es (das Alleluja), zu Ende des zweiten Jahrhunderts als
Privatgebet gebraucht, allmählich in das liturgische Gebet überging."

[2] D. h. orationem psalmis auctam.

Nicht ohne Bedeutung ist der Zusammenhang, in welchem diese Worte bei Tertullian stehen. Das vorausgehende 26. Kapitel handelt nämlich über die Aufnahme und Verabschiedung von Brüdern (Mitchristen). Der als Gast aufgenommene Bruder soll nicht vergessen, der leiblichen Er= quickung die himmlische (des Gebetes) vorauszuschicken. Es ist also zunächst vom Tischgebete bei gemeinschaftlicher Mahlzeit die Rede[1]; auf dieses ist Ter= tullian aber gekommen durch die unmittelbar vorausgehende Mahnung an die Christen überhaupt: „Aber auch Speise zu genießen und ein Bad zu nehmen, ohne daß ein Gebet vorausgeht, ziemt sich nicht für Gläubige. Denn die Erquickung und Nahrung der Seele muß der des Fleisches vor= angehen, die himmlische der irbischen." In diesem Zusammenhange ist es nun klar, daß dieses Anreihen (subiungere) des Alleluja's an die Ge= bete sich zunächst auf das Tischgebet, und zwar das gemeinschaftliche, bezieht. Wir irren deßhalb kaum, wenn wir den merkwürdigen Aus= druck „saturata oratio" von dem Dankgebete verstehen, welches von den Gesättigten, d. h. nach der Mahlzeit, zu opfern ist. Wenn nun Prudentius ebenfalls dem Propheten das Alleluja als zur Danksagung nach der Mahlzeit gehörig in den Mund legt; wenn er im engsten An= schluß daran (V. 73) diese Art des Tischgebetes als allgemeine Sitte der Christen seiner Zeit darstellt, so kann an der Uebereinstimmung des Dich= ters mit Tertullian in diesem Punkte kein Zweifel sein. Vielleicht hat Prudentius sogar die angeführte Stelle aus Tertullians Abhandlung vor Augen gehabt. Worin das Hinzufügen des Alleluja bestand, sagen uns die apostolischen Constitutionen[2]. Die Recitation der Psalmen fand ihnen zufolge in der Weise statt, daß ein kirchlicher Sänger den Text sang, während das Volk die Akrostichien wiederholte. Diese „Akrostichien" waren Antiphonen; dieselben wurden ursprünglich nicht bloß wie im jetzigen römischen Ritus am Ende und Anfange des Psalmes gesungen, sondern nach jedem Verse wiederholt, wie es bei uns noch im Invita= torium üblich ist. Im Oriente ist diese Art zu psalliren stets in Gel= tung geblieben[3]. Die Worte Tertullians sind also dahin zu verstehen, daß der Chor nach jedem Psalmverse mit Alleluja responbirte[4], und diese

---

[1] Vgl. Probst a. a. O. S. 348.
[2] Const. apost. l. II. c. 57. [3] Vgl. Bickell a. a. O. S. 297 f.
[4] Nach Cassian stammt der Gebrauch, mit Alleluja zu responbiren, aus dem apostolischen Zeitalter. Quumque sedentibus cunctis ... et in psallentis verba omni cordis intentione defixis undecim psalmos orationum interiectione distinctos contiguis versibus parili pronuntiatione cantasset, duodecimum *sub alleluia responsione* consummans ab universorum oculis repente subtractus quaestioni pariter et caeremoniis finem imposuit. De instit. coenob. II. 5. Vgl. Bickell a. a. O. S. 407. Auch bei Prudentius ist in der angeführten Stelle angebeutet, daß das Alleluja=Responsorium den Schluß bildete.

Sitte ist auch von Prudentius in unserer Stelle angedeutet. An die
Schrift über das Gebet von Tertullian erinnert Prudentius in Cath. IV.
auch noch dadurch, daß am Schlusse (c. 29) derselben ebenfalls Daniel
in der Löwengrube erwähnt wird, um die Wirkung des Gebetes zu veranschaulichen. „Das Gebet während des alten Testamentes (vetus oratio)
befreite vom Feuer, von den wilden Thieren und der Hungersnoth, und doch hatte es noch nicht von Christus eine (bestimmte) Form
erhalten. Aber wie viel mehr noch ist das christliche Gebet zu wirken
im Stande! Es stellt zwar nicht den Engel des Morgenthaues in die
Mitte des Feuers (Dan. 3, 25 ff.), es schließt nicht den Rachen des Löwen,
es bringt nicht den Hungernden das Mittagsbrod der Feldarbeiter hinüber
... wohl aber rüstet es leidende, fühlende und Schmerz empfindende Wesen
mit der Kraft aus, dieß zu ertragen; es vermehrt die Gnade durch Verleihung der Tugend, so daß der Glaube erkennt, was er von Gott erhält,
und zugleich einsieht, was er für den Namen Gottes leidet."

Vergleichen wir mit diesen Worten die allegorische Deutung, welche
Prudentius der Geschichte Daniels am Schlusse seines Hymnus (V. 75—103)
gibt, so können wir die auffallende Aehnlichkeit nicht verkennen. Der
Dichter schildert mit offenbarer Anspielung auf 1 Petr. 5, 8 die Leiden,
welche der Versucher dem Gläubigen bereitet. Er gleicht dem Daniel in
der Mitte der Löwen; der Glaube aber und die gesandten Speisen, welche
nach dem Vorhergehenden nichts anderes als die Hymnen der Danksagung [1]
sein können, halten den Zorn der Löwen auf. Wie Tertullian die Geduld unter den drückenden Leiden als vorzüglichste Frucht des Gebetes
hinstellt, so schließt Prudentius sein Lied (v. 100):

Nos semper Dominum patrem fatentes
In te Christe Deus loquemur unum
Constanterque tuam crucem feremus.

Ueber den folgenden Hymnus, den die besten Handschriften
„Ad incensum lucernae" betiteln [2], ist mehr als genug und doch nichts
Genügendes geschrieben worden. Der Hymnus ist ein Vesperhymnus, den
Prudentius aus Anlaß des täglich stattfindenden officium vespertinum
oder zum lucernarium gedichtet hat. Den Nachweis dieser Behauptung
möge die Darstellung der Controverse über den Zweck des Hymnus einleiten.
Arevalo [3] hat in seinen Prolegomenen in einem eigenen Kapitel beweisen

---

[1] v. 73. Vgl. v. 04. Nil est dulcius ac magis saporum,
Nil quod plus hominem iuvare possit,
Quam vatis pia praecinentis orsa.

[2] Siehe Dressel und Obbarius. Andere Ueberschriften sind: Hymnus ad
incensum; Ad incensum cerei paschalis.

[3] Cap. XII. (Migne t. 59. col. 677); cfr. c. XVIII.

wollen, daß die wahre Ueberschrift des Hymnus lauten müsse: „De novo
lumine Sabbati paschalis", weil er nur für die Ostervigil und das
Anzünden des neuen Lichtes in derselben geschrieben ist. Er ist seiner
Sache so sicher, daß er schließlich sagt: „Haec ita clara sunt, ut qui
ulterius dubitet, an a Prudentio hymnus de novo lumine sabbati
paschalis ad noctem vigiliarum Paschae celebrandam compositus
fuerit, in media die ac luce caecutire videatur." Diesem Extrem
steht das andere in den Worten Kaysers [1] entgegen: „Daß man diesen
Hymnus auf das Anzünden der Osterkerze hat beziehen wollen und können,
wie Faustus Arevalus, Silbert, Brys thun, ist uns unerfindlich." Silbert
und Brys kommen als unbedeutend hier nicht in Betracht. Arevalo selbst
aber erklärt ausdrücklich, die specielle Zweckbeziehung des Hymnus auf
die Weihe der Osterkerze allein (welche also mit der seinigen die
Beziehung auf die Ostervigil gemein hat), die von einigen älteren Auslegern
angenommen wird, sei gar nicht begründet [2]. Brockhaus sagt richtiger [3]:
„Eine große Zahl älterer katholischer Ausleger... betrachten diesen
Hymnus als zur Feier der Osterkerze oder zur Feier der Ostervigilie be=
stimmt." Er selbst behauptet: „Ein bestimmter Hinweis auf die Oster=
vigilie findet sich nicht", und beschließt seine Untersuchung mit der vor=
sichtigen Bemerkung: „Der Umstand, daß dieser Hymnus in der Mehrzahl
der Handschriften zwischen dem nach dem Essen und dem vor dem Schlafe sich
findet, in die Reihe der Tagesvorgänge also vortrefflich paßt, lassen jener
Ansicht, daß der Hymnus einfach ein Lied zur Verrichtung des Licht=
anzündens sei, den Vorzug geben." Der hier angeführte Grund ist stich=
haltig. Mabillon [4] und Risko [5] haben ihn bereits geltend gemacht, und
Arevalo hat ihn in seiner Abhandlung, die übrigens von gründlicher Ge=
lehrsamkeit zeugt, nicht widerlegt. Die Untersuchung ist bis heute zu
keinem bessern Resultate gelangt, als welches Mabillon [6] gibt; nur sind

---

[1] A. a. O. S. 265 Anm. 1.
[2] Nota ad v. 1. (Migne t. 59. col. 818): „Giselinus ... ex Georgio Cas-
sandro statuit, eum (hymnum) pertinere ad consuetudinem eius aetatis, qua
sabbato paschali inclinante in vesperam die ante solemnem baptismi celebrationem cereus a diacono consecrari solebat et novo igne, qui aut ex silice
percusso aut crystallo soli obiecta eliciebatur accendi. ... Sed vereor ne tota
haec ratio consecrandi cereum paschalem cum ceteris adiunctis posterior sit aetate
Prudentii." Cfr. Proleg. n. 160. Migne t. 59. col. 683.
[3] A. a. O. S. 87. Vgl. S. 222. Uebrigens sagt auch Brockhaus an letz=
terer Stelle unrichtig, daß Arevalo meine, „der Gebrauch der Osterkerze schon zu des
Dichters Zeiten sei durch diesen Hymnus bewiesen".
[4] De liturgia Gallicana l. II. p. 141. (Migne t. 72 col. 197.)
[5] Hispania sacra tom. 31 bei Arevalo, Proleg. ad Prudent. c. 12. (Migne
t. 59. col. 678.)
[6] Die Beziehung auf die Weihe der Osterkerze weist Mabillon mit Recht
zurück: „In Hispaniis antiquum esse benedicendi cerei morem ex Prudentio

die Worte des letztern gründlicher und einfacher als das seitdem hierüber
Gesagte. Arevalo hat genügendes, vortreffliches Material zu einem bessern
Resultate zusammengestellt. Wie aber der ganz bestimmte Hinweis auf
die Ostervigilie mit der Beziehung auf das tägliche Abendofficium, welches
mit dem Lichtanzünden begann, zu vereinigen sei, ist noch nicht aufgeklärt.
Indem Brockhaus die bestimmte Rücksichtnahme auf die Ostervigil in Ab=
rede stellt, entgeht er der Schwierigkeit. Die Erklärung aber (S. 89):
„Prudentius liebt es, in seinen Kathemerinonliedern jeder Zeit und Ver=
richtung eine christliche Seite abzugewinnen, die er dann auch in Bedeu=
tungen sucht, die die betreffende Zeit und Verrichtung für christliche Feste
und gottesdienstliche Handlungen hat, und so kann das Lichteranzünden
ihn wohl auf die durch Lichter erhellte Osternacht führen, ohne daß eine
specielle Beziehung auf dieselbe angenommen zu werden braucht" — diese
Erklärung enthält etwas Richtiges, ist aber doch nur ein Nothbehelf.
Wir hoffen, der Wahrheit näher zu kommen, indem wir zuerst den Ge=
dankengang[1] darlegen und sodann die liturgischen Documente jener Zeit
zur Erklärung herbeiziehen.

Der ganze Hymnus enthält zwei Theile; der eine bildet das eigent=
liche Tagzeitenlied; der andere gibt die symbolische Erklärung der in
Rede stehenden Gebetszeit. Dieser letztere Theil ist aber in Form einer
Episode in den erstern eingefügt, so daß wir drei Abschnitte erhalten.
Der erste (V. 1—28) und der letzte (V. 137—164) davon, der eigent=
liche Vesperhymnus, erscheinen hiernach als Eingang und Schluß zu der
genannten Episode (V. 30—136), die den mittlern Abschnitt bildet.
Arevalo ließ sich durch den Schein täuschen und betrachtete den als Epi=
sode bezeichneten längern Theil als eigentlichen Hymnus. Dieser bezieht
sich freilich so bestimmt auf die Ostervigil, wie alsbald darzuthun ist,
daß man nicht begreift, wie Brockhaus diese Beziehung in Abrede stellen
konnte. Interessant ist, daß das mozarabische Brevier aus unserem Hymnus
den Vesperhymnus für den ersten Sonntag nach der Octav von Epi=
phanie[2] gebildet hat. Die sieben Strophen desselben enthalten gerade die
Anfangs= und Schlußverse des Abschnittes, den wir oben als ersten be=
zeichnet haben (V. 1—4 und 25—28); ferner den Anfang und Schluß

---

nonnulli colligunt, cuius hymnum: ‚Ad incensum cerei paschalis‘ compositum
laudant. Et hunc quidem hymnum ad benedictionem cerei pasch. exhibet
vetus Ordo Romanus et Hymnarium antiquum Romae anno superiori (1684)
impressum. At etc.“

[1] Brockhaus hat (S. 89) von unserem Hymnus wie überhaupt in seiner
„Analyse" der prudentianischen Dichtungen (S. 20—161) nur eine ausführliche und
gelungene Inhaltsangabe geliefert.

[2] ed. Lorenzana. Migne t. 86. col. 188. Vgl. Nordamerikan. Pastoralblatt.
1885. S. 32.

des obigen letzten Abschnittes (V. 137—140 [1] und 149—164). Das mozarabische Officium hat somit gleichfalls den eigentlichen Vesperhymnus genau von der Beziehung auf die Ostervigil unterschieden. Darin ferner, daß der Hymnus nicht für das Officium des Charsamstags, sondern für den genannten Sonntag verwendet wurde, liegt klar zu Tage, daß man bei der Aufnahme dieses Hymnus in's Brevier die nächste Beziehung desselben auf die Ostervigil nicht kannte. In die Epiphaniezeit wurde er offenbar deßhalb verlegt, weil Christus als das Licht zur Erleuchtung der heidnischen Welt die Idee dieses Festes bildet.

Die Beziehung des ersten Theiles auf die Zeit des Sonnenunterganges ist nun ganz klar in den Worten des Dichters ausgesprochen. Wie er beim Morgenhymnus (Cath. II.) auf den Aufgang der Sonne hingewiesen hat (V. 25), so nennt er hier den Untergang der Sonne als Anlaß zu seinem Gebete:

> Merso sole chaos ingruit horridum,
> Lucem redde tuis Christe fidelibus. (v. 3.)

Das künstliche Licht der Kerzen und Lampen, welches dem Feuersteine entlockt wird, muß darum stellvertretend für das Gestirn des Tages eintreten. Mond und Sterne, die das Firmament zieren, genügen dem Bedürfnisse des Menschen nach Licht nicht. Dem idealen Schwunge des Dichters wäre indeß der letztere Gedanke zu prosaisch gewesen. Er kennt einen höhern Grund für die Nothwendigkeit des künstlichen Lichtes, den ihm seine Christusliebe eingibt. Der Mensch, welcher aus dem Steine Feuer schlägt, soll nämlich lernen, daß in Christus, dem Felsen (1 Cor. 10, 4), die Quelle des Lichtes und jede Hoffnung auf Erleuchtung begründet sei (V. 5 f.). Die poetische Beschreibung des Kerzen- und Lampenlichtes endet mit der Schilderung des erleuchteten Hauses:

> Splendent ergo tuis muneribus, Pater,
> Flammis mobilibus scilicet atria,
> Absentemque diem lux agit aemula,
> Quam nox cum lacero victa fugit peplo. (v. 25 sq.)

---

[1] Zu den Worten per pia gaudia im Anfange des Abschnittes: Nos festis trahimus per pia gaudia — noctem conciliis (v. 137), macht Dressel (S. 32) die Bemerkung: Vigiliam celebrandi mos condignus sane atque condecorus. Inter orientalis quidem ecclesiae fideles, ut alios praetermittam, epulis, crapulis, comessationibus eodem tempore nimium quantum indulgeri hodie passim compertum est. Der billige Leser kann nicht im Zweifel sein, ob dergleichen Bemerkungen und Anspielungen zum Verständnisse des Dichters beitragen und dem Commentator Ehre machen. Leider tragen mehrere Anmerkungen Dressels, die er nicht aus Obbarius entlehnt hat, diesen Charakter.

Das ergo zeigt deutlich auf einen Gedankenabschluß einerseits, auf
eine einzuführende Bitte andererseits. Diese Bitte, welche sich genau an
v. 28 anschließt, findet sich v. 149 sq.[1]:

> O res digna, Deus, quam tibi roscidae
> Noctis principio grex tuus offerat,
> Lucem, qua tribuis nil pretiosius,
> Lucem, qua reliqua praemia cernimus.
> Tu lux vera oculis, lux quoque sensibus,
> Intus tu speculum, tu speculum foris,
> Lumen, quod famulans offero, suscipe
> Tinctum pacifici chrismatis unguine.

Das von Gott erhaltene Licht (V. 25) wird hier Gott als Opfergabe dargebracht. Genauer besteht die Opfergabe aus dem Abendgebete,
das beim Scheine der Kerzen und Lampen verrichtet wird. In der eben
mitgetheilten Stelle ist in V. 149 und 150 derselbe Gedanke ausgedrückt,
den der Dichter V. 155 und 156 mit specieller Anwendung auf sich
wiederholt. Nur indem Dressel diesen Zusammenhang übersah, konnte er
versuchen, die letzten beiden Verse allegorisch auf die Person des Dichters
zu beziehen, als wäre dieser selbst das lumen tinctum pacifici chrismatis unguine[2].

Die Weihe des Lichtes beschließt der Dichter mit einer feierlichen
Dorologie (V. 157—164), die eine damals gebräuchliche Formel vermuthen läßt. Suscipe lumen, sagt Prudentius:

> *Per Christum genitum,* summe Pater, *tuum,*
> In quo invisibilis stat tibi gloria,
> Qui noster Dominus, qui tuus unicus
> Spirat de patrio corde Paraclitum.

---

[1] Oben wurde allerdings V. 137 als Anfang des Schlußabschnittes bezeichnet, der mit dem Eingange (V. 1—28) den eigentlichen Vesperhymnus bildet.
Damit steht nicht im Widerspruche, daß hier V. 149 f. direct an V. 28 an-
gereiht wird. Die Verse 137—149 sind nämlich durch die eingelegte Episode stark
beeinflußt. Indem sie ebenso wohl auf die eigenthümliche Feier der Ostervigil Bezug
nehmen, wie auf das tägliche Abendgebet beim Lampenscheine, bilden sie den Uebergang zum eigentlichen Schlusse.

[2] A. a. O. S. 33. Sic, heißt es dort zur Bestätigung, tinctum pacifici
chrismatis unguine (V. 156) apte explicatur, id quod aliter fieri nequit. Die
Erklärung der letztern Worte liegt deutlich in V. 21, wo der Dichter von dem
heißen Nektar spricht, der wohlriechenden Thränen gleich tropfenweise die Kerzen-
flamme erhält. Das „friedenbringende Chrisma“ ist das Oel, welches die angezündete
Lampe speist. Gerade diese Stelle ist Anlaß gewesen, den Hymnus auf die Weihe
der Osterkerze zu beziehen, und Brockhaus sagt mit Bezug hierauf (a. a. O. S. 222):
„Die für den Gebrauch der Osterkerze angeführte Stelle Cath. 5, 155 wird von
Dressel dem ganzen Zusammenhange entsprechend (!) richtig im mystischen Sinne
mit Bezug auf die Seele des Dichters verstanden.“ Dieser mystische Sinn ist, wie

In der That wird diese Vermuthung durch die anderweitigen Nach=
richten über die Liturgie jener Zeit glänzend bestätigt, so daß wir in
diesem Hymnus ein bisher kaum beachtetes Zeugniß für die Liturgie in
Spanien am Ausgange des vierten Jahrhunderts erhalten. Die aposto=
lischen Constitutionen enthalten im 8. Buche (c. 36 und 37) das liturgische
Abendgebet [1]. Nach der Psalmodie (ἐπιλύχνιος ψαλμός) und dem Gebete für
die Katechumenen sprach der Diakon: „Rette und richte uns auf, o Herr,
durch deinen Christus." Dieses so eingeleitete Gebet um Frieden
und Bewahrung vor der Sünde während des Abends und der Nacht
endet mit den Worten: „Wir empfehlen uns selbst und die Uebrigen dem
lebendigen Gott durch seinen Christus." Alsbald betete hierauf der
Bischof: „O Gott, ohne Anfang und Ende, Schöpfer und Lenker des
All durch Christus, dessen Gott und Vater du vor Allem bist ... nimm
auch jetzt du selbst, o menschenfreundlicher und allgütiger
Herrscher, diese unsere abendliche Danksagung gnädig an.
Der du uns durch die Länge des Tages hindurchgeführt und zum Be=
ginne der Nacht hingeleitet hast, behüte uns durch deinen Christus;
gewähre ruhigen Abend und sündenfreie Nacht und würdige uns des
ewigen Lebens durch deinen Christus, durch welchen dir sei
Ruhm, Ehre und Anbetung im heiligen Geiste in Ewigkeit.
Amen." Hieran reiht sich der Segen des Bischofs über die Gläubigen,
die inzwischen der Aufforderung des Diakon: „Verneiget euch zur Hand=
auflegung!" Folge geleistet haben. Der Schluß dieses Segengebetes lautet:
„Neige dein Antlitz, allmächtiger Herr, über dein Volk, über jene, welche
den Nacken ihres Herzens, gebeugt haben und segne sie durch Christus,
durch welchen du uns mit dem Lichte der Erkenntniß erleuch=
tet und dich selbst uns geoffenbart hast, mit welchem dir
von jeder vernünftigen und heiligen Creatur würdige An=
betung gebührt, und dem Geiste, dem Paraklet, in Ewig=
keit. Amen." [2] Vergleichen wir die durch gesperrten Druck gekenn=

---

gesagt, gerade durch den Zusammenhang ausgeschlossen. Man ist beßhalb nicht ge=
nöthigt, ja kaum berechtigt, an die Weihe der Osterkerze zu denken, wie die obige
Erklärung beweist. Daß an sich die Weihe der Osterkerze angedeutet sein könnte,
ist aus historischen Gründen nicht zu bezweifeln. Was das Citat Dressels
Perist. X. 1186 sq. mit seiner „mystischen" Deutung zu thun hat, ist nicht
ersichtlich.

[1] Vgl. Probst, Lehre und Gebet. S. 347 f. Bickell, Ueber die Entstehung
und Entwicklung der canonischen Tagzeiten, im Katholik 1873. II. S. 307 f.

[2] Aehnlich lautet der Vesperhymnus im siebenten Buche der apostolischen Consti=
tutionen (c. 48): „Lobet den Herrn, ihr Diener, lobt den Namen des Herrn. Wir
preisen dich, wir feiern dich mit Lobgesängen, wir rühmen dich wegen deiner großen
Herrlichkeit! O Herr, König, Vater Christi, des makellosen Lammes, welches hinweg=
nimmt die Sünden der Welt: dir gebührt Lob, dir gebührt Ehre als Gott

zeichneten Stellen dieses Abendgebetes mit dem bisher besprochenen Theile des prudentianischen Hymnus, so kann uns die inhaltliche Uebereinstimmung, welche in der Dorologie sich sogar auf einzelne Worte erstreckt, nicht entgehen. Die apostolischen Constitutionen nennen den Abendpsalm [1] ἐπιλύχνιος, und bezeugen dadurch, daß das Vesperofficium mit dem Anzünden des Lichtes zusammenhing; der Hymnus des Prudentius müßte „lucernalis" heißen, auch wenn der Titel: „Ad incensum lucernae" nicht überliefert wäre. In den Constitutionen bezeichnet der Bischof die Abendandacht als Opfergabe; Prudentius stimmt hiermit bis auf den Ausdruck überein. Abgesehen von der schon erwähnten Harmonie in der Dorologie überhaupt, hat Prudentius gerade auch das „durch deinen Christus", welches in den Constitutionen so merkwürdig oft vorkommt. Wir begehen daher schwerlich ein Wagniß, wenn wir behaupten: Was Prudentius im fünften Hymnus des Tagzeitenbuches (d. h. in den bisher besprochenen Abschnitten) in Versen mittheilt, das hat er mit den Gläubigen seiner Zeit und seines Landes oft beim gemeinschaftlichen Abendgottesdienste ohne Verse gehört und gebetet. Diese Behauptung setzt aber voraus, daß die altspanische Liturgie (bezw. der in Rede stehende Theil derselben) wesentlich mit dem Officium der apostolischen Constitutionen übereinstimmte. Diese Voraussetzung ist ohne weiteres darin begründet, daß sich zur Zeit des Dichters, am Ende des vierten und im Anfang des fünften Jahrhunderts, das kirchliche Officium in dem Uebergangsstadium aus der überall herrschenden Gleichförmigkeit in die Verschiedenheit der einzelnen Riten befand. „Zwischen dem primitiven Officium, wie es die apostolischen Constitutionen beschreiben, und demjenigen, von welchem die gegenwärtig bestehenden Riten ausgehen, liegt überall als Uebergangsstufe das monastische Officium, welches Cassian (der Zeitgenosse des Prudentius) und andere Schriftsteller des vierten Jahrhunderts schildern." [2] Cassian selbst aber führt uns noch gegen Anfang des fünften Jahrhunderts die verhältnißmäßige Gleichförmigkeit der canonischen Tagzeiten in der ganzen Kirche vor Augen.

Allein auch für jene localen Eigenthümlichkeiten, die schon von Anfang an die einzelnen Kirchen charakterisirten und die eigenthümliche Ausbildung ihres Ritus gleichsam präformirten, ist unser Hymnus ein inter-

---

und Vater durch den Sohn im allheiligen Geiste in die Ewigkeiten der Ewigkeiten. Amen." Hieran schließt sich das Canticum Simeonis.

[1] Als solchen bezeichnen die Constitutionen l. II. c. 59 den 140sten. Ἑκάστης ἡμέρας συναθροίζεσθε ὄρθρου καὶ ἑσπέρας ψάλλοντες καὶ προσευχόμενοι ἐν τοῖς κυριακοῖς· ὄρθρου μὲν λέγοντες ψαλμὸν τὸν ξβ΄, ἑσπέρας δὲ τὸν ρμ΄. Vgl. Probst, Lehre und Gebet S. 347. Bickell, a. a. O. S. 296.

[2] Bickell a. a. O. S. 676 f.

essanter Beleg. Es handelt sich bei Prubentius um den altspanischen Ritus, der in seiner weitern Ausbildung als der mozarabische bekannt ist. Derselbe ist eins mit dem gallicanischen. „Die Uebereinstimmung des gallicanischen Officiums mit dem mozarabischen ist eine Thatsache, die für den Urtheilsfähigen keines Beweises bedarf."[1] Ebenso ist sicher, daß die Heimath dieses Ritus in der griechischen Kirche zu suchen ist. Bickell hält ihn für den ursprünglichen ephesinischen. „Den Uebergang vom Orient zum Occident bildet der ephesinische Ritus, welcher in Klein-asien frühzeitig durch den constantinopolitanischen verdrängt wurde, aber bereits im zweiten Jahrhundert eine neue Heimath in Gallien und von da aus in Spanien gefunden hatte; in den wenigen mozarabischen Kirchen des letztern Landes ist er bis zur Gegenwart lebendig geblieben."[2] Der Lichthymnus des Prubentius bestätigt diese Uebereinstimmung auffallend. Gerade der griechische Ritus hat in der Vesper bis heute einen solchen Hymnus, das φῶς ἱλαρόν, wonach ebenso wie bei Prubentius die Vesper-andacht ursprünglich als Danksagung für die Verleihung des künstlichen Lichtes erscheint. Von diesem Hymnus aber, der mit dem Abendhymnus der apostolischen Constitutionen (l. VII, 48) einige Aehnlichkeit hat, be-zeugt der hl. Basilius[3], daß er seit unvordenklichen Zeiten beim Abendgottesdienste gesungen worden sei. Der Hymnus lautet[4]: „Freund-liches Licht der heiligen Glorie des unsterblichen Vaters, des Himmlischen, Heiligen, Seligen, Jesus Christus! Angelangt beim Untergange der Sonne, schauend das Abendlicht, preisen wir Gott den Vater, Sohn und heiligen Geist. Denn es gebührt sich, dich zu allen Zeiten zu preisen mit freudigen Stimmen, o Sohn Gottes, der du das Leben verleihst; deßhalb verherrlicht dich die Welt." Daß der Hymnus unmittelbar nach dem

---

[1] Bickell, Ueber die Entstehung und Entwicklung u. s. w. Katholik 1874. I. S. 194. Vgl. Schill in „Real-Encyklopädie der christlichen Alterthümer", unter „Liturgieen" S. 336 f. „Es genügt eine Darstellung des Verlaufes (der altspanischen Liturgie), um zu erkennen, daß diese Liturgie, der römischen fremd wie die galli-canische, mit der letzteren bis zur Aehnlichkeit zweier Recensionen eines Werkes übereinstimmen." [2] Katholik 1873. II. S. 676.

[3] De Spiritu Sancto c. 29. ed. Garnier. t. III. p. 62. Der heilige Bischof vertheidigt hier wie in seinem Briefe an den Clerus von Neocäsarea (cap. 207) sich und seine Kirche gegen den Vorwurf von Neuerungen im Gottesdienste. Er schreibt deßhalb: ὃ δὲ ἄλλως μὲν ἴσως μικροπρεπὲς ἦν εἰς μέσον ἄγεσθαι, τῷ δὲ καινοτομίαν ἐγκαλουμένῳ ἀναγκαῖον εἰς μαρτυρίαν διὰ τοῦ χρόνου τὴν ἀρχαιότητα, τοῦτο δὴ καὶ προσθήσω. ἔδοξε τοῖς πατράσιν ἡμῶν μὴ σιωπῇ τὴν χάριν τοῦ ἑσπερινοῦ φωτὸς δέχεσθαι, ἀλλ' εὐθὺς φανέντος εὐχαριστεῖν. καὶ ὅστις μὲν ἦν ὁ πατὴρ τῶν ῥημά-των ἐκείνων τῆς ἐπιλυχνίου εὐχαριστίας εἰπεῖν οὐκ ἔχομεν. ὁ μέν-τοι λαὸς ἀρχαίαν ἀφίησι τὴν φωνήν... αἰνοῦμεν Πατέρα κτλ. Vgl. Bickell a. a. O. Katholik 1873. II. S. 313.

[4] Vgl. Binterim, Die vorzüglichsten Denkwürdigkeiten der christkatholischen Kirche Bb. IV. 1. Theil S. 384.

Anzünden des Lichtes gesungen wurde, zeigen die in der Anmerkung citirten
Worte des hl. Basilius.

Der Gebrauch, das Anzünden des Lichtes durch einen Hymnus zu feiern,
ist demnach aus dem Orient mit der Liturgie nach Spanien gekommen. Das
gallicanische Officium, wie wir es im sechsten Jahrhundert durch den hl. Cä=
sarius von Arles und den hl. Aurelian kennen lernen [1], nennt das Vesper=
officium ausdrücklich „lucernarium“, und das mozarabische Officium läßt
noch heute den Officianten *ad vesperas* beginnen: „In nomine Domini
nostri Iesu Christi *lumen* cum pace.“ [2] Der Hymnus des Prudentius
aber „Ad incensum lucernae“ ist für das Gesagte ein unanfechtbarer
Zeuge, sowie umgekehrt über den Charakter des Hymnus durch die an=
geführten Zeugnisse jeder Zweifel ausgeschlossen wird [3]. Der hl. Hiero=
nymus bezeichnet gleichfalls das Anzünden der Lichter als Beginn des
Abendofficiums. „Assuescat,“ mahnt er in seinem Briefe an Läta,
„ad orationes et psalmos nocte surgere, mane hymnos canere,
tertia, sexta, nona hora stare in acie quasi bellatricem Christi
accensaque lucerna reddere sacrificium vespertinum.“ In den letzten
Worten des Einsieblers von Bethlehem liegt eine Anspielung auf Ps. 140, 2;
interessanter für uns ist, daß hierin ebenso wie bei Prudentius das Abend=
officum als Opfer bezeichnet wird. Damit kommen wir zu einem Zeugen,
den wir auch zur Erklärung des vierten Hymnus im Tagzeitenbuche
heranziehen mußten, zu Tertullian. Fanden wir dort eine merk=
würdige Uebereinstimmung mit dem Schluße der Abhandlung Tertullians
über das Gebet, so sehen wir hier dieselbe fortgesetzt. Die saturata oratio
bezeichnet nämlich Tertullian dort als optima hostia, und der Beschrei=

---

[1] Bickell, im Katholik 1874. I. S. 188 f. Die Vesper zerfiel im gallicani=
schen Ritus in zwei Horen, das Lucernarium und die Duobecima. Hiervon ist nur
die erstere ursprünglich. Die Regel Aurelians auch bei Kayser a. a. O. S. 462 f.

[2] Breviar. Gothicum. ed. Lorenzana. Migne t. 86. col. 47.

[3] Arevalo hat die angeführten Zeugnisse wohl gekannt. In cap. XII der
Prolegomena (Migne t. 59. col. 678) sagt er: „Et, ut vineta egomet caedam
mea, ego affirmaveram Hymnod. Hispan. in notis ad hymn. S. Laurentii male
a quibusdam hunc hymnum inscribi: ‚Ad incensum cerei paschalis‘, sermonem=
que in eo esse non de cereo paschali, sed *de cereo qui quotidie accendebatur,
quemadmodum* Graeci habebant, qui singulis noctibus dicebatur cum primum
lumen inferebatur, de quo agit S. Basilius lib. de Spir. S. Confirmari posset
haec opinio, quod in hoc quoque hymno Prudentii doxologia SS. Trinitatis
exprimitur: *Per Christum genitum,* quam in Graecorum hymno vespertino
laudat Basilius. Caeterum etsi neque nunc quidem probem titulum ‚Ad incensum
cerei paschalis‘, tamen de re ipsa longe diverso modo sentio. Scio quaedam
ex hoc hymno optime quadrare in officium ecclesiasticum quod olim dicebatur
lucernarium et a S. Ambrosio lib. III. de virg. c. 4. ‚Hora incensi‘, a Cas=
siano (de instit. monach.) lib. III, c. 3 ‚hora lucernalis‘“. Daß Arevalo dennoch
longe diverso modo de re ipsa urtheilt, kommt von seiner falschen Auffassung des
noch zu besprechenden Theiles des Hymnus her.

bung dieses Gebetsopfers ist in der Fortsetzung noch eine lange Stelle ge=
widmet (De orat. c. 38). Mußten wir dem Zusammenhange nach die Worte
Tertullians besonders auf das Gebet nach Tisch beziehen, so bringt er hier
ausdrücklich die Liebesmahle der Christen mit dem Gebete in Verbindung.
„Hanc sc. orationem de toto corde devotam, fide pastam, veritate curatam, innocentia integram, castitate mundam, *agape coro-
natam* [1] cum pompa operum bonorum inter psalmos et hymnos de-
ducere [2] ad Dei altare debemus omnia nobis a Deo impetraturam."
Dieß führt uns leicht auf die Vermuthung, ob nicht auch bei Prudentius
eine gewisse Beziehung zwischen dem vierten Hymnus und dem in Rede
stehenden angenommen werden könne. Wir werden in dieser Vermuthung
bestärkt durch die Beschreibung, welche Tertullian im Apologeticum (c. 39)
von den Agapen der Christen gibt. „Man geht," heißt es dort, „nicht
eher zu Tisch, als bis man des Gebetes zu Gott verkostet hat; man ißt
so viel, als Hungrigen genügt; man trinkt so viel, als züchtigen Leuten
dienlich ist. So werden sie (die Christen) satt wie Leute, die nicht ver=
gessen, daß sie auch in der Nacht Gott anbeten müssen; so unterhalten
sie sich wie Leute, die wissen, daß der Herr es hört. Wenn die Hände
gewaschen und die Lichter angezündet sind, wird allgemein
aufgefordert, Gott Lob zu singen, wie es jeder aus der heiligen
Schrift oder nach eigenem Talente im Stande ist; daran erkennt man,
wie er getrunken hat. Ebenso bildet das Gebet den Schluß des Mahles." [3]
Allerdings ist die Beziehung dieser tertullianischen Worte zu unserem
Hymnus keine so nahe wie die übrigen Zeugnisse. Sie wurden an=
geführt, nicht um den Hymnus des Prudentius als Gelegenheitslied für
die Feier der Agapen zu bezeichnen. Die letztern dürften zur Zeit des
Dichters kaum mehr in Uebung gewesen sein. Die Stelle aus Tertullian
soll nur darthun, daß das Lichtanzünden durch den von Tertullian be=
schriebenen Gebrauch um so mehr einen religiösen Charakter annehmen
konnte. Könnten die Stellen unseres Hymnus, in denen Prudentius von
der geheimnißvollen Speise, welche die Christen genießen (V. 107 f.) [4],

---

[1] Kellner (Ausgewählte Schriften des Septim. Tertullian. Kempten 1871.
Bd. I. S. 376) übersetzt: „Dieses Opfer ... dessen Bekränzung in der Bruderliebe
besteht ..." Allein dem Zusammenhange gemäß (cap. 26) ist doch die concrete
Bezeugung der Bruderliebe bei den Liebesmahlen gemeint. Andere beziehen agape
hier auf die Feier der Eucharistie.

[2] Der Ausdruck ist gewählt, weil Tertullian das Gebet als Opfer bezw. Opfer=
thier betrachtet.

[3] Vgl. Probst, Lehre und Gebet. S. 355. 359.

[4] Haec olim patribus praemia contulit
Insignis pietas numinis unici,
Cuius subsidio nos quoque vescimur
Pascentes dapibus pectora mystici.

und von der bis in die Nacht fortgesetzten festlichen Versammlung spricht
(V. 137 f.) [1], auf die Agapen oder die Feier der Eucharistie bezogen
werden, dann allerdings wäre die vollste Uebereinstimmung mit Tertullian
und die Existenz der Agapen noch zur Zeit des Dichters nachgewiesen.
Doch damit sind wir zur Erklärung des zweiten Theiles, den wir oben
Episode nannten, gekommen.

Der Uebergang des Dichters vom eigentlichen Vesperhymnus zu der
Episode in V. 29 und 30 ist ganz deutlich:

Sed quis non rapidi luminis arduam
Manantemque Deo cernat originem?

Prudentius will sonach den Grund angeben, warum die Christen
das allabendliche Lichtanzünden beim Abendgottesdienste als religiöse Ceremonie betrachteten. Diese Begründung holt er her aus den Thatsachen
der heiligen Geschichte des alten und neuen Bundes [2]. „Wer sollte nicht
sehen," sagt er deßhalb, (und sich beim Anzünden des Lichtes nicht daran
erinnern,) daß unser künstliches Licht von Gott selbst kommt und von
Gott geheiligt ist!" Der biblische Nachweis oder die Episode zerfällt nun,
wie angedeutet, in zwei Abschnitte. Der erste (V. 31—104) behandelt
die Herausführung des Volkes Israels aus der ägyptischen Knechtschaft
und die Einführung desselben in's gelobte Land. Die Israeliten ver-
dankten dieselbe dem Lichte des Feuers. Moses, der Führer, wird berufen, indem Gott sich als Feuerflamme im Dornbusche zeigt („Deum
flammeum conspicuo lumine vidit," v. 31). Dasselbe Feuer, oder
vielmehr Gott in demselben, zieht den Israeliten bei der nächtlichen Wanderung durch die Wüste voraus, und unter seiner Leitung entgehen sie
der Verfolgung der Aegypter mit ihrem wortbrüchigen Könige (V. 37
bis 89); indem sie diesem Führer folgen, spendet ihnen die unfruchtbare
Wüste wunderbar Speise und Trank (V. 90—104) [3]. Die mittlere der

---

[1]
Nos festis trahimus per pia gaudia
Noctem conciliis votaque prospera
Certatim vigili congerimus prece
Exstructoque agimus liba sacrario.

[2] Dieser Uebergang allein hätte Arevalo abhalten sollen, den Hymnus einzig
und allein auf die Ostervigilie zu beziehen. Statt dessen bemerkt er zu v. 29:
Prudentius sibi similem ad s. scripturae historiam enarrandam progreditur
pervigilii paschalis maxime propriam de igne in rubo Moysi manifestato et
de columna ignea, quae Israelitas ex Aegypto fugientes noctu praecedebat.
Arevalo setzt hier voraus, was erst zu beweisen ist, daß es sich um das pervigilium paschale handle; sodann mußte Prudentius bei dieser Voraussetzung eben
die Passahnacht schildern, anstatt die Berufung des Moses und den Zug durch's
rothe Meer zu beschreiben.

[3] Man darf dem Dichter nicht entgegenhalten, daß die erwähnten Thatsachen
am Tage geschehen seien. Prudentius will nur den erhabenen Charakter des

angeführten drei Thatsachen hat der Dichter im Verhältniß zum Ganzen
wohl zu weit ausgesponnen. Seine Absicht bei der ganzen Schilderung
ist aber, den Christen beim Anzünden des Lichtes am Abend zuzurufen:
„Seht und erwägt, welchen Segen Gott an das lichtspendende Feuer geknüpft hat!" Denselben Zweck verfolgt er im zweiten Abschnitte (V. 109 f.).
Den Uebergang und das Verständniß desselben liefern V. 105—108:

> Haec olim patribus praemia contulit
> Insignis pietas numinis unici,
> Cuius subsidio nos quoque vescimur
> Pascentes dapibus pectora mysticis.

Hier werden in Gegensatz gestellt: 1) die Israeliten auf dem Wüsten-
zuge und die Christen; 2) die den ersteren verliehenen Gaben, insbesondere die zuletzt erwähnte Speisung mit Manna, sowie mit den Wachteln,
und deren Antityp, die Gnadengaben der Erlösung. Der Führer aber
der einen wie der anderen, der Spender des Mannaregens wie der Er-
lösungsgnade ist derselbe, nämlich Christus, der sich als der Logos dem
Moses im brennenden Dornbusche zeigte. Daß der Deus flammeus
(V. 31) und „der Christus", welcher Pharao's Heer vernichtet (V. 82)
und das Manna spendet (V. 100), identisch sind, ist aus dem Wortlaute
klar. Wenn nun Prudentius, die Segnungen des neuen Testamentes be-
schreibend, fortfährt (V. 111): „Fessos *ille* vocat per freta saeculi",
so ist kein Zweifel, daß „ille" Christus bedeutet, welcher das Antityp
Israels, das christliche Volk, aus der Knechtschaft der Sünde durch die
Wüste des Lebens der seligen Heimath entgegenführt.

Seinem Zwecke gemäß muß der Dichter aber die Erlösung durch
Christus ebenso wie den ersten Abschnitt zur Verherrlichung des Lichtes,
das die Nacht verdrängt, benützen. Der Erlöser selbst muß sich als
Lichtbringer darstellen. Wie hat Prudentius diesen Zweck erreicht? Er
hat die vom Lichte des Auferstandenen strahlende Osternacht und ihre be-
seligenden Folgen für das Menschengeschlecht beschrieben. Seit jener Nacht,
da der heilige Gott aus der Unterwelt (stagnis ex Acheronticis) zu-
rückkehrte, läßt er die Seelen der Gerechten aus den zahllosen
Leiden der Welt in's Vaterland aufsteigen, dessen paradiesische Herrlichkeit Prudentius in glühenden Farben malt (V. 111—124). In dieser
Nacht jubelt das Volk der Abgeschiedenen (functorum populus)
in der Unterwelt (V. 125—136), wir aber (hienieden) feiern (diese)
Nacht in festlicher Versammlung unter heiligen Freuden, indem wir um
die Wette wachend und betend hoffnungsvolle Gebetswünsche (vota prospera) in Menge barbringen. Dann schimmern die von der Decke (des

---

Feuers darstellen, und dazu genügt, daß Gott als beständiger Führer des Volkes
sich in der Feuerflamme und in der Feuersäule offenbart hat.

Gotteshauses) herabhängenden Lampen, daß man unter dem sternbesäeten
Firmamente zu stehen vermeint (V. 137—148). Daß diese im Aus=
zuge mitgetheilte Stelle sich auf die Auferstehungsnacht des Herrn und
die zur Erinnerung daran gefeierte Ostervigil bezieht, ist ohne weiteres
klar. Auch die Analogie dieses Abschnittes zum vorhergehenden, die oben
bereits angedeutet wurde, ist im Allgemeinen leicht verständlich. Christus,
der Auferstandene, führt als der wahre, von Gott gesandte Moses, der
selbst das Licht ist, die erlöste Menschheit aus der Nacht des Todes und
der Knechtschaft der Sünde in die Freuden des himmlischen Vaterlandes.
Im Besondern aber erschwert die Fülle der Gedanken, die Lebhaftigkeit
der Schilderung und die von Prudentius beliebte Darstellung der Auf=
erstehungsfreude auf dem dreifachen Schauplatze: im Himmel, in
der Unterwelt und auf der Erde, die Durchsichtigkeit der Analogie
und das Verständniß. Prudentius läßt uns zu gleicher Zeit an das
Factum der Auferstehung und die dadurch herbeigeführte, bis zum Ende
der Zeiten sich erstreckende Umwandlung der Menschheit denken. Die
Lebhaftigkeit, womit er die Feier der Osternacht bei den Christen seiner
Zeit erzählt, macht leicht den Eindruck, als sei der Hymnus wirklich nur
auf diese Vigil gedichtet. Wir müssen trotzdem streng bei der angegebenen
nächsten Zweckbeziehung auf das allabendliche Lichtanzünden stehen bleiben.
Wie der Dichter ausdrücklich gesagt hat (V. 29 f.), will er ja nur den
Ursprung angeben, welchem das Anzünden des Lichtes bei der täglichen
Abendandacht seine hohe religiöse Bedeutung verdankt. Der Christ sollte
sich jeden Abend, sobald er beim Lichte der Lampen und Kerzen das Lob
Gottes anstimmte, daran erinnern, daß dieses künstliche Licht ein Sinn=
bild des wahren Lichtes, nämlich Christi, sei. Prudentius ist freilich von
der Schilderung der festlich erleuchteten Osternacht am Schlusse seines
Hymnus so ergriffen, daß er dieselbe von dem nächsten Zwecke des Hymnus,
dem Lobe der täglichen Ceremonie des Lichtanzündens, nicht genau unter=
scheidet. Dieß war um so leichter, als einmal im Jahre sein Hymnus
sich wirklich auf die Ostervigil selbst bezog. Das tägliche Anzünden des
Lichtes und seine religiöse Bedeutung verhält sich zur strahlenden Oster=
nacht wie die Wirkung zur Ursache. Wenn also dem begeisterten Dichter
beides am Schlusse zusammenfließt, so kann ihm dieß mit Grund nicht
verübelt werden. Sache des Erklärers bleibt es aber, die Unterscheidung
aufrecht zu erhalten. Nach dem Gesagten läßt also der Hymnus auch eine
Beziehung auf die Ostervigil zu. Allein dieselbe kann nicht als unmittel=
bare Zweckbeziehung gelten. Volles Licht breitet sich über den Abschnitt
unseres Hymnus, der die Osternacht zum Gegenstande hat, aber erst dann
aus, wenn wir die liturgischen Documente zur Erklärung herbeiziehen.
Auffallend ist in diesem Abschnitte, daß Prudentius denselben nicht mit
der Beschreibung der Auferstehung beginnt. Anstatt dessen wird die Oster=

vigil am Anfange nicht einmal erwähnt; die Berufung der Gerechten in's
Paradies als Folge der Auferstehung Christi wird unvermittelt ein=
geführt (V. 109—124). Erst in der Mitte des Abschnittes (V.
127) wird „jene Nacht" (illa nox) gleichsam als bekannt und selbstverständ=
lich genannt. Dieß setzt bei den Lesern eine große Vertrautheit mit dem
Gegenstande voraus. Sie mußten gewohnt sein, bei der Erzählung von
der Herausführung Israels aus Aegypten als Antityp im neuen Bunde
sich die Osternacht vorzustellen, und zwar in der von Prudentius beliebten
eigenthümlichen Weise. Anbernfalls müßten wir dem Dichter mit Recht
Dunkelheit und Unklarheit vorwerfen. Ein Blick auf das Officium der
Ostervigil, wie es uns in der gallicanischen und mozarabischen Liturgie
vorliegt, bestätigt diese Voraussetzung in einer Weise, die jeden Zweifel
ausschließt. Nicht Ein Gedanke findet sich in dem soeben besprochenen
(zweiten) Theile unseres Hymnus, den wir nicht in den liturgischen For=
mularen der Ostervigil wiederfänden, und zwar mehr oder minder in dem=
selben Zusammenhange wie bei Prudentius. Zunächst handelt es sich um
die Analogie zwischen dem Auszuge Israels aus Aegypten und der Oster=
nacht. Ein Gebet, welches im Missale Gothicum [1] überschrieben ist:
„Praefatio in vespera paschae", lautet: „Domini gratia per aquam
et Spiritum renati et per multiplicem paternae dilectionis pro-
visionem innumeris laqueis abstracti huius divinae dignationis auctorem Dominum *incenso vespertinae precis sacrificio* et in coelesti pa-
tina per Spiritum erecto et igne illo, quem ipse in nobis accendi
desiderat, solemniter assato precariis affectibus . . . deprecemur, ut
totius vitae crimina et cotidiani erroris maculas et humanae fra-
gilitatis debita in anni (?) [2] septimanae dierum quadraginta ac se-
pulti corporis sui sabbato nobis concedat. *Nos quoque in numero
veri Israelis Aegypto egredi faciat; et inimicis percussis in unam
ecclesiam* catholicae domum pacis Domini celebrantes agni immacu-
lati sanguine corporum nostrorum postibus aspersis in istius noctis
venerabilis solemnitate vastatura mundum morte defendat oran-
tibus nobis." Mit dieser Oration wird die Weihe des neuen Feuers
eingeleitet, die im gallicanischen wie im mozarabischen Ritus die Cere=
monien der Ostervigil eröffnet. Enthält dieses Gebet nur die Grund=
gedanken unseres Hymnus, so sehen wir in dem entsprechenden Gebete der
mozarabischen Liturgie fast die Disposition jenes Abschnittes, der den
Ruhm des Lichtes aus dem alten Bunde barthun soll. Dieselbe lautet [3]:

---

[1] *Mabillon*, Liturgia Gallic. l. III. Migne t. 72. col. 268. Genau basselbe
Gebet findet sich im Vetus missale Gallicanum ibid. col. 363 unter der Aufschrift:
Incipit oratio in vespera Paschae.   [2] Wahrscheinlich in fine.
[3] Missale mixtum. Migne t. 85. col. 442. „Entsprechend" können wir diese
Oration nennen, insofern sie, wie die im gallicanischen Officium, der benedictio

„Deus, qui filios Israel educis ex Aegypto palpabiles Aegypti
tenebras relinquendo: Deus, qui duce luminis gratia pondus hor-
rende noctis exterminas: Deus, qui precedente angelo [1] tuo in
columna nubis in diem eoque in columna ignis in noctem posteriora
servantem curam nostre salutis exequeris: teque nobis in eo prestas,
in quo lucere nos lumine scientie tue iubes: fac nos divinitatis
tue fieri consortes" etc. Der Ruf, womit Prudentius seinen Hymnus
eröffnet: „Inventor rutili, dux bone, luminis!" entspricht dem ein=
leitenden Gebete im gallicanischen Ritus: „Auctorem lucis, principem
luminis, inspectorem cordis ... cunctis confessionibus veneremur."
Die der Stellung nach hiermit genau übereinstimmende Oration im mo3=
arabischen Ritus beginnt: „Exaudi nos, lumen indeficiens Domine
Deus noster unici luminis lumen. *Fons luminis* lumen. Auctor
luminum."

Der Weihegesang, welchen der Diakon auf die Osterkerze anstimmte,
ist im gallicanischen Ritus das berühmte Exultet [2]. Im mozarabischen
Ritus ist derselbe auf zwei Weiheformeln, der Lampen und der Kerzen,
vertheilt, welche dem Wortlaute nach große Unterschiede aufweisen. Dem

cerei oder cerae vorausgeht. Daß wir uns hier mit einer Uebereinstimmung im
Allgemeinen begnügen müssen und können, ist von vornherein klar.

[1] Lorenzana, der übereinstimmend mit Arevalo den prubentianischen
Hymnus auf das Osterlicht bezieht, sagt zu diesen Worten: „Cfr. Exod. XIII, 21
et adde Prudentium (hymn. V. cath.) laudes paschalis luminis canentem
(v. 37—46)." Zu der dem mozarabischen Ritus eigenthümlichen Oration Ad bene-
dicendos Diachones bezw. über deren Anfang sagt er geradezu: ‚Principium huius
orationis: ‚Prima tibi et principalia, Deus Pater omnipotens, hec luminum
munera in exordio venerande huius noctis offerimus' — Prudentius versibus
complexus est (Cath. V. 149—152), et alludens ad antiphonam, quam cantabant,
quum lucerna et cereus inferrentur, subdit (v. 153 sq.): ‚Tu lux. vera oculis
lux quoque sensibus' etc." Oben S. 58. Missale mixtum. Migne t. 85. col. 440.

[2] Im römischen Ritus ist eine Stelle, welche der Verherrlichung der Biene
gewidmet ist, weggelassen. Dieselbe folgt nach den Worten: „Alitur (sc. ignis)
liquantibus ceris, quam in substantia pretiosae huius lampadis apis mater edu-
xit", und lautet: „Apis ceteris, quae subiecta sunt homini animantibus antecellit. Cum sit minima corporis parvitate ingentes animos angusto versat in
pectore, viribus imbecilla sed fortis ingenio. Haec explorata temporum vice,
cum canitiem pruinosa hyberna posuerint, et glaciale senium verni temporis
moderata deterserint, statim prodeundi ad laborem cura succedit, dispersae-
que per agros, libratis paululum pinnibus cruribus suspensis incedunt (insi-
dent?), partem ore legere flosculos oneratae victualibus suis ad castra remeant
ibique aliae inaestimabili arte cellulas tenaci glutino instruunt, aliae liquentia
mella stipant, aliae vertunt flores in cera, aliae natos ore fingunt, aliae col-
lectis e foliis nectar includunt. O vere beata mirabilis apis cuius nec sexum
masculi violant, fetus non quassant, nec filii destruunt castitatem sicut sancta
concepit virgo Maria, virgo peperit et virgo permansit."

Inhalte nach ist der Unterschied gering. Was im gallicanischen Exultet ausführlich geschildert ist, deuten die mozarabischen Weiheformeln nur an. Daß der prudentianische Hymnus mit beiden, und zwar mit den überein= stimmenden Sätzen derselben, nicht bloß Aehnlichkeit, sondern eine gewisse Gleichheit aufweist, lehrt schon ein oberflächlicher Vergleich. Derselbe sei hier angestellt. „Haec nox est, in qua primum patres nostros filios Israhel educens de Aegypto rubrum mare sicco vestigio transire fecisti. Haec igitur nox est, quae peccatorum tenebras columnae illuminatione purgavit (Cath. V, 37—105). Haec nox est, *quae hodie per universum mundum in Christo credentes reddit gratiae, sociat sanctitati* (Cath. V, 109—124). Haec nox est, in qua destructis vinculis mortis Christus ab inferis victor ascendit (Cath. V, 125—136). . . . Haec nox est, de qua scriptum est: Et nox sicut dies illumi- nabitur et nox illuminatio mea in deliciis meis (Cath. V, 137— 148) . . . In huius igitur noctis gratia suscipe, sancte Pater, in- censi huius sacrificium vespertinum, quod tibi in hac cerei oblatione solemni per ministrorum tuorum manus de operibus apum sacro- sancta reddit ecclesia . . . Per resurgentem a mortuis Dominum nostrum Filium tuum (Cath. V, 149—164).“ In der von uns an= gebeuteten Weise findet zwischen dem zweiten auf die Osternacht bezüglichen Theile im prudentianischen Hymnus und dem Exultet die auffallendste Uebereinstimmung statt. Namentlich ist die Wirkung der Auferstehung auf die drei Reiche: den Himmel, d. h. die Gerechtfertigten, die Unter= welt und Erde in derselben Reihenfolge geschildert [1]. Die Seelen der Gerechten bei Prudentius (V. 111) sind im Exultet die „in Christo credentes“. Ihr Glück, welches das Exultet nur andeutet, schildert Prudentius sehr ausführlich, indem die Heiligkeit durch Blumen symboli=

---

[1] Vgl. die Immolatio der Missa in vigiliis sanctae Paschae (Mabillon, De lit. Gall. Migne t. 72. col. 276.): (I) „Hac nocte in aeternum diem renas- centes populi procreantur, regni coelestis atria reserantur et beata lege com- merciis divinis humana mutantur. Haec est enim nox illa, quae facta est in deliciis, in qua maxime delectasti nos Domine in factura tua. (II) Nox, in qua inferna patuerunt, nox in qua absolutus est Adam, . . . nox, in qua dia- bolus occubuit et sol iustitiae Christus ortus est et solutis inferni nexibus claustrisque perfractis multa sanctorum corpora de sepulcris erumpentia intra- verunt in sanctam civitatem. (III) O vere beata nox, quae sola meruit scire tempus et horam, qua Christus resurrexit.“ In der hierauf folgenden oratio post Sanctus heißt es: „Tuo iussu Domine condita sunt universa in coelo et in terra, in mari et in omnibus abyssis. . . . Tibi patriarchae . . . atque omnes sancti gratias agunt, quod et nos facientes has hostias spirituales et sincera libamina ut libens exaudias deprecamur.“ Vgl. mit den letztern Worten namentlich Cath. V. 139—140:

Certatim vigili congerimus prece
Exstructoque agimus liba sacrario.

firt wird. Diese Stelle finbet in dem mozarabischen Weihegesange größere Analogie, namentlich der Lobgesang der Gerechten, welchen der Dichter also beschreibt (V. 121 f.):

Felices animae prata per herbida
Concentu parili suave sonantibus
Hymnorum modulis dulce canunt melos,
Calcant et pedibus lilia candidis.

In der mozarabischen Liturgie heißt es: „Per quas (sc. aquas) et liberatio tribuatur ad salutem et regeneratio donetur ad requiem. Ascendat Domine in conspectu glorie tue obsecratio devota famulorum." Die Schilderung der Wirkungen, welche die Auferstehungsnacht auf die Unterwelt ausübte (und noch ausübt?), ist im Exultet nur angedeutet; im mozarabischen Officium finbet sie sich auf's Nachdrücklichste betont in der benedictio lucernae: „Adest nox lumine donata: perpetuo dominicis sanctificata victoriis. Que recidivum mundi sortita natalem: *debellata funeris regione* triumphos Christi resurgentis excepit." In dieser benedictio lucernae ist besonders auch der Tod des Herrn am Kreuze gefeiert, welchen Prudentius in demselben Zusammenhange (V. 130) erwähnt. In der oratio post Sanctus [1] heißt es: „Vere sanctus et verus Iesus filius Dei qui ascendit patibulum crucis, ut omnes vires suas mors in sua perderet morte. Descendit ad inferos, ut hominem veteri errore deceptum et regno peccati servientem victor abstraheret serasque portarum potenti manu confringeret et secuturis sue resurrectionis gloriam demonstraret." — „Dominus noster Iesus Christus," lesen wir in den „laudes quae dicuntur ad vesperas", „. . . vestes ferreos comminuit portarumque erearum claustra perfregit, tartari profunda descendit, sedentibus in umbra mortis ignote lucis claritate resplenduit et sol iusticie de tumulo corpore suscitato procedens radiis suis tenebras nostras mirabiliter illustravit" [2] (Cfr. Cath. V, 129—136). Die genaueste Uebereinstimmung finden die Worte des Prudentius, womit er den Jubel der streitenden Kirche über die Ostervigil beschreibt. Im Gebete des Bischofs nach dem Weihegesange auf die Osterkerze heißt es im mozarabischen Ritus [3]: „Exspectati temporis, dilectissimi fratres, festa solemnitas et annuum per secula sacre resurrectionis archanum votive noctis advenit . . . Hilares vigilias gloriosis laudibus perferamus diemque vincentes qua [4] funalibus crebris ecclesia sancta

---

[1] Migne t. 85 col. 474.
[2] Migne t. 85. col. 477. [3] Ibid. col. 445.
[4] Lorenzana bemerkt hierzu: „Ita etiam in Orationali Gothico legitur, attamen aliquid deesse videtur; fortasse supplendum, qua cereis, qua funalibus crebris."

resplendens coruscat, in lumine preconia Dominice passionis inde-
fessis precibus celebremus intendentes auditu lectionibus sanctis
ac sedulis obsecrationibus patientiam non negantes." [1] Man ver=
gleiche hiermit die Worte des Dichters (V. 137 f.):

Nos festis trahimus per pia gaudia
Noctem conciliis votaque prospera
Certatim vigili congerimus prece.

Pendent mobilibus lumina *funibus*,
Quae suffixa micant per laquearia.

Die Uebereinstimmung kann kaum genauer sein.

Das Resultat, welches sich aus unserer Untersuchung ergibt, ist von
dem Alter der angezogenen Liturgien und insbesondere von dem des sogen.
Exultet abhängig. Der Gegenstand würde eine eigene Abhandlung erfor=
dern, die hier nicht gegeben werden kann. Wir müssen uns darum mit
Andeutungen begnügen. Die uns erhaltenen Formulare des gallicanischen
und mozarabischen Ritus gehören freilich einer spätern Zeit an, als der
Hymnus des Dichters. Allein in den Hauptgedanken müssen wir die
Ceremonien und Gebete der Osternacht, mit denen auch der römische Ritus
durchaus übereinstimmt, in die Zeit des Dichters zurückdatiren. Das
Exultet wird dem hl. Augustin jedenfalls mit großer Wahrscheinlichkeit zu=
geschrieben [2]. Unzweifelhaft ist, daß die Gedanken desselben in hymnen=
artiger Form zur Zeit des hl. Augustin in der Kirche von Nordspanien
wenigstens während der Osternacht vorgetragen wurden. Der Hymnus
des Prudentius legt hierfür unwiderleglich Zeugniß ab. Denn nicht von ihm

---

[1] Die Feier der Osternacht durch möglichst großen Lichterglanz in der griechi=
schen Kirche bezeugt auf gleiche Weise namentlich der hl. Gregor von Nazianz orat. 19.

[2] Bened. XIV., De festis D. N. Iesu Christi et B. Mariae V. l. I. c. 8.
n. 59. Die Stelle des hl. Augustin De civ. Dei l. XV. c. 22. (Migne t. 41.
col. 467.): „Quod in laude quadam Cerei breviter versibus dixi:

Haec tua sunt, bona sunt, quia tu bonus ista creasti,
Nil nostrum est in eis, nisi quod peccamus amantes
Ordine neglecto pro te, quod conditur abs te", —

dürfte hierfür mit Recht angeführt werden. Die Lesart nämlich creatoris für cerei
ist, abgesehen von der schwachen Bezeugung, als Conjectur erkenntlich, die man der
leichtern Erklärung wegen eingeführt hat. Der Gedanke, die sichtbare Schöpfung zum
Lobe des Schöpfers zu verwenden, ist aber der benedictio cerei eigenthümlich. In
der Formel des mozarabischen Ritus hat er am stärksten Ausdruck gefunden. „Agnos-
cunt," heißt es nach der Schilderung der Bestandtheile der Kerze, „cuncta te Dominum tibique se sciunt debere, quod nata sunt. Dedisti pie opifex creature
sensum, que suum possit intelligere et honorare factorem." Der Gedanke an
den Mißbrauch der Creatur in den Worten des hl. Lehrers ist nur nebensächlich
durch diesen Gedanken veranlaßt. Im Exultet des gallicanischen Ritus können wir
nur die Worte bezeichnen, welche zu dieser Reflexion Anlaß geben konnten, nämlich:
„Apis ceteris, quae subiecta sunt homini, animantibus antecellit."

hat die kirchliche Liturgie die Gedanken des Exultet entlehnt, sondern
Prudentius hat ebenso wie der Verfasser des Exultet die liturgische Feier
der Osternacht zur Lehrmeisterin gehabt. Den Lesern, für welche er seinen
Hymnus ursprünglich gedichtet hat, war nur die poetische Form, nicht
aber der Inhalt neu. Die Gebete und Gesänge der in ihrer Art einzigen
Osternacht waren ihnen unauslöschlich eingeprägt. Deßhalb ist der Dichter
gewiß auch ursprünglich richtig verstanden worden, wenn er seinen Lands=
leuten den gegenwärtigen Hymnus in der Absicht widmete, daß sie sich
bei dem täglich stattfindenden Vesperofficium an die Feier der Osternacht
erinnern sollten, von der die Ceremonie des täglichen Lichtanzündens ihre
religiöse Weihe erhalten hatte und in der sie alljährlich ihren Höhepunkt
fand. Daß Prudentius aber trotz der genauen Schilderung der Oster=
vigil nicht diese zunächst und direct bei seinem Hymnus im Auge hatte,
muß nach dem über den ersten Theil des Hymnus Gesagten festgehalten
werden. Der Untergang der Sonne (merso sole. v. 3), von welchem
der Hymnus veranlaßt ist, kann nach dem Zusammenhange nur den
täglich eintretenden Wechsel zwischen Tag und Nacht bedeuten. Daß der
Dichter noch weniger allein die Osterkerze verherrlichen wollte, auch nicht
in dem auf die Ostervigil bezüglichen Theile, zeigt V. 17—20:

> Vivax flamma viget, seu cava testula
> Sucum linteolo suggerit ebrio,
> *Seu* pinus piceam fert alimoniam,
> *Seu* ceram teretem stuppa calens bibit.

Hier wie in den vorhergehenden Versen (13—16) werden unter=
schiedslos Lampen und Kerzen genannt. Auf beide, d. h. überhaupt auf
das künstliche Licht, bezieht sich darum der Hymnus. Auch das Exultet
preist das Licht der Kerzen und Lampen zugleich; in der mozarabischen
Liturgie ist die Weihe der Lampen und Kerzen gesondert. Beide Weiheformeln
zusammen enthalten die Gedanken des Exultet. Die Zeit, aus welcher
diese Verschiedenheit stammt, dürfte gerade die unseres Dichters sein. Da
man in dem neuen Osterlichte die Verwirklichung und Vollendung der
alttestamentlichen Feuersäule sah, so lag der Gedanke nahe, diese Beziehung
auch sinnlich darzustellen. Die Wachssäule der Kerze eignet sich hierzu
vorzüglich; besser als das Licht der Lampe. So kam man dazu, die
Weihe der Kerze gewissermaßen zu bevorzugen. Schon Prudentius widmet
der Kerze ein eigenes Lob (V. 21—24), wobei er sie madidum cacumen
nennt. In der Weiheformel des mozarabischen Ritus heißt es geradezu:
„Instar columne veteris fomes iste perfulget (praefulget?).“[1] Leicht
begreiflich ist, daß man auch mehr und mehr durch besondere Höhe und
Umfang der Kerze dieselbe zum Bilde jener Feuersäule der Israeliten zu
machen strebte. Das Exultet kann deßhalb ohne Schwierigkeit älteren

---

[1] Vgl. Eusebius de vita Constantini M. l. IV. c. 22.

Datums sein, als die eigentliche Osterkerze, wie wir sie uns heute vorzu=
stellen gewohnt sind. Daraus erklärt sich, wie Prudentius in seinem
Hymnus die auffallendste Uebereinstimmung mit dem Exultet zeigen kann,
ohne daß wir beßhalb genöthigt oder berechtigt sind, die Existenz der
Osterkerze (in unserem Sinne) in seine Zeit zu versetzen. Ist es
außer Zweifel, daß in unserem Hymnus, bezw. in einem Theile desselben
die Osternacht beschrieben ist, dann muß man auch „das mystische Mahl"
(V. 107) und „die Opferfeier" (V. 140) auf die Feier der Eucharistie
beziehen. Denn mit der Osternacht war der Genuß des eucharistischen
Mahles von jeher gleichsam als Gesetz verbunden. Nicht zufällig, sondern
dem innern Zusammenhange gemäß stellt bereits Tertullian[1] der christ=
lichen Frau die Schwierigkeiten, welchen sie als Weib eines Heiden ent=
gegensehen muß, in folgender Reihenfolge vor: „Welcher (heidnische)
Mann wird es gern sehen, daß sie (das christliche Weib) zu nächtlichen
Zusammenkünften, wenn es nöthig ist, sich von seiner Seite wegbegebe?
Wer wird es zur Zeit der Osterfeierlichkeiten ruhig dulden, daß sie die
ganze Nacht wegbleibe (abnoctantem securus sustinebit)? Wer wird
sie zu dem bekannten Mahle des Herrn, welches sie (die Heiden) so in
Verruf bringen, ohne seinen eigenen Argwohn gehen lassen?"
Arevalo hat noch mehrere treffliche Stellen gesammelt zu dem Nach=
weise: „multis ostendi potest solemnem hunc fuisse in ecclesia antiqua morem celebrandi pervigilium Paschae, in .quem propterea
optime cadit hymnus Prudentianus." In wie weit diese letztere Be=
hauptung wohl berechtigt ist, dürfte das Vorhergehende genügend dar=
gethan haben. Allein wie diejenigen irren, welche die Bezugnahme des
Dichters auf die Ostervigil läugnen, so steht Arevalo mit der Wahrheit
noch mehr im Widerspruch durch die Behauptung: „non est hic hymnus
vespertinus singulis noctibus concinendus aut in hunc usum con-
fectus." Beide Beziehungen hat der Dichter in seinem Vesperhymnus in
der oben angegebenen Weise vereinigt; aber nicht sowohl er hat originell
diese Vereinigung zu Stande gebracht, sondern im Bewußtsein der christ=
lichen Kirche und in ihrer Liturgie fand er diese Gedanken vereinigt vor.
Von Anfang an hatten die Christen täglich, wenn das Tageslicht schwand
und künstliches Licht an seine Stelle treten mußte, sich an Christus
erinnert, weil er bei seiner Auferstehung als das wahre Licht über die
Finsterniß der Sünde und des Todes triumphirt hatte[2]. Die Feier
der Osternacht war beßhalb nur eine potenzirte Feier des
täglichen *lucernarium*[3], und umgekehrt war das tägliche

---

[1] Ad uxor. l. II. c. 4. Cfr. S. Gregor. M. Dialog. l. III. c. 31.

[2] S. Cyprian de orat. dom. cap. 35.

[3] In dem neunten Canon der Synode von Toledo im Jahre 400 wird die
Vorschrift gegeben: „Das Lucernarium soll nur in der Kirche gehalten werden; auf

lucernarium eine Erinnerung an die festlich erleuchtete Osternacht.

Zwischen dem fünften und sechsten Hymnus des Kathemerinon=Buches findet eine innige Verwandtschaft statt. Beide zusammen entsprechen nämlich der Vorschrift in den apostolischen Constitutionen [1]: „Beten sollt ihr ... Abends zum Danke, daß (der Herr) die Nacht gibt zur Ruhe von den Mühen während des Tages." Prudentius tritt im sechsten Hymnus als Zeuge neben Basilius und Cassian dafür auf, daß das sogen. completorium als letzte Hore sich schon im vierten Jahrhundert vorfand und nicht erst vom hl. Benedikt eingeführt wurde [2]. Unser

---

einer Villa aber nur in Gegenwart eines Bischofs, Priesters oder Diakons." Siehe G a m s, Kirchengeschichte von Spanien. II. 1. S. 390.

[1] Lib. VIII. c. 34: ἑσπέρᾳ δὲ εὐχαριστοῦντες, ὅτι ἀνάπαυσιν (ὁ κύριος) ἔδωκε τῶν μεθημερινῶν κόπων τὴν νύκτα.

[2] Vgl. B i ck e l l, Ueber die Entstehung und Entwicklung der canonischen Tag= zeiten, im Katholik 1873. Bd. II. S. 403. 418. 582; Jahrg. 1874 Bd. I. S. 213. B o n a (Divina Psalmod. c. XI. § 1. n. 2. [Antverp. 1694. p. 462 sq.]) versicht allerdings mit einem gewissen Eifer die Behauptung: „illud hic opportune monebo, quod a nemine, quod sciam, hactenus est observatum ipsum (videl. S. Bene- dictum) praeclarissimum patrem primum completorii institutorem fuisse." Diese Meinung hat seitdem so allgemeine Anerkennung gefunden, daß es im Frei= burger Kirchenlexikon (2. Aufl. 1884) unter „Completorium" einfach heißt: „Diese Gebetsstunde hat zuerst der hl. Benedikt eingeführt." Die angeführte Literatur be= schränkt sich auf *Grancolas*, Comment. hist. in Brev. Rom. c. 39 und das citirte Werk von Bona. Allein wenn der gelehrte und fromme Cardinal a. a. O. auch siegesgewiß gegen Bellarmin schreibt: Miror in hac parte doctissimi viri sapientiam dormitantem. Scribit hic (De bonis oper. in partic. c. 11.) expressam comple- torii mentionem se primum invenisse apud Basilium in regulis fusius disputatis qu. 37, so hat Bickell doch Recht, wenn er a. a. O., ohne übrigens auf Bona Rücksicht zu nehmen, aus dieser Stelle des hl. Basilius die Existenz des Comple= torium als liturgischer Gebetszeit darthut. Einen etwaigen Zweifel hieran würde der sechste Tagzeitenhymnus unseres Dichters wegräumen. Steht fest, daß der fünfte Hymnus dem Abendofficium gewidmet ist; ist ferner erwiesen, daß der davon genau unterschiedene sechste Hymnus eine besondere christliche Gebetsübung, unsere Complet, zum Gegenstande hat: so kann von einer ersten Einführung derselben durch den hl. Benedikt nicht mehr die Rede sein. Von der Uebereinstimmung des Pru- bentius bezw. der Liturgie seiner Zeit und seines Landes mit der griechischen wird unten noch die Rede sein. A r e v a l o (Migne t. 59. col. 851) sagt in der Anm. zum Titel dieses Hymnus richtig: Completorium locum huiusmodi precationis nunc tenet. — B i n t e r i m (Denkwürdigkeiten. Bd. IV. 1. Th. S. 388) hat den Gegenstand mit entsprechender Vorsicht behandelt: „Die Vesper," sagt er, „weil sie früher sehr lang war, scheint später in zwei Theile getheilt worden zu sein, woraus das Completorium entstanden ist. Dieß wird mir dadurch sehr wahrscheinlich, weil wir die Psalmen und den Gesang des hl. Simeons jetzt bei der Complet haben, die man früher nach dem Zeugniß der apostolischen Constitutionen und des hl. Ba= silius bei der Vesper hatte. (Das hier folgende Citat aus der lateinischen Uebersetzung des hl. Basilius Reg. fus. cap. 18 ist unrichtig.) Wann diese Trennung

Interesse wird besonders dadurch erregt, daß einerseits die Entwicklung aus dem ursprünglichen Abendgebet der apostolischen Constitutionen, anderer= seits die Uebereinstimmung mit dem kirchlichen Schlußgebet des Tages= officiums (Complet), wie es heute noch üblich ist, ziemlich klar in unserem Hymnus hervortritt. Ob der Hymnus des Dichters den Charakter eines öffentlichen oder nur privaten Gebetes habe, steht freilich nicht ganz außer Frage. Allein die eben angegebenen und sogleich nachzuweisenden Merk= male desselben, der Vergleich mit den vorhergehenden Hymnen, die offenbar den öffentlichen Gebetsübungen entsprachen, und der Gebrauch des Plurals (V. 152) spricht deutlich für das Erstere. Nur als öffentliches Gebet kann der Hymnus das bezeichnete Interesse für uns haben. Denn „jedenfalls unterließen bereits die ersten Christen nicht, außer ihrem gemeinschaftlichen Vespergottesdienste, welcher mit der Lichtanzündung ver= bunden war, also bei Beginn des Abends stattfand, noch eine besondere Abendandacht zu halten, ehe sie zur Ruhe gingen; dieselbe konnte aber der Natur der Sache nach nur durchaus privaten Charakter haben. Erst in den klösterlichen Communitäten, wo alle dieselbe Ruhezeit hatten, konnte sich das letzte Abendgebet zu einer liturgischen Function gestalten, als welche wir es denn auch schon seit dem vierten Jahrhundert vorfinden.“ [1] Dieß legt uns die schon einmal ausgesprochene Vermuthung neuerdings nahe, ob wir Prudentius nicht in einer solchen klösterlichen Genossenschaft

eingetreten, ist schwer zu entscheiden. Der Cardinal Bona schreibt dem hl. Benediktus dieselbe zu, oder er macht vielmehr diesen Ordensstifter für den ersten Gründer derselben. Man darf sich also nicht wundern, daß der Name Comple= torium bei den Alten gar nicht vorkomme; selbst in dem Responsoriale Gregors I., der doch ein Glied des Benediktinerordens war, findet man ihn nicht. Bona be= hauptet sogar, bei den Griechen sei die Complet vor dem 15. Jahrhundert nicht bekannt gewesen. Allein dieser Ansicht möchte ich ungern beitreten. Denn in den arabischen Canones des Conciliums von Nicäa wird ausdrücklich die Complet zu den vorgeschriebenen canonischen Stunden gerechnet und von der Vesper unterschieden. Dagegen scheint mir Goar (Not. ad Eucholog. Graecor. fol. 26) auch zu irren, der schon beim hl. Cyprian und Basilius die Complet finden will.“ — Bezüglich Cyprians hat Binterim Recht, die Basiliusstelle hat er jedoch nicht genügend erörtert. Die von Bickell (S. 403) citirte Stelle aus Cassian (De inst. mon. l. IV. c. 19. Migne t. 49. col. 179) bezieht sich nur auf eine gemeinsame Gebetsübung vor dem Schlafengehen am Sonntage. — Schließlich dürfte wohl zu beachten sein, daß der hl. Benedikt im Schlußkapitel seiner Regel (c. 73) selbst auf die regula sancti patris Basilii verweist. Richtiger dürfte man daher sagen: Der hl. Benedikt bezeich= net zuerst das gemeinsame Gebet vor dem Schlafengehen, das wir bereits aus Basilius kennen, mit dem Namen: completorium.

[1] Bickell a. a. O. S. 582. Ein privates, vom Vesperofficium unterschiedenes Abendgebet (Completorium) gibt auch Bona zu: „Ergo post vesperas nulla so- lemnis oratio remanebat, sed privata cuique psalmodia imponebatur“ (l. c. n. 3). Vgl. unten S. 81, wo der hl. Ambrosius das Gebet cum cubitum pergimus unter die solemnes orationes rechnet.

zu suchen haben. — Im mozarabischen Officium hat unser Hymnus
officielle kirchliche Verwendung gefunden, indem die letzten sieben Strophen
(V. 125—152) zum Hymnus der completoria auserwählt worden sind[1].
Gehen wir indeß zum Nachweise der historischen Beziehungen über. Pru=
dentius beginnt mit dem Preise des dreieinigen Gottes (V. 1—8). In
der Anrufung (v. 5):

> O trinitatis huius
> *Vis una, lumen unum,*

ist gleichsam das Thema für das bevorstehende Lied angegeben. Als
schützende Macht nämlich gegen die List des bösen Feindes und als Licht
gegen den Geist der Finsterniß soll Gott während der nächtlichen Ruhe
über die Seinigen walten. Dieser Anfang zeigt sich deutlich als Fort=
setzung der Doxologie, womit der vorhergehende Abendhymnus geschlossen
hat. Mußten wir nun diese feierliche Doxologie als Schluß des bischöf=
lichen Abendgebetes in den apostolischen Constitutionen erkennen, so müssen
wir auch den sechsten Hymnus wegen dieses Anfanges als Fortsetzung
bezw. Erweiterung jenes Abendofficiums ansehen. Nachdem in V. 9
bis 24 die tägliche Nothwendigkeit, die erschlafften Körperkräfte durch den
Schlaf wiederherzustellen, auf göttliche Einrichtung zurückgeführt und
gleichsam die Situation des Betenden analog den früheren Hymnen ge=
zeichnet ist, folgt V. 25—124 die Begründung der Gebets=
pflicht zu dieser Stunde. Gutes und Böses kann der Seele be=
gegnen, während das Leibesleben vom Schlafe gefangen gehalten wird,
je nachdem ihr im Traume durch göttliche Gnade die verborgene Zukunft
geoffenbart oder sie durch Truggestalten des bösen Feindes erschreckt wird:

> Quem rara culpa morum
> Non polluit frequenter,
> Nunc lux serena vibrans
> Res edocet latentes.
>
> At qui coinquinatum
> Vitiis cor impiavit,
> Lusus pavore multo
> Species videt tremendas.   (v. 49 sq.)

Zum Belege hierfür erörtert Prudentius mit der ihm eigenen Aus=
führlichkeit den Traum des ägyptischen Joseph im Kerker (V. 57—72)
und die dem hl. Johannes zu Theil gewordenen Offenbarungen (V. 73
bis 116). Seinem Gegenstande entsprechend hebt er aus denselben die
Einsetzung des Lammes zum Richter (Apok. 1) und die Vernichtung des

---

[1] Breviar. Gothicum ed. Lorenzana. Migne t. 86. col. 962. Auch in Deutsch=
land und Frankreich wurden dieselben Strophen ehedem hie und da, aber nur in der
Fastenzeit, im Completorium gesungen. Vgl. Nordamerikan. Pastoralbl. 1885. S. 32.

apofalyptiſchen Thieres (Apok. 13) hervor. Der Leſer wird dadurch an
die Stunde der Rechenſchaft gemahnt, die ſeinem Gedächtniſſe gerade vor
dem Schlafengehen beſonders gegenwärtig ſein ſoll. „Wir nun," ſo
ſchließt der Dichter dieſen Theil, „ſind freilich nicht würdig, während des
Schlafes dergleichen göttliche Offenbarungen zu empfangen; wir können
zufrieden ſein (und darum laßt uns beten), wenn uns in ſüßer Ruhe
Stärkung des müden Leibes zu Theil wird, und eitle Schattenbilder uns
kein Unheil drohen" (V. 117 f.).

Suchen wir, ehe das eigentliche Gebet zur Sprache kommt, Anhalts=
punkte für den eben ſkizzirten Theil aus den Gebeten jener Zeit, ſo kom=
men wir an der Hand des hl. Baſilius auf den 90. (91.) Pſalm. In
ſeiner größern Mönchsregel begründet nämlich der heilige Biſchof ebenſo
die Pflicht, beim Beginne der Nacht zu beten, um dadurch „eine Ruhe
ohne Anſtoß zur Sünde (ἀπρόσκοπον) und frei von Traumbildern zu er=
langen[1]. Nothwendig ſolle auch bei dieſer Gebetsſtunde der 90. Pſalm
recitirt werden. In der That eignet ſich dieſer Pſalm wie kaum ein
anderer, um beim Beginne der Nacht das Vertrauen auf Gott zu beleben.
Die Worte: „Non timebis a timore nocturno, a sagitta volante in
die, a negotio perambulante in tenebris, ab incursu et daemonio meri-
diano" (v. 5. 6) laden ein, bei Tag und bei Nacht den Herrn an dieſes
Verſprechen beſtändigen Schutzes zu erinnern. Wie der 62. Pſalm zum
ſtändigen Morgengebete und der 140. zum Abendgebete verwendet wurde,
ſo gaben obige Worte Anlaß, den 90. Pſalm regelmäßig am Mittage
und beim Beginne der Nacht zu beten. Frühzeitig bildete ſich dieſe Ge=
wohnheit zur Pflicht aus. Während nämlich der hl. Baſilius a. a. O.
eine gewiſſe Abwechslung und Mannigfaltigkeit in den Gebeten für nütz=
lich hält[2], will er doch den 90. Pſalm täglich bei der Sext und bei der
Complet nothwendig recitirt wiſſen. Der griechiſche Ritus hat dieſen Pſalm
noch jetzt in den beiden Horen. In dem alten gallicaniſch=mozarabiſchen Ritus
blieb, wie im römiſchen, der 90. Pſalm auf das Completorium beſchränkt.
Für die Exiſtenz des Completoriums als Gebetsſtunde tritt der hl. Iſidor als
Zeuge auf[3]; woraus das Officium desſelben (im gallicaniſchen Ritus) be=
ſtand, meldet uns Aurelian[4] mit den Worten: „Quando repausaturi estis
in schola, in qua manetis, completorium dicatur; imprimis directa-

---

[1] Reg. fusius tractatae qu. 37. n. 5: καὶ πάλιν τῆς νυκτὸς ἀρχομένης ἡ
αἴτησις τὸν ἀπρόσκοπον ἡμῖν καὶ φαντασιῶν ἐλευθέραν ὑπάρξαι τὴν ἀνάπαυσιν
λεγομένου καὶ ἐν ταύτῃ τῇ ὥρᾳ ἀναγκαίως τοῦ ἐνενηκοστοῦ ψαλμοῦ (ed. Garnier
t. II. p. 384).

[2] Χρησιμεύειν δὲ λογίζομαι τὴν ἐν ταῖς προσευχαῖς καὶ ψαλμῳδίαις κατὰ τὰς
ἐπικεκριμένας ὥρας διαφοράν τε καὶ ποικιλίαν.

[3] De ecclesiasticis offic. l. I. c. 21 de completis. (Migne t. 83. col. 758.)

[4] Reg. Aurel. Arel. apud Holstenium. II. p. 95. Vgl. oben S. 62.

neus *psalmus nonagesimus* dicatur, deinde capitella consuetudinaria.“
Im heutigen mozarabischen Ritus enthält die Complet aus Psalm 90
nur den fünften Vers, welcher mit den vom hl. Isibor (a. a. O.) citirten
Versen 3—5 des Psalmes 131 zu Einem Psalme vereinigt ist[1]. Nun ge=
nügen freilich die Zeugnisse Isibors und Aurelians nicht, um die Zeit
des Prudentius zu beleuchten. Allein über die griechische Heimath des
altspanischen Ritus besteht kein Zweifel; Basilius bezeichnet den 90. Psalm
für das Completorium als pflichtgemäß und erklärt den „nächtlichen
Schrecken“, von dem in diesem Psalm die Rede ist, als (beängstigende)
Träume (φαντασίαι): können wir mithin anders, als aus dem sechsten
Hymnus des Prudentius, der zweifelsohne der Complet des hl. Basilius ent=
spricht, bezw. aus seiner Warnung vor trügerischen Traumgestalten schließen,
daß 1) zur Zeit des Prudentius in der altspanischen Liturgie das Com=
pletorium als öffentliche Gebetsstunde wenigstens in den Klöstern bestand,
daß 2) der 90. Psalm in diesem Completorium recitirt wurde? Das
gallicanische Completorium in der Regel Aurelians mit seinem 90. Psalm
ist somit in die Zeit des Prudentius zurückzudatiren. Aus der regel=
mäßigen Recitation desselben hat der Dichter den Anlaß zu seinem Hymnus
genommen.

Es bleibt uns noch der interessante Schluß des Hymnus (v. 125
bis 152) zur Besprechung übrig. Nachdem aus dem Vorhergehenden
klar ist, daß man Ursache habe, sich vor Gefahren während des Schlafes
zu fürchten, gibt der Dichter das Schutzmittel dagegen an. Für den
Christen, der vom heiligen Thau des Taufbades benetzt und mit dem
Salböl gekennzeichnet worden ist[2], kann kein Zweifel bestehen, daß er diese
Waffe in dem Kreuzeszeichen zu suchen habe. Darum mahnt der
Dichter v. 129:

> Fac, cum vocante sompno
> Castum petis cubile,
> Frontem locumque cordis
> Crucis figura signet.
>
> Crux pellit omne crimen,
> Fugiunt crucem tenebrae:
> Tali dicata signo
> Mens fluctuare nescit.

---

[1] Breviar. Gothic. ed. Lorenzana. Migne t. 86. col. 962. Bickell a. a. O.
Katholik 1874. I. S. 206 citirt aus Pf. 90 die Verse 5—16.

[2] Die vv. 125 sq.:   Cultor Dei momento
                          Te fontis et lavacri
                          Rorem subisse sanctum,
                          Te chrismate innotatum.

finden die beste Erklärung in den apostolischen Constitutionen l. III. c. 16 u. 17.
Prudentius erinnert an die Taufe und die Firmung, welche in dem Kreuzeszeichen

Daß Prudentius hier in vollster Uebereinstimmung mit der Wolke
von Zeugen über die Uebung des heiligen Kreuzzeichens steht, bedarf kaum
der Erwähnung. Es sei nur an die Frage erinnert, welche Tertullian[1]
an die einem Heiden angetraute christliche Frau richtet: „Wird es wohl
unbemerkt bleiben, wenn du dein Bett und dich selbst mit dem Kreuze
bezeichnest?" Die Erwähnung des Kreuzzeichens gerade an dieser Stelle
dürfte aber für unsere Untersuchung noch eine besondere Bedeutung haben.
Das liturgische Morgen= und Abendgebet der alten Kirche schloß mit einer
eigentlichen Benediction, welche der Bischof über das vor ihm gebeugte
Volk aussprach. Im griechischen Ritus hat sich dieselbe unter dem Namen
„Hauptneigungsgebet" (εὐχὴ τῆς κεφαλοκλισίας) erhalten, und zwar nur
am Schlusse der Matutin (Laudes) und der Vesper. Im heutigen rö=
mischen Ritus ist davon nur eine Spur geblieben. Hier entsprechen die
Laudes und die Prim zusammen dem alten Morgengebet, Vesper und
Complet dem Abendgebet. Das „Dominus nos benedicat" am Schlusse
der Prim und das „Benedicat et custodiat nos" nach der Oration der
Complet sind die Erinnerungen an die einstigen wirklichen, mit dem alten
Handauflegungsgebete verbundenen Benedictionen. Aeußerlich prägt sich
dieß heute noch durch das Kreuzzeichen aus, welches in innerem Connex
mit den Benedictionsformeln am Schlusse der Prim und der Complet
steht[2]. Als Vermuthung darf nun wohl der Gedanke hier Platz finden,
die Mahnung zum Kreuzzeichen in unserem Hymnus könne zur Er=

---

ertheilt wurden. Wenn K r i e g in dem vorzüglichen Artikel „Kreuzzeichen" in der
Real=Encyklopädie der christlichen Alterthümer S. 256 sagt: „Von der Bezeichnung
mit dem Kreuze führte unser Sacrament (der Firmung) den Namen σφραγίς, consig-
natio, signaculum. Ob aber die Stelle der apostolischen Constitutionen (III. c. 17:
ἡ σφραγίς ἀντὶ τοῦ σταυροῦ) auf das Kreuzeszeichen bei der Taufe oder bei der Fir=
mung sich bezieht, ist unentschieden", so dürfte diese Unentschiedenheit durch die Stelle
des Prudentius gehoben werden. Der Dichter spricht in dem chrismate innotatum
offenbar von der nota crucis; daß das Kreuzzeichen zur Spendung der Taufe ge=
hörte, ist gewiß. Es handelt sich somit um ein doppeltes Kreuzzeichen. In der
Stelle der apostolischen Constitutionen wird von der Firmung im Zusammenhange mit
der Taufe ebenso geredet, wie bei Prudentius; an sich ist nicht zweifelhaft, daß
ἡ σφραγίς die Firmung bedeutet; die Analogie fordert demnach, daß wir dieses Wort
auf das Kreuzzeichen der Firmung beziehen. Vgl. G a m s, Kirchengeschichte von
Spanien. Bd. II. 1. S. 100.
[1] Ad uxor. l. II. c. 5. Interessant ist, daß T e r t u l l i a n (De corona mil.
c. 3) in den Worten: ad omnem progressum atque promotum, ad omnem aditum
et exitum, ad vestitum et calceatum, ad lavacrum, ad mensas, ad lumina, ad
cubilia, ad sedilia, quaecumque nos conversatio exercet, frontem crucis signo
terimus, auf jene Reihenfolge kommt, die Prudentius in den Tagzeitenhymnen III.
IV. V. und VI. innehält. Eine ausgezeichnete Sammlung von Väterstellen mit
Erklärung liefert übrigens der genannte Artikel von Krieg.
[2] Vgl. B i c k e l l a. a. O. Katholik 1873. II. S. 319.

klärung dienen, wie die ursprüngliche Benediction am Schlusse des Vesperofficiums an's Ende der Complet gekommen ist. Sollte Pruden=tius mit seinem Hymnus auch nichts dazu beigetragen haben, so dürfte er doch auf jenes Uebergangsstabium hindeuten, in welchem sich das eine alte Vesperofficium zu zwei Gebetsstunden ausbildete. Während die Bene=diction im griechischen Ritus bei dem Lucernarium (der Vesper) blieb, kam sie im Abenblanbe [1] an den Schluß des Completoriums, das als liturgisches Gebet wie gesagt als Erweiterung oder Wiederaufnahme des Vesperofficiums anzusehen ist. Wir vermuthen in Prudentius einen Zeugen hierfür, weil er das Kreuzzeichen bei dieser einzigen Gebetsstunde (Complet) so auffallenb hervorhebt. Seitens der Gläubigen war aber die Benediction sicher mit dem Kreuzzeichen verbunden. Die letzten Verse des Hymnus sind der gebetsartigen Abwehr des Versuchers mit seinen Vor=spiegelungen im Traume gewidmet. Auffallend ist hierin die Aehnlichkeit mit der zweiten Strophe des Complet=Hymnus im heutigen römischen Ritus. Der Dichter betet (v. 127 sq.):

> Procul, o procul vagantum
> Portenta sompniorum,
> Procul [2] esto pervicaci
> Praestigiator astu!

Im römischen Brevier heißt es:

> Procul recedant somnia
> Et noctium phantasmata,
> Hostemque nostrum comprime,
> Ne polluantur corpora.

Während Prudentius endlich schließt (v. 49):

> Corpus licet fatiscens
> Iaceat recline paullum,
> *Christum tamen sub ipso*
> *Meditabimur sopore.*

legt das römische Brevier bem Beter in seinem „Vigilemus cum Christo et requiescamus in pace" (Antiph. ad Cant. Simeonis) zum Schlusse

---

[1] Im gallicanischen Officium bes sechsten Jahrhunderts hat die Benediction ihre Stelle nicht in der Complet, sondern in der Duobecima, die als Gebetsstunde zwischen Lucernarium und Complet eingeschoben wurde. Vor der Einführung der Duobecima gehörte die Benediction also dem griechischen Ritus entsprechend zur Vesper. Im heutigen mozarabischen Ritus bildet die Benediction gleichfalls den Schluß der Complet. Die mozarabische Complet ist aber nach dem römischen Ritus erweitert. Vgl. Bickell, im Katholik 1874. I. S. 200 f.

[2] Dem procul entspricht dann v. 145: Das „Discede Christus hic est", welches uns bereits Hymnus II v. 4: „Christus venit discedite" begegnet. Arevalo bemerkt zu letzterer Stelle: „formula (est), qua e sacris abire iubentur profani, ut: Procul, o procul este profani. Imperatores, cum ignominiae causa milites dimittebant, hac formula utebantur: Discedite, o Quirites, et arma deponite."

dieselbe Mahnung an's Herz. Inhaltlich herrscht also, wie die vor=
stehende Untersuchung ergibt, zwischen dem sechsten Tagzeitenhymnus
des Dichters und dem liturgischen Gebete der Complet der Hauptsache
nach eine auffallende Uebereinstimmung. Es mag unentschieden bleiben,
wie weit diese Gebetsstunde schon damals den Charakter eines öffent=
lichen liturgischen Gebetes erhalten hatte: jedenfalls haben wir in der
prudentianischen Dichtung nicht bloß ein Erzeugniß der Privatandacht
des Dichters vor uns. Wie er betete, so betete die Christenheit seiner
Zeit, und somit steht als Resultat der Untersuchung jedenfalls die That=
sache fest: **Die Kirche des 19. Jahrhunderts beschließt ihr täg=
liches Gebetsofficium in derselben Weise, wie Prudentius
und die Christen seiner Zeit.**

Die Untersuchung über die Tagzeitenhymnen des Prudentius im
engern Sinne (Hymnus I—VI) gibt demnach folgendes Bild von dem
täglichen Gebetsleben eines frommen Christen jener Zeit:

Er stand in der Nacht beim Hahnenrufe zum Gebete auf; er be=
gann den Tag mit dem Morgengebete; er betete vor und nach
der (Haupt=) Mahlzeit, beim Anbruch des Abends und vor dem
Schlafengehen. — Die im Laufe der Untersuchung mitgetheilten Beleg=
stellen aus dem christlichen Alterthum bezogen sich nur auf die einzelnen
Hymnen. Ein Zeugniß, daß gerade diese Reihe von Gebetsübungen den
Tag des Christen heiligte und Prudentius somit in genauer Ueberein=
stimmung mit seiner Zeit schreibt, liefert der hl. Ambrosius. Im dritten
Buche seiner Unterweisungen über die Jungfrauen gibt er seiner Schwester
Marcellina folgende Ermahnung über das Gebet: „Oratio quoque
nos Deo crebra commendet. Si enim propheta dicit: ‚Septies
in die laudem dixi tibi‘, qui regni erat necessitatibus occu-
patus: quid nos facere oportet qui legimus: Vigilate et orate,
ne intretis in tentationem? Certe *solemnes* orationes cum gratiarum actione sunt deferendae cum *e somno surgimus,* cum *pro-
dimus,* cum *cibum paramus sumere,* cum *sumserimus* et *hora incensi,*
cum denique *cubitum pergimus.* Sed etiam in ipso cubili volo
psalmos cum oratione dominica frequenti contexas vice, vel cum
evigilaveris, vel antequam corpus sopor irriget." Die Schrift des
hl. Ambrosius De virginibus stammt nun ziemlich genau aus dem
Jahre 377 [1]. Indem der heilige Lehrer die angeführten Gebete „solemnes" nennt, bezeugt er, daß sie in allgemeiner Uebung waren. Pruden=
tius hat somit, wie oben behauptet wurde, den Stoff zu seinen Hymnen
und die Veranlassung zu ihrer Abfassung aus der allgemeinen Uebung
der Christen entlehnt. Denn daß die angeführten Zeitpunkte des hl. Am=

---

[1] Förster, Ambrosius, Bischof von Mailand. Halle 1884. S. 87.

brosius den Hymnen des Prudentius genau entsprechen, ist ohne weiteres
klar. Von den allgemein üblichen Gebeten haben wir indeß die öffent=
lichen oder liturgischen Gebete, die spätern sogen. canonischen Tagzeiten zu
unterscheiden. Welche unter den aufgezählten Gebeten[1] tragen diesen
Charakter? Diese Frage bedarf nothwendig noch der Antwort, sowie damit
zusammenhängend die andere: In welcher Beziehung stehen die Gebetszeiten
des Prudentius und Ambrosius zu den sogen. drei apostolischen Stunden?

Bezüglich der erstern Frage sind zunächst die Gebete (Hymnen) vor
und nach Tische selbstverständlich auszuscheiden. Daß das Gebet vor dem
Schlafengehen (Complet) nur in religiösen Gemeinden (Klöstern) öffent=
lichen Charakter annehmen konnte, und wie weit dieß zur Zeit des Pru=
dentius der Fall war, ist oben erörtert worden. Somit bleiben als
öffentliche Gebetsstunden, die mit der Versammlung im Gotteshause ver=
bunden waren, übrig: das nächtliche Gebet, das Morgen= und Abendgebet.
Das Nachtgebet fand aber mit öffentlicher Zusammenkunft nicht täglich
statt. „Abgesehen von (bestimmten) Vigilien war es in den ersten Jahr=
hunderten ein privates."[2] Die Verhältnisse des gewöhnlichen Lebens
brachten es nothwendig mit sich, ohne daß wir auf die Erkaltung des
Eifers besonderes Gewicht zu legen brauchen[3], daß die nächtlichen Gebets=
versammlungen von den Christen des vierten Jahrhunderts wenig besucht
wurden oder besucht werden konnten. In den Worten, womit der heilige
Cyprian zur Theilnahme an den Nachtgebeten mahnt[4]: „Quando sine
lumine est, cui lumen in corde est? Aut quando sol ei et dies
non est, cui sol et dies Christus est? Quia autem in Christo, hoc
est in lumine semper sumus, nec noctibus ab oratione cessemus" —
in diesen Worten sieht Probst[5] bereits eine Widerlegung jener, „welche
diese Zeit nicht für passend hielten". Kann nun nach den anderweitigen
Zeugnissen auch kein Zweifel obwalten, daß das nächtliche Gebet zur
Zeit des Prudentius in der Kirche abgehalten und von dem Clerus, be=
sonders den Mönchen, als strenge Pflicht betrachtet wurde, so beschränkte

---

[1] Roscovány (Coelibatus et Breviarium. Pestini 1861. tom. V. p. 13) führt
die Stelle des hl. Ambrosius als monumentum de breviario auf und damit auch
indirect die ersten sechs Hymnen des Prudentius.

[2] Probst, Lehre und Gebet S. 343.

[3] Binterim, Denkwürdigkeiten Bd. IV. Th. I. S. 345 f.

[4] De orat. Dom. c. 36.

[5] A. a. O. S. 342. Schüch (Handbuch der Pastoral=Theologie. 3. Aufl.
Linz 1876. S. 545) sagt von den Worten des hl. Cyprian in diesem Kapitel: „Recedente sole ac die cessante necessario rursus orandum est": „Der hl. Cyprian
empfiehlt nebst den übrigen Gebetsstunden auch die Nokturn, die Matutin und
die Vesper." Das „empfiehlt" ist mit Rücksicht auf Cyprians „necessario" wohl zu
schwach; richtig ist aber damit der damalige Zustand des Stundengebetes bezw. der
Verpflichtung zu demselben angedeutet.

sich doch die Theilnahme der Gläubigen am gemeinsamen liturgischen
Gebete gewöhnlich auf das Morgen= und Abendofficium. Damit stimmen
die Zeugnisse jener Zeit genau überein. In den apostolischen Constitutionen [1]
wird die Mahnung an den Bischof gerichtet: „Wenn du, o Bischof, zum
Volke sprichst, so befiehl ihm und ermahne es, daß es die Kirche besuche
am Morgen und Abend jedes Tages, und daß es durchaus nicht davon
abgehe, sondern fleißig zusammenkomme, damit keiner durch sein Ausbleiben
die Kirche und den Leib Christi verstümmele; denn nicht nur den Priestern,
sondern auch den Laien gilt das Wort des Herrn: ‚Wer nicht mit mir
ist, der ist wider mich, und wer nicht mit mir sammelt, der zerstreut.'"
Daß diese Vorschrift von den eifrigen Christen gegen Ende des vierten
Jahrhunderts befolgt wurde, lernen wir aus dem Berichte des heiligen
Augustin über seine fromme Mutter Monika. Um die Wirksamkeit ihres
Gebetes zu schildern, schreibt er in seinen Bekenntnissen [2]: „Solltest du,
o Gott der Barmherzigkeit, verschmähen können das zerknirschte und ge=
demüthigte Herz einer züchtigen und keuschen Wittwe, die häufig Almosen
spendet, die eifrig ist im Dienste deiner Heiligen, die keinen Tag
vorübergehen läßt ohne Opfer an deinem Altare, die
zweimal am Tage, am Morgen und Abend, zu deiner Kirche
kommt, ohne je eine Ausnahme zu machen, nicht zu eitler Unterhaltung,
wie sie die weibliche Geschwätzigkeit liebt, sondern um dich zu vernehmen
in deinen Reden, und um von dir gehört zu werden in ihren Gebeten." [3]
Die Concilienbeschlüsse aus dem Anfange des sechsten Jahrhunderts schärfen
auf's Neue das als Pflicht ein, was nach den angeführten Zeugnissen
bereits im vierten Jahrhundert als solche angesehen war. Das Concil
von Agbe (506) verordnet in can. 30: „Et quia convenit ordinem
ecclesiae ab omnibus aequaliter custodiri studendum est, *ut sicut
ubique fit*, et post antiphonas collectiones per ordinem ab episcopis
vel presbyteris dicantur et *hymni matutini vel vespertini diebus omni-*

---

[1] Lib. II. c. 59. Vgl. Bickell a. a. O. Katholik 1873. Bd. I. S. 295.

[2] Confess. lib. V. c. 9: „. . . nullum diem praetermittentis (viduae) obla-
tionem ad altare tuum, bis in die mane et vespere ad ecclesiam tuam sine
ulla intermissione venientis."

[3] Wer immer der Verfasser des Sermo in Malach. in den Werken des hl. Am=
brosius aus jener Zeit sein mag, sagt: „Sed et cum vespera diem claudit, ipsi
debemus per psalterium laudem dicere et gloriam eius modulata suavitate
concinere, quo operum nostrorum consummato certamine veluti victores requiem
mereamur, et laboris quaedam palma sit soporis oblivio." (Cfr. Cath. VI. 16. 23.)
Imitare minutissimas aves mane et vespere Creatori gratias referendo. Et si es
devotior, imitare lusciniam, cui quoniam ad dicendas laudes dies sola non sufficit, nocturna spatia pervigili cantilena decurrit. Et tu igitur laudibus tuis
diem vincens operi tuo adde nocturna curricula et insomnem suscepti laboris
industriam psalterii serie consolare." Ambros. op. ed. Paris. 1603. t. II. p. 1148 sq.

bus decantentur, et in conclusione *matutinarum* vel *vespertinarum missarum* post hymnos capitula de psalmis dicantur, et *plebs collecta* oratione ad vesperam ab episcopo cum benedictione dimittatur."[1]

Was bisher über die Theilnahme der Gläubigen am öffentlichen Gebete gesagt wurde, ist die unumgängliche Vorbedingung zur Beant= wortung der andern Frage: In welchem Verhältnisse steht die öffentliche Morgen= und Abendandacht, der in beschränkter Weise die nächtliche Vigilienfeier beizuzählen ist, zu den sog. drei apostolischen Stunden? Wir sind zur Stellung dieser Frage verpflichtet, weil unser Kathemerinon=Buch keine eigenen Hymnen für die dritte, sechste und neunte Stunde enthält. Diese Stunden sind nämlich als öffentliche Gebetsstunden von den ältesten christlichen Schriftstellern auf's Klarste bezeugt. Ist nun aber die Hymnensammlung des pru= dentianischen Tagzeitenbuches nach unserer Behauptung ein Abbild, bezw. Ergebniß des Gebetslebens, wie es beim christlichen Volke des vierten Jahrhunderts bestand, so sollte man auch Hymnen für die genannten Stunden erwarten. Diese Erwartung ist um so mehr berechtigt, als Prudentius die Uebung des Gebetes zu diesen drei Zeiten ganz wohl kennt, wie sogleich nachzuweisen sein wird. Unsere Frage hat zudem all= gemeines Interesse, da in der letzten Zeit das Verhältniß der sogen. apo= stolischen Gebetsstunden zu den übrigen Uebungen des liturgischen Gebetes im Alterthum von Fachmännern in einander widersprechender Weise be= stimmt worden ist. Die gewünschte Klarheit über diesen Punkt ist beß= halb keineswegs vorhanden. Beginnen wir mit dem Nachweise, daß Prudentius die drei apostolischen Gebetszeiten, die Terz, Sext und Non, in seinen Hymnen erwähnt. Im britten der Tagzeitenlieder heißt es v. 86 sq.:

Te, Pater optime, *mane novo*,
Solis et orbita cum *media* est,
Te quoque *luce sub occidua*,
Sumere cum monet hora cibum,
Nostra Deus canet harmonia.

Daß Prudentius durch diese Worte die genannten drei Gebetsstunden bezeichnet, ist mit Arevalo[2] zweifelsohne zu behaupten. Wollte man auch

---

[1] *Roscovány*, l. c. t. V. p. 23. Cfr. Conc. Tarraconense II. Can. 7: „De clero id placuit definire, ut presbyteri vel diaconi, qui inibi constituti sunt, cum clericis septimanas agant, i. e. ut presbyter unam faciat hebdomadam, qua expleta succedat ei diaconus similiter ea sc. conditione servata, ut omnis clerus *diebus omnibus vesperas et matutinas celebret*."

[2] Nota in h. l. (Migne t. 59. col. 802): „Putant aliqui his quinque versi- bus denotari actiones gratiarum, quae Deo fieri debent quoties cibus sumitur, nempe mane, meridie et vespere, praetermissis comessationibus, quae Christi- anos minime decent. Ab his quam longissime dissentio. Prudentius hoc loco

annehmen, in dem mane novo sei der Morgenhymnus (Cath. II) an=
gedeutet [1], und der hymnus ante cibum (Cath. III) sei eben der Lobpreis,
welchen der Dichter mit „luce sub occidua, sumere cum monet hora
cibum" im Sinne hat, so läßt sich jedenfalls für jene Gebetszeit kein
Hymnus unter den Tagzeitenliedern ermitteln, welche Prudentius mit
„solis et orbita cum media est" andeutet. Nun ist aber auch der
Lobpreis, welcher Gott luce sub occidua gesungen wird, deutlich genug
von dem Tischgebete als directer Vorbereitung auf die Mahlzeit unter=
schieden. In den angeführten Worten (V. 88) sagt Prudentius nur,
daß die Zeit des täglichen Mahles mit der Stunde der britten öffentlichen
Gebetsübung eintrat. Die Gebetsübung selbst hat in dem Hymnus (III)
des Dichters keinen Ausdruck gefunden. Sie steht ja nach dem Zusammen=
hange auf gleicher Stufe mit den vorher bezeichneten, die am Morgen
und am Mittage stattfanden. Wäre sie mit diesem Tischgebete identisch,
so müßte man folgerichtig dasselbe von den beiden vorhergehenden Gebets=
übungen sagen. Bedeutet nun die vom Dichter genannte mittägige und
nachmittägige Gebetszeit die als Sert und Non bekannte apostolische Ein=
richtung, und existirt im Kathemerinon=Buche kein Hymnus für diese bei=
den Gebetsstunden, so schließen wir mit Recht, daß auch das mane novum
(V. 86) als die Terz zu verstehen sei, der gleichfalls keines der vor=
handenen Lieder entspricht. Wie es möglich war, die Morgenstunde, hora
prima, mit mane novum zu bezeichnen (Cath. II, 15) und denselben
Namen hier der Terz beizulegen, erklären die Worte Cyprians [2]: „In orationibus vero celebrandis invenimus observasse cum Daniele tres
pueros in fide fortes et in captivitate victores horam tertiam, sextam,
nonam sacramento sc. trinitatis, quae in novissimis temporibus
manifestari habebat. Nam et *prima hora in tertiam veniens consum-
matum numerum trinitatis ostendit.*" So war die hora tertia die Voll=
endung des mane novum, das mit der hora prima den Anfang nahm,
und Prudentius konnte mit demselben Namen sowohl das Gebet am frühen
Morgen als die Terz bezeichnen. Offenbar hat somit Prudentius einen
Unterschied zwischen den allbekannten apostolischen Gebetsstunden und den
übrigen Gebetszeiten gemacht, welch letztere er allein durch Hymnen aus=
gezeichnet hat. Daß er aber die apostolischen Gebetsstunden als öffent=

---

sacram Scripturam et veterum Christianorum consuetudinem exprimit. Ps. 54,
17. 18: ‚Ego autem ad Dominum clamavi, et Dominus salvabit me. Vespere
et mane et meridie narrabo et annuntiabo.‘ Haec sunt tria tempora, quibus
Daniel quotidie orabat (Dan. 6, 10). Apostolos easdem tres horas, quas tertiam,
sextam et nonam appellant, orationi destinasse ex Actibus Apost., Clemente Al.
et Cypriano colligitur. . . .“ Cfr. *Tertullian.*, De ieiun. c. 10.

[1] Dort heißt es v. 15: „Mane clarescent novo
  Secreta mentis prodita.“

[2] De orat. Dom. c. 34.

liche, gemeinschaftliche Uebung kennt, zeigt der Ausdruck: „nostra harmonia canet" (v. 90). In ganz ähnlicher Weise bringt der hl. Cyprian die drei apostolischen Gebetsstunden mit den übrigen Gebetszeiten, insbesondere mit dem gemeinsamen (liturgischen) Morgen= und Abendgebete, in einen gewissen Gegensatz. Nachdem er nämlich die ersteren aufgezählt und begründet hat (De orat. c. 34), fährt er fort: „Sed nobis, fratres dilectissimi, praeter horas antiquitus observatas orandi nunc et spatia et sacramenta creverunt. Nam et mane orandum est, ut resurrectio Domini matutina oratione celebretur. Recedente item sole ac die cessante necessario rursus orandum est." Ebenso deutet Tertullian [1] ein bestimmtes Verhältniß zwischen beiden Arten von Gebets= übungen an, indem er über die Zeit des Gebetes sagt: „De tempore vero non erit otiosa extrinsecus observatio etiam horarum quarundam, istarum dico communium, quae diei interspatia signant, *tertia*, *sexta, nona, quas solemniores in scripturis invenire est* . . . ne minus ter die saltem adoremus debitores Patris et Filii et Spiritus Sancti [2], exceptis utique legitimis orationibus, quae sine ulla admonitione debentur ingressu lucis et noctis."

In welcher Weise nun das Verhältniß der durch die angeführten Zeugnisse unterschiedenen Gebetsstunden, insofern dieselben die Grundlage des kirchlichen Breviergebetes sind, zu bestimmen sei, darüber gehen, wie angedeutet, die Ansichten ziemlich bedeutend auseinander. „In der christ= lichen Kirche," sagt Probst [3], „wurden von den apostolischen Zeiten an die dritte, sechste und neunte Stunde des Tages durch das Gebet geheiligt. Tertullian nennt diese drei Gebetsstunden beßhalb apostolische. Für die griechische Kirche bezeugen Clemens von Alexandrien (Strom. 7, 7) und die apostolischen Constitutionen (VIII. 34; cfr. Clementin. Hom. 3, 69) die Feier dieser drei Gebetsstunden. Zu diesen Gebeten kommt das ge= meinschaftliche Morgen= und Abendgebet als necessario (Cypr. de orat.) und als legitime (Tertull. de orat. c. 25) zu verrichten (als vierte und fünfte Gebetsstunde) seit dem dritten Jahrhundert im Abend=

---

[1] De orat. c. 25. Vgl. De ieiun. c. 10. (Migne t. 2. col. 966.), wo die drei Stunden, welche auch im gewöhnlichen Leben besonders ausgezeichnet sind, gleichfalls *„solemniores* in orationibus divinis" genannt werden.

[2] Die letztern Worte haben mit der obigen Stelle des Prudentius (Cath. III. 86) inhaltlich unverkennbare Aehnlichkeit.

[3] Wetzer und Welte's Kirchenlexikon. 2. Aufl. Freiburg 1883. Art. „Brevier." Vgl. Probst, Lehre und Gebet S. 343: „Niemand wird daran zweifeln, daß die Christen des zweiten Jahrhunderts den Tag mit Gebet anfingen und schlossen, aber es war ein privates Gebet. Wurden diese beiden Gebetsstunden erst später ein= geführt, so war mit der Einführung von selbst gegeben, daß das Gebet in denselben ein gemeinschaftliches und somit auch ein vorgeschriebenes war, weil das private Gebet zu diesen Stunden schon längst bestand."

lande, seit dem Ende des Jahrhunderts auch im Oriente hinzu." Dem entgegen behauptet Peters[1]: „Wie die dritte, sechste und neunte Stunde, so waren auch der Morgen und Abend ‚von Alters her‘ so viel als mög= lich öffentliche und gemeinschaftliche Gebetsstunden." „Die Ansicht von Probst stützt sich vorzugsweise auf die oben aus Cyprian citirte Stelle, wonach zu den ‚von Alters her‘ (antiquitus) beobachteten Gebetsstunden noch neue hinzugekommen seien. Indeß bezieht sich das antiquitus nicht auf die zur Apostelzeit, sondern auf die schon in vorchristlicher Zeit üb= lichen Gebetsstunden. Dieß ersieht man aus dem Zusammenhange und erhellt auch aus dem Umstande, daß die Motive für das gemeinschaftliche Morgen= und Abendgebet nicht erst zu Ende des zweiten oder Anfang des dritten Jahrhunderts aufkamen, sondern ebenso sehr in der apostolischen Zeit galten, wie für die Gemeinschaftlichkeit des Gebetes an den drei an= dern Stunden." Die Argumentation von Peters nimmt allerdings der Ansicht von Probst das Fundament, welches in dem antiquitus liegen soll. Dazu kommt, daß die feierliche Morgen= und Abendliturgie im alt= testamentlichen Tempel die Christen von Anfang zu einer ähnlichen litur= gischen Feier veranlassen mußte[2]. Allein den Unterschied, welcher doch thatsächlich in den Worten des hl. Cyprian zwischen den „apostolischen Horen" und den folgenden Stunden gemacht ist, und welcher nach dem Zeugnisse des Prudentius im vierten Jahrhundert in der Praxis bestand, klären die Worte von Peters nicht auf. Die ganze Stelle des hl. Cyprian zeigt nämlich das Verlangen, die Gläubigen zu größerem Eifer und zum Gebete ohne Unterlaß zu führen. Während er aber die drei „apostolischen Stunden" einfach als „von Alters her beobachtet" beschreibt, schärft er mit dem „necessario orandum est" die Verpflichtung zum Morgen= und Abendgebet ein. Ein Unterschied in der Verpflichtung zu den drei be= kannten Gebetsstunden und „den neu hinzugekommenen" ist hierin unver= kennbar. Warum unterläßt der hl. Cyprian, sein necessario orandum für das Morgen= und Abendgebet ebenso durch das Beispiel der Apostel zu begründen? Offenbar weil die Bezeichnung „apostolische Horen" aus= schließlich für die drei Gebetszeiten galt. An der Pflicht, sie zu be= obachten, bestand kein Zweifel. Wenn nun die Pflicht zum Morgen=

---

[1] Real=Encyklopädie der christlichen Alterthümer von Kraus. Art. „Gebet." Bd. I. S. 554. Ebenso urtheilt Bickell im Katholik 1873 Bd. II. S. 293. Anm. 2 über die Probst'sche Erklärung der Stelle aus Cyprian. „Der hl. Cyprian scheint uns, wenn er von neu hinzugekommenen Gebetübungen spricht, dieß nur im Gegen= satz zu den schon in vorchristlicher Zeit üblichen zu verstehen."

[2] Vgl. Haneberg, Die religiösen Alterthümer der Bibel. München 1869. S. 604. Bickell, im Katholik 1874. Bd. I. S. 214. Probst, Lehre und Gebet S. 340, sagt dieß selbst indirect: „Es unterliegt keinem Zweifel, daß das alte Syna= gogenritual das Vorbild sei, wonach sich freilich mit wesentlichen Veränderungen die Tagzeiten des allgemeinen Kirchengebetes gestaltet haben."

und Abendgebet bringender an's Herz gelegt wird und hierbei Leser vor=
ausgesetzt werden, welche diese Einschärfung nöthig haben, so kann der
Grund hiervon ein doppelter sein. Entweder betrachteten die Leser die
„hinzugekommenen" Gebetsstunden, d. h. ihre liturgische Feier, als nicht so
streng verpflichtend, wie die ersteren, weil sie nicht in gleicher Weise von
den Aposteln stammten, sondern später eingeführt waren und ihre An=
erkennung noch nicht allgemein durchgesetzt war; oder dieser Unterschied
auf Grund eines spätern Ursprungs bestand nicht: dann wollte der
hl. Cyprian das Morgen= und Abendgebet als strenger verpflichtend hin=
stellen. Auf die erstere Annahme hat Probst seine Ansicht gegründet; da
dieselbe sich nicht halten läßt, so müssen wir für die zweite eintreten.
Der hl. Cyprian wollte und konnte das Morgen= und Abendgebet nicht
auf bloß positive apostolische Anordnung zurückführen, weil die Verpflich=
tung zu demselben tiefer in dem Naturgesetz liegt. „Wenn die Apostel,"
sagt Tertullian [1] über die Zeiten des Gebetes, „auch absichtslos (bei jenen
drei Gebetsstunden) verfahren, ohne von einem Herkommen dazu genöthigt
zu werden, so dürfte es doch gut sein, darin ein irgendwie verbindliches,
mustergültiges Verfahren zu erblicken (aliquam constituere praesump-
tionem), welches die Ermahnung zum Gebete bekräftigt und durch eine
Art Gesetz (quasi lege) zuweilen von den Geschäften losreißt und zu
dieser Pflicht (ad tale munus) hintreibt, damit wir nicht etwa weniger
als mindestens dreimal am Tage... anbeten.... Ausgenommen sind
dabei natürlich die regelmäßigen Gebete (legitimae orationes),
die wir auch ohne jede Ermahnung (sine ulla admonitione) beim
Eintritt des Tageslichtes und der Nacht zu verrichten schuldig sind."
Deutlicher kann die Art der Verpflichtung nicht unterschieden werden; für
die apostolischen Stunden muß auf das Verfahren der Apostel als ver=
pflichtenden Grund zurückgegangen werden, als auf eine Art Gesetz;
Morgen= und Abendgebet sind aber auch ohne positives Gesetz streng ver=
pflichtend. Somit kann Cyprian mit seinem „nobis orandi nunc et
spatia et sacramenta creverunt" nicht eine bloß numerische Steigerung
der Gebetspflicht bezeichnen. Waren die „apostolischen Horen" gemein=
same, canonische Stunden, so noch viel mehr die Morgen= und Abend=
andacht. Das Christenthum, will er vielmehr sagen, hat uns durch seine
Geheimnisse eine Zunahme der Verpflichtung zum Morgen= und Abend=
gebete gebracht. Wir müssen uns daher in der obwaltenden Controverse
der Ansicht Bickells [2] anschließen, welche mit der gegebenen Erklärung der
Worte Cyprians übereinstimmt und die zur Zeit des Prudentius herr=
schende Praxis vollkommen erklärt. „Tertullian und Cyprian deuten an,
daß von den sechs canonischen Horen, welche in der vornicänischen Periode

---

[1] De orat. Dom. c. 25.
[2] A. a. O. Katholik 1873. I. S. 294.

üblich waren, das Morgen= und Abendgebet am strengsten verpflichteten. Dieß wird durch die apostolischen Constitutionen bestätigt, welche II, 59 eine bringende Aufforderung an alle Gläubigen richten, an jedem Tage zum Morgen= und Abendgebet in der Kirche zusammenzukommen und die gemeinschaftliche Feier desselben nicht für eine ausschließlich den Priestern obliegende Pflicht zu halten (vgl. oben S. 83). Hiermit scheint denn auch gegeben zu sein, daß nur Matutin und Vesper regelmäßig in der Kirche als gemeinschaftliche gottesdienstliche Functionen gefeiert, die an= deren Gebetszeiten aber gewöhnlich von den einzelnen Gläubigen zu Hause persolvirt wurden. So erklärt sich auch, weßhalb in dem achten Buche der apostolischen Constitutionen, welches eine Anleitung zur Vornahme des Gottesdienstes geben will, in Kap. 35—39 nur der Ordo für Matutin und Vesper, aber nicht für die übrigen Horen mitgetheilt ist." „Die drei ‚apostolischen Horen'", heißt es a. O. S. 317, „Terz, Sext, Non, sowie das nächtliche Gebet wurden in der Regel nicht als gemeinschaft= liche gottesdienstliche Functionen abgehalten, sondern blieben der Privat= andacht des Einzelnen überlassen." An den letzten Worten hat Peters a. a. O. mit Unrecht Anstoß genommen, indem er sagt: „Die drei ‚apostolischen Horen', das Morgen= und Abendgebet, sowie die Vi= [1] gilien müssen als gemeinschaftliche gottesdienstliche Functionen angesehen werden und nicht etwa bloß als solche, die meistens ‚der Privatandacht des Einzelnen überlassen blieben'." Merkwürdiger Weise ist aber hier zunächst der Unterschied ganz übersehen, den Bickell ausdrücklich unter den sechs canonischen Horen macht. Anlaß zum Bedenken gäben die Worte Bickells nur, wenn in dem Worte „Privatandacht" die im allgemeinen für die Kirche existirende Pflicht zur Einhaltung dieser Gebetsstunden in Abrede gestellt wäre. Allein diese Ansicht kann Bickell nicht haben, da er „von den sechs canonischen Horen vor der nicänischen Periode" redet. Das private Persolviren des liturgischen Officiums hebt den öffent= lichen Charakter dieses Gebetes nicht auf. Ueberdieß kann aber auch in der That von einer Verpflichtung im eigentlichen Sinne für alle da= maligen Gläubigen ohne Unterschied zu allen canonischen Tagzeiten nicht die Rede sein. „So fordert es," sagt Bickell mit Recht, „selbst die Natur der Sache, da es wohl einer klösterlichen Genossenschaft, nicht aber den in der Welt lebenden Gläubigen möglich sein konnte, täglich sechsmal bei Tag und Nacht in der Kirche zusammenzukommen. Doch mag man mitunter auch die ‚apostolischen Horen' durch gemeinschaftliche Feier begangen haben; ja, es ist wahrscheinlich, daß eine derselben, entweder die Sext oder die Non, in manchen Gegenden durch tägliche öffentliche Persolvirung in der Kirche vor anderen ausgezeichnet wurde. In den Martyreracten[1] des hl. Theodot

---

[1] *Ruinart*, Acta Martyrum. II. n. 11. p. 294.

wird ein Priester erwähnt, welcher nach Abhaltung der Sext aus der Kirche kam."

Interessant für unsern Gegenstand ist der Vergleich zwischen der von Bryennios aufgefundenen διδαχή τῶν ἀποστόλων [1] und dem siebenten Buche der apostolischen Constitutionen. Nach den allerdings noch nicht zum Abschluß gekommenen Untersuchungen über die „Lehre der Apostel" dürfen wir ihre Abfassung ziemlich sicher in die erste Hälfte des zweiten Jahrhunderts verlegen. Das im Anfange des vierten Jahrhunderts entstandene siebente Buch der apostolischen Constitutionen ist eine Erweiterung der διδαχή. Im achten Kapitel der „Apostellehre" wird nun die Anweisung, das Vaterunser zu beten, mit der Vorschrift geschlossen: „Dreimal des Tages betet so!" Der Paraphrast oder Interpolator theilt im siebenten Buche der apostolischen Constitutionen c. 24 wörtlich dieselbe Vorschrift mit, ohne sie zu erläutern, schließt aber sein Buch mit Formularen für das (gemeinschaftliche) Gebet am Morgen, am Abend und bei Tische. Daß wir nun bei dem Τρὶς τῆς ἡμέρας οὕτω προσεύχεσθε an die drei apostolischen Gebetsstunden zu denken haben, kann nicht zweifelhaft sein [2].

---

[1] Διδαχὴ τῶν δώδεκα ἀποστόλων ... πρῶτον ἐκδιδομένη ὑπὸ Φιλοθέου Βρυεννίου μητροπολίτου Νικομηδίας. Ἐν Κωνσταντινοπόλει 1883. Der Zweifel an der Aechtheit der Didache, welchen v. Scherer (Archiv für katholisches Kirchenrecht. 1885. 4. Heft. S. 3 f.) veröffentlicht hat, scheint keine weitere Beachtung gefunden zu haben.

[2] Bryennios (Διδαχή p. 32) macht zu diesen Worten die Bemerkung: „... Τίνες οὖν τῆς εὐχῆς αἱ ὧραι, ἃς ἀδιορίστως εἴασεν ἡ Διδαχή; Λυτὰς εἶναι τὰς καλουμένας ἀποστολικάς, τρίτην, φημί, καὶ ἕκτην καὶ ἐννάτην ... δῆλον ἂν εἴη ἐξ ὧν ὁ ἱερὸς Κλήμης ἐν λόγῳ Στρωματέων ζ'. σελ. 722 τοὺς τελείους καὶ ἐν τούτῳ τῶν ἀτελεστέρων διακρίνων, ἐκείνους μέν φησι παρ' ὅλον εὐχεσθαι τὸν βίον, τούτους δὲ ἐν τακταῖς ὧραις μόνον τοῦτο ποιεῖν· „Εἰ δέ τινες καὶ ὧρας τακτὰς ἀπονέμουσιν εὐχῇ ὡς τρίτην, καὶ ἕκτην καὶ ἐννάτην, ἀλλ' οὖν γε ὁ γνωστικὸς παρ' ὅλον εὐχεται βίον." Ἄλλαι δὲ παρὰ ταύτας εὐχαὶ ἢ εὐχῆς ὧραι τοῖς χριστιανοῖς ἦσαν ἡ ἑσπερινὴ καὶ ἡ μεσονύκτιος καὶ ἡ ὀρθρινὴ καὶ ἡ πρὸ τῆς τραπέζης εὐχαριστήριος εὐχὴ καὶ μετὰ ταύτην ἑτέρα ὁμοία καὶ ἄλλη πάλιν ἡ πρὸ τοῦ ὕπνου ... ὧν τὰς γνωριμωτάτας καὶ διόλου συνήθεις παρασιωπῶσαι ὕστερον αἱ τῶν ἀποστόλων Διαταγαί, εὐχεσθαι μάλιστα διαγορεύουσι τοῖς πιστοῖς ἐν ταῖς λοιπαῖς: „Εὐχὰς ἐπιτελεῖτε ὄρθρου καὶ τρίτῃ ὥρᾳ καὶ ἕκτῃ καὶ ἐννάτῃ καὶ ἑσπέρᾳ καὶ ἀλεκτροφωνίᾳ." Αἱ αὐταὶ δὲ Διαταγαὶ καὶ τῶν κατ' ἰδίαν εὐχῶν τὰς κοινῇ ἐπιτελουμένας διαστέλλουσι καὶ ἐπιδιατάσσουσι: (Const. ap. l. II. c. 59. c. 36; cfr. l. VIII. c. 35—38) ‚Δίδαξον, ὦ ἐπίσκοπε, κέλευε καὶ παραίνει τῷ λαῷ εἰς τὴν ἐκκλησίαν ἐνδελεχίζειν ὄρθρου καὶ ἑσπέρας ἑκάστης ἡμέρας καὶ μὴ ἀπολείπεσθαι τὸ σύνολον ἀλλὰ συνέρχεσθαι διηνεκῶς.‘ ἐξ ὧν βέβαιον παρίσταται ὀρθου μόνον καὶ ἑσπέρας καθ' ἑκάστην εὐχὰς ἐπιτελεῖσθαι κοινῇ ἔθος ὕστερον κατ' ὀλίγον ἐν τῇ ἐκκλησίᾳ κρατῆσαι." Mit dem Gesagten stimmt unsere Darstellung vollkommen überein, wenn κοινῇ nur die Theilnahme des Volkes, nicht aber den Charakter des öffentlichen, liturgischen Gebetes bedeutet. Dieß ist indeß nicht der Fall, weil Bryennios in der Fortsetzung unmittelbar darauf die Meinung ausspricht, im Oriente wenigstens seien also Anfangs drei solcher gemeinschaftlichen Gebete (συνάξεων καὶ συνελεύσεων ἐπ' εὐχῇ κοινῶν), später aber nur zwei gewesen, während hie und da, namentlich im Occidente fünf Gebetsstunden (die apostolischen

Warum gibt die διδαχή keine Vorschrift für das Morgen= und Abend=
gebet? Weil diese Gebete als selbstverständlich galten. Ein etwaiger
Zweifel hierüber würde durch die angeführten Stellen aus dem siebenten
Buche der apostolischen Constitutionen aufgehoben. Denn die Hymnen
für das Morgen= und Abendgebet, die gleichfalls ohne jede Vorschrift mit=
getheilt werden, setzen die Uebung der gemeinschaftlichen Morgen= und
Abendandacht einfach voraus [1]. Die Erweiterung der διδαχή aber durch
den Verfasser des siebenten Buches der apostolischen Constitutionen ge=
schieht jedenfalls nur zu Gunsten des Morgen= und Abendgebetes; die
Gläubigen sollten dadurch wahrscheinlich angehalten werden, den Morgen=
und Abendhymnus auswendig zu lernen. Bezüglich der „apostolischen
Stunden" bleibt er bei dem einfachen Τρὶς τῆς ἡμέρας οὕτω προσεύχεσθε.
Dasselbe dürfte daher richtig mit Bickell „weniger für eine eigentliche litur=
gische Anordnung zu halten sein, als vielmehr für eine Mahnung, zu
diesen drei Stunden die irdischen Arbeiten und Sorgen durch Gebet zu
unterbrechen, und zwar wenigstens durch das Gebet des Herrn". Wohl
zu bemerken ist, daß die Mahnung an alle Gläubigen gerichtet wird.
Daneben bleibt bestehen, daß die Beobachtung der „apostolischen Stunden"
für die Kirche im Allgemeinen von jeher als wirkliche Pflicht angesehen
wurde, die auch vom Clerus und den in religiösen Genossenschaften
Lebenden erfüllt wurde [2]. Von Anfang an mag es daher das Bestreben
gewesen sein, alle sechs Gebetszeiten, welche im achten Buche der aposto=

Horen mit dem Morgen= und Abendgebet), sowie als sechste die Vigilien gehalten
worden seien. Diese Auffassung stimmt mit der von Probst überein. Dagegen müssen,
wie gesagt, von Anfang an sechs liturgische Gebetsstunden, die für die Kirche im
Allgemeinen verpflichtend waren, angenommen werden; der Grad der Verpflich=
tung war aber nicht für alle derselbe, und deßhalb wurde die Theilnahme des Volkes
streng nur für die am strengsten verpflichtenden, d. h. Morgen= und Abendgebet,
gefordert.

[1] Probst, Lehre und Gebet S. 343, meint: „Das siebente Buch der apostoli=
schen Constitutionen läßt es zweifelhaft, ob die drei Stunden auch zugleich das Morgen=
und Abendgebet begreifen." Möglich und wahrscheinlich ist, daß die Vorschrift der
διδαχή zum dreimaligen Gebete des Vaterunsers am Tage hie und da von den
Gläubigen so verstanden worden ist, wie aus Origenes (De orat. c. 12) hervorzu=
gehen scheint. Allein der Verfasser der Paraphrase der διδαχή, wie sie uns im
siebenten Buche der apostolischen Constitutionen vorliegt, konnte wohl unmöglich dieser
Meinung sein. Er hätte dann die Vorschrift: „Dreimal sollt ihr so beten!" mit
seinen Gebetsformularen am Schlusse des Buches in Beziehung gebracht. Die Stelle
aus Origenes ist aber wegen der Verschiedenheit der Lesarten unklar.

[2] Die Vorschriften im achten Buche der apostolischen Constitutionen c. 34
richten sich vornehmlich an den Clerus, während das siebente Buch zunächst das
Leben der Christen im Allgemeinen beschreibt. Dieser Unterschied dürfte bei den
auf's Gebet bezüglichen Untersuchungen bisher zu wenig Beachtung gefunden haben.
Vgl. Probst, Lehre und Gebet S. 344.

lischen Constitutionen (c. 34) aufgezählt werden, öffentlich und gemeinsam
zu begehen. Die Bischöfe bestrebten sich, die Christen so viel als mög=
lich sämmtlich zur Theilnahme daran zu veranlassen [1]. Allein es liegt
in der Natur der Sache, daß die Gläubigen durch die Verhältnisse des
bürgerlichen Lebens gehindert wurden, dem Wunsche der Hirten und dem
eigenen Herzensdrange nachzukommen. Sie mußten sich darauf beschränken,
an jenen Gebetsübungen gemeinsam theilzunehmen, welche einerseits auch
ohne positive Anordnung gleichsam selbstverständlich waren, andererseits
am leichtesten sich mit den Pflichten des täglichen Lebens vereinigen ließen.
Dieß war aber das Morgen= und Abendgebet. Am wenigsten gelang
es, die „apostolischen Horen" gemeinsam durch öffentlichen Gottesdienst
zu feiern. Auf diese Weise lassen sich die Nachrichten gerade aus der
Zeit des Prudentius leicht vereinigen, welche theils zur Feier der „aposto=
lischen Horen" aufmuntern [2], theils dieselben nicht zu kennen scheinen.
Prudentius selbst ist auf der letztern Seite zu finden. Wie oben nach=
gewiesen wurde, bezeugt er die Existenz der „apostolischen Horen". Seine
Worte: „(Te) nostra Deus canet harmonia" (Cath. III, 90) dürften
sich vielleicht auf den Clerus seines Aufenthaltsortes beziehen, mit dessen
Bischof ihn die engste Freundschaft verband (Perist. XI, 2, 233). Er
hat uns aber keine Hymnen für diese Stunden hinterlassen, weil dieselben
nicht öffentlich, mit gottesdienstlicher Versammlung begangen wurden.

Die ersten sechs Hymnen des Kathemerinon=Buches mit den zu ihrem
Verständnisse nothwendigen Untersuchungen erfüllen uns mit Ehrfurcht

---

[1] Vgl. Benger, Pastoraltheologie. Regensburg 1862. Bd. II. S. 365.

[2] S. Hieron. ad Laetam ep. 107 ed. Vallarsi I. p. 677 sq.: „Assuescat ad
orationes et psalmos nocte consurgere; mane hymnos canere; tertia, sexta, nona
hora stare in acie quasi bellatricem Christi accensaque lucerna reddere sacrificium vespertinum." Ad Eustoch. ep. 22 (l. c. p. 88 sq.): „Horam tertiam,
sextam, nonam, diluculum quoque et vesperam nemo est, qui nesciat. Nec cibi
sumantur nisi oratione praemissa, nec recedatur a mensa nisi referatur creatori
gratia." — S. Augustin. serm. 35 de temp.: „Ad vigilias maturius surgite, ad tertiam,
ad sextam, ad nonam ante omnia convenite. Nullus se a sancto opere subtrahat
nisi quem infirmitas aut publica utilitas aut forte certa et grandis necessitas
tenuerit occupatum." — S. Athanasius (in der ihm zugeschriebenen Abhandlung de
virginitate): „Ψαλτήριον ἔχε καὶ τοὺς ψαλμοὺς μάνθανε. ἀνατέλλων ὁ ἥλιος βλεπέτω
τὸ βιβλίον ἐν ταῖς χερσί σου. καὶ μετὰ τρίτην ὥραν συνάξεις ἐπιτέλει ... ἕκτη
ὥρᾳ ὁμοίως ἐπιτέλει σου τὰς προσευχὰς μετὰ ψαλμῶν καὶ κλαυθμοῦ καὶ δεήσεως ...
ἐν ἐννάτῃ ὥρᾳ δὲ πάλιν ἐν ὕμνοις καὶ δοξολογίαις μετὰ δακρύων ἐξομολογουμένη
τὰ παραπτώματά σου τὸν θεὸν ἱκέτευε ... ἐὰν δὲ εἰσέλθῃ τῇ δωδεκάτῃ ὥρᾳ
μείζοτέραν καὶ πυκνοτέραν ἐπιτελέσεις τὴν σύναξιν μετὰ τῶν ὁμοψύχων σου παρθένων·
ἐὰν δὲ μὴ ἔχῃς ὁμόψυχον, μόνη ἐπιτέλει ... μεσονύκτιον ἐγερθῇσῃ καὶ ὑμνήσεις
κύριον τὸν θεόν σου ... καὶ ταῦτα ἔστωσάν σοι καθ' ἑκάστην ἡμέραν τεταγμένα."
— S. Chrysostomus homil. 14 in I. Timoth. ed. Montfaucon t. XI. p. 630 sq.
— Vgl. Bickell a. a. O. Katholik 1873 Bd. II. S. 571.

gegen die Vorschriften der Kirche über das Breviergebet. Denn wie zur
Zeit des Prudentius, so erweist sich heute noch die katholische Kirche in
ihrem liturgischen Gebete als gegründet auf die Apostel. Das schöne
Wort Mabillons im Schlusse seiner „Disquisitio de cursu Gallicano"[1]
leuchtet uns hier im vollen Glanze der Wahrheit: „Is divinum et
apostolicum de indesinente oratione praeceptum implere censetur,
,qui canonicis horis quotidie iuxta ritum ecclesiasticae traditionis
psalmodiis precibusque consuetis Deum laudare et rogare non
desistit', ut ait Beda in Lucae cap. 18." Nicht minder groß ist die
Ehrfurcht, welche die Lektüre der beiden folgenden Hymnen des Pru=
bentius gegen das gleichfalls der apostolischen Zeit entstammende Fasten=
gebot der Kirche in uns hervorruft. Auch hier bilden wieder die da=
malige Fastenpraxis mit den diesbezüglichen liturgischen Documenten und
der Charakter des Dichters gleichsam die constitutiven Elemente, wie die
folgende Untersuchung zu zeigen hat.

Der siebente Hymnus, *hymnus ieiunantium*, ist mit seinen
220 jambischen Trimetern der längste im Kathemerinon=Buche, ganz ent=
sprechend der Liebe zur strengen Ascese, die sich durchweg bei Prudentius
offenbart. Den Eingang (V. 1—5) bildet die Bitte an Christus, er
möge das Fastenopfer (ieiuniorum victima) gnädig annehmen, während
im Schlusse (V. 196—220) der Dichter sich und seine Leser (Hörer)
zur Darbringung dieses Opfers anspornt durch den Hinweis auf seine
segensreichen Wirkungen, falls es in der rechten Weise mit Almosen=
geben verbunden werde. Der Beschreibung dieser Wirkungen, welche der
Schlußermahnung den nöthigen Nachdruck verschaffen sollen, dienen die
Beispiele aus der heiligen Geschichte (V. 26—195), zu denen der Preis des
Fastens in Vers 6—25 gleichsam das Thema bildet. Mit der ihm eigenen
Ausführlichkeit stellt uns Prudentius das Fasten des Elias (V. 26—35),
des Moses (V. 36—45), Johannes des Täufers (V. 46—80), der
Niniviten (V. 81—175) und endlich des Erlösers selbst (V. 176—195)
vor Augen. Bei der Sorgfalt, die Prudentius seinen Werken widmet,
können wir diese Ordnung nicht für zufällig halten. Auffallend ist auch,
daß das Fasten der Niniviten mit Einschluß der Geschichte des Jonas
unverhältnißmäßig lang beschrieben wird. Der Zweck des Hymnus und
der Zusammenhang klären uns leicht über den Plan des Dichters auf.
An Elias, Moses und Christus hebt Prudentius die vierzigtägige Dauer
ihres Fastens hervor. Bei Elias nennt er die Zahl allerdings nicht aus=
drücklich. Gleichwohl dürfen wir mit Sicherheit dieselbe in dem „tali
observantia" (v. 26) in Verbindung mit dem „olim probatis ieiuniis"
(v. 35) angedeutet finden. Das „talis" bezeichnet nämlich eine bestimmte

---

[1] Migne, tom. 72. col. 415.

Uebung. Wo gibt aber Prudentius diese Bestimmung? In dem „olim probatis". Das „olim" bildet den Uebergang zum folgenden Beispiel des Moses, auf dessen Fasten es zu beziehen ist. Berühmt war Elias durch jenes Fasten, welches sich ehedem (so trefflich) bewährt hatte, nämlich in der vierzigtägigen Fastenzeit des Moses. Wir können in dieser Ver= bindung nur die Kunst des Dichters bewundern, der den Elias an Moses in diesem Punkte sein Vorbild finden läßt. Die Voranstellung des Elias dürfte in folgender beabsichtigten Steigerung ihren Grund haben: Elias, durch das Fasten vorbereitet, wird der Erde entrückt (V. 31); Moses erhält durch das Fasten die höhere Auszeichnung, den Herrn des Himmels zu schauen (V. 36); Johannes aber muß sich durch beständiges Fasten würdig machen, dem Herrn voranzugehen (V. 51).

Daß Moses, Elias und Christus als Vorbilder gerade des vierzig= tägigen Fastens wegen hervorgehoben werden, findet in der Liturgie ge= nügende Bestätigung. In der missa beim Beginne der vierzigtägigen Fastenzeit heißt es in der mozarabischen Liturgie[1]: „Appropinquantibus[2] beate quadragesime diebus oremus Deum . . . Et licet omni vite nostre tempore eius operi, cuius imaginem accepit, anima debeat mancipari, tamen specialiter *quandam observationem* horum dierum esse debere patrum docemur exemplis, qui non solum sermone, sed et opere quid nobis imitandum esset egerunt, e quibus primus Moses legislator occurrit, qui in hoc numero dierum excelsi montis verticem ascendit . . . Secundus vero occurrit nobis Helias pro- pheta, qui unicus (wahrscheinlich unius panis) esse virtutem conte- stans quadraginta diebus montium excelsa lustravit . . . Tertius autem ipse nobis Dominus noster Iesus Christus occurrit, qui totis

---

[1] Missale mixtum (Migne t. 85. col. 292). Unter missa ist hier die dem mozarabischen Ritus eigene Bezeichnung für das Gebet nach dem Offertorium verstanden. Vgl. über die Bedeutung von missa Kayser a. a. O. S. 464.

[2] Dieses Wort findet seine Erklärung in der alten Fastenpraxis der Spanier, wonach die Fastenzeit (nach heutiger Rechnung) mit dem ersten Fastensonntage begann. Unser Meßformular ist für diesen Sonntag bestimmt. Da am Sonntage das Fasten verboten war, konnte nur auf die Nähe des Fastens hingewiesen werden. Im jetzigen mozarabischen Missale steht das Formular feria IV. in capite ieiunii. Das „appro- pinquantibus" ist also gegenstandslos, ja falsch. Vgl. die Anm. im Missale mix- tum l. c. col. 288: „Quadragesimam (Gotho-Hispani) a die Dominica, quae prima Quadragesimae dicitur, incipiebant et ieiunium a feria II. proxime subsequente. Mozarabes igitur, quum in liturgia Gotho-Hispana nil de feria IV. cinerum invenirent, officium benedicendi cineres a missali Toletano desumpserunt . . . evangelium et orationes (missae) a Dominica (I.) Quadragesimae mutuati sunt idque tanta oscitantia praestiterunt, ut pleraque intacta remanserint, quae nec diei solemnis ieiunii nec feriae IV. cinerum conveniunt." Für uns ist indeß dieser Umstand ein schätzbarer Beweis für das hohe Alter dieser missa.

quadraginta diebus heremi secreta penetrans omnia diabolica tenta-
menta destruxit.“ Im alten missale Gallicanum[1] wird die missa
quadragesimalis (die gleichfalls für den erſten Sonntag der Quadra=
geſima beſtimmt iſt), mit der Leſung der Geſchichte des Elias (3 Reg.
19, 3—15) eröffnet, während in der contestatio nur von dem vierzig=
tägigen Faſten des Moſes die Rede iſt. Sollten auch dieſe Formulare
erſt aus der Zeit Iſidors ſtammen, ſo dürfen wir doch auf ſie geſtützt
behaupten: bereits zur Zeit des Prubentius wurde in Spanien das
chriſtliche Volk mit den Hauptgedanken dieſer Formulare in die vierzig=
tägige Faſtenzeit eingeführt, und Prudentius hat dieſe Gedanken in Verſe
gekleidet. Jeden Zweifel an dem erſten Theile unſerer Behauptung be=
nimmt uns der Vergleich unſeres Hymnus mit der Schrift des heiligen
Ambroſius: De Elia et ieiunio. Dieſelbe, wahrſcheinlich aus der Zeit
389—390 ſtammend[2], iſt aus Vorträgen des hl. Ambroſius entſtanden,
die er beim Eingange der Quabrageſima hielt. „Imitemur ergo illum
(Eliam) et eam escam quaeramus, cuius virtute quadraginta diebus
ac noctibus progrediente ad supernorum possimus cognitionem
venire“ (c. 3). Warum weist der heilige Biſchof von Mailand unter
den zahlreichen Beiſpielen aus dem alten Teſtamente für das Faſten, die
er in ſeiner Rede erwähnt, zuerſt auf Elias hin? Wir müſſen den
Grund hierfür deſto mehr in einer äußern Veranlaſſung ſuchen, als er
ſelbſt gleichſam zu ſeiner Entſchuldigung ſagt: „Sed de Eliae gestis
plurima iam frequenti diversorum librorum sermone digessimus et
cavendum arbitror, ne in eadem recurramus, cum praesertim in
opere suo ipse laudetur“ (c. 3). Dieſe Veranlaſſung vermuthen wir
ſicher nicht mit Unrecht darin, daß dem Volke beim Gottesdienſte im
Beginn der Quabrageſima die Geſchichte des faſtenden Elias vorgeleſen
wurde, an welche Ambroſius anknüpfte. Wenn wir nun in dem alten
gallicaniſchen Ritus thatſächlich mit dieſer Leſung das liturgiſche Formular
für die Eröffnung der Quabrageſima anfangen ſehen, ſo wird unſere
Vermuthung zur Gewißheit erhoben. Bei der Aehnlichkeit des galli=
caniſchen Ritus mit dem ambroſianiſchen iſt es höchſt wahrſcheinlich, daß die
Kirche von Mailand in den ausgewählten Perikopen mit den Kirchen der
(altſpaniſchen) gallicaniſchen Liturgie übereinſtimmte. Das älteſte litur=
giſche Document, das Sacramentarium Leonianum, können wir in unſere
Unterſuchung nicht hineinziehen, weil der unvollſtändige Codex erſt mit
dem Monat April beginnt, folglich keine Formulare für den Beginn der
Quabrageſima hat. Die zahlreichen missae ieiunii für den übrigen Theil
des Jahres, die zum Theil von Leo I. ſelbſt herrühren, zum Theil viel=

---

[1] Migne t. 72. col. 477.
[2] Förſter, Ambroſius, Biſchof von Mailand. Halle 1884. S. 93.

leicht sogar bis auf Damasus I. zurückreichen [1], erwähnen die biblischen Bei=
spiele nicht. Allein auch in den gallicanischen und mozarabischen Formu=
laren für die Fastenmessen außer der Quabragesima fehlt diese Beziehung.
Vielleicht hat also das römische Sacramentarium auch in den uns unzu=
gänglichen Formularen für den Beginn der Quabragesima darin mit der
gallicanischen Liturgie übereingestimmt, daß es Moses, Elias und Christus
als Vorbilder aufgestellt hat. Jedenfalls zeigt aber der Hymnus des Pru=
dentius mit den ersten Kapiteln der ambrosianischen Abhandlung De Elia
et ieiunio überraschende Aehnlichkeiten. „Magna virtus ieiunii et tam
speciosa eius militia, ut delectaret et Christum", sagt Ambrosius am
Anfange seiner Rede (c. 2), und mit der Bitte, daß Christus Freude
haben möge am Opfer des Fastens, eröffnet der Dichter seinen Gesang.
Bei Elias (c. 2 u. 3), Johannes (c. 5) und Moses (c. 6) wird als
Lohn des Fastens von Ambrosius genau dasselbe bezeichnet, was Pru=
dentius hervorhebt. In dieser Beziehung steht der Dichter dem heiligen
Ambrosius noch näher als den angeführten liturgischen Formularen. Die
Entrückung des Elias durch den feurigen Wagen wird in letzteren nicht
hervorgehoben, wohl aber in gleicher Weise von Ambrosius und Pru=
dentius. Sollen wir nun den Hymnus des Prudentius in dem bisher
untersuchten Theile in Zusammenhang, bezw. Abhängigkeit von der Liturgie
oder von Ambrosius bringen? Beides dürfte anzunehmen sein. Daß der
Dichter mit den Werken des heiligen Bischofs bekannt war, ist unten
Kapitel 4 eingehend zu besprechen; warum sollte er diese Schrift nicht
benützt haben? Veranlassung aber, sie zu benützen, war für ihn alsdann
derselbe Umstand,, welcher den hl. Ambrosius zu dieser Abhandlung an=
geregt hatte, nämlich die Liturgie der Kirche im Beginn der Quabra=
gesima. Sicher ist jedenfalls, daß der Hymnus des Pru=
dentius auf die Quabragesimalfasten Bezug nimmt.

An dem Vorbilde des hl. Johannes als Faster will der Dichter
aber eine andere Beziehung hervorheben, nämlich die Strenge, mit der er
die gänzliche Enthaltsamkeit bis zum späten Abend ausdehnte (v. 66 sq.):

> Illic dicata parcus abstinentia
> Potum cibumque vir severae industriae
> *In usque serum respuebat vesperum,*
> Parvum locustis et favorum agrestium
> Liquore pastum corpori suetus dare [2].

---

[1] Migne t. 55. col. 41. 61. 105 etc. Vgl. Probst, Das Leonianische Sacra=
mentarium, im Katholik 1879 Bd. II. S. 482. 486. 502. Den ältesten Meßcanon
der römischen Kirche hat 1879 Warren in London veröffentlicht. Vgl. Innsbrucker
Zeitschrift für kath. Theol. 1879. S. 620; 1886. S. 1 f.

[2] Ambrosius (l. c. c. 5) sagt nur: „Denique nuntiavit eum (Dominum) Ioannes
neque manducans panem neque bibens vinum. Qui enim Christum annuntiat, ab

Daß und warum Prudentius gerade diesen Zug planmäßig hervor=
gehoben hat, wird weiter unten besprochen werden. Für die Schilderung
der fastenden Einwohner von Ninive finden wir in der Liturgie gleich=
falls einen Anhaltspunkt. In der Oration bei der Aschenweihe am Ascher=
mittwoch heißt es im mozarabischen Missale [1]: „Omnipotens sempiterne
Deus, qui misereris omnium et nihil odisti eorum, quae fecisti,
dissimulans peccata hominum propter poenitentiam ... benedicere
et sanctificare digneris hos cineres, quos super capita nostra causa
sanctae religionis et humilitatis pro peccatis nostris *more Ninivitarum*
ferre constituisti." Allerdings setzen diese Worte die erst spät von
Urban II. auf dem Concil von Benevent (1094) allgemein eingeführte
Sitte der sogen. Einäscherung voraus. Allein den dieser Sitte zu
Grunde liegenden Gebrauch, wonach die öffentlichen Büßer beim Beginne
der Fastenzeit durch Bußkleid (Cilicium) und aufgestreute Asche kenntlich
waren, kennt schon Tertullian [2]. Auf die Niniviten, die in Bußkleid und
Asche fasteten, konnte bei dieser Sitte besonders hingewiesen werden. Der
hl. Chrysostomus schildert in seiner fünften Homilie, die er gerade im
Beginn der Fastenzeit gehalten hat, die Buße der Niniviten in ganz
ähnlicher Weise wie Prudentius [3]. Der Dichter selbst zeigt, daß im
Occidente der Hinweis auf die Niniviten nicht minder gebräuchlich war,
als im Oriente. Versetzt uns aber der erste Theil des Hymnus in den
Anfang der Quadragesima, und finden wir denselben in der Liturgie, so
dürfen wir annehmen, daß auch das more Ninivitarum in dem oben
citirten Gebete sich bereits zur Zeit des Dichters in der Liturgie fand.
Brockhaus hat die Quelle des Dichters für diese Episode in der bildlichen
Darstellung des Jonas suchen wollen, die als Cyklus von drei bis vier
verschiedenen Scenen aus dem Leben des Propheten nach dem Bilde des
guten Hirten sich am häufigsten unter den altchristlichen Bildern findet [4].
„Haben wir Zeugnisse," sagt er, „die mit ziemlicher Sicherheit darauf schließen
lassen, daß diese Darstellung des Jonas den Vätern des dritten Jahr=
hunderts bekannt war, ... so muß es uns fast wunder nehmen, daß
Prudentius, der Kenner und Besucher der Katakomben, in seiner Benutzung
der Jonasgeschichte (Cath. VII, 100—175) nicht die allgemein aner=
kannt typische Bedeutung derselben (die Auferstehung) hervorhebt, sondern

---

omni vitiorum incentivo praestare se debet alienum." Der Heilige will den Täufer
dem Zusammenhange nach vorzüglich wegen seiner Enthaltsamkeit vom Weine rühmen.

[1] Migne tom. 85. col. 289.

[2] De pudic. cap. 5. *S. Cyprian.* de lapsis. cap. 36.

[3] Ist der Sermo in Ionam proph. des hl. Ambrosius ächt, so können wir von
demselben ebenso wie von der Schrift De Elia et ieiunio behaupten, daß Prudentius
sie gekannt bezw. benützt habe.

[4] Kraus, Roma sotterranea. S. 243; Real=Encyklopädie der christlichen
Alterthümer, Art. „Jonas". II. 67.

einem andern, ihr ferner liegenden Moment den Schwerpunkt verleiht,
nämlich der Besänftigung Gottes durch die Niniviten."[1] — Das „Wunder=
nehmen" ist hier sicher am unrechten Platze und nur bei der Verkennung
der Zweckbeziehung des Hymnus und einer unrichtigen Auffassung der
Fastendisciplin möglich, wie sie Brockhaus allerdings offen ausspricht[2].
Nicht Jonas, sondern die Niniviten sind Gegenstand der Darstellung.
An den letztern will der Dichter zeigen, in welcher Gesinnung man fasten
müsse, nämlich mit bußfertigem, zerknirschtem Herzen. Deßhalb hat die
Episode auch eine so lange Ausdehnung erhalten, die vollkommen im
Verhältniß zum Ganzen steht. Die Christenheit in der Quadragesima
soll den Niniviten gleich den verdienten Zorn Gottes durch das Fasten
besänftigen, welches diese Kraft durch die Verdienste des geheimnißvollen
Hauptes der Kirche erhält. Gerade diese Anschauung vom Fasten meint
Brockhaus am Dichter entschuldigen zu müssen. „Bei aller Uebertrieben=
heit mancher Forderungen, die er aufstellt, versöhnt es doch mit demselben
wieder, daß er in der Erfüllung derselben keine besonders verdienstliche
Leistung sieht, sondern nur, wie er des Weitern ausführt, ein Mittel,
fleischlicher Trägheit zu wehren und der Seele den freien Aufschwung
nicht durch das übersättigte Fleisch streitig zu machen (Cath. 3, 171 sq.[3];
7, 11 sq.). Vereinzelt steht dem gegenüber die Anschauung von einer
den Zorn Gottes sühnenden Kraft der Faste, die Prudentius an dem
Beispiele des Fastens der Niniviten auf Jonas' Bußpredigt hin zu er=
weisen sucht (Cath. 7, 86—175)." Brockhaus hätte sagen sollen: „Pru=
dentius weiß gar nichts von der Meinung, welche die sogen. Reformatoren
über die guten Werke erdacht haben. Anstatt dessen behauptet er vom
Fasten alles das, was die römische Kirche heute darüber lehrt, wenn sie
betet[4]: ‚. . . Domine sancte, Pater omnipotens, aeterne Deus, qui
corporali ieiunio vitia comprimis, mentem elevas, virtutem largiris
et praemia, per Christum Dominum nostrum.'" Dann hätte Brock=
haus der Gerechtigkeit und der Wissenschaft Genüge geleistet[5]. So aber

---

[1] Brockhaus a. a. O. S. 245.   [2] Ebenda S. 93. 224.

[3] Dieses Citat aus dem Hymnus ante cibum, in welchem der Dichter um Be=
wahrung vor den Versuchungen der Gaumenlust bittet, gehört jedenfalls nicht hierher.

[4] Praefatio in Quadragesima.

[5] In dieser Beziehung verdient Förster in der Darstellung des hl. Ambrosius
volle Anerkennung. Anstatt dem hl. Ambrosius protestantische Anschauungen zu
imputiren, läßt er ihn gewöhnlich objectiv und historisch getreu katholisch, wie er ist,
auftreten. „Zu sonstigen verdienstlichen Dingen," sagt er a. a. O. S. 100, „wird
auch das Fasten zu rechnen sein, welches bei Ambrosius oftmals ein überschwäng=
liches Lob findet. Die naheliegende weitere Folgerung, daß also erworbene Ver=
dienste besonders dazu förderlich seien, die nach der Taufe begangenen Sünden zu
bedecken, fehlt auch hier nicht." Letzterer Satz sollte besser lauten: „Die zeitlichen
Strafen für die nach der Taufe begangenen Sünden auszutilgen."

hat er den Dichter in einem und demselben Hymnus mit sich selbst in Wider=
spruch zu bringen gesucht und jene Anschauung vereinzelt genannt, welche
thatsächlich den Hymnus beherrscht. Wie ein Protest klingt dagegen das
begeisterte Schlußwort des unsterblichen katholischen Dichters (v. 206 sq.):

Perfusa non sic amne flamma extinguitur,
Nec sic calente sole tabescunt nives,
Ut turbidarum scabra culparum seges
Vanescit almo trita sub ieiunio,
Si blanda semper misceatur largitas.

Est quippe et illud grande virtutis genus:
Operire nudos, indigentis pascere,
Opem benignam ferre supplicantibus,
Unam paremque sortis humanae vicem
Inter potentes atque egenos ducere.

Satis beatus quisque dextram porrigit,
Laudis capacem, prodigam pecuniae,
Cuius sinistra dulce factum nesciat:
Illum perennes protinus complent opes,
Ditatque fructus faenerantem centuplex.

Die ausführliche schöne Ermahnung, mit dem Fasten die Wohl=
thätigkeit zu verbinden, hat in der mozarabischen Liturgie[1] eine interessante
Parallele. Im Officium zum Beginn der Quadragesima ist nach der
Prozession, in welcher ursprünglich die öffentlichen Büßer zu den Thüren der
Kirche geführt wurden, eine Unterweisung über das Fasten vorgeschrieben.
Im heutigen mozarabischen Brevier befindet sich am Schluß des Officiums
in capite ieiunii[2] ein „Sermo beatissimi patris nostri Isidori episcopi ad carnes tollendas“. Derselbe beschäftigt sich in dem bei weitem
größern Theile mit der Pflicht, Almosen zu geben. Der Anlaß hierzu ist
von jenen hergenommen, die wegen Krankheit nicht fasten können: „Pro
eo tamen, quod non potest (infirmus) ieiunare amplius, debet ero-
gare pauperibus, ut peccata quae non potest ieiunando curare,
possit eleemosynas dando redimere.“ Hieran schließt sich die schöne
Stelle, welche einen Commentar zu den Worten des Prudentius bilden
kann: „Bonum est ieiunare, fratres, sed melius est eleemosynas
dare. Si aliquis utrumque potest, duo sunt bona; si vero non
potest, melius est eleemosyna. Si possibilitas non est ieiunandi,
eleemosyna sufficit sine ieiunando; ieiunium vero sine eleemosyna
non sufficit.“ Können wir diese Rede in einen mehr als (äußerlichen)
zufälligen Zusammenhang mit den Worten des Dichters bringen? Die

---

[1] Missale mixtum (Migne t. 85. col. 290).
[2] Breviar. Gothicum (Migne t. 86. col. 255). Der siebente Hymnus des
Prudentius findet sich im heutigen mozarabischen Brevier auf die Wochentage der
Quadragesima für die Terz, Sext und Non vertheilt. Ibid. col. 269.

Gewohnheit oder die Vorschrift, am Beginn der Quadragesima die Gläu=
bigen durch eine Predigt zu belehren, existirte sicher zur Zeit des Dichters.
Im Orient wenigstens legt die erwähnte Homilie des hl. Chrysostomus
Zeugniß dafür ab[1]. Der hl. Isidor hat seine Rede offenbar gehalten,
indem er einer alten Vorschrift nachkam. Gewohnheitsgemäß scheint nun
in der spanischen Kirche diese Rede eine Belehrung über das mit dem
Fasten zu verbindende Almosen enthalten zu haben. Der Hymnus des
Prudentius wenigstens macht dieß mehr als wahrscheinlich. Nimmt näm=
lich der Hymnus offenbar Bezug auf die Quadragesimalfaste und finden
die auf's Fasten bezüglichen Gedanken in den liturgischen Documenten
ihre Belege, so liegt es nahe, auch für den Schlußgedanken über das Al=
mosen die Quelle in der Liturgie zu suchen. Zeigt aber die spätere
Zeit wirklich diese Uebereinstimmung, wie die Rede des hl. Isidor be=
weist, so hat entweder die prudentianische Hymnus zu dieser Rede die
Veranlassung gegeben, oder der hl. Isidor ist derselben Sitte nachgekom=
men, welche bereits zur Zeit des Dichters bestand. Das Letztere ist bei
Erwägung der Umstände aller Wahrscheinlichkeit nach das Richtige.
Können und müssen wir dem Gesagten zufolge nun behaupten: der siebente
Hymnus des Kathemerinon=Buches hat das Quadragesimalfasten zum Gegen=
stande? Allerdings; allein diese Zweckbeziehung wäre zu eng, und wir
müssen die Meinung Arevalo's als sicher festhalten: *„Factum (hymnum)
a Prudentio puto ad omnes dies ieiunii praecipue quadragesimalis."*[2]

---

[1] Im Occidente können wir den hl. Augustin als Zeugen anführen. Seine
serm. 206 und 207 de temp. (Migne t. 38. col. 1041) in Quadragesima handeln
vom Eifer im Almosengeben.

[2] Der Beurtheilung des Lesers überlassen wir die Anmerkung Dressels.
Nachdem er zur Ueberschrift des siebenten Hymnus die obigen Worte Arevalo's gebracht
hat mit der Bemerkung: „Hoc verisimilius", sagt er zu Beginn des achten Hymnus:
„Sive ad quadragesimale (magnum) ieiunium hunc quoque hymnum refers, sive
ad hebdomadalium ieiuniorum stationes, quae feria IV. et VI. fiebant, cave ne
cum quibusdam interpretibus de ieiunio quadraginta dierum accipias. Arevalo
poetae nostri ieiunium Pascha festum praecedens quadraginta horarum per-
durasse videtur. [Cfr. Tertull. de ieiun. II (!), 13, 14, Iren. ap. Euseb. V. 24:
οἱ δὲ τεσσαράκοντα ὥρας ἡμερινάς τε καὶ νυκτερινὰς συμμετροῦσι τὴν νηστείαν (al. ἡμέραν)
αὐτῶν. Vid. Tertull. l. l. Clem. Alex. Strom. VII. p. 877. ed. Ox.] Quae
quidem ieiunia praesertim hebdomadalia vel semiieiunia hora nona solvebantur.
[Vid. v. 9. P. VI, 55, Epiphan. expos. fid. 22: τετράδι δὲ, καὶ ἐν προσαββάτῳ
ἐν νηστείᾳ ἕως ὥρας ἐννάτης.] Neque tamen infitias iverim, ieiunium quadragesimale quadraginta horis longius iam Prudentii tempore passim ex usu privato
invaluisse. Etenim quaevis veterum Christianorum disciplina sensim sensim-
que ex primordiis crevit minutis levioribusque." Diese in ihrem ersten Theile
fast unverständliche Bemerkung — denn wem sollte es einfallen, beim wöchentlichen
Stationsfasten an 40 Tage zu denken? — ist eine ziemlich unglückliche Paraphrase
bezw. Formulirung der Anmerkung von Obbarius zum Titel des achten Hymnus.
Dabei ist das richtige Citat des letztern: Tertull. de ieiun. 2, 13, 14, in das un=

Dazu nöthigt uns zunächst der achte Hymnus, welcher das Aufhören des Fastens zum Gegenstande hat. Während der vorhergehende Hymnus recht eigentlich das Echo der Liturgie ist, fehlen für diesen, seinem Inhalt gemäß, die liturgischen Anhaltspunkte, wenn wir nicht etwa die damalige Fastenpraxis als solche bezeichnen wollen. Derselbe hat auch nie in der Liturgie Verwendung gefunden, bezw. keine finden können. Desto mehr ist unser Hymnus post ieiunium wie kein anderer des Kathemerinon-Buches ein treues Abbild des Verfassers. Das Hauptinteresse in dem Hymnus bildet für uns die Stunde, welche Prubentius für die Mahlzeit an Fasttagen bezeichnet.

> Nona submissum rotat hora solem
> Partibus vixdum tribus evolutis,
> Quarta devexo superest in axe
> Portio lucis.
>
> Nos brevis voti dape vindicata
> Solvimus festum fruimurque mensis
> Adfatim plenis, quibus imbuatur
> Prona voluptas. (v. 9 sq.)

Zunächst folgt aus diesen Versen, daß der Dichter einen einzelnen Fasttag im Auge hat. In Folge dessen bezieht sich der vorhergehende

---

mögliche „II, 13, 14" verwandelt worden; wir haben eben nur einen lib. de ieiun. von Tertullian. Die abenteuerliche Meinung nun, daß das Quabragesimalfasten noch zur Zeit des Prubentius 40 Stunden gedauert habe, aus denen allmählich 40 Tage geworden sein sollen, braucht wohl keine ernstliche Widerlegung. Dieselbe ist aus einem Mißverständniß der sogen. superpositio ieiunii hervorgegangen, von dem Epiphanius (exposit. fid. cath. c. 22) sagt: καὶ οἱ σπουδαῖοι διπλᾶς καὶ τριπλᾶς καὶ τετραπλᾶς ὑπερτίθενται. Obbarius hat vor Dressel voraus, daß er dieses Mißverständniß klar ausspricht: „Hunc (VIII) et hymnum VII Arev. et alii ad ieiunium quadragesimale referunt, quod Prud. tempore non XL dierum sed XL horarum fuisse videtur . . . sed illos ad stationum ieiunia (semiieiunia hebdomadalia IV et VI feriae) quae poetae aevo agebantur cum Björn referri malo." Arevalo, dessen Worte zu VIII, 19 Dressel merkwürdigerweise in seine Anmerkung aufgenommen hat, sagt zu VII, 186: „Binghamus, qui lib. XXI. c. 1. Antiq. tuetur probabile esse, initio ieiunium fuisse 40 horarum, non 40 dierum, ad haec et similia SS. Patrum verba noluit animum advertere." In Obbarius und Dressel hat Bingham treue Nachfolger gefunden. Funk stellt in der Real-Encyklopädie der christlichen Alterthümer Art. „Feste" (I. S. 488) die Entwicklung der Fastendisciplin ähnlich dar, als habe die Fastenzeit vor Ostern ursprünglich nur einen Tag, 40 Stunden u. s. w. gedauert. Dagegen ist mit dem hl. Leo I. der apostolische Ursprung der Quabragesima festzuhalten. Die Stelle Tertullians (De ieiun. c. 2), wonach einige zwei Tage, andere noch länger, einige 40 Stunden vor Ostern gefastet haben, ist von dem ununterbrochenen Superpositionsfasten, welches die Quabragesimalfaste voraussetzt, zu verstehen. Die Ausführung a. a. O. scheitert an der irrigen Annahme, daß ein Gebrauch deßhalb nicht bestand, weil wir kein schriftliches Zeugniß darüber besitzen, oder daß derselbe erst damals aufkam, seitdem ein solches existirt. Hierbei wird die mündliche Tradition nicht genügend gewürdigt.

Hymnus nicht auf die Quadragesimalfaste als Ganzes, sondern auf jeden einzelnen Tag derselben. Andernfalls hätte der Dichter den Schluß der ganzen Quadragesima, d. i. das Osterfest besingen müssen. Ist aber der einzelne Fasttag Gegenstand des Hymnus, dann liegt kein Grund vor, nur an die Tage der 40tägigen Fastenzeit zu denken; auf alle Fasttage im Laufe des Jahres vielmehr bezieht sich der Hymnus. Die Motive zum Fasten in der Quadragesima waren ja stets dieselben, und der siebente Hymnus enthält keine so ausschließliche Beziehung auf die Quadragesimalfaste, daß unsere Behauptung deßhalb Bedenken erregen kann. Ein solches würde schließlich durch die Stellung der beiden Hymnen in unserem Buche beseitigt. Die Fastenhymnen gehören wirklich in's Kathemerinon=Buch in dem oben S. 41 angegebenen Sinne und sind in dieser Ordnung wahrschein= lich von Prudentius selbst eingefügt worden. Das wäre unmöglich, wenn der Dichter nur die Quadragesimalfaste im Sinne hätte. Indeß nicht so sehr die Beziehung auf die im Alterthume üblichen Fasttage in jeder Woche hat man beanstandet, sondern vielmehr die 40tägige Fastenzeit hat man von unseren Hymnen ausschließen wollen. „Es ist nicht ersichtlich," sagt Brockhaus (a. a. O. S. 93), „ob diese beiden Fastenlieder sich auf die Quadragesimal= faste vor Ostern, wie katholische Interpreten wollen, oder auf die Wochen= faste am Mittwoch und Freitag beziehen." Anstatt dieses unentschiedenen „entweder — oder" müssen wir mit Arevalo beide Beziehungen behaupten, weil der Hinweis auf die Quadragesimalfaste ohne Grund in Frage gestellt wird. Die Belege aus der Liturgie hat Brockhaus mit keinem Worte er= wähnt. Die Worte aber: „Ein besonderer Bezug auf das Osterfest und die Leiden Christi findet sich in beiden nicht", beweisen nur, wie bereits gesagt, daß die Hymnen sich nicht ausschließlich auf die Quadragesima be= ziehen. Der weitere Einwand: „Die Erwähnung der 40tägigen Faste des Moses und Christi im siebenten Hymnus kann hierfür keinen Beleg bieten, da auch andere Beispiele von Fasten, bei denen die Ausdehnung auf 40 Tage fehlt, darin vorkommen", ist in seiner Grundlosigkeit durch das oben S. 93 f. Gesagte schon dargethan. Scheinbare Berechtigung haben nur die Worte: „. . . der achte Hymnus mit der öfteren Betonung einer leichten Fastenordnung scheint eher auf die milder gehaltene Wochenfaste, als die Quadragesimalfaste hinzuweisen." Aber auch dieser Schein ver= schwindet, wenn man die persönliche Gesinnung des Dichters und die da= maligen Verhältnisse der Fastendisciplin berücksichtigt. Letztere erhalten durch Prudentius noch eine interessante Beleuchtung.

Allerdings sagt Prudentius im Schlusse des achten Hymnus (v. 60):

>   Ergo ne limum fragilem solutae
>   Deserant vires et aquosus albis
>   Humor in venis dominetur aegrum
>   Corpus enervans:

Laxus ac liber modus abstinendi
Ponitur cunctis, neque nos severus
Terror impellit, *sua quemque cogit*
Velle potestas [1].

Sufficit, quidquid facias, vocato
Numinis nutu prius, inchoare,
Sive tu mensam renuas cibumve
Sumere temptes.

In den angeführten Worten sagt der Dichter: 1) die Erlaubniß, mit dem Eintritt der Non die Fasten zu brechen, ist eine leichte Fastenpraxis (laxus); 2) es steht aber jedem frei, das Fasten über diese Stunde hinaus auszudehnen. Obgleich das letztere selbstverständlich ist, so wird es vom Dichter nachdrücklich betont, weil er den Wunsch hat, seine Leser zu einer strengern, freiwilligen Praxis zu bewegen, die er selbst befolgte. Wir wissen ja aus Cath. III, 88 sq., daß Prudentius für gewöhnlich sein Mahl erst nach der Non einnahm. Wie sollte ihm nicht diese Stunde für die Fasttage zu zeitig vorkommen? Wie sollte er die alte Strenge, welche erst nach der Vesper den Bruch des Fastens erlaubte, nicht lieben und sie von anderen eingehalten wünschen? Gerade deßhalb hat er so ausdrücklich an dem Beispiele des hl. Johannes hervorgehoben (Cath. VII, 68): „Potum cibumque *in usque serum* respuebat *vesperum.*" Wäre nun zur Zeit des Prudentius noch der Unterschied zwischen Quadra= gesimalfasten und den übrigen Fasten streng eingehalten worden, daß die ersteren erst nach Sonnenuntergang gelöst werden durften, die anderen bereits um die Non, dann allerdings könnten die prudentianischen Hymnen sich allein auf die letzteren beziehen. Allein zur Zeit des Dichters rang bereits

---

[1] Man hat aus diesen Worten die Existenz eines kirchlichen Fastengebotes in Abrede stellen wollen. „Ceterum ieiunia *privata* tunc fuisse et sponte facta, non edicto instituta ac sancita, e v. 65—71 coniici licet." Cfr. *Taylor,* Instit. dub. III, 4. p. 508 (ed. Brem. 1705); *Bingham,* Antiq. eccles. IX. p. 254 (vers. lat. Hal. 1729). Es ist unbegreiflich, wie Obbarius so schreiben und in derselben Anm. Tertullians Buch De ieiuniis citiren kann, der in demselben Buche, ja in demselben Kap. 13 (Migne t. II. col. 972) bereits die bischöflichen Fastenmandate kennt: „Bene autem quod et episcopi universae plebi *mandare* ieiunia assolent, . . . interdum *et ex* aliqua sollicitudine ecclesiasticae causa." Abgesehen davon, daß der ganze Zu= sammenhang eine andere Auslegung fordert, setzt diese Behauptung eine große Un= kenntniß des kirchlichen Alterthums voraus. Der einzige Canon 33 der Synode von Elvira (306) speciell für Spanien läßt einen solchen Gedanken nicht auf= kommen. „Ieiunii superstitiones per singulos menses placuit celebrari exceptis diebus duorum mensium Iulii et Augusti propter quorundam infirmitatem." (Gams, Kirchengeschichte von Spanien II. 1. S. 74.) Die von Obbarius citirten protestantischen Archäologen hat Arevalo zu Cath. VIII, 55 bereits genügend widerlegt.

die alte Strenge mit der mildern Observanz [1], wenn auch der hl. Augustin [2] noch das Fasten bis zum späten Abend das gebräuchlichste nennt. Da auch aus anderen Gründen die Beziehung der Hymnen auf die Quadragesima feststeht, so tritt Prudentius als Zeuge für den angegebenen Kampf ein. Hierbei tritt vorzüglich der herrliche Charakter des Dichters hervor, der sich kurz als Strenge gegen sich selbst und Milde gegen andere bezeichnen läßt. Welcher Abstand in diesem Punkte zwischen Prudentius und Tertullian! Mit unerbittlichem Sarkasmus geißelt letzterer [3] „die Psychiker", welche ihm und seinen Anhängern die Ausdehnung der Stationen (der milderen Fasttage) gewöhnlich bis zum Abend vorwerfen und daß sie sich mit getrockneten Früchten (Xerophagien) begnügten (c. 1). Um jene späte Stunde ziemt es sich erst, den Leib zu erquicken, in welcher Joseph von Arimathäa den Leib des Herrn zur Ruhe bettete: „Inde et irreligiosum est, ante famulorum carnem refrigerare quam Domini" (c. 10). Man kommt fast auf den Gedanken, als habe Prudentius in seinen milden Ausdrücken absichtlich Tertullians Strenge bekämpfen wollen. Denn nicht bloß über die Zeit, auch über die Art der Speisen und über den Gebrauch des Bades an Fasttagen finden sich bei Prudentius auffallend milde Ausdrücke gegenüber den entsprechenden rigoristischen Ansichten des Afrikaners (vgl. Cath. VIII, v. 15—32 mit Tertullians De ieiun. c. 10). Wie schön und edel betont der Dichter statt der in die Augen fallenden pharisäischen Strenge die Verborgenheit der guten Werke (v. 29):

> Rectius laeto tegimus pudore,
> Quidquid ad cultum Patris exhibemus:
> Cernit occultum Deus et latentem
> Munere donat.

Da indeß die polemische Rücksicht gegen die Priscillianisten Seitens des Dichters sicher anzunehmen ist, wie unten begründet werden wird, so dürften sich seine milden Worte eher gegen deren häretisch strenge Forderungen als zunächst gegen Tertullian richten.

Man hat endlich auch die Beziehung unseres Hymnus auf die Quadragesimalfaste deßhalb in Abrede stellen wollen, weil der Dichter die Fasttage als festum bezeichnet in Cath. VII, 4 und VIII, 14 [4]. Mit

---

[1] Vgl. Constit. apost. l. V. c. 19, wo zunächst nur von der Leidenswoche die Rede ist. Obgleich noch im 8. und 9. Jahrhundert die strengere Disciplin als Regel galt, wie ein Capitulare des Bischofs Theobulf von Orleans beweist (Cap. XXXIX. Labbé, Conc. t. VII), so gab es doch schon im 5. Jahrhundert manche, welche an den strengeren Fasttagen nur bis um 3 Uhr Nachmittags fasteten. (Socrates, Hist. eccl. V. 22.) Vgl. Real-Encyklopädie der christlichen Alterthümer. Art. „Fasten".

[2] De mor. eccl. cath. c. 33.

[3] De ieiuniis (Migne t. II. col. 953 sq.).

[4] „Binghamus," sagt Arevalo zu VIII, 9, „(l. XIII. c. 9. § 2. Antiq. Christ. l. XXI. c. 3. § 3) distinguit inter ieiunia, quae ad vesperam proferebantur,

einigem Grunde könnte man die apostolischen Constitutionen hierfür anfüh=
ren, welche (V, 18) von dem Fasten der Charwoche sagen: „Fastet also, . . .
denn es sind Trauer=, aber nicht Festtage." Allein mit weit größerem
Rechte tritt der hl. Chrysostomus dem Prudentius als Gewährsmann zur
Seite, der in seiner Homilie am Beginn der Fastenzeit seine Zuhörer
fragt: „Ist es nicht thöricht, diese so herrliche Festzeit[1] mit un=
reiner Seele zu beginnen?" Arevalo zu VIII, 14 meint zur Begrün=
dung dieser Benennung wohl nicht mit Unrecht, der Dichter habe auf die
lex IV. et V. de Quaest. im theodosianischen Coder angespielt, worin
während der Quadragesima jede Prozeßführung verboten wird[2]. Die
Wahrscheinlichkeit dieser Meinung ist um so größer, als Prudentius in
seiner ehemaligen Stellung unter Theodosius die Wirkungen dieses Gesetzes
wohl erfahren hatte. Die Wahl des Wortes festum für die Zeit des
Fastens Seitens des Dichters bestätigt also vielmehr, daß sich unsere
Hymnen auch auf die Quadragesima beziehen. Somit dürfen wir als hin=
reichend bewiesen ansehen, daß Prudentius die Fastenlieder im
Kathemerinon=Buche auf jeden Fasttag im Lauf des Jahres,
insbesondere aber auf die Tage der Quadragesima ge=
dichtet hat. Es waltet zwischen der allgemeinen Beziehung und der
letztern besondern ein ähnliches Verhältniß ob, wie im fünften Hymnus
zwischen dem täglichen lucernarium und der Ostervigil. Die dankbare
Liebe aber zum Erlöser hat den Dichter veranlaßt, alle Fastenübungen
der Kirche seiner Zeit so glänzend zu feiern; diese Liebe war es auch,
welche ihn in der damaligen immerhin strengen Fastenordnung ein leichtes
Gebot und eine geringfügige Leistung sehen ließ[3]. Deßhalb zählt er die
Liebesthaten des guten Hirten auf. Das kranke verlorene Schäflein hat
derselbe gesucht, auf den Schultern zurückgetragen und es gereinigt in
den sonnigen Schafstall und auf die blühendsten Weidetriften zurück=

---

et stationes sive semiieiunia, quae hora nona solvebantur, et de his statio-
nibus intelligit Prudentium advertitque *festum* denotare stationem, qua religiosi
conventus in ecclesia observabantur. Ineptissima est haec ratio, nam Prudentius Cath. VII. 4 pariter ait: ‚Festum nostrum aspice' ubi de ieiunio
quadragesimali certe agitur."

[1] τὴν καλλίστην ταύτην ἑορτήν. Montfaucon (t. II. p. 316) hat dafür
ἀρετήν.

[2] „Quadraginta dierum qui auspicio caeremoniarum paschale tempus
anticipant, omnis cognitio inhibeatur criminalium quaestionum" (lex 4).

[3] Cfr. *Arevalo* ad Cath. VIII, 19: „. . . Dum toties repetit benignitatem Dei,
qui onus grave nobis non imponit, satis declarat, ieiunium ex necessitate et
cogente praecepto observandum, contra quam haeretici blaterant, qui veteres
Christianos libere ieiunasse tradunt. Sane si id, quod Christianorum primi
temporis pietas libere exsequebatur, esset attendendum, superflua essent haec
omnia de ‚hora nona, de remisso dogmate, brevi voto, levi obsequela'."

versetzt (VIII, v. 33—48). Bei der Schilderung der letztern drängt sich dem Dichter gleichsam in prophetischer Perspective das Himmelreich der Gnade in der Kirche hienieden und das Himmelreich der Glorie in Eins zusammen. Durchdrungen von der Erwägung dieser unermeßlichen Wohl= thaten ruft er darum begeistert (v. 49 sq.).:

> Hisce pro donis tibi, fide pastor,
> Servitus quaenam poterit rependi?
> Nulla compensant pretium salutis
> Vota precantum.
>
> Quamlibet spreto *sine more* pastu
> Sponte confectos tenuemus artus,
> Teque contemptis epulis rogemus
> Nocte dieque:
>
> Vincitur semper minor obsequentum
> Cura, nec munus genitoris aequat,
> Frangit et cratem luteam laboris
> Grandior usus.

Unwillkürlich wird man bei diesem ächt lyrischen Ergusse an die Worte der Nachfolge Christi erinnert: „Amor modum saepe nescit, sed super omnem modum effervescit. Amor onus non sentit, labores non reputat, plus affectat quam valet" (lib. III, c. 5). Daß Pru= dentius bei der Erwähnung des verlorenen Schäfleins zunächst an sich selbst gedacht hat, bedarf kaum der Erinnerung, und so wird, wie gesagt, dieser Fastengesang in ausgezeichneter Weise ein Spiegelbild der Seele des Dichters.

Die Bedeutung des neunten Hymnus im Kathemerinon=Buche ist oben bereits dargethan worden. Wie alle Abhandlungen über das Gebet aus dem christlichen Alterthume in dem Gebote: „Betet ohne Unter= laß!" ihren Ausgangs= und Zielpunkt haben, so stellt auch das Tagzeiten= buch am Ende dem Christen das Leben und den Tod Christi als Gegen= stand der beständigen Betrachtung vor Augen. Am genauesten stimmt Pru= dentius hier mit dem hl. Cyprian überein. Derselbe sagt gegen Ende seiner Abhandlung über das Gebet des Herrn (c. 35): „Quodsi in Scripturis sanctis sol verus et dies verus est Christus, *hora nulla a Christianis* excipitur, quo minus frequenter ac semper Deus debeat adorari." Der hl. Cyprian beginnt mit diesen Worten die Aufforderung, auch die Nachtzeit zum Gebete zu verwenden. Der Schluß dieser Ermahnung, zu= gleich der Schluß der ganzen Abhandlung, lautet: „Per Dei indulgentiam recreati spiritualiter et renati imitemur, quod futuri sumus. Habita= turi in regno sine interventu noctis solum diem sic nocte quasi in lumine vigilemus. Oraturi semper et acturi gratias Deo hic quo= que orare et gratias agere non desinamus." Prudentius benützt zum Schlusse seines Hymnus den 148. Psalm und läßt ihn ähnlich wie Cyprian ausklingen (v. 111 sq.):

Te senes et te iuventus, parvulorum te chorus,
Turba matrum virginumque, simplices puellulae
Voce concordes pudicis perstrepant concentibus.

Fluminum lapsus et undae, littorum crepidines,
Imber, aestus, nix, pruina, silva et aura, *nox, dies,*
Omnibus te concelebrent saeculorum saeculis.

Eine Abhängigkeit des Dichters von Cyprian soll hierin keineswegs behauptet sein. Daß aber in dem „hora nulla a Christianis excipitur" des hl. Cyprian die Erklärung gerechtfertigt wird, welche oben (S. 42) von dem Titel des Hymnus „Omnis horae" gegeben wurde, wird man nicht verkennen. Eine Erklärung braucht der herrliche Hymnus nicht. Der Dichter hat die poetische Beschreibung der „gesta Christi insignia" (V. 2) einigemal durch begeisterte Lobpreisungen unterbrochen und dadurch selbst eine gewisse Disposition gegeben. Der erste Abschnitt (V. 4 bis 21), welcher auf die Einleitungsverse (1—3) folgt, schildert die ewige Zeugung der zweiten trinitarischen Person, die als Alpha und Omega Quelle und Ende alles Seienden, Vergangenen und Zukünftigen ist, und in der Zeit die Gestalt des hinfälligen Leibes angenommen hat. Hier strömt das entzückte Dichterherz das erste Mal von Jubel über zum Preise des „puer redemptor orbis":

Psallat altitudo coeli, psallite omnes angeli,
Quidquid est virtutis usquam psallat in laudem Dei;
Nulla linguarum silescat, vox et omnis consonet.

Ecce quem vates vetustis concinebant seculis,
Quem prophetarum fideles paginae spoponderant,
Emicat promissus olim: cuncta conlaudent eum. (v. 22 sq.)

Mit der Verwandlung des Wassers in Wein zu Kana eröffnet nun Prudentius die Erzählung des öffentlichen Lebens Christi bis zu seinem Tode (V. 28—81. Zweiter Abschnitt). Bei der Vermehrung des Brotes zur wunderbaren Speisung der Fünftausend unterbricht er aber den Gang der Beschreibung:

Tu cibus panisque noster, tu perennis suavitas,
Nescit esurire in aevum, qui tuam sumit dapem,
Nec lacunam ventris implet, sed fovet vitalia. (61 sq.)

Daß diese Unterbrechung dem eucharistischen Mahle gewidmet ist, sagen die bloßen, im zweiten Theile zu erörternden Worte. Den Preis des siegreichen Kreuzes und der Auferstehung (den dritten Abschnitt, V. 85 bis 105) leitet sodann Prudentius besonders feierlich ein (v. 82):

Solve vocem mens sonoram, solve linguam mobilem;
Dic tropaeum passionis, dic triumphalem crucem;
Pange vexillum, notatis quod refulget frontibus.

Nachdem die Himmelfahrt des Herrn geschildert ist, findet dieser Abschnitt in dem jubelnden Zurufe seinen Abschluß (v. 106):

Macte iudex mortuorum, macte rex viventium,
Dexter in parentis arce qui cluis virtutibus
Omnium venturus inde iustus ultor criminum!

Die oben mitgetheilte Nachbildung des 148. Psalmes setzt diesen
Preis fort und beendet den Hymnus. In der angegebenen Disposition
liegt die Anlehnung des Dichters an das Johannesevangelium klar zu
Tage; aus den übrigen Evangelien hat er einzelne Scenen ausgewählt
und eingefügt. In die Liturgie der spanischen Kirche ist dieser Hymnus
vom hl. Isidor aufgenommen. Am weißen Sonntage (Dominica in
octavas Paschae) wird in der Vesper der erste Abschnitt gesungen,
wobei die Verse 22—24 an den Anfang gestellt sind[1]. Der übrige
Theil des Hymnus ist auf die Vespern der dem weißen Sonntage folgenden
Wochentage vertheilt[2].

Wie die Kirche heute ihre Kinder anleitet, am Schlusse ihrer Gebete
der Entschlafenen zu gedenken, so endet auch das Gebetbuch des Prudentius
mit „dem unvergleichlichen Grabgesange, von dessen Lob alle Kritik voll
ist"[3]. Nicht zufällig, sondern absichtlich ist der Hymnus an diese Stelle
gesetzt. Im vorhergehenden Lobliede auf Christus bezweckte der Dichter,
das Leben der Christen zu einem beständigen Gebete zu gestalten. Der
Gedanke an den Abschluß dieses Lebens und seine Belohnung bietet sich nun
unwillkürlich dar. Der Zusammenhang des zehnten Hymnus mit
dem vorhergehenden ist auch deutlich genug ausgesprochen. „Dir, o Ur-
quell der Seelen, dient der Mensch, so lange sein Leib und seine Seele
in lebendigem Zusammenhange stehen; aber dieser Zusammenhang nimmt
einmal ein Ende" (V. 1—10). Der Inhalt der 43 Strophen in
172 anapästischen Versen vertheilt sich auf die Schilderung, bezw. Verherrlichung der liebevollen Sorge, welche die Christen dem Leibe des Verstorbenen einerseits, der Seele andererseits angedeihen lassen. Der frohe
Glaube an die Auferstehung des Fleisches leitet den Gesang ein (V. 10
bis 45) und beherrscht ihn. Das christliche Begräbniß gehört zur Liturgie
im weitern Sinne. Wir können deßhalb für diesen Hymnus die Liturgie
recht eigentlich als Quelle ansehen, aus welcher der Dichter geschöpft hat.
Den größern Theil des eigentlichen Hymnus hat Prudentius dem ersten
Abschnitte, der Bestattung des Leibes, gewidmet (V. 45—148).

---

[1] Breviar. Gothicum (Migne t. 86. col. 641). „Die Kirchen des Nordens
haben die Strophen 4, 7—9 und 37 zu einem Weihnachtshymnus zusammengesetzt.
Das alte paderborner Brevier hat das Lied zur Matutin des Weihnachtsfestes, während
andere es zur Complet sangen. Im 16. Jahrhundert existirten von diesem Liede drei
verschiedene Uebersetzungen in Deutschland" (Nordamerikan. Pastoralblatt. 1885. S. 40).

[2] Ibid. im Hymnarium col. 898 sq. Die Ueberschrift lautet freilich: Hymnus
in resurrectione Domini.

[3] Jungmann, Aesthetik. S. 766.

Nach dem feierlichen Bekenntnisse der Auferstehungshoffnung beginnt derselbe (v. 45):

> Hinc maxima cura sepulcris
> Impenditur, hinc resolutos
> Honor ultimus accipit artus
> Et funeris ambitus ornat.

Die Einhüllung des Leichnams in weiße Linnen, die Besprengung
mit wohlriechenden Flüssigkeiten (myrrha) und die schönen Grabmonu=
mente werden von Prubentius selbst als Sitte und Liebespflicht der
Christen (mos, pietas Christicolarum. v. 50, 57) bezeichnet. Die ander=
weitigen, hiermit übereinstimmenden Zeugnisse sind überaus zahlreich [1].
Prubentius benützt diese Schilderung nur, um zunächst diese dem Leich=
nam erwiesene Liebespflicht durch den Hinweis auf Tobias zu loben und
zu empfehlen (B. 61—80). Der Dichter zeigt hier eine große Aehnlich=
keit mit dem Anfange der Schrift des hl. Ambrosius über Tobias (c. 1),
wie sie fast ebenso zwischen dem siebenten Hymnus und der Einleitung
zur Schrift des mailändischen Bischofs De Elia besteht. Die bittere
Galle, welche dem Tobias das Augenlicht wieder gab, deutet Prubentius
sodann allegorisch von den Todesschmerzen und knüpft daran die Schil=
derung des verklärten Leibes nach der Auferstehung (v. 81—112):

> Mors ipsa beatior inde est,
> Quod per cruciamina leti
> Via panditur ardua iustis
> Et ad astra doloribus itur. (v. 89 sq.)

Ist aber der Tod auf diese Weise ein Führer zum Glücke, so ziemt
es sich nicht, am Grabe zu weinen, sondern mit Hoffnungsfreude den
Leichnam der Erde anzuvertrauen. Mit dieser Folgerung (B. 113—148)
wird der erste Theil, welcher die dem Leichnam erwiesene Ehre beschreibt,
abgeschlossen. Jungmann hat in seine Aesthetik (S. 767) eine sehr ge=
lungene Uebersetzung im Rythmus des Urtextes von drei Strophen aus
diesem Abschnitte, welche die Hauptgedanken enthalten, aufgenommen:

> Was sagt uns die Gruft dort im Felsen?
> Was kündet das herrliche Denkmal?
> Daß das Pfand, so ihnen vertraut ward,
> Nicht dem Tode verfiel, daß es schläft nur. (B. 53—56.)

> So schweige denn Trauer und Klage!
> So trocknet die Thränen, ihr Mütter!
> Die er liebte, soll niemand beweinen;
> Wir sterben ja nur, um zu leben.

---

[1] Vgl. Lorenzana in der Anm. zu den Missae defunctorum im Missale
mixtum. Migne t. 85. col. 1009 sq. Arevalo, Anm. zu Cath. X, 49.

Tief jetzt in der Erde geborgen
Grünt neu das vertrocknete Saatkorn;
Einst hoch auf dem Halme verjüngt es
Das Bild der früheren Aehre. (B. 117—124.)

Im zweiten Abschnitte (B. 149—168) wird die Sorge für die Seele beschrieben, welche in der Bitte gipfelt:

Illic precor, optime ductor,
Famulam tibi praecipe mentem
Genitali in sede sacrari,
Quam liquerat exul et errans. (v. 165 sq.)

Die Uebereinstimmung dieser Bitte mit den alten Sacramentarien braucht bloß angedeutet zu werden. Das leonianische[1] enthält fünf Meßformulare super defunctos, wovon das vierte wahrscheinlich sich speciell auf das Begräbniß Sixtus' III. (432—440) bezieht und Leo I. zum Verfasser hat. Die Verwandtschaft, bezw. Abhängigkeit des Dichters von den liturgischen Gebeten im altspanischen Ritus bis auf einzelne Ausdrücke wird im zweiten Theile bei der Besprechung der eschatologischen Ansichten des Prudentius zur Sprache kommen. Sie ist unserem Hymnus nicht fremd[2], tritt aber schärfer an anderen Stellen der prudentianischen Werke hervor. Merkwürdig ist, daß Prudentius den Lichterschmuck beim christlichen Begräbnisse unerwähnt gelassen hat. Wie aus dem fünften Hymnus hervorging, ist Prudentius dem Gebrauch der Lichter im Gottes-dienste durchaus zugethan. Die Sitte, die Leiche mit brennenden Kerzen zu begleiten, ist aus der frühesten Zeit reichlich bezeugt. Daß in Spanien brennende Kerzen zum Schmucke der Begräbnißstätten gebraucht wurden, ja daß diese Sitte in Mißbräuche ausgeartet war, zeigen Can. 34 und 35 des Concils von Elvira[3]. „Während des Tages," heißt es in der erstern Bestimmung, „sollen keine Wachskerzen auf dem Gottesacker angezündet werden; denn die Geister der Heiligen sollen nicht beunruhigt werden. Welche dieses nicht beachten, sollen von der Gemeinschaft der Kirche aus-geschlossen werden." Im folgenden Canon wird den Weibern verboten, auf den Begräbnißplätzen die Nacht über zu wachen. Während das Concil sich gegen den Mißbrauch ereiferte, polemisirte der Ketzer Vigilan-tius gegen den Gebrauch der Kerzen am Tage, die moles cereorum überhaupt, zunächst an den Gräbern der Martyrer[4]. Hieraus ergibt

---

[1] Sacramentar. Leonian. ap. Migne t. 55. col. 134 sq.

[2] Vgl. die illatio missae pro uno sacerdote (sc. episcopo) defuncto (Migne t. 85. col. 1019) mit Vers 9—40; die illatio missae de uno defuncto (l. c. col. 1024) mit V. 153 f.

[3] Gams, Kirchengeschichte von Spanien II. 1. S. 85 f.

[4] Gams a. a. O. S. 92. Cfr. Paulini opera ed. Muratori p. 385. 427. 472. Ausgezeichnet ist, was Arevalo in cap. XIV seiner Prolegomena (Migne

sich, daß auch zu Prudentius' Zeit, wie heute noch, „Spanien wie das Land des Sonnenglanzes, so auch das Land des Kerzenscheines war". Billig fällt es darum auf, daß Prudentius in der Schlußstrophe seines Hymnus den Schmuck der Gräber, ohne der Lichter Erwähnung zu thun, also beschreibt (v. 169 sq.):

Nos tecta fovebimus ossa
Violis et fronde sequenti
Titulumque et frigida saxa
Liquido spargemus odore [1].

Genau ebenso beschreibt der hl. Paulinus [2], wie das Grab des hl. Felix mit Kränzen bedeckt und mit buftenden Salben besprengt, bezw. übergossen wurde; allein er rühmt auch an derselben Stelle die zahlreichen Lichter und Kerzen, welche Tag und Nacht dort brannten. Bedenken wir, daß den Priscillianisten gerade Magie und ihre nächtlichen Zu=sammenkünfte zum Gebete vorgeworfen wurden, so finden wir es auch für wahrscheinlich, daß man die alten Canones von Elvira wider sie geltend gemacht hat. Prudentius aber, der in den ärgsten Wirren der priscillianistischen Häresie und zum Theil gegen sie schrieb, dürfte in Folge dessen absichtlich den Lichterschmuck unerwähnt gelassen haben.

Der Charakter des Prudentius spiegelt sich in der überaus freudigen Stimmung wieder, der schon das absichtlich gewählte anapästische Vers=maß entspricht. Wie der Soldat, von freudiger Siegeshoffnung getragen, im Sturmschritte zum entscheidenden Kampfe sich anschickt, so erhebt sich Prudentius, wie Brockhaus (S. 94) richtig sagt, „aus der ernsten Re=signation über die Vergänglichkeit des Irdischen zur klaren Freude des ewigen Lebens". Solche Gefühle gegenüber dem Tode kann nur der glühendste Glaubensmuth einflößen, verbunden mit der heißen Sehnsucht, „aufgelöst und bei Christus zu sein", wie sie nur in ganz abgetödteten und gereinigten Seelen wohnt. Beides haben wir vom Dichter oft genug klar aussprechen gehört.

---

t. 59. col. 687) über diesen Gegenstand unter der Aufschrift sagt: „Quem morem in corporibus defunctorum sepeliendis Prudentii aetate adhibuerint Christiani. Ostenditur diversa ratio cur SS. Patres quosdam ritus in ethnicis reprehen-derint, in Christianis approbaverint."

[1] Aus den Worten Tertullians gegen den Gebrauch der Blumen (De corona mil. c. 10) und besonders des Minucius Felix (Octav. c. 12) kann man nicht folgern, daß die hier von Prudentius berichtete Sitte erst später von den Heiden angenommen worden sei, während die Gläubigen der ersten Jahrhunderte (Chri-stiani primaevi) sie allgemein zurückgewiesen hätten. Die Widerlegung dieser Ansicht Dressels (zu X, 170) siehe in: Real=Encyklopädie der christlichen Alterthümer Art. „Bekränzung". I. 148.

[2] Buse, Paulin v. Nola II. S. 88, und *Arevalo*, Prolegomena cap. XIV.

Mit den Worten Arevalo's [1]: „Non valde repugnabo, si quis contendat ab ipso auctore hos duos hymnos (Cath. XI, XII) fuisse a cathemerinis separatos ex vett. codd. auctoritate", sei hier an die oben (S. 42) bewiesene Behauptung erinnert, daß die beiden noch übrigen Hymnen im Tagzeitenbuche den Anfang zu einem neuen Hymnencyklus bilden. Hier beginnt die Beziehung, bezw. Abhängigkeit des Dichters von der Liturgie im engern Sinne. Die Formulare für die Festmessen in den alten Sacramentarien der spanischen und gallischen Kirchen bieten in ihren Gebeten und namentlich in der Illatio oder Contestatio [2] eine mehr oder minder große Aehnlichkeit mit diesen beiden Hymnen dar, sowie mit denen des Buches Peristephanon, welche spanische Martyrer zum Gegenstande haben. Wenn wir hierbei dem mozarabischen Missale die Belegstellen entnehmen, so setzen wir als bewiesen voraus, daß dasselbe nicht bloß im Canon, sondern in vielen anderen Bestandtheilen bis in die Zeit des Dichters hinaufreicht. Das Weihnachtsfest und das Fest der Epiphanie waren zur Zeit des Prudentius allgemein in der Kirche gefeiert. In der Kirchenprovinz von Tarragona, der unser Dichter angehört, standen diese Feste in besonderem Ansehen. Der Brief des Papstes Siricius vom 2. Februar 385 [3], welcher uns hiervon Zeugniß gibt, ist noch dazu an den Bischof Himerius von Saragossa, wo Prudentius wohnte, gerichtet. Ob wir mit Recht vermuthen, daß die Hymnen des Dichters mit den liturgischen Formularen in Zusammenhang stehen und den Einfluß jenes Briefes verrathen, wird die folgende Untersuchung zeigen. Jedenfalls drängt sich diese Vermuthung ohne weiteres auf.

Im zweiten Kapitel seines Schreibens beantwortet Siricius den Bericht, welchen Himerius über die Sitte, an Weihnachten und an Epiphanie (feierlich) zu taufen, an den inzwischen gestorbenen Damasus geschickt hatte. „Hierauf folgt," schreibt Siricius, „die verwerfliche und abzustellende Verwirrung bezüglich der zu Taufenden nach dem Belieben eines jeden Einzelnen, welche von unseren Mitbischöfen — mit Aerger sagen wir es — nicht auf Grund einer Autorität, sondern aus reiner Vermessenheit verübt wird, indem hie und da aus freien Stücken am Geburtsfeste Christi oder am Feste der Erscheinung, auch an den Festtagen der Apostel und Martyrer zahllose Mengen Volkes, wie du sagst, die Taufe empfangen, da doch dieses Privilegium sowohl

---

[1] Anmerkung zum Titel des elften Hymnus (Migne t. 59. col. 888).

[2] Illatio ist die Bezeichnung unserer Meß-Präfation im altspanischen Ritus; Contestatio im gallicanischen.

[3] *Coustant*, Epist. Rom. Pontif. p. 623. *Mansi* t. III. p. 655. *Ballerini*, Opera S. Leonis M. t. III. p. 246. Deutsch übersetzt findet sich der Brief in der Kemptener Bibliothek der Kirchenväter: „Briefe der Päpste", Bd. II. S. 410. Er die erste ächte Decretale eines Papstes in den Sammlungen der Canones.

bei uns, als auch bei allen Kirchen speciell das Osterfest mit dem Pfingst=
tage in Anspruch nimmt; an diesen Tagen allein im Jahre geziemt es
sich, den zum Glauben Kommenden die Taufe gemeinschaftlich zu ertheilen...
Genug ist bisher hierin gefehlt worden; von nun an mögen alle Bischöfe
(Priester) die angegebene Richtschnur festhalten, wenn sie nicht von dem
Grunde des. apostolischen Felsens getrennt werden wollen, auf welchen
Christus die allgemeine Kirche gebaut hat." „Woher die Spanier," sagt
Gams[1], „diese Gewohnheit nahmen, wissen wir nicht. Aber die Liturgie
des Tages (Epiphanie) bestätigt die Rüge, welche der Papst gegen den
Bischof von Tarraco ausspricht. Der Introitus der Messe an Epi=
phanie[2] beginnt nämlich mit den Worten: ‚Vos qui in Christo bapti-
zati estis, Christum induistis. Alleluia.‘ Der Messe war also die
Taufhandlung vorausgegangen." Die Meßliturgie des Weihnachtsfestes
im mozarabischen Ritus bestätigt aber, was man bisher nicht beachtet
hat, die Sitte auf gleiche Weise. Dieselbe muß uns zuerst interessiren,
weil es sich zunächst um den Weihnachtshymnus des Prudentius handelt.
Am meisten kommt hierbei die Illatio der Weihnachtsmesse in Betracht[3].
Dieselbe legt schon in den ersten Worten Zeugniß von ihrem hohen Alter
ab, indem sie beginnt: „Dignum et iustum est nos omnipotentie et
pietati tue referre ... laudes ... quia post multa tempora in hac
die *ante non multa tempora:* que (qui?) tibi vel sibi semper erat,
nobis natus est Christus Iesus unigenitus tuus." Mit Recht bemerkt
Lorenzana (a. a. O.) zu diesem ante non multa tempora: „Anim-
adverte, quam vetusta sit haec illatio!" Die sogleich folgende Bezug=
nahme auf die Taufe bestimmt dieses Alter auf die Zeit des Damasus
und Siricius. Die Illatio fährt nämlich fort: „Factus est ancille
filius Dominus matris sue, partus Marie fructus ecclesie." Von
hier ab beschäftigt sich die lange Illatio, die herrlichste Poesie in un=
gebundener Rede, einzig mit der Parallele zwischen der allerseligsten Jung=
frau, welche Christus geboren hat, und der Kirche, welche beständig in
der Taufe Mutter von neuen Christen wird. Dann heißt es weiter:
„Qui (sc. Christus) ab illa (Maria) editur, ab ista (ecclesia) susci-
pitur. Qui per illam pusillus egreditur, per istam mirificus dila-
tatur. Illa salutem populis creavit, hec populos[4]. Illa utero vitam
portavit, *hec lavacro;* in illius membris Christus infusus est, *in
istius aquis* Christus indutus est. Per illam, qui erat, nascitur;
per istam, qui perierat, invenitur. In illa redemptor gentium vivi-

---

[1] Kirchengeschichte von Spanien II. 2. S. 205; vgl. II. 1. S. 427.
[2] Missale mixtum (Migne t. 85. col. 230).
[3] Missale mixtum (Migne t. 85. col. 188).
[4] Siricius spricht in dem oben angeführten Briefe von „unzähligen
Volkshaufen".

ficatur, in ista *gentes vivificantur.* Per illam venit, ut peccata tol-
leret, per istam tulit peccata, propter que venit. ... Illam par-
vuli iocunditate dimulsit, istam sponsi credulitate despondit.
Exstant denique preciosi amoris incorrupta commercia. Dedit sponsus sponse
sue munera: aquas vivas [baptisma], id est Christus ecclesie, e quibus
semel ad placendi meritum lavaretur. Dedit oleum leticie, pro
(quo?) odorifero unguento chrismatis ungeretur. Vocavit eam ad
mensam suam [eucharistiae], adipe frumenti satiavit illam, vino
suavitatis implevit, iusticie imposuit ornamentum.... Promisit ei
se illi daturum regnum eternum ... Concessit et ipsi quod con-
cessum est genitrici: impleri non violari.... Dedit illi tamquam
rosas martyres, velut lilia virgines, quasi violas continentes... Unde
nunc a dextris eius felici et gloriosa perennitate consistens eum
tecum omnipotens Pater et cum sancto Spiritu regnantem ... col-
laudat." Wie wäre ein solcher Lobgesang am Weihnachtsfeste denkbar
ohne eine feierliche, an viele gespendete Taufe? — Die übrigen Gebete
stehen mit der Illatio hierin in vollem Einklang. Im Gebete, das auf
die missa folgt, heißt es: „Te, Domine Iesu Christe, te Deum plura-
liter homines salvantem ... rogamus.... Quod prestitum est car-
naliter sed singulariter tunc Marie, nunc spiritualiter prestetur
ecclesie. Ut *te fides indubitata* concipiat, te mens de corruptione
liberata parturiat, te semper anima virtute altissimi obumbrata con-
tineat." Wie verhält sich nun zu diesen Gebeten der altspanischen Kirche
am Weihnachtsfeste der Hymnus, welchen uns Prudentius auf den achten
Tag vor den Kalenden des Januar [1] hinterlassen hat? Die Einleitung
bringt Christus als das Licht der Welt in mystischen Zusammenhang mit
dem Zunehmen des Tageslichtes vom 25. December ab (V. 1—12). Die
Lesung in der altspanischen Liturgie, womit die gallicanischen Sacramentarien übereinstimmen, ist aus dem 9. Kapitel des Isaias: „Populus,
qui sedebat in tenebris, vidit lucem magnam." Dem entsprechend
heißt es gleich im Anfange der Liturgie: „Hodie nobis lucerna virginis, quam Spiritus sanctus ignivit, verum lumen apparuit." Den
Eingang der Messe, wie den Dichter im Beginne seines Gesanges, beherrscht also jedenfalls derselbe Gedanke. Der eigentliche Hymnus preist
zuerst das trinitarische Leben des göttlichen Sohnes, seine ewige Geburt,
seine Thätigkeit bei der Weltschöpfung (V. 13—32) und seine Geburt
in der Zeit aus der allerseligsten Jungfrau (V. 45—57). Vermittelt
ist diese doppelte Schilderung, welche lebhaft an den ersten Abschnitt des

---

[1] Diese Bezeichnung des Weihnachtsfestes findet sich auch im leoninischen Sacramentar (Migne t. 55. col. 146). Vgl. die Anm. von Lorenzana zur Ueberschrift
der Weihnachtsmesse im Missale mixtum (Migne t. 85. col. 183).

neunten Hymnus erinnert, durch die Darstellung der in Götzendienst ver=
sunkenen Menschheit (V. 33—44). Dem Elende derselben Hülfe zu
bringen, war der Zweck der Incarnation. Die Illatio in ihrem oben
mitgetheilten Eingange geht ebenso von der ewigen Existenz des Logos beim
Vater zur Geburt aus der Jungfrau über. Das „post multa tempora"
findet seine Ausführung in den Versen (25 sq.):

Sed ordinatis seculis
Rerumque digesto statu
Fundator ipse et artifex
Permansit in Patris sinu,

Donec *rotata annalium*
Transvolverentur *millia*,
Atque ipse peccantem *diu*
Dignatus orbem viseret.

In welcher Beziehung steht nun der übrige Haupttheil des Hymnus
(V. 57—116) zu der die altspanische Liturgie so auffallend beherrschen=
den Verherrlichung der geistigen Wiedergeburt? Prudentius stimmt auch
hier insofern überein, als er von V. 57—84 den Zustand der um=
gewandelten Welt beschreibt:

O quanta rerum gaudia
Alvus pudica continet,
Ex qua novellum seculum
Procedit et lux aurea!

Vagitus ille exordium
Vernantis orbis prodidit,
Nam tunc *renatus* sordidum
Mundus veternum depulit.

Die Beschreibung des paradiesischen Zustandes der messianischen Zeit
ist allegorisch nach Art der Propheten. Arevalo erinnert an die 4. Ekloge
Vergils. Der Dichter hebt besonders hervor, daß die rohesten Völker,
die den Thieren glichen, gläubig dem neugeborenen König gehuldigt haben.

O sancta praesepis tui,
Aeterne rex, cunabula,
*Populis*que per seclum sacra
Mutis et ipsis credita. (v. 77 sq.)

Liegt hierin ein lauter Anklang an die Worte der Illation: „Illa
salutem populis creavit, haec populos", und damit zugleich an die Taufe,
so nimmt doch Prudentius gerade von diesen Worten Anlaß, um einen
Gegenstand im letzten Theile (V. 85—116) des Hymnus zu behandeln,
welcher der Liturgie, bezw. der Illatio ganz fremd ist. Er wendet sich
nämlich an die ungläubigen Juden (v. 85):

Sed cum fideli spiritu
Concurrat ad praesepia
Pagana gens [1] et quadrupes
Sapiatque quod brutum fuit:
Negat patrum prosapia
Perosa praesentem Deum.

Hieran knüpft der Dichter harte Vorwürfe gegen die Juden und
droht ihnen mit der Verwerfung beim Weltgerichte. „Wenn er, der
Welterlöser, nach Verdienst den einen das ewige Licht, den anderen den
Höllenschlund als Antheil zusprechen wird, dann wirst du, o Judäa, an
dem glänzenden Kreuze erkennen, wer derjenige ist, welchen deine Wuth
dem Tode überliefert hat, den aber der Tod zurückgegeben hat." Hieran
scheint der Versuch zu scheitern, den Dichter mit der Liturgie in Ueberein=
stimmung zu bringen. Allein gerade hierin zeigt sich, wie genau die
Dichtungen des Prudentius die Zeitumstände wiederspiegeln, unter denen
er schrieb. Im dritten Kapitel werden wir seine Polemik gegen die
Juden eingehend erörtern. Dadurch wird auch diese Stelle ihr volles
Licht erhalten. Inzwischen sei nur erwähnt, daß die altspanische Liturgie
am Feste des hl. Vincentius in ihren Gebeten direct auf die Juden
Bezug nimmt. In dem der Missa folgenden Gebete wird der hl. Vincenz
angerufen [2]: „Beatitudo tua omnibus anxiis remedia a te venari
compellit. Obtinendi namque pro singulis apud Dominum Iesum
Christum et nostrum est fidere sine cunctatione opem ferre que
poposceris, et tuum libenter prestare que imploreris . . . Tuo
interventu assuescant avari misericordiam, luxuriosi continentiam,
petulantes pudicitiam. Tuo suffragio *perfruantur ceci corde fidei
luce*. *Hebrei catholica fide*, erectione oppressi . . ." Die liturgischen
Gebete am Feste dieses Heiligen stammen sicher aus der Zeit des Dich=
ters. Wenn darin um Bekehrung der Juden gefleht wird, so darf
dieß vorläufig als genügende Erklärung der Apostrophe im Schlusse unseres

---

[1] Nach dem Vorgange von Obbarius will Dressel unter pagana gens
verstehen: „pastores in pago ruris degentes", und begründet dieß mit den Citaten
des ersteren: Tac. Hist. II, 14, 4; Suet. Aug. 27. Allein der Gegensatz zwischen
der Heidenwelt und dem auserwählten Volke ist hier vom Dichter zu klar beabsichtigt,
als daß diese Citate irgend welche Bedeutung haben könnten. Brockhaus sagt
deßhalb unrichtig in der Inhaltsangabe (S. 97): „Die heilige Wiege des Kindes
wird von den Hirten, ja von dem Vieh verehrt, nur das Geschlecht des Herrn
selbst versagt ihm in toller Verblendung die Aufnahme." Hierbei fällt der beab=
sichtigte Gegensatz weg, denn auch die Hirten gehören zum „Geschlechte des Herrn".
Prudentius hat zudem in der vorhergehenden Strophe das „brutum pecus" alle=
gorisch verstanden wissen wollen, indem er fortfährt (v. 82): „indocta turba scilicet".
„Die Heiden" und nicht die Hirten sind unter pagana gens zu verstehen.
[2] Missale mixtum (Migne t. 85. col. 676).

Hymnus an die Juden gelten. Wenn die schöne Parallele zwischen der
Gottesmutter und der Kirche in der Illatio von Prudentius im Vergleich
zur Einleitung der Illatio kaum berücksichtigt worden ist und dadurch
die Bezugnahme auf die Taufe weniger klar hervortritt, als in der Litur=
gie, so dürfte eben in der Decretale des Siricius der genügende Grund
zu suchen sein [1]. Prudentius hat mehrere Jahre nach 385 geschrieben.
Die Wirkungen jener Rüge dürften also bereits eingetreten sein. Andern=
falls hätte Prudentius, der so lebendig das vom Lichterglanze strahlende
Gotteshaus in der Osternacht zu schildern gewußt hat, nicht minder die
Tauffeierlichkeiten am Weihnachtsfeste besungen. Ganz wird die von
Siricius getadelte Sitte nicht aufgehört haben; deßhalb konnte der Dichter
gerade an diesem Tag solche Worte an den jüdischen Theil der Bevöl=
kerung richten, welche im Grunde eine ernste Mahnung zur Taufe sind.

Wie hoch man am Ende des vierten Jahrhunderts das Weihnachts=
fest schätzte, bezeugt auch Ambrosius. Seine Schwester erinnert er im
Anfange des dritten Buches über die Jungfrauen, daß sie „am Tage der
Geburt des Erlösers am Grabe des Apostels Petrus feierlich ewige Keusch=
heit gelobt und dieß durch den Wechsel der Kleidung auch äußerlich an
den Tag gelegt habe". Hierbei unterbricht er sich selbst mit dem Aus=
rufe: „Welcher Tag wäre auch schöner, als der Tag, an welchem die
Jungfrau das göttliche Kind gebar!" Wir finden also auch hier Pru=
dentius, wie schon öfter, neben Ambrosius. In die (altspanische) Liturgie
ist dieser Hymnus merkwürdigerweise nicht aufgenommen worden. Das=
selbe Schicksal theilt fast ganz der Epiphaniehymnus, der uns jetzt zu
besprechen bleibt. Von demselben sind nur die letzten Verse 202—208 als
zweite und dritte Strophe in den Laudes=Hymnus am Feste annuntiationis
Mariae V. (Exspectatio partus) des mozarabischen Breviers eingefügt [2].
Dagegen hat das römische Brevier „vier Röslein aus diesem lieblichen
Garten des Spaniers gepflückt". Die Hymnen: Quicunque Christum
quaeritis für die Vesper und die Matutin am Feste der Verklärung;
O sola magnarum urbium in den Laudes des Epiphaniefestes; Salvete
flores martyrum für die Laudes des Festes der unschuldigen Kinder und
Audit tyrannus anxius für die Matutin desselben Festes sind Auszüge
aus unserem Hymnus [3]. Indeß unser Interesse wird vor Allem von der
Frage in Anspruch genommen, ob und wie weit sich auch hier eine Be=
ziehung zwischen dem prudentianischen Hymnus und der altspanischen

---

[1] Der Gedanke selbst ist dem Dichter so wenig fremd, daß er vielmehr mit
Vorliebe an andern Stellen die Rechtfertigung als mystische Wiederholung der
Geburt aus der Jungfrau betrachtet. Vgl. Apotheos. v. 579 sq.

[2] Breviar. Gothicum (Migne t. 86. col. 1299).

[3] Die ausführliche vorzügliche Erklärung derselben siehe bei Kayser, Bei=
träge zur Geschichte und Erklärung der ältesten Kirchenhymnen. 2. Aufl. S. 294 f.

Liturgie nachweisen läßt. Daß dieselbe am Feste Epiphanie gleich am
Anfange den Stempel der Zeit des hl. Damasus trägt, wurde oben
bereits erwähnt[1]. Die offenbare Bezugnahme auf die von Siricius ver=
botene feierliche Ertheilung der Taufe stellt bleß außer Zweifel. Dürfen
wir aber hierüber mit Gams ohne Weiteres sagen: „Woher die Spanier
diese Sitte nahmen, wissen wir nicht"? — Die Beantwortung dieser
Frage, welche mit der Erklärung des prudentianischen Epiphaniehymnus
eng zusammenhängt, nöthigt uns, an die Festidee des Epiphaniefestes zu
erinnern[2]. Es ist bekannt, daß die Kirche des Orients sich von der des
Occidents in der Idee des Epiphaniefestes unterschied und noch unter=
scheidet. Während die erstere darin die Erinnerung an die Taufe Jesu
sah, wobei sich die Gottheit Jesu offenbart hatte[3], feierte die letztere an
Epiphanie die Offenbarung des Welterlösers an die Heiden, welche in den
drei Magiern, als ihren Repräsentanten, durch den wunderbaren Stern
zur Erkenntniß Christi geführt wurden. Da der Tag des Festes, der
6. Januar, auch als Tag der Hochzeit von Kana galt, wobei Christus
seine Wundermacht offenbart hatte, so trat die Erinnerung hieran noch
zu den beiden angeführten Festgedanken hinzu[4]. Die Berührung des
Orients mit dem Occident hatte die Verschmelzung dieser drei Festideen
zur Folge, wie sie im Festofficium des römischen Breviers heute noch
existirt. Immer aber galt im Oriente an erster Stelle das Epiphanie=
fest als Tauftag des Herrn und wurde darum frühzeitig wie Ostern und
Pfingsten zu einem feierlichen Tauftage der Katechumenen erhoben; im
Occidente blieb die Anbetung des göttlichen Kindes durch die Magier der
eigentliche Festgedanke. Während der hl. Gregor der Wunderthäter in
seiner Rede auf dieses Fest (εἰς τὰ ἅγια θεοφάνια) nur von der Taufe
handelt, spricht der hl. Leo d. Gr. in seinen acht dießbezüglichen Homilien
fast nur von den Magiern. Worin diese verschiedene Auffassung ihren
Grund hat, und welche Idee die ursprüngliche war, ist noch nicht genügend
aufgehellt. Die orientalischen Zeugnisse für das Epiphaniefest, von Cle=
mens Alex. angefangen, sind freilich älter als die abendländischen, wo
wir erst aus dem Jahre 360 ein Zeugniß über seine Feier haben.
Allein hieraus darf man doch nicht ohne Weiteres schließen, daß es
„wahrscheinlich noch nicht gar lange vor diesem Jahre im Occident" be=

---

[1] Vgl. Lorenzana in der Anm. zur missa in apparitione Domini im
Missale mixtum (Migne t. 85. col. 230).

[2] Vgl. Kayser a. a. O. S. 367 f. Real=Encyklopädie der christlichen Alter=
thümer. Art. „Feste". I. S. 490. 492.

[3] Const. Apost. l. VIII. 83: μαρτυρήσαντος αὐτῷ τοῦ πατρός.

[4] Daß außerdem die Geburt des Herrn und die wunderbare Brodvermehrung
vorübergehend an Epiphanie gefeiert wurde, hat für unsern Gegenstand keine
Bedeutung.

ſtanb [1]. Der Orient muß freilich als Heimath des Feſtes gelten; allein die
Beziehungen zwiſchen Orient und Occident waren doch zu eng, als daß ein
Feſt, das nicht viel jünger iſt als Oſter= und Pfingſtfeſt, im Occidente
nicht frühzeitig hätte Aufnahme finden ſollen. Nicht aufgeklärt, aber be=
leuchtet wird die Schwierigkeit durch die Verhältniſſe der ſpaniſchen Kirche,
bezw. der taraconenſiſchen Kirchenprovinz in der Zeit, aus welcher unſer
Hymnus ſtammt. Wenn hier im Jahre 385 beſonders am Epiphanieſeſte
die Taufe feierlich geſpendet wurde, ſo hat offenbar die orientaliſche Auf=
faſſung des Feſtes Eingang gefunden. Die in der abendländiſchen, be=
ſonders in der römiſchen Kirche herrſchende Feſtidee geräth mit derſelben
in Streit. Wenn nun die altſpaniſche Liturgie auch in der Meßfeier von
der Auffaſſung der morgenländiſchen Kirche beherrſcht erſcheint, dann tritt
dieß als neues Beweismoment für die orientaliſche Heimath der altſpaniſchen
Liturgie auf. Allein hier bereiten uns die liturgiſchen Ueberlieferungen
neue Schwierigkeiten. In den gallicaniſchen Meßformularen tritt 'die
Beziehung auf die Taufe Jeſu am Epiphanieſeſte entſchieden in den Vorder=
grund. Die missa in Ephyfania des Sacramentarium Gallicanum,
welches Muratori ebirt hat, enthält ein Evangelium [2] aus Johannes 1, 2
und Lucas 3, 13 zuſammengeſetzt, welches nur die Taufe Jeſu und die
Hochzeit von Kana erzählt. Die Orationen nehmen faſt ausſchließlich
auf die Taufe Bezug. Dagegen preiſt die Contestatio die Anbetung der
Magier. Bei der urſprünglichen Einheit der gallicaniſchen und altſpaniſchen
Liturgie, welche ſo viele Vertheidiger gefunden hat, und bei dem hohen
Alter der altſpaniſchen Meßliturgie an Epiphanie ſollte man in letzterer
daſſelbe erwarten. Allein hier zeigt ſich ziemlich das Gegentheil. Das
Feſtevangelium enthält das ganze zweite Kapitel des Evangeliums nach
Matthäus mit der Anbetung der Magier und dem Kindermorde. In
den Orationen iſt entweder nur auf die Anbetung der Magier Bezug
genommen, oder dieſe Beziehung iſt, wie auch in der Illatio, neben den
beiden anderen an erſter Stelle in vorzüglicher Weiſe hervorgehoben. Ja
in der Illatio iſt noch das wunderbare Waſſer aus dem Felſen während
der Wüſtenwanderung der Iſraeliten und die Brodvermehrung erwähnt.
Alleinige Beziehung auf die Ertheilung der Taufe, aber nicht auf die
Taufe Jeſu im Jordan, nimmt der oben citirte Introitus, die Epiſtel

---

[1] Die Worte des hl. Auguſtin in Sermo 202. n. 2, wonach die Donatiſten das
Feſt nicht feiern wollten, laſſen nicht klar erkennen, ob ſie es als orientaliſche Neuerung
betrachteten. [2] Migne t. 72. col. 470 sq. „Eodem modo,“ bemerkt Muratori, „Evangelium
hac die in Lectionario Luxoviensi contextum est ex III evangelistis: Matthaeo,
Luca et Iohanne“. Vgl. Lectionarium Gallicanum in Mabillon, De liturg. Gallicana l. II (Migne t. 72. col. 178). Die Orationen im Missale Gothicum ibid.
l. III (Migne t. 72. col. 238 sq.).

aus Gal. 3, 27 f., welcher der Introitus entnommen ist, und das Gebet, welches dem Pater noster vorausgeht. In letzterem ist die Beziehung auf die Anbetung des Kindes und die Spendung der Taufe merkwürdig vereinigt: „Christe Deus, qui virginali prodiens ex utero[1] novum hodie lumen apparuisti in mundo agnitus in stella, adoratus per munera: *ciba nos favo mellis*[2] et sermonibus bonis ... ut gustantes et videntes, quam suavis es, Domine, nequaquam percogamur ad amaritudinem seculi declinare ...“ In dem „ciba nos favo mellis“ ist auf die Sitte der abendländischen Kirche angespielt, den Neophyten Milch und Honig vermischt zu essen zu geben, was Tertullian sogar unter die apostolischen Ueberlieferungen rechnet[3]. Lorenzana bemerkt, daß diese Sitte gerade damals in Spanien wichtig gewesen sei, weil man die Manichäer und Priscillianisten dadurch erkennen konnte, welche den Genuß von Milch verabscheuten. Die altspanische Meßliturgie zeigt also als Festidee durchaus die abendländische, womit die Beziehung auf die anderen Festgeheimnisse genau nach Art der römischen Kirche verbunden ist. Der deutliche Hinweis auf die Spendung der Taufe entbehrt also eigentlich der Grundlage, welche er in der gallicanischen und orientalischen Liturgie hat, indem hier die Taufe Jesu im Vordergrunde steht. Als Grund= gedanke der altspanischen Liturgie, wie wir sie kennen, muß demnach die abendländische Auffassung des Festgeheimnisses gelten. Die Bezugnahme auf die Spendung der Taufe könnte man fast als octroyirt bezeichnen. Wie stellt sich nun hierzu der prudentianische Hymnus? Wir finden in ihm nur die Erscheinung des Sternes (V. 1—24), die Reise der Magier nach Bethlehem und ihre Huldigung durch die bekannten Gaben, welche der Dichter mystisch deutet (V. 25—76); der Preis Bethlehems und des messianischen Reiches (V. 77—92) bildet den Ueber= gang zur Darstellung des bethlehemitischen Kindermordes (V. 93—140). Die Rettung des göttlichen Kindes, von welcher der Schluß dieses Ab= schnittes handelt, veranlaßt den Dichter, darauf hinzuweisen, daß vor= bildlich einst ebenso der kleine Moses den Nachstellungen des ägyptischen Pharao entgangen sei. Wie dieser vor dem Wassertode bewahrt wurde, um Israel aus der Knechtschaft zu befreien, so hat Christus, unser Führer, alle Völker aus den Finsternissen des Todes herausgeführt. Mit Recht konnten darum die Magier sagen, sie hätten den wahren Fürsten von

---

[1] Die Beziehung auf die Geburt des Herrn, welche in diesen Worten liegen dürfte, findet sich noch deutlicher in der als missa bezeichneten Festoration a. a. O. Migne t. 85. col. 234.

[2] „Addo: ,et lacte‘“, sagt Lorenzana in der Anm. hierzu (Migne t. 85. col. 238).

[3] Adv. Marcion. l. I. c. 14. Im leoninischen Sacramentar ist die Benedictions= formel für die Mischung aus Honig und Milch enthalten.

Juba geſehen. Dieſer letzte Abſchnitt (V. 141—208) endet daher mit der Aufforderung, den Weltheiland und Fürſten aller Völker zu preiſen:

Gaudete quidquid gentium est:
Iudaea, Roma, Graecia,
Aegypte, Thrax, Persa, Scytha;
Rex unus omnes possidet.

Laudate vestrum principem,
Omnes beati ac perditi,
Vivi, imbecilli ac mortui,
Iam nemo posthac mortuus.

Rechnen wir von der Meßliturgie an Epiphanie im altſpaniſchen Ritus die Beziehungen auf die Spendung der Taufe ab, ſo liegt die voll= kommenſte Uebereinſtimmung zwiſchen ihr und dem Hymnus am Tage. Die Nebenrückſicht auf die Taufe Jeſu und die Hochzeit zu Kana hat der Dichter ebenſo übergangen, wie der hl. Leo d. Gr. in ſeinen Homilien und der hl. Auguſtin in ſeinen Sermones. Daß aber beiden dieſe Feſt= beziehungen bekannt waren, iſt ſicher. Indeß fehlt im Hymnus auch die Beziehung auf die ſacramentale Taufe nicht ganz. In den Verſen (165 sq.):

Hic (sc. Christus)[1] expiatam fluctibus
Plebem marino in transitu
Repurgat *undis dulcibus*
Lucis columpnam praeferens,

iſt ſie deutlich ausgeſprochen. Im weitern Sinne könnte man den ganzen Schlußabſchnitt, die Bekehrung aller Völker, auf die Taufe be= ziehen, wodurch ſich ja die Chriſtianiſirung der Welt vollzieht. Beachtens= werth iſt beſonders, daß Prudentius den Mord der Kinder von Beth= lehem ganz ausführlich in ſeinem Hymnus behandelt. Dieß entſpricht genau dem Feſt=Evangelium des Epiphaniefeſtes in der altſpaniſchen Li= turgie und den „Sermones de solemnitate Epiphaniae" vom hl. Leo. In den letzteren werden gleichfalls ſtets die unſchuldigen Kinder erwähnt. Mabillon theilt im Appendix zu ſeinen drei Büchern De liturg. Gallic. einen „Sermo in vigilia Epiphaniae" aus einem alten gallicaniſchen Lectionar mit[2]. Derſelbe behandelt den Ruhm Bethlehems und den beth= lehemitiſchen Kindermord in einer Weiſe, daß man glauben könnte, Pru= dentius habe denſelben für ſeine Verſe von V. 77—140 vor Augen

---

[1] Merkwürdigerweiſe haben die Erklärer dieſe klaren Worte unklar gefunden, bezw. gemacht. Siehe Obbarius und Dreſſel. Richtig ſagt Arevalo: „Exodi XIII et XXXII. Nota quod *hic* est Iesus, cuius figura est Moyes. Poeta figuram et id, quod figura indicatur, simul enarrat." Die vorausgehenden Verſe laſſen eine andere Auffaſſung gar nicht zu. Dem entſprechend bedeuten die undae dulces zunächſt das Waſſer der Taufe mit dem Hinweiſe auf das rothe Meer als deſſen Vorbild.   [2] Migne t. 72 col. 432.

gehabt. Es scheint hiernach, als sei noch zur Zeit des Dichters das Fest der unschuldigen Kinder in der taraconensischen Kirche mit Epiphanie zusammen gefeiert worden [1]. Wenn wir auch hier bedenken, daß die Bestimmung des Papstes Siricius zur Zeit des Dichters bezüglich der Tauffeierlichkeit an Epiphanie gewiß schon ihre Wirkungen äußerte, so dürfen wir im prudentianischen Hymnus keine deutlichere Beziehung auf dieses Sacrament erwarten als die vorhandene. Im Uebrigen aber ist die Parallele zwischen der Meßfeier des Epiphaniefestes in der altspanischen Liturgie und dem Hymnus des Dichters vollkommen. Dieses Resultat der Untersuchung bedeutet aber so viel als: Prudentius hat seine Hymnen im engen Anschluß an die Liturgie der Kirche gedichtet; wir lernen aus denselben, wie er und das christliche Volk jener Zeit gebetet hat.

Das Dittochäon.

„Da der Gebrauch der Bilder seit den ersten drei Jahrhunderten über jeden Zweifel erwiesen, da die Ausschmückung der gottesdienstlichen und Cömeterial-Anlagen der alten Christen mit Bildwerken eine Thatsache ist, so ergibt sich von selbst, daß die an diesen Orten angebrachten religiösen Kunstvorstellungen in engster Beziehung zu dem Cultus standen." Diese Worte über die Bilderverehrung [2] von Professor Kraus, der in der christlichen Archäologie als ein Fachmann ersten Ranges dasteht, sind uns ein willkommener Führer zu jener Basilika oder sonstigen gottesdienstlichen Anlage, in welcher sich Prudentius den Stoff zu seinem Dittochäon geholt hat. Brockhaus verdient nämlich die vollste Zustimmung, wenn er (S. 267) sagt: „Es ist mir unbedingt gewiß, daß die 49 Tetrastichen dieses Buches ... poetische Erklärungen zu Bildern sind, die die beschriebenen Scenen darstellen." [3] Der ganze Werth der Brockhaus'schen Arbeit über Prudentius besteht darin, daß er das Dittochäon im neunten und zehnten Kapitel derselben zur Anerkennung gebracht hat. Es wäre nur zu wünschen gewesen, daß Brockhaus die übrigen Dichtungen des Prudentius mit derselben Akribie in Beziehung zu den Zeit- und Lebensverhältnissen des Dichters gebracht hätte, wie das Dittochäon. Denn das ist das Resultat seiner Erörterungen, die vom Dittochäon ausgehen, bezw. darin ihre Stütze haben: „Prudentius' gesammte Anschauung von der heiligen Schrift und der Standpunkt seines Glaubens sind wesentlich dieselben, die in den

---

[1] Vgl. Real-Encyklopädie der christlichen Alterthümer. Art. „Feste". I. S. 499.

[2] Real-Encyklopädie der christlichen Alterthümer. Art. „Bilderverehrung". I. S. 160.

[3] Vgl. *Garrucci*, Storia della arte crist. vol. I. p. 476: „È del resto parere dei dotti, che Prudenzio abbia scritti questi versi perchè si apponessero alle pitture o musaici, coi quali solevano allora ornarsi le parete delle Basiliche."

künstlerischen Darstellungen seiner Zeit sich manifestiren. Ja, es sind verschiedene Belege dafür da, daß er in Abhängigkeit von den Dar=stellungen der Bildwerke und ihren Eigenthümlichkeiten dichtete" (S. 270). Das gilt freilich nicht immer in dem Umfange, wie Brockhaus vermuthet. Er gesteht dieß selbst zu. Nach den fleißigen Untersuchungen über „Zu=sammenhang und Tendenz der altchristlichen Poesie und Kunst" schließt er: „Ich gestehe mir ein, daß es nicht immer leicht ist, den gegenseitigen Bezügen bis auf den letzten Grund nachzugehen und den versuchten Be=weis der Abhängigkeit unseres Dichters von jenen Bildern völlig zu liefern" (S. 304). Dieß Geständniß ist zum Theil dadurch nöthig geworden, weil Brockhaus die Untersuchung auf alle Dichtungen ausdehnte und die Beziehung eines großen Theiles derselben zur Liturgie übersah. So meint er (S. 266), die eigenthümliche Zusammenreihung biblischer Scenen, „über denen der Dichter den Zusammenhang zu vergessen scheint", wie in Cath. V und VII, seien durch dergleichen Kunstdarstellungen veran=laßt. Die genannten Hymnen verdanken indeß, wie oben gezeigt wurde, ihren eigenthümlichen Charakter der Anlehnung des Dichters an die Fest= oder Tagesliturgie. Zweifellos sicher aber ist die Abhängigkeit des Pru=dentius von bildlichen Darstellungen in dem Dittochäon, das wir oben „eine Art Betrachtungsbuch" nannten. Thatsächlich hat der Dichter bei diesen Versen betrachtend in einer Basilika geweilt; um sich und andere zur erbaulichen Betrachtung der gemalten Scenen anzuleiten, hat er die im Dittochäon enthaltenen Erklärungen geschrieben. Das beweist [1] 1) der kurze, schilbernde Ton im Präsens, in welchem alle Scenen und die in denselben auftretenden Gestalten berührt werden. Jedes Tetrastichon führt unvermittelt in eine bestimmt abgeschlossene Scene ein; der Dichter erscheint dabei wie ein Fremdenführer in einer Bildergallerie. So steht Prudentius gleichsam zeigend vor uns, wenn er im zweiten Tetrastich, „Kain und Abel", sagt:

Fratrum sacra Deus nutu distante duorum
Aestimat accipiens viva et terrena refutans.
Rusticus invidia pastorem sternit: in Abel
Forma animae exprimitur, caro nostra in munere Cain.

2) Einzelne Tetrastichen haben so sehr eine bildliche Darstellung zur Voraussetzung, daß sie ohne dieselbe unverständlich bleiben, nämlich jene, welche nicht eine Scene, sondern einen Ort zum Gegenstande haben. Dieß gilt z. B. von dem vierten: „Ilex Mambrae".

Hospitium *hoc* Domini est, ilex ubi frondea Mambre
Armentale senis pertexit culmen; in *ista*
Risit Sara casa, sobolis sibi gaudia sera
Ferri et decrepitum sic credere posse maritum.

---

1 Vgl. Brockhaus a. a. O. S. 267. *Allard.* a. a. O. p. 358.

Ebenso das fünfte: „Monumentum Sarae", das vierzehnte: „Elim lucus in eremo" u. dgl.

3) In dem eben citirten Tetrastich ist ein weiterer Beweisgrund für die Bezugnahme auf Bilder das demonstrative hoc und ista. Dieser directe Hinweis, welcher noch mehrmals wiederkehrt, zwingt zur Annahme, daß Prudentius seine Verse für jene bildlichen Darstellungen dichtete, welche er beschreibt.

4) Der Zeitgenosse des Prudentius, der hl. Paulinus, ließ die neu= gebaute Kirche des hl. Felix um 403 mit einem Bildercyklus aus der alttestamentlichen Geschichte ausschmücken; in der gleichzeitig restau= rirten alten Kirche dagegen war an den Wänden eine Reihe von Scenen des neuen Testamentes gemalt [1].

Er beschreibt dieselben ausführlich im neunten und zehnten Fest= gedichte (Natale) auf den hl. Felix:

> Nunc volo picturas fucatis agmine longo
> Porticibus videas, paulumque supina fatiges
> Colla, reclinato dum perlegis omnia vultu.
> Qui videt haec vacuis agnoscens vera figuris,
> Non vacua fidam sibi pascet imagine mentem [2].

Den hier im Allgemeinen bezeichneten Zweck der Bilder, das Ge= müth des Betrachtenden zum geistigen Genusse, zum Gebete zu erheben, führt der heilige Bischof von Nola in der Fortsetzung im Einzelnen aus, wobei er geradezu zum Gebete auffordert (Natale 9, 607 sq.):

> De Genesi, precor, *hunc orandi collige sensum:*
> Ne maneam terrenus Adam, sed virgine terra
> Nascar et exposito veteri nova former imago.

Hieraus ergibt sich, daß die bildlichen Darstellungen der heiligen Ge= schichte gerade damals im Gebrauche waren. Die Verse des Prudentius im Dittochäon verfolgen denselben Zweck, welchen der hl. Paulinus in den angeführten Worten sowie in seinen Epigrammen [3] im Auge hat.

---

[1] Buse, Der hl. Paulin. Bd. II. S. 68 f. Vgl. Brockhaus a. a. O. S. 274.

[2] Natale 9, 511 sq. (Migne t. 61. col. 660.) In dem „pascet sibi mentem" ist die beste Begründung für die oben (S. 29) vertheidigte Bedeutung von διττο-χαῖον enthalten.

[3] Epist. 12. al. 32. (Migne t. 61. col. 330.) Vgl. die übrigen Belege für die Sitte um jene Zeit, die Basiliken mit Bildwerken zu schmücken, bei *Garrucci*, Storia della arte crist. vol. I. p. 458 s., insbesondere die Nachrichten von Hilarius von Poi= tiers (Pitra, Spic. Solesm. L p. 169). Am interessantesten für uns sind die Epi= gramme, welche der hl. Ambrosius für die Bilder seiner Basilika verfaßt haben soll: „Incipiunt disticha S. Ambrosii de diversis rebus quae in basilica Ambrosiana scripta sunt" (Bibl. PP. ed. De la Bigne 1589. tom. VIII). „Che cosa," sagt Garrucci (l. c. p. 461), „fossero queste res diverse lo intendiamo leggendo i predetti distici, ma non apprendiamo che vi fossero anche pitture analoghe

5) Einen Anhaltspunkt, baß die betreffenden Bilder in einem öffent=
lichen Gotteshause in der Heimath des Dichters sich befanden, gibt
bas 18. Tetrastich:

> Ter centum vulpes Samson capit, ignibus armat,
> Pone faces caudis circumligat, in sata mittit,
> Allophylum segetesque cremat: *sic callida vulpes*
> Nunc *haeresis flammas vitiorum spargit in agros.*

Die Nutzanwendung setzt eine bedeutende häretische Bewegung voraus,
deren Zeugen die Leser der Verse sind. Dieselbe existirte in der Heimath
des Dichters im Priscillianismus, worüber näher im dritten Kapitel zu
handeln ist. Sonach haben wir als Grundlage des Dittochäon eine Reihe
von Bildern in einer spanischen Basilika anzunehmen, deren jedes einzelne
durch die Worte des hl. Gregor erklärt wird: „Pictura in ecclesiis ad-
hibetur, ut hi, qui literas nesciunt, saltem in parietibus videndo
legant, quae legere in codicibus non valent" (Lib. IX, ep. 105).

6) Die Kirche, welcher der von Prubentius beschriebene
Bilderkreis angehörte, kann keine andere sein, als die von
Calagurris oder die von Saragossa (vielleicht beide). Das
Dittochäon trägt nämlich eine gewisse Aehnlichkeit mit der Beschreibung
an sich, welche der Dichter von dem Orte des calagurritanischen Bapti=
steriums geliefert hat in Perist. VIII. Dieselbe scheint gleichfalls ein
Epitaph gewesen zu sein, bas, über dem Baptisterium angebracht, den
Bewohnern von Calagurris die Bedeutung des Ortes zu Gemüthe führen
sollte. Dieß ist aus den Worten klar:

> *Hic* duo purpureum Domini pro nomine caesi
> Martyrium pulcra morte tulere viri.
> *Hic etiam liquido fluit* indulgentia fonte
> Ac veteres maculas *diluit* amne novo. (Perist. VIII. 3 sq.)

Wir werden baher mit hoher Wahrscheinlichkeit annehmen dürfen,
baß die Bilder des Dittochäon und bas „hic" der biesbezüglichen Verse

---

alle cose che narrano i versi. È quindi una congettura, ma *si naturale che
vi hanno assentito i critici anche più severi e difficili*, del qual numero è certa-
mente il Tillemont (Mém. pour servir etc. t. X. art. 47)." Mit Ausnahme des
letzten (achtzehnten) Distichons, bas bie Botschaft des Engels an bie allerseligste
Jungfrau zum Gegenstande hat, gehen alle auf alttestamentliche Scenen. Dieselben
sind durch bie abschließende neutestamentliche Darstellung zu einem einheitlichen
Ganzen verbunden. Sämmtliche illustriren nämlich typisch bie Worte des Engels:
„Regnabit in domo Iacob in aeternum, et regni eius non erit finis." Wie nahe
dieser ambrosianische Epigrammencyklus dem Dittochäon des Prubentius verwandt
ist, hat Garrucci selbst (l. c. p. 476) angegeben: „Se lo scopo dello scrittore
è bene indovinato, noi possiamo servirci di questi tetrastici in luogo delle
pitture, come abbiamo fatto di quelli epigrammi che si leggono fra le poesie
di S. Ambrogio, nei quali, è anche concorde il parere dei dotti, che siano
descritte le pitture della sua Basilica."

in der Kirche zu suchen seien, welcher jenes Baptisterium gehörte, d. i.
der von Calagurris. Wie sehr der Gedanke an die Kirche seines Aufenthalts=
ortes den Dichter sogar in der Fremde begleitet, zeigt der Schluß von
Perist. XI, v. 233 sq. Hier bittet er den Bischof seiner Kirche, den er
„sancte magister“ anredet, das Fest des hl. Hippolyt einzuführen, welches
er damals in Rom begehen sah. Für die Bilder welcher andern Kirche
soll er also diese Erklärungen geschrieben haben, als für die genannte?
Nun ist freilich zweifelhaft, welcher Kirche der angeredete Valerian
(„Christi Valeriane sacer.“ Perist. XI, 2) vorstand, ob der von Cala=
gurris oder Saragossa[1]. Mit größerer Wahrscheinlichkeit indeß werden
wir nach dem Gesagten in der Kirche von Calagurris den Bilderkreis
suchen dürfen, bezüglich dessen Prudentius durch sein Dittochäon gesagt
hat, was der hl. Basilius an den abtrünnigen Julian geschrieben[2]: „Die
bildlichen Darstellungen (Christi und der Heiligen) ehre ich und küsse sie
ganz besonders, da dieselben von den heiligen Aposteln überliefert und
nicht verboten worden sind, sondern sich in allen unseren Kirchen gemalt
finden.“ Was in den Tagen des Concils von Elvira (306) in Spanien
bereits in Uebung war, findet somit durch den Spanier Prudentius aus=
drückliche Bestätigung. Denn das Concil hätte im 36. Canon nicht sagen
können: „Placuit picturas in ecclesia esse non debere, ne quod
colitur et adoratur, in parietibus depingatur“, wenn die picturae
in parietibus nicht bereits vorhanden gewesen wären. Die Erklärung
dieses Canons von Brockhaus (S. 298), daß „eine bilderfeindliche Rich=
tung das Concil von Elvira dahin gebracht habe, die Anwendung der
Bilder zu verbieten“, welche trotz aller Forschungen von protestantischen
Theologen immerfort repetirt wird, ist übrigens falsch. „Heute,“ schreibt
Kraus[3] gegen Herzogs Real=Encykl. für protest. Theol. (II, 472),

---

[1] Vgl. *Arevalo*, Prolegomena n. 31. 32 (Migne t. 59. col. 586 sq.), und
die Anm. zu Perist. XII, v. 2. Uebrigens kann Calagurris wegen seiner Nähe bei
Saragossa in dieser Beziehung mit letzterem für identisch gelten.

[2] Ep. 360. ed. Garnier t. III. p. 462: τοὺς χαρακτῆρας τῶν εἰκόνων τιμῶ καὶ
προσκυνῶ κατ᾽ ἐξαίρετον τούτων παραδεδομένων ἐκ τῶν ἁγίων ἀποστόλων καὶ οὐκ
ἀπηγορευμένων ἀλλ᾽ ἐν πάσαις ταῖς ἐκκλησίαις ἡμῶν τούτων ἀνιστορουμένων.

[3] Real=Encyklopädie der christlichen Alterthümer. Art. „Bildercyklus“. I. 160.
und Art. „Kunst“. I. 259. Vgl. Kraus, Roma sotterr. S. 186 f.; Gams, Kirchen=
geschichte von Spanien II. 1. S. 95, wo eine andere Erklärung versucht ist. Ebenso
unrichtig, wie über diesen Canon, sagt Brockhaus (S. 298): „Mochten einzelne,
wie Tertullian, Epiphanius und später auch Augustin, dagegen (gegen die Anwendung
der Bilder) eifern und eine Hinneigung zum heidnischen Götzendienst darin erblicken...“
Unrichtig wird Tertullian und Augustin auf Eine Stufe gestellt. Die richtige Er=
klärung der Worte des hl. Augustin und die Lehre der Kirchenväter überhaupt siehe
bei Lübke, Die Bilderverehrung und die bildlichen Darstellungen in den ersten christ=
lichen Jahrhunderten. 1874. S. 15 f. Real=Encyklopädie der christlichen Alterthümer.
Art. „Heiligenbilder“. I. S. 655 f. Binterim, Denkwürdigkeiten. Bd. IV. 1. S. 451 f.

„wo der reiche Gebrauch, den die vorconstantinische Kirche von allen
Zweigen der Kunst machte, hinlänglich constatirt ist, ist eine derartige
Auffassung (als habe sich das Concil von Elvira gegen die Bilder über=
haupt erklärt, aus Besorgniß, der Anblick der Bilder möge den Christen
ein Anlaß zum Rückfall in die Jbololatrie werden) geradezu unhalt=
bar. Der Canon von Elvira kann nur das bedeuten, was uns der
Thatbestand an den römischen Documenten zeigt: die eigentlichen Gemälde,
also Vorstellungen aus der heiligen Schrift u. s. f., werden aus den über
der Erde gelegenen Kirchen in die Cubicula der Cömeterien sub terra
verwiesen, wo sie vor Profanation besser geschützt waren."[1] Die an=
geführten Gründe berechtigen wohl, den Bilderkreis des Dittochäon in der
von Prudentius vielleicht täglich besuchten Kirche von Calagurris (oder
Saragossa) zu suchen und über die bescheidene Aeußerung von Brockhaus
hinauszugehen: „... an welchem Orte ... die bezüglichen Bilder sich
befanden, kann natürlich nicht gesagt werden" (S. 269)[2].

Es handelt sich jetzt um die Untersuchung und Erklärung dieses
Bildercyklus selbst. Soll dieselbe indeß dem Standpunkte der christlichen
Archäologie entsprechen, dann kann sie hier nur als Plan zu einer beson=
dern Abhandlung angedeutet werden. Die Ausführung dieses Planes
wäre wohl eine wünschenswerthe und interessante Bereicherung der Literatur
über die altchristliche Kunst. Es wäre nämlich zuerst darzuthun, ob und
wie weit die einzelnen Bilder dieses Cyklus mit den Scenen aus der
heiligen Geschichte im Zusammenhange stehen, welche Prudentius in seinen
übrigen Gedichten beschreibt. Im Anschlusse hieran müßte sodann gezeigt
werden, wie sich der prudentianische Bilderkreis zu den bildlichen Dar=
stellungen der Christen bis zum Anfange des fünften Jahrhunderts über=
haupt verhält. Mehr als wünschenswerth wäre hierbei, daß dem Leser die
im Dittochäon beschriebenen Scenen so viel als möglich durch Jllustrationen
anschaulich gemacht würden. Allein abgesehen von den hierzu nothwen=
digen Forschungen in den altchristlichen Monumenten, welche mir bisher
unmöglich waren, würde eine solche Arbeit in den Rahmen dieses Buches
kaum mehr passen, da sie so ziemlich das ganze Gebiet der altchristlichen

---

[1] Vgl. *Garrucci*, Storia I. p. 285, wo das Verbot auf die Darstellung Gottes
bezogen wird.

[2] Vgl. Ebert a. a. O. S. 280. Garrucci (a. a. O. vol. I. p. 476)
scheint die Bilder, welche Prudentius beschreibt, in einer Kirche von Rom suchen
zu wollen. Den Titel διττοχαῖον will Garrucci, wie er bereits in der Hagioglypta des Macarius (L'heureux. Paris 1856. p. 54) gethan hat, durch διττάχειον
ersetzt wissen von διτταχῆ oder διτταχῶς, oder auch durch διατοχεῖον von διάτοιχος,
„che vuol dire trattandosi delle mura di una Basilica, pitture poste intorno
sulle pareti. Nella vita di S. Stefano giuniore si legge, che la chiesa di
S. Maria delle Blacherne era decorata di pitture τοῖς διατοίχοις, sulle pareti
intorno: τὸν κεκοσμημένον τοῖς διατοίχοις ὄντα ... διὰ εἰκονικῆς ἀναζωγραφήσεως".

Malerei und Sculptur umfaßte. Ein großer Theil der Werke und For=
schungen von Bosio, Buonarotti, Marchi, be Rossi, Garrucci, Kraus u. a.
können ja als Commentare zu Prudentius betrachtet werden [1]. Brockhaus
hat die beiden letzten Kapitel seines Buches diesem Versuche gewidmet. „Pru=
bentius und Paulinus sind bei ihrem Verhältnisse zu dem altchristlichen Bil=
berkreise im Stande, über den Umfang und die Eigenthümlichkeiten desselben
ein einigermaßen festes Urtheil gewinnen und den Entwicklungsgang inner=
halb desselben bestimmen zu lassen." Zum Nachweise dieser Behauptung
hat Brockhaus auch thatsächlich eine eingehende und geschickte Uebersicht der
ganzen altchristlichen Kunstgeschichte geliefert. Nachdem namentlich Kraus
durch seine Roma sotterranea, welche jedem Studirenden der Theologie
eine liebe, wohlbekannte Gegend werden sollte, die dießbezüglichen Forschungen
dem katholischen Deutschland in größerem Umfange zugänglich gemacht
hat, ist indeß die Bedeutung dieses Abschnittes ziemlich vermindert wor=
ben. Demnach möge das Folgende zum Verständnisse des im Dittochäon
geschilderten Bilderkreises genügen. Daß die Verse des Prudentius sich
auf einen zusammengehörigen, abgeschlossenen Cyklus von biblischen Scenen
beziehen, ist aus der bloßen Lectüre ersichtlich. Das letzte oder vielleicht
die letzten drei der betreffenden Bilder waren wahrscheinlich von den
übrigen abgesondert (im Chore) gemalt, während die anderen in
correspondirender Zahl aus dem alten und dem neuen Testamente die
Seitenwände der Basilika schmückten [2]. Zu dieser Vermuthung führt uns

---

[1] Am meisten gilt dieß von dem monumentalen Werke Garrucci's. In
vol. I. p. 476 s. ist jedes einzelne Bild des Dittochäons erklärt. Bei sehr vielen
konnte Garrucci auch auf die Illustrationen in den Tafeln der folgenden Bände ver=
weisen. Gerade die merkwürdigen Beschreibungen von Oertlichkeiten konnten mit
Illustrationen belegt werden; so der Eichenhain von Mambre, das Grabmal der
Sara, das Haus der Rahab u. a. Jedenfalls müßte eine besondere Abhandlung
über das Dittochäon Garrucci's Darstellung zur Grundlage nehmen.

[2] In ähnlicher Symmetrie ließ der hl. Paulin die vorzugsweise männlichen
Gestalten auf die Wand an der Seite der Männer, die weiblichen auf die gegenüber=
liegende, wo die Weiber sich befanden, malen. Natale 10, 22 sq. Vgl. Garrucci,
Storia vol. I. p. 485 s. S. 521 bringt Garrucci die 24 Tristichen, welche
Elpidius Rusticus, der Arzt des Theodorich, zu demselben Zwecke wie Prudentius sein
Dittochäon dichtete. Er leitet dieselben also ein: „Noi li trascriveremo qui perchè
servano di notizia dei soggetti che solevano rappresentarsi e dello scopo che
si aveva nella scelta. Lo studio di confronto tra le figure e il figurato fu con-
stantemente in opera nella Chiesa; e cheche ne scriva qualche moderno, lo
studio del senso profetico e dommatico fu generalmente avuto in vista quando
si inventavano e si componevano scene dell' antico e del nuovo patto. Indi ebbe
origine là così detta concordia, o sia ragguaglio dei fatti di che cominciasi ad
avere un riscontro ai tempi di Elpidio in questi versi." In diesen Tristichen
folgt auf je ein alttestamentliches das entsprechende neutestamentliche. Das erste
dieser Paralleltristichen stimmt genau mit dem Anfange des Dittochäon überein:
„Eva a diabolo seducta" ist entgegengestellt: „Angeli ad Mariam adventus". Den

die beiläufig gleiche Zahl der Bilder aus dem alten (24) und aus dem neuen Testamente (25). Die christliche Archäologie [1] unterscheidet nun in dem Cyklus der bildlichen Darstellungen [2], welche im christlichen Alterthum gestattet und gebräuchlich waren, zwei sehr scharf abgegrenzte Epochen: die vorconstantinische Epoche vom ersten bis vierten Jahrhundert, den Kreis der Katakombenbilder, und die mit der Freiheit der Kirche unter Constantin beginnende. Der Charakter auch der historisch=biblischen Bilder in der erstern Epoche ist symbolisch=typisch; in der zweiten nehmen die Dar=

Schluß des ersten Bandes in Garrucci's Werke (p. 598 s.) bildet endlich die Be=schreibung einer Reihe von Bildern in der Basilika von Ingelheim, die unter Ludwig dem Frommen erbaut wurde. In derselben waren längs der linken Wand zwölf Darstellungen aus dem alten Testamente und ihnen gegenüber zwölf aus dem neuen gemalt. Wiederum ist der Verführung Eva's, womit die alttestamentliche Reihe be=ginnt, als erste neutestamentliche Scene die Botschaft des Engels an die allerseligste Jungfrau entgegengestellt (Migne t. 105. col. 623).

Inscia corda mali serpens ut perfidus Evae
Tentat, ut illa virum tangit, ut ipse cibum.

Angelus ut primo Mariae delapsus ad aures
Utque Maria sonat: ecce puella Dei.

Die Verse stammen von Hermoald Nigello (zwischen 814—840), dem Ver=fasser von De rebus gestis Ludovici, worin sie sich im vierten Buche finden (Migne tom. 105. col. 623 sq.). Diesem Cyklus ist endlich eine ähnliche Bilderreihe bezw. deren poetische Unterschriften von Walafried Strabo angeschlossen (Migne t. 114. col. 915 sq.). Derselbe ist deßhalb für uns interessant, weil, wie nach unserer Annahme im Dittochäon das fünfundzwanzigste Tetrastich des neuen Bundes eine besondere Stelle einnahm, so auch hier das Weltgericht in zwei Darstellungen nicht an den Wänden, sondern „in fronte occidentali in spatio, quod supra thronum est" dargestellt war. — Garrucci spricht über die Stellung des letzten Bildes im Dittochäon dieselbe Vermuthung aus (vol. I. p. 476): „. . . (resta) fuori del nu-mero il tetrastico XLIX; del che non sarebbe agevole indagare la ragione, se non vogliamo supporre che quest' ultimo soggetto non entrasse nella serie dei quadri paralleli, ma dovesse invece esser posto nell' abside, ov' era dipinto Cristo Dio vincitore della morte e dell' Inferno, adorato e riconosciuto dagli angeli e dai Santi." In seiner Hagioglypta (p. 55) hält er es (wie Obbarius) für möglich, daß das dreiundvierzigste Tetrastich, „das Grab Christi", besser die Auf=erstehung, unächt sei. Allein diese Annahme ist willkürlich. Ganz grundlos ist die Vermuthung Eberts (a. a. O. S. 279), in der alttestamentlichen Reihe sei ein Epigramm verloren gegangen. Vgl. über unsern Gegenstand: Dr. Gustav Heider, Die Romanische Kirche von Schöngrabern in Nieder=Oesterreich. Ein Beitrag zur christlichen Kunst=Archäologie. Wien 1855. Durch die dritte Abtheilung dieses Werkes: „Deutung der Bildwerke mit archäologischen Excursen", worin die Resultate sehr ausgedehnter und gründlicher Studien niedergelegt sind, hat dasselbe allgemeines Interesse erhalten.

[1] Real=Encyklopädie der christlichen Alterthümer. Art. „Bildercyklus". I. S. 159.
[2] Unserm Gegenstande entsprechend haben wir hier zunächst die biblischen Scenen im Auge.

stellungen allmählich vorwaltend historischen Charakter an. Die Folge
davon ist, daß die biblischen Scenen von den altchristlichen Künstlern
nicht sowohl um ihrer selbst willen dargestellt wurden, um dieses oder
jenes Ereigniß als solches zur Anschauung zu bringen, als vielmehr, um
unter ihrer Hülle eine tiefere Idee anzudeuten [1]. Das will noch der
hl. Paulin ausdrücken in der Anweisung:

> Qui videt haec vacuis agnoscens vera figuris,
> Non vacua fidam sibi pascet imagine mentem.   (Natal. 9, 514.)

Das Bild an sich ist vacua figura; der Betrachtende soll es beleben.
Wie durch den Charakter, so unterscheiden sich die beiden Epochen
durch den Umfang des Bilderkreises. Derselbe war in der ersten
Epoche weit mehr begrenzt als in der letztern. „Eine Vergleichung der
in der Malerei und Skulptur auftretenden Kunstvorstellungen zeigt eine
so regelmäßige Wiederkehr bestimmter Gegenstände und Typen und selbst
eine so große Uebereinstimmung in der Auffassung, daß man dem Gedanken
Raum geben muß, es habe hier nicht die Willkür des schaffenden Künstlers,
sondern ein bestimmtes Gesetz, eine hieratische Regel gewaltet. Die von
der Kirche überwachte Tradition war für die Wahl der
Sujets und für deren Behandlung im Ganzen maßgebend,
die Künstler hatten nach den Anordnungen der den Cömeterien vorgesetzten
Geistlichen zu arbeiten, welche sich wieder durch mehr oder weniger all=
gemein geltende Regeln gebunden sahen." Am meisten abgegrenzt ist
nun der der ersten Epoche angehörige Kreis der Katakombenbilder.
„Die beständige Wiederholung der einmal ausgewählten Sujets zwingt
uns, an eine wohlbedachte und scharf umgrenzte Wahl derselben zu denken;
die Anordnung der Scenen und der zwischen ihnen bestehende Zusammen=
hang lassen auch eine gewisse theologische Einsicht und Uebersicht Seitens
ihrer geistigen Urheber errathen. Man kann ohne Uebertreibung behaupten,
daß manche dieser Compositionen einen strenggeordneten Lehrvortrag dar=
stellen. Der Anblick dieser (so geordneten) Gemälde auf den Wandflächen
ihrer unterirdischen Kapellen mußte demnach wie eine zusammenhängende,
leichtverständliche Predigt auf die Gläubigen der ersten drei Jahrhunderte
wirken." [2] Auch jene Reihen verschiedener alt= und neutestamentlicher
Scenen, die sich auf den ersten Blick scheinbar unvermittelt in ganz zu=
fälliger Auswahl auf Wandgemälden und Sarkophagen neben einander
gruppirt darstellen, sind doch von einer einheitlichen Idee beherrscht, welche
sich uns durch Vergleichung und Prüfung erschließt. In der zweiten

---

[1] Vgl. *Garrucci*, Storia vol. I. lib. I. cap. 8. Natura della arte cristiana.
p. 32 s. Real=Encyklopädie der christlichen Alterthümer. I. S. 157.

[2] Kraus, Roma sott. S. 257. Vgl. S. 239.

Epoche[1], vom vierten bis sechsten Jahrhundert, wird die begrenzte Zahl der biblischen Darstellungen und ihr stereotyper Charakter durch eine Menge neuer Sujets, die in den Malereien auf den Sarkophagen und besonders den Mosaiken der Basiliken erscheinen, erweitert bis zu einer Schilderung des gesammten Reiches Gottes in seinen Haupt= epochen. „Der wachsende Reichthum der geschilderten Scenen, die Menge der Aufgaben und Bestellungen bedingten dann weiter eine weit weniger ängstliche Ueberwachung der Künstler durch den Clerus und ein stärkeres Hervortreten der künstlerischen Individualität. Die Vorstellungen der Katakombenbilder in der ersten Periode suchten den gedrückten Gemeinden Muth und Vertrauen mitten in der Trübsal der Verfolgung einzuflößen. Die früheste Kunst der Christen enthält daher auffallender Weise mitten unter dem Eindruck so qualvoller Prüfungen doch kein Bild der Trauer, kein Zeichen der Kränkung oder Rachbegierde; im Gegentheil athmen alle ihre Denkmäler den Geist der Sanftmuth, des Wohlwollens und der Liebe. Die Kunst des vierten, fünften und sechsten Jahrhunderts aber ist gekennzeichnet durch die Betonung der lebhaften Freude über den errungenen Sieg, in welchem die Gemeinde aufgefordert wird, das Vor= bild des Triumphes über Tod und Welt zu sehen." — Die voranstehende Charakterisirung der beiden Epochen ist nothwendige Vorbedingung zum Verständnisse des prudentianischen Bildercyklus, den wir im Dittochäon besitzen. Andererseits bestätigt derselbe die Richtigkeit der von den Archäo= logen aufgestellten Behauptungen. Prudentius' Dittochäon zeigt, wie weit die zweite Epoche der christlichen Kunst in Spanien am Ende des vierten Jahrhunderts in ihrer Entwicklung vorangeschritten war. Der Umfang des Cyklus ist bedeutend über den Kreis der Katakombenbilder aus= gedehnt; andererseits fehlen gerade viele jener Scenen, welche in der ersten Epoche am häufigsten sind. Die örtliche Eigenthümlichkeit und Selbständig= keit, welche neben der großen Einheit von Anfang an in der christlichen Kunst ihr Recht behauptet hat[2], offenbart sich in einer Reihe von Bildern, die

---

[1] Brockhaus a. a. O. S. 393 läßt das vierte Jahrhundert eine eigene Periode der christlichen Kunst bilden, und datirt vom Anfange des fünften Jahrhunderts eine dritte. Das Aufhören des Mono= gramms, welches nach de Rossi mit bem „wunderbaren charakteristischen" Da= tum des Jahres 409 von den römischen Monumenten verschwindet, um der unverhüllten Kreuzesform Platz zu machen, leitet diese Periode ein. „Dieselbe wird durch die aufkommende Sitte, die in großer Zahl er= bauten Kirchen mit Bildwerken zu schmücken, eigenthümlich bestimmt und hängt in einer Beziehung (in dem historischen Charakter der Darstellungen) mit der vorigen zusammen, während sie nach der anbern in das symbolische Gebiet der vorconstan= tinischen Periode zurückgreift." Die angegebenen Merkmale sind indeß genau betrachtet nur Zeichen der Entwicklung innerhalb der zweiten Periode.

[2] Real=Encyklopädie der christlichen Alterthümer. Art. „Biblische Darstellungen". I. S. 156: „Vergleichen wir die biblischen Darstellungen der römischen Katakomben

wir weder in den Katakombenbildern noch in anderen Zeugnissen finden. Den Charakter anlangend, haben die prubentianischen Bilder noch vorwiegend symbolische oder allegorische Bedeutung, entsprechend dem Charakter des Dichters und den Zeitverhältnissen. Der einheitliche Gedanke, welcher den Cyklus zu einer zusammenhängenden Predigt gestaltet, ist die Liebe und das Lob Christi, wovon alle Gedichte des Prubentius gleichsam überströmen. Im Hymnus Omnis horae, der mit Recht von Brockhaus mit dem Dittochäon in Beziehung gebracht wird, finden wir das Thema unserer Bilderpredigt in v. 10 sq.:

(Christus): Corde natus ex parentis ante mundi exordium
          Alpha et Ω cognominatus ipse fons et clausula
          Omnium, quae sunt, fuerunt, quaeque post futura sunt.

Der Cyklus selbst möge zunächst in der muthmaßlichen Gegenüberstellung der alt- und neutestamentlichen Scenen hier folgen[1]:

1. Adam und Eva nach der Sünde	Maria und der Engel Gabriel.
2. Abel und Kain	Die Stadt Bethlehem.
3. Noe empfängt die Taube mit dem Oelzweige	Die Magier bringen ihre Geschenke.
4. Die Einkehr Gottes bei Abraham	Die Hirten an der Krippe.
5. Das Grabmal der Sara . .	Der bethlehemitische Kindermord.
6. Der Traum Pharao's . . .	Die Taufe Christi.
7. Joseph wird von seinen Brüdern erkannt	Die Tempelzinne.
8. Der brennende Dornbusch . .	Das erste Wunder zu Kana.
9. Der Zug durch's rothe Meer	Der Teich Siloa.
10. Moses empfängt das Gesetz .	Die Enthauptung des Täufers.
11. Das Manna und die Wachteln	Christus wandelt auf dem Meere.
12. Die eherne Schlange . . .	Heilung des Besessenen von Gergesa.
13. Das bittere Wasser von Mara	Die Speisung der Fünftausend.
14. Elim in der Wüste	Die Auferweckung des Lazarus.
15. Der Zug durch den Jordan und die zwölf Steine . .	Der Blutacker.
16. Das Haus der Rahab . .	Das Haus des Kaiphas.

mit denen in Neapel, in Gallien, in Aegypten, so überrascht uns in allen eine gemeinsame Gleichheit der Grundidee und selbst theilweise der Accidentien; die Einheit der Kirche manifestirte sich nicht nur in der Lehre, auch die Kunst hat an derselben Theil genommen. . . . Daneben tritt uns aber doch in den einzelnen Kirchen wiederum eine gewisse Eigenart und Selbständigkeit entgegen, und so treffen wir z. B. auf Sarkophagen in Gallien biblische Bilder, die auf römischen Sarkophagen viel seltener oder gar nicht vorkommen."

[1] Die Ueberschriften der Tetrasticha, welche sich in den Ausgaben finden, rühren nicht von Prudentius her. Vgl. Dressel S. 470.

17. Samson tödtet den Löwen . . Christus an der Geißelsäule.
18. Samson verheert die Felder der
Philister . . . . Christus am Kreuze.
19. David tödtet den Goliath . . Die Auferstehung Christi.
20. Die königl. Insignien Davids Die Himmelfahrt Christi.
21. Der Bau des salomonischen
Tempels . . . . Das Martyrium des hl. Stephanus.
22. Die Prophetensöhne erhalten
durch Elisäus die verlorne Art Die schöne Pforte des Tempels.
23. Israel an den Flüssen von Babel Die Vision des Petrus.
24. Die wunderbare Heilung des
Ezechias . . . . Die Bekehrung (Taufe) des Paulus.
25. Das Lob des apokalyptischen Lammes.

Die Vermuthung, daß die alt= und neutestamentlichen Scenen etwa in der angegebenen Weise einander gegenübergestellt waren, würde fast zur Gewißheit erhoben, wenn sich jedes alttestamentliche Bild als Typus des entsprechenden neutestamentlichen erweisen ließe. Ich wage nicht, die angeführte typologische Beziehung als Behauptung aufzustellen. Die Gefahr, bei der Beweisführung in die Geschichte des alten Testamentes willkürlich einen Sinn hineinzutragen, welcher mit dem Gedanken der Ur= heber dieser Bilder nicht übereinstimmt, scheint mir hierbei zu groß zu sein[1]. Gleichwohl gibt es gute Gründe dafür, daß die Wahl der Scenen in dem prudentianischen Dittochäon von der typologischen Rücksicht veran= laßt worden sei. Dieselben seien im Folgenden dem Leser zur Prüfung vorgelegt. Mehr als einem dürfte sich bei ihrer Erwägung der Gedanke aufdrängen, daß in unserem Dittochäon wirklich eine solche Jllustration des alten Bundes durch den neuen und umgekehrt vorliege, wie man zu vermuthen jedenfalls berechtigt ist.

Die symbolisch=typische Bedeutung der alttestamentlichen Begebenheiten war den Christen in hohem Grade geläufig. Neben dieser sichern Vor= aussetzung für unsere Untersuchung ist sobann zu beachten, daß im Ditto= chäon neben der zweifelhaften typologischen Rücksicht eine unzweifelhafte obwaltet, nämlich die chronologische. Die letztere allein läßt uns nun über die Wahl, bezw. Auslassung einzelner Scenen durchaus im Unklaren. Verbinden wir sie aber mit der typologischen, so erhalten wir überraschend treffende Antwort auf die Frage: Warum hat der Urheber dieses Cyklus gerade diese Scenen gewählt und andere ausgelassen?[2] Das interessan=

---

[1] Vgl. Kraus, Roma sott. S. 109 und 246.

[2] Die Verbindung der typologischen mit der historischen Rücksicht ist auch für Heider (a. a. O. S. 142) der Schlüssel zur Erklärung seiner Bilder. „Halten wir,“ sagt er, „diesen Gedanken bei Betrachtung unseres Bildwerkes fest und sehen wir dem=

teſte Beiſpiel iſt die Geſchichte Abrahams. Das Opfer Iſaaks er=
ſchien den Chriſten der erſten Jahrhunderte aus dem Leben des Pa=
triarchen am bedeutungsvollſten. „Kaum eine andere bibliſche Scene
finden wir ſo oft wiederholt. Sie begegnet uns auf den Sarkophagen,
in den Fresken der Katakomben, auf Ringen, Goldgläſern, geſchnittenen
Steinen u. ſ. w.“ [1] Brockhaus bezeichnet es daher (S. 240) mit Recht
als merkwürdig, daß Abrahams Opfer ſich im Dittochäon nicht
findet, während auf Abraham bezügliche Localitäten, die Eiche von
Mambre und Sara’s Grab aufgenommen ſind. Dürfte Folgendes uns
dieſe „Merkwürdigkeit“ nicht genügend erklären? Alle Darſtellungen von
Abrahams Opfer, die ſich nach den verſchiedenen Momenten des Ereig=
niſſes in drei Klaſſen unterſcheiden laſſen, beziehen ſich typiſch auf das
Kreuzesopfer Chriſti. Iſaak mit dem Holze auf dem Wege zur Opfer=
ſtätte, der in der erſten Klaſſe dieſer Bilder als die Vorbereitung
zum Opfer erſcheint, galt als Vorbild des kreuztragenden Heilandes.
Die zweite häufigere Klaſſe ſtellt in dem eigentlichen Opfer
typiſch den Opfertod Chriſti am Kreuze dar. Abraham und Iſaak
betend dargeſtellt — die dritte Klaſſe der Darſtellung — nimmt auf das
euchariſtiſche Opfer Bezug. Wie geläufig der letztangeführte Typus
den alten Chriſten war, zeigt das Gebet „Supra quae“ im Meßcanon [2].
Waltet im prudentianiſchen Dittochäon durchweg die typologiſche Beziehung
ob, dann mußte das Opfer Abrahams dem Bilde Chriſti am Kreuze gegen=
übergeſtellt werden. Allein dieß war ohne die Zerſtörung der chrono=
logiſchen Ordnung unmöglich, da Abraham am Anfange der altteſtament=
lichen Geſchichte ſteht, die Kreuzigungs=Scene aber das Leben des Herrn
abſchließt. Da aber die chronologiſche Darſtellung der Scenen erſtes Ge=
ſetz war, ſo konnte das Opfer Abrahams keine Stelle finden. Die
eine der vom Urheber der Dittochäon=Bilder gewählten Scenen aus Ab=
rahams Leben: die Einkehr Gottes bei Abraham, findet ſich neben dem
Opfer Abrahams auf einem Moſaikbilde in San Vitale zu Ravenna
aus dem ſechsten Jahrhundert genau ſo dargeſtellt, wie Prudentius ſie
beſchreibt. Der Dichter läßt durch das Bild das Lob auf Abrahams
Glauben geprediget werden: „Risit Sara . . . sobolis sibi gaudia sera ferri
et decrepitum sic credere posse maritum.“ Nach unſerer Gegenüber=

---

nach in ihm (in dem Opfer Abels) eine typologiſche Vorbildung der Opferung des
neuen Bundes, ſo entfällt ſogleich jede Zufälligkeit in der Auswahl des Stoffes, eine
Zufälligkeit, welche der bloß hiſtoriſchen Auffaſſung und Auswahl altteſtamentariſcher
Begebenheiten zum Schmucke chriſtlicher Gotteshäuſer u. ſ. w. in vielen Fällen nicht
abgeſprochen werden könnte.“

[1] Heuſer in Real=Encyklopädie. Art. „Abraham“. I. S. 3.

[2] Vgl. Probſt, Liturgie der drei erſten chriſtlichen Jahrhunderte. Tübingen
1870. S. 352.

ſtellung finden wir auf dem entſprechenden neuteſtamentlichen Bilde die
Hirten, welche, von den Engeln aufgefordert, zur Krippe gehen und dort das
Kind anbeten. Der Glaube Abrahams und der Glaube der Hirten ſtehen
in typiſcher Parallele. Vergleichen wir die Worte des Dichters näher,
ſo entſpricht der „soboles Sarae" der „natus de virgine Christus". Die
folgende Scene, „Monumentum Sarae", erklärt Prudentius eigenthümlich:

> Abraham mercatus agrum, cui conderet ossa
> Coniugis, *in terris quoniam peregrina moratur*
> *Iustitia atque fides:* hoc illi millibus emptum
> Spelaeum, sanctae requies ubi parta favillae est.

Dieſe Erklärung erſcheint geſucht. Das „condere" in der Bedeu=
tung von „verbergen" iſt als Anlaß dazu herbeigeholt. Die entſprechende
neuteſtamentliche Scene ſtellt Herodes vor, der das göttliche Kind unter
den Kindern von Bethlehem ſuchen läßt. Hier hat die Klage, daß Ge=
rechtigkeit und Treue auf Erden Fremdlinge ſind, viel mehr Berechtigung.
Wie im altteſtamentlichen Kreiſe auf das dem Glauben des Patriarchen
geſpendete Lob die eben genannte Klage folgt, ſo ſtehen in den neuteſta=
mentlichen Bildern die gläubige Anbetung der Hirten und die argliſtige,
ungläubige Verfolgung des Herodes nach einander. Die typiſche Be=
ziehung in beiden Scenen mag fremd erſcheinen; das Geſagte aber ſpricht
bei weitem mehr für ihre Annahme, als für das Gegentheil.

Können wir für die Auslaſſung des Opfers Abrahams nur die typo=
logiſche Rückſicht in Verbindung mit der chronologiſchen als hinreichenden
Grund anführen, ſo iſt der Einleitungs=Scene des Dittochäon der typo=
logiſche Stempel ebenſo klar aufgedrückt. Prudentius ſchildert das erſte Bild:

> Eva columba fuit tunc candida, nigra deinde
> Facta per anguinum male suada fraude venenum
> Tinxit et innocuum maculis sordentibus Adam:
> Dat nudis ficulna draco mox tegmina victor.

Die letzten Worte weiſen deutlich darauf hin, daß auf dem beſchriebenen
Bilde der Sündenfall als vollbrachte That dargeſtellt war. Die Erklärung
des Prudentius legt auf Eva das Hauptgewicht. Das entſprechende erſte
neuteſtamentliche Bild ſtellt die Verkündigung Maria's vor:

> Adventante Deo descendit nuncius alto
> Gabriel Patris ex solio sedemque repente
> Intrat virgineam: „Sanctus te Spiritus", inquit,
> „Implebit, Maria, Christum paries, sacra virgo."

Die typiſche Gegenüberſtellung von Eva und Maria, des verkünden=
den Engels und der Schlange u. ſ. w. iſt aus den Vätern genügend be=
kannt. Am intereſſanteſten für uns aber iſt, daß der Sarkophag am
Eingang der Halle im Lateran (wahrſcheinlich aus dem Anfange des

fünften Jahrhunderts) die Erschaffung und den Sündenfall gleichfalls in
Parallele mit der Menschwerdung und der Anbetung des göttlichen Kindes
durch die Magier darstellt [1]. Die typische Beziehung des alten und
neuen Bundes in den bildlichen Darstellungen der genannten Scenen war
also zur Zeit des Prudentius gebräuchlich. Wenn nun bei unserer muth=
maßlichen Gegenüberstellung der Scenen des Dittochäon gerade diese Bilder
als Typus und Antitypus den Cyklus eröffnen, sind wir dann nicht be=
rechtigt, im ganzen Cyklus diese typologische Beziehung zu erwarten?[2] Auf
ähnliche Weise wie in den eben behandelten Scenen müssen alle übrigen
Fragen gelöst werden, welche das Dittochäon betreffen. Alle nämlich
lassen sich auf die beiden zurückführen: 1) Warum ist diese oder
jene Scene ausgelassen? 2) Worin liegt in den ausgewähl=
ten Bildern die typische Beziehung?

Wie das Opfer Abrahams, so suchen wir auch Jonas und Daniel
vergeblich im Dittochäon. Die chronologische Ordnung nimmt auch diesen
Auslassungen das Befremdende. Beide Propheten gelten im altchristlichen
Bilderkreise als Typen der Auferstehung. Im Dittochäon hat aber die
Auferstehung ihr typisches Gegenbild im Siege Davids über Goliath.
Letztere Scene galt ja als Vorbild des Sieges, welchen Christus in
seiner glorreichen Auferstehung über den Satan davon trug. Somit
war für Jonas und Daniel kein Platz mehr. Dazu kommt, daß die
streng chronologische Folge mit der wunderbaren Heilung des Königs
Ezechias ihren Abschluß findet. Die typische Beziehung entweder als Er=
füllung oder als Gegensatz leuchtet nun bei vielen Bildern ohne Weiteres
ein. So, wenn in Nr. 16 das Haus der Rahab, welches allein beim Falle
Jericho's verschont blieb, dem zerfallenen Hause des Kaiphas gegenüber=
steht. Predigte das erstere Bild dem Betrachtenden, wie groß der Lohn
des Glaubens ist, so warnte das letztere vor dem Unglauben. In Nr. 9
ist der Zug durch's rothe Meer, sowie sein Gegenbild, die Heilung des
Blinden, ein Hinweis auf die Taufe[3]. Die Palmen und Quellen von

---

[1] Kraus, Roma sott. S. 313. Real=Encyklopädie. Art. „Adam und Eva".
I. S. 16. Heider a. a. O. S. 128.

[2] Geradezu als Typen des alten und neuen Bundes werden die beiden Scenen
vom hl. Isidor v. Sev. betrachtet. „Dic mihi, quid est inter novum et vetus
testamentum? Vetus est peccatum Adae. Novum est Christus de Virgine
natus." De vet. et nov. test. quaestiones. Qu. I. Migne t. 83. col. 201.

[3] Vgl. Apoth. 675 sq.; Brockhaus a. a. O. S. 256; Real=Encyklo=
pädie, Art. „Blinden"=Heilung. I. S. 169. Prudentius verwechselt an beiden
Stellen, wo er von der Blindenheilung spricht (Dittoch. 129 und Apoth. 680),
den Teich von Bethesda (Joh. 5, 1) mit dem Teiche Siloah (Joh. 9, 1). Es
scheint hiernach, daß die Ueberschrift „Piscina Siloa" im Dittochäon über jener Scene
wirklich angebracht war und den Dichter voreingenommen habe. Ja man kommt
auf den Gedanken, Prudentius habe die Kenntniß der heiligen Geschichte mehr aus

Elim (Nr. 14) bilden die Parallele zur Auferweckung des Lazarus. Die typische Beziehung liegt in dem lebenspendenden Wasser der Quellen von Elim, welches dem verschmachtenden Volke ähnlich auf's Neue das Leben gab, wie der Herr dem Lazarus.

Auf den ersten Blick scheint freilich bei einigen Scenen jede typische Beziehung zu fehlen, oder dieselbe scheint eine allzu kühne und dem Alter= thum fremde symbolische Deutung vorauszusetzen. Es ist aber zu bedenken, daß 1) die chronologische Ordnung dem Urheber die Hauptsache war; ihr zu Liebe ist vielleicht das eine oder andere Bild angenommen wor= den, dessen typische Beziehung zu seinem Gegenbilde nicht recht klar ist. Sodann ist 2) (wie oben in Nr. 9 [Dittoch. 33 et 129 sq.] gezeigt wurde) das typische tertium comparationis nicht selten in der symbo= lischen Bedeutung beider Bilder gelegen. Es ist eben „Thatsache[1], daß wohl 95 % der altchristlichen Darstellungen sowohl aus dem alten wie aus dem neuen Testamente symbolischer Natur sind".

Zur Zeit des Dichters hatte die symbolische und allegorische Deu= tung der biblischen Thatsachen bereits einen Umfang angenommen, der uns nicht ohne Grund als Uebertreibung erscheinen muß. Dazu kommt, daß gerade in Spanien im letzten Viertel des vierten Jahrhunderts die Priscillianisten ihr Unwesen mit der Allegorese des alten Bundes trieben. Man dürfte deßhalb mit Unrecht die gegenseitige typische Beziehung der beiden Bilderreihen des Dittochäon aus dem Grunde in Abrede stellen, weil dieselbe zum Theil fremd und ohne Belege aus den Kirchenvätern dasteht. Dieß vorausgesetzt, behaupte ich, daß zwischen keinem Bilde des Dittochäon und seinem Gegenstücke die typische Beziehung fehlt. Einige der schwierigsten mögen als Beweis angeführt sein. Dem Opfer Abels und Kains ist die Stadt Bethlehem entgegengestellt (Nr. 2). Hier scheint die kühnste Einbildungskraft auf der Jagd nach einem tertium comparationis ermatten zu müssen. Indeß ist bekannt, wie Abel und Kain den Vätern sym= bolisch die Kirche Gottes und die Welt, die Kirche und die Synagoge repräsen= tiren[2]. Andererseits gilt Bethlehem nach Ausweis der altchristlichen Monu= mente[3] mit Jerusalem als Bild der Kirche. Wir brauchen nur anzunehmen, daß der Urheber des Dittochäon in Bethlehem nicht nur das göttliche Kind, das Antityp Abels, sondern auch seine Feinde, deren Vorbild Kain war, sah,

---

diesen Darstellungen als aus der heiligen Schrift selbst geschöpft. Dieß würde aller= dings unsere Ansicht über den engen Anschluß des Prudentius an die Liturgie als Quelle seiner Dichtungen nur bestätigen.

[1] Vgl. Real=Encyklopädie der christlichen Alterthümer. Art. „Lazarus". II. S. 287. „Heilung der Blinden". I. S. 109.

[2] *Ambros.*, De Abel et Cain l. I. c. 2. *Augustin.*, De Civ. Dei. lib. XV. c. 2. Vgl. Real=Encyklopädie, Art. „Abel und Kain". I. S. 2.

[3] Real=Encyklopädie. Art. „Kirche". II. S. 172.

so ist die typische Beziehung hergestellt. Sollte dieselbe aus anderen Gründen unmöglich sein, so bestehe ich eben nicht darauf. Der typologische Charakter beider Bilderreihen würde trotzdem auf die zahlreicheren anderen Momente gestützt bleiben. Aehnliche Schwierigkeit dürfte man in Nr. 6 in der Zusammenstellung der Traumdeutung Josephs bei Pharao und der Taufe Christi finden. Bedenken wir indeß, daß in ersterem Bilde der Schwerpunkt in der Erhöhung Josephs, seiner Anerkennung als Landesretter liegt, so kann uns die Beziehung auf die Taufe des Herrn kaum befremden, da dieselbe gleichfalls die Manifestation der göttlichen Natur des Gottmenschen enthält. Im folgenden Bilde (Nr. 7) steht neben dem Wiedererkennen Josephs und seiner Brüder die Ruine des salomonischen Tempels mit der Ueberschrift: „Pinna templi". Letzteres Bild ist für die chronologische Beziehung am interessantesten. Seine Stellung nämlich zwischen der Taufe des Herrn und dem ersten Wunder zu Kana weist darauf hin, daß in diesem Bilde das Wort des Herrn illustrirt werden sollte: „Reißet diesen Tempel nieder, und in drei Tagen will ich ihn wieder aufbauen" (Joh. 2, 19)[1]:

> Excidio templi veteris stat pinna superstes;
> Structus enim lapide ex illo manet angulus usque
> In seclum secli, quem sprerunt aedificantes.
> Nunc caput est templi et lapidum compago novorum.

So wie Joseph von seinen Brüdern Anfangs verkauft, dann unter schmerzlicher Reue wieder erkannt wird, so wird Christus als der Eckstein von den Juden verworfen. Ihr zerstörter Tempel aber zwingt sie, den glorreich erhöhten Christus als wahren Grundstein des geistigen Tempels der Kirche anzuerkennen.

Die Parallele zu Samson, der durch dreihundert Schakale die Felder der Philister verheert (Richt. 15, 4), ist Christus am Kreuze unter dem Titel: „Passio Salvatoris" (Dittoch. 69 sq. et 165). Samson war der alten Kirche als Vorbild Christi bekannt[2]. In den Thorflügeln der Stadt Gaza, welche Samson forttrug, erblickte man ein Bild der Höllenpforte, welche von Christus zerbrochen wurde. Der Gedanke auch, in der angeführten Episode aus dem Leben Samsons eine Beziehung auf Christus zu suchen, lag also nahe. Dehnen wir die allegorische (typische) Deutung nicht auf alle Einzelheiten aus, was fast immer in's Lächerliche führt, dann können wir die Parallele nicht anstößig finden. Die üppig wuchernde Sünde hat als Saat des Satans in den Saaten der Philister ihr Sinnbild. Durch Feuer, welches Samson

---

[1] *Garrucci*, Storia. vol. I. p. 481.

[2] Kraus, Roma sott. S. 252. Vgl. über die typologischen Darstellungen Samsons der späteren Jahrhunderte: Heider, Die Kirche von Schöngrabern. S. 150 und 170.

entzündet und von je zwei Schakalen in die Felder tragen läßt, werden die feindlichen Saaten vernichtet; durch das Feuer der Liebe, welches Christus vom Kreuze aus in die Welt sendet, findet das Reich der Sünde den Untergang. Das Passionsbild legt merkwürdiger Weise besondern Nachdruck auf das Blut und das Wasser, welches der durchbohrten Brust des Herrn entströmte. Das Feuer der göttlichen Liebe wäre also auch hier durch ein doppeltes Medium verbreitet. Sonderbar hat der Maler, dessen Bild Prudentius beschreibt, die Brust im eigentlichen Sinne von einer Seite zur andern durchstechen lassen und die eine Wunde zur Quelle des Blutes, die andere zur Quelle des Wassers gemacht.

> Traiectus per utrumque latus laticem atque cruorem
> Christus agit: sanguis victoria, lympha lavacrum est.
> Tunc duo discordant crucibus hinc inde latrones
> Contiguis: negat ille Deum, fert iste coronam.

Mit einer gewissen Vorliebe betont Prudentius denselben Umstand noch Perist. VIII, v. 15 und besonders Cath. IX, v. 85 sq. [1], wo er gerade hierin ein außerordentliches Wunder sieht:

> O novum caede stupenda *vulneris miraculum!*
> Hinc cruoris fluxit unda, lympha parte ex altera;
> Lympha nempe dat lavacrum, tum corona ex sanguine est.

Der letzterwähnte Umstand ist unabhängig von der Frage nach der typischen Beziehung in unserem Dittochäon. Die fast wörtliche Uebereinstimmung der beiden mitgetheilten Stellen bekräftigt die schon erwähnte Ansicht, daß auch der neunte Hymnus des Kathemerinon-Buches einen Bildercyklus zur Vorlage hat, und zwar wahrscheinlich denselben, welchen wir im Dittochäon besitzen. Die dritte Stelle aus Prudentius' Gedichten, welche gleichfalls die sonderbare Ansicht von der Seitenwunde Christi enthält, findet sich, wie erwähnt, in jener Aufschrift des calagurritanischen

---

[1] Arevalo sagt beßhalb zu Dittoch. v. 165: „Vel ex hoc solo tetrasticho asseri potest Prudentium Dittochaei esse auctorem sibi ubique constantem" (Migne t. 60. col. 108). Ueber die sonderbare Meinung selbst siehe Arevalo zu Cath. IX. 86. *Garrucci*, Storia I. p. 483: „Il testo di S. Giovanni (19, 34), che narra essere uscito sangue ed acqua dalla ferita del costato di Cristo fu sempre inteso nel senso espresso nella tragedia del Christus patiens, cioè che il sangue non uscì confuso coll' acqua: ἐστάξεν εὐθὺς αἷμα τ' οὐ πεφυρμένον, ma che furono due le fonti διπλοῦς χρουνός ... A queste considerazioni il poeta Prudenzio ne aggiunse una sua, immaginando che le due fonti sgorgassero per doppia ferita ossia che al Signore fosse trapassato il fianco da parte al parte come qui si esprime e nel Perist. VIII. 15 ... A trapassare con una lancia di un colpo i due lati, era d'uopo che il satellite si trovasse a livello del paziente: e però si può presumere che *l'artefice* dell' avorio dato da me nella tavola 446, 2 avesse appunto avuto l'idea di esprimere questo particolare quantunque ivi sta per ferire il fianco sinistro."

Baptisteriums (Perist. VIII). Jeder sieht, wie sehr dieser Umstand unsere Vermuthung bekräftigt: Die Bilder des Dittochäon befanden sich in der Basilika von Calagurris.

Das eben besprochene Passionsbild ist noch für eine andere Frage von Bedeutung. In dem angeführten 42. Tetrastich haben wir eine Dar= stellung der Kreuzigung vor uns. Der durchstochene Leichnam des Herrn hängt am Kreuze zwischen den zwei mitgekreuzigten Schächern. Das Kathemerinon=Buch, in dessen neuntem Hymnus dieses Bild gleich= falls vorausgesetzt wird, gehört zu den früheren Dichtungen des Pru= dentius. Somit muß das Kreuzigungsbild des Dittochäon fast sicher vor dem Jahre 400 gemalt sein. Für die Annahme, es aus den Jahren 400 bis 403 zu datiren, bleibt eine kaum nennenswerthe schwache Möglichkeit. Somit nöthigt uns das Dittochäon des Prudentius, der Behauptung zu widersprechen, daß wir vor dem sechsten Jahrhundert keine Zeugnisse hierüber haben[1]. Die Zeugnisse, welche Garrucci für das Vorhandensein von Bildern des Gekreuzigten in den Kirchen bereits im vierten Jahr= hundert anführt[2], bestehen allerdings die Kritik nicht. Gleichwohl tritt für Garrucci gegen das Resultat der neuesten Forschung Prudentius als unwiderleglicher Zeuge auf[3]. Wenigstens in einer Kirche der Heimath

---

[1] Real=Encyklopädie der christlichen Alterthümer. Darstellung der „Kreuzi= gung" II. S. 238.   [2] Storia della arte crist. I. 464.

[3] De Waal sagt (Real=Encyklopädie I. 159): „Offene Crucifirbilder mit vollständiger Ausführung der Scenen auf dem Calvarienberge finden wir erst seit dem fünften Jahrhundert." Stockbauer (Kunstgeschichte des Kreuzes. Schaff= hausen 1870. S. 150) behauptet: „Fragen wir nun aber, wann der erste Versuch zur Darstellung eines Crucifirbildes gemacht wurde, so ist die Antwort unwiderleglich, daß in den ersten fünfhundert Jahren keine Spur davon vorkommt. Die Beweise dagegen, die am vollständigsten in Augusti's Denkwürdigkeiten aus der christlichen Archäologie (Bd. XII. S. 128 f.) gesammelt und widerlegt sind, finden keinen Vertreter mehr." Hierzu macht er die Bemerkung: „Eine widersprechende Ansicht des Garrucci, gestützt auf eine Stelle des Gregor Illuminator, ist in der allerneuesten Zeit von Dr. J. A. Messmer, Mittheilungen der k. k. Centralcommission, 14. Jahr= gang (nicht 16.!) S. 133 und 134, auf ihren wahren Werth zurückgeführt worden." Messmer dürfte in der That die betreffende Stelle Gregors (Pitra, Spicil. Solesm. I. 400 und 500 ff.) richtiger erklärt haben, als Garrucci in seiner Hagioglypta p. 34. Allein in obiger Behauptung ist Stockbauer zu kühn. Merkwürdig ist, daß Garrucci (Storia I. col. 483) das Tetrastich des Prudentius nicht für seine Meinung an= geführt hat, da ihm ja die Tetrastichen des Dittochäon „in luogo delle pitture" dienen. Da ihm indeß das dem Lactanz beigelegte Carmen — „si modo is (Lac= tantius) est auctor", sagt Garrucci selbst (Hagioglypta p. 32) — als Beweis= quelle neben Augustin, Chrysostomus und Hieronymus gilt, so meinte er wohl, auf Prudentius verzichten zu dürfen. Das indirecte Zeugniß, welches Binterim (Denk= würdigkeiten Bd. IV. 1. S. 528) für den Gebrauch der Crucifirbilder im vierten Jahrhundert aus dem Cod. Theodos. beigebracht hat, erhält durch Prudentius neue Bedeutung.

des Dichters existirte am Ende des vierten Jahrhunderts ein Bild der
Kreuzigung.

Die Vermuthung, daß die alt= und neutestamentlichen Bilder des
Dittochäon typische Parallelbilder seien, dürfte durch das Gesagte genü=
gende Begründung gefunden haben. Der Haupteinwand, welchen man
gegen dieselbe erheben könnte, scheint uns das Schweigen des Dichters
über diesen Umstand zu sein. Man darf billig erwarten, daß er in
seinen Erklärungen der alttestamentlichen Bilder auf das typische Gegen=
bild aufmerksam gemacht habe. Anstatt dessen beschränkt er sich auf die
einfache Beschreibung der Bilder; einigemal erklärt er zwar die Scene
symbolisch, aber ohne jede Rücksicht auf das Parallelbild, z. B. in dem
20. Tetrastich: Regnum David (v. 77 sq.):

> Regia mitifici fulgent insignia David:
> Sceptrum, oleum, cornu, diadema et purpura et ara.
> Omnia conveniunt Christo, chlamys atque corona,
> Virga potestatis, cornu crucis, altar, olivum.

Dieser Einwand verliert aber seine Bedeutung; denn zunächst haben
wir zwischen dem Urheber des Cyklus und dem Dichter wohl zu unter=
scheiden. Möglicherweise hat Prudentius die gegenseitige typische Beziehung,
welche der Urheber im Sinne hatte, nicht zum Ausbrucke bringen wollen.
Der Dichter beabsichtigt, wie die bei Weitem größere Zahl der Tetra=
stichen beweist, zunächst nur, das einzelne Bild dem Betrachtenden zu
erklären. Wie immer man indeß über den Versuch urtheilen möge, im
Dittochäon einen Cyklus von biblischen Parallelbildern nachzuweisen:
jedenfalls muß man vom Dittochäon gelten lassen, was Brockhaus
(S. 305) sagt: „Der Dichter und jene Bilder bringen uns mittelbar eine
Kunde von dem sittlichen Leben und den religiösen Vorstellungen des
christlichen Volkes ihrer Zeit." Diese Kunde ist aber insbesondere
eines der vielen Zeugnisse für den Satz: „Nicht der Maler Erfindung ist
die Anfertigung der Bilder, sondern der katholischen Kirche bewährte
Gesetzgebung und Ueberlieferung."[1] Von jeher stellte die Kirche die Kunst
in den Dienst Gottes und betrachtete sie als eine wesentliche Ergänzung
des mündlichen und schriftlichen Volksunterrichtes. „Sie wies hiermit,"
sagt treffend Johann von Tritenheim, „den Künstlern den erhabenen Beruf
an, als Priester des Schönen an der Ausbreitung des Gottesreiches mitzu=
wirken und den Armen das Evangelium zu verkünden."[2] So hat der

---

[1] Οὐ ζωγράφων ἐφεύρεσις ἡ τῶν εἰκόνων ποίησις, ἀλλὰ τῆς καθολικῆς ἐκκλησίας
ἔγκριτος θεσμοθεσία καὶ παράδοσις. Epiphanius diac. Conc. Nic. II.

[2] Friedr. Maurer, Biblische Bilder für den Religionsunterricht in der Volks=
schule (im sechsten Jahrgang der „Christlich-pädagogischen Blätter" für die öster=
reichisch-ungarische Monarchie". Wien 1883. S. 21). Diese vorzügliche Abhandlung
ist auch als Separatabbruck im Selbstverlage des Verfassers in Innsbruck erschienen.

katholische Prudentius in der katholischen Kirche des vierten Jahrhunderts
ebenso durch die Bilder im Gotteshause beten gelernt, wie das katholische
Volk des neunzehnten Jahrhunderts heute bei der Betrachtung der Bilder
sein Herz zu Gott erhebt. Interessant ist der Vergleich zwischen dem
prudentianischen Bilderkreise und dem Cyklus der Kreuzwegbilder, welchen
die katholische Kirche heute vor allen anderen derartigen Bildergruppen
sanctionirt hat. Mit Vorliebe führt die Kirche heute ihren Kindern die
Bilder des Leidens, der Schmach und der Erniedrigung des Gottmenschen
vor Augen. Damals wagte sich die Kunst nur mit einer gewissen Scheu
an die Erniedrigung des Herrn. Die Anbetung des göttlichen Kindes
durch die Magier als Repräsentanten aller Völker behauptete damals
ungefähr jene Stellung, welche heute die Bilder der Passion einnehmen.
(Siehe unser Titelbild.) „Christus regnat, Christus imperat" ist, wie
oben S. 132 erwähnt, der Gedanke, welcher das Dittochäon beherrscht.
Auch die Passionsbilder tragen diesen Stempel. Nicht auf die Erniedrigung des Herrn lenkt Prudentius den Betrachter der Kreuzigungsscene hin,
sondern auf den Sieg des Herrn im Tode: Sanguis victoria. So stellte
jene Zeit auf allen Passionsbildern entweder der Schmach unmittelbar die
Verherrlichung entgegen, oder wählte solche Scenen, denen auch in der
Erniedrigung das Zeugniß der göttlichen Macht Christi nicht fehlte[1]. Den
Grund für diesen Unterschied müssen wir in der pädagogischen Weisheit
des die Kirche leitenden heiligen Geistes suchen.

Inwieweit Prudentius in seinen übrigen Gedichten von bildlichen
Darstellungen abhängig ist, bleibt hier von unserer Untersuchung, die
dem Dittochäon gewidmet ist, ausgeschlossen. Sie würde auch nicht
wesentliche neue Beiträge zur Erklärung des Dichters liefern. Brockhaus,
der diesen Versuch im neunten Kapitel über „die archäologische Bedeutung
des Prudentius" angestellt hat, muß die behauptete „Abhängigkeit der
Schilderungen des Prudentius von den altchristlichen Bildwerken" zuletzt
doch hauptsächlich auf das Dittochäon stützen (S. 267). Zudem besteht
zwischen den Bildern und der kirchlichen Liturgie ein inniger Zusammenhang; die verschiedenen Zweige der Kunst vereinigen sich im christlichen
Gotteshause vorzüglich dazu, um die Geheimnisse der Liturgie einer sinnfälligen Wahrnehmung näher zu bringen und die Herzen der Gläubigen
zum Himmlischen hinanzutragen. Die Liturgie inspirirt somit den Künstler
ebenso wie den Dichter. Thatsächlich ist Prudentius bei vielen biblischen
Scenen, die er darstellt, öfter von der Liturgie abhängig, wo ihn Brock-

---

[1] Real-Encyklopädie der christlichen Alterthümer. Art. „Biblische Darstellungen".
I. S. 159. Vgl. Brockhaus a. a. O. S. 292 f. · Die Folgerung aus dieser Erscheinung oder der Grund für diese Erscheinung ist freilich von Brockhaus unrichtig
angegeben: „Das reale Machtbewußtsein der zur Herrschaft gelangten Kirche ...
entfremdete diese Zeit dem tiefen Verständnisse des Leidens Christi."

haus bildliche Darstellungen schildern läßt[1]. Mehr noch wie bisher werden wir dieß in der Untersuchung über das Buch Peristephanon be=stätigt finden, zu der wir somit ohne Weiteres übergehen.

Das Buch Peristephanon.

Stehen die Hymnen des Tagzeitenbuches und die poetische Bilderbibel des Prudentius in enger Beziehung zur Liturgie im weitern Sinne, so führt uns das Buch Peristephanon mitten in das Heiligthum des christ=lichen Gottesdienstes, in die Liturgie im engsten Sinne[2]. Man könnte wähnen, Prudentius habe der Mahnung der apostolischen Constitutionen (l. VI, c. 30) nachkommen wollen, als er die Hymnen auf die Sieges=kronen der Martyrer dichtete. „Versammelt euch," heißt es dort, „in den Cömeterien zur Lesung der heiligen Bücher, singet Psalmen für (in Beziehung auf) die entschlafenen Martyrer ... und brin=get das Antityp des königlichen Leibes Christi, die wohl=gefällige Eucharistie, als Opfer dar in euren Kirchen und Cömeterien." So eng nämlich, wie hier das Lob der Martyrer mit der Feier des eucharistischen Opfers vereinigt erscheint, ebenso nahe berühren sich die Martyrergesänge des Prudentius mit der altspanischen Liturgie. Aus der Opferfeier in seiner Heimath hat Pru=dentius zum größten Theil den Stoff zu diesen Hymnen geschöpft; auf die Ausgestaltung der Liturgie seiner Hei=math hat er umgekehrt durch seine „Siegeskronen" nicht unbedeutend eingewirkt. Indem wir den Nachweis für diese Be=hauptung zu bringen suchen, hoffen wir den Leser am besten mit dem Buche Peristephanon und dessen Bedeutung bekannt zu machen; ja wir halten ohne diese Beziehung eine befriedigende Erklärung dieses Theiles der prudentia=nischen Dichtungen für unmöglich[3]. Den Forschungen, welche Gams in

---

[1] Vgl. oben S. 123. Der Durchzug durch's rothe Meer z. B. in Cath. IV, 45 mit den übrigen biblischen Scenen stammt, wie nachgewiesen, aus der Liturgie, während sie Brockhaus S. 242 f. vergeblich aus den bildlichen Darstellungen herzu=leiten sucht.

[2] Vgl. Thalhofer, Handbuch der katholischen Liturgik. Freiburg 1883. S. 1 f.

[3] Es mag sein, daß die angegebene Bedeutung des Buches Peristephanon, welches Brockhaus „das in der katholischen Kirche am meisten gerühmte und be=wunderte Buch" nennt, von den katholischen Archäologen noch nicht genügend ge=würdigt worden ist; als unrichtig muß aber das Urtheil bezeichnet werden, welches Brockhaus (S. 101 Anm.) diesbezüglich über die katholische Archäologie fällt. Wenn dieselbe „die Fülle von für die christliche Alterthumswissenschaft wichtigen Notizen" im Buche Peristephanon rühmt, so „legt sie hierbei" nach Brockhaus' Meinung „ein Hauptgewicht auf die verschiedenen Henkerscenen", die Prudentius mit großem Rea=lismus ausführt". Zum Beweise hierfür werden „die Abbildungen der von Pru=dentius beschriebenen Hinrichtungsarten in sehr schlechten Holzschnitten" angeführt,

ben beiden erſten Bänden ſeiner Kirchengeſchichte von Spanien nieder=
gelegt hat, verdanken wir in dieſem Theile die meiſte Anregung und Hülfe.

Zunächſt fragen wir: Was hat den Dichter bei der Auswahl der
Blutzeugen geleitet, denen er ſeine 14 Geſänge „über die Kronen" ge=
weiht hat? Die bereits S. 18 citirte Bemerkung von Kayſer gibt in der
Hauptſache die richtige Antwort: „Die Martyrerhymnen haben
ſämmtlich einen localen Anknüpfungspunkt, indem ſie entweder
Blutzeugen Spaniens beſingen, deren Gräber dem Dichter beſonders nahe
lagen, oder Martyrer feiern, deren Gräber er auf ſeiner Reiſe nach Rom
oder in Rom ſelbſt beſuchte." Die Hymnen auf den hl. Romanus und
Cyprian und vielleicht auch der auf Quirin [1] finden indeß ihre Erklärung
durch die letztern Worte nicht. Es könnte darnach auch ſcheinen, als ob
nur die private Verehrung des Dichters den Ausſchlag bei der Wahl
ſeiner Helden gegeben hätte. Weil dem nicht ſo iſt, werden wir „den
localen Anknüpfungspunkt" beſſer in der öffentlichen Verehrung
dieſer Martyrer finden, deren Zeuge Prudentius an Ort
und Stelle geweſen iſt. Für die Mehrzahl der Hymnen können
wir mit Brockhaus dieß noch genauer dahin beſtimmen: „Dieſe Lieder
ſind bei Gelegenheit der Gedächtnißtage der genannten Martyrer gedichtet
worden." [2] Der Beweis hierfür liegt in den eigenen Worten des Dichters.
Vgl. Perist. I. 115 sq.; II. 561 sq.; III. 191 sq.; IV. 1 sq.

Das chriſtliche Volk hat zur Zeit des Prudentius das
Andenken an die hl. Martyrer öffentlich und allgemein
begangen: dieß iſt das erſte wichtige Zeugniß, welches der Dichter
in ſeinen Martyrerhymnen ablegt.

Gehen wir auf die Auswahl der Martyrer im Einzelnen ein, ſo
drängt ſich uns zunächſt die Eintheilung derſelben in ſolche auf, deren
Gräber ſich in Spanien befanden, und in jene, die außerhalb Spaniens
ihre Kronen errungen hatten. Stände der Hymnus auf den heiligen
Laurentius nicht in der Mehrzahl der Handſchriften und Ausgaben an
zweiter Stelle, ſo wäre die Eintheilung in ſpaniſche und außerſpaniſche
Martyrer (im angegebenen Sinne) ſchon durch die Reihenfolge der
Hymnen gekennzeichnet. Nun findet ſich der zweite Hymnus in der Handſchrift
Vat. 3859 wirklich an letzter Stelle; in den Handſchriften Vat. 3860 und
5821 ſteht er nach dem Hymnus auf den hl. Vincenz. Für eine Ver=
ſetzung des Hymnus an die zweite Stelle kann man das Beſtreben der

---

welche Arevalo ſeiner Ausgabe beigegeben hat. Ueber „den geſchmackloſen Realismus
des Prudentius" iſt ſpäter zu handeln. Ob aber das Studium der katholiſchen
Archäologen jenes Urtheil in Brockhaus hervorgerufen hat, das zu beantworten können
wir unparteiiſchen Leſern überlaſſen.

[1] Vgl. oben S. 18.

[2] Brockhaus (a. a. O. S. 100) ſpricht dieß nur als Vermuthung aus.

Spanier anführen, durch die Stellung des Hymnus ein neues Argument für die spanische Abstammung des hl. Laurentius zu besitzen. Für die ursprüngliche Stelle des Hymnus unter den römischen spricht der oben angeführte Grund und das Alter der Handschrift Vat. 3859 [1]. Die Stellung nach dem fünften Hymnus ist offenbar nicht die ursprüngliche, sondern dem Wunsche entsprungen, die beiden Martyrer-Leviten neben einander zu haben. Das im Ganzen übereinstimmende Zeugniß der Handschriften bezüglich der Reihenfolge der einzelnen Dichtungen spricht dafür, daß Prudentius selbst die Hymnen also geordnet hat. Demnach dürfte die genannte Eintheilung der Hymnen in solche auf spanische und solche auf nicht spanische Martyrer von Prudentius selbst herrühren [2]. Für die Bestimmung der Entstehungszeit ist diese Eintheilung nicht ohne Bedeutung. Die Hymnen auf die heiligen Cassian und Hippolyt, Petrus und Paulus und Agnes sind offenbar nach der Rückkehr von der Romreise geschrieben (vgl. Perist. IX. 105; XI. 231); die Hymnen auf die Apostelfürsten und die hl. Agnes sind vielleicht in Rom selbst gedichtet [3]. Die Hymnen auf die spanischen Martyrer enthalten nicht die geringste Andeutung auf die Romreise. Sie sind deßhalb ganz entsprechend ihrer Stellung an erster Stelle vor die Romreise zu setzen.

Wichtiger jedoch ist es, die Hymnen auf jene Martyrer gesondert zu betrachten, deren Feste in der altspanischen Liturgie gefeiert wurden. Mit Ausnahme von dreien gehören alle dahin. Der hl. Quirin (Perist. VII) und der hl. Cassian (Perist. IX) stehen nicht im altspanischen Festkalender; dasselbe war wenigstens zur Zeit des Prudentius mit dem hl. Hippolyt der Fall (Perist. XI, 234).

Der achte Hymnus trägt die Ueberschrift: „De loco, quo martyres passi sunt, nunc baptisterium Calagurri." Dieselbe findet sich in den besten Handschriften [4]. Darnach ist dieser Hymnus eine Inschrift über

---

[1] Allerdings enthält der Cod. Alex. 321, der gleichfalls dem zehnten Jahrhundert und zwar dem Anfange desselben zugeschrieben wird, die passio Laurentii beatissimi martyris an zweiter Stelle des Peristephanon.

[2] Der zehnte Hymnus, auf den hl. Romanus, findet sich in mehreren Handschriften (auch im Cod. Alex. 321) außer dem Buche Peristephanon. Die eigenthümliche Länge und Anlage des Hymnus gibt indeß leicht den Grund ab, der die Abschreiber zu dieser Sonderstellung veranlaßt hat. Die Stelle des Hymnus im Buche ist für die ursprüngliche zu halten. Vgl. Brockhaus a. a. O. S. 18. 124. Ebert, Allgemeine Geschichte der Literatur des Mittelalters. I. S. 250.

[3] Die Bestimmung des Entstehungsortes der einzelnen Hymnen, welche Perez Bayer in der Dissertation über Damasus und Laurentius (Migne t. 74 col. 619) gibt, ist allzusehr von dem Interesse beeinflußt, unsern Dichter als Zeugen für Spanien als die Heimath des hl. Laurentius zu erweisen.

[4] Vgl. Obbarius S. 245. Dressel S. 382. Das Calagurri fehlt freilich in vielen Codices; allein es dürfte weggelassen worden sein, um den Versen eine allgemeine Bedeutung zu geben.

dem Baptisterium von Calagurris; die heiligen Emeterius und Chelidonius
hatten dort den Kampf für Christus bestanden. Der einfache, dogmatisch
sehr reiche Inhalt bestätigt dieß. Unwillkürlich denken wir dabei an die
Epigramme des hl. Damasus[1]. Haben diese den Dichter angeregt, dann
könnte man die Abfassung der Inschrift nach der Romreise verlegen.

Bevor wir nun auf die Beziehung des Dichters zur altspanischen
Liturgie eingehen, haben wir jene drei Hymnen in Betracht zu ziehen,
welche außerhalb dieser Beziehung stehen; dieselben bilden gleichsam die
Brücke vom Dittochäon und seinen Aufschlüssen über die Zeit des Pru=
dentius zum Heiligthume der altspanischen Liturgie. In Perist. IX wird
der Kampf des hl. Cassian um die Martyrerkrone besungen. Als die
Reise nach Rom den Dichter nach Forum Cornelii (Imola) führte, hatte
er dort das Grabmal des Martyrers aufgesucht. Ueber demselben erblickte
er die colorirte Darstellung der Martyrerscene. Er bat den Kirchen=
diener (aedituus) um Erklärung des Bildes. „Was du erblickst,
o Freund," antwortete dieser, „ist keine eitle Sage (inanis aut anilis
fabula); eine wahre Begebenheit (historiam) erzählt das Bild, die, in
Büchern überliefert, die Glaubwürdigkeit der alten Zeit an sich trägt."[2] —
Jetzt erzählt der Kirchendiener das Martyrium und schließt mit den
Worten (v. 93 sq.):

> Haec sunt, quae liquidis expressa coloribus hospes
> Miraris, ista est Cassiani gloria.
> Suggere, si quod habes iustum vel amabile votum,
> Spes si qua tibi est, si quid intus aestuas.
> Audit, crede, preces martyr prosperrimus, omnes
> Ratas reddit, quas videt probabiles.

---

[1] Ebert a. a. O. I. S. 250. Kayser a. a. O. S. 269.

[2] Mit Recht wird diese Stelle zum Beweise angeführt, daß das Martyrium
des hl. Cassian nicht unter dem abtrünnigen Julian, sondern früher erfolgt sein
müsse. Vgl. Brockhaus S. 121. Wiseman hat es in seiner Fabiola (14. Aufl.
S. 282) in die biocletianische Verfolgung verlegt. Vgl. Coniecturae pro asserendo
episcopatu Sabionensi S. Cassiani martyris Imolensis i. e. Foro-Corneliensis
quas litteratorum iudicio subiicit Anton. Roschmannus, Brixinae 1748, p. 721.
In vorstehender Arbeit ist der Hymnus des Prudentius gegen jene einer Unter=
suchung unterzogen, welche aus demselben gegen die Tradition argumentiren, daß
der hl. Cassian Bischof von Seben gewesen sei (p. 10—16). Das Resultat wird
richtig dahin bestimmt: „. . . fateri nos oportet et Prudentium et aedituum anti-
qui temporis vitio nihil scivisse (de vita s. martyris rebusque ab eo gestis)
aut saltem attendisse praeter insolitum martyrii genus." Beigegeben ist der Arbeit
(p. 117 sq.) der Hymnus selbst mit erklärenden Noten: „ea ex ratione, quod Ill.
et in antiquitatibus Tyrolensibus exercitatissimus vir Ch. G. Putschius in
collectaneis suis Tyrolensibus iam ante ducentos annos confecti disertis verbis
testetur, hunc ipsum hymnum a primis iam exstructi templi Cathedralis Brixi-
nensis temporibus publice in hoc affigi fuisse solitum . . . Morem affigendi
hunc hymnum ex templo Sabionensi superesse credibile est."

Wir sehen also, daß nicht bloß biblische Darstellungen, sondern auch Bilder von Heiligen die Kirchen des vierten Jahrhunderts zierten [1]. Das Bild des hl. Cassian war über einem Altare angebracht, der sich über den Reliquien des Martyrers erhob. Denn so fährt Prudentius auf die Mahnung des Kirchendieners fort:

Pareo; complector tumulum, lacrimas quoque fundo,
Altar tepescit ore, saxum pectore.

Wie die Worte des Kirchendieners zeigen, suchte das christliche Volk bei den Reliquien des Heiligen in der Kirche sein Gebet zu verrichten. Prudentius im Gebete am Martyrergrabe ist nur Zeuge des Glaubens seiner Zeit. Sein Hymnus auf den hl. Cassian ist ein Dankes= lied für die Erhörung, welche seine Bitte durch die Fürsprache des heiligen Martyrers bei Gott gefunden hat.

Ein Danklied, noch wärmer und begeisterter als das vorige, ist der Hymnus auf den hl. Martyrer Hippolyt (Perist. IX). Hat Pru= bentius auf der Reise sich bemüht, die Gräber der Martyrer aufzusuchen, so erwarten wir selbstverständlich, daß er am Ziele seiner Reise, in Rom, die dortigen „unzähligen Reliquien der Heiligen" bewundert und verehrt hat (V. 1). Zum Grabe des hl. Hippolyt ist der Dichter beim Besuche der Katakomben gelangt (V. 19). „Die Schilderung dieser unterirdischen Cömeterien (V. 1—19 und V. 153—168)," sagt Brockhaus (S. 145), „ist für uns im höchsten Grade werthvoll. Wenn andere Zeugnisse fehlten, so würde diese Stelle in Verbindung mit einer andern des Hie= ronymus (Comm. Ezech. c. 40) den Beweis liefern, daß jene Cöme= terien in derselben Anlage und demselben Zwecke geweiht am Ende des vierten Jahrhunderts bestanden, wie sie ältere und neuere Ausgrabungen aufgedeckt und die archäologischen Forschungen bestimmt haben. Die An= sicht derer, die die Anlage dieser Stätten wesentlich dem Zwecke der christlichen Versammlungen dienen und den Zweck des Begräbnisses als einen secundären hinzutreten lassen wollen, oder gar der Mission, Burnet und Zorn, die dieselben als einen im Mittelalter fabricirten Mönchsbetrug, um die Herkunft falscher Reliquien zu legitimiren, dar= stellen, wird durch diese Beschreibungen schon widerlegt." Das Grab des heiligen Hippolyt, an dem wir in diesem Hymnus nicht bloß Prudentius, sondern alle Volksstämme von Italien betend finden, ist ebenso wie das des hl. Cas= sian „ein Gott geweihter Altar". Mehr jedoch, als am Grabe Cassians, erfahren wir hier über den Zweck des Altars; derselbe ist doppelt:

---

[1] Vgl. Real=Encyklopädie der christlichen Alterthümer. Art. „Heiligenbilder".

Illa (sc. ara) *sacramenti donatrix mensa* eademque
Custos fida sui martyris adposita
Servat ad aeterni spem vindicis ossa sepulcro,
Pascit item sanctis Tibricolas dapibus.   (v. 171 sq.)

„Diese Grabstätte," erklärt Brockhaus (S. 147), „ist zugleich Abend=
mahlstisch, und wir gewinnen aus dieser Stelle einen neuen Beleg für jene
buchstäblich über den Gräbern der Todten gehaltenen Abendmahlsfeiern,
in welchen das Grab selbst als Altar diente." Wie der erste „Abend=
mahlstisch" im Cönaculum zu Jerusalem, so war auch der über dem
Martyrergrabe ein Opferaltar. Schon der Ausdruck des Prudentius: „ara
dicata Deo", sagt dieß. Wenn wir in Folge dessen in den obigen Worten
von Brockhaus die „Abendmahlsfeier" durch den entsprechenderen Ausdruck
„eucharistisches Opfer" ersetzen, so läßt diese Erklärung nichts zu wün=
schen übrig. Der Dichter ist aber selbst Augenzeuge davon gewesen, wie
die Altarmensa über Hippolyts Gebeinen als „Spenderin des Geheim=
nisses" „mit heiligem Mahle die Bewohner der Tiberufer genährt hat".
Er war gerade an den Iden des August in Rom, und an diesem Tage
„feiert das überaus herrliche Rom diesen Martyrer"; „alljährlich kehrt
dann mit der Feier seines Leidens sein Geburtstag (für den Himmel)
wieder" (V. 196). „Frühzeitig strömt dann das Volk zusammen, um
den Martyrer zu begrüßen" (V. 189). Die Schilderung des Festes,
welche der Dichter (V. 189—214) gibt, kann man mit Veränderung der
Namen wörtlich noch auf die Patrociniumsfeier einer irgendwie bedeuten=
den Kirche in einer katholischen Gegend unserer Tage anwenden.

Wie bei dem Grabe des hl. Cassian, so findet man auch bei dem
des hl. Hippolyt eine bildliche Darstellung seiner Leiden für den Glauben
(v. 123 sq.):

Exemplar sceleris paries habet inlitus, in quo
Multicolor fucus digerit omne nefas.
Picta super tumulum species liquidis viget umbris
Effigians tracti membra cruenta viri.
Rorantes saxorum apices vidi, optime papa,
Purpureasque notas vepribus impositas.
Docta manus virides imitando effingere dumos
Luserat in minio russeolam saniem.
Cernere erat ruptis compagibus ordine nullo
Membra per incertos sparsa iacere situs.
Addiderat caros gressu lacrimisque sequentes,
Devia quo fractum semita monstrat iter.
Moerore attoniti atque oculis rimantibus ibant
Implebantque sinus visceribus laceris.
Ille caput niveum complectitur ac reverendam
Canitiem molli confovet in gremio.
Hic humeros truncasque manus et brachia et ulnas
Et genua et crurum fragmina nuda legit.

Palliolis etiam bibulae siccantur arenae,
Ne quis in infecto pulvere ros maneat.
Si quis et in sudibus recalenti aspergine sanguis
Insidet, hunc omnem spongia pressa rapit.

Bezüglich der letzten Verse kann man zweifeln, ob sie noch zur Be=
schreibung des Bildes gehören. Die Stelle ist hier in solcher Aus=
führlichkeit mitgetheilt worden, um dem Leser ein Urtheil über die Er=
klärung nahezulegen, welche Döllinger von diesem Bilde gegeben hat.
„Ich trage kein Bedenken," sagt er [1], „die Entstehung der Sage von einem
christlichen Martyrer Hippolyt, der von Pferden geschleift worden, in
einem Bilde zu suchen, das sich nahe bei einer Kirche des hl. Laurentius
befunden haben mag. Es war natürlich, daß man in einer Zeit, in der
die griechisch=heidnischen Sagen den niederen Volksklassen in Rom bereits
fremd geworden waren, zugleich aber die Phantasie durch Martyrer=
geschichten angeregt war, eine Darstellung von dem Tode des athenäischen
Königssohnes als Abbildung eines christlichen Martyriums deutete. Daß
die Mißbeutung von Bildern einen großen Antheil an der Ergänzung
und Ausbildung christlicher Sagen gehabt habe, ist nicht zu verkennen;
ich erwähne nur ein paar Beispiele..." Die Beschreibung des Bildes
ist zudem nach Döllinger der Kern des ganzen Hymnus. „Prudentius,"
heißt es a. a. O. S. 58, „erzählt, der Anblick des Grabes und der an
der Mauer über dem Grabe angebrachten Abbildung, die er ausführlich
beschreibt, habe ihn auf die Geschichte des Hippolytus aufmerksam ge=
macht; er scheint also nicht aus irgend einem schriftlichen Document, son=
dern nur aus einer unter den dortigen Christen vorhandenen Ueber=
lieferung und ihren Erzählungen geschöpft zu haben, daher fehlen mit
Ausnahme der Angabe über den Novatianismus des Martyrers und
seinen Widerruf sonst alle historischen Züge; die Hauptsache ist
die ausführliche poetische Beschreibung des Frescobildes,
dann die Schilderung seiner Krypta und des großen Volkszudranges bei
der Feier seines Festes; das Uebrige ist nur die herkömmliche Staffage
in einem Martyriumsgemälde." Es handelt sich nun zunächst nicht dar=
um, ob das von Prudentius geschilderte Martyrium des Hippolyt histo=
rische Wahrheit ist. Die Frage ist nur, ob und wie weit das von
Prudentius gesehene und beschriebene Bild mit der angeblich mißverstan=
denen Darstellung des mythischen Jünglings Hippolyt eine Aehnlichkeit
hatte. Nach Döllingers Worten hat entweder Prudentius selbst noch jene
mythische Darstellung gesehen, oder das Martyrium auf dem Grabe des
hl. Hippolyt ist von Christen gemalt worden, die, durch das Bild vom
Tode des athenäischen Königssohnes irregeführt, dem christlichen Blut=
zeugen einen ähnlichen Tod angedichtet haben. Das Erstere kann in keinem

---

[1] Hippolytus und Callistus. Regensburg 1853. S. 62. Vgl. S. 39 f.

Falle wahr sein. Das Bild ist nach Prudentius mit lebhaften Farben
gemalt — liquidis viget umbris — und am Grabe des Martyrers
selbst angebracht. Es kann also noch nicht gar alt gewesen sein. Dagegen setzt die Mißdeutung einer heidnischen Scene vor Allem eine alte
Darstellung voraus, die durch die Reihe der Jahre in Vergessenheit gerathen ist. Hätte ein heidnischer Kunstliebhaber den von seiner wollüstigen
Stiefmutter verfolgten Jüngling Hippolyt etwa in den letzten 50 Jahren
vor der Reise des Prudentius nach Rom malen lassen, so hätten die
Heiden ihr Eigenthum gegen christliche Mißdeutung wohl vertheidigt. Die
Schilderung des Prudentius beschreibt aber auch ein ganz anderes Bild,
als jenes heidnische gewesen sein kann. Das Haupt des Martyrers war
mit weißen Haaren bedeckt gemalt (v. 137); der heidnische Hippolyt hätte·
nur als blühender Jüngling dargestellt sein können[1]. Die Christen suchten
auf jenem Bilde mit allen Zeichen der Verehrung, welche man den Reliquien der Martyrer zollte, die zerrissenen Glieder des Heiligen. Auf
einem heidnischen Bilde hätte man diese Scene nicht gefunden. Von einer
falschen Interpretation eines heidnischen Bildes durch den Dichter kann
also keine Rede sein. Dazu kommt, daß Prudentius das Bild sehr genau
beschreibt. Die Worte, welche dem gepeinigten Hippolyt in den Mund
gelegt werden, mögen immerhin, wie Döllinger sagt, mehr oder minder
Dichtung sein; die Beschreibung des Bildes selbst zeigt keine dichterischen
Zuthaten. Was Prudentius bei genauer Betrachtung des Bildes gesehen
hat, das beschreibt er. Der Dichter war zudem ein Kenner des classischen Alterthums[2]. Die Erzählung, die er von dem Bilde des hl. Cassian

---

[1] Arevalo macht in der Anm. zu diesem Verse (Migne t. 60. col. 545)
gegen diejenigen hierauf aufmerksam, welche bei Prudentius eine Verwechslung oder
Confundirung des gemarterten Soldaten Hippolyt mit dem gleichnamigen greisen
Presbyter annehmen.

[2] Welchen Einfluß Bilder auf die Sagenbildung haben können, wußte Prudentius so gut, daß er dieß den Heiden zum Vorwurfe gemacht hat. „Mit Varro
stimmt Prudentius in der Ansicht überein, daß die ursprüngliche römische Religion
reiner gewesen sei und erst später durch die Poesie mit unwürdigen Vorstellungen
zersetzt und corrumpirt worden ist, und den schon von Herodot (l. IV. 2. 53) ausgesprochenen Satz, daß erst Homer und Hesiod den griechischen Göttern ihre bestimmte
Gestalt gegeben hätten, erweitert Prudentius dahin, daß in gleicher
Weise, ja in noch höherem Grade, die Malerei und Bildhauerkunst
mitwirkende Factoren in der Corrumpirung des Heidenthums gewesen seien. II. c. Symm. 39—49. Unser Dichter, der nach seiner ganzen Geistesrichtung den Denkmälern der Kunst besondere Aufmerksamkeit schenkt, und der in den
römischen Kunstwerken eine Hauptstütze·des Heidenthums erblickt, hat deßhalb bei
der Auswahl der zu besprechenden Göttergestalten (in den Büchern gegen Symmachus) sicherlich die zu seiner Zeit noch existirenden Kunstdenkmäler im Auge
gehabt. Einigemal führt er dieselben geradezu an: I. c. Symm. 226—237." (Both
a. a. O. S. 31.) Und derselbe Prudentius soll gerade in diesen Fehler gefallen sein?!
Vgl. *Allard*, Revue des quest. histor. t. XXXVI. p. 55.

liefert, läßt uns annehmen, daß er hier wie dort sich mit anderen über das Bild und seine Bedeutung besprochen hat. Hiernach müssen wir als ganz unhaltbar bezeichnen, was Kraus (Real-Encykl. der christlichen Alterth. I. S. 659) über die Schilderung des Prudentius sagt: „Döl= linger (a. a. O.) hat es in hohem Grade wahrscheinlich gemacht, daß hier eine volksmäßige Vermischung des Mythus von Hippolyt mit der Ueber= lieferung von dem geschichtlichen Presbyter Hippolyt vorliegt. Ich gehe weiter und bezweifle sehr entschieden, ob über dem Grabe des Heiligen sub agro Verano sein Tod wirklich so dargestellt war, wie es die Fabel von dem griechischen Hippolyt (zerrissen durch Pferde) erzählt. Viel= leicht war eine Scene hier dargestellt (Pferde kommen ja öfter auf christlichen Epitaphien vor), welche der Dichter falsch interpretirte; vielleicht führte ihn der Zustand des Gemäldes zu einer unrichtigen Erklärung. Die Art, wie Papst Liberius in der von Ambrosius (De virg. III. 1—3) aufbewahr= ten Predigt bei Einkleidung der Marcellina über den Mythus des Hip= polyt spricht, schließt sozusagen unbedingt aus, daß nach Erinnerung der officiellen römischen Kirche ein von ihr verehrter Martyrer eine ähnliche Todesart erlitten habe." „Unbedingt auszuschließen" scheint uns diese Redeweise des Liberius nur die Annahme Döllingers, daß die römischen Christen die Fabel des heidnischen Hippolyt einem christlichen Martyrer andichten konnten. Dadurch werden die letzten Worte von Kraus zu einer Widerlegung der Aufstellung Döllingers in jeder Form. In der That sind auch die übrigen Beweismomente Döllingers hinfällig, nament= lich die angeführten Beispiele von christlicher Sagenbildung. Wenn christ= liche Symbole, eine Taube als Sinnbild der Unschuld, ein Drache als Sinnbild des Götzendienstes, durch Mißverständniß in geschichtliche That= sachen umgewandelt werden, so ist von hier bis zur Uebertragung heid= nischer Fabeln auf geschichtliche Vorgänge doch noch ein weiter Schritt. Wäre der fromme Unverstand der Christen aber auch wirklich hierzu fähig gewesen, so hätte der Spott der gebildeten heidnischen Römer sie davor bewahren müssen. Das Bild des Hippolyt, welches Prudentius beschreibt, war auch den Heiden zugänglich. Hätte ein Symmachus mit seinen eifrigen Verfechtern der alten Mythen wohl geschwiegen, wenn er in dem Martyrium des christlichen Helden nur eine christianisirte Fabel erblickt hätte? Kurz, die Döllinger'sche Argumentation fällt zusammen vor dem einfachen Satze der Logik: „A posse ad esse non fit illatio." Alles was Prudentius sagt, stimmt genau mit dem Epigramme von Damasus [1].

---

[1] Real-Encyclopädie I. S. 665. Der von be Rossi hergestellte Text der In= schrift lautet:

Hippolytus fertur remerent cum iussa tyranni
Presbyter in scisma semper mansisse Novati

Womit Damasus geschlossen hat: „Haec **audita** refe(rt Dam)asus, probat omnia Christus", das gilt auch von dem Bilde, das Prudentius geschaut hat, und von der Beschreibung desselben. Die Ueber= lieferung des römischen Volkes, nicht aber das Phantasie= gemälde des spanischen Dichters haben wir im Hymnus auf den heiligen Hippolyt vor uns. An der Glaubwürdigkeit des Prudentius können wir nicht zweifeln. Ob das, was er nach bestem Gewissen überliefert hat, durchweg historische Wahrheit, ist eine andere, später zu behandelnde Frage. Daß aber ein heidnisches Bild zur Entstellung der historischen Wahr= heit geführt habe, daß gar Prudentius selbst falsch interpretirt habe, glauben wir nach dem Gesagten schon jetzt in Abrede stellen zu können.

Der Hymnus auf den hl. Quirin (Perist. VII) ist oben schon besprochen worden (S. 18). Daß Prudentius als Zeuge der öffent= lichen Verehrung des Martyrers ebenso wie bei den übrigen Hymnen zum Lobe desselben veranlaßt worden ist, zeigen nicht unbeutlich die Verse der Einleitung:

> Insignem meriti virum
> Quirinum placitum Deo
> Urbis moenia *Sisciae*
> *Concessum sibi martyrem*
> *Complexu patrio fovent.*

Die Vermuthung von Perez Bayer (a. a. O. Migne, t. 74. col. 620) über die Veranlassung zu diesem Hymnus: „Quirini mar- tyris exuviae ipsis, ut puto, Prudentii temporibus e Siscia, qui Croatiae pagus est, Romam translatae coniiciendi occasionem praebent"[1], ist mit den angeführten Worten des Dichters nicht leicht vereinbar. Mehr noch spricht gegen dieselbe, daß der Dichter gegen seine Gewohnheit die Feier der Uebertragung als Veranlassung nicht erwähnt. Hat dagegen Prudentius in Siscia selbst zu einer Zeit, da er noch „der Welt diente", die Verehrung des Heiligen gesehen, so erklärt sich das Stillschweigen über diese Veranlassung leicht. Die lebhaften Eindrücke waren im Geiste des Dichters durch den Zeitraum mehrerer Jahre ver= wischt. Zudem sprach er nach dem Zeugnisse seiner Selbstbiographie (praefatio) nicht gern von jenen Jahren.

> Tempore quo gladius secuit pia viscera matris
> Devotus Christo peteret cum regna piorum
> Quaesisset populus ubinam procedere posset
> Catholicam dixisset fidem sequerentur ut omnes
> Sic noster meruit confessus martyr ut esset.
> Haec audita refert Damasus probat omnia Christus.

[1] Vgl. Ebert a. a. O. I. S. 251. Anm. 4.

Indem wir zu jenen Hymnen übergehen, deren Helden in der alt=
spanischen Liturgie gefeiert wurden, kommen zuerst jene in Betracht, deren
Gräber Prubentius in Rom besucht hat: die Hymnen auf die heiligen
Apostelfürsten (Perist. XII), auf die hl. Agnes (Perist. XIV) und
auf den hl. Laurentius (II). Dieselben führen uns indeß, insofern sie
mit der Romreise zusammenhängen, nicht über jenen Punkt hinaus, den wir
bei der Betrachtung des Hymnus auf den hl. Hippolyt erreicht haben.
Prubentius betet mit dem römischen Volke an den Gräbern
dieser Heiligen. „Der kurze Gesang," sagt Brockhaus zutreffend über
den Hymnus auf die Apostelfürsten, „hält sich weniger bei den Leiben
beider Apostelfürsten selbst auf', als bei der Schilderung ihrer Gräber.
Er ist, wenn man will, ein poetisches Gedenkblatt an jene Gräber —
wie der Dichter am Schlusse (V. 65) ausdrücklich erwähnt —, für den
Frembling bestimmt, um in der Erinnerung an diese Orte das Fest da=
heim mit rechter Anbacht zu begehen." Doch der hauptsächliche Grund,
warum der Dichter seinen Hymnus mit einer Mahnung an den Rom=
pilger schließt — „Tu domum reversus — Diem bifestum *sic* colas
memento" —, ist die außerordentliche Feier des Festes, die Prubentius
unmittelbar vor dieser Mahnung beschreibt:

> Transtiberina prius solvit sacra pervigil sacerdos,
> Mox huc recurrit duplicatque vota. (v. 63.)

Daß die liturgische Feier von dem sacerdos an diesem Tage zwei=
mal, sowohl am Grabe des hl. Petrus als an dem des hl. Paulus, ge=
halten wurde, ist der eigentliche Gegenstand der Erinnerung. So ist
nach dem Dichter die öffentliche Verehrung der Martyrer und die Feier
des eucharistischen Opfers an ihren Gräbern auf's Innigste mit einander
verbunden. Daß sich nämlich das „sacra solvit pervigil sacerdos"
auf die Feier der Eucharistie bezieht, ist klar [1]. Prubentius setzt aber
voraus, daß der Pilger zu Hause das Fest der Apostelfürsten zu feiern
gewohnt sei. Ganz anders hat er den Hymnus auf den hl. Hippolyt
geschlossen. Dort bittet er seinen Bischof Valerian:

> Si bene commemini colit hunc pulcerrima Roma
> Idibus Augusti mensis, ut ipsa vocat
> Prisco more diem, *quem te quoque, sancte magister,*
> *Annua festa inter dinumerare velim.* (Perist. XI. 231.)

---

[1] Cfr. Missale mixtum ed. Leslei, notam ad fest. nativit. B. Ioann. Bapt.
(Migne t. 85. col. 763), und Sacramentarium Gelasian. ed. Thomasius in der
Liturgia Romana vetus ed. Muratori (Migne t. 74. col. 1054): „Auctorem com-
memorationis Sti Pauli (pridie Kal. Iul.) sanctum Gregorium facit Micrologus
consentientibus illius sacramentariis. Antea enim eodem die utriusque apostoli ut festum in duabus viis Triumphali et Ostiensi, ita et repetita missa
in duabus basilicis Vaticana S. Petri et S. Pauli extra portam Trigeminam

Im Hymnus auf die Apostelfürsten dagegen brauchte er diese Bitte nicht zu stellen. Man feierte in Spanien das Fest wie in Rom. Die angeführten Worte zeigen, daß in der Heimath des Dichters ein **bestimmter, alljährlich sich wiederholender Festkreis bestand; daß derselbe dem Dichter genau bekannt war; daß endlich die Aufnahme neuer Feste in diesen Kreis nicht ausgeschlossen war.** Hier sind wir beim Höhepunkte unserer Untersuchung angelangt. Wie nämlich Prudentius seine Nachrichten über den hl. Cassian und Hippolyt aus ihrer öffentlichen Verehrung geschöpft hat, so ist dieß bei allen anderen von ihm besungenen Heiligen der Fall. Die Geschichte der heiligen Martyrer war in die Gebete und Lesungen ihrer Feste aufgenommen. Indem Prudentius bei der Feier dieser Feste das Martyrium der Heiligen preisen hörte, wurde er angeregt, den vernommenen Martyrerscenen ein poetisches Kleid zu geben. Namentlich aus der Illatio (Präfation) der altspanischen Meßformulare ist dieß ersichtlich. Zwischen den dortigen Angaben und den Worten des Prudentius findet sich eine überraschende, zuweilen wörtliche Uebereinstimmung, die wir zunächst nachzuweisen haben.

Der in Rede stehende Hymnus auf die Apostelfürsten, welcher wahrscheinlich in Rom verfaßt ist, zeigt bereits die Spuren dieser Uebereinstimmung. Prudentius hebt gleich anfangs (V. 5) hervor, daß Petrus ein Jahr früher als Paulus, aber an demselben Tage, den Tod erlitten habe.

> Unus utrumque dies, pleno tamen innovatus anno,
> Vidit superba morte laureatum.

Während in dem spanischen Meßformular nur die Einheit des Tages betont ist[1], wird in dem 26. Formulare des leonianischen Sacramentars in der Präfation gerade auch die Verschiedenheit des Jahres hervorgehoben: „... sic dispensatione diversa unam Christi familiam congregantes *tempore licet discreto* recurrens una dies in aeternum et una corona sociavit."[2] Die Quelle der zuversichtlichen Ansicht des Prudentius über den Todestag der Apostel haben wir zweifelsohne in dieser Präfation zu suchen, in der sich die Meinung der Gläubigen Roms über diesen Punkt aussprach[3]. Gewiß ist diese Präfation ben-

---

a Romano antistite celebrabatur. Pulchre Prudentius, qui sub finem IV. saeculi floruit, id expressit in hymno apostolorum his verbis: Aspice per bifidas plebs Romula funditur plateas etc. v. 57."

[1] „Domine qui ... beatissimos apostolos tuos ... *uno die* passionis merito coronasti." Missale mixtum (Migne t. 85. col. 767).

[2] Migne t. 55. col. 59.

[3] Augustinus (serm. 28), Gregor von Tours (de gloria martyrum I. 29), Arator (hist. apost. II. 2), die derselben Ansicht sind, können hierbei nicht in Betracht kommen.

jenigen im Leonianum beizuzählen, welche aus der Zeit des hl. Dama=
sus stammen[1]. Die übrigen Angaben des Prudentius über das Mar=
tyrium der Apostel mit den daran geknüpften Reflexionen finden sich,
wenn auch nicht den Worten nach, in der altspanischen Liturgie.

Ecce duas fidei summo patre conferente dotes,
Urbi colendas quas dedit togatae.   (v. 55 sq.)

Gerade dieser Gedanke, daß die Apostel, diese „duo olivae et duo
candelabra aurea", Geschenke Gottes sind, zieht sich wie ein rother Faden
durch die Festmesse des Missale mixtum.

Der Hymnus auf die hl. Agnes (Perist. XIV) ist wie der vorige
durch die Erinnerung an ihr Grab in Rom eingeleitet. Das Mar=
tyrium der Heiligen, wie es Prudentius erzählt, steht in vollkommenster
Uebereinstimmung mit der Liturgie[2]. Auf die nahe Verwandtschaft dieses
Hymnus mit dem auf die hl. Agatha, welcher dem hl. Damasus zu=
geschrieben wird, einerseits, und auf die Uebereinstimmung des letztern
Hymnus mit der Agatha=Präfation in der ambrosianischen Liturgie anderer=
seits hat bereits Kayser (a. a. O. S. 117. 125) hingewiesen. In
Vers 10 und 57 führt Prudentius geradezu die Tradition als seine
Quelle an: „Aiunt iugali vix habilem toro — Primis in annis forte
puellulam — Christo calentem fortiter impiis — Iussis renisum."
„Sunt qui rogatam rettulerint preces fudisse Christo . . ." Diese
Stellen sind von Wichtigkeit für die Charakteristik des Dichters, denn sie
zeigen, daß er einen Unterschied zwischen den berichteten Thatsachen macht[3].
Das „sunt qui rettulerint" nöthigt zur Annahme, daß nicht alle Zeit=
genossen mit der historischen Begründung dieser Ueberlieferung einverstanden
waren. Indem Prudentius diesen Zweifel mittheilt, tritt sein Streben,
die Wahrheit zu berichten, deutlich hervor. Wichtiger noch ist der Schluß,
den wir aus diesen Stellen für die Beziehung des Dichters zur Liturgie
ziehen. In der altspanischen Liturgie ist dieser Zweifel nicht angedeutet.
Insofern ist die oben behauptete vollkommene Uebereinstimmung zwischen
Dichter und Liturgie einzuschränken. Zur Erklärung können wir eine
zweifache Möglichkeit annehmen. Entweder sind die vom Dichter mit
Vorbehalt berichteten Thatsachen erst nach seiner Zeit als unbezweifelt in

---

[1] Vgl. Probst, Das leonianische Sacramentarium, im Katholik 1879. Bd. II.
S. 478. Aus dieser Stelle des Prudentius erhält die an sich schon überzeugende
Darlegung von Probst eine neue Bestätigung. Von Gelasius wurde diese Ansicht
als von Häretikern herrührend verworfen: „Qui (Paulus) non diverso, sicut haeretici garriunt, sed uno tempore uno eodemque die gloriosa morte cum Petro
in urbe Roma sub Caesare Nerone agonizans coronatus est." Vgl. Praefat. in
Sacramentar. Leon. n. 5 (Migne t. 55. p. 11); Probst a. a. O. S. 486.

[2] Vgl. Missale mixtum (Migne t. 85. col. 669).

[3] Vgl. Döllinger a. a. O. S. 56 Anm.

das Festofficium aufgenommen worden, oder Prudentius ist durch seinen Aufenthalt in Rom bewogen worden, dieses beschränkende „aiunt" und „sunt qui" in sein Gedicht zu verflechten. Das letztere erscheint nach dem, was später über die altspanische Liturgie zu sagen sein wird, als wahrscheinlicher. Leider ist uns das Fest der hl. Agnes im leonianischen Sacramentar, welches erst vom Monat April an erhalten ist, nicht aufbewahrt. Wir können daher nicht erfahren, ob die berichteten Thatsachen auch in die Präfation und die Gebete der römischen Kirche aufgenommen waren. — Dagegen ist es uns gestattet, das älteste uns erhaltene liturgische Buch der römischen Kirche, das Sacramentarium Leonianum, zur Erklärung des Hymnus auf den hl. Laurentius zu verwerthen. „Unter allen römischen Martyrern ist Laurentius derjenige, der schon frühzeitig am meisten und im weitesten Kreise gefeiert wurde." Prudentius hat ihm nach dem hl. Romanus den längsten Hymnus gewidmet, indem er in den Rahmen des Martyriums eine Vertheidigung des Christenthums gegen das Heidenthum aufgenommen hat. Der Hymnus erhält dadurch an mehreren Stellen Aehnlichkeit mit den Büchern gegen Symmachus. (Vgl. Perist. II. 510 sq. mit I. c. Symm. 544 sq.[1]) In der That steht dieser Hymnus auch in beabsichtigtem, innerem Zusammenhange mit den genannten Büchern. Laurentius ist nach Prudentius „der beständige Consul des himmlischen Rom" (B. 539); „unter seiner Führung triumphirt das christliche Rom über den heidnischen Götzendienst" (B. 1 f.). So steht denn Laurentius als Sachwalter des christlichen Rom auch den Bestrebungen des Symmachus abwehrend gegenüber. In dem Martyrium des hl. Laurentius, wie es Prudentius erzählt, fehlt nun ein Zug, den die altspanische Liturgie wie die meisten liturgischen Documente enthalten. Der heilige Martyrer = Diakon soll nämlich den römischen Officier Namens Hippolyt, welchem er als Gefangener übergeben worden sei, bekehrt haben. Drei Tage nach dem Tode des hl. Laurentius habe auch er den Tod für den christlichen Glauben erlitten in der Weise, wie sie Prudentius Perist. XI von dem Presbyter Hippolyt erzählt. Nach mancherlei Martern sei Hippolyt an wilde Pferde angebunden und von diesen zu Tode geschleift worden. Prudentius thut von diesem Hippolyt keine Erwähnung. Wir müssen hieraus mit sehr großer Wahrscheinlichkeit folgern, daß dem Dichter dieser Zug unbekannt gewesen ist. Denn erstens ist es gegen die Gewohnheit des Dichters, die in seinen Hymnen überall hervortritt, einen irgendwie bedeutenden Zug zu übergehen. Seinem Hange, Episoden einzuflechten, hat er wiederholt nur zu sehr nachgegeben. Insbesondere für seinen Zweck, den er im Hymnus auf den hl. Laurentius verfolgt, mußte er die Hippolyt=Scene mit Freuden begrüßen. Was konnte den Sieg des

---

[1] Vgl. Brockhaus a. a. O. S. 108.

Christenthums über das heidnische Rom durch Laurentius mehr verherr=
lichen, als die Bekehrung eines römischen Kriegers? Sodann mußte das
lebhafte Interesse, welches der Dichter für das Martyrium des Priester=
greises Hippolyt bekundet, ihn zur Erwähnung dieses Hippolyt veranlassen,
da beide merkwürdiger Weise das gleiche Martyrium bestanden. Beide
Hymnen, der auf Laurentius wie der auf Hippolyt, sind nach der Rom=
reise geschrieben. Das Schweigen über den bekehrten Krieger Hippolyt
kann also nicht daher rühren, daß Prudentius den hl. Laurentius schon be=
sunge hatte, als er in Rom das Fest des hl. Hippolyt an den Iden des Au=
gust feierte. Uebrigens bliebe in diesem Falle doch der erste Grund bestehen.

Das Schweigen des Dichters stimmt aber genau mit den Meß=
formularen für das Fest des hl. Laurentius überein, welche das leonianische
Sacramentar enthält. An das zwölfte unter denselben enthält der Hym=
nus noch besondere auffallende Anklänge. Die altspanische Liturgie, welche
Prudentius kannte, muß im Schweigen mit der römischen übereingestimmt
haben. Der Dichter hätte sonst, wie im Hymnus auf die hl. Agnes,
diesen Zug wenigstens mit einem „aiunt" eingeführt. Neben Prudentius
berichten auch Ambrosius, Augustinus, Petrus Chrysologus, Maximus
von Turin, Leo der Große nichts von dem durch den hl. Laurentius be=
kehrten Hippolyt. Wir müssen demnach mit Döllinger die Nachricht von
diesem Hippolyt als einen spätern Zusatz zu den Akten des hl. Laurentius
bezeichnen. „Diese Akten, in welche das Martyrium des Hippolyt und
seines Hauses mit eingerückt ist, sind, wie allgemein anerkannt wird, eine
spätere Dichtung und ein historisch ganz unbrauchbares Document." [1]
Daß diese Legende später auch in die römische Kirche Eingang fand, zeigt
das Festofficium im heutigen römischen Brevier. In der ambrosianischen
Liturgie, welche mit der römischen im nächsten Zusammenhange steht, findet
sich der Name Hippolytus unmittelbar nach Sixtus und Laurentius in
dem Gebete Communicantes. Auf Prudentius gestützt, glauben wir nun
behaupten zu können, daß man vor dem Jahre 400 von der Bekehrung des
fraglichen Martyrers Hippolyt durch den hl. Laurentius in der römischen und
in den spanischen Kirchen nichts wußte, und von den etwa 70 Jahren, „von
der Zeit des Papstes Liberius bis auf die Leo's des Großen", in welche nach
Döllinger (S. 33) „die Ausbildung der neuen Sage fällt", können wir
getrost 30 Jahre subtrahiren. Prudentius mit seinem Zeugnisse wird zu
einem Denkmal in der Entwicklungsgeschichte der liturgischen Arbeiten des
vierten und fünften Jahrhunderts. Für die Zerstreuung des Nebels,
welcher sich über die Person oder die Personen mit dem Namen Hippolyt
gelagert hat, kann Prudentius nicht angerufen, darf aber auch für die
Herbeiführung dieses Dunkels nicht verantwortlich gemacht werden [2]. Er

---

[1] Döllinger a. a. O. S. 32.
[2] Beides ist wiederholt geschehen; vgl. Döllinger S. 57.

ist einfach ein treuer historischer Zeuge für die bereits ein=
getretene oder sich entwickelnde Verwirrung. Denn daß die
historische Wahrheit in den Berichten über die verschiedenen Hippolyte
eine Entstellung erfahren hat, kann einem Zweifel nicht unterliegen. Jener
Hippolyt, welcher nach der Zeit des Prudentius in Verbindung mit dem
hl. Laurentius erscheint, soll an demselben Tage, 13. August, das=
selbe auffallende Martyrium erlitten haben, wie der zur Zeit
des Prudentius in Rom verehrte Presbyter Hippolyt. Das Grab des
letztern befand sich in der Nähe einer schönen großen Kirche, welche wahr=
scheinlich dem hl. Laurentius, nicht dem hl. Hippolyt, geweiht war. Döllinger
hat in seine Untersuchung auch den Hippolyt von Portus und den antio=
chenischen hineingezogen, wie es die Ausführlichkeit forderte. Ob seine
Lösung des Knotens, abgesehen von den oben erwähnten kühnen Conjec=
turen, ohne Weiteres anzunehmen ist, ob namentlich „der römische Militär=
befehlshaber Hippolyt, der Wächter und Schüler des hl. Laurentius, der
von Pferden geschleift wurde, eine sagenhafte Persönlichkeit ist, für deren
Existenz und Schicksale kein geschichtliches Zeugniß vorhanden ist", muß,
so scheint es uns, vorläufig als eine offene Frage gelten. Die Logik
fordert, daß man so lange sein Urtheil suspendire, bis für eine der ver=
schiedenen Möglichkeiten überwiegende Gründe eintreten, vor welchen die
übrigen Möglichkeiten sich als unwahrscheinlich herausstellen. Die Döl=
linger'sche Argumentation läßt aber noch andere Erklärungen als möglich
zu. Auf dieselben einzugehen, fordert unsere Aufgabe nicht. Die voll=
ständige Entwirrung des verschlungenen Knäuels selbst halten wir vor=
läufig für unmöglich. Der Vorwurf, zur Verwirrung beigetragen zu
haben, trifft mehr die Erklärer des Prudentius, als ihn selbst. Unter
den übrigen „groben Irrthümern", welche unserem Dichter zur Last gelegt
werden, kommt hier in Betracht, daß er den hl. Xystus an's Kreuz schlagen
läßt, während er nach den übrigen Nachrichten enthauptet worden ist.
Tillemont und Obbarius behaupten entschieden, daß man in dieser Contro=
verse dem Dichter folgen müsse. Leßlei[1] deutet eine Vermittlung an, in=
dem er zu den Worten:

> Fore hoc sacerdos dixerat
> Iam Xystus affixus cruci
> Laurentium flentem videns
> Crucis sub ipso stipite (v. 21 sq.)

bemerkt: „Videndum tamen, an *crucis* nomine Prudentius equuleum
intellexerit?"

Auch das früher zu Gunsten des Dichters angerufene Sacramentar
der römischen Kirche verläßt uns hier. In Uebereinstimmung mit der

---

[1] Missale mixtum (Migne t. 85. col. 815).

spanischen Liturgie heißt es darin (praef. II. in natale s. Xysti): „qui (Xystus) persecutoris gladium intrepida cervice suscepit." Weil die verschiedenen Formulare dieses Sacramentars zu verschiedenen Zeiten entstanden sind, läßt sich in Ermangelung anderer Zeichen nicht ersehen, aus welcher Zeit die einzelnen stammen. Es wäre sonach immerhin möglich, daß erst nach Prudentius diese Angabe der Todesart des hl. Xystus die andere verdrängt hat. Da beide Todesarten so bestimmt bezeugt sind, so dürfte in einer Vereinigung beider nach der Andeutung von Leslei das Richtige liegen, um so mehr, als die Folter (Perist. X, 109 sq.) als *stipes* und die Qual selbst eculeo *eminus pendere* bezeichnet wird. Vgl. Perist. V, 552. Leslei, Missale mixtum. Anm. zur orat. ad pacem in festo S. Eulaliae. Barc. [Migne t. 85. col. 709]). In jedem Falle möchten wir auch hier behaupten, daß Prudentius uns eine zu seiner Zeit festgehaltene Nachricht überliefert hat, anstatt zu sagen: „Wir wissen nicht, ob diese Eigenheit des Dichters Absicht, schwaches Gedächtniß, Verwechslung oder Mangel an Quellen ist." [1]

Aus den besprochenen Hymnen, welche Prudentius auf römische Martyrer gedichtet hat, ergibt sich zunächst, daß letztere allgemein vom christlichen Volke verehrt wurden; sodann daß über Nebenumstände ihres Lebens und Todes verschiedene Nachrichten vorhanden waren. Beides fand seinen Ausdruck in der liturgischen Feier der Heiligen. Das Leben der Heiligen und deren öffentliche Verehrung an ihren Todestagen durch= drang das Leben des christlichen Volkes. Noch deutlicher werden wir dieß bezeugt finden durch jene Hymnen, welche der Dichter den in seiner Heimath besonders oder ausschließlich verehrten Martyrern gewidmet hat, deren Gedächtnißtage er regelmäßig in den gottesdienstlichen Ver= sammlungen seines engern Vaterlandes begehen sah. Wir behandeln zunächst die ihrem Geburtsorte nach außerspanischen Martyrer Cyprian und Romanus.

Den hl. Cyprian nimmt Prudentius für Spanien in Anspruch. „Est proprius patriae martyr, sed amore et ore noster" (v. 3). In dem Briefe des hl. Cyprian (ep. 67. al. 68) an die Kirchen von Leon, Astorga und Emerita ist seine Liebe zu Spanien, welche Prudentius

---

[1] Gams a. a. O. II. 1. S. 350. Hierbei wird vorausgesetzt, daß die Gründe Döllingers gegen die Kreuzigung des Xystus wirklich so objectiv entscheidend sind, wie Döllinger persönlich meint. „Mir scheint es entscheidend, daß das Edict Va= lerians die einfache Hinrichtung der Bischöfe und Priester anordnete, und daß man nur das Verfahren, wie es bei Cyprians Verurtheilung und Hinrichtung beobachtet wurde, erwägen darf, um es ganz unglaublich zu finden, daß gleichzeitig gegen den römischen Bischof die ärgste und schmachvollste aller Strafen, die der Kreuzigung, angewendet worden sei. Cyprian würde das (ep. 82 [80] ad Lu= cretium) auch sicher mehr betont haben."

hier preist, verewigt [1]. Wie dankbar die Spanier das Andenken Cyprians
ehrten, bezeugt Prudentius Perist. XI, 237. Aus dem Festkreise, der
in seiner heimathlichen Kirche bestand, hebt er die Gedächtnißfeier der
Heiligen Cyprian, Chelidon und Eulalia hervor. Nach dem Zeugnisse
der altspanischen Liturgie ging dem Feste des hl. Cyprian ein breitägiges
Fasten voran [2]. Der Name des Heiligen kommt aber in dem liturgischen
Formulare für dieses Fasten nicht vor. In der Illatio geschieht vielmehr
eines allmonatlich sich wiederholenden Fasten-Triduums Erwähnung [3].
Daraus dürfte sich ergeben, daß dieses „ieiunium sancti Cipriani"
nicht sowohl dem Feste des Heiligen seinen Ursprung verdankt, sondern
daß die ursprüngliche Septemberfaste vor das Fest des Heiligen zu seiner
Ehre verlegt worden ist. Dieß scheint auch durch die Ueberschrift dieses
Fastenofficiums im mozarabischen Breviere bestätigt zu werden: „Incipit
officium ieiuniorum Kalendarum Novembrium (Septembrium), quod
observatur III diebus ante festum sancti Cipriani." In jedem Falle
beweist diese uralte Einrichtung die hohe Verehrung des hl. Cyprian in
Spanien, mit welcher das fast überschwängliche Lob des Prudentius voll=
kommen übereinstimmt. Der Dichter will, wie der Eingang zeigt, Cyprian
vor Allem als Lehrer der Christenheit verherrlichen. Dreimal wird
der Martyrbischof im Hymnus „doctor" (V. 34. 38. 105) genannt, ein
viertes Mal Perist. IV, 18 [4]; die Wirkungen seiner Lehrthätigkeit werden
wiederholt und ausführlich hervorgehoben; ja, im Tode hat Cyprian nicht
aufgehört, Lehrer des Erdkreises zu sein, was Prudentius durch folgendes
Muster einer Cumulatio zum Ausdrucke bringt:

---

[1] Vgl. Gams a. a. O. I. S. 236 f. Peters, Der hl. Cyprian S. 482 f.

[2] Missale mixtum (Migne t. 85. col. 850).

[3] „Et ideo per singulorum mensium cursum trium dierum ieiunia devotis
cordibus celebrantes praeoccupemus faciem Dei" etc.

[4] In den Beschlüssen des Concils von Saragossa 380 gegen die Priscillia=
nisten wird im siebenten Canon bestimmt: daß derjenige sich nicht den Namen eines
Doctors beilege, dem es nicht bewilligt ist. „Gleichfalls wurde gelesen," heißt es
in den Akten, „es solle niemand den Namen Doctor annehmen, außer die Personen,
welchen es bewilligt ist, nach dem, was geschrieben ist. Alle Bischöfe sagten: So
sei es." Vgl. Gams a. a. O. II. 1. S. 371. Ebenso wie Gams durch diesen
Beschluß zu der Vermuthung kommt: „Wahrscheinlich nannte sich Priscillian ‚Doctor'",
so bringt uns das Lob, welches Prudentius so auffallend dem „doctor Cyprianus"
spendet, auf den Gedanken, der Dichter habe dabei die Anmaßung der Priscillianisten
im Auge. Gerade in Saragossa wurde das Fest Cyprians in hervorragender Weise
begangen (Perist. XI, 237). Den Bischof von Saragossa, Valerius (Valerian),
bittet Prudentius, Hippolyts Tag wie den des hl. Cyprian zu feiern. Da die
Bezugnahme des Prudentius auf die Priscillianisten zweifellos ist, so liegt nichts
näher als der Gedanke, Prudentius habe im Hymnus auf Cyprian den Gläubigen
seiner Heimath zurufen wollen: „Seht den Cyprian, euren wahren, von Gott ge=
sandten Lehrer!"

... tenet ille regna coeli,
Nec minus involitat terris, nec ab hoc recedit orbe,
Disserit, eloquitur, tractat, docet, instruit, prophetat.   (v. 99 sq.) [1]

Seinem Plane entsprechend übergeht der Dichter Züge aus dem
Martyrium des Heiligen, welche in den Akten und in den liturgischen
Urkunden betont werden, namentlich daß er seinem Henker 25 (in der
altspanischen Liturgie 20 — bisdeni) Goldstücke auszahlen ließ. Im
Uebrigen aber tritt in diesem Hymnus die Aehnlichkeit mit dem Formulare
der Festmesse im altspanischen Missale auffallend hervor. Prubentius
beginnt:

> Punica terra tulit, quo splendeat omne, quidquid usquam est;
> Inde domo Cyprianum, sed decus orbis et magistrum.

> Incubat in Libya sanguis, sed ubique lingua pollet.   (v. 1 sq.)

In der Festmesse heißt es: „Illius quippe gloriosos cineres retinet
Africana Carthago; sed lingua toto pene claret in mundo. Unde
quia hic vir etsi loculo teneatur in corpore, beneficiis tamen patet
ubique." [2] Prubentius rühmt (V. 9 f.) die dem Heiligen von Gott ver-
liehene Wissenschaft; in der Oratio ad pacem lesen wir: „Reple nos
fructu tuae dulcedinis: qui os eius coelestibus replesti doctrinis" etc.
Prubentius stellt Cyprian weiter (V. 17) dem hl. Paulus an die Seite,
dessen Erklärer Cyprian geworden ist. In dem hymnenartigen Gebete
post Sanctus findet sich die Stelle: „Merito illi apostolo gentium
atque magistro coaequatus est (Cyprianus) Paulo: in quo Christus
habitans velut e templi sui conclavibus loquebatur." Die Illatio der
Messe hat nach der Einleitung die Worte: „quem (Cyprianum) nulla
saevorum principum interminatio pavefecit; — non lugubris et squalida ergastulorum obscuritas a proposito sanctae deliberationis retinuit;
— non denique exstricti ensis in iugulo descensurus mucro deterruit."
Diese drei Sätze könnten die Disposition des Hymnus genannt werden,
denn nachdem Prubentius die Bekehrung Cyprians erzählt hat (V. 21—30),
folgt (V. 31—49) die Schilderung seines Muthes gegenüber den heidnischen Verfolgern; (V. 50—70) sein Aufenthalt und Gebet im Gefäng-
nisse; (V. 88—95) sein Tod für Christus. Eingeflochten ist (V. 76—87)
das Martyrium der sogen. massa candida, welches Prubentius als Frucht
der Lehre und des Gebetes Cyprians hinstellt. „Dieser fremde Zug
im Bilde des karthagischen Bischofs" ist somit genügend motivirt. Das

---

[1] Nach diesem klar hervortretenden Plane des Dichters kann man den Worten
von Brockhaus (S. 153) nur in sehr beschränktem Maße beistimmen: „Seine
Tendenz, den Cyprian auch seinem spanischen Vaterlande zuzueignen, spricht Prubentius gleich zu Anfang des Hymnus aus." Das wäre ein acta agere gewesen.
[2] Ad orat. Dominic. (Migne t 85. col. 860).

Frembartige des Zuges aber verliert sich bei genauer Betrachtung der Worte des Dichters. Die genannte Episode schließt sich an die Be=schreibung der Wirkungen an, welche das Gebet und die Lehre Cyprians auf das Volk von Karthago übten (V. 70—76). Diese Beschreibung entspricht aber genau den Worten des Diakon Pontius in seiner Vita s. Cypriani (n. 17), worin er geistreich das Todesurtheil Cyprians interpretirt: „‚Documento autem suis fuit,‘ qui multis pari genere secuturis prior in provincia martyrii primitias dedicavit. ‚Sanciri etiam coepit eius sanguine disciplina,‘ sed martyrum, *qui doctorem suum* imitatione gloriae consimilis aemulati ipsi quoque disciplinam exempli sui proprio cruore sanxerunt.“ Die letzteren Worte berechtigen zu der Vermuthung, daß unserem Dichter die Worte des Pontius bei der Verherrlichung des „doctor Cyprianus“ vorgeschwebt sind. Wenn nun Prudentius das Martyrium der massa candida als besonderes Beispiel der im Allgemeinen bezeichneten Wirkung von Cyprians Lehre anführt, so leitet er dasselbe doch durch „fama refert“ (v. 76) ein, und unterscheidet es so von den vorher berichteten Thatsachen [1]. Dieses „fama refert“ im

---

[1] Neben Prudentius gibt der hl. Augustin Zeugniß von der mit dem Namen massa candida bezeichneten Martyrerschaar. „Attendite,“ sagt er Enarr. in ps. 49. n. 10 (Migne t. 36. col. 571), „martyrum numerositatem: sola in proximo quae dicitur massa candida plus habet, quam centum quinquaginta tres martyres.“ Mit Unrecht beruft man sich auf diese Stelle, um eine Differenz in der Zahl zwischen Prudentius, der 300 Martyrer angibt, und dem hl. Augustin zu constatiren. (Brock=haus a. a. O. S. 152: „Augustin zählt nur 150 Martyrer.“) Der heilige Bischof von Hippo hat nämlich im Vorhergehenden seinen Zuhörern die Stelle Joh. 21, 11 dahin ausgelegt, daß die 153 Fische im Netze die Gerechten des Himmels bedeuten. Aber daraus dürfe niemand folgern, als sei die Zahl der Gerechten überhaupt nur 153. In diesem Zusammenhange nun sagt er: „Allein die massa candida, nur ein Theil der zahlreichen Martyrer, hat ja schon mehr als 153 Martyrer bezw. Gerechte.“ Der hl. Augustin ist also weit entfernt, nur 150 zu zählen; die Zahl setzt er als allbekannt voraus. Wie viel sie betrug, sagt uns Prudentius. — Der hl. Augustin redet von der massa candida noch in Enarr. in ps. 144 (l. c. col. 1880); ferner in Serm. 306 (Migne t. 38. col. 1400) und Serm. 311 (in natali Cypriani, l. c. col. 1417): „Uticensis massa candida“. Auch die Differenz, welche in letzterem Aus=drucke liegt, ist unbedeutend. Prudentius will in V. 71 unter populus Carthaginis nur die bem hl. Cyprian anvertraute Heerde verstehen. Wenn nach dem hl. Augustin die heiligen Martyrer zu Utica starben, so ist dadurch nicht ausgeschlossen, daß sie den hl. Cyprian als ihren Hirten verehrten. Schließlich führt man noch eine Differenz aus dem Serm. 317 in append. operum S. Aug. (Migne t. 38. col. 2352) an. Der Verfasser läßt die heiligen Martyrer durch's Schwert sterben. Vgl. Arevalo zu Perist. XIII, 82. Indeß ist die Ungewißheit über den Autor schon Grund genug, auf diese Nachricht kein Gewicht zu legen. Dressel schreibt S. 462 zu Perist. XIII, 87 wörtlich, was Obbarius zu derselben Stelle gesagt hat, sammt dem falschen Ci=tate: *Aug. serm. 115.* Anstatt Obbarius zu citiren, nennt er Chamillard, welchem Obbarius seine Anmerkung entnommen hat.

Verein mit ähnlichen Ausdrücken (Perist. IX, 18; XIV, 10.
57) hätte doch bezüglich „dieser fremden Züge" den Dichter vor einem Urtheile
schützen sollen, wie es Brockhaus (S. 152) über ihn fällt: „Wir begegnen hier wiederum einer schon öfter bemerkten Unklarheit des Prudentius, in der er verschiedene Traditionen, auf fremde Autoritäten ver-
trauend, kritiklos benützt und Widersprechendes zu einem Bilde zu-
sammenarbeitet." Gewiß ist Prudentius kein kritischer Geschichtsforscher;
„kritiklos" ist er aber nicht zu nennen, weil jenes „fama refert" etc.
schon angewandte Kritik ist. Sodann hat er zwar „Zusammengearbeitetes"
in gutem Glauben angenommen und überliefert, aber nicht selbst Widersprechendes „zusammengearbeitet". Letzteres gilt besonders von dem Beispiele, welches Brockhaus zur Bestätigung seines eben mitgetheilten Urtheils anführt. Der hl. Cyprian soll nach Prudentius (V. 21 f.) vor
seiner Bekehrung durch magische Künste unlautere Liebe in unschuldigen Herzen
entflammt haben. Daß hier eine Verwechslung mit dem antiochenischen
Cyprian, dessen Fest zugleich mit dem der hl. Justina am 26. September
gefeiert wird, vorliegt, kann nicht bezweifelt werden. Die Gegengründe,
welche Arevalo[1] anführt, bedürfen kaum der Widerlegung. Peters[2] hat
die Entstehung dieser Verwechslung beim hl. Gregor von Nazianz (or. 24.
al. 18 [Migne, Ser. gr. t. I. 1170]) und die hierauf bezüglichen Ansichten
sehr klar dargestellt und beurtheilt. „Unrichtig ist die Ansicht, wonach
diese Unterscheidung (des antiochenischen Cyprian von dem karthagischen
Martyrer) erst seit Baronius aufgekommen sei. Die geistreiche Eudokia,
seit 421 Gemahlin Theodosius' II., welche nach Photius (Migne III, 538.
Cod. 184) das Leben des orientalischen Cyprian besungen hat, unterscheidet die beiden Cypriane ganz klar von einander. Ebenso werden auch
im Abendlande, wenn man den Dichter Prudentius ausnimmt,
beide Martyrer stets von einander unterschieden. Die Legende bringt
zwar überall durch, aber die Unterscheidung ist constant." Wie kam
aber Prudentius dazu, mit dieser Verwechslung im Abendlande eine Ausnahme zu machen? Eine Abhängigkeit von Gregor von Nazianz läßt sich
nicht nachweisen. Ist unsere öfter geäußerte Behauptung richtig, daß Prudentius die Traditionen treu und genau so überliefert, wie er sie gefunden hat, anstatt selber neue Gestalten „zusammenzuarbeiten", so kann auch
hier keine Ausnahme vorliegen. Und in der That verbietet uns die bereits mitgetheilte Stelle aus der altspanischen Liturgie, hier eine Ausnahme zu statuiren. Die genaue Beschreibung nämlich, welche Pru-

[1] Migne t. 60. col. 569.
[2] Der hl. Cyprian. S. 26 f. Danach ist die Bemerkung von Brockhaus
(S. 152), welcher die Unterscheidung noch von Baronius datirt und Nettbergs
erdichteten orientalischen Cyprian noch gelten läßt, zu verbessern bezw. aufzugeben.

11*

bentius von dem Kerker des hl. Cyprian in den Höhlen bei Karthago
gibt (V. 51 f.), findet sich weder im Leben des Heiligen von Pontius,
noch in seinen Akten. Der Bericht des Pontius schließt diese Kerkerhaft
geradezu aus [1]. Sie ist ebenso aus dem Martyrium des antiocheni=
schen Cyprian entlehnt wie seine Zauberkünste. Die Illatio der Fest=
messe Cyprians im altspanischen Ritus aber berichtet von dieser Kerker=
haft unter den Qualen Cyprians in derselben Reihenfolge genau wie
Prudentius: „Non lugubris et squalida ergastulorum *obscuritas* a proposito sanctae deliberationis (Cyprianum) retinuit." Prudentius (v. 51):

> Antra latent Tyriae Carthaginis altius reposta
> *Conscia tartariae caliginis, abdicata soli* etc.

Daß die Illatio nicht nach dem Gedichte des Prudentius gebildet
worden ist, dürfte ohne Weiteres klar sein und wird unten beim Resultate
unserer Untersuchung erörtert werden. Folglich ist hier die Anlehnung
des Dichters an die liturgische Feier der Heiligenfeste in seiner Heimath
offenbar. In der ganzen tarraconensischen Kirchenprovinz wenigstens
hatte die Confundirung der beiden Cypriane Eingang gefunden. Die
Heimath der altspanischen Liturgie im Oriente und ihre Beeinflussung
von dorther tritt auch hier zu Tage.

Bei jedem der noch zu besprechenden Hymnen des „περὶ στεφάνων"
werden wir nun genau so, wie beim Hymnus auf den hl. Cyprian, den
innigsten Anschluß an die altspanische Liturgie beobachten können, zunächst
im Gesange auf den hl. Romanus, dem längsten Gedichte des Pru=
dentius (Perist. X). Schon zur Wahl dieses Heiligen als Helden eines
Liedes hat die altspanische Liturgie den Anlaß gegeben. Im spanischen
Festkalender steht der Name des hl. Romanus unterm 18. November.
Leslei [2] beruft sich auf den Hymnus des Prudentius, um zu beweisen, wie
alt die Verehrung des Heiligen in Spanien sei. Aehnlich wie der Tag
des hl. Cyprian, so wurde der des hl. Romanus in der Heimath des
Dichters festlich begangen. Im Hymnus selbst ist das Martyrium des
Heiligen von den daran geknüpften apologetischen und polemischen Aus=

---

[1] Vgl. n. 15: „Sed dilatus in crastinum ad domum principis a praetorio
revertebatur."

[2] Missale mixtum (Migne t. 85. col. 914 sq.). Obbarius (a. a. O. S. 429)
sagt: „Brev. Mozarab. ad d. 18. Nov., qui Romano dedicatus est, Prudentium
solum sequitur." Das ist noch zu untersuchen, in welcher Abhängigkeit das moz=
arabische Officium und der Dichter stehen; ob nicht umgekehrt der Dichter zunächst
dem Officium gefolgt ist. Ebert (a. a. O. I. S. 251. Anm. 4) muß über den
Anlaß zu diesem Hymnus im Zweifel bleiben, weil er die Beziehung zwischen Pru=
dentius und der Liturgie nicht kennt. „Fraglich bleibt nur die Wahl des Romanus.
Fand er (Prudentius) damals in Rom, vielleicht seines Namens wegen eine be=
sondere Verehrung?"

führungen zu unterscheiden. Von Vers 166—300, wozu bereits die Verse 141 f. den Uebergang bilden, läßt Prudentius den Martyrer die Nichtigkeit des heidnischen Götzendienstes sarkastisch schildern, dagegen von Vers 301—390, einige polemische Stellen (V. 365 f.) abgerechnet, die Erhabenheit des Christenthums preisen. Das Lob Christi und des Martyriums für ihn verkündet Romanus sodann von Vers 466—545 und antwortet auf die neuen Drohungen des heidnischen Präfecten mit einer begeisterten Verherrlichung des Kreuzes (V. 586—646). In längerer Rede (V. 1008 bis 1090) stellt der Martyrer nochmals die Thorheit des Heidenthums an den Pranger, die sich in den abergläubischen Blut= vergießungen und in der Verbrennung und Bestattung der Leichen offen= barte. Die angegebenen Reden sind, so wie im Hymnus auf den hl. Lau= rentius, zur Bekämpfung des Heidenthums eingeflochten. Wie dort, gibt auch hier der Name Roms den Anknüpfungspunkt:

Miseret tuorum me sacrorum et principum
Morumque, *Roma*, seculi summum caput. (v. 166.) [1]

Die Rücksicht auf Symmachus und der Zusammenhang dieser Reden mit den Büchern gegen die Bestrebungen des letztern tritt dadurch klar zu Tage. Besonders sieht man dieß in der Widerlegung des Vorwurfes von dem geringen Alter des christlichen Glaubens, dem gegenüber der heidnische Richter das ehrwürdige Alter Roms hervorhebt (V. 406 f.). Vielleicht bewog sogar der Name des Martyrers, Romanus, den Dichter, gerade in diesem Hymnus seine polemisch=apologetischen Aus= führungen zu wiederholen; die Lieblingsidee des Dichters, das welt= beherrschende Rom zum Mittelpunkte des Christenthums und damit alle Völker zu christlichen Römern (Romani) erhoben zu sehen, ist ja klar und deutlich im Hymnus auf Laurentius und in den Büchern gegen Sym= machus ausgesprochen. Mehr interessirt uns indeß das eigentliche Mar= tyrium des hl. Romanus, in dessen Rahmen jene Reden eingeschlossen sind. Was die Person des hl. Romanus betrifft, so hat jene Meinung mit Recht die allgemeinere Anerkennung gefunden, welche in dem Helden des Prudentius und in dem zu Antiochien unter Diocletian im Jahre 303 gemarterten Diakon Romanus (Euseb. de martyr. Palaest. l. 1. c. 2. ed. Laemmer p. 668) eine und dieselbe Person sieht [2]. Die Kämpfe

---

[1] Schon im Eingange V. 31 wird nachdrücklich hervorgehoben:
Galerius *orbis* forte *Romani* statum
Ductor regebat.

[2] Ausführlich und wohl am besten spricht über die Controverse Leslei im Missale mixtum (Migne t. 85. col. 914). Gams setzt (a. a. O. II. 2. S. 197) zu dem Namen Romanus im altspanischen Sanctorale die Note: „(† in Rom c. 258)“, und entscheidet sich dadurch ohne Grund für die Behauptung des Baronius, der auch hier zwei verschiedene Martyrer annimmt. (In not. ad Martyrol. Rom.

des Heiligen um die Martyrerkrone werden nun von Prudentius in der vollkommensten, theilweise wörtlichen Uebereinstimmung mit dem Meßformu=lare im altspanischen Ritus [1] beschrieben. Nach Prudentius erfolgte die Gefangennahme des hl. Romanus, weil er an der Spitze des christlichen Volkes sich den Soldaten widersetzte, welche das christliche Gotteshaus zer=stören sollten.

Mox ipse (praefectus) templum cogitans irrumpere
Et dissipare *sancta sanctorum* studens
Armis profanus praeparabat impiis,
Altaris aram funditus pessumdare
Foresque et ipsas in ruinam solvere.

Praecurrit iudex his repente cognitis
Romanus acris heros excellentiae etc. (v. 45 sq.)

Zu beachten ist, daß auch hier der Opferaltar als die Hauptsache im christlichen Gotteshause erscheint.. Damit übereinstimmend sagt die Festmesse: „Ipse (Romanus) quippe fores domus Dei fortiter ob-serans ad victricia martyrii bella incitavit fidelium populorum ca-tervas." [2] Dasselbe wird in der Oratio ad pacem wiederholt. Die vom Dichter nur kurz erwähnte Mißhandlung des Martyrers durch Schläge (V. 121) und Zerfleischung (V. 451 f. 556 f.) kommt im litur=gischen Formulare nicht vor; sie müßte denn in dem „suppliciis trium-phavit" gefunden werden. Dem Prudentius bot gerade diese Pein Ge=legenheit, seine polemisch=apologetischen Reden anzuknüpfen. Die hier ein=geschaltete Scene von dem herbeigerufenen Kinde (V. 661 f.) findet sich

---

die 18. Nov.) Vgl. Brockhaus a. a. O. S. 124. Wirkliche Widersprüche finden sich in dem Doppelberichte nicht vor. Dieß im Einzelnen hier darzulegen, gehört nicht zu unserer Aufgabe. Was wir über die Glaubwürdigkeit des Dichters wieder=holt gesagt haben, faßt Leslei a. a. O. in die Worte: „Mihi, ut in materia diffi-cili, eorum opinio magis placet, qui unicum admittunt Romanum martyrem eundemque diaconum Caesariensem Antiochiae passum, nec *puto Prudentium aut inscitia rerum aut ornandi carminis causa e duobus unum finxisse Ro-manum,* sed praecipua martyris gesta et Dei miracula in eius passione *patrata fideliter narrasse, uti in actis praefectoriis legerat."* Ueber die Acta praefectoria ist noch besonders zu reden. Das „ferunt" begegnet uns aber auch in diesem Gedichte V. 706.

[1] Missale mixtum (Migne t. 85. col. 914 sq.).

[2] Euseb gibt einen andern Grund für die Verhaftung des Romanus an: (Ρωμανὸς) . . . πλείους ἄνδρας ἅμα γυναιξὶ καὶ τέκνοις σωρηδὸν τοῖς εἰδώλοις προσιόν-τας τε καὶ θύοντας ἐνιδὼν ἀνόποιστον ἡγησάμενος τὴν θέαν ζήλῳ θεοσεβείας πρόσεισι κἀκείνοις μεγάλῃ φωνῇ κεκραγὼς ἐπιπλήττει. αὐτὸς δὲ τῆς τόλμης ἕνεκεν συλληφθείς, γενναιότατος εἰ καί τις ἄλλος ἀποδέδεικται μάρτυς τῆς ἀληθείας. Dieser Umstand läßt sich vielleicht dem von Prudentius berichteten Grunde als vorangehend denken, zumal der Dichter auch (V. 41 f.) zunächst den Befehl des Präfecten erwähnt, die Gläubigen an der Feier des Gottesdienstes zu verhindern.

auch im Meßformulare. In der Oration post Sanctus heißt es: „Ob cuius (Christi) fidem fortissimus athleta Romanus animam posuit, et *puerulus Theodolus furenti gladio lactantis infantiae collum subiecit.*" Die Liturgie dagegen hat nur ein Interesse an jenen Scenen des Martyriums, welche von Gott durch Wunder ausgezeichnet wurden. Dieß ist zunächst der dem Martyrer bestimmte Feuertod, welcher jedoch unterbleiben muß, weil plötzlich herabströmender Regen den Scheiterhaufen auslöscht. Romanus hatte dieses Wunder vorausgesagt. Die Uebereinstimmung im Hymnus und in der Liturgie ist in allen Punkten vollkommen. Vgl. V. 850 f. und die alia Oratio; die Oratio post pridie und ad orationem Dominicam [1].

> „Scio," inquit ille, „non futurum ut concremer,
> Nec passionis hoc genus datum est mihi."

In der letztern Oratio heißt es: „... praedixit (Romanus) paratum sibi incendium nullis modis se esse visurum." Der Höhepunkt des Martyriums bildet der Befehl des Präfecten, dem Heiligen die Zunge auszuschneiden, worauf dieser trotzdem das Lob Christi mit lauter Stimme verkündet. Dem entsprechend hat Prudentius den Hymnus mit einer Bitte an den Heiligen eröffnet, worin er den der Zunge beraubten und doch so beredten Martyrer um die Gabe des Gesanges anruft:

> Romane Christi fortis adsertor Dei,
> Elinguis oris organum fautor move.

Im altspanischen Missale enthält die Illatio diese Scene. „*Radicitus,*" heißt es dort, „desecavit loquacis eius organum linguae." Bei Prudentius befiehlt der Tyrann dem Arzte Aristo, welcher die Verstümmelung vornehmen soll: „Linguam priorem detrahat *radicitus*" (v. 891). Die Ausführung des Befehles selbst beschreibt er also:

> Aristo quidam medicus accitus venit,
> *Proferre linguam* praecipit; profert statim — martyr retectam (v. 896.)

Die Illatio sagt: „Protinus (Romanus) medico desecanti linguam ab intus *protulit*" etc. Wie in der Illatio, wird beim Dichter die Zunge organum oris genannt (V. 2 und 929). „*Ipse quippe verborum dator* loquebatur in martyre", singt die Illatio; Prudentius: „praedicatur *ipse verborum dator*" (v. 930). Die gegenseitige Abhängigkeit oder Verwandtschaft kann nach den angeführten Beispielen keinem Zweifel unterliegen, zumal da sich dieselbe in allen übrigen Hymnen auf die

---

[1] Auch hierin weicht Euseb ab. Der Martyrer wird nicht verbrannt, weil die Soldaten erst, nachdem der Scheiterhaufen schon errichtet ist, den Kaiser um die Bestimmung der Todesart fragen, worauf dieser das Ausschneiden der Zunge anbefiehlt. Den Bericht der Soldaten an den Präfecten über den vereitelten Feuertod des Martyrers gibt aber auch Prudentius.

eigentlich spanischen Martyrer in erhöhtem Maße wiederholt. Unter diesen ist den heiligen Brüdern Emeterius und Chelidonius der erste Hymnus des Buches Peristephanon gewidmet. „Sit dies haec festa nobis, sit sacratum gaudium" (v. 120), ruft Prudentius seinen Landsleuten am Schlusse des Gesanges zu, und mit den Worten: „Sit dies haec nobis festa, — *fratres*, — sit sacratum gaudium" beginnt die Missa am Feste der genannten Heiligen im altspanischen Meßbuche[1]. Hier scheint die Liturgie in ihrer jetzigen Gestalt offenbar von Prudentius ab= hängig zu sein[2]. Nach solchem Anfange kann es nicht befremden, daß der Hymnus des Prudentius vielfach den Anschein hat, als wäre er das versificirte Meßformular. Wir müßten hier beide vollständig neben= einander stellen, wenn dieß in allen Einzelheiten nachgewiesen werden sollte. Von den heidnischen Zuschauern beim Martyrium sagt die Illatio: „Stupet hic subito hebes et *bruta gentilitas*..." Prudentius frägt trimuphirend: „Iamne credis, *bruta* quondam Vasconum *gentilitas?*" (v. 94.) Die Illatio berichtet, daß die Heiden absichtlich die Martyrer= akten vernichtet hätten; allein aus dem Gedächtnisse der Gläubigen habe man die große Wunderthat nicht verwischen können, die sich beim Mar= tyrium ereignete: der Ring des einen Martyrers, das Sinnbild des Glaubens, und das orarium[3] des andern seien gen Himmel entrückt wor= den[4]. Prudentius schreibt in demselben Zusammenhange:

> O vetustatis silentis obsoleta oblivio!
> Invidentur ista nobis, fama et ipsa extinguitur:
> Chartulas blasphemus olim nam satelles abstulit,
>
> Ne tenacibus libellis erudita saecula
> Ordinem, tempus modumque passionis proditum
> Dulcibus linguis per aures posterorum spargerent.

---

[1] Missale mixtum (Migne t. 85. col. 729). Ihr Fest wird am 3. März gefeiert.

[2] Vgl. Gams a. a. O. II. 2. S. 200. „Daß die Festmesse zu Ehren des hl. Emeterius und Chelidonius jünger sei als der Festhymnus des Prudentius, geht aus der Vergleichung beider hervor." Vgl. I. S. 293 f.

[3] Unter orarium muß wohl wegen des Zusatzes oris, der sich in der Liturgie wie bei Prudentius findet, ein Schweißtuch oder Halstuch verstanden werden. (Gams I. S. 294.) Iso erklärt es identisch mit sudarium. Brockhaus (S. 102) meint: „Doch könnte auch von einem Gebetsmantel oder Gebetstuch nach Art des israelitischen Ephobium die Rede sein, das die Christen möglicherweise von den Juden annahmen und das bei dem Clerus zu einem festen Kleidungsstück wurde."

[4] „Quamvis autem cauta versutia memoriam monimentorum tentaret ab-olere, non potuit tamen cuncta subtrahere. Fraudantur annalia; mirabilia per-severant. Delentur paginae; mansere virtutes. Servavit fides maiora, quam per-didit ... In conspectu omnium annulum atque orarium auris (oris) subvehenda miserunt. Suscipiuntur obsequente flatu, in favoris divini testimonio fidelium pignora ferculorum."

Hoc tamen solum vetusta subtrahunt silentia,
Iugibus longum catenis an capillum paverint
Quo viros dolore tortor quave pompa ornaverit [1].

Illa laus occulta non est, nec senescit tempore,
Missa quod sursum per auras evolarunt munera,
Quae viam patere coeli praemicando ostenderent.

Illius fidem figurans nube fertur annulus;
Hic cui dat pignus oris, *ut ferunt*, orarium,
Quae superno rapta flatu lucis intrat intimum." (v. 73 sq.)

Neben der Uebereinstimmung des Dichters mit der Liturgie ist aber auch die Selbständigkeit zu betonen, die trotzdem in beiden herrscht und die es auch hier wieder unbestimmt läßt, ob und wie weit Prubentius den litur= gischen Bericht oder umgekehrt der Verfasser des letztern den Prubentius benützt habe [2]. Jedenfalls zeigt die angeführte Stelle auf's Neue, wie genau Prubentius zwischen historisch sicheren Quellen und der mündlichen Ueberlieferung unterscheidet. Was uns aber als die Hauptsache im Buche Peristephanon erscheint, tritt in unserem Hymnus so deutlich wie nur möglich hervor: das Grab der Martyrer und die dort am Jahrestage ihres Mar= tyriums stattfindende Feier hat den Dichter zum Gesange veranlaßt (V. 1—21).

Um am Grabe der hl. Eulalia in Eremita vereint mit dem christ= lichen Volke von nah und fern den Triumph Christi zu besingen, hat Prubentius den dritten Hymnus im Buche der Siegeskronen gedichtet, den er deßhalb also schließt:

Ast ego serta choro in medio
Texta feram pede dactylico,
Vilia, marcida, festa tamen.

Sic venerarier ossa libet
Ossibus altare et impositum.
Illa Dei sita sub pedibus
Prospicit haec populosque suos
Carmine propitiata fovet. (v. 208 sq.)

Neben den Martyrern Cyprian, Chelidon und Emeterius wurde Eulalia, die mit zwölf Jahren bereits beständige Jungfräulichkeit gelobt hatte (V. 16), in der Heimath des Dichters am meisten verehrt [3] (Perist. XI. 237).

---

[1] Brockhaus (S. 102) sagt: „Es folgt auf diese kühne Rede (V. 58 f.) die Marter beider Bekenner: Einkerkerung, bis ihre Haare lang wuchsen, und Geiße= lung." Die Worte des Dichters berechtigen zu dieser Behauptung nicht.

[2] Sollten wir eine Vermuthung aufstellen, wie die Frage über die Art der gegenseitigen Abhängigkeit gelöst werden könnte, so wäre es diese: Prubentius hat den Stoff zu seinem Hymnus der liturgischen Feier entnommen. Hierfür spricht die Analogie der andern Hymnen. Die poetische Form, in welche er diesen Stoff gebracht hat, wurde alsbann bei einer spätern Redaction der Liturgie in Anwendung gebracht.

[3] Ein Grund dafür, daß der Hymnus auf den hl. Laurentius ursprünglich nicht an zweiter Stelle im Buche Peristephanon stand, liegt gerade darin, daß dann Eulalia an zweiter Stelle erscheint in genauer Uebereinstimmung mit Perist. XI. 238.

Das Fest dieser Heiligen begeht die spanische Kirche am 10. December. Sie kennt und feiert aber am 12. Februar noch eine andere Eulalia, welche im Unterschiede zu der von Emerita in Barcelona ihren Geburtsort hat. Die letztere erlitt im 14. Jahre den Tod für Christus, wie die Akten angeben. Wie im Alter fast kein Unterschied zwischen den beiden Jungfrauen gleichen Namens hervortritt, so ist auch, wenigstens nach den Angaben der Liturgie, die Art ihres Martyriums fast ganz gleich. Nach dem moz= arabischen Missale starben beide den Feuertod; nach dem Berichte Beda's wurde dagegen die hl. Eulalia von Barcelona enthauptet. Prudentius kennt nur eine Eulalia, die von Emerita, und sein Stillschweigen über die andere hat mehrere veranlaßt, zu zweifeln oder zu bestreiten, ob überhaupt eine hl. Eulalia von Barcelona existirt habe[1]. Prudentius kann jedoch, wie wir oben bei ähnlicher Gelegenheit dargethan haben, in solchen Fragen nicht als Schiedsrichter angerufen werden. Wir glauben an dem Martyrium der hl. Eulalia von Emerita wie an jenem der von Barcelona festhalten zu müssen. Die Gründe haben Leslei[2] und ausführlich Gams[3] angegeben. Darin jedoch, daß der Dichter absichtlich die ihm bekannte Eulalia von Barcelona übergangen habe, können wir Gams unmöglich beistimmen; denn gerade das soll Prudentius bewogen haben, die Jung= frau von Barcelona zu übergehen, was er von dieser auf seine Eulalia von Emerita übertragen hat. Ebenso wenig ist Leslei im Rechte mit den Worten (l. c. col. 168): „... Prudentius ... ex duabus Eulaliis unam fecit." Wir haben hier denselben Fall wie bei Cyprian. Nur gewinnen wir aus dem vorliegenden bessere Aufschlüsse über die Beziehung des Dichters zur Liturgie. In dem Gedichte des Prudentius findet sich unter der obigen Voraussetzung von zwei heiligen Eulalien offenbar die Vermengung beider Martyrien in eins vor, aber nicht der Dichter hat die hl. Eulalia von Barcelona in der von Emerita aufgehen lassen, sondern er fand bei seinen Landsleuten die Kenntniß von nur einer Martyrin dieses Namens vor. Die Vermengung beider Heiligen hatte sich vor ihm und unabhängig von ihm vollzogen. Von einer Einsicht des Dichters in die Akten der hl. Eulalia von Barcelona, welche Leslei annimmt, kann gar keine Rede sein, da diese Akten späteren Ursprungs sind. Vergleichen wir nun die liturgischen Formulare des altspanischen Ritus mit dem Hymnus des Prudentius, so gelangen wir zu einer interessanten Entdeckung. Das Festofficium vom

---

[1] Arevalo zu Perist. III. (Migne t. 60. col. 340): „Iure verba Lucii Andreae Resendii repetere possum . . ..: ‚De Emeritensi exstant et acta et sacer ille Prudentius. De altera viderint cives Barcinonenses et solertius investigent.'" *Tillemont*, Mémoires pour servir etc. t. V. p. 710. Die gesammte Literatur bei Gams a. a. O. I. S. 314.

[2] Missale mixtum (Migne t. 85. col. 163 sq. 707 sq.).

[3] A. a. O. I. S. 306 f.

12. Februar auf die hl. Eulalia von Barcelona[1] bietet kaum eine Be=
ziehung zu den Versen des Dichters. In dem vom 10. December[2] weist
ein Theil der Illatio entschiedene Berührungspunkte auf. Dieser Theil
stimmt wörtlich mit einem Theile der Immolatio im alten gallicanischen
Ritus. Der Anfang der letztern ist aber von der Illatio im spanischen
Ritus verschieden, und gerade dieser Anfang der gallicanischen Immolatio
enthält wörtliche Anklänge an die Worte des Dichters. Der bessern
Einsicht wegen mögen die Immolatio aus der Festmesse der hl. Eulalia
im gallicanischen Ritus und die betreffende Illatio der altspanischen Li=
turgie hier neben einander stehen: ·

Immolatio des gallicanischen
Ritus[3].

„Vere dignum . . . qui dono
gratiae tuae famulam tuam Eu-
laliam *nobiliore* mentis stigmate
decorasti, ut illaesam in se ima-
ginis tuae pulchritudinem custo-
diret. Digna vere comes filii
tui, *quae tenero sexu bellum fortis
invaderet et ultra opinionem humanae virtutis ad tolerantiam poe-
narum se zelo tui amoris obtule-
rit, quae in speciem pretiosi unigeniti sanguinem suum sub testimonio bonae confessionis effunderet
(effuderit) et incorrupta flammis
viscera in odorem suavissimi thy-
miamatis adoleret (adoleverit). Va-
dit ad tribunal cruenti praesidis
nec quaesita lucratura regnum,
contemptura supplicium, inventura
quaesitum, visura confessum, non
trepida de sententia, non ambigua
do corona, non defessa de eculeo,*
non diffisa de praemio. Inter-

Illatio des mozarabischen
Ritus[4].

„Dignum et iustum . . . qui
tam prudentem virginem fidei
sociata apice glorie consecrasti,
tibi gratias agere. Ut per quem
facta est mater Maria, fieret
martyr Eulalia; illa pariendi af-
fectu felix, ista moriendi; illa
implens incarnationis officium,
ista capiens passionis exemplum;
illa credidit angelo, ista restitit
inimico; illa electa per quam Christus nasceretur, ista assumpta
per quam diabolus vinceretur.
Dignare Eulalia martyr et virgo
placitura Domino suo, que Spiritu S. protegente *tenero sexu
bellum forte* sudaverit *et ultra opinionem"* etc. Von hier herrscht wört=
liche Uebereinstimmung mit der neben=
stehenden Immolatio bis zu deren
Schlusse. Darauf folgt hier noch:
„Si quidem nec inhonorum patiantur elementa corpusculum,

---

[1] *Migne* t. 85. col. 707. Die Illatio beschäftigt sich nur mit dem Feuer, in
welchem die hl. Eulalia unversehrt blieb.

[2] Ibid. col. 163 sq.

[3] *Mabillon,* De liturgia Gallicana ll. III. Paris. 1729. p. 224.

[4] *Migne* t. 85. col. 168.

rogatur, confitetur, ingentique
miraculo maiestas tua exaltatum
virginis spiritum, quem assum-
psit per flammam, suscepit per
columbam, ut hoc prodigio in
coelis virgo et martyr ascenderet,
quo in terris Filium tuum, Pater,
ostenderas. Per quem maiesta-
tem" etc.

quod deciduis nix aspersa velle-
ribus et virtutis rigorem et vir-
ginitatis tecta candorem eluceret,
vestiret, absconderet superni ve-
laminis operimento. Celum funeri
prestat exequias et (ut) per misericordiam redemptoris daret
anime sedem, pro sepultura red-
deret dignitatem. Ipse quem
collaudant omnes angeli omnes-
que sancti ita dicentes."

Zunächst muß man mit Mabillon gegen Lerlei festhalten, daß in der
gallicanischen Immolatio von derselben emeritensischen Eulalia die Rede
ist wie in der mozarabischen Illatio. Lerlei[1] beruft sich für das Gegentheil darauf, daß es in dem Formulare auf die hl. Eulalia von Barcelona heiße, dieselbe sei „ungesucht" (non quaesita) zum Richter gegangen,
während die hl. Eulalia von Emerita (nach den Akten) von den Häschern
entdeckt und auf einem Wagen zu dem Präfecten Calpurnian gebracht
worden sei. Ferner wird als Zeuge der hl. Eulogius[2] angerufen. Derselbe vertheidigt die Christen, welche sich freiwillig den Richtern stellten,
und führt dafür als Beispiele an die heiligen Justus, Pastor, Eulalia
von Barcelona und Babylas. „Sicher," folgert nun Lerlei, „war dem
Eulogius die Geschichte der hl. Eulalia von Emerita bekannt. Er hätte
sie daher gleichfalls als Beispiel angeführt, wenn sie auch aus freien
Stücken sich zum Martyrium gedrängt hätte."

In dieser Argumentation, welche Gams (I. S. 368) zu anderem
Zwecke wörtlich wiederholt, waltet eine kaum begreifliche Verwirrung ob.
Die gallicanische Liturgie stimmt in diesem Punkte wörtlich mit dem spanischen Officium von der emeritensischen Eulalia überein. Von derselben Eulalia berichtet dasselbe Prudentius. Steht nun aus anderen
Quellen fest, daß dieser Umstand nur der Eulalia von Barcelona zu-
kommt, so folgt daraus doch nur, daß in beiden liturgischen Berichten
Verwirrung herrscht, deren Zeuge Prudentius ist, aber nicht, daß die
gallicanische Festmesse der Eulalia von Barcelona gelte. Noch unbegreif-
licher sagt Gams: „Prudentius verdient weniger Glauben, wenn er die
Eulalia zu Fuß nach Meriba gehen läßt; denn unsere Messe sagt
nur: ‚Während sie zum Bekenntniß geführt wurde, ist keine Furcht des
Todes über sie gekommen, keine Blässe hat ihr Gesicht bedeckt.'" Diese
Stelle findet sich in der Oratio post nomina. Aber in der Illatio der

---

[1] Migne t. 85. col. 708. nota b.
[2] Memor. sanctor. l. I. 33.

nämlichen Messe ist gerade jenes von Gams selbst unmittelbar vorher an=
geführte: „Sie geht zum Tribunal des blutdürstigen Richters n i ch t a u f =
g e s u ch t", — das Leslei nur von der Jungfrau von Barcelona gelten lassen
will. Ueberhaupt geht Gams gegen seine Gewohnheit hier nicht mit der ge=
wünschten Genauigkeit zu Werke. „Prubentius," sagt er S. 369 im
Anschlusse an Leslei, „der die beiden Eulalien verwechselt, erzählt etwas
Unglaubliches, daß dieselbe (Eulalia von Emerita) viele Meilen allein
mit blutenden Füßen gegangen sei. Wie sollte sie dann noch am Morgen
mit ihren Füßen ein Götzenbild haben zertrümmern können, die doch in
der Regel aus Stein oder Metall waren?" Ob der Bericht des Dich=
ters historisch wahr sei, bleibt, wie gesagt, dahingestellt. Allein wer die
Verse 45 f. und 129 liest, findet jenes Unglaubliche nicht. Die Worte
(v. 74):

> Idola protero sub pedibus,
> Pectore et ore Deum fateor.

drücken doch nur die Verachtung der Jungfrau gegen die Götzen aus,
und in dem „simulacra dehinc dissipat" ist kein wirkliches Zertrümmern
mit den Füßen angedeutet. Kehren wir indeß zur Hauptsache zurück!
Vergleicht man die oben angeführten liturgischen Berichte, so wird man
der gallicanischen Immolatio gewiß das höhere Alter zuerkennen. Die
Vergleichung der hl. Eulalia mit der allerseligsten Jungfrau ist offen=
bar aus der Zeit nach Prubentius. Im Zusammenhange damit stehen
die Lection und das Sacrificium desselben Formulars, welche, dem
24. Kapitel des Ecclesiasticus entnommen, sonst auf die Mutter Gottes
angewendet werden. Vielleicht rührt diese Erweiterung vom hl. Isidor
her. Mit dem Anfange der gallicanischen Immolatio haben die ersten
Verse des prubentianischen Hymnus auffallende Aehnlichkeit:

> Germine *nobilis* Eulalia,
> Mortis et indole *nobilior.*

Aus dem Hymnus auf die heiligen Martyrer Emeterius und Che=
lidon sahen wir, daß in die Festmesse wenigstens einige Worte des Dich=
ters aufgenommen sind. Aus dem Angeführten glauben wir den Schluß
ableiten zu dürfen: Der spanische Ritus zur Zeit des Prubentius war
dem gallicanischen vollkommen gleich. Im Anschluß an den letztern hat
Prubentius gedichtet. Erst nach seiner Zeit ist die spanische Liturgie
theilweise erweitert worden. Im Hymnus auf die hl. Eulalia wenigstens
tritt dieß zu Tage. Eine Bestätigung hierfür sehen wir darin, daß das
älteste uns erhaltene nordfranzösische Gedicht dieselbe Heilige besingt [1].
Der Cult dieser Heiligen, „welche nach und neben Vincentius die gefeierste

---

[1] Vgl. D i e z, Altroman. Sprachbenkmale S. 16 bei K a y s e r, Beiträge u. s. w.
S. 268. Ebert a. a. O. I. S. 254.

Martyrin von Spanien war und ist" [1], hatte sich frühzeitig weit über die Grenzen von Lusitanien verbreitet. Neben ihr trat die gleichnamige Martyrin von Barcelona Anfangs ganz in den Hintergrund. Alles, was von dem Namen Eulalia ausgesagt wurde, bezog man daher auf die Martyrin von Emerita, so daß zur Zeit des Prudentius die hl. Eulalia von Barcelona fast vergessen war. Erst nach der Zeit des Dichters kam die Verehrung der letztern zu größerer Bedeutung. Eine Trennung der vermischten historischen Berichte über beide war nicht mehr möglich. Die im heutigen altspanischen Missale stehenden Formulare legen hiervon Zeugniß ab. Dieß dürfte die wahrscheinlichste Erklärung der historischen Irrthümer im Hymnus des Prudentius auf die hl. Eulalia sein. Jedenfalls hat der Dichter dabei keine andere Schuld, als daß er die eingetretene, ihm nicht bekannte Verwirrung bezeugt und durch sein Gedicht befestigt hat. Unerklärt bleibt hierbei nur die Notiz, daß Eulalia dem Tyrannen in's Gesicht speit (V. 128), wovon weder in den Akten, noch in der Liturgie etwas steht. Mit dem Auftreten der ungestümen Jungfrau, wie es in der Liturgie beschrieben wird, ist dieser Zug so nahe verwandt, daß die Legende ihn leicht hinzudichten konnte. Die heute vorhandenen Akten beider Heiligen sind offenbar ausgeschmückt. Ruinart hat deßhalb statt der Passio der hl. Eulalia lieber den Hymnus des Prudentius aufgenommen. Jedenfalls steht und fällt aber die Sonderexistenz der hl. Eulalia von Barcelona mit dem ursprünglichen Vorhandensein ihrer Martyrerakten. Weil dieselben erhalten blieben, konnte später das Fest dieser Heiligen neben dem der emeritensischen Martyrin zur Aufnahme in den Festkalender gelangen. Daß aber Prudentius in dieselben Einsicht genommen habe, muß nach dem Gesagten in Abrede gestellt werden. — In ähnlicher Weise muß, scheint es, auch die Lösung der oben angegebenen Hippolytusfrage geschehen, wenn überhaupt eine Lösung möglich ist.

Während die Geschichte der hl. Eulalia trotz aller Untersuchungen zum Theil in Dunkel gehüllt bleibt, bieten die historischen Ueberlieferungen über den Genossen ihres Ruhmes [2], den heiligen Diakon Vincentius, kaum eine Schwierigkeit. „Der berühmte Hymnus des Prudentius auf den Leviten Vincentius," schreibt Gams I. S. 381, „schließt sich genau an die (alten und zuverlässigen) Akten an, so daß man sieht, sie haben dem Prudentius vorgelegen, und Differenzen, wie bei dem Hymnus auf Eulalia, werden hier vergebens gesucht." Der Länge des Hymnus entspricht übrigens die lange Illatio im altspanischen Meßformulare [3], durch welche

---

[1] Gams a. a. O. I. S. 364.

[2] Unter den spanischen Heiligen enthält der Festkalender der Kirche von Carthago nur den hl. Vincenz von Saragossa und Eulalia, welche nach der oben angestellten Untersuchung nur die von Emerita sein kann.

[3] Missale mixtum (Migne t. 85. col. 678 sq.).

einige Licenzen des Dichters wieder ihre Erklärung finden. „Unrichtig ist," sagt Gams, „wenn Prudentius nur von einem einzigen Wächter des Leviten weiß" (V. 310 f.). Allein wenn auch die Illatio von den durch das wunderbare Licht im Kerker des Heiligen erschreckten Wächtern sagt: „Perculsi obstupuere custodes", so fährt sie doch sogleich fort: „Vocem hymnum concinentis mens pallidi *ianitoris* expavit. Currit exanimis metu *minister* ad praesidem." Damit stimmt Prudentius genau überein. „Daß Dacian vor Zorn geweint habe, ist sehr unwahrscheinlich," sagt Gams weiter. Prudentius singt nämlich:

Flet victus et volvit gemens
Iram, dolorem, dedecus.

Die Worte der Illatio indeß: „Mox in sermone narrantis tremor (Dacianum) occupat, *dolor lacerat*, furor inflammat", legen dem Dichter eine solche Hyperbel doch so nahe, daß man ihm dieselbe nicht zum Vorwurfe machen sollte. Ebenso ist es mit den hyperbolischen Ausdrücken, in denen Prudentius die Gläubigen ihre begeisterte Liebe und Verehrung beim Martyrium des hl. Vincenz äußern läßt.

Ille ungularum duplices
Sulcos pererrat osculis,
His purpurantem corporis
Gaudet cruorem lambere. (v. 340.)

Allerdings „sagen die Akten nicht, daß einzelne Gläubige das Blut des Vincentius gesaugt haben", aber die genannte poetische Umschreibung legt doch wohl die Erklärung dieser starken Ausdrücke im übertragenen Sinne nahe. Man könnte daran denken, daß die Gläubigen den vom Blute besprengten Boden geküßt haben. Nur einen Zusatz enthält der Hymnus, welcher sich weder durch die Akten noch durch die Liturgie erklären läßt. Der Tyrann Dacian fordert nämlich (V. 181 f.) die Auslieferung der heiligen Bücher. Gams nennt dieß „gesucht und unwahrscheinlich, denn in Valencia war wohl kein Bischof, und der gefangen gehaltene Vincentius konnte von Valencia nichts wissen". Der hl. Vincenz war nämlich mit seinem Bischofe von dem bischöflichen Sitze Saragossa nach Valencia gebracht worden. Es mag sein, daß Prudentius selbst diese Erweiterung der Scene sich erlaubt hat, weil im Allgemeinen gerade während der biocletianischen Verfolgung die heiligen Bücher vielfach vernichtet wurden. Die behauptete innere Unwahrscheinlichkeit können wir jedoch in dieser Forderung nicht finden. Der heidnische Präfect dürfte in seiner blinden Wuth sich kaum jene Bedenken gemacht haben, die Gams angibt. Er hatte einen Diener der Kirche vor sich; das war für ihn genug, um jene Forderung zu stellen.

Die Veranlassung zur Entstehung des Hymnus ist auch hier in be=
sonberer Ausführlichkeit angegeben. Wir finden den Prudentius wieder
betend am Grabe, b. h. am Altare seines Helden.

> Adesto nunc et percipe
> Voces precantum supplices,
> Nostri reatus efficax
> Orator ad thronum Patris!
>
> Per te, per illum carcerem,
> Honoris augmentum tui,
> Per vincla, flammas, ungulas,
> *Per carceralem stipitem,*
>
> Per fragmen illud testeum,
> Quo parta crevit gloria,
> Et *quem trementes posteri*
> *Exosculamur, lectulum:*
>
> Miserere nostrarum precum,
> Placatus ut Christus suis
> Inclinet aurem prosperam,
> Noxas nec omnes imputet!
>
> Si *rite sollempnem diem*
> *Veneramur ore et pectore,*
> Si sub tuorum gaudio
> Vestigiorum sternimur:
>
> Paulisper huc illabere,
> Christi favorem deferens. (v. 545 sq.)

Womöglich noch genauer als im eben besprochenen Hymnus stimmt
Prudentius mit den anderweitigen Nachrichten und namentlich mit der Liturgie
überein in seinem Gesange auf den Martyrbischof von Tarraco,
Fructuosus, und dessen Diakone Augurius und Eulogius.
Sie kämpften den Kampf für Christus in der valerianischen Verfolgung im
Jahre 259 gegen den Präfecten Aemilian[1]. Ihr Martyrium fand am
21. Januar statt. An diesem Tage steht ihr Name auch in den Martyrologien
und in dem von Lorenzana herausgegebenen gothischen Festkalender[2]. Weil
ihr Festtag mit dem der hl. Agnes zusammenfällt, wurde er im mozara=
bischen Brevier und Missale auf den 13. Februar verlegt. In der
tarraconensischen Kirchenprovinz mußte das Fest der hl. Agnes weichen,
welches dort am 20. Januar begangen wurde[3]. Im Beginn der Illatio
wird die göttliche Trinität zu der Dreizahl der Martyrer in Beziehung

---

[1] S. August., Sermo 273. *Ruinart,* Acta mart. Ratisbonae 1859. p. 264 sq.
Gams a. a. O. I. S. 265 f.

[2] Migne t. 86. col. 37 et 1054.

[3] Missale mixtum (Migne t. 85. col. 669 et 714).

gebracht: „Dignum et iustum est . . . unitatem trinitatis tue sub una trium martyrum passione laudare." Mit demselben Gedanken, der in dem Meßformulare noch an vier anderen Stellen wiederkehrt, eröffnet Prudentius seinen Hymnus:

Hispanos Deus aspicit benignus,
Arcem quandoquidem potens Hiberam
Trino martyre trinitas coronat. (v. 4 sq.)

Die Vergleichung der drei Martyrer, welche zum Feuertode verur= theilt wurden, mit den drei Jünglingen von Babylon findet sich gleich= mäßig in den Akten, in der Messe und bei Prudentius (B. 109). Die Taufe eines gewissen Rogatian, welche der hl. Fructuosus nach den Akten im Kerker vornahm, hat weder die Messe noch Prudentius. Wäh= rend die Auslassung dieses Zuges ohne Belang ist, erregt eine andere Differenz zwischen Prudentius, mit dem die Liturgie übereinstimmt, und den Akten unsere Aufmerksamkeit. Die letzteren (n. 7) berichten: „Auch dem Aemilian, der sie verurtheilt hatte, zeigte sich Fructuosus zugleich mit seinen Diakonen in den Kleidern der Vergeltung, indem er ihn zugleich schalt und verspottete, daß es ihm nichts genützt habe, daß er umsonst sich damit tröste, sie auf Erden ihrer Körper beraubt zu haben, die er jetzt in der Glorie sehe." Gams (a. a. O. I. S. 269) gibt der Ansicht [1] Recht, „daß diese Stelle wohl ein späterer Zusatz sein möge. Da der Präses vorher nicht würdig gewesen, den Fructuosus zu sehen, wie sollte ihm dieser noch besonders erscheinen? Wir bezweifeln, ob es des Mar= tyrers Fructuosus würdig gewesen, den Aemilian zu schelten und zu ver= spotten." Zweifelsohne würde Prudentius diese Erscheinung, welche seinem Zwecke so sehr entspricht, aufgenommen haben, wenn er sie in den Akten gefunden hätte. Das argumentum ex silentio ist demnach hier vollkommen im Rechte. Auffallend stimmt Prudentius mit der Liturgie gegenüber den Akten darin überein, daß er den merkwürdigen, schönen Ausspruch des hl. Fructuosus nicht verwerthet hat. „Als er," berichten die Akten (n. 3), „zu dem Amphitheater gekommen war, trat zu ihm ein Bruder, unser Mitstreiter, mit Namen Felix; er faßte ihn bei der rechten Hand und bat ihn, daß er seiner eingedenk sein möge. Ihm antwortete Fructuosus mit lauter Stimme, so daß es alle hörten: ,Ich muß der katho= lischen Kirche eingedenk sein, welche vom Morgenlande bis zum Abendlande ausgebreitet ist.'" Dieser Zug ist nun ebenso hervorragend, als seine Aechtheit verbürgt ist. Wer die Begeiste= rung des Dichters für „die katholische Kirche" in seinen Gedichten beob= achtet hat [2], wird es nicht gut für möglich halten, daß er diese Stelle über-

---

[1] Braun=Achterfeldt, Bonner Zeitschrift 1852. Heft 2. S. 77.
[2] Vgl. Perist. XI, 31 und überhaupt unten Theil II. Kap. 1.

gehen konnte, wenn sie ihm aus den Akten bekannt war. Wir führen Folgen=
des als wahrscheinliche Erklärungen hierfür an. Prudentius hat sich nämlich
genau an das zu seiner Zeit schon bestehende Meßformular angeschlossen.
In dieses war aber jener denkwürdige Ausspruch nicht aufgenommen,
weil ihn Fructuosus selbst der altspanischen Liturgie entnommen hatte.
Im Anfange der Stillmesse heißt es nämlich[1]: „Agyos, Agyos, Agyos
Domine Deus rex aeterne, tibi laudes et gratias. *Ecclesiam sanctam
catholicam in orationibus, in mente habeamus*, ut eam Dominus fide
et spe et charitate propitius ampliare dignetur." Die Worte des
Fructuosus waren offenbar eine Anspielung auf diese Stelle der altspanischen
Liturgie, die sich demnach schon damals in der spanischen Messe befand,
wie sie heute noch im mozarabischen Ritus steht[2]. Denn das allein kann
der Sinn der von Fructuosus gegebenen Antwort sein: „Deine Bitte,
o Felix, wird sicher erfüllt; ja du brauchst gar nicht zu bitten, denn es
ist meine Pflicht, der ganzen katholischen Kirche eingedenk zu sein; pflicht=
gemäß spreche ich bei der Liturgie die dem ganzen christlichen Volke be=
kannten Worte: ‚Lasset uns die heilige katholische Kirche in unseren Ge=
beten im Herzen tragen.'" [3] Bei der gegentheiligen Annahme, daß die von
Fructuosus gesprochenen Worte in die spanische Liturgie übergegangen seien,
verliert wenigstens die Antwort viel an Sinn und Bedeutung. „Die
Worte des Bischofs," sagt Gams richtig hierzu, „wären dann auch wört=
lich aufgenommen, namentlich gewiß der Zusatz: ‚vom Morgen= bis zum
Abendlande ausgebreitet' — nicht weggelassen worden." Hörte demnach
jeder christliche Spanier die betreffenden Worte regelmäßig, so oft er der
Liturgie beiwohnte, so konnte hierin für den Verfasser des Festofficiums
auf den hl. Fructuosus ein Grund liegen, sie wegzulassen. Prudentius
aber scheint, wie gesagt, auch hier viel mehr von der Liturgie als von den

---

[1] Missale mixtum (Migne t. 85 col. 540). Vgl. Gams a. a. O. I. S. 106. 275.

[2] Missae Gothicae et Officii Muzarabici dilucida expositio a. R. D. Franc.
Ant. Lorenzana et Franc. Fabian et Fuero. Edit. noviss. Toleti 1875. p. 35.

[3] Sehr treffend erinnert hierbei Gams an die Worte des hl. Polykarp
(Martyr. Polyc. c. 5), der im Angesichte des für ihn errichteten Scheiterhaufens
für alle und für die auf dem Erdkreise verbreiteten Kirchen, wie es seine Gewohn=
heit war — ὅπερ ἦν σύνηθες αὐτῷ — betete. Das ὅπερ drückt etwas Bekanntes,
Selbstverständliches aus. Vgl. Probst, Liturgie der drei ersten christlichen Jahrhunderte.
Tübingen 1870. S. 73. Dieser Bericht über den hl. Polykarp enthält einen wirk=
lichen Beweis für die obige Behauptung, daß der hl. Martyr=Bischof von Tarraco
mit seinen Worten an die Liturgie erinnerte. Leslei (Praefat. in Missale mixt.
n. 210 [Migne t. 85. col. 67]), zieht aus den Worten des hl. Fructuosus benselben
Schluß: „Quo responso, quod S. Augustinus (serm. 273 de sanct.) magnifice
laudat, martyr aperte alludebat ad formulam solemnem diaconicarum precum
‚Ecclesiam catholicam' etc., quae adhuc in missa Mozarabica dicitur et circa
medium saeculi III. in missa Hispana dicebatur, *unde inferre licet hasce preces
rata et praescripta forma antea in ecclesiis recitari consuevisse.*"

Alten abhängig zu sein. Es müßte denn sein, daß umgekehrt das Fest=
officium im Anschluß an seinen Hymnus verfaßt worden ist. Abgesehen
von der Unwahrscheinlichkeit dieser Annahme, würde dann Prudentius aus
eben dem oben für den Verfasser des Officiums angegebenen Grunde die
Worte des hl. Fructuosus in seinem Hymnus unbeachtet gelassen haben.
Seine innige Beziehung zur Liturgie bleibt somit in jedem Falle durch
den in Rede stehenden Hymnus bestätigt.

Von Tarraco, welches nach der vorausgehenden Untersuchung wie
ein Markstein in der Geschichte der altspanischen Liturgie dasteht, führt
uns der letzte noch zu besprechende Hymnus des Buches Peristephanon (IV.)
nach Saragossa. Allem Anscheine nach sind wir hier, vor Allem nach dem
Zeugnisse dieses Gesanges, in der Vaterstadt des Dichters. Zunächst deß=
wegen kommt er hier zuletzt zur Sprache; sodann aber auch, weil er
unter allen Martyrerhymnen am meisten Aufschluß über den Stand der
altspanischen Liturgie und über die Stellung des Dichters zu derselben
gibt. Von den 18 Siegeskränzen, welche in Saragossa von ebenso vielen
Martyrern errungen worden waren, hatte der hl. Vincenz gelernt, die
gleiche lobwürdige Siegesbahn zu betreten (V. 101 f.)[1]. Das Martyrium
der von Prudentius gefeierten Helden fällt also unter Diocletian, als der
Präfect Dacian Spanien durchzog, nach Gams (a. a. O. I. S. 325)
im Jahre 304[2]. Ihr Grab verherrlicht der Dichter (v. 189 sq.):

Haec sub altari sita sempiterno
Lapsibus nostris veniam precatur
Turba, quam servat procerum creatrix
   Purpureorum[3].

Nos pio fletu, date, perluamus
Marmorum sulcos, quibus est operta
Spes, ut absolvam retinaculorum
   Vincla meorum.

Sterne te totam generosa sanctis
Civitas mecum tumulis: deinde
Mox resurgentes animas et artus
   Tota sequeris.

Nur von V. 145—176 ist eigentlich von den 18 Martyrern, deren
Asche das Volk von Saragossa in einem Grabe (sub uno sepulcro,
v. 1) bewahrt, die Rede, und wir erfahren nur ihre Namen. Die Namen

---

[1] In V. 107 ist die Lesart „laureis *doctus* patriis eadem laude cucurrit"
der andern „doctas" vorzuziehen.
[2] Das Verfolgungsedict wurde Ende 303 und Anfang 304 erlassen. Das Fest
der heiligen 18 Martyrer wird auf den 14.—16. April gesetzt. Ob sie an diesem
Tage alle ihr Martyrium bestanden, oder, was wahrscheinlicher ist, feierlich bestattet
worden sind, bleibt ungewiß. Der hl. Vincenz, dessen Fest auf den 22. Januar fällt,
würde demnach im Jahre 305 gestorben sein.
[3] Diese Strophe hat Wiseman seiner Fabiola als Motto vorangesetzt.

der sogen. vier Saturnine werden übergangen, weil sie dem Metrum wider=
streiten (V. 161 f.). In dem übrigen Theile des Hymnus wird zunächst
ein Vergleich zwischen Saragossa und einer Anzahl anderer Städte an=
gestellt (V. 5—76). Keine Stadt in Spanien kann so viele Martyrer
beim Weltgerichte Christo entgegenführen, wie Saragossa. Die Namen
der Städte und Martyrer, welche Prudentius bei dieser Gelegenheit an=
gibt, sind von besonderm Interesse für uns. Die übrigen Verse (77—145)
sind dem Lobe des hl. Vincentius und dem Martyrium der jungfräulichen
Martyrin Enkratis gewidmet, welche die Einwohner von Saragossa eben=
falls als ihre Mitbürger verehren. Unser Hymnus ist demnach im Ver=
gleich zu den übrigen „von wesentlich anderem Charakter", wie Brockhaus
(S. 110) mit Recht bemerkt, demzufolge „der Hymnus von geringerem
poetischem Werthe, wenn schon anzuerkennen ist, daß er den spröden
Stoff eines Heiligenkatalogs mit großer Mannigfaltigkeit der Farben be=
handelt". Die liturgischen Bücher lassen uns bei der Erklärung dieses
Gedichtes ganz im Stiche. Im altspanischen Missale, d. h. in der von
Leslei 1755 besorgten Ausgabe, wird das Fest der 18 Martyrer gar
nicht erwähnt. In dem gothischen Breviere, welches Lorenzana 1779
edirte, wird am 16. April „das Fest der hl. Engratias oder der 18 Mar=
tyrer" genannt, aber ein eigenes Festofficium gibt es nicht, mit Aus=
nahme unseres prudentianischen Hymnus. Somit ist Prudentius selbst der
älteste historische Zeuge für diese Heiligen[1]. Was wir nun wiederholt bei
diesen Hymnen nachzuweisen Gelegenheit hatten, tritt hier am deutlichsten
hervor: Nicht sowohl Erforschung der schriftlichen Quellen
und Akten, als vielmehr die mündliche Ueberlieferung
wie sie namentlich in der öffentlichen Verehrung sich kund=
gab, liegt den Martyrerliedern des Prudentius zu Grunde.
Diese Quelle, „das graue Alterthum", gibt er auch ausdrücklich an:

> Quatuor posthinc superest virorum
> Nomen extolli renuente metro,
> Quos Saturninos *memorat vocatos*
> *Prisca vetustas.* (v. 161 sq.)

Die Reliquien der hl. Enkratis schaute Prudentius selbst noch[2],
wie er sagt:

---

[1] Das Zeugniß, welches die bis heute ununterbrochene Verehrung der hl. Enkratis
liefert, siehe bei Gams a. a. O. I. S. 320—329.

[2] Gams (a. a. O. II. 1. S. 351) sagt zu den Worten (V. 137):

> Vidimus partem iecoris revulsam
> Ungulis longe iacuisse pressis,
> Mors habet pallens aliquid tuorum
> Te quoque viva

„Wir erfahren nicht, wie viele Jahre die hl. Enkratis nach ihrem Martyrium
noch gelebt habe: aber aus diesen Worten könnte man folgern, daß Prudentius

Vivis ac paenae seriem retexis
Carnis et caesae spolium retentans,
Tetra quam sulcos habeant amaras
Vulnera, narras. (v. 117.)

Dasselbe berichtet noch der Erzbischof Eugen II. von Toledo (646 bis 657), der als besonderer Verehrer der Martyrer von Saragossa ein Gedicht mit der Unterschrift: „Ueber die Basilika der 18 heiligen Martyrer" verfaßte[1]. Wir könnten nun erwarten, daß Prudentius mit seiner Liebe zur Ausführlichkeit auch besonders ausführlich über die Martyrer von Saragossa geschrieben habe. Dieß entspräche dem Vorzuge, welchen er für Saragossa, seine Vaterstadt, wegen der großen Zahl der Martyrer beansprucht; das allein entspräche seiner Augenzeugenschaft. Statt dessen sehen wir das Gegentheil; in dieser Hinsicht ist der vorliegende Hymnus der dürftigste unter allen Martyrerliedern. Ist es nun Zufall, daß wir auch hier die altspanische Liturgie mit dem Dichter in vollkommener Uebereinstimmung finden? Denn auch in der Liturgie sollten wir für diese Martyrerschaar anstatt einer Lücke ein eigenes, besonders hervorragendes Festofficium erwarten. In der Liturgie werden wir daher auch den Grund suchen müssen, warum unsere Erwartung hinsichtlich des prudentianischen Hymnus auf den Martyrerreichthum von Saragossa getäuscht wird. Wir müssen zu dem Ende fragen: Woher stammte die altspanische Liturgie, und wo war der Einfluß auf die Entwicklung derselben am stärksten? In den bisherigen Untersuchungen wurde wiederholt der Orient als die Heimath der spanischen Liturgie bezeichnet. Hiermit ist indeß zunächst nur gesagt, daß auch in Spanien ursprünglich die Liturgie der apostolischen Constitutionen bestand, welche als die gemeinsame Urliturgie im Ganzen überall in der Kirche der drei ersten Jahrhunderte sich vorfand[2]. Die obige Frage erfordert eine speciellere Antwort, um für unseren Zweck zu genügen. Es handelt sich um die Quelle des Einflusses in Spanien selbst, aus der die ursprüngliche Liturgie ihre eigenthümliche spanische Form erhielt. Kommt uns hierbei Gams mit seinen Untersuchungen über die mozarabische Liturgie in der wünschenswerthesten Weise entgegen, so finden hinwieder die Resultate der Gams'schen Forschungen in unserem Prudentius ihre Bestätigung und Ergänzung. „Die

in seiner frühesten Jugend noch die hl. Enkratis in Saragossa gesehen habe, was wegen des beiderseitigen Alters wohl möglich war." Aber die angezogenen Worte des Dichters beziehen sich doch wohl auf Augenzeugen des Martyriums; sie sind daher dahin zu erklären, daß der Dichter im Namen seiner damaligen Landsleute von Saragossa spricht.

[1] Vgl. Gams I. S. 326.
[2] Vgl. Grisar, Der kürzlich veröffentlichte älteste Meßcanon der römischen Kirche, in der Innsbrucker Zeitschrift für kathol. Theologie 1886. S. 13.

Liturgie der drei nördlichen spanischen Provinzen," sagt
Gams, „leiten wir von Tarraco her . . ."[1] In diesen Worten liegt
die richtige und vollkommen befriedigende Antwort auf unsere Frage. Zu=
nächst wird nämlich dadurch der Kirche von Saragossa ein besonderer
Einfluß auf die Entwicklung der Liturgie abgesprochen. Steht es fest,
daß anderswo als in der Vaterstadt des Dichters der Ausgangspunkt
und die Entwicklung des kirchlichen Lebens in Nordspanien war, dann ist
es leicht erklärlich, warum der Cult der zahlreichen Martyrer von Sara=
gossa auf diese Stadt beschränkt blieb und nicht zur allgemeinen Geltung
in der ganzen Kirchenprovinz gelangte. Prudentius bestätigt selbst, daß
Saragossa in der Bestimmung des Heiligenfestkreises in Abhängigkeit stand.
In der schon öfter citirten Stelle Perist. XI, 237 bittet er den Bischof
Valerius von Saragossa, bezw. Calagurris, um Aufnahme des Hippolyt=
festes in den kirchlichen Festkreis. Er sagt aber nicht: „So wie das
Fest der 18 Martyrer, so möge auch der Tag des Hippolyt alljährlich
bei dir (in deiner Kirche) wiederkehren." Er nennt vielmehr Cyprian,
Chelidon und Eulalia, neben deren Festen er das Andenken an Hippolyt
feierlich begangen sehen möchte. Daß die genannten Heiligen sogar in
Saragossa größere Verehrung genossen als die 18 Martyrer, ergibt sich
hieraus mit Nothwendigkeit. Diese Thatsache setzt aber hinwieder ent=
schieden voraus, daß Saragossa seinen Festkreis sich nicht selbständig ge=
bildet, sondern anderswoher erhalten hatte. Vielleicht bezweckte Prudentius
mit seinem Hymnus, das Andenken an die Martyrer von Saragossa zu
allgemeinerer Aufnahme zu bringen. Es gelang ihm so wenig, wie seine

---

[1] A. a. O. II. 2. S. 207. Die Berufung auf Probst (Lehre und Gebet
S. 314) an dieser Stelle scheint ein Irrthum zu sein. Die Fortsetzung der obigen
Worte von Gams: „wohin dieselbe vor dem Jahre 259 aus Rom gekommen und
wo sie mit Abänderungen in das Lateinische übersetzt wurde", kann, um richtig
zu sein, nur dahin verstanden werden, daß das Christenthum und mit ihm die sogen.
Urliturgie von Rom aus in Nordspanien Eingang fand. Soll aber damit gesagt
sein, daß die specifisch römische Liturgie nach Tarraco gekommen ist und die spanische
Liturgie sich also aus der römischen entwickelt hat, so gilt diese Meinung heute für
unhaltbar. „Eine befriedigende Erklärung," sagt Schill in der Real=Encyklopädie der
christlichen Alterthümer (Art. „Liturgien, lat." II. S. 338), „des wirklichen Verhält=
nisses dieser alten Landesliturgien (von Spanien und Gallien) zu jener der Primatial=
kirche in Rom gibt uns nur die Anerkennung desselben Gesetzes, welches Bickell für
die orientalischen Liturgien nachgewiesen hat: die wörtliche Uebereinstimmung einzelner
Bestandtheile der gallisch=spanischen Liturgie mit der römischen, bei völliger Ver=
schiedenheit in andern Bestandtheilen, weist auf eine dritte (Ur=) Liturgie, in welcher
die gleichlautenden Theile ebenmäßig standen und aus welcher die römische wie die
spanisch=gallische durch Verkürzung entstanden sind, welch letztere durch persönliche,
locale und zeitliche Verhältnisse beeinflußt wurde." Aus den vorangehenden Unter=
suchungen sahen wir indeß, daß die spanische Liturgie sich direct unter orientalischem
Einflusse entwickelt hat, bevor Papst Siricius die römische als Norm aufstellte.

Bitte an Valerius bezüglich des hl. Hippolyt erfüllt wurde. Denn ein
Festofficium erhielt weder der letztere noch die ersteren in der altspanischen
Liturgie. Daraus folgt, daß zur Zeit des Dichters der Festkreis schon
einen irgendwie bestimmten Abschluß erhalten hatte. Doch hiervon später.

Prudentius weist uns aber auch direct auf Tarraco und seinen Vorrang vor Saragossa im angegebenen Sinne hin. Im Hymnus auf den
hl. Fructuosus von Tarraco und seine Gefährten (Perist. VI) singt er
(V. 142 f.):

> O triplex honor, o triforme culmen,
> Quo *nostrae* caput excitatur *urbis*
> *Cunctis urbibus eminens Hiberis!*
>
> Exultare tribus libet patronis,
> Quorum praesidio fovemur omnes
> Terrarum populi Pyrenearum.

„Unsere Stadt,“ erklärt Gams[1] sehr richtig, „bedeutet hier einmal die gemeinschaftliche Provinz, deren Haupt, zugleich erhabener als
alle anderen Städte Spaniens, Tarraco ist. Es ist zweitens aus und
in dem Sinne der Kirche von Tarraco gesprochen, für welche er diesen
Hymnus verfaßte, der auch bald — wohl zunächst in Tarraco — in die
Feier des Festes aufgenommen wurde.“ Daß hier von einem Vorrange
Tarraco's, der „arx Hibera“, in kirchlicher Beziehung die Rede sei, liegt
auf der Hand. Prudentius nennt diese Stadt „unser Tarraco“ als
Mutterkirche, ähnlich wie er von „unserem Rom“ spricht. Gams macht
noch darauf aufmerksam, daß Prudentius andererseits (V. 150) die Bewohner von Tarraco auffordert, ihren Fructuosus zu besingen[2]. Dadurch wird der Vermuthung vorgebeugt, als wolle der Dichter mit dem
Ausdrucke „unsere Stadt“ seine Vaterstadt bezeichnen. Ganz übereinstimmend hiermit wird im Hymnus auf die 18 Märtyrer selbst Tarraco
hervorgehoben (V. 21—28). „Mutter der Frommen“ (genitrix piorum)
wird hier Tarraco genannt.

Von größerer Bedeutung noch ist die Reihenfolge, in welcher Prudentius in diesem Hymnus (V. 17—48) die durch Märtyrer ausgezeichneten Städte aufführt. Zuerst kommt (I) Karthago mit seinem
Cyprian, dem sich unmittelbar Corduba mit fünf Märtyrern anschließt
(V. 17—20). Dem darauffolgenden Preise (II) Tarraco's werden zwei
volle Strophen gewidmet, und darauf das kleine Gerunda mit dem Märtyrer Felix, „unser“ Calagurris mit seinen beiden großen Heiligen,
Barchinon (Barcelona) mit dem hl. Cucufat, Narbo mit dem hl. Paulus
und endlich Arelas mit dem hl. Genesius aufgeführt (V. 29—36). Die

---

[1] A. a. O. II. 1. S. 337.
[2] „*Vestrum* psallite rite Fructuosum.“

nun folgende Strophe (III) ist der Stadt Emerita, „Lusitanorum caput
oppidorum", gewidmet. Die dort verehrte hl. Eulalia wird, weil seinen
Lesern allgemein bekannt, nicht genannt, sondern nur ihre Reliquien durch
„adoratae cineres puellae" erwähnt. Dann nennt Prudentius noch
die heiligen Knaben Justus und Pastor von Complutum und schließt sein
Verzeichniß mit dem hl. Cassian von Tingis (V. 37—48). Die Zahl
der heiligen Martyrer, welche jede Stadt aufweist, ist jedenfalls nicht
vorwiegend Princip der Ordnung gewesen. Dagegen kann man nicht verkennen, daß Prudentius sich von der geographisch-politischen Eintheilung
Spaniens leiten ließ und dadurch zu den angedeuteten drei Abschnitten in
seinem Verzeichnisse gelangte. Cyprian wird von ihm als Spanier betrachtet. Die Erinnerung an ihn lenkt die Gedanken des in Saragossa
schreibenden Dichters nach dem Süden, wo ihm unterwegs Corduba begegnet. An zweiter Stelle erscheint die tarraconensische Kirchenprovinz
mit dem anstoßenden Arles und Narbonne; an dritter Stelle die Provinz
Lusitanien, während Tingis an die Provinz Mauretanien erinnert. Sehen
wir von Karthago ab, so hat Prudentius die Hauptstädte Spaniens nach
der seit Augustus geltenden Eintheilung [1], aus welcher sich mehr und mehr
die kirchliche Eintheilung herausbildete, hervorgehoben: Corduba, Tarraco, Emerita. Daß unter diesen Tarraco und darauf Emerita für den
Dichter die Hauptrolle spielt, zeigt der einfache Text. Unwillkürlich
werden wir hierdurch an die frühere Stellung des Prudentius erinnert. Der kaiserliche Statthalter kommt hier wieder zum Vorschein. In
Emerita und Tarraco residirten die Statthalter von Lusitanien und
der tarraconensischen Provinz. Vielleicht meint Prudentius unter den
„nobiles urbes" (Praef. 17), deren Statthalter er gewesen war, gerade
diese beiden. Gams sagt (II. 1. S. 343) allerdings: „Daß er in spanischen Städten gewaltet habe, wird mit nichts angedeutet. Es ist w a h r -
s c h e i n l i c h e r, daß es in Italien geschehen, oder sonst im Auslande, da
der Kaiser Theodosius tüchtigen Spaniern gerne wichtige Aemter anvertraute." Dieser Grund ist doch zu allgemein, um eine wirkliche Wahrscheinlichkeit zu begründen. Vielmehr dürfte für Spanien, bezw. für
Tarraco und Emerita in's Gewicht fallen, daß er diese Städte ganz besonders bevorzugt. Der Prätor von Bätica wohnte aber in Corduba.
In Corduba hatte auch der große Hosius, als Metropolit von Bätica,
seinen Sitz gehabt. Ueberhaupt entsprach im Allgemeinen die kirchliche
Eintheilung Spaniens der politischen [2], so daß das Heiligenverzeichniß des
Prudentius auch dem damaligen Zustande der Metropolitanverfassung

---

[1] Vgl. Gams a. a. O. II. 1. S. 167—173. Die durch Constantin ver-
änderte Eintheilung in fünf Provinzen betraf nur die provincia Tarraconensis.

[2] Gams a. a. O. II. 1. S. 186.

entspricht. Gerade hierin spiegeln sich die kirchlichen Verhältnisse Spaniens
jener Zeit auf's Getreueste wieder. Die von Hosius angebahnte Metro=
politanverfassung Spaniens war gerade zur Zeit des Dichters in der
Ausbildung begriffen. Daß Kämpfe und Verwicklungen diesen Prozeß
begleiteten, „ersieht man aus dem Briefe des Papstes Siricius vom Jahre
385 an den Metropoliten Himerius von Tarraco und aus dem Schreiben
des Papstes Innocenz I. über die Spaltung und die verfallene Disciplin
der Kirchen von Spanien" [1].

Prudentius erwähnt das berühmte Toletum und die so sehr verehrte
hl. Leocadia von Toledo in seinem Verzeichnisse nicht. Und doch wurde
zu Toledo in den Tagen des Dichters, im Jahre 400, ein Concil gehalten.
Toledo war damals noch weit entfernt, als Metropole der Provinz Carta=
gena zu gelten. „Die Kirchenprovinz von Toledo konnte in der ganzen
Zeit (357—589) nicht in's Leben treten und die Anerkennung sich er=
ringen." [2] Das Concil wurde 400 dort gehalten, nicht weil Toledo als
Metropolis eine besondere Bedeutung in der Kirche Spaniens hatte, son=
dern weil seine geographische Lage in der Mitte des Landes es zu einem
geeigneten Versammlungsplatze der Bischöfe machte. Vorsitzender der
Synode war aber der Bischof Patruin (oder Patronus) von Emerita.
Der Bischof Asturius von Toledo unterzeichnete die Concilsakten unter
den 19 dort versammelten Bischöfen erst als der elfte. Von ihm berichtet
Ildephons von Toledo [3], daß er auf göttliche Eingebung die Reliquien
der heiligen Martyrer Justus und Pastor gesucht und zu Complutum
gefunden habe. Dort am Grabe der Heiligen blieb er fortan, ohne wieder
nach Toledo zurückzukehren. Complutum mit den genannten Martyrern,
aber nicht Toledo, erwähnt gerade Prudentius. Kann es einen genauern
Anschluß an die Zeitverhältnisse geben?

Toledo hat indeß noch eine größere Bedeutung für unsere Unter=
suchung. In Toledo wurde nämlich der altspanischen Liturgie am Ende
der Westgothenzeit jene Gestalt und Ausbildung gegeben, in welcher wir
sie im Wesentlichen heute kennen. Die Martyrerhymnen des Prudentius,
insbesondere der auf die Martyrer von Saragossa, legen Zeugniß von
dem Zustande dieser Liturgie in der tarraconensischen Kirche ab, bevor
sie mit der bischöflichen Hierarchie in den Besitz und unter den Einfluß
der Kirche von Toledo kam. Wenn wir demnach die Liturgie der tarra=
conensischen Kirche, bezw. deren Heiligenfestkreis, wie wir sie aus dem
Zeugniß des Prudentius kennen, mit der uns überlieferten sogen. moza=
rabischen Liturgie vergleichen, hoffen wir zu einem abschließenden Resul=
tate der bisherigen Untersuchungen über das Buch Peristephanon zu ge=

---

[1] Gams a. a. O. II. 1. S. 190. [2] Gams a. a. O. II. 1. S. 186. 442 f.
[3] De vir. ill. c. 2. Vgl. Gams a. a. O. I. S. 330; II. 1. S. 186. 444.

langen. Indem wir die einzelnen Hymnen des Prudentius mit dem altspanischen Missale in Beziehung brachten, insoweit letzteres die Geschichte der Heiligen in seine Formulare aufgenommen hat, fanden wir einerseits Stellen, in denen Prudentius von der Liturgie abhängig erscheint [1], andererseits nicht undeutliche Zeichen, daß seine Gedichte bei der Abfassung dieser Formulare benützt worden sind [2]. Wo ist nun die Grenzlinie zwischen der wechselseitigen Abhängigkeit? Die Antwort, welche zum Theil im Vorhergehenden bereits begründet, zum Theil noch zu begründen ist, dürfte in folgender These bestehen: Der Heiligenfestkreis und seine Festofficien in der altspanischen Liturgie waren zur Zeit des Prudentius zum Theil bereits ausgebildet, zum Theil noch in der Ausbildung begriffen. Der Umfang des Festkreises war aber in den verschiedenen Kirchenprovinzen verschieden. Die Kirche von Toledo bestimmte endlich den für ganz Spanien geltenden Cyklus. Hierbei wurden die Festofficien namentlich unter Benützung der prudentianischen Hymnen unwesentlich verändert und erweitert.

Daß zunächst die Liturgie in der tarraconensischen Kirchenprovinz nicht bloß im Wesentlichen, sondern auch in den Officien der Heiligen theilweise ausgebildet war, ist aus Prudentius klar. Für die übrigen Provinzen knüpft sich der Beweis an den (Perist. IV, 19) erwähnten hl. Acisclus von Corduba [3]. Im gothischen Kirchenkalender wird der genannte Martyrer zugleich mit der Martyrin-Jungfrau Victoria am 17. November erwähnt. Allein in der Anführung der hl. Victoria herrscht in den liturgischen Büchern eine auffallende Verschiedenheit. Während in den Capitula des Festofficiums und in den Orationen Acisclus mit Victoria genannt wird, kennt die Festmesse [4] nur die „magna solemnitas beatissimi Aciscli". Ganz ebenso weiß auch Prudentius von der hl. Victoria neben Acisclus nichts; und doch bekundet er in jenem Hymnus das ausgesprochene Streben, möglichst viele Martyrer zu nennen. Warum nennt er also Victoria nicht? Weil sie eben in der bereits ausgebildeten Festmesse nicht stand. Die Festmesse ist aber so geblieben, wie sie zur Zeit des Prudentius war, sonst hätte man den Namen der Victoria aufgenommen. Gams [5] meint, der Dichter habe an dem kühnen, fast kecken Auftreten der Martyrin Anstoß genommen und sie deßhalb absichtlich übergangen. Er habe den 60. Canon der Synode

---

[1] Dieß war am auffallendsten in den Hymnen auf den hl. Cyprian (S. 161), die hl. Eulalia (S. 171), den hl. Fructuosus (S. 176), den hl. Romanus (S. 167), die hl. Agnes (S. 155) und im Hymnus auf Epiphanie (S. 121).

[2] Hierfür spricht der Hymnus auf die heiligen Emeterius und Chelidon (S. 168).

[3] Vgl. Gams a. a. O. I. S. 356 f.

[4] Missale mixtum (Migne t. 85. col. 912).

[5] A. a. O. I. S. 308 f.

von Elvira auf sie angewandt, welcher bestimmte, daß diejenigen nicht unter die Martyrer gerechnet werden sollten, welche beim Zertrümmern der Götzenbilder getödtet würden. Das sei gerade fast bei allen von Prudentius übergangenen Martyrern nach dem Berichte ihrer (späteren) Akten der Fall: von den heiligen Germanus, Servandus und Marcellus, von den heiligen Jungfrauen Justa und Rufina, von der barcelonensischen Eulalia. „Aehnliches mochte von Sabina, Christeta und Leocadia berichtet werden." Allein Prudentius hat im Hymnus auf die hl. Eulalia und auf Romanus genugsam gezeigt, daß die „violentia" der Martyrer ihn nicht abhielt, sie zu preisen. Den richtigen Grund gibt Gams vielmehr vorher selbst an: „Es ist möglich, daß damals (zur Zeit des Prudentius) mit Ausnahme der Eulalia von Merida das Andenken der sieben anderen Martyrer und Jungfrauen Spaniens (welche Prudentius abweichend von der Liturgie nicht nennt) noch nicht in die Liturgie der Kirche von Spanien aufgenommen war, daß dieß erst stattfand zwischen 400—450 oder erst zur Zeit Isidors von Sevilla. Wenn ihnen damals noch keine kirchliche Feier zu Theil wurde, so konnte Prudentius darin einen Grund finden, über sie zu schweigen. In der That haben wir keine Martyrerakten der erwähnten Sieben (Jungfrauen) aus dem vierten Jahrhundert. Die vorhandenen Berichte über Leocabia, Sabina, Justa, Victoria stammen sämmtlich aus einer spätern Zeit, aus der Zeit nach Prudentius."

Wie es aber kommen konnte, daß einzelne Martyrer trotz ihrer Berühmtheit nicht zu allgemeiner Verehrung gelangten, zeigt der Hymnus auf die 18 Martyrer. Ihr Martyrium hatte nichts, was geeignet war, es dem Gebächtnisse der Christen besonders einzuprägen, oder es waren Martyrer der frühern Zeit in solcher Verehrung, daß die späteren darüber nicht gleiche Berühmtheit erhalten konnten. In Saragossa war dieß der Fall mit den heiligen Emeterius und Chelidon, die wahrscheinlich schon um 287 in Calagurris gemartert wurden [1]. Calagurris war aber dadurch einerseits zu einer der berühmtesten Wallfahrtsstätten von Spanien geworden, andererseits lag Calagurris so nahe bei Saragossa, daß es gewissermaßen mit letzterem identisch galt und Saragossa für die Mutterstadt von Calagurris gehalten werden konnte. Prudentius nennt deßhalb Calagurris wiederholt „unsere Stadt" [2]. Daß die Kirche von Toledo die Liturgie von Tarraco überkommen und die schon bestehenden Officien der spanischen Heiligen von anderen spanischen Kirchen zum Theil ohne Veränderung annahm, ist aus der Illatio einzelner Feste heute noch ersichtlich [3]. In die Zeit des Prudentius aber fällt gerade der Abschluß der altspanischen

---

Liturgie. „Der im Jahre 397 oder 400 gestorbene hl. Martin von
Tours ist der letzte Heilige, welcher ein eigenes Festofficium in dieser Li=
turgie hat. Kein Heiliger, welcher nach dem Jahre 400 lebte und starb,
fand Eingang in diese Liturgie, d. h. wurde durch eine eigene Messe
und ein Officium gefeiert. Deßhalb mußten sogar der hl. Hieronymus
und Augustinus trotz der ihnen von den Spaniern gezollten unbegrenzten
Verehrung sich sozusagen mit der Missa de communi begnügen." [1] Eine
andere Frage ist, wie weit wir die Abfassung der Festofficien, nament=
lich der tarraconensischen Kirchenprovinz, zurückzudatiren haben. Was
die römische Kirche betrifft, so trat die Anpassung der Liturgie an
das Kirchenjahr, und namentlich die Verdrängung des alten Dank=
gebetes (Präfation) durch die Verherrlichung der Heiligen, in der zweiten
Hälfte des vierten Jahrhunderts ein [2]. Damasus ist der Reformator
der Liturgie in diesem Sinne. Damasus war ein Spanier wie Pru=
bentius. Letzterer hat auch in seiner Thätigkeit als Dichter so viele
Aehnlichkeit mit Damasus, ja er ist offenbar abhängig von Damasus.
„Was Damasus in Rom für die römische Kirche gethan, in der er den
Gebrauch der Hymnen einführte, das bahnte Prudentius für die spanische
Kirche an." [3] Sollte die Vermuthung zu kühn sein, daß Damasus aus
Spanien die Reform wenigstens bezüglich der Präfation mitgebracht
habe? In Spanien hatte Damasus wahrscheinlich in seiner Jugend das
Lob der Heiligen bei der liturgischen Feier gehört. Merkwürdig genug
zeigt sein Hymnus auf die hl. Agatha dieselbe schlagende Aehnlichkeit mit
der Illatio ihrer Messe in der ambrosianischen Liturgie [4], welche wir zwischen
den Hymnen des Prudentius und der spanischen Liturgie beobachten
konnten. Die Festmesse auf die heiligen Faustus, Januarius und Martial
ist Gams [5] geneigt, dem Hosius von Corduba zuzuschreiben. Wieder
nimmt hier die tarraconensische Kirchenprovinz eine besondere Stelle ein.
Die Festmessen der Heiligen aus den Provinzen Bätica und Lusitanien
enthalten keinen bestimmten örtlichen Hinweis, wie die aus tarraconen=
sischem Gebiete. Vielleicht sind daher die ersteren alle in Toledo entstanden,
da doch die Liturgie des südlichen Spanien der des nördlichen nicht ganz
conform war. Jedenfalls bezeugt also Prudentius das hohe Alter der
altspanischen Liturgie in Theilen, die nicht wesentlich sind. Um wie viel
mehr muß beßhalb die Substanz der Liturgie in ihm einen treuen Zeugen
erkennen! Von dieser Substanz schreibt der hl. Isidor [6]: „Ordo autem
missae et orationum, quibus oblata Deo sacrificia consecrantur,
primum a sancto Petro est institutus, cuius celebrationem uno eo-

---

[1] Gams a. a. O. II. 2. S. 187; II. 1. S. 397.
[2] Probst, Das leonianische Sacramentar. Katholik 1879. S. 487. 494.
[3] Gams a. a. O. II. 1. S. 353.   [4] Vgl. Kayser a. a. O. S. 117.
[5] A. a. O. II. 2. S. 201.   [6] De eccles. offic. l. I. 15.

demque modo universus peragit orbis." In der That, „der uns erhaltene Ordo missae kam von Rom nach Tarraco und wurde dort vor 259 aus dem Griechischen überfetzt"[1]. Die Feste der Martyrer, welche Prubentius gefeiert hat, sein Gebet an ihren Gräbern bezeugt uns also, daß er dem eucharistischen Opfer der heiligen Messe im vierten Jahrhundert ebenso beigewohnt hat, wie wir heute; dargebracht aber ist dieses Opfer worden in der Heimath des Dichters, seitdem überhaupt dort das Christenthum Eingang gefunden hat.

Prubentius hat mit der katholischen Kirche des vierten Jahrhunderts gebetet, wie dieselbe Kirche im 19. Jahrhundert betet; mit diesem Re-sultate der Untersuchungen über das Gebet des Prubentius wenden wir uns jetzt zur Betrachtung seiner Kämpfe für die Kirche.

Drittes Kapitel.

Prudentius im Kampfe.

A. Die von Prudentius bekämpften Härefien.

Prubentius war durch und durch ein praktischer Christ. Hat er nun in den Liedern für den täglichen Gebrauch, in den Martyrerhymnen und der epigrammatischen heiligen Geschichte sein praktisches Christenthum bekundet, wie im vorhergehenden Kapitel nachgewiesen ist, so erwarten wir, daß seine apologetischen und polemischen Gedichte noch viel mehr dem praktischen Bedürfnisse gedient haben. Die Feinde, welche er bekämpft, muß er genau gekannt und ihre Bestrebungen beobachtet haben. Bei den beiden Büchern gegen Symmachus ist dieß offenbar. Ein merk-würdiges Dunkel dagegen, welches unsere Erwartung zu täuschen scheint, lagert in dieser Beziehung über der polemischen Trilogie: der Apo-theofis, Hamartigenie und Psychomachie. Wir finden dort Irrlehren be-kämpft und Häretiker genannt, die weder Zeitgenossen des Dichters, noch seine Landsleute waren. Einige Ausgaben theilen die Apotheofis in sechs Abschnitte und versehen dieselben mit folgenden Ueberschriften: Contra Patripassianos (v. 1—178); c. Unionitas, i. e. Sabellianos (v. 179 bis 320); c. Iudaeos (v. 321—551); c. Homuncionitas (v. 552—781); de natura animae (v. 782—951); c. Phantasmaticos (v. 952—1084)[2].

---

[1] Gams II. 2. S. 208. Ueber die Eigenthümlichkeit der aus Tarraco stam-menden Uebersetzung, die sich namentlich in dem Zusatze „Papa Romensis" (Missale mixtum. Migne t. 85. col. 542) offenbart, siehe Gams a. a. O. II. 2. S. 204.

[2] Daß diese Titel nicht von Prubentius herrühren, wird allgemein zugestanden. Vgl. (Teolius) Prudentii opera. Parmae 1788. tom. I. p. 311. Dreffel S. 84.

Die Hamartigenie wendet sich direct gegen Marcion, und in der Psycho=
machie wird Arius und Photin, das einzige Mal in den Dichtungen des
Prudentius, genannt. „Die Frage entsteht nun," sagt Brockhaus (a. a. O.
S. 217): „wie kam Prudentius überhaupt dazu, größere Gedichte theo=
logischen Inhalts abzufassen? Wie kam er zu einer Apologetik wie die
gegen Symmachus, die in der Hauptsache das schon von Ambrosius gegen
denselben Gesagte reproducirt; wie kam er zu einer theologischen
Polemik gegen längst verstorbene Männer wie Sabellius
und Marcion, die im Wesentlichen das von anderen wider sie Vor=
gebrachte wiederholt?" Die Frage, deren letzter Theil uns hier im Be=
sondern beschäftigt, ist gut gestellt, aber von Brockhaus in einer Weise
gelöst, die das wissenschaftliche Bedürfniß durchaus nicht befriedigen kann.
Anstatt der allgemeinen Bemerkungen (S. 1—10) des ersten Kapitels
über die Zeit des Dichters, die zur Erklärung seiner Werke sehr wenig
beitragen, war gerade diese Frage zu beantworten. Der richtigste Satz
in diesen Bemerkungen steht dagegen im Widerspruche mit der thatsäch=
lich von Brockhaus gegebenen Antwort. Ganz richtig heißt es nämlich
S. 10: „... Die schriftstellerischen Leistungen dieser Zeit erhielten einen
unmittelbaren Zweck und dienten meist der Abhülfe eines
vorliegenden Bedürfnisses. Dieser Zug, dem praktischen Bedürf=
nisse zu dienen, der Noth der Gegenwart abzuhelfen, prägt sich
namentlich in den theologischen Leistungen des Abendlandes aus." Damit
steht aber im Widerspruche, was S. 217 als Antwort auf obige Frage
gesagt wird: „Die Lösung findet sich einfach darin, daß seine (des Pru=
dentius) theologischen Gedichte, Lehrgedichte sind, nicht sowohl zu dem
Zwecke verfaßt, um Gegner, die theilweise nicht mehr vorhanden waren,
zu widerlegen, sondern, wie z. B. die Vorrede zur Apotheosis offen aus=
spricht, um in dem verwirrenden Widerstreite verschiedener entgegengesetzter
Meinungen den Gläubigen die orthodoxe Lehre in einer lebendigen und
ansprechenden Form darzustellen." Brockhaus hat trotz der zuversicht=
lichen Fassung dieser Worte ihre Mangelhaftigkeit gefühlt; S. 205 sagt
er sehr richtig: „Es darf bei der polemischen Auseinandersetzung des tri=
nitarischen Verhältnisses zwischen Vater und Sohn allerdings Wunder
nehmen, daß des Prudentius Polemik gegen die Sabellianer und Patri=
passianer als die Läugner der Sonderexistenz des Sohnes, gegen die
Juden und Heiden ... und zum Schluß gegen die Manichäer ... sich
richtet, während er Arius, gegen dessen Meinung die orthodoxe Lehre
hauptsächlich durchzusetzen war, in der Apotheosis völlig übergeht und
nur Psych. 794 kurz seiner gedenkt und zugleich über Photin das
Verdammungsurtheil ausspricht." Es ist wieder ein „eleganter lusit",
wenn Brockhaus zur Erklärung dieser Schwierigkeit fortfährt: „Indeß
erklärt sich das Fehlen einer ausgeführten Polemik gegen Arius daraus,

daß Prudentius im Abendlande und für das Abendland dichtete, das
sich im Ganzen und von vornherein treu zur nicänischen Orthodorie
hielt. ... Es wurde somit die im Abendlande auch weniger bedrohte
Seite des Dogma's vom Dichter auch weniger in's Auge gefaßt, sondern
häretische Abirrungen nach anderen Richtungen, auf die er auch mit großem
Ernste einging." Ohne auf die unlösbaren Schwierigkeiten im Einzelnen
einzugehen, in die sich Brockhaus mit diesen Ausführungen verwickelt,
weil sie sich dem bedächtigen Leser von selbst aufdrängen[1], behaupten wir
einfach: Brockhaus ist in diesem Punkte der strengen Forderung der
Wissenschaft aus dem Wege gegangen, den Schriftsteller aus seiner Zeit
zu erklären und seine Zeit durch seine Schriften hinwieder zu beleuchten.
Auch in der übrigen zahlreichen Literatur über den Dichter ist die an-
geregte Frage nicht gelöst, von einigen aber angedeutet worden. Während
Arevalo in den Prolegomena (c. VI. n. 124. 125) die in dieser Beziehung nichtssagenden Bemerkungen der Centuriatoren einfach referirt,
sagt er in der Anmerkung zum Titel der Apotheosis: „Facile assentiar
Prudentium composuisse hunc et sequentem librum, ut errorem
Priscillianistarum, qui altas radices in Hispania egerat, funditus
everteret."[2] Wir dehnen diese Bemerkung auch auf die Psychomachie
aus und hoffen im Folgenden überzeugend darzuthun, daß Prudentius
seine drei großen polemischen Dichtungen gegen die Priscillianisten geschrieben hat.

Zunächst ist die Form dieser Gedichte ein Protest gegen ihre Bezeichnung
als Lehrgedichte und ein Beweis für unsere Behauptung. Wir wiederholen das Urtheil, welches Gams (II. 1. S. 346) über die Apotheosis
abgibt: „Ich folge in der Beurtheilung dieses Gedichtes nicht denjenigen,
welche sagen, daß es in Folge des Inhaltes ganz in die Klasse der di-

---

[1] Wir erinnern nur an Hosius, Hilarius und Ambrosius. Ihre Kämpfe gegen den
Arianismus mußten doch dem Prudentius bekannt sein, wie kaum ein anderes Ereigniß,
und ihn bewegen, die orthodoxe Lehre über die Person Christi gerade gegenüber
der arianischen Irrlehre darzulegen, wenn es ihm darum zu thun gewesen wäre,
sogen. Lehrgedichte zu verfassen. Als bedeutendstes Zeugniß gegen Brockhaus kommt
hierzu der Brief des Papstes Siricius an Bischof Himerius von Tarraco (*Mansi*
t. III. p. 655), datirt vom 2. Februar 385. Aus dem ersten Kapitel des Briefes
„ersehen wir, daß es um diese Zeit in Spanien sehr viele Arianer gab" (vgl.
Gams a. a. O. II. 1. S. 427). Dazu kommt, daß die Kirchenprovinz von Tarraco
die eigentliche Heimath des Dichters war.

[2] Migne t. 59. col. 915. Vgl. (Teolius) l. c. I. p. 311. *Obbarius*, Prolegomena p. V. VIII. *Brys* l. c. p. 48: „Il faut croire en effet, que lors-
que Prudence réfute dans ses écrits les Manichéens, les Sabelliens, les Ebio-
nites et bien d'autres, il avait en vue les sectaires espagnols condamnés en
380 par le concil de Saragosse à cause des erreurs qu'ils avaient empruntées
à ces hérétiques d'un autre temps et d'autres contrées."

baktisch erzählenden Gedichte gehöre, was in keiner Weise richtig ist; son=
dern ich bewundere den Dichter, der — bei einem so schwer zu behandeln=
den Stoffe — niemals und nirgends den geborenen und geweihten Dichter
verleugnet." In den letzten Worten ist nun freilich nicht gesagt, welchen
Charakter diese Dichtungen tragen; daß aber Gams sich der Einreihung
derselben in die Lehrgedichte im Brockhaus'schen Sinne mit Recht wider=
setzt, sagt jedem ein kurzer Einblick in dieselben. So kämpft man, aber
so lehrt man nicht. Mag auch der Inhalt noch so lehrreich sein, so gibt
doch die Form einer poetischen Leistung den Namen. Zwischen den in
Rede stehenden Dichtungen und Lehrgedichten ist aber derselbe Unter=
schied, wie zwischen einer lebhaften, durch augenblickliche Verhältnisse her=
beigeführten Disputation und einer Unterrichtsstunde. Die Psychomachie
nimmt durch die Verse 794 f. offenbar auf die Zeitverhältnisse des
Dichters Rücksicht; die Anreden in den beiden anderen Gedichten haben
ebenso wie in den Büchern gegen Symmachus auf Zeitgenossen des
Dichters Bezug[1]. Daß und warum Sabellius, Marcion, ja Kain an=
geredet werden, bedarf der Erklärung, ist aber kein Grund gegen die Be=
hauptung, daß Prudentius zu seiner Zeit grassirende Irrlehren bekämpft.
Als der Dichter schrieb, war aber in seinem Vaterlande die priscilliani=
stische Secte und ihr Treiben die herrschende Tagesfrage. Gegen sie muß
demnach Prudentius seine Feder angesetzt haben.

Wenden wir uns zu den bekämpften Irrlehren selbst. Zunächst muß
doch die bunte Reihe derselben auffallen, sowie die Auswahl, welche Pru=
dentius getroffen hat. Wollte er in der Apotheosis die Gottheit Christi
lehren und im Streben nach Anschaulichkeit und Lebendigkeit den Be=
weisgründen polemische Form geben, so mußte er entweder die Haupthäresie,
den Arianismus, angreifen, oder wirklich alle antitrinitarischen Secten
in gleicher Weise bekämpfen. Für die willkürliche Auswahl der Irrlehren
und ihre bunte Mischung aber, wie sie zunächst in der Apotheosis vor=
liegt, gibt es unter dieser Voraussetzung schlechthin keinen Grund. Jeden=
falls hätten wir bei einer so planlosen Anordnung kein Kunstwerk vor
uns, das eines wahren Dichters würdig wäre. Wie kommt sodann der
ausführliche Abschnitt über die Natur der Seele (V. 782—952) in den
Beweis für die Gottheit Christi? Die Erklärer sind um die Antwort
verlegen. Mag immerhin in den Worten, worin das Verhältniß von
Seele und Leib bestimmt wird: „Finxerat hoc digitis, animam suffla=
verat ore" (v. 778), der Anknüpfungspunkt zu diesem Abschnitte liegen[2],
so muß man diese Episode doch als eine unberechtigte Abschweifung vom
Thema bezeichnen. Gleiche Schwierigkeiten bereitet die Hamartigenie.

---

[1] Vgl. Apoth. 101. 173. 290. 519. 974 u. a. Ham. 1. 61. 123. 444 u. a.
[2] Vgl. Brockhaus a. a. O. S. 26 Anm.

Marcions Gnosis wird darin bekämpft. Allein wir fragen mit Recht, warum Prudentius so willkürlich einen Punkt aus dem Systeme dieses Gnostikers herausgegriffen hat. Es ist viel mehr manichäischer Dualismus und Läugnung der Willensfreiheit, als Marcions Lehre, dem der Dichter begegnet. Wenn zudem Prudentius nach der Meinung von Brockhaus sich hierbei so genau an die fünf Bücher Tertullians gegen Marcion an= geschlossen hat[1], so bleibt es unerklärlich, warum das vierte und fünfte Buch fast gar keine Berücksichtigung gefunden hat, warum die Vertheidi= gung der alttestamentlichen Bücher fast ganz in den Hintergrund tritt. Waren etwa in diesem Punkte gar keine feindlichen Gegensätze mehr vor= handen? Die Manichäer, welche Prudentius in der Apotheosis nennt, hatten ja die Verwerfung des alten Testamentes als Erbtheil von Marcion übernommen. Die Verlegenheit der Erklärer wiederholt sich in ihrem Urtheile über die Psychomachie. Dieselbe scheint in der Vorrede des Dichters zu seinen Werken, wo er alle seine Leistungen aufzählt (V. 39 bis 42), keine Stelle zu haben. Middeldorpf[2] gesteht, daß er nicht wisse, wohin er dieß Gedicht rechnen solle. Arevalo[3] zählt es den rein polemi= schen zu. Brys[4] behauptet: „Il explique la foi catholique dans la Psychomachie." Dressel[5] nennt es eine Satire auf das Heidenthum. Brockhaus[6] legt ihm einen Mischcharakter bei, indem „Prudentius (darin) von dem Kampfe des Glaubens gegen das Heidenthum ausgehe und mit dem Kampfe der Eintracht gegen die Häresie ende". Kayser[7] möchte es am liebsten ein allegorisches Epos nennen. Alle diese Schwierigkeiten verschwinden, wenn wir die von Prudentius bekämpften Häresien im Priscillianismus suchen. In sämmtlichen Zeugnissen des Alterthums[8] wird den Priscillianisten der Vorwurf gemacht, daß ihre Lehre der In= begriff jener Häresien sei, die wir gerade von Prudentius bekämpft finden. Als den ersten und wichtigsten Zeugen betrachten wir das im Jahre 400 gehaltene Concil von Toledo und die auf demselben verfaßte „Regula fidei contra omnes haereses et quam maxime contra Pris= cillianistas" zugleich mit den diesem Symbol angeschlossenen 18 Anathe= matismen. Hiermit haben wir eine schwierige und verwickelte Streitfrage

---

[1] Vgl. *Arevalo* ad Ham. praefat. v. 1 (Migne t. 59. col. 1008).

[2] Commentatio de Prudentio et theologia Prudentiana, in der Zeitschrift für historische Theologie. Leipzig 1832. II. Bd. Zweites Stück S. 137. Vgl. Dühr, Die christlichen Dichter u. s. w. S. 79. Allard (Revue t. XXXV p. 359) fragt: „A quel genre rattacher la Psychomachia?"

[3] Proleg. n. 59 (Migne t. 59. col. 608. 1007).   [4] L. c. p. 60.

[5] Proleg. p. XIII. n. 26: „paganismi satyra".

[6] A. a. O. S. 42 f.; vgl. S. 36, und Ebert a. a. O. S. 264.

[7] A. a. O. S. 260.

[8] Gesammelt findet man dieselben bei *Tillemont*, Mémoires etc. t. VIII. p. 491 s.

angeregt: die Frage nach der Aechtheit dieser Aktenstücke und nach dem Ver=
hältnisse, in welchem dieselben zu dem Briefe des hl. Leo I. an den hl. Turi=
bius[1], Bischof von Astorga, stehen. Daß die Formel sammt den Anathema=
tismen ächt sei und nicht einem Concile von Toledo im Jahre 447, sondern
dem vom Jahre 400 seinen Ursprung verdanke, ist im zweiten Theile dieser
Arbeit c. 3 bewiesen. Prudentius selbst ist der bisher nicht beachtete,
aber sehr zu achtende Zeuge für die Authenticität der genannten Urkunden.
Von der größten Bedeutung ist, daß die im Jahre 400 von den spani=
schen Bischöfen gegen die Priscillianisten getroffenen Bestimmungen sich
gegen dieselben Lehren richten, welche Leo verurtheilt. Leo selbst nennt
die in 16 Kapitel zusammengefaßten und von ihm verworfenen Blas=
phemien der Priscillianisten „opiniones olim damnatas“ und spricht
von einem Wiederaufleben der ganz abscheulichen Secte. Was wir aus
Severus, Orosius, Hieronymus und Augustinus in der Zeit zwischen dem
tolebanischen Concil und dem Briefe Leo's über die Lehre der Priscil=
lianisten erfahren, stimmt mit beiden vollkommen überein. Die polemischen
Gedichte des Prudentius aber zeigen mit diesen Nachrichten größtentheils
eine solche Uebereinstimmung, daß man die ersteren für die versificirte
Erklärung der letzteren halten könnte. Hierin liegt ein unwidersprech=
licher Beweis für unsere Behauptung; · verstärkt wird derselbe durch die
Betrachtung der wenigen Differenzen, welche wir zwischen den Dichtungen
und jenen Lehrbestimmungen entdecken. Beides, die Harmonie wie die
Disharmonie, ist sogleich näher zu erörtern.

Die priscillianistische Häresie unterschied sich darin von den übrigen
Häresien, daß sie, wie Leo sagt, nicht bloß fast alle früheren Ketzereien
in sich aufgenommen, sondern sich sogar in die Finsternisse des Hei=
denthums versenkt hatte. Näher wird diese Verirrung in der Ein=
leitung des Briefes dahin bestimmt, daß die Priscillianisten durch geheime
magische Künste, durch die eitlen Lügen der Astrologen (mathematicorum)
den religiösen Glauben und die sittliche Ordnung der Gewalt der Dä=
monen und dem Einflusse der Gestirne zuschrieben. Nach ihrer Lehre
„gibt es weder Lohn für die Tugend, noch Strafe für das Laster . . .
Denn es kann ja kein Gericht über gute und schlechte Handlungen geben,
wenn nach beiden Richtungen hin die Nothwendigkeit des Fatums (fatalis
necessitas) den Menschengeist antreibt, und alles, was von den Menschen
geschieht, nicht sowohl den Menschen, als den Sternen zuzuschreiben ist.“
Die Kapitel 11, 12 und 14 des Briefes behandeln denselben Gegenstand,
und im 15. Anathematismus der tolebanischen Synode heißt es: „Wer
der Astrologie oder Mathesis Glauben schenkt, sei Anathema.“ Der Po=

---

[1] Ep. 15 (Migne t. 54. col. 677 sq.). *Hurter*, SS. Patrum opusc. XXV.
p. 118.

lemif gegen biefen mehr heibnifchen als häretifchen Wahn find von Pru=
bentius die meiften Verfe gewidmet. Die Vertheidigung des freien Willens
ift der Hauptgegenftand der Hamartigenie. Nichts wird dem Lefer fo
einbringlich eingeprägt, als die Wahrheit: „Du bift felber verantwortlich
für jede deiner Thaten." Die Pfychomachie aber, welche auch nach Brock=
haus fich inhaltlich an die Hamartigenie anfchließt, hat keinen andern
Charakter. Am beften dürfte ihn S ch a r p f f folgenderweife zum Ausbruck
gebracht haben[1]: „Die Pfychomachie ftellt den Kampf des Guten und
Böfen im Menfchen dar, der nach diefer Schilderung e i n r e i n e t h i f ch e r,
nicht wie bei den Manichäern ein phyfifcher Prozeß ift." Es ftimmt
gleichfalls mit unferer Behauptung überein, wenn wir den Dichter,
namentlich in der Pfychomachie, heidnifchen Wahnwitz geißeln und im
Kampfe gegen Symmachus nicht bloß Heiden, fondern auch Chriften berück=
fichtigen fehen. Der Mifchcharakter, um fo zu fagen, feiner Gegner hatte
unwillkürlich diefen Mifchcharakter feiner Werke zur Folge.

Die ausführliche Polemik gegen die Aftrologie und den Fatalismus
im zweiten Buche gegen Symmachus wird nur durch die Rückficht auf
feine nächften Gegner, die Priscillianiften, erklärlich. Wir haben es
als auffallend bezeichnet, daß Prubentius in der Hamartigenie fich direct
gegen Marcion wendet, und zwar nur gegen jene Lehren, in denen
die marcionitifche Secte mit den Manichäern übereinftimmte. Leo nennt
die Priscillianiften (Kap. 4) „sequentes dogmata Cerdonis atque
Marcionis et cognatis suis Manichaeis per omnia consonantes",
und im 16. Kapitel bezeichnet er diefe letztere Verwandtfchaft noch befon=
ders alfo: „Faciunt hoc Priscillianistae, faciunt Manichaei, quorum
cum istis tam foederata sunt corda, ut solis nominibus discreti,
sacrilegiis autem suis inveniantur uniti."[2] Was nun den Inhalt der
Hamartigenie im Befondern angeht, fo ftimmt er mit den Kapiteln 6, 8
und 10 des genannten Briefes vollkommen überein. Mit der Bekämpfung
eines ewigen böfen Principes beginnt Prubentius und erweift dagegen,
daß Gott nur e i n e r fein könne, daß dagegen der Satan nur ein ge=
fallenes Gefchöpf Gottes fei. Leo bezeichnet (Kap. 6) die dießbezügliche

---

[1] W e tz e r = W e l t e, Kirchenlexikon. 1. Aufl. 8. Bb. S. 837.

[2] *Cacciari*, De Manichaeorum haeresi et historia l. II. c. 7. n. 5. (ed. Migne
tom. 55. col. 927), vertheidigt den hl. Leo gegen die Anfchulbigungen Beaufobre's,
daß derfelbe in dem Briefe an Turibius die Manichäer ungerecht und irrthümlich
befchulbigt habe, folgendermaßen: „Nec quidquam facit, quod in laudata epistola
promiscue cum de Priscillianistarum tum de Manichaeorum institutis dis-
seruerit; nimis enim affines erant ambae istae haereses, cum Prisilliana multa
falsa dogmata ex Manichaica mutuata sit, et ambae antiquorum Gnosticorum
virus imbiberunt. Non propterea tamen Leo S. pontifex de errore esset in-
simulandus, si Priscillianistas quandoque Manichaeos appellaverit. . . . A qua
scribendi phrasi nec Hieronymus abhorruit."

Lehre der Priscillianisten: „... quod diabolus nunquam fuerit bonus nec natura eius opificium Dei sit, sed eum ex chao *et tenebris emersisse*, quia sc. *nullum sui habeat auctorem*, sed omnis mali ipse sit principium atque substantia." Vgl. den 8. und 9. Anathematismus des tolebanischen Concils. Prudentius sagt (Ham. 170) vom Teufel:

Persuasit propriis genitum se viribus ex se
Materiam sumpsisse sibi, qua primitus esse
Inciperet *nascique suum sine principe coeptum*.
Hinc schola subtacitam meditatur gignere sectam,
Quae docet *e tenebris subitum micuisse* tyrannum,
Qui velut aeterna latitans sub nocte retrorsum
Vixerit et tecto semper regnaverit aevo.

Wie die Priscillianisten den Vater der Sünde als ein ewiges Princip Gott gegenüberstellten, so nahmen sie einen ähnlichen Dualismus im Menschen an. Der Leib des Menschen ist nicht von Gott, sondern vom Satan geschaffen; die Verbindung der Seele mit dem Leibe ist nur eine vorübergehende Strafe. Die Seele existirte vorher; in's Gefängniß des Leibes ist sie verstoßen, weil sie in ihrer Präexistenz gesündigt hat. In Kapitel 8 und 10 verurtheilt Leo diese Lehre. Prudentius widmet ihrer Widerlegung den zweiten Theil der Hamartigenie. Sagt nun Leo: „catholica fides ... constanter praedicat atque veraciter, quod animae hominum, priusquam suis inspirarentur corporibus, non fuere *nec ab alio incorporentur, nisi ab opifice Deo, qui et ipsarum* est creator et corporum," so lesen wir bei Prudentius:

Interea, dum *mixta* viget *substantia* in unum
Sit memor auctoris proprii, veneretur et oret
Artificem submissa suum. Non *condidit alter*
Halantis animae figmentum et corporis alter [1].

... peperit bona omnia conditor unus
Nil luteum de fonte fluit, nec turbidus humor
Nascitur, aut primae violatur origine venae,
Sed dum liventes liquor incorruptus arenas
Praelambit, putrefacta inter contagia sordet. (Ham. 352 sq.)

Nichts zwingt den Menschen zur Sünde; „wer da wacht mit den Waffen der Reinigkeit und auf dem Felsen (Christus) in Liebe vertraut, ... den wird in seiner sichern Stellung selbst nicht der Charon der Welt, der Gott Marcions (der Satan), erschüttern, der unter der leuchtenden Sonne die eitlen Schatten beherrscht" (Ham. 494 sq.). In poetischer Umschreibung des paulinischen Wortes: „Wir haben nicht zu

---

[1] c. Symm. II, 212. Die Berechtigung, aus diesem Buche eine Stelle zu bringen, die wir strenggenommen in der Hamartigenie suchen sollten, ist oben S. 195 angedeutet.

kämpfen mit Fleisch und Blut, sondern mit den Geistern in der Luft"
(Ephes. 6, 12), ruft der Dichter:

Non mentem sua membra premunt nec terrea virtus
Oppugnat sensus liquidos bellove lacessit,
Sed cum spiritibus tenebrosis nocte dieque
Congredimur. (Ham. 511 sq.) [1]

Durch Christus, mit dem die Seele sich zu vermählen berufen ist
(V. 628), können wir siegen. Schließen wir uns statt an Christus an
den Satan an, so ist der Fall in die Sünde unsere Schuld. Darum:

Nemo habitum naturae aut irritamina peccans
Corporis accuset! (Ham. 522.)

Der hl. Leo ruft aus: „Quid ergo hic agunt cursus siderum, quid
figmenta fatorum, quid mundanarum rerum mobilis status et inquieta
diversitas? Ecce tot impares gratia Dei facit aequales, qui inter
quoslibet huius vitae labores, *si fideles permanent,* miseri esse non
possunt Apostolicum illud in omni tentatione dicentes: ‚Quis nos
separabit a caritate Christi?'" (l. c. c. 10.)

Am interessantesten und wichtigsten gestaltet sich unsere Frage be=
züglich der in der Apotheosis angeführten Häresien. Die Uebereinstimmung
ist hier geradezu überraschend. Mit den Patripassianern und Sabellianern
beginnt der Dichter. Der hl. Leo sagt im 1. Kapitel seines Briefes:
„... demonstratur, quam impie sentiant (Priscillianistae) de trinitate divina, qui et patris et filii et spiritus s. unam atque eandem
asserunt esse personam ... Quod blasphemiae genus de Sabellii
opinione sumpserunt, cuius discipuli etiam Patripassiani merito
nuncupantur, quia si ipse est filius qui et pater crux filii patris
est passio." [2] Prudentius wendet sich sodann gegen die Läugner der
Gottheit Christi. Der hl. Leo beschuldigt die Priscillianisten im 2. und
3. Kapitel, daß sie, wie die Arianer, den Vater früher als den Sohn
existiren lassen. Indem Prudentius den Begriff des gignere in Gott
entwickelt, braucht er geradezu dieselben Worte: „Non convertibilis
nec *demutabilis* unquam est Deus, aut gignendo aliquid sibi detrahit"

---

[1] Brockhaus (a. a. O. S. 32) glaubt bemerken zu müssen, daß Prudentius
in der Bestreitung des Dualismus im Menschen selbst „hier allerdings nicht in
Uebereinstimmung mit Paulus (vgl. Gal. 5, 17; Röm. 7, 18 f.)" sich befinde. Nach
den protestantischen Begriffen von Brockhaus muß zwischen Paulus und Paulus selbst
die Nichtübereinstimmung bestehen, die er hier zwischen Prudentius und Paulus
findet. Wir müßten die katholische Rechtfertigungslehre hersetzen, wenn wir die Un=
richtigkeit dieser Bemerkung darthun wollten.

[2] Cfr. S. Aug. De haeres. c. 70 (Migne t. 42. col. 44): „De Christo Sa-
bellianam sectam tenent eundem ipsum esse dicentes non solum filium, sed
etiam patrem et spiritum s."

(v. 276). Der siebente Anathematismus des Toletanum lautet: „Si quis dixerit vel crediderit deitatem Christi convertibilem esse vel passibilem, a. s." Der hl. Leo schreibt (Kap. 2): „... catholica ecclesia detestatur ... istos, qui putant unquam Deo id, quod eiusdem est essentiae, defuisse. Quem sicut *mutabilem*, ita et *proficientem* dicere nefas est." Prudentius schreibt (v. 284): „Absit ut unquam plenus *proficiat,* qui non eget incremento." Unter den Wundern, die Prudentius zum Nachweise der Gottheit Christi anführt, widmet er der Auferweckung des Lazarus eine besondere Aufmerksamkeit (Apoth. 741—781). Im Anschluß an dasselbe wird der Nachweis geführt, daß die menschliche Seele nicht göttlicher Wesenheit, sondern geschaffen sei. Während diese Aufeinanderfolge, wie oben bemerkt wurde, ohne eine offenbare Veranlassung als unberechtigt bezeichnet werden müßte, erhält sie ihre volle Erklärung und Berechtigung durch den Vergleich mit der tolebanischen Glaubensregel und dem angeführten leoninischen Briefe. Nachdem Leo die Priscillianisten am Schlusse des 4. Kapitels als Feinde des Kreuzes und der Auferstehung gebrandmarkt hat, fährt er im 5. Kapitel fort: „... refertur, quod animam hominis divinae asserant esse substantiae nec a natura creatoris sui conditionis nostrae distare naturam[1]. Quam impietatem ex philosophorum quorundam et Manichaeorum opinione manantem catholica fides damnat." Die Beweisführung des Dichters enthält mehrfache Anknüpfungspunkte an die weiteren Worte des hl. Leo. Wenn dieses Zusammentreffen dem Zufalle zugeschrieben werden kann, dann hört die geschichtliche Forschung überhaupt auf. Endlich bekämpft der Dichter im letzten Abschnitte der Apotheosis (V. 953—1061) noch besonders den Doketismus der Manichäer. Der hl. Leo sagt im 5. Kapitel seines Briefes über die merkwürdige Unsitte der Priscillianisten, am Weihnachtsfeste und am Sonntage zu fasten: „Quod utique ideo faciunt, quia Christum Dominum in vera hominis natura natum esse non credunt, sed per *quandam illusionem* ostentata videri volunt, quae vera non fuerint, sequentes dogmata Cerdonis atque Marcionis et *cognatis suis Manichaeis* per omnia consonantes."

Prudentius krönt seine Apotheosis mit dem feierlichen Bekenntnisse seiner Auferstehungshoffnung. Weil Christus wahrhaft und wirklich Gottmensch war und ist, darum werden seine Anhänger durch seine Macht in der Auferstehung vollendet werden (Apoth. 1061—1084). Daß er auch diese Lehre gegen die Läugner der Auferstehung vertheidigt, zeigt die Er-

---

[1] Die Regula fidei Concilii Tolet. I. schließt: „Resurrectionem vero futuram humanae credimus carnis, animam autem hominis non divinam esse substantiam aut Dei parem, sed creaturam dicimus Dei voluntate creatam."

Öffnung dieſes Abſchnittes: „Nosco meum in Christo corpus resurgere: *quid me desperare iubes?*" Aus Leo's Briefe erfahren wir im 8. Kapitel (vgl. Kap. 4 unb 12), baß die Priscillianiſten die Auferſtehung läugneten, weil es nach ihren Anſichten unwürbig war, baß die Seele mit bem an ſich böſen Körper vereinigt würbe. Wenn nun Leo am Schluſſe bes 12. Kapitels alſo gegen die Priscillianiſten ſchreibt: „Nihil itaque nobiscum commune habeant, qui . . . quibuslibet modis nituntur astruere, *quod substantia carnis ab spe resurrectionis aliena sit,* atque ita omne sacramentum incarnationis Christi resolvunt: quia indignum fuit integrum hominem suscipi (vgl. Apoth. 1021 sq.), si indignum fuerit integrum liberari"; unb wenn Prubentius in ſeiner auf Chriſtus gegrün= beten Auferſtehungshoffnung die gänzliche Leibensloſigkeit bes Leibes vor Allem hervorhebt, ſo iſt boch wohl die Uebereinſtimmung zwiſchen Leo unb Prubentius evident unb in Folge beſſen nicht zweifelhaft, welche Gegner Prubentius bekämpft habe.

Die angebeutete Uebereinſtimmung zwiſchen ben polemiſchen Gebichten bes Prubentius unb ben gegen die Priscillianiſten gerichteten hiſtoriſchen Documenten wirb im zweiten Theile dieſer Arbeit noch weiter ausgeführt werben. Hier müſſen wir jeßt auf die Differenzen eingehen, welche troß unb neben dieſer Uebereinſtimmung beſtehen, unb die Einwenbungen zurück= weiſen, welche gegen unſere Behauptung erhoben werben könnten. Die Bekämpfung bes jübiſchen Unglaubens in der Apotheoſis (V. 320—551) ſcheint zunächſt unſerer Behauptung im Wege zu ſtehen. Weber die Väter von Toledo, noch Leo, noch die übrigen Berichterſtatter über die Priscillia= niſten werfen benſelben Gemeinſchaft mit ben Juden vor. Wie kommt alſo Prubentius zu dieſer Epiſobe? Zunächſt wiſſen wir, baß die Juden damals in Spanien zahlreich vertreten waren. Das Concil von Elvira 306 beſtätigt bieß burch ſeine Canones[1]. Im 49. Canon heißt es: „Admonere(i) placuit (episcopis) possessores, ut non patiantur fructus suos, quos a Deo percipiunt cum gratiarum actione, a Iudaeis benedici, ne nostram irritam et infirmam faciant benedictionem." P. Gams ſagt zur Erklärung dieſes Canons a. a. O.: „Die Juden waren beſonders in Bätica auch im Binnenlanbe überall verbreitet unb hatten es ſtets bis auf ihre Vertreibung am Enbe bes 15. Jahrhunberts auf eine Judai= ſirung bes ganzen Lanbes abgeſehen" . . . Die Juden waren vor ben Chriſten nach Spanien gekommen; ſie hatten größere Macht unb größern Reichthum, als die Chriſten; ſie waren die zubringlichſten Proſelyten= macher. So erklärt es ſich, baß viele Chriſten in Spanien judaiſirten unb die Juden in ihren religiöſen Gebräuchen nachahmten oder gewähren

---

[1] Gams a. a. O. II. 1. S. 107 f. Vgl. Hefele, Conciliengeſchichte 2. Aufl. I. S. 177.

ließen. Durch die Gunst der Kaiser war die Macht der Juden am Ende des vierten Jahrhunderts bedeutend größer geworden, als sie am Beginn desselben gewesen war [1]. Sie war auf dem Wege zu jener Entwicklung, gegen welche die westgothische Gesetzgebung so scharfe Maßregeln treffen mußte. Daß nämlich diese späteren Gesetze ein Akt der Nothwehr gegen die Juden waren, gibt sogar der jüdische Professor Grätz zu in seiner Abhandlung „Die westgothische Gesetzgebung in Betreff der Juden" (Breslau 1858). Honorius und Arcadius gingen in der Begünstigung der Juden noch weiter als ihr Vater Theodosius, welcher deßhalb bereits von Ambrosius (ep. II, 17) Tadel erfahren hatte. Bedenken wir nun die priscillianistischen Wirren zur Zeit des Prudentius einerseits und die Stellung des Dichters zum Kaiserhause andererseits, so fällt auf die in Frage stehende Episode klares Licht. Die Priscillianisten standen als politische Partei auf Seiten der Kaiser, deren Gunst sich die Juden in besonderem Grade erfreuten. Denselben Bischöfen, welche die kirchlichen Bestimmungen gegen den Verkehr der Christen mit den Juden einschärfen mußten, lag es auch ob, gegen die verderblichen Einflüsse der priscillianistischen Secte zu eifern. Es wäre unter diesen Umständen fast wunderbar, wenn die Juden die Bestrebungen der Priscillianisten nicht unterstützt hätten, mit denen sie ja in der Läugnung der Gottheit Christi thatsächlich übereinstimmten. Wenn ein entschiedener Vertheidiger der Juden [2] gegen die westgothische Gesetzgebung demnach zugestehen muß, daß der katholischen Kirche in Spanien von dem mit dem Judenthum verbündeten Arianismus große Gefahr drohte, so dürfen wir eine ähnliche Gefahr aus der Unterstützung der Priscillianisten durch die Juden zur Zeit des Dichters annehmen. Wie groß die Anhänglichkeit des Prudentius an Theodosius und seine Söhne war, ist oben (S. 18) erwähnt, ebenso, wie schonend er die letzteren an ihre Pflicht zu mahnen suchte. In der Polemik gegen die Juden sehen wir gleichfalls zunächst einen verhüllten Tadel gegen die kaiserlichen Brüder; sodann die Absicht des Dichters, mit seiner Polemik gegen die Priscillianisten größern Eindruck zu machen. Lasen die Kaiser diese Polemik ihres treu ergebenen Prudentius gegen die Juden, so mußten sie darin auch einen Tadel gegen sich selber finden. Noch wahrscheinlicher wird die Annahme, Prudentius habe aus Rücksicht auf die allzu große Begünstigung der Juden durch Honorius und Arcadius diese Episode

---

[1] Die zahlreiche Literatur hierüber ist angegeben von Obbarius a. a. O. S. VII und von Dressel S. VIII. n. 10. 11. 12. Eine interessante Beleuchtung des damaligen Verhältnisses zwischen Juden und Christen erhält man durch das Hirtenschreiben des Bischofs Severus von Mago auf der Insel Majorca. In dem nahen Spanien werden die Verhältnisse wesentlich dieselben gewesen sein. Siehe Baronius, Annalen ad ann. 418.

[2] Helfferich, Der westgothische Arianismus. 1860. S. 69 f. S. Gams a. a. O.

geschrieben, baburch, daß gerabe hier ber abtrünnige Julian vom Dichter eingeführt wirb. Auch Brockhaus (a. a. O. S. 23. Anm.) sieht ben Grunb für bie Anführung Julians barin, baß berselbe aus Feinbschaft gegen bas Christenthum bie Juben begünstigt hatte. „Vielleicht hat gerabe beßhalb Prubentius hier bas störenbe Eingreifen Christi in ben Opfer= cultus Julians zeigen wollen, um ben Juben, gegenüber ber Gewalt Christi, auch ihre kaiserlichen Beschützer als ohnmächtig zu erweisen.“ Uns scheint, Prubentius habe nicht sowohl ben Juben biese Lehre geben, als ben Söhnen bes Theobosius anbeuten wollen, baß sie burch ihre Begünstigung ber ungläubigen Juben bem Julian ähnlich würben. Um so bebenklicher mußte bieser Hinweis auf Julian bie Herrscher machen, als Prubentius (V. 442 f.) bie Herrschervorzüge Julians rühmenb hervorhebt. Unten wirb noch einmal von bem Urtheile bes Dichters über Julian zu reben sein, welches ben Erklärern so merkwürbig vorkommt. In ber Rücksicht auf bie regierenben Kaiser scheint uns bie treffenbste Erklärung bieser Merkwürbigkeit zu liegen. Die Priscillianisten aber unb noch mehr beren heimliche Begünstiger mußten burch ihre Zusammenstellung mit bem Un= glauben ber Juben ganz besonbers betroffen werben.

Eine weitere Differenz besteht zwischen ben polemischen Gebichten bes Prubentius unb ben angeführten Zeugnissen über ben Priscillianismus bezüglich ber Apokryphenliteratur unb ber heiligen Schrift. „Si quis dixerit vel crediderit,“ heißt es im 12. Anathematismus bes tolebanischen Concils, „alias scripturas praeter quas ecclesia catholica recipit in auctoritate habendas, a. s.“ [1] Turibius zählt in seinem Schreiben an Jbatius unb Ceponius bie Apokryphen ber Secte namentlich auf; ja ber ganze Brief ist fast ausschließlich hiergegen gerichtet. „... ne forte sanctitas vestra, quae mala quantaequae blasphemiae apocryphis libris, quos hi nostri vernaculi haeretici ad vicem sanctorum evangeliorum legunt continentur, ignoret, maximi facinoris reum me esse credo, si taceam.“ Dann nennt Turibius bie Actus s. Thomae, s. Andreae, S. Ioannis, besonbers aber verurtheilt er bas Buch „Memoriae aposto= lorum“ als „blasphemissimus liber“. Durch ben Brief bes hl. Leo zieht sich bie Klage über ben Mißbrauch ber hl. Schrift unb bie Lügen ber Apokryphen wie ein rother Faben. In ber Einleitung schon heißt es: „Ad profanos sensus pietate sanctorum voluminum depravata sub nominibus prophetarum et apostolorum non hoc praedicatur, quod Spiritus sanctus docuit, sed quod diaboli minister inseruit.“ Das

---

[1] Der achte Anath.: „Si quis dixerit vel crediderit alterum Deum esse priscae legis alterum evangeliorum, a. s.“, gehört nicht hierher, ba in bemselben nur bie bualistische Lehre ber Priscillianisten verurtheilt ist. Inconsequenterweise unterschieben sich bie Priscillianisten gerabe barin von ben Manichäern (unb Marcio= niten), baß sie bie alttestamentlichen Schriften annahmen.

13. und 15. Kapitel ist ganz diesem Gegenstande gewidmet, während das 12. und 14. in der nächsten Beziehung dazu steht. „Curandum ergo est,“ sagt Leo (Kap. 15), „et sacerdotali diligentia maxime providendum, ut falsati codices et a sincera veritate discordes in nullo usu lectionis habeantur. Apocryphae autem scripturae, quae sub nominibus apostolorum multarum habent seminarium falsitatum, non solum interdicendae, sed etiam penitus auferendae sunt atque ignibus concremandae.“ Mit dem hl. Augustin[1] sieht Leo (Kap. 16) schließlich darin nur eine größere Bosheit der Priscillianisten, daß sie zum Unterschiede von den Manichäern die alttestamentlichen Bücher annehmen. „Etsi vetus testamentum, quod isti (Priscillianistae) se suscipere simulant, Manichaei refutant, ad unum tamen finem utrorumque tendit intentio, quum quod illi abdicando impugnant, isti recipiendo corrumpunt.“ Hat nun Prudentius wirklich gegen die Priscillianisten geschrieben, so erwartet man auch eine polemische Rücksichtnahme auf diesen Punkt. Wir finden bei ihm indeß kaum eine Spur davon (vgl. II. Theil, Kap. 2). Dieses Schweigen gestaltet sich indeß zu einem neuen Grunde für unsere Annahme. Es entspricht nämlich genau dem Entwicklungsstadium der priscillianistischen Secte, in welchem sich dieselbe zur Zeit der dichterischen Thätigkeit des Prudentius befand. In der Regula fidei, an die sich der Dichter am genauesten anschließt, findet sich gleichfalls keine Erwähnung der heiligen Schriften. Von den 18 Anathematismen befaßt sich nur einer mit diesem Gegenstande. In merkwürdiger Uebereinstimmung hiermit steht die Erklärung des Bischofs Symphosius, welcher auf dem Concil von Toledo im Jahre 400 zugleich mit seinem Sohne Dictinnius dem Priscillianismus abschwor[2]. Nach dieser Erklärung hatte Symphosius nur in folgenden drei Irrthümern mit Priscillian übereingestimmt: er hatte den Sohn Gottes innascibilis genannt; zwei Principien (den Dualismus der Manichäer) angenommen und die menschliche Seele für gleicher Wesenheit mit Gott gehalten[3]. Von apokryphen Büchern ist keine Rede, und die Schriften Priscillians, welche Symphosius verwirft, hat er nach dem Wortlaute

---

[1] Ep. 237 (al. 253) ad Ceretium.

[2] Die exemplaria professionum bei *Mansi* tom. III. col. 1004 und 1005. Ueber die Aechtheit derselben vgl. unten Th. II. Kap. 3. Daß die exemplaria selbst nur ein Auszug aus den Concilsakten sind, ist für unsern Gegenstand gleichgültig. Gerade das, was Symphosius abgeschworen hat, ist im Auszuge mitgetheilt.

[3] „Hoc enim in me reprehendo, quod dixerim unam Dei et hominis esse substantiam. ... Symphosius episcopus dixit: Iuxta id, quod paulo ante lectum est, in membrana nescio qua, in qua dicebatur filius innascibilis, hanc ego doctrinam, quae *aut duo principia dicit aut filium innascibilem* cum ipso auctore damno, qui scripsit.“

ber Erklärung nicht gelesen. „Omnes libros haereticos" (heißt es
l. c. col. 1005) „et maxime Priscilliani doctrinam iuxta quod hodie
lectum est, ubi innascibilem filium *scripsisse dicitur*, cum ipso auctore
damno." Dasselbe geht aus der Erklärung des Priesters Comasius
hervor. Ja, in der Sentenz der Bischöfe wird ausdrücklich bezeugt, daß
Symphosius mit Apokryphen nichts zu thun gehabt habe: „. . . (Sym-
phosium) deceptum tentumque per plurimos secus aliqua gessisse
reperimus *nullis libris apocryphis aut novis scientiis, quas Priscillianus
composuerat, involutum.*" Quesnell [1] hat die Aechtheit der Erklärungen
grunblos gerade beßhalb in Frage gestellt, weil barin nur einige Irrthümer der Priscillianisten erwähnt werden, ober, wie er nach seiner
hyperbolischen Art sich ausbrückt, weil Symphosius „errores Priscilliani et asseclarum eius vix attigit". Was wir hier von den Bischöfen erfahren, dürfen wir von der großen Mehrzahl der zum Priscillianismus abgefallenen Katholiken annehmen. Sie waren in diese
Hauptirrlehren, welche ihrem seichten Rationalismus am meisten zu-
sagten [2], verstrickt. Die Apokryphen der Secte waren ihnen unbekannt.
Der Brief des Turibius ist der deutlichste Beweis, daß die falsche Schriftauslegung und die Apokryphenliteratur erst allmählich nach der Zeit des
Prubentius sich verbreitete. Nachdem er den Unfug der Apokryphenliteratur gebrandmarkt hat, schließt er folgendermaßen: „Quod ideo necesse habui paulo latius vestris auribus insinuare, ut vel posthac
nemo *quasi inscius rerum dicat se simpliciter huiusmodi libros vel habere
vel legere.*" Waren um 446 bergleichen Bücher in den Händen der
Katholiken, welche bieselben im guten Glauben für ungefährlich hielten,
so gilt dieß noch viel mehr für die Zeit des Prubentius um 400. Zubem wissen wir, baß die Priscillianisten ihre Bücher geheim hielten, was
ihnen namentlich im Anfange gut gelungen sein muß. Erst zur Zeit Leo's
tritt die Apokryphenliteratur als ein charakteristisches Merkmal der Secte
auf und bleibt es fortan. Eine Bestätigung hierfür ergibt sich aus dem
Vergleiche der Anathematismen von Toledo mit den zu Bracara 561 publi-
cirten. Dieselben sind sich gegenseitig so völlig conform, baß Gams
(II. I. S. 479) beßhalb die Anathematismen von Toledo mitzutheilen
unterläßt, weil er bie von Bracara aufgenommen hat. Aber gerade der
17. Anathematismus von Bracara macht von bieser Conformität eine
Ausnahme, und bieser lautet: „Wer die heiligen Schriften, die Priscillian
fälschte, ober die Tractate, bie Dictinnius vor seiner Bekehrung schrieb,
ober anbere Schriften der Häretiker, bie sie unter bem Namen von Pa-

---

[1] Siehe S. Leonis opera ed. Ballerini tom. II. col. 1382 sq. Die Widerlegung ber oberflächlichen Argumentation siehe bei *Cacciari* l. c. c. 9. n. 5 (Migne
t. 55. col. 1020).

[2] Vgl. Bernays a. a. O. S. 5.

triarchen, Propheten oder Aposteln geschmiedet haben, liest, sie befolgt oder
vertheidigt, der sei im Banne."

Auch bei Augustinus [1] und den übrigen Zeugen, welche vor Leo
über die Priscillianisten berichten, treten die aus der Abschwörung des
Symphosius bekannten Hauptirrthümer in den Vordergrund. Es ent=
spricht demnach ganz und gar den Zeitverhältnissen, wenn Prudentius in
seinen polemischen Gedichten von den apokryphen Büchern der Häretiker
kaum eine Erwähnung thut, sondern der Vertheidigung der gottmensch=
lichen Person Christi, der Widerlegung eines ewigen bösen Principes und
der Bekämpfung einer pantheistischen Auffassung der menschlichen Seele
seine ganze Aufmerksamkeit widmet.

Mit der Rücksicht auf die Zeitverhältnisse antworten wir ferner auf einen
Einwand, der unserer Annahme mit Recht gemacht werden kann: Warum
hat Prudentius den Namen Priscillians und seiner An=
hänger nicht ein einziges Mal genannt, wenn er seine polemische
Trilogie wirklich gegen dieselben gerichtet hat? Diese Frage drängt sich uns
unwillkürlich auf. Die Beantwortung derselben wird uns zeigen, daß dieses
argumentum ex silentio nicht gegen, sondern für die Behauptung spricht:
Prudentius hat gegen die Priscillianisten geschrieben. Wir knüpfen hier

---

[1] Vgl. *Cacciari* l. c. c. 16, bes. n. 3. Cacciari läßt sich hier in seinem
Eifer gegen Quesnell zu weit fortreißen und nimmt Argumente für sich in An=
spruch, die er in cap. 9 an Quesnell mit Recht scharf gerügt hat. Wenn übrigens
Augustinus das apokryphe Buch Memoria apostolorum erwähnt, so ist zu bedenken,
daß derselbe mindestens 15 Jahre später schrieb, als Prudentius gegen die Pris=
cillianisten kämpfte. Gennadius berichtet in cap. 65 und 76 über die Arbeiten
der beiden Bischöfe Pastor und Syagrius. Wir haben keinen Grund, an der Identi=
tät derselben mit jenem Pastor und Syagrius zu zweifeln, welche nach dem Chronikon
des Jdatius (Migne t. 74. col. 719) im Jahre 433 im Convente zu Lugos zu
Bischöfen ordinirt worden sind. Von dem erstern sagt Gennadius (c. 76) aus=
drücklich, daß er gegen die Priscillianisten geschrieben habe. Ueber Syagrius heißt
es (c. 65): „Er schrieb über den Glauben gegen die anmaßenden Wortformen der
Häretiker, welche zur Zerstörung oder Veränderung der Namen der heiligen Trinität
aufgebracht worden, welche behaupten, der Vater dürfe nicht Vater genannt werden,
damit nicht aus dem Namen des Vaters der Sohn herausklinge, sondern er sei
ungeboren, unerschaffen und einzig zu nennen, so daß, was außer ihm Person,
auch eine Wesenheit außer ihm sei. Er zeigt, daß auch der Vater, welcher derselben
Natur (mit dem Sohne) ist, ungeboren genannt werden könne, wie die Schrift
bezeuge, er habe aus sich seinen persönlichen Sohn gezeugt, nicht erschaffen; aus sich
habe er den heiligen Geist als Person hervorgebracht, nicht gezeugt oder geschaffen."
Gams (a. a. O. II. 1. 467) bemerkt hierzu: „Da Syagrius jedenfalls ein Abend=
länder war, so ist es eben nur die Häresie des Priscillian, welche hier und uns bis
jetzt mit dieser Irrlehre behaftet erschien, daß sie die drei Personen in Gott zu
bloßen Wortformen herabwürdigt. Dieß gilt wenigstens für die Zeit unseres Syagrius;
denn damals hatten sich die alten Monarchianer (Sabellianer) längst ausgelebt."
Die Anwendung dieser Worte auf Prudentius ergibt sich von selbst.

an das an, was im ersten Kapitel aus der Geschichte des Priscillianis=
mus herausgehoben ist. Drei Abschnitte lassen sich in der Geschichte des
Priscillianismus (in Spanien) unterscheiden: von der Entstehung der
Secte bis zur Hinrichtung Priscillians im Jahre 385; von 385 bis zum
Concil von Toledo im Jahre 400; die Zeit von 400 bis zum Verfall
der Secte. In jedem dieser Abschnitte hat der Name Priscillian eine
andere Bedeutung; ja, man könnte diesen Namen das Eintheilungs=
princip der Secte in ihrem geschichtlichen Verlaufe nennen. Wie Pris=
cillian nicht der Urheber der Secte ist, so hat dieselbe auch Anfangs nicht
seinen Namen getragen. Nach den gewichtigen Gründen, die Gams
(a. a. O. II. 1. S. 361 f.) anführt, ist die Einführung dieser Secte in
Spanien in die Zeit von 330—340 zu setzen. Gams sagt mit Be=
ziehung hierauf: „Es ist eine gewöhnliche Annahme[1], daß die Secte
in Spanien um das Jahr 379 entdeckt worden und daß dieselbe von An=
fang an den Namen des Priscillian getragen habe. Das erstere ist un=
wahrscheinlich, das letztere unwahr. Beide Namen, Manichäer und
Priscillianisten, laufen neben einander her; der Name der Manichäer
aber ist der frühere — auch in Spanien. Philastrius von Brescia gab
sein Buch von den Häresien im Jahre 379 heraus. Er berichtet, es
gebe in Gallien, Spanien und Aquitanien gleichsam Enthaltsame, welche
der verderblichen Secte der Gnostiker und Manichäer zu=
gleich folgen und, dieselbe weiter verbreitend, durch ihre Beredungen die
Ehen trennen, Enthaltung vom Fleische empfehlen, weil diese Stoffe ein
Werk des Teufels seien, und durch diese Lügen haben sie die Seelen vieler
gefangen. Dieß gerade sind die Hauptkennzeichen der Priscillianisten
(nach außen), welche die Ehe und den Fleischgenuß verboten. Zwar er=
folgte der Tod des Philastrius erst im Jahre 387. Sollte sein Werk
aber auch erst nach dem Jahre 380 verfaßt sein, so beweist es doch schon
damals die große Verbreitung der Secte nicht unter dem Na=
men Priscillians, sondern der Manichäer, beweist also, daß
die Secte längere Zeit unter letzterem Namen bestanden...." Für diese
Bemerkung treten alle historischen Zeugnisse ein. Wir sahen oben, daß
noch Leo die Priscillianisten Manichäer nannte. Bis zum Tode Pris=
cillians aber dürfte der Name Priscillianisten kaum in Gebrauch ge=
wesen sein. Sulpicius Severus nennt die Secte in seiner Chronik (II.
c. 46) einfach „illa Gnosticorum haeresis". Wenn er im 51. Kapitel
den Priscillian auctor der Secte nennt, so ist zu bedenken, daß er dieß
von der unmittelbaren Gegenwart sagt, in der er die Chronik (um 403)
schrieb. Um diese Zeit war Priscillians Name bereits in ein anderes
Stadium getreten. In dem Briefe, welchen der Tyrann Maximus an

---

[1] So u. a. Buse, Der hl. Paulinus. Bd. I. S. 103.

Papst Siricius in Folge der Hinrichtung Priscillians, also nach 385, schrieb, nennt er Priscillian und seine Anhänger einfach Manichäer [1]. Aus dem Gesagten ergibt sich, daß Prudentius die gnostischen und mani= chäischen Lehren der Anhänger Priscillians bekämpfen konnte, ohne des letztern Namen zu nennen. Es ist indeß wahrscheinlich, daß der Dichter den Namen Priscillianisten gar nicht nennen wollte, auch wenn der= selbe zur Bezeichnung der Secte im Widerspruche mit den historischen Zeugnissen allgemein in Gebrauch gewesen wäre.

Auf dem Concil zu Saragossa im Jahre 380 war Priscillian noch als Laie verurtheilt worden. Allerdings war er, wie aus Sulpicius Severus (II. c. 46) hervorgeht, auch als Laie schon vorher die Seele der Häretiker und wird deßhalb von Sulpicius (c. 47) mit Nachdruck „princeps malorum omnium" genannt. Gleichwohl hinderte der Mangel der bischöflichen Würde (sacerdotalis auctoritas) seinen Einfluß. Nach= dem er aber (c. 381) von den gleichfalls als Häretiker verurtheilten Bi= schöfen Salvian und Instantius zum Bischof von Avila geweiht worden war, galt er bald als Haupt der Abtrünnigen. Salvian nämlich starb in Rom, wo er mit Instantius und Priscillian vergeblich bei Damasus sich zu recht= fertigen gesucht hatte. Auf einer neuen Synode zu Bordeaux, wahrscheinlich im Jahre 384, die auf den Befehl des Usurpators Maximus zusammen= getreten war, wurde Instantius seiner Würde entsetzt. Priscillian entzog sich demselben Urtheile. „Um nicht von den Bischöfen verhört zu werden, appellirte er an den Fürsten und grub sich so selbst die Grube." In= dem er sich nun vor dem Gerichte des Maximus zu Trier stellte, war er im eigentlichsten Sinne Vertreter der zu Saragossa und Bordeaux ver= urtheilten Irrlehren. Erst von da an können wir streng genommen in den geschichtlichen Angaben einen hinreichenden Grund dafür finden, daß das Gemisch von gnostischen Hirngespinnsten mit dem Namen Priscillia= nismus bezeichnet und die Anhänger desselben Priscillianisten genannt wurden [2]. Daß diese Möglichkeit sich zur Wirklichkeit gestaltete, war großentheils eine Folge der Umstände, welche die Hinrichtung des nicht als Ketzer, sondern als Verbrecher verurtheilten Priscillian begleiteten [3].

---

[1] Vgl. *Tillemont*, Mémoires etc. tom. VIII. p. 508 s. *Fessler*, Institut. patrol. II. p. 226.

[2] Allerdings schreibt Prosper in seinem Chronikon zum Jahre 379: „Um diese Zeit hat Priscillian, Bischof von Galizien, aus den Lehren der Manichäer und Gnostiker eine Häresie unter seinem Namen gebildet." Die anderweitigen Berichte verlangen, daß wir diese Nachricht im oben angegebenen Sinne verstehen. Indem Prosper den Priscillian als „Bischof" bezeichnet, bestätigt er das oben Gesagte.

[3] Oben (S. 15) ist bereits „die schreiendste Sünde der katholischen Kirche", welche nach Brockhaus in der Hinrichtung Priscillians ihren Anfang genommen habe, erwähnt worden. Da man nicht müde wird, durch diese Beschuldi= gung die katholische Kirche zu verleumden oder die eigene Unwissenheit an den

Sulpicius Severus zeigt diese Thatsache mit den Worten an: „Ceterum Priscilliano occiso non solum non repressa est haeresis, quae illo

---

Pranger zu stellen, so sei hier nochmals auf die vorzügliche Abhandlung von Ber= nays verwiesen, die vom streng juristischen Standpunkte aus darthut, daß Pris= cillian als maleficus im Sinne des römischen Rechtes verurtheilt worden ist. Freilich brauchen jene Ankläger der Kirche auf Bernays nicht zu warten, um von ihrem Unrechte überzeugt zu werden. Bernays verweist dieselben auf „den alten wackern Walch", der in seiner „Historie der Ketzereien" (Bd. III, 479) sagt: „Man setzet hier immer voraus, daß der Ketzer als Ketzer hingerichtet worden, welches historisch unerwiesen ist. Es ist aus der genugsam erwiesenen Historie klar, daß die Ursach des Todesurtheils in den lasterhaften Handlungen gesetzet worden, welches die Frage so verändert, daß wir nicht einmal mit Grund sagen können, die Hin= richtung des Priscillians und seiner Freunde sei das erste Beispiel, daß Ketzer als Ketzer hingerichtet worden; vielmehr glauben wir, daß bei allem Verabscheuungs= würdigen der ganzen Handlung doch Maximus kein so gefährlich Beispiel gegeben als andere." Wir brauchen indeß weder die Berufung auf den gründlich gelehrten Juden Bernays, noch auf den aufrichtigen Protestanten Walch, sondern verlangen nur, daß man leidenschaftslos, mit gesundem Verstande den Bericht des Severus erwäge. Wäre der Tadel, den Severus (II. Chron. c. 49, 9) über die Verurtheilung des Priscillian und das Verhalten der mit Ithacius übereinstimmenden Bischöfe ausspricht, auch ohne jede Einschränkung gerecht und wahr, so würde man dennoch „die katholische Kirche" mit offenbarem Unrechte einer Sünde beschuldigen. Gehörte denn der hl. Martin mit seinen Gesinnungsgenossen, der von der Hinrich= tung Priscillians nichts wissen wollte, nicht zur katholischen Kirche? Mit welchem Rechte legt man die That des Kaisers Maximus, der Bischöfe, welche Priscillian angeklagt hatten, endlich des Priscillian selbst, welcher an den Kaiser appellirt hatte, „der katholischen Kirche" bei, zumal diese That bezw. die dieselbe begleitenden Um= stände vom römischen Papste Siricius und vom hl. Ambrosius beanstandet worden ist? — Ebenso ungerecht ist die Beschuldigung des hl. Leo I., welcher in seinem Briefe an Turibius über die Hinrichtung Priscillians schreibt: „Merito patres nostri, sub quorum temporibus haeresis haec nefanda prorupit, per totum mundum instanter egere, ut impius furor ab universa ecclesia pelleretur: quando *etiam mundi principes* ita hanc sacrilegam amentiam detestati sunt, ut auctorem eius cum plerisque discipulis *legum publicarum ense* prosternerent. Videbant enim omnem curam honestatis auferri, omnem coniugiorum copulam solvi simulque divinum ius humanumque subverti, si huiusmodi hominibus usquam vivere cum tali professione licuisset. Et profuit diu ista districtio ecclesiasticae lenitati, quae etsi sacerdotali contenta iudicio cruentas refugit ultiones, severis tamen christianorum principum constitutionibus adiuvatur, dum ad spiritale nonnunquam recurrunt remedium, qui timent corporale supplicium." Zöckler (Hieronymus S. 438. Anm. 1) vertheidigt den hl. Hieronymus gegen den Vorwurf, als ob er durch seine scharfen Ausdrücke gegen die Häretiker blutige Maßregeln gegen dieselben gefordert habe. „Es ist immer nur ein ‚confodere mucrone spirituali', ein ‚occidere sagittis spiritualibus, i. e. testimoniis scripturarum' (Comm. in Is. 14, 17), was er hier meint. In dieser Hinsicht stimmte er also ganz mit Augustinus, Ambrosius, Martin von Tours, Chrysostomus u. a. Kirchenvätern seiner Zeit überein. Dieß gegen Gieseler (Kirchengeschichte I. 2. S. 319), der ihn (wegen ep. 109. ad Rip. c. 3) ... als Vorläufer Leo's des Gr., des ersten Kirchenvaters, der die Todes=

auctore proruperat, sed confirmata latius propagata est." Der
Name Priscillianismus drückte den Anhängern der Secte nicht sowohl
ein abschreckendes Brandmal auf, sondern hing denselben vielmehr ein
Mäntelchen der Scheinheiligkeit um, welches viele täuschte, und welches
auch für Prudentius den Grund abgeben mußte, den Na-
men Priscillians zu verschweigen. Der traurigen Verwirrung,
welche in Folge der Hinrichtung Priscillians über Spanien hereinbrach,
liegt nämlich ein dreifaches Mißverständniß zu Grunde. Das erste bezieht sich auf die Person Priscillians und seiner Richter. Die großen
natürlichen Anlagen Priscillians, seine strenge äußerliche Ascese [1] erregten
nicht bloß die Bewunderung seiner Anhänger, die ihn als Heiligen ehrten,
sondern machten auch gerade die guten Katholiken irre. An seinen An-
klägern, namentlich an Ydacius und Ithacius, hatten beide Theile in
dieser Beziehung sehr vieles auszusetzen [2]. Das Unglück gewinnt zudem
stets das Mitleid für sich. Das war auch bei der Hinrichtung Priscillians der Fall. Während seine Anhänger ihn für einen Martyrer
hielten, erregte sein Untergang bei den Katholiken Mitleid für ihn.
Gegen Ydacius und Ithacius dagegen erhob sich die allgemeine Meinung, .
und mit Severus sprach sicher die Mehrzahl der Katholiken: „Ich würde
ihren Eifer (des Ydacius und Ithacius) in Bekämpfung der Häretiker
nicht tadeln, wenn sie sich nicht über Gebühr von der Sucht, ihr Recht
zu behaupten (studium vincendi), hätten fortreißen lassen; mir wenigstens mißfallen, wie ich gestehe, ebensowohl die Schuldigen, als die Ankläger" (a. a. O.). Wie sehr dieses Urtheil dadurch bestärkt wurde, daß
der hl. Martin sich von der Partei des Ithacius und von allen, welche
die Hinrichtung Priscillians billigten, fernhielt, liegt auf der Hand.
Diese Stimmung dauerte ohne wesentliche Aenderung bis zum Concil von
Toledo im Jahre 400. In dieser Zeit schrieb Prudentius gegen die

strafe ausdrücklich billigte (ep. 15. ad Turib.), darstellt." In diesem Zusammenhange bedeuten Zöcklers Worte also: „Leo hat die blutige Verfolgung der Ketzer
gutgeheißen." Eine Vertheidigung Leo's brauchen wir nicht zu schreiben, weil sie
bereits von Cacciari gegen Beausobre geschrieben worden ist (De Manichaeorum
haeresi ll. II. Migne tom. 55. p. 783 sq.), oder vielmehr, weil wir mit Cacciari
den Leser einfach auf Leo's angeführte Worte verweisen können. „Vehementius,"
sagt Cacciari (l. II. c. 7. col. 928), „adhuc insectari voluisse S. Leonem post-
remum, quod obiecit (Beausobre) perspicue manifestat, cum videl. s. pontificem
describit ambitione et furore ductum probasse cruentum Maximi tyranni consilium in Priscillianistas apud Treviros executioni demandatum. Qui tamquam
mendacem et impostorem vult convenire Beausobre, mittat eum ad Leoninae
epistolae textum." Möchten doch diejenigen, welche stets so bereit sind, in den
Maßregeln gegen die Häretiker nur schreiende Ungerechtigkeit zu erblicken, wenigstens
nicht vergessen, daß die formale Häresie eine Sünde ist, welche von der Kirche nicht
mit zeitlichen Strafen, dagegen von Gott mit dem ewigen Tode geahndet wird!

[1] Sulp. Sev. Chron. II. c. 46.			[2] Sulp. Sev. l. c. c. 50.

Priscillianisten, wie wir behaupten. Hätte er nun Priscillian mit Namen genannt, so wäre der Erfolg seiner Schriften in Frage gestellt gewesen. Er hätte einfach als fanatischer Jthacianer gegolten. Hierzu kommt ferner die politische Färbung, welche der Priscillianismus durch die Hinrichtung seines Oberhauptes erhielt. Dieselbe ist oben (S. 17) bereits erwähnt worden. Gegen die trefflichen Ausführungen von Gams (a. a. O.) läßt sich schlechterdings nichts einwenden. Ein Usurpator, ein Feind des Vater-landes hatte den Priscillian hinrichten lassen: dieser Gedanke beherrschte offenbar die Gemüther sowohl der Häretiker, wie der Katholiken. Gerade deßwegen konnten auch Ambrosius und Martin sich nur schwer dazu ver-stehen, mit Maximus in kirchliche Gemeinschaft zu treten. (Vgl. Gams a. a. O., II. 1. S. 382.) Mit Recht findet Gams in den Worten der Chronik des Jdatius, womit der Sieg des Theodosius über Maximus mitgetheilt wird, die Gesinnung sämmtlicher Gallizier ausgesprochen: „Occiditur hostis publicus Maximus tyrannus a Theodosio in mil-liario III de Aquileia" (ad ann. 388). Mit dem Hasse gegen Maxi-mus stand aber der Umschwung der Gesinnung gegen Priscillian in enger Verbindung. Haben wir hieraus oben die Wahrscheinlichkeit hergeleitet, daß Prudentius in den Verdacht des Priscillianismus gekommen ist, so glauben wir jetzt mit Recht hieraus die Folgerung ziehen zu dürfen: **Prudentius konnte und wollte bei der Bekämpfung des Priscillianismus den Namen Priscillians nicht nennen.**

Die Zeitumstände hatten nicht bloß das allgemeine Urtheil über Priscillians Person und seine Richter verwirrt, sondern auch gerade die besten Katholiken in den Ruf gebracht, Priscillianisten zu sein. Von Jthacius sagt Sulpicius a. a. O.: „Hic stultitiae eo usque processerat, ut omnes etiam sanctos viros, quibus aut studium inerat lectionis aut propositum erat certare ieiuniis, tamquam Priscilliani socios aut discipulos in crimen arcesseret. Ausus etiam miser est ea tempestate Martino episcopo, viro plane apostolis conferendo, palam obiectare haeresis infamiam." Auch dieser Umstand ist oben aus-geführt worden. Der Name Priscillianist mußte hierdurch bei der Menge fast alles Abschreckende verlieren. Wie hätte also Prudentius hoffen können, Abscheu gegen die Häresie zu erwecken, wenn er diesen Namen ge-braucht hätte? Man könnte hieraus indeß die Hinfälligkeit dessen folgern, was oben über den Verdacht gegen Prudentius selbst gesagt worden ist. Hätte man wirklich Prudentius in den Ruf eines Priscillianisten gebracht, so wäre das einfachste Mittel, diese Verleumdung zu widerlegen, gewesen, wenn er die Priscillianisten unter ihrem Namen angegriffen hätte. Uns scheint dieser Einwurf an dem Charakter des Dichters zu scheitern. Der edlen und reinen Gesinnung des Dichters wäre es unmöglich ge-wesen, ein Mittel zu brauchen, wodurch er vielleicht seinen persönlichen

Vortheil erreicht hätte, das aber für den allgemeinen Nutzen ohne Be=
deutung, ja vielleicht schädlich gewesen wäre. Es hätte nämlich kaum
etwas genützt, wenn er mit der Behauptung aufgetreten wäre: „Diese
und jene Irrthümer werden von den Priscillianisten gelehrt." Dieses
Bewußtsein war eben gerade damals durch die geschilderten Zeitverhältnisse
getrübt worden. Man wußte auf katholischer Seite nicht, und man
wollte es zum Theil vielleicht auch nicht wissen, was die wahren Anhänger
Priscillians eigentlich lehrten. Damit haben wir das dritte der oben
genannten Mißverständnisse erwähnt. Im Jahre 400 gehören sämmtliche
Bischöfe von Gallizien zu Priscillians Anhängern. Dieß wäre, wie
Gams (a. a. O.) andeutet, einfach unmöglich gewesen, wenn man die ganze
Bosheit der Irrlehre gekannt hätte. Die Priscillianisten haben offenbar
die ihnen günstigen Zeitverhältnisse mit Erfolg benützt, um das Ab=
scheuliche ihrer Irrlehren zu verdecken. Ihr „Iura, periura, secretum
prodere noli" wird ja fast als Wahlspruch der Secte betrachtet. Augustin
hat erst im Jahre 420 sein Buch Contra mendacium gegen die Pris=
cillianisten geschrieben[1]. Logen sie damals noch mit Erfolg, so hat man
vor dem Jahre 400 ihnen ziemlich alle Lügen geglaubt. Es brauchte
Zeit, bis, wie Gams sehr treffend schildert, „die Gemüther ruhiger wur=
den; bis das erste Zornesfeuer vergangen war, und bis vielen eine Ahnung
darüber aufdämmerte, daß es doch mit Priscillian schlimmer stand, als
man geglaubt. Denn in den ersten Jahren (nach seiner Hinrichtung)
hatte das Mitleid mit seinem Schicksale den Sachverhalt verdunkelt."
Die interessanteste Bestätigung hierfür ist das Urtheil des hl. Hieronymus
über die Secte. Man wende nicht ein, daß Hieronymus in Palästina
nicht genug über die Verhältnisse in Spanien unterrichtet war. Das
Interesse des Einsieblers von Bethlehem einerseits und der lebhafte Ver=
kehr zwischen Orient und Occident andererseits lassen diesen Einwurf
nicht zu. Das erste Urtheil über Priscillian und seine Lehre hat Hie=
ronymus im Jahre 392 im Catalogus script. eccl. (c. 121) nieder=
gelegt: „Priscillianus, Abilae episcopus, qui factione Hylacii (Ydatii)
et Ithacii Treveris a Maximo tyranno caesus est, edidit multa
opuscula, de quibus ad nos aliqua pervenerunt. Hic usque hodie
a nonnullis Gnosticae i. e. Basilidis et Marcionis, de quibus Irenaeus
scripsit haereseos accusatur, *defendentibus aliis non ita eum sensisse,
ut arguitur.*" Wie ganz anders lautet sein Urtheil im Briefe an Ktesiphon,
den er 415 schrieb[2]: „Quid loquar de Prisciliano, qui et seculi
gladio et totius orbis auctoritate damnatus est! ... In Hispania
Agape Elpidium, mulier virum, caecum caeca duxit in foveam

---

[1] Migne t. 40. col. 517 sq. Vgl. Gams a. a. O. II. 1. S. 410.
[2] Ed. Tribech. 1684. tom. II. p. 169. Vgl. Gams a. a. O. II. 1. 387.

successoremque sui Priscillianum habuit Zoroastris magi studiosissimum et ex mago episcopum . . .“ Quesnell fand den Unterschied zwischen beiden Urtheilen für so groß, daß er eine Interpolation des Catalogus an jener Stelle annehmen zu müssen glaubte [1]. Die Ballerini weisen diese Vermuthung a. a. O. als grundlos ab. „De corruptione huius loci in catalogo, cui nulli codices suffragantur, non est suspicandum. Vera causa cur Hieronymus in eo libro alia ratione de Priscilliano scripsit quam in posteris libris haec est, quia tunc de eius errore et gestis non ita erat instructus, ut postea fuit.“ Das Zeugniß des hl. Hieronymus, welches auch die früher beigebrachten Gründe bestätigt, möge genügen. Es lag zudem in der Natur des Priscillianismus als gnostischer Secte, daß man über seine Lehre und seine Gefährlichkeit sich leicht täuschen konnte. Möhler [2] sagt in dieser Beziehung: „Was unter allen Verhältnissen und Verwandlungen, die die Gnosis durchging, unveränderlich blieb, ist das Gefühl der Unheimlichkeit in dieser Welt mit dem aus demselben abgeleiteten Dualismus. Darin besteht also auch die Substanz der Gnosis, alles Uebrige ist Accidenz.“ Hierauf, nach Erklärung des 50. apostolischen Canon, worin die Enthaltung von der Ehe und vom Fleischgenusse οὐ δι’ ἄσκησιν, ἀλλὰ διὰ βδελυρίαν verboten wird, fährt Möhler fort: „Diejenigen, gegen welche dieser Canon gerichtet ist, gehörten keiner besondern gnostischen Secte an, indem sie ja sogar noch im Dienste der katholischen Kirche standen. Auch ließe sich aus diesem Umstande die Ansicht rechtfertigen, daß sie sogar noch nicht einmal zum selbstbewußten Dualismus fortgeschritten waren, sondern sich erst auf dem Momente einer sich selbst noch unbekannten Unheimlichkeit in der Natur befanden, aus der sich erst die bualistischen Vorstellungen herausentwickelten.“ Aehnliches läßt sich von vielen der damaligen Katholiken Spaniens sagen. Aus dem Gesagten erhellt, daß man in der Heimath des Prudentius bis zum Concil von Toledo im Jahre 400 [3] über die Person des Priscillian wie über

---

[1] Opera S. Leonis ed. Ballerini tom. II. col. 1371. „Ita,“ heißt es nach Anführung der Worte im Catalogus, „anno Theodosii 14 i. e. Christi 392 scribit Hieronymus, vir nihil eorum, quae in ecclesia gerebantur, ignorans post Caesaraugustanam synodum, post Burdigalensem, post ‚damnatum totius orbis‘, ut ipse ait, ‚auctoritate‘ Priscillianum, post Damasi, cui ipse aderat, repulsam talem, ut ne in conspectu quidem pontificis admissi sint Priscillianus et socii se illi purgare cupientes. Quin et libro laudato ad Ctesiph. Priscillianum vocat ‚partem Manichaei‘, asserit ‚eum habere partem Gnosticae haereseos de Basilidis impictate venientem‘ et ibidem ac alibi adversus eius turpitudinem stylum acriter exerit.“

[2] Gesammelte Schriften. Bd. I. S. 415 f.

[3] Interessant ist, daß gerade auch bei Hieronymus sich der Umschwung seines Urtheils aus dem Jahre 399, in welchem der Brief an die Wittwe Theodora (ep. 75)

seine Anhänger und deren Lehre mehr oder minder im Unklaren war[1]. Die Vorrede des Prudentius zur Apotheosis deutet diese der Verbreitung der Secte günstige Unklarheit genügend an. Wollte Prudentius mit Erfolg die Katholiken vor der Verstrickung in die Netze der Häresie bewahren, so mußte er in der Weise vorgehen, welche wir in seinen Gedichten beobachten; er mußte die falschen Lehren mit jenen Namen brandmarken, unter denen sie in der ganzen Kirche bekannt und geächtet waren.

Das Concil von Toledo brachte helles Licht in das Chaos und machte es den Häretikern unmöglich, noch als katholisch zu erscheinen. Wenn Gams (S. 195) sagt: „Die Verwirrung in Spanien wuchs," so ist hierdurch doch eine wesentlich andere Verwirrung bezeichnet, als die eben geschilderte. Vordem waren die Katholiken unter sich entzweit, weil viele die Gefährlichkeit des Priscillianismus unterschätzten. Jetzt, nachdem die kirchliche Lehre den Sieg über die listige Verschlagenheit des Irrthums errungen hatte, mußten sie in ihrem Urtheile über Priscillian einig sein. Priscillians Name war jetzt für immer als Symbol der kirchenfeindlichen Lehre gekennzeichnet. Die sogenannte ithacianische Partei begrüßte dieß mit Freude. Im Bewußtsein des Sieges war sie hartherzig gegen die Irrenden, welche reuig zur Kirche zurückkehrten. Die Bischöfe hatten zu Toledo die zum Priscillianismus abgefallenen Bischöfe Symphosius und seinen Sohn Dictinnius nach Abschwörung des Irrthums in die Kirchengemeinschaft wieder aufgenommen und dieselben in ihrer Würde belassen. Die rigoristische Partei mißbilligte dieses Verfahren und hielt sich von den Urhebern desselben fern. Die Bischöfe der bätischen und zum Theil die der karthaginensischen Kirchenprovinz standen an der Spitze der schismatischen Bewegung. Das Schisma kam wirklich zu Stande, und die Einheit der Kirche Spaniens war wiederum wegen der Priscillianisten zerstört. Freilich bestand diese Entzweiung dem Keime nach schon vor dem Concil; formell ausgebildet wurde sie erst aus Anlaß der Entscheidungen von Toledo. Der Brief Innocenz' I. aus den Jahren 402—404[2] ist in seinem ersten Abschnitte das klarste

---

geschrieben ist, nachweisen läßt. Vgl. Gams a. a. O. II. 1. 388. und Zöckler, Der hl. Hieronymus S. 230.

[1] Bernays a. a. O. S. 5 bemerkt: „Ueber ihren (der Priscillianisten) dogmatischen Lehren ruht jetzt das Dunkel, welches fast immer geistige Bewegungen, wenn sie nur von gegnerischer Seite beschrieben sind, einer sichern Kunde entzieht; deutlicher treten die äußern Merkmale hervor, wie sie in der Lebensweise der Secte sich ausprägten. Ein ascetischer Zug ist unverkennbar." Diese Charakteristik ist zutreffend; weniger der Grund, welcher für die Dunkelheit der dogmatischen Lehren angeführt ist.

[2] Mansi III. col. 1066—1069. Vgl. Gams a. a. O. II. 1. 395 f. Der Bischof Hilarius, der nach Gams (S. 444) der karthaginensischen Provinz ange-

Zeugniß für diesen Zustand. Der Priscillianismus wird zunächst als „Priscilliani detestabilis secta omnium merito detestatione damnata" bezeichnet. Der Zwiespalt, welcher wegen der Wiederaufnahme der Gallizier (Symphosius und Dictinnius) entstanden ist, wird von Tag zu Tag durch Streitsucht vergrößert. Nachdem der Papst dargethan hat, daß Symphosius mit seinen Anhängern in Folge der Abschwörung „der verruchten Häresie" rechtmäßig in die Kirchengemeinschaft aufgenommen worden sei, schließt er mit der Aufforderung: „Quare incumbendum est dilectioni vestrae et bonis sacerdotibus adnitendum, quatenus *praeeunte doctrina in unitatem catholicae fidei* omnes, qui dispersi sunt, congregentur et esse *inexpugnabile unum corpus* incipiat, quod, si separetur in partes, ad omnes patebit lacerationis iniurias et ex sese pestem patietur internam, quando secum compago ipsa confligit. Sed haec generaliter *de unitatis reformatione* omnes tamquam singulis scripta sint, accipiant sacerdotes."

Ehe wir die angeführten Worte des päpstlichen Schreibens mit den Worten des Dichters in Verbindung bringen, erledigen wir die Frage, ob Prudentius in diesem neuen Stadium der priscillianistischen Wirren den Namen Priscillians anführen konnte. Zunächst ist es mehr als zweifelhaft, daß Prudentius seine polemischen großen Dichtungen erst nach der völligen Ausbildung des Schisma's, gleichzeitig mit dem Briefe Innocenz' um 403 geschrieben habe. Das im ersten Kapitel über das Jahr 403 Gesagte legt vielmehr die an Gewißheit grenzende Vermuthung nahe, daß diese Werke damals wenigstens zum größten Theile vollendet waren. Höchstens die Psychomachie kann aus diesem Jahre datiren; die Apotheosis und Hamartigenie fallen, da wir mit Recht die Gedichte nach ihrer chronologischen Entstehung aufgezählt ansehen, in jenes Stadium der Verwirrung kurz vor oder gleich nach dem Concil von Toledo. Hätte Prudentius aber auch gleichzeitig mit Innocenz geschrieben, so mußten ihn dennoch dieselben Gründe bewegen, den Namen Priscillians zu verschweigen, welche wir oben anführten. Der milde Charakter, den wir an dem Dichter beobachten, sagte ihm deutlich, daß die von der Häresie Angesteckten von der Rückkehr zur Kirche eher abgestoßen als dazu eingeladen würden, wenn er sie direct unter dem Namen der Priscillianisten bekämpfte; für die Zurückgekehrten aber war Priscillians Name eine trübe Erinnerung. Dazu kommt, daß das klare Licht über die priscillianistische Lehre von der bischöflichen Versammlung zu Toledo aus offenbar nur nach und nach die Köpfe erleuchtete. Für die vorliegende und hiermit erledigte Frage also, warum sich Priscillians Name nicht in den polemischen

hörte, und der Priester Elpidius waren nach Rom gegangen, dort hatten sie durch ihren Bericht über die traurigen Verhältnisse in Spanien diesen Brief veranlaßt.

Werken unseres Dichters findet, sind die ersten Jahre nach der tolebanischen
Synode ohne Belang. Dagegen wirft die Schilderung dieser Zeit, wie
sie aus dem Briefe Innocenz' I. hervorgeht, ein interessantes Licht auf
die Psychomachie, namentlich auf den letzten Theil derselben. Die von
Innocenz beklagte Zwietracht hat Sulpicius Severus in den Schlußworten
seiner Chronik viel schwärzer und schärfer gemalt. „Unter den Recht=
gläubigen entbrannte der Haber zu einem dauernden Kriege, der nun schon
15 Jahre mit häßlichen Zänkereien geführt worden ist und durch kein
Mittel hat zur Ruhe gebracht werden können. Und (gerade) jetzt, wo
man zumeist in Folge des Zwistes unter den Bischöfen alles in Unord=
nung und Verwirrung erblickt, wo sie durch ihren Haß oder ihre Gunst,
durch Feigheit und Charakterlosigkeit, durch Neid und Rottenwesen, durch
Willkür und Habgier, durch Hoffart und träge Schlafsucht alles haben in
Verfall gerathen lassen, jetzt ist es dahin gekommen, daß die Mehrzahl
mit wahnsinnigen Entwürfen und parteisüchtiger Hartnäckigkeit gegen eine
das Gute wollende Minderzahl kämpft, und während dessen wird das
Volk Gottes und jeder einzelne Fromme verhöhnt und verspottet." Ge=
schrieben sind diese Worte in den ersten Jahren des fünften Jahrhunderts,
wahrscheinlich 403, also gleichzeitig mit dem Briefe Innocenz' I. Welche
Sehnsucht nach Einheit und Frieden ist in diesen düsteren Worten aus=
gedrückt! Dieselbe Sehnsucht durchweht den Schluß der Psychomachie
(V. 678 f.); nur herrscht an Stelle der düstern Verstimmung des Severus
der hoffnungsfreudige Ton des milden und klugen Prudentius. Ja, der
angeführte letzte Theil der Psychomachie erhält durch die Beziehung auf
die geschilderten Zeitverhältnisse eine so überraschende Beleuchtung und
Erklärung, während er ohne diese Beziehung vielfach dunkel und unver=
ständlich bleibt, daß gerade hierdurch die behauptete Rücksichtnahme des
Dichters auf die priscillianistischen Wirren die festeste Stütze erhält.
Oben war bereits von der eigenthümlichen Gedankenfülle dieses Gedichtes
die Rede, und im ersten Kapitel des zweiten Theiles müssen wir
nochmals darauf zurückkommen. Diese Eigenthümlichkeit besteht darin,
daß die Kämpfe zwischen den personificirten Tugenden und Lastern nicht
bloß in der Seele des einzelnen Christen beschrieben werden, wie man
gemäß dem Titel und nach einigen Stellen der Einleitung erwarten könnte.
Als Schauplatz des Kampfes erscheint vielmehr wiederholt das ganze
christliche Volk, die Kirche[1]. So tritt schon in der ersten Kampfesscene
(V. 21—40) der siegreiche Glaube triumphirend mit einer Schaar von
tausend Martyrern auf. Es ist hier somit vielmehr der Sieg des christlichen

---

[1] Vgl. Gams a. a. O. II. 1. S. 348: „Nachdem alle Laster gefallen sind,
erheben sich die Eintracht und der Glaube und ermahnen die Christenheit zu
allem Guten."

Glaubens über das Heidenthum gefeiert, als der Kampf des Glaubens mit dem (Unglauben) Götzendienste „in der Seele des Menschen" beschrie= ben. Dieselbe Erscheinung kehrt in den einzelnen Scenen wieder und erreicht ihren Höhepunkt in dem bezeichneten letzten Theile. Auch Brock= haus[1] hat in Folge dieser Beobachtung wenigstens zu den Versen 217 bis 227 die Bemerkung gemacht: „Prudentius läßt in diesen Versen die Hoffart sich rühmen, die Ursache des Sündenfalles gewesen zu sein, die sie unter dem Gesichtspunkte eines Culturfortschrittes rechtfertigt. Viel= leicht ist hierin eine versteckte Polemik gegen eine gnostisch= antinomistische Häresie zu suchen." Und gleich darauf sagt er zu den Versen 285 f.: „Die ganze Schilderung ist, wie mehr oder weniger diese Seelenkämpfe alle, ein Sinnbild des Sieges des Christenthums über das römische Heidenthum."

Arevalo erkennt, wie oben bemerkt wurde, den polemischen Charakter der Psychomachie an; er hält sogar ganz richtig die Psychomachie mit der Apotheosis und Hamartigenie für ein zusammengehöriges Ganze[2]. Wäh= rend er aber die beiden letzteren Gedichte mit dem Priscillianismus in Zusammenhang bringt, weiß er als Grund für den polemischen Charakter der Psychomachie nur die Bemerkung von Chamillard zu Psych. v. 79 anzuführen[3]. Darnach soll Prudentius in der Psychomachie kämpfen gegen die Photinianer und Samosatener, gegen Karpokrates, Ebion und Cerinth, gegen Tertullian und die Antidikomarianiten (!). Trotzdem wird das Gedicht von demselben Arevalo in der Erklärung der Ueberschrift mit dem „geistlichen Kampfe" von Scupoli verglichen, „da es mehrere sehr passende Fingerzeige für das geistliche Leben enthält". Wie bei einer solchen Unklarheit über den Charakter und den Zweck der Dichtung eine Erklärung derselben möglich sein soll, ist schwer denkbar. Daß die Unklar= heit seit Arevalo nicht aufgehellt worden ist, zeigen die obigen Citate (S. 193). Die Psychomachie dürfte demnach das am wenigsten verstan= dene Werk des Dichters sein. Eine allseitig befriedigende Erklärung des= selben scheint uns nur möglich, wenn man es, wie gesagt, mit jenen Verhältnissen im Vaterlande des Dichters in Verbindung bringt, welche der Brief Innocenz' I. und die Schlußworte der severischen Chronik schildern.

Die Eintheilung der Psychomachie in sieben Abschnitte nach den sieben hervortretenden Zweikämpfen der personificirten Tugenden ist durch=

---

[1] A. a. O. S. 38 und 39.

[2] „Et, ut ego quidem arbitror, omnes hi tres libri pertinent ad opus, quod Prudentius in praefatione omnium carminum innuit his verbis: ‚Pugnet contra haereses, catholicam discutiat fidem.'" Migne t. 59. col. 1007; cfr. col. 775.

[3] Migne t. 59. col. 775; t. 60. col. 28.

aus oberflächlich [1]. Der Glaube und die Eintracht treten so stark in den Vordergrund, daß man zu der Zweitheilung des Ganzen: 1) der Sieg des Glaubens, 2) der Sieg der Eintracht, ge= nöthigt wird. Vgl. B. 716. 734. 746 f. Mit Vers 639 ist der erste Theil abgeschlossen. Die Fides, die Königin der Tugenden, schickt sich an, in Frieden zu herrschen. Mit Vers 640 beginnt der zweite Theil. Heimlich mischt sich unter den Siegeszug der Tugenden, welche unter der Führung der Concordia in das friedliche Lager einziehen, die Discordia und verwundet tückisch die Eintracht. Die Discordia wird entdeckt und von der Versammlung der Tugenden zu folgendem Geständniß gezwungen:

> „. . . Discordia dicor
> Cognomento Haeresis: Deus est mihi discolor“, inquit,
> „Nunc minor aut maior, modo duplex et modo simplex,
> Cum placet aerius et de phantasmate visus,
> Aut innata anima est, quotiens volo ludere numen:
> Praeceptor Belia mihi domus et plaga mundi.“ (v. 709 sq.)

Die angeführten Worte beziehen sich auf die in der Apotheosis wider= legten Häresien. Aus Vers 1—4, Vers 889 und namentlich 910 geht hervor, daß der Dichter unter Deus hier den Gottmenschen versteht. Dem „Deus minor aut maior“ entspricht Apoth. v. 253 sq.:

> Qui Pater est, gignendo Pater, tum Filius ex hoc
> Filius, auctore ut genitus quod sit Patre summo,
> Summus et ipse tamen, *nec enim minor aut Patre dispar.*

Das „modo duplex et modo simplex“ bezeichnet den manichäischen Dualismus in der inconsequenten, modificirten Form des Priscillianismus. Die übrigen Hauptirrthümer der Priscillianisten, welche oben als in der Apotheosis bekämpft angeführt worden sind, liegen in „Deus aerius et de phantasmate visus“ und in „innata anima“ offen ausgesprochen [2]. Die Fides vernichtet auf dieses Bekenntniß hin die häretische Discordia

---

[1] Barth (Advers. l. LIV. c. 18) nennt die distinctio capitum et inscriptio „monachica“. Dieses Epitheton erklärt er richtig dahin: „Mihi autem universa omnis illa capitum distinctio et inscriptio non esse auctoris videtur, sed scholasticorum magistrorum.“ Siehe *Arevalo*, Proleg. n. 216 Anm. (Migne t. 59. col. 758.)

[2] Brockhaus a. a. O. S. 41 Anm. bemerkt: „Die Haupthäresien der Zeit sind in kurze Verse zusammengedrängt. Deus maior et minor: der Arianismus; duplex: der gnostische Dualismus; aerius et de phantasmate visus: der Doke= tismus, der, in mannigfacher Gestalt auftretend, von Prudentius in der Apotheosis bekämpft wurde; innata anima: die Lehre von den platonischen Weltseele, die sich auf verschiedenen Wegen in das Christenthum eingedrängt hatte.“ Das „et modo simplex“ ist unerklärt geblieben. Im Ganzen gilt von dieser Bemerkung, was oben (S. 190) über die bießbezüglichen Aeußerungen Brockhaus' gesagt worden ist.

(B. 715—725). Nachdem die Concordia mit der Fides vereint eine Rednerbühne bestiegen hat, ermahnt die erstere in längerer Rede zu einträchtigem Streben (B. 726—797).

Der Dichter spielt in dieser dramatischen Schilderung auf ein Ereigniß an, welches den zeitgenössischen Lesern seines Werkes bekannt sein mußte. Dieß ergibt sich zunächst aus der Unmöglichkeit, die Scene rein allegorisch von den Kämpfen im Innern der Seele zu verstehen oder sie einfach dahin zu erklären, daß die Kirche nach der Ueberwindung des Heidenthums in ihrem Innern die Häresie zu bekämpfen hatte. Allerdings ist zuzugeben, daß auch diese Anwendung des Bildes möglich und richtig ist. Wir werden selbst im zweiten Theile (Kap. 1) diese Erklärung verwenden.

Es ist aber unmöglich, in dieser allegorischen Erklärung den nächsten und eigentlichen Sinn zu sehen. Wir müßten nämlich in diesem Falle den ganzen ersten Theil allein auf den Sieg des Christenthums über das Heidenthum beziehen, wie es allerdings Brockhaus thut. Allein der Dichter bekämpft deutlich genug auch im ersten Theile häretische Meinungen und moralische Verirrungen im Innern der Christenheit. Vgl. B. 3; B. 77 f. mit Apoth. 882; B. 183 f. mit Ham. 264 sq.; B. 217 f.; besonders B. 497 f., wo sich eine merkwürdige Stelle über die vom Geize angesteckten sacerdotes Domini findet. Hatte Prudentius keine andere Absicht, als den Sieg der christlichen Tugenden über die heidnischen Laster zu feiern, so müssen die angeführten Stellen mehr oder minder als ungerechtfertigte Abschweifungen gelten. Bei der großen Sorgfalt, welche Prudentius gerade in der Psychomachie augenscheinlich auf seine Arbeit verwendet hat, können wir dieß kaum annehmen. Gerade die zuletzt angeführte Stelle steht nicht bloß in merkwürdiger Beziehung zu dem zweiten Theile, sondern enthält auch deutlich eine Anspielung auf seine Zeitgenossen. Die Habsucht hat nicht vermocht, sagt Prudentius, sich die Bischöfe[1] zu unterwerfen.

> Vix *in cute summa*
> Praestringens paucos tenui de vulnere laedit
> Cuspis Avaritiae. (v. 506.)

Von der Wunde, welche die Zwietracht meuchlings der Eintracht beibringt, wird in derselben Weise hervorgehoben, daß sie nicht tief gedrungen ist:

> ... Sed non vitalia rumpere sacri
> Corporis est licitum, *summo tenus extima tactu*
> Laesa *cutis tenuem* signavit sanguine rivum. (v. 691 sq.)

---

[1] Die Richtigkeit dieser Uebersetzung von sacerdotes kommt später zur Sprache.

In der Rede, welche die Eintracht hält, wird am Schlusse wieder gerade dieser Umstand betont:

> Discrimina produnt
> Nostra recensque cruor, *quamvis de corpore summo,*
> Quid possit furtiva manus. (v. 795.)

Die Uebereinstimmung dieser Stellen bis auf das Wort zeigt deutlich genug, daß sie in Zusammenhang stehen. Sobann nöthigt die Bemerkung des Dichters an sich durchaus, an ein bestimmtes Ereigniß zu denken. Wenn Prudentius endlich die Concordia von ihrem noch frischen (recens) Blute sprechen läßt, so hat er dabei die jüngste Gegenwart im Sinne. Somit muß das g a n z e Gedicht von einem Ereignisse beeinflußt sein, welches durch die Schuld der Bischöfe[1] über die kirchlichen Verhältnisse in der Heimath des Dichters herbeigeführt worden ist. Zu demselben Resultate führt die eigenthümliche Schilderung der Discordia. Beab=sichtigte der Dichter im zweiten Theile, den Sieg des Christenthums über die Häresie im Allgemeinen zu schildern, so fragt man mit Recht, warum er die neue Feindin nicht einfach haeresis genannt habe. Er nennt sie aber discordia und gibt ihr als Beiname haeresis. Auf der discordia liegt somit der Nachdruck; sie erscheint in der Darstellung des Dichters noch gefährlicher als die Häresie selbst. Ja, als die Häresie bereits vom Glauben besiegt und zerrissen am Boden liegt, warnt die Eintracht ein=bringlich vor der Zwietracht, und in diesen Worten kann man unmöglich die Beziehung auf die Zeitverhältnisse des Dichters verkennen:

> ... Extincta est multo certamine saeva
> Barbaries, sanctae quae circumsepserat urbis
> Indigenas ferroque vivos flammaque premebat.
> *Publica sed requies privatis rure foroque*
> *Constat amicitiis: scissura domestica turbat*
> *Rem populi titubatque foris, quod dissidet intus.*
> *Ergo cavete viri, ne sit sententia discors*
> *Sensibus in nostris, ne secta exotica tectis*
> *Nascatur conflata odiis,* quia fissa voluntas
> Confundit variis arcana biformia fibris. (v. 752.)

Ganz abgesehen davon, daß die oben angeführte Schilderung der Häresie deutlich auf den Priscillianismus hinweist, entspricht die Warnung

---

[1] Daß man sacerdotes und die gens Levitis (502) nicht auf die alttesta=mentlichen Priester beziehen dürfe, zeigt die Rede der Avaritia (v. 511 sq.), in welcher sie beklagt, daß sie über die sacerdotes nicht ihre volle Macht üben könne, da sie doch über den Judas, „magnus discipulorum et conviva Dei“, den Sieg davongetragen habe. Arevalo kann daher mit Recht sagen (Migne t. 60. col. 59): „Nescio cur Nebrissa dubitaverit, de quibus sacerdotibus veteris legis poeta loquatur: nam clarissimum est de sacerdotibus novae legis ser-monem esse.“ Hinfällig dagegen ist der beigebrachte Grund: „cum pugna vir-tutum et vitiorum in anima christiana describatur.“

vor Spaltung und Zwietracht ganz und gar dem Zustande, welchen die
priscillianistischen Wirren über die Heimath des Dichters gebracht hatten.
„Quum maxime *discordiis episcoporum* omnia turbari ac misceri
tenerentur . . .“, schreibt Severus um's Jahr 403; der einbringlichen
Mahnung Innocenz' I. zur Eintracht, welche oben mitgetheilt wurde, geht
die Klage voraus: „Die Kirchen (Spaniens) sind uneins und befehden
sich gegenseitig mit nicht geringer Erbitterung. Wäre jedoch von den
Bischöfen[1] die Besserung mit reiflicherer Ueberlegung beobachtet worden, so
bliebe der katholische Glaube unversehrt und hätte kein Aergerniß den
Frieden, welcher allen Dingen gedeihlich ist, zerstört.“ Wenn
nun Prudentius als Augenzeuge dieser Verhältnisse um dieselbe Zeit dieselben einbringlichen Ermahnungen ergehen läßt; wenn seine dunklen Anspielungen in der Psychomachie im Lichte dieser Zeitverhältnisse klar und
leicht verständlich erscheinen, während sie ohne dieses Licht schlechterdings
räthselhaft bleiben: so dürfte die Behauptung, daß die Psychomachie die
Beilegung der priscillianistischen Wirren anstrebte, genügend begründet
sein. — Die Eintracht droht, daß die ausländische Häresie (secta exotica),
durch die heimlichen Gehässigkeiten genährt, zum Vorschein komme (V. 759).
Welche andere ausländische Irrlehre kann Prudentius meinen, als den
Priscillianismus? Die Vernichtung der Häresie durch den Glauben
(V. 715—725) findet im Concil von Toledo ihre beste Erklärung.
Nachdem der Priscillianismus von den Vätern zu Toledo verurtheilt
worden war, konnte der Glaube sagen: „Die Eintracht ist zwar verletzt,
aber der Glaube vertheidigt; ja auch die Eintracht belächelt gerettet die
empfangenen Wunden“ (V. 800). Am interessantesten bleibt aber die
merkwürdige Stelle über die Habsucht der „sacerdotes“. Sie steht ohne
die angenommene Beziehung einfach unerklärlich da. Vergleichen wir sie
dagegen mit den Worten des Sulpicius Severus. „Die Leviten,“ erzählt
er (Chron. I, c. 23), „die für das Priesterthum bestimmt waren, erhielten
keinen Theil (des gelobten Landes), damit sie freier Gott dienen möchten.
Dieß Beispiel möchte ich nicht schweigend übergehen, sondern es den
Dienern der Kirchen gern zur Beachtung empfehlen. Denn mir scheint,
daß sie diese Vorschrift nicht bloß vergessen, sondern sie nicht einmal
kennen; so groß ist die Habsucht, welche heutzutage (hoc tempore) wie
eine Pest sie befallen hat. Sie jagen nach Besitzungen, pflegen ihre Güter,
sitzen auf dem Golde (auro incubant), kaufen und verkaufen, streben
allenthalben nach Gewinn. Wenn aber etwa einige ohne Besitz und ohne
Handel besser gesinnt zu sein scheinen, so warten sie, was noch viel

---

[1] In der neuen Kemptener Bibliothek der Kirchenväter (Die Briefe der Päpste.
Dritter Bd. 1877. S. 80 f.) ist sacerdotes mit Priester übersetzt. Nach dem Zu-
sammenhange und dem damaligen Sprachgebrauche dürfte „Bischöfe“ richtiger sein.
Vgl. Bernays a. a. O. S. 20.

schändlicher ist, müßig (sedentes) auf Geschenke und schänden ihre ganze
Standesehre durch ihre Gewinnsucht, indem sie ihre Heiligkeit gleichsam
feilhalten. Doch ich bin in meinem Ekel und Ueberdruß über unsere
Zeitverhältnisse schon zu weit abgeschweift·..."[1] Vergleichen wir hiermit,
was der Dichter von der avaritia sagt:

> Quin ipsos tentare manu, si credere dignum est,
> Ausa sacerdotes Domini, qui proelia forte
> Ductores primam ante aciem pro laude *gerebant*
> Virtutum magnoque implebant classica flatu.
> Et fors innocuo tinxisset sanguine ferrum,
> Ni Ratio armipotens, gentis Levitidis una
> Semper fida comes, clypeum oblectasset et atrae
> Hostis ab incursu claros texisset alumpnos.
> Stant tuti Rationis ope, stant turbine ab omni
> Immunes fortesque animi: vix in cute summa
> Praestringens paucos tenui de vulnere laedit
> Cuspis Avaritiae. (v. 497 sq.)

Wie Prudentius die kaiserlichen Brüder Honorius und Arcadius
durch Lobeserhebungen an ihre Pflicht mahnt und den Tadel in die mil=
deste Form kleidet, während Severus schonungslos auf ihre Schwächen
anspielt[2], ebenso gestaltet sich auch bei beiden der Tadel über die Geistlich=
keit. Daß aber in den Worten: „Quin ipsos sacerdotes Domini, si
credere dignum est . . ." und „vix praestringens paucos laedit"
mehr liegt, als die Worte besagen, liest jeder zwischen den Zeilen.

Endlich sollten jene, welche in der Psychomachie — wenigstens im
ersten Theile — den Sieg der Kirche über das Heidenthum geschildert
sehen, noch Folgendes erwägen. Der erste Zweikampf zwischen der Fides
und der veterum cultura deorum umfaßt 19 Verse (V. 21—40). Jedem
der folgenden Kämpfe ist eine hiermit ganz unverhältnißmäßige Aus=
dehnung gegeben. Der Kampf zwischen der pudicitia und libido erstreckt
sich von Vers 40—108; den Sieg der humilitas über die superbia
feiert der Dichter von Vers 178—309. Dem Kampfe zwischen der
avaritia und der Tugend werden die Verse 454—640 eingeräumt. Wie
leicht mußte es dem Verfasser der Bücher gegen Symmachus werden, die
Vernichtung der Idololatrie in den glänzendsten Farben weit auszuführen!
Er mußte sogar diese Ausführlichkeit anstreben, wenn er den Triumph
des christlichen Namens zu feiern beabsichtigte. Warum hat er anstatt
dessen die Schamhaftigkeit, die Geduld, die Demuth, die Mäßigkeit, die
Freigebigkeit so auffallend bevorzugt? Sulpicius Severus sagt am Schlusse
seiner Chronik: „cuncta per eos (episcopos) odio aut gratia, metu,

---

[1] Vgl. Chron. II. 41. und Bernays a. a. O. S. 20 f.
[2] Vgl. Bernays a. a. O. S. 23 f.

inconstantia, invidia, factione, libidine, avaritia, arrogantia, somno, desidia depravata." Welche Sittenverderbniß durch die priscillianistische Secte über Spanien und Aquitanien hereingebrochen war, ist genugsam bekannt.

Nach der vorausgehenden Untersuchung über die Psychomachie glauben wir die Tendenz und die Disposition dieses Werkes dahin bestimmen zu können:

In der Psychomachie beabsichtigte Prudentius den Priscillianismus vom sittlichen Standpunkte aus zu über= winden. Die Anhänger des Priscillian waren, wie vielfach auch ihre Gegner, sittlich verderbt. Jeder einzelne muß in seiner Seele durch Kampf und Opfer der Wahrheit und der Tugend zum Siege verhelfen, dann wird auch das allgemeine Wohl (res populi) wiederhergestellt und der Glaube rein bewahrt werden. Das ist der Gedankengang des Dichters. Anstatt diese Wahrheit in ihrer speciellen Anwendung auf die kirchlichen Verhältnisse seiner Heimath zu verwerthen, brachte er sie ideell in ihrer allgemeinen Bedeutung zur Darstellung und begnügte sich, den nächsten Lesern die Anwendung auf die besonderen Verhältnisse durch Anspielungen nahezulegen. Daher wird es möglich, die Worte des Dichters ebenso wohl von den Vorgängen in der einzelnen Christenseele, als auch von den Geschicken der ganzen Kirche zu verstehen. Gerade hierin verdient Pru= bentius als wahrer Dichter unsere Bewunderung. Vom historischen Standpunkte aus aber muß behauptet werden: Die Psychomachie ist eine polemische Dichtung, welche zugleich mit der Apo= theosis und Hamartigenie zur Ueberwindung des Pris= cillianismus geschrieben worden ist.

Die Veranlassung zu einer derartigen Polemik konnte Prudentius sogar in einer der phantastischen Behauptungen der Priscillianisten finden. Der hl. Augustin berichtet (De haeres. c. 70): „Hi (Priscillianistae) animas dicunt eiusdem naturae atque substantiae, cuius est Deus, *ad agonem quendam spontaneum in terris exercendum* per septem coelos et per quosdam gradatim descendere principatus et in malignum principem incurrere . . ." Dem gegenüber wollte Prudentius vielleicht den wahren Kampf der Seele schildern. In der That wird im Schlußworte der Psychomachie die wahre Natur der Seele in ihrem Unter= schiede von der göttlichen Natur besonders betont (v. 899 sq.):

O quotiens animam vitiorum peste repulsa
Sensimus incaluisse Deo, quotiens tepefactum
Coeleste ingenium post gaudia candida tetro
Cessisse stomacho! fervent bella horrida,
Ossibus inclusa fremit et discordibus armis
Non simplex natura hominis.

Ohne daß wir hierauf besonderes Gewicht legen, sei schließlich noch an die literarische Thätigkeit der Priscillianisten erinnert, welche Prudentius zu einer poetischen Polemik veranlassen konnte. Daß Priscillian selbst mit der Feder seine Irrthümer zu verbreiten suchte, wurde oben durch das Zeugniß des hl. Hieronymus bestätigt. Von seinen Anhängern Latronian und Tiberian spricht Hieronymus gleich darauf im Schriftstellerkatalog c. 122 u. 123. „(L)Matronianus provinciae Hispaniae valde eruditus et *in metrico opere veteribus comparandus* caesus est ... Exstant eius ingenii opera diversis metris edita." Dem Tiberian wird nur eine Apologie zugeschrieben, wodurch er sich von dem Verdachte, Priscillianist zu sein, reinigen wollte. Hervorgehoben wird, daß sie „tumenti compositoque sermone" geschrieben sei.

Daß Prudentius nicht bloß in der classischen Latinität vorzüglich gebildet war, sondern auch die Classiker, namentlich Vergil, vielfach nachgeahmt habe, ist allgemein bekannt. „Prudence," sagt Brys (S. 155), „connaissait à fond non seulement les écrivains antérieurs à cette période tels que Lucrèce et les comiques. *Son imitation est indépendante,* et révèle toujours un grand discernement. Il serait curieux de rapprocher les passages où notre poète reproduit Virgile, Horace et Iuvenal et ces autres moins nombreux où il reproduit les formes anciennes et les mots vieilles de Lucrèce, de Plaute et de Térence." Von Severus behauptet Bernays, er habe in seiner Chronik den Stil des Sallust und Tacitus in der Absicht nachgebildet, um „den einfachen, thatsächlichen Inhalt der biblischen Schriften als lesbares Geschichtsbuch den Rhetoren und gebildeten Frauen, unter welchen der Priscillianismus den zahlreichsten Anhang gefunden hatte, in die Hände zu spielen". Eine ähnliche Absicht dürfen wir mit der größten Wahrscheinlichkeit den polemischen Werken des Prudentius unterlegen. Er kämpfte gegen die Häresie mit den edelsten Waffen und, wie seine Entschiedenheit für die Wahrheit einerseits, seine Milde und Demuth andererseits zeigt, mit der edelsten Gesinnung.

Noch einen Beweis dafür, wie innig die polemischen Schriften des Prudentius mit den obwaltenden Verhältnissen zusammenhängen, könnte schließlich angeführt werden aus seinem Hymnus auf den hl. Hippolyt. Dieser heilige Blutzeuge war nach Prudentius ehemals Novatianer. Döllinger [1] erklärt dieß in folgender Weise: „Prudentius hatte wohl einen besondern Grund, seinen Martyrer zu einem b e k e h r t e n N o v a t i a n e r zu m a c h e n. Damals existirte nämlich noch, wie sich aus Pacians Schriften ergibt, die novatianische Secte in der Heimath des Dichters im nördlichen Spanien, und da mag denn der Wunsch, den Gegnern der Kirche in

---

[1] Hippolytus und Callistus. S. 68.

feiner Heimath eine so gewichtige Autorität und ein so nachahmungs=
würdiges Beispiel vorzuhalten, zu dem Gedanken, das Schisma, von
welchem der römische Martyrer sich wieder abwandte, als das novatianische
zu bezeichnen, mitgewirkt haben." Wir müssen aber auf diesen Beweis
verzichten. Zunächst mußte die novatianische Secte in den priscillianistischen
Wirren völlig bedeutungslos werden, da schon Pacian an den Novatianer
Sympronian schreiben konnte[1]: „Novatianorum parvitate, si vellem,
ac defectu poteram gloriari." Prudentius hatte also keinen Grund,
den heiligen Martyrer „zu einem bekehrten Novatianer zu machen". So=
dann aber hat Prudentius seine Nachricht selbst aus einer andern Quelle
geschöpft, anstatt sie in seinem Interesse zu erfinden.

B. Prudentius im Kampfe gegen das Heidenthum.

Die begeisterte Liebe für Rom, welche uns wiederholt in den Ge=
dichten des Prudentius entgegentritt, hat in den zwei Büchern gegen
Symmachus ihren stärksten Ausdruck gefunden. Prudentius re=
präsentirt hier das christliche Rom in seinem Entscheidungs=
kampfe gegen das heidnische, welches in dem Stadtpräfecten
Symmachus seinen Vertreter gefunden hatte. Zeit und Ort
der Abfassung dieses Werkes ist im ersten Kapitel eingehend besprochen
worden. Was über Veranlassung und Zweck desselben hier zu sagen
erübrigt, wird unsere Ansichten über die prudentianischen Dichtungen
überhaupt durchaus bestätigen und mehrfach ergänzen. Obgleich die Streit=
schrift gegen Symmachus am wenigsten Schwierigkeiten in dieser Be=
ziehung bietet und vielfach eingehend behandelt worden ist, so ist das
Verständniß derselben dennoch nicht vollständig erschlossen. Das Beste
hat Both in der bereits angeführten vortrefflichen Arbeit hierüber ge=
liefert, der wir uns in der Hauptsache anschließen.

Die Regierung des Theodosius versetzte dem Heidenthume den Todes=
stoß. Nachdem Theodosius 379 von Gratian und Valentinian II. zum
Mitregenten angenommen worden war, wurde schon im Jahre 380 das
berühmte Edict[2] erlassen, daß alle Unterthanen den Glauben bekennen
sollten, welchen der Apostelfürst Petrus von Anfang an den Römern
überliefert habe. Dieser Einleitung seiner Herrschaft entspricht das Ende
derselben, welches von dem glänzendsten Erfolge der Bemühungen um
das Christenthum gekrönt ist. Nach dem Siege über die beiden Tyrannen
Eugenius und Arbogast am 6. September 394 zog Theodosius als
Triumphator in Rom ein. „Damals nun," berichtet Prudentius (I. c.

---

[1] Ep. 2. n. 5. ed. Migne t. 113. col. 1061. Vgl. ep. 3. n. 25, wo die Secte
gegenüber den Katholiken gar mit Tropfen gegenüber dem Ocean verglichen wird.
[2] Cod. Theod. XVI. 1. 2.

Symm. 410 sq.), „betrachtete der Doppelsieger mit dem Blicke des Triumphators die schönen Mauern Roms; aber er sah die Stadt von schwarzen Wolken, von der Finsterniß nächtlichen Schattens umhüllt; eine trübe Atmosphäre hielt von der siebenfachen Burg den heitern Himmel ferne. Mitleidig seufzend begann er also zu reden". Theodosius hielt nach diesem Berichte eine längere Rede in der Versammlung der Senatoren, welche Prudentius poetisch wiedergibt (I. c. Symm. 415—505). Nachdem er denselben die Thorheit des Heidenthums geschildert hatte, forderte er sie zur Annahme des Christenthums auf. Seine Worte waren von reichem Erfolge begleitet. „Im Friedenskleide," sagt Prudentius (a. a. O. V. 538 f.), „trägt jetzt der Triumphator über den verborgen lauernden Feind ohne Blutvergießen herrlichen Sieg davon und verschafft dem römischen Staate (res Quirini) durch eine erhabene Herrschaft ewige Macht. Weder Grenz= steine setzt er (für diese neue Herrschaft), noch Zeiträume (ihrer Dauer) bestimmt er; ein Reich ohne Ende zeigt er (imperium sine fine docet), damit die römische Kraft nie altere, noch auch der erstrittene Ruhm je die Greisenschwäche kennen lerne." Die vornehmen Römer traten der Mehrzahl nach zum Christenthume über. „Durch die Worte des Kaisers belehrt, wandte sich die Stadt ab von dem alten Irrthume und ver= scheuchte die trüben Nebel von ihrem alten Antlitze; denn der Adel war nun bereit, den Weg zur Ewigkeit einzuschlagen und auf den Ruf des hochherzigen Führers (Theodosius) Christo zu folgen und Hoffnung für die Ewigkeit zu hegen" (V. 506).

Der vorstehende Bericht des Prudentius über die erfolgreiche Be= mühung des Theodosius, Rom zu einer christlichen Stadt umzugestalten, ist mehrfachen Mißdeutungen ausgesetzt gewesen. Die geschichtlichen Dar= stellungen über den Triumph des Theodosius im Jahre 394, sowie die Erklärungen der angezogenen Stelle aus Prudentius gehen vielfach aus= einander. Zunächst will man unter dem „princeps gemini bis victor caede tyranni" (v. 410; vgl. v. 4 und v. 463) Constantin den Großen und unter den beiden Tyrannen Maxentius und Licinius verstehen [1]. Die meisten Erklärer beziehen die Stelle richtig auf Theodosius, erklären aber Maximus, der 388 von Theodosius besiegt wurde, und Eugenius als die besiegten Tyrannen. Zugleich wird der von Prudentius erwähnte Einzug in Rom in das Jahr 389 verlegt, und Prudentius von einigen der Unrichtigkeit, von andern der Unklarheit beschuldigt [2].

---

[1] So die Glosse von Jso (ed. Arevalo in h. l.) Brockhaus (S. 56 f.) nimmt diese Erklärung als so gesichert an, daß er von der Existenz einer andern gar keine Erwähnung thut.

[2] *Arevalo* ad v. 410 (Migne t. 60. col. 153): „Principem hunc esse Theo- dosium certum est. Tyrannos intellige Maximum et Eugenium. Gangraeus obiicit Prudentio, quod in hac historia enarranda paululum a vero deflectit,

Zunächst kann kein Zweifel sein, daß Prudentius dem Theodosius und nicht dem Constantin die Rede in den Mund legt. Als unwiderleglicher Beweis treten hierfür, abgesehen von andern Argumenten, die Verse 467 und 468 ein. Der Redner beruft sich dort auf Constantin. Nachdem er die Römer ermahnt hat, sein Abzeichen, nämlich das Kreuz, als Zeichen der Herrschaft und des Sieges anzuerkennen, begründet er seine Aufforderung mit den Worten: „In diesem Zeichen unbesiegt überschritt Constantin als Rächer die Alpen und zerbrach die schmähliche Knechtschaft." Es ist unmöglich, diese Worte, an welche sich die Erzählung von der Entstehung des Labarum anschließt, den Constantin selbst sprechen zu lassen, und man begreift schwer, wie Brockhaus die Verwirrung entgehen konnte, die in das ganze Gedicht durch seine Erklärung hineingetragen wird [1]. Was sodann den von Prudentius berichteten Triumphzug betrifft, so muß man entweder dafür das Jahr 394 annehmen, oder den Dichter der Unwahrheit anklagen. Eine Vermittlung, wie die von Arevalo versuchte [2], ist undenkbar, denn die Worte: „seu *debellata duorum colla tyrannorum* media calcemus in urbe", setzen eine historische Thatsache voraus. Bei dieser Alternative muß man mit Both (a. a. O. S. 22) auf die Seite des Prudentius treten und sagen [3]: „Dieser Vorgang (des Uebertrittes der vornehmen Römer), welcher

siquidem Theodosius victo Maximo triumphavit anno 389 nec devicto multis annis postea Eugenio Romam rediit. At vero etsi concederem ordinem narrationis aliquatenus esse turbatum, non tamen esset propterea falsitatis arguendus poëta, qui non ait aperte Theodosium triumphasse, postquam duos tyrannos vicerat. Caeterum in ipsa quae sequitur oratione Theodosii mentio iterum fit gemini tyranni a Theodosio victi." Baunard (Der hl. Ambrosius, übersetzt von Bittl, S. 316) schreibt: „Am 13. Juni 387 (soll heißen 389) zog Theodosius in die ewige Stadt ein ... Der Kaiser zeigte sich in allen seinen Akten entschieden christlich ... Allein um die Heiden zu schonen, während er das Heidenthum verdammte, vergaß er, daß sich Symmachus zum Lobredner des Maximus herabgewürdigt hatte, und versprach ihm das Consulat für das nächste Jahr. Der Glaube gewann durch diese liebevolle Toleranz. Nach Prudentius, der freilich übertreiben mag, rief der Aufenthalt des Kaisers besonders in den Familien der Patricier eine förmliche Bekehrungswuth hervor." Vgl. Rohrbachers Universalgeschichte. Siebenter Band. Münster 1866. S. 281.
[1] Vgl. Ebert a. a. O. Bd. I. S. 267 und 268: „Daß der princeps (v. 410) hier niemand als Theodosius sein kann und nicht Constantin b. Gr., geht nicht bloß aus dem ganzen Zusammenhange der Dichtung hervor, sondern wird speciell durch B. 506 bewiesen, welcher unzweifelhaft zeigt, daß mit dem vorhergehenden Vers erst die Rede des Kaisers endet."
[2] Ad v. 463 (Migne t. 60. col. 157): „Prudentius poëtice loquitur; non enim Theodosius triumphavit aut Romam venit post victum Eugenium." Vgl. oben S. 224. Anm. 2.
[3] Vgl. Hergenröther, Handbuch der allgemeinen Kirchengeschichte. Freiburg 1876. Bd. I. S. 212: „Die Heiden Roms feierten noch einen letzten kurzen

auch von Zosimus (IV. 59) berichtet wird, fällt in das Jahr 394
n. Chr., in welchem Theodosius in Begleitung des Stilicho und vielleicht
auch des Claudian als Sieger über die zwei Tyrannen Eugenius und
Arbogast (Zos. I. 410) nach Rom kam. Man hat die Richtigkeit der
Angabe unseres Dichters anzweifeln und die Bekehrung des Senates in
das Jahr 389 verlegen wollen, wo der Kaiser nach Besiegung des
Tyrannen Maximus ebenfalls der Stadt Rom einen Besuch machte.
Aber es ist entschieden an der Mittheilung des Prudentius
festzuhalten, der auch am besten die Wahrheit berichten
konnte, da er den Ereignissen am nächsten stand." Ich möchte
hinzusetzen: „Da Prudentius wahrscheinlich selbst im Gefolge des Theodosius in Rom mit einzog." Das Schweigen der übrigen Schriftsteller
über den Einzug in Rom im Jahre 394 kann die Nachricht des Dichters
nicht entkräften. Uebrigens tritt eben Zosimus als Zeuge neben Prudentius auf[1]. Die Gewissenhaftigkeit des Prudentius als Augenzeuge
einerseits und seine nahe Beziehung zu Theodosius andererseits entkräften
jenes argumentum ex silentio gänzlich. Aber auch die beiden Tyrannen
können nur Eugenius und Arbogast sein. Der Vers 463 bringt die
besiegten beiden Tyrannen in die engste Verbindung. Dieß ist bei Maximus und Eugenius nicht der Fall. Prudentius setzt die Tyrannen gerade
als Vertheidiger des Heidenthums dem christlichen Eifer des Theodosius
entgegen; der Usurpator Maximus ist aber nicht offen für das Heidenthum eingetreten. Von durchschlagender Bedeutung sind die Verse 3 und 22.
Hier wird die medicina principis der medicina tyrannorum entgegengestellt. Medicina bedeutet hier die zur Hebung des Reiches angewandten
Mittel, welche Theodosius in der Beschützung und Beförderung des Christenthums, Eugenius dagegen unter der Leitung des Heiden Arbogast in der
Wiederherstellung des Heidenthums suchte. Maximus hat diese „Medicin"
nicht in Anwendung gebracht. Durch die Vergleichung der genannten
Verse werden ferner die Zweifel der Ausleger darüber beseitigt, wer in
Vers 22 unter den tyranni zu verstehen sei. Denn auch jene, welche

---

Triumph, als der durch Arbogast mit dem Purpur bekleidete Eugenius als Herrscher
ausgerufen ward, unter dem Nikomachus Flavianus heidnische Feldzeichen aufpflanzte
und den Göttercultus wieder herstellte. Aber die Siege des Theodosius
machten der Sache ein Ende; Theodosius d. Gr. zog 394 in Rom ein
und mahnte in kräftiger Rede den Senat, dem schändlichen Götzendienste für immer zu entsagen. Viele Heiden bekehrten sich; seit Theodosius
war das Christenthum Staatsreligion im römischen Reiche." Ebert a. a. O. S. 268:
Mit der Rede (V. 415 f.) „wird offenbar die Rede, die Theodosius nach jenem
Siege 394 im Senat zu Rom hielt, poetisch wiedergegeben. Durch seine damals
erlassenen Edicte sei Rom erst wahrhaft eine christliche Stadt geworden."
    [1] Vgl. Rohrbacher's Universalgeschichte a. a. O. Anm. 1. Pagius VI ad
Baron. ann. 395.

Vers 410 und 463 auf Eugenius und Maximus beziehen, nehmen hier
andere Namen an[1]. Wir haben demnach an dem obigen Berichte des
Prudentius festzuhalten. Zu bemerken ist nur, daß die Rede des Theo=
dosius und die Bekehrung des Senates in dichterischer Freiheit mit=
getheilt ist[2].

Mit der Wahrheit stimmt ferner vollkommen überein, daß dem Theo=
dosius allein das Verdienst zugeschrieben wird, dem Christenthume zum
Siege verholfen zu haben. Was Gratian und Valentinian II. zur Ueber=
windung des Heidenthums für das Christenthum gethan haben, ist auf
Rechnung des großen Theodosius zu schreiben. Die Verdienste nun der
beiden Brüder stehen mit dem Altare und dem Bilde der Göttin Victoria
im Senaculum zu Rom in Verbindung. Wie nämlich der Senat die
altheidnische Römerherrschaft repräsentirte, so war das im Sitzungssaale
der römischen Senatoren aufgestellte Bild der Victoria schließlich das
Symbol des Heidenthums geworden[3]. In der That verlieh das Weih=

---

[1] Obbarius zu dieser Stelle (p. 139): „Iuliani Apostatae, Valentis: eorum
impp., qui aut ipsi pagani erant aut paganismum tolerabant. Magnentium
Teolius intelligit, Maximum et Eugenium Arevalus, sed vv. 410. 463 cum
hoc versu conferri nequeunt.“ Uebrigens setzt aber auch Arevalo hinzu: „Fa-
cilius credam Magnentium hoc loco una cum Eugenio et Maximo tyrannum
appellari.“

[2] Cfr. *Arevalo* ad v. 508 (507): „Sermo est de Theodosio . . . eiusque
edictis iam olim promulgatis et post superatum Maximum (?) confirmatis et
ampliatis. Non autem negat Prudentius ante Theodosii edicta fuisse plures
senatores Romanos christianae religioni addictos, sed affirmat solum Theodosii
exemplo et persuasione factum, ut Roma in fidem Christi pleno transferretur
amore, ut ait vers. 523.“

[3] „Unter allen durch die Personification menschlicher Tugenden und Eigenschaften
entstandenen heidnischen Gottheiten genoß während der ganzen Kaiserzeit diese Göttin
die ausgedehnteste Verehrung und erfuhr die häufigsten und verschiedenartigsten Dar=
stellungen. Als eigentlicher Schutzgeist des römischen Reiches und
der römischen Kaiser aufgefaßt erscheint sie in den mannigfachsten Ge=
stalten und Beziehungen besonders auf römischen Münzen. Ja so sehr hatte man
sich an ihr Bild gewöhnt, daß dasselbe auch von christlichen Kaisern vielfach bei=
behalten wurde, natürlich nur als Personification des Sieges. So findet sich
auf dem sogen. barberinischen Diptychon einer Elfenbeintafel, welche wahrscheinlich
dem Kaiser Constantius bei seinem Aufenthalte und Triumphzuge in Rom im
Jahre 357 dargebracht wurde, fünfmal das Bild der Siegesgöttin. Von allen
heidnischen Victorien aber ist das Urbild die in der Curie des Senates zu Rom
befindliche. Es war dieß eine uralte Statue, an welche sich die Erinnerung des
glänzendsten römischen Triumphes knüpfte. War es doch der kostbarste Gegenstand
der aus dem unterjochten Tarent geführten Beutestücke. Die Göttin war aufgefaßt
als die nahende Siegbringerin, wie sie mit ausgebreiteten Flügeln sich vom Himmel
auf die Erde niederließ (Victoria adveniens). Augustus ließ dieses hochberühmte
Bild in dem Sitzungssaale des Senates, welchen er selbst gebaut und seinem Oheim

rauchopfer, welches die Senatoren seit Augustus vor jeder Senatssitzung
auf dem Altare der Victoria verbrannten, den Senatsbeschlüssen einen
specifisch heidnischen Charakter. Constantius ließ daher als christlicher
Kaiser folgerichtig den Altar sammt dem Bilde entfernen, wie umgekehrt
der Apostat Julian seiner Hoffnung auf den Sieg des alten Göttercultus
dadurch Ausdruck gab, daß er Bild und Altar wieder aufstellen ließ.
Jovian und Valentinian I. thaten nichts, um den Untergang des in sich
selbst zerfallenden Heidenthums zu beschleunigen. Theodosius dagegen
dachte ernstlich an die Beseitigung des verwesenden Leichnams. Es
war eine Folge der von Theodosius 380 und 381 gegen das Heiden=
thum erlassenen Gesetze, daß Gratian im Jahre 382 die Victoria=Statue
aus dem Senatssaale entfernen ließ, daß er in demselben Jahre Titel und
Würde des pontifex maximus zurückwies und die Ausgaben aus der
Staatskasse für heidnische Culte, sowie die Vorrechte der heidnischen Priester=
collegien aufhob. Gegen diese Maßregeln erhob sich der großentheils noch
heidnische Senat „als wachsamer und ängstlicher Hüter der nationalen
Religion". Eine Deputation wurde an den Kaiser nach Mailand geschickt
unter der Führung des Senators und Stadtpräfecten Symmachus. Ju
Symmachus trat das altheidnische Rom im eigentlichen Sinne personificirt
vor den Kaiser. „Seitdem nämlich die Residenz von Rom an die Grenzen
des Reiches nach Mailand, Trier, Nicomedia und Byzanz verlegt worden
war, hatte die alte Hauptstadt eine gewissermaßen exempte Stellung ge=
wonnen. An ihrer Spitze stand der Praefectus urbi, welcher seit der
diocletianisch=constantinischen Zeit als Vicarius des Kaisers die gesammte
militärische, administrative und jurisdictionelle Competenz in seiner Hand
hatte. Sämmtliche römische Behörden sind ihm unterstellt; er gilt als
Haupt und Spitze des Senates; kurz, er ist der stellvertretende Beherrscher
der alten Reichshauptstadt" (Both a. a. O. S. 14). Als Symmachus
im Jahre 382 in dieser Eigenschaft nach Mailand ging, hatte aber auch

---

zu Ehren Curia Iulia genannt hatte, aufstellen (Dio Cass. 51, 22. Herodian.
V. 5; VII. 11). Vor der Statue wurde durch denselben Kaiser ein Altar errichtet,
und bei Beginn jeder Senatssitzung streuten die versammelten .Väter eine Anzahl
Weihrauchkörner in das auf der Marmorplatte brennende Feuer, während die Musik
die heilige Symphonie spielte. Auch mußten die Senatoren dort den Schwur leisten,
daß sie bei ihren Berathungen nur das Wohl des Staates im Auge haben wollten.
So bekam dieses Bild eine hervorragende religiöse Bedeutung. Die Victoria war
die Beschützerin der ersten römischen Versammlung und die Patronin des ganzen
Reiches. So lange sie bestand und die gewohnten Huldigungen empfing, glaubte
man, würden die römischen Waffen siegreich, das Imperium unerschütterlich sein.
Sie war das eigentliche Symbol der römischen Weltherrschaft und der Schutzgeist
der ewigen Roma (custos imperii virgo. Claudian. de consulatu Stilichonis
III. 206)." Both a. a. O. S. 25. Cfr. Arevalo ad praef. in I. c. Symm. v. 89;
ad II. c. Symm. v. 36.

das christliche Rom durch seinen Anwalt sich auf den Weg zum Kaiser begeben. Damasus hatte den Bischof von Mailand, Ambrosius, beauftragt, der heidnischen Deputation beim Kaiser zuvorzukommen, und sein Auftrag wurde so erfolgreich ausgeführt, daß Symmachus mit den Seinen nicht einmal zur Audienz vorgelassen wurde. Es ist eine der interessantesten Erscheinungen in der Geschichte, wie hier dem Nachfolger Petri, der zu Rom resibirt und das christliche Rom personificirt darstellt, von der kaiserlichen Autorität Anerkennung und Huldigung geleistet wird. Rom hatte aufgehört, die Residenz des heidnischen Weltstaates zu sein; der Kaiser hat Rom dem römischen Bischofe zur Residenz eingeräumt; der Kaiserthron ist factisch durch den päpstlichen Lehrstuhl ersetzt worden — und der römische Kaiser tritt als Beschützer desselben auf. Als bei der Ermordung Gratians (383) der erst zwölfjährige Valentinian II. die Erbschaft seines Bruders übernahm, regte sich die Hoffnung des Heidenthums in Symmachus von Neuem. In einer Bittschrift hielt letzterer um die Wiederherstellung des Victoria-Bildes bei dem jugendlichen Herrscher an, da er zu einer persönlichen Vorstellung nicht mehr den Muth hatte. Das classische Schriftstück ist unter dem Namen relatio Symmachi berühmt geworden. Ambrosius vereitelte indeß wieder jede Hoffnung auf Erfolg. Kaum hatte er von dem Antrage des Symmachus gehört, so richtete er einen Brief an Valentinian, dessen Sprache keinen Widerspruch aufkommen läßt. Entschieden, ja drohend tritt er gegen die Dulbung des alten Götterwahnes auf. Sein Brief ist aber dadurch am interessantesten für uns, daß er den jungen Kaiser an Theodosius verweist. „Berichte die Angelegenheit an beinen väterlichen Freund, den Kaiser Theodosius, welchen bu ja fast in allen wichtigen Angelegenheiten um Rath zu fragen pflegst." [1] Hieraus ist ersichtlich, wenn es noch eines Beweises bedürfte, daß Theodosius von Ambrosius als entschiedener Bekämpfer des heidnischen Cultus angesehen wurde. Uebrigens war die relatio des Symmachus auch an Theodosius gerichtet. Der heilige Bischof von Mailand ersuchte den Kaiser um Zusendung einer Abschrift der von Symmachus eingereichten Bittschrift, um dieselbe eingehend zu widerlegen. Valentinian gehorchte den Weisungen des hl. Ambrosius. In der kraftvollen, von glühendem Eifer beseelten Widerlegung der Bitten und Gründe des Symmachus um Dulbung des Göttercultus ist der Sieg des christlichen Roms verewigt [2]; in der erfolglosen relatio Symmachi dagegen besitzen wir ein classisches Document über den Untergang des heidnischen Roms. Wohl zu beachten ist, daß Ambrosius hier, wie bereits angedeutet, im Auftrage

---

[1] „Certe refer ad parentem pietatis tuae principem Theodosium, quem super omnibus fere maioribus causis consulere consuesti." Ep. 17. Migne t. 16. col. 964.

[2] Ep. 18. Migne l. c. col. 971 sq. Vgl. Baunard, Geschichte des hl. Ambrosius. S. 202 f.

des hl. Damasus handelt. Indem er sich nämlich auf die dießbezüglichen Verhandlungen unter Gratian im Jahre 382 beruft, schreibt er an Valentinian (ep. 17. l. c. col. 963): „Absit ut hoc senatus petiisse dicatur. Pauci gentiles communi utuntur nomine. *Nam et ante biennium ferme, quum hoc petere tentarent, misit ad me sanctus Damasus Romanae ecclesiae sacerdos iudicio Dei electus libellum quem Christiani senatores dederunt . . .*"[1] Damasus tritt somit an der Spitze der christlichen Senatoren gegen die Macht des heidnischen Stadt= präfecten auf, und indem Ambrosius in seinem Namen den Ansprüchen des Heidenthums jede Berechtigung nimmt, wird Rom als christliche Stadt zur Hauptstadt der Christenheit erhoben und vom Kaiser als solche aner= kannt. Der entscheidende Schlag war hiermit geführt, denn die folgenden Bemühungen der Heiden, den alten Göttercult wieder herzustellen, gleichen nur den letzten Zuckungen eines zum Tode Verwundeten. Unter Valen= tinian mußten in der Folge alle derartigen Versuche mißglücken. Als ihn der Heide Arbogast im Jahre 392 ermordete und der Tyrann Eu= genius durch den Kaisermörder zur Usurpation des Thrones gelangte, glückte es der Partei des Symmachus noch einmal, ihre Victoria als Patronin des Senates aufzustellen. Die Heiden sollten jedoch hierdurch nur dem Theodosius Gelegenheit geben, den Todesstoß noch einmal selbst und direct zu führen, den er dem Götterdienste bereits durch Gratian und Valentinian beigebracht hatte. Eugenius mußte sammt Arbogast, der als Selbstmörder endete, seinen Frevel bereits 394 büßen, und sein Fall stürzte auch die besiegte Victoria im Senatssaale für immer.

Das bisher Gesagte muß als nothwendige Voraussetzung zum Ver= ständnisse der Dichtung des Prudentius gegen Symmachus gelten; anderer= seits besitzen wir in diesen beiden Büchern den Beweis dafür, daß man zu Anfang des fünften Jahrhunderts die Schrift des hl. Ambrosius gegen die relatio Symmachi als Document des endgültigen Sieges des Christen= thums betrachtete. Prudentius hat nämlich seine Schrift im Jahre 404 gegen jene 384 an Valentinian eingereichte Bittschrift des Symmachus gerichtet. Dieß ist ebenso zweifellos, als daß sich der Dichter in der

---

[1] Der hl. Ambrosius behauptet in den folgenden Worten, daß die christlichen Senatoren, welche sich gegen den Beschluß der heidnischen Partei unter Symmachus vom Jahre 382 mit einem libellus an Damasus gewandt hatten, die große Mehr= zahl seien. Mit der Nachricht, daß erst 394 die Mehrzahl des römischen Adels sich bekehrt habe, scheint dieß im Widerspruch zu stehen. Both (a. a. O. S. 21 Anm.) sucht die Schwierigkeit durch die treffende Bemerkung zu heben: „. . . Es ist zu vermuthen, daß dem heidnischen Senatsbeschluß vom Jahre 382 ein Formfehler anhaftete, daß bei der Abstimmung die zum senatus frequens gesetzlich nothwendige Anzahl von Mitgliedern nicht anwesend war, da Prudentius gerade im Gegensatz zu jenem Beschluß der Vollzähligkeit des Senates bei Abschaffung des Götzendienstes im Jahre 394 hervorhebt: c. Symm. I. 303—309."

eigentlichen Widerlegung — im zweiten Buche — vielfach eng an die
Schrift des hl. Ambrosius angelehnt hat [1]. Ferner ist aus den Worten
des Dichters gewiß, daß er den Honorius anredet, wie im ersten Kapitel
(S. 11) gezeigt wurde. Gewöhnlich nimmt man nun an, Symmachus
habe seine Bittschrift dem Honorius von Neuem eingehändigt oder ein-
händigen lassen. Dieß habe den Dichter veranlaßt, seine beiden Bücher
zu schreiben. „Allein," fragt Both a. a. O. S. 6 mit Recht, „wer
könnte glauben, daß ein Schriftsteller von der Begabung und dem Selbst-
bewußtsein eines Symmachus dieselbe Bittschrift zweimal und an zwei
verschiedene Kaiser einreicht, ohne sich die Mühe zu nehmen, eine neue zu
fertigen?" [2] In der That ist die Veranlassung anders zu erklären. Wir
knüpfen hier an das im ersten Kapitel Gesagte an. Prudentius befand
sich kurz vor der Ankunft des Honorius in Rom; die Stimmung,
welche damals in Rom herrschte, ist allein der zureichende
Grund für unsere dichterische Apologie gegen Symmachus
gewesen. Wir haben daher diese Stimmung aus den obwaltenden
Verhältnissen darzuthun. War auch das Heidenthum als Macht durch
die Thätigkeit des Theodosius vernichtet, so hörte doch die Partei des
Symmachus mit ihrem zum Pantheismus verfeinerten Götterculte nicht
auf, für die verlorene Sache jede günstige Gelegenheit zu benützen. Eine
solche Gelegenheit schien ihr in dem bevorstehenden Einzuge des Honorius
in Rom zu nahen. Zunächst war die Ausführung der strengen Gesetze
des Theodosius gegen das Heidenthum nicht dazu angethan, die Hoffnungen
der heidnischen Partei gänzlich zu unterdrücken. „Der Umstand, daß die
Gesetze des Theodosius von seinen Söhnen gleichwohl wiederholt und von
Neuem eingeschärft werden mußten, zeigt uns, daß jene Erlasse nicht nach
ihrem strengen Wortlaute durchgeführt wurden, und daß doch die Kaiser
sich oft mehr von dem Gefühle der Menschlichkeit als dem des übertriebenen
Eifers für ihre (wahre) Religion leiten ließen." „Noch das ganze fünfte
Jahrhundert hindurch dauerte der Kampf gegen heidnische Ueberreste. Im
Jahre 529 zerstörte der hl. Benedikt auf Monte Cassino den letzten Apollo-
tempel mit dem dazu gehörigen Haine, in welchem die umwohnende Land-
bevölkerung nach alter Weise zu opfern pflegte, und gründete an dessen
Stelle das Mutterkloster des berühmten Ordens ... Ueberhaupt hatte
das Heidenthum im Occidente, wo nicht mit dem gleichen Fanatismus [3]

---

[1] Den Beweis hierfür durch Textvergleiche zu liefern, ist unnöthig, weil die
bloße Lektüre jeden von der Evidenz überzeugt. Vgl. übrigens Brockhaus a. a. O.
S. 53 f.; Both a. a. O. S. 5.

[2] Auch Brockhaus (S. 53 und S. 77 Anm.) gibt seinem Zweifel an der
gewöhnlichen Annahme Ausdruck, ohne indeß eine andere Erklärung zu versuchen.

[3] Ich möchte die betreffenden Maßregeln doch nicht ohne weiteres mit Both
als „Fanatismus" bezeichnen.

gegen daßſelbe vorgegangen wurde, ſich länger zu behaupten gewußt, als im Oriente. Beſonders Rom blieb noch lange Zeit ſeiner Tradition gemäß die Metropole des Paganismus." „Es brauchte eine lange Zer= ſtörung und einen beharrlichen Umbau, bis aus dem Rom der Kaiſerzeit das chriſtliche Rom mit ſeinen Baſiliken und Klöſtern emporſtieg. Da= mals — am Ende des vierten und Anfang des fünften Jahrhunderts — ſtanden noch die großartigen Bauten der Kaiſerzeit in herrlichſter Pracht da: die Thermen des Caracalla, des Alexander Severus, des Decius, des Diocletian und Conſtantin, das herrliche Trajansforum, der Sonnen= tempel Aurelians, die Baſilika und der Circus des Maxentius u. ſ. w. Nehmen wir zu dieſen koloſſalen und wunderbar ausgeführten Bauten die 34 marmornen Triumphbogen, die zahlloſen öffentlich aufgeſtellten Statuen und Gruppen, und dieß alles vertheilt auf Thal und Hügel, belebt und unterbrochen durch Gärten und Haine, durchrauſcht von ſprin= genden Waſſern, welche auf 19 hochgewölbten Leitungen aus den Gebirgen herniederkamen, ſo haben wir eine ſchwache Darſtellung von dem da= maligen Rom." [1] Theodoſius ſelbſt hatte nach dem Zeugniſſe des Pru= dentius (c. Symm. I, 501 sq.) erlaubt und gewünſcht, daß die alten Statuen zwar dem Götzendienſte entzogen würden, aber als Kunſtwerke ſtehen blieben:

> Marmora tabenti respergine tincta lavate,
> O proceres, liceat statuas consistere puras
> Artificum magnorum opera; haec pulcerrima nostrae
> Ornamenta fuant patriae, nec decolor usus
> In vitium versae monimenta coinquinet artis.

Dem entſprechend ſchildert auch Prudentius noch im Jahre 404 das heidniſche Ausſehen der mit Götterbildern angefüllten Straßen (c. Symm. I. 226—240). Mit Stolz mußte die heidniſche, großentheils reiche und feingebildete Partei auf dieſe Schöpfungen des alten Götterdienſtes blicken und trotz der vorwiegend chriſtlichen, aber vielfach armen und ungebil= deten Bevölkerung Roms die Hoffnung auf die Wiederkehr des alten Cultus durch dieſen Anblick beleben.

In dem ſchwachen, nachgiebigen Honorius aber lebte nicht der Eifer und Charakter des großen Vaters, welcher dieſe Hoffnungen paralyſirt hätte. Ließ er doch trotz der Bitten des Prudentius [2] um Abſchaffung der Gladia= torenkämpfe, dieſer ächt heidniſchen Einrichtung, das chriſtliche Rom dieſes Schauſpiel bei ſeinem Einzuge ſehen. Offenbar von der heidniſchen Partei waren dieſe Spiele in's Programm der Feſtfeier gebracht worden. Pru-

---

[1] Both a. a. O. S. 13 f. Cfr. Descriptio urbis Romae von *Publius Victor*, einem Zeitgenoſſen des Prudentius (Migne t. 18. col. 437). *Allard*, Revue etc. t. XXXVI. p. 6—22.
[2] II. c. Symm. 1114 sq.

bentius war Zeuge ihrer Vorbereitungen und darum auch Zeuge des
Protestes, welchen diese Veranstaltungen seitens der christlichen Partei
zweifelsohne erfahren haben. Denken wir uns lebhaft in jene Tage vor
der Ankunft des Honorius in Rom hinein, so müssen wir die heidnische
Partei nicht bloß rührig für die Gladiatorenspiele, sondern überhaupt für
die Restitution des Heidenthums begeistert sehen. Und worauf anders
werden sich die heidnischen Vornehmen von Rom in ihren Hoffnungen
und Reden gestützt haben, als auf die in der berühmten classischen relatio
Symmachi angeführten Gründe? Welches Ansehen Symmachus damals
in Rom besaß, sagt uns der Dichter (c. Symm. I. v. 632 sq.). Seine
relatio war Gemeingut der heidnischen Aristokratie und Plutokratie geworden; ihre Gedanken beherrschten die Köpfe, ihre Worte waren auf
aller Zunge. Hätten aber diese günstigen Umstände den Heiden nicht
nahegelegt, die ehemaligen Forderungen des Symmachus zu wiederholen,
so fanden sie nach bekannter Taktik den Anlaß dazu in den kaum vor-
übergegangenen und zum Theil noch drohenden Gefahren für das Reich.
So oft Rom durch Kriegsnoth oder elementare Ereignisse in Bedrängniß
gerieth, schrieb die heidnische Partei die Schuld davon dem vernachlässigten
Culte der Götter zu.

Soeben hatten nun die Westgothen Oberitalien heimgesucht und dadurch den heidnischen Römern Gelegenheit geboten, die alten Klagen über
den Abfall von der alten Staatsreligion zu erneuern. Allerdings hatte
der Sieg bei Pollentia und Verona 403 Italien wieder aufathmen lassen,
so daß Prudentius gerade dieses glückliche Ereigniß anführt, um die
Grundlosigkeit der heidnischen Beschuldigungen darzuthun (II. c. Symm.
694 sq.). Allein an sich war dieser Sieg zu schwer errungen, als daß
man darauf besonders hätte stolz sein können. Dieß bezeugen die Berichte des Cassiobor und Jornandes, welche den Gothen den Sieg zuschreiben. Denn wenn auch dagegen die zeitgenössischen Zeugen Prudentius,
Claudian und Orosius ohne Bedenken vorzuziehen sind, so folgt aus der
bloßen Möglichkeit solch widersprechender Berichte doch, daß der Sieg auf
Seiten der Römer kein glänzender gewesen ist [1]. Die tiefer Blickenden
konnten die Gefahr nur zeitweilig abgewehrt, nicht gänzlich beseitigt sehen,
und die Ereignisse ahnen, welche bald darauf über Italien hereinbrachen.
Als im Jahre 406 Rhadagais an der Spitze der Vandalen, Alanen,
Sueven und Gothen Italien überfluthete und über Florenz gerade auf
Rom losgehen wollte, forderte die alte Partei offen die Darbringung
heidnischer Opfer, weil die Unterlassung derselben das große Unglück über
die Stadt gebracht habe [2]. Nun sind aber diese Vorwürfe und Forderungen

---

[1] Vgl. Weiß, Lehrbuch der Weltgeschichte. 2. Aufl. Wien 1878. 2. Bd. I. S. 361.
[2] Orosius, Hist. l. VII. 37. Daß diese gerade damals beständig wiederholten
Vorwürfe der Heiden den hl. Augustin bewogen, den Orosius zur Abfassung seiner

der Heiden nach dem Gesagten gewiß nicht erst im Jahre 406, sondern
schon 403 beim ersten Heranziehen der Gothen laut geworden. Der
Jubel über die Tage von Pollentia und Verona ist aber kaum laut genug
gewesen, um dieselben zum Schweigen zu bringen. Prudentius wurde in
Rom Zeuge derselben. Er sah das Werk des Theodosius, seines großen
Gönners, gefährdet; er mußte die Maßregeln desselben gegen das Heidenthum vielfach der Härte und Grausamkeit beschuldigen hören. Wie sollte
ihm in seiner Begeisterung für Christus nicht der Gedanke gekommen
sein, das christliche Rom und damit zugleich den Ruhm des großen Theo-
dosius gegen die heidnische Anmaßung zu vertheidigen? Da er aber
Symmachus an der Spitze der Gegenpartei sah und dessen bereits zwanzig
Jahre alte relatio rühmen und bewundern hörte, als wäre sie ein un-
überwindliches Bollwerk der heidnischen Ansprüche, so mußte er gegen
Symmachus und sein Werk den Angriff richten. Im Grunde war dieselbe durch Ambrosius widerlegt. Der Ruhm des großen Bischofs von
Mailand konnte für den bescheidenen Prudentius genügen, daß er dessen
Ausführungen in der Hauptsache wiederholte. Ja, wir dürfen annehmen,
daß die Entgegnung des Ambrosius absichtlich von den Heiden ignorirt
wurde, zumal sie, was formelle Vollendung betrifft, der Bittschrift des
Symmachus nicht gewachsen war[1]. Alsdann konnte Prudentius gar
nichts Besseres thun, als das von Ambrosius Gesagte zu betonen und
auf die bereits erfolgte Widerlegung ebenso zu pochen, wie die Gegenpartei auf die Schrift des Symmachus. Es wäre sogar ein gewisses
Zugeständniß gewesen, wenn Prudentius bei der Widerlegung ganz originell zu sein gesucht hätte. Denn man hätte glauben können, die Apologie des Ambrosius sei wirklich ungenügend gewesen. Auf diese Weise
glauben wir die Entstehung der vorliegenden Bücher gegen Symmachus
genügend erklärt zu haben. Symmachus hat seine alte relatio nicht auf's
Neue eingereicht; gleichwohl war eine neue Widerlegung derselben nöthig
geworden. Wir können uns schließlich leicht vorstellen, daß die christliche
Senatorenpartei den Dichter bei seiner Anwesenheit in Rom zu einer

---

Geschichte zu bestimmen und dann selbst die Feder zur Civitas Dei in die Hand zu
nehmen, ist bekannt.

    [1] Prudentius selbst spricht so von der Berühmtheit jener relatio Symmachi
als eines Meisterstückes classischer Latinität, daß man geneigt sein muß, gerade hierin
die Veranlassung zu der poetischen Apologie zu sehen.

    Non ausim conferre pedem nec spicula tantae
    Indocilis fandi coniecta lacessere linguae.
    Illaesus maneat liber, excellensque volumen
    Obtineat partem dicendi fulmine famam:
    Sed liceat tectum servare a vulnere pectus
    Opposita volans iaculum depellere parma. (I. c. Symm. 646 sq.)

Widerlegung geradezu aufgefordert habe. Der Glanz seiner frühern Stellung an der Seite des Theodosius, seine poetische Begabung, seine entschiedene Hingabe an den Glauben mußten allerdings aller Augen auf
ihn als den geeignetsten Mann lenken. Zu beachten ist auch die Art
und Weise, wie Prudentius den Symmachus anredet (I. c. Symm.
621 sq. 643). Dieselbe deutet auf eine gewissermaßen collegiale Stellung des Dichters zu Symmachus hin.

Both (a. a. O. S. 6) weicht in seiner Erklärung insofern von der eben
dargelegten ab, als darnach Prudentius nicht sowohl zum Vertreter der
allgemeinen Stimmung wird, sondern mehr als Privatmann erscheint.
Er schreibt nämlich: „Dieser Eventualität (daß die Heiden bei der Anwesenheit des Honorius in Rom von Neuem ihr Anliegen vorbringen
würden) sucht Prudentius dadurch vorzubeugen, daß er mit dichterischer
Licenz das Zukünftige und zu Erwartende in die Gegenwart setzt und
sich vorstellt, als stehe die heidnische Gesandtschaft mit Symmachus an
der Spitze schon vor dem Throne des Honorius mit dem bekannten Schrift-
stücke des letztern in der Hand. Indem also Prudentius diese Schrift
bekämpft und widerlegt, vereitelt er zum Voraus die Pläne der Heiden.“
Allein wir können nicht leicht glauben, daß Prudentius sich vorgestellt
habe, der gewandte Symmachus werde mit demselben Schriftstück vor den
Kaiser treten. Deßhalb dürfte die oben angegebene Modificirung dieser Erklärung nothwendig sein, wonach der Dichter die thatsächlich vorgebrachten und in Rom gehörten Gründe des Symmachus widerlegt.
Die bereits angeführten Worte I. c. Symm. 648 sq. sagen dieß deutlich.
Damit nahm er dem Symmachus zugleich den Muth, eine neue Bittschrift
abzufassen und einzureichen. Die Bücher gegen Symmachus sind demnach
durchaus mehr als eine bloße Versification der ambrosianischen Schrift
gegen Symmachus, um dieselbe in einer entsprechenden Form darzustellen
und zu popularisiren[1]. Wie die polemische Trilogie zunächst einen ganz
bestimmten, den Tagen des Dichters eigenthümlichen Zweck hatte, nämlich
die Widerlegung des Priscillianismus, so sind die Bücher gegen Symmachus vor Allem eine ephemere Streitschrift mit dem bestimmten Zwecke:
**das Werk des Theodosius, den christlichen Charakter Roms,
gegen den alten Feind zu vertheidigen, und den Söhnen
dieses Kaisers, namentlich dem Honorius, das erhabene
Beispiel des Vaters vor Augen zu stellen.** Dieß zeigt die ganze
Anlage des Werkes; der Ruhm des Theodosius durchzieht dasselbe wie
ein rother Faden. Das erste Buch hebt mit dem Lobe der Thaten des
Theodosius für das Christenthum an; seine oben besprochene Rede im

---

[1] Vgl. Brockhaus a a. O. S. 217: „Wie kam Prudentius zu einer Apologetik, wie die gegen Symmachus, die in der Hauptsache das schon von Ambrosius
gegen denselben Gesagte reproducirt?“

Senate bildet den Kernpunkt des Buches; die Gerechtigkeit des Kaisers,
welche auch die Verdienste der Heiden unparteiisch belohnte, wird zum
Schlusse (V. 616 f.) gepriesen. Gerade den Symmachus hatte er zur
Consulatswürde erhoben; indem Prudentius den Gegner hieran vor der
eigentlichen Widerlegung im zweiten Buche erinnert und damit zugleich
an das edelste Gefühl, an die Pflicht der Dankbarkeit, in der edelsten
Weise appellirt, hat er in wahrhaft bewunderungswürdiger Weise den
Symmachus besiegt, bevor der Kampf eigentlich begonnen hat. Derselbe
wird im zweiten Buche ausgefochten, aber so, daß wiederum Theodosius
selbst, insofern er in seinen Söhnen fortlebt, kämpfend eingeführt wird.
An die Söhne des Helden nämlich, die im Lager des Vaters geboren sind
und ihren Kriegsruhm dem Vater verdanken, läßt er den Symmachus seine
Bitte um die Wiederherstellung des Victoriabildes richten (V. 11—16).
Demnach wird auch die abschlägige Antwort und deren Begründung sofort
dem Honorius selbst in den Mund gelegt. Der jugendliche Kaiser sagt
dem gewandten Redner, daß er seinen Waffenruhm nicht der Göttin
Victoria, sondern der Tapferkeit seiner Krieger verdanke (V. 18—66).
Der Höhepunkt des zweiten Buches ist die Rede der christlichen Roma
(V. 655—768). Dieselbe nimmt ihren Ausgang wiederum von dem
Ruhme des Theodosius, indem die Söhne desselben also angeredet werden:

> O clari salvete duces, *generosa propago*
> *Principis invicti, sub quo senium omne renascens*
> *Deposui vidique meam flavescere rursus*
> *Canitiem:* nam quum mortalia cuncta vetustas
> Imminuat, mihi longa dies aliud parit aevum,
> Quae vivendo diu didici contempnere finem. (v. 655 sq.)

Dem Eingange, welcher dem Honorius im Grunde die Gesinnungen und
den Ruhm des Vaters an's Herz legt, entspricht der Schluß (V. 1116 bis
1132). Eins habe die Liebe des Vaters dem Sohne noch übrig gelassen,
um nicht für sich allein alles Verdienst der Tugend vorwegzunehmen.

> . . . „Partem tibi, nate, reservo,"
> Dixit et integrum decus intactumque reliquit.
> Adripe dilatam tua, dux, in tempora famam,
> Quodque patri superest successor laudis habeto
> Ille urbem vetuit taurorum sanguine tingui,
> Tu mortes miserorum hominum prohibeto litari. (v. 1120 sq.)

Hiermit bringt er in den Kaiser auf Abschaffung der Gladiatorenspiele. Man kommt bei der Betrachtung dieses Schlusses auf den Gedanken, daß die ganze Bekämpfung des Symmachus vorzüglich den Zweck
gehabt habe, in dieser kraftvollen Bitte zu gipfeln, nur ihretwegen da sei.
Denn in diesen „traurigen Menschenopfern" (triste sacrum) behauptete
noch das Heidenthum seine Herrschaft; da aber nach der vorhergehenden

Widerlegung der Gründe des Symmachus für den Göttercult allen heid=
nischen Institutionen die Existenzberechtigung fehlte, so mußte auch dieser
letzte „Frevel" aus dem römischen Leben verschwinden. — Jebenfalls
bildet aber auch im zweiten Buche der Ruhm des Theodosius, den der
Dichter geschickt zu einer versteckten Ermahnung an Honorius zu gestalten
wußte, den Rahmen für die eigentliche Widerlegung des Symmachus
(V. 67—1114). Der Rahmen ist aber bei dieser Disposition nicht
sowohl des Bildes wegen da, als vielmehr das Bild wegen des Rahmens.

Als wahrer Dichter hat Prudentius seiner Schrift aber eine größere
Tragweite zu geben gewußt. Neben dem besondern, den Zeitverhältnissen
entsprechenden Zwecke hat er ihr die Bedeutung einer Bekämpfung des
Heidenthums in seinem ganzen Umfange und einer glän=
zenden Apologie des christlichen Glaubens verliehen, indem
er sich nicht auf die Widerlegung der von Symmachus berührten Streit=
punkte beschränkt. So werden die Bücher gegen Symmachus zu einer
idealen Darstellung des siegreichen Kampfes, den das christliche Rom, die
Herrschaft Christi bis zum Ende der Zeiten gegen das Reich der Finster=
niß zu führen hat. Wir haben hier dieselbe Erscheinung wie bei den
drei großen polemischen Gedichten gegen die Häresie, namentlich bei der
Psychomachie. Prudentius hat zur Erreichung dieses weitern Zweckes in
das erste Buch die Widerlegung des Göttercultes im Allgemeinen auf=
genommen (V. 42—405). Aus der Abscheulichkeit und Lächerlichkeit der
Götterfabeln, sowie aus der nachweisbaren Entstehung der Idololatrie
wird nach Weise der alten Apologeten die Verwerflichkeit des Heidenthums
überhaupt und damit die Gerechtigkeit der Maßnahmen des Theodosius
gegen dasselbe bewiesen: der altrömische Götterdienst verdiente nicht zu
existiren und ist deßhalb auf rechtliche Weise beseitigt worden. Das zweite
Buch bekämpft in seinen Ausführungen gegen Symmachus jede Art des
religiösen Irrthums neben der einen wahren christlichen Religion. Sym=
machus hatte nämlich wenigstens Duldung des alten Irrthums verlangt,
weil das Wesen der Gottheit unergründlich wäre und darum verschie=
bene Religionen neben einander bestehen könnten [1]. Prudentius zeigt da=
gegen, daß zu dem einen Gotte nur der eine Weg führe, den uns
Christus gezeigt hat. Die Rede, welche Prudentius der personificirten
christlichen Roma in den Mund legt, schließt mit den begeisterten Worten:

Unus nostra regat servetque palatia Christus,
Ne quis Romuleas daemon iam noverit arces,
Sed soli pacis Domino mea serviat aula. (II. c. Symm. 766.)

---

[1] „Aequum est, quidquid omnes colunt, unum putari. Eadem spectamus
astra, commune coelum est, idem nos mundus involvit. Quid interest, qua quisque
prudentia verum inquirat? Uno itinere non posse perveniri ad tam grande
secretum."

Daburch erhält die prudentianische Apologie gegen Symmachus that=
sächlich den Charakter einer Apologie des Christenthums überhaupt. Prubentius tritt als Anwalt des christlichen Roms auf, das berufen ist, die
ganze Welt der Herrschaft Christi zu unterwerfen und darum die Haupt=
stadt der christlichen Welt zu werden. Dieses idealen Zweckes ist sich der
Dichter auch vollkommen bewußt gewesen. Beweis dafür sind die beiden
Vorreden, welche er den Büchern gegen Symmachus vorausgeschickt hat.
Die erste, aus 89 asklepiabeischen Versen bestehend, feiert den hl. Paulus
und vergleicht den Natterbiß, welchen der Apostel nach der glücklichen
Landung in Malta ohne Lebensgefahr erlitt (Apg. Kap. 28), mit dem An=
griffe des Symmachus auf das den Stürmen der Verfolgung glücklich
entronnene Schiff der Kirche. Die zweite hat in 66 glykonischen Versen
den hl. Petrus zum Gegenstande. Die hülfreiche Rechte des Herrn
hat den sinkenden Apostel einst dem stürmischen See Genesareth entrissen
(Matth. 14, 22 f.); ebenso möge ihm Christus im Kampfe gegen die
den Fluthen gleichende Beredsamkeit des Symmachus beistehen. Was hat den
Dichter veranlaßt, gerade die Apostelfürsten gleichsam zu Patronen seines
Kampfes gegen den Symmachus zu wählen? Sicherlich die dem Apostel=
fürsten, dem „summus discipulus Dei" (Praef. in II. c. Symm. 2),
zu Theil gewordene Berufung zum unerschütterlichen Felsen der Kirche.
Prudentius wollte der Ueberzeugung Ausdruck geben, daß er in dem
christlichen Rom jenen Lehrstuhl und jenen Glauben vertheidige, dem die
göttliche Verheißung gegeben ist, daß er bis zur Wiederkunft des Herrn
unversehrt bestehen werde. Im Auftrage des Nachfolgers Petri hatte der
hl. Ambrosius Rom gegen Symmachus vertheidigt; an seine Stelle tritt nun
Prudentius im Vertrauen auf den, welcher Petrus und Paulus zur Besitz=
nahme Roms auserwählt hatte. Sollte nicht vielleicht der damalige Papst
Innocenz I. auf Prudentius gewirkt haben wie Damasus auf Ambrosius?
Nach dem über die Romreise des Dichters Gesagten ist es sicher nicht
allzu kühn, die Möglichkeit, ja die Wahrscheinlichkeit dieser Vermuthung
anzunehmen. Jedenfalls steht Prudentius da als ruhmreicher
Kämpfer für das christliche Rom, das er als Ausgangs=
und Mittelpunkt des katholischen Glaubens für alle Zeit
ansah, und dessen Beschützung er für die erste und er=
habenste Pflicht des römischen Kaisers hielt.

Viertes Kapitel.

Bildungselemente und literarische Einflüsse in den Dichtungen des Prudentius.

Die theologische Bildung des Prudentius setzt fleißige und umfassende Studien voraus. Wo hat der Dichter dieselben gemacht, und welcher Hülfsmittel hat er sich dabei bedient? Diese Frage ist zum großen Theile bereits in den vorhergehenden Kapiteln beantwortet. Wenn je, so galt in den ersten Zeiten des Christenthums der Satz: Mos orandi lex credendi. Niemals, am wenigsten aber in der Zeit der Kirchenväter, war das Studierzimmer die ausschließliche oder vorzügliche Schule der christlich-theologischen Wahrheiten. Bei der Feier der heiligen Geheimnisse in ihren gottesdienstlichen Versammlungen flößte namentlich damals die Kirche ihren Kindern die Wissenschaft des Heiles ein; die Gebete der Kirche waren und sind die in den Cultus aufgenommene Glaubensregel [1]. Sahen wir nun im Vorhergehenden, wie eng das fromme Leben und Dichten des Prudentius mit der Liturgie verwachsen war, so müssen wir auch diese als erste und vorzüglichste Quelle seiner theologischen Bildung bezeichnen. Nicht minder beachtenswerth ist die häretische Aufregung der Heimath des Prudentius. Vom hl. Paulin von Nola sagt Lagrange [2]: „... die mehr genauen als poetischen Definitionen der Dreieinigkeit und der Menschwerdung zeigen eine Kenntniß der theologischen Redeweise, die bei einem seit kurzer Zeit erst getauften Christen Erstaunen erregen muß." Mit Recht führt nun Lagrange die dogmatische Bestimmtheit Paulins nicht sowohl auf großartige theologische Studien als auf den Einfluß seiner Lehrer und Freunde Delphin und Amandus zurück [3], die ihren Schüler gegen die Häresien ihrer Zeit und ihres Landes zu schützen suchten. Eine von der Häresie aufgeregte Zeit bringt nothwendig alle irgendwie eifrigen Christen in die Lage, die streitigen Lehrsätze möglichst genau kennen zu lernen, mehr noch durch die Erörterung

---

[1] Vgl. Probst, Lehre und Gebet; besonders § 19 und 20. „Der Mittelpunkt des christlichen Cultus, die Eucharistie, fordert, daß in ihm der Kern und die Quintessenz der christlichen Lehre verkörpert werde; denn die Idee erhält im Cult äußere Gestalt" (S. 57). Beispielsweise sei an die Oration am Feste der unbefleckten Empfängniß der allerseligsten Jungfrau erinnert, in welcher das Dogma den kürzesten und deutlichsten Ausdruck erhalten hat.

[2] Geschichte des hl. Paulinus von Nola. Mainz, Kirchheim. 1882. S. 91.

[3] Vgl. Buse, Paulin von Nola I. S. 138. Zu beachten ist, daß derselbe Bischof Delphin von Bordeaur auf dem Concil von Saragossa 385 gegen die Priscillianisten den Vorsitz führte. Konnte er dem Prudentius unbekannt bleiben?

derselben auf der Kanzel und im gesellschaftlichen Leben, als durch Schriften. Die vorhergehenden Untersuchungen über die polemischen Schriften des Prudentius zeigten uns den Dichter mitten in den Wirren des Priscillianismus. Werden wir daher seine dogmatische Bestimmtheit nicht ähnlich wie die Paulins zunächst auf die theologischen Erörterungen mit seinen bischöflichen und priesterlichen Freunden zurückzuführen haben? Wir wissen zudem, daß die priscillianistische Bewegung theologische Streitschriften hervorrief, ehe Prudentius auf den Kampfplatz trat. Dieselben sind verloren gegangen, aber die Nachrichten darüber zeigen ihre Verwandtschaft mit den Dichtungen des Prudentius. Zunächst ist dieß ein Buch des Bischofs Olympius, von welchem Gennadius berichtet[1]: „Olympius, von Geburt ein Spanier, schrieb ein Buch über den Glauben gegen diejenigen, welche die Natur und nicht den freien Willen anklagen, indem er zeigt, daß das Böse nicht durch die Schöpfung, sondern durch den Ungehorsam in die Natur (des Menschen) gekommen sei" (ostendens non creatione, sed inobedientia insertum malum). Die Zeit des Olympius ist ungewiß, sein Bischofssitz unermittelt. Für uns ist es ziemlich gleichgültig, ob seine Schrift zwischen 330—340 oder in den Jahren 380—400 entstanden ist. Vollkommen genügend ist, daß die Schrift zur Zeit des hl. Augustin noch existirte, der aus ihr lobend gegen Julian[2] von Eklanum ein Zeugniß für die Erbsünde citirt: „Olympius, ein spanischer Bischof, ein Mann von großem Ruhme in der Kirche und in Christus, sagt in einer kirchlichen Abhandlung (in quodam sermone ecclesiastico): ,Wenn der Glaube je unversehrt geblieben wäre und seinen bestimmten Pfad verfolgt hätte, welchen er, trotzdem er vorgezeichnet war, verlassen hat, so hätte nie die todbringende Uebertretung des ersten Menschen sich in dem Geschlechte fortgepflanzt, so daß von da an die Sünde mit dem Menschen geboren wurde.'" — „Von allen Seiten wird zugegeben," sagt Gams a. a. O., „daß seine Schrift gegen die Manichäer (d. h. gegen die Priscillianisten) gerichtet war." Wenn nun diese in Spanien berühmte und gegen die Priscillianisten gerichtete Schrift mit der Dichtung „Hamartigenie" von Prudentius bezüglich des Gegenstandes durchaus übereinstimmt, wie die Angabe des Gennadius und Augustins zeigen, so können wir nicht bloß annehmen, sondern müssen behaupten, daß Prudentius sie gekannt und benützt habe.

Das Zeugniß des Gennadius läßt uns mit ähnlichem Rechte einen Gewährsmann für Prudentius in dem Bischofe Audentius von Toledo vermuthen. Von diesem Zeitgenossen des Dichters berichtet er[3]: „Audentius,

---

[1] De vir. ill. cap. 23. Vgl. Gams, Kirchengeschichte von Spanien. II. 1. S. 363 f. [2] c. Iulian. l. I. c. 8 (Migne t. 44. col. 644 sq.). [3] De vir. ill. c. 14. Das vorhergehende Kapitel handelt über Prudentius. Vgl. Gams, Kirchengeschichte von Spanien. II. 1. S. 455. Wenn die Vermuthung

ein spanischer Bischof, schrieb gegen die Manichäer, Sabellianer und Arianer, am meisten aber und mit besonderer Intention gegen die Photinianer, die jetzt Bonosianer heißen, ein Buch mit dem Titel ‚Vom Glauben wider die Häretiker‘, worin er zeigt, daß der Sohn Gottes ewig wie der Vater sei und daß er den Anfang seiner Gottheit nicht damals von Gott dem Vater erhalten habe, da aus Maria, der Jungfrau, durch Gottes Schöpferkraft der Mensch Christus empfangen und geboren wurde" (...nec initium deitatis tunc a deo patre accepisse, quum de Maria virgine homo deo fabricante conceptus et natus est). Was die Inhaltsangabe der Schrift betrifft, so deckt sie sich mit dem Thema der Apotheosis. Die Manichäer und Sabellianer sind in dem Sinne zu verstehen, wie oben bei Prudentius in der Apotheosis gezeigt wurde. Die Erwähnung des Arius und Photin aber stimmt in der auf= fallendsten Weise mit den Worten des Prudentius (Psych. 794) überein:

> Hac sese occultant Photinus et Arrius arte
> Immanes feritate lupi [1].

Hier wird das einzige Mal in den gegen die Priscillianisten ge= richteten Dichtungen dieser Häretiker Erwähnung gethan. Warum nennt Prudentius gerade diese beiden als versteckt unter der Maske des Priscil= lianismus? Weil er die vorzüglich gegen die Photinianer gerichtete Schrift des Audentius gegen die Priscillianisten benützt hat. Ich wage dieß um so mehr zu behaupten, als unten (Theil II. Kap. 3) in der Lehre des Dichters über die Trinität die eigenthümlich hervortretende Bezugnahme auf Photins System zur Sprache kommen wird.

Ob zwischen den Werken des Dichters und den Schriften des Mön= ches Bachiarius ein innerer Zusammenhang obwaltet, läßt sich nicht entscheiden. Daß er als Zeitgenosse des Dichters in Spanien gelebt und seine Schriften in der Absicht verfaßt hat, sich von dem Verdachte des Priscillianismus zu reinigen [2], wird durch die Anklänge an Prudentius bestätigt. Wiederholt werden wir in der Theologie des Dichters dieß nachzuweisen haben.

---

von Gams (S. 369) richtig ist — und es läßt sich kaum etwas dagegen sagen — so haben wir in dem Bischof Aurentius auf der Synode von Saragossa (380) diesen Audentius zu verstehen.

*) [1] Man kann kaum zweifeln, daß die Stelle im Dittochäon V. 71, wo die Häresie mit Anspielung auf die Zeitverhältnisse mit den Füchsen des Simson (callida vulpes) verglichen wird, mit diesen Worten innerlich zusammenhänge.

[2] Vgl. Prolegomena ad Bachiar. in Bibl. vet. patr. Galland. t. IX (Migne tom. 20. col. 1015 sq.). Gams, Kirchengeschichte von Spanien. II. 1. S. 411 f. Daß Bachiarius vor der pelagianischen Häresie geschrieben, die er nicht, wie Gams vermuthet, andeutet, hat Ceillier (Histoire générale des auteurs sacrés etc. Paris 1740. t. X. p. 533) dargethan.

Wie Prudentius in seinen polemischen Dichtungen sich an bestimmte
Specialschriften seiner Zeit anlehnen konnte, so hat er für die apologeti=
schen Bücher gegen Symmachus anerkanntermaßen Ambrosius zum
Gewährsmann gehabt. Das Nöthige hierüber wurde im dritten Kapitel
mitgetheilt. Hier handelt es sich nur darum, ob und in wie weit der
Dichter die schriftlichen Leistungen des heiligen Bischofs von Mailand
überhaupt zu seiner theologischen Bildung benützt hat. Die Wahrschein=
lichkeit hiervon spricht auch Brockhaus (a. a. O. S. 204) aus, „nament=
lich in ethischen und praktisch kirchlichen Fragen, so in der Verherrlichung
der Martyrer, der Jungfräulichkeit wie der Ascese überhaupt, namentlich
auch in der Benützung biblischer Gestalten und Vorgänge zu ethischen
Zwecken". In den genannten ascetischen Punkten haben wir nun aller=
dings nicht nöthig, den Dichter als Schüler des Ambrosius zu betrachten.
Die von Ambrosius und Prudentius hierüber ausgesprochenen Ansichten
waren Gemeingut der Kirche, welches sie von den Aposteln ererbt hatte.
Dagegen möchten wir allerdings behaupten, daß Prudentius in der Dar=
legung der Glaubenswahrheiten mit keinem Kirchenvater oder Schrift=
steller größere Aehnlichkeit hat als mit Ambrosius, und daß der Grund
hiervon beim Dichter in der Lectüre der ambrosianischen Schriften zu
suchen sei. Die persönlichen Verhältnisse des Dichters lassen
uns dieß zunächst als selbstverständlich erwarten. Das innige Verhältniß
zwischen Ambrosius und Theodosius ist bekannt. Die ganz einzige Autorität
des großen Bischofs bekundet das Wort des Kaisers: „Nur Einen kenne
ich, der würdig ist, Bischof zu sein, nämlich Ambrosius." [1] Wie sehr
Ambrosius aber den Theodosius liebte und schätzte, sehen wir in der
Trauerrede des Heiligen auf den Kaiser [2]. Ist es nun möglich, daß
Prudentius als Vertrauter des Theodosius mit seiner Ergebenheit für das
kaiserliche Haus nicht auch mit Ambrosius in engere Beziehung trat und
seinen Schriften besondere Aufmerksamkeit schenkte? Hat Prudentius
ferner die Schrift des Ambrosius gegen Symmachus gekannt und benützt,
so dürfte er doch wohl auch mit den übrigen Schriften desselben sich gern
und eingehend beschäftigt haben. Was wir in Folge dieser Erwägung
erwarten, sehen wir beim Studium der prudentianischen Dichtungen be=
stätigt. Die Liebe zur allegorischen Schriftauslegung ist beiden gemein=
sam. Der Versuch, ein System der Theologie des Prudentius aufzu=
stellen, führt, wie dieß im zweiten Theile sich klar ergeben wird, ungefähr
zu demselben Resultate wie bei Ambrosius. Bereits in den vorhergehenden
Untersuchungen mußte wiederholt auf Ambrosius verwiesen werden. Auch
die Milde des Dichters in der Bekämpfung der Priscillianisten dürfte

---

[1] „Episcopum vidi neminem praeter Ambrosium." Theod. Hist. l. V. c. 17.
[2] Oratio de obitu Theodosii M. (Migne t. 16. col. 1385 sq.)

neben dem Charakter des Prudentius die Stellung des hl. Ambrosius gegenüber diesen häretischen Wirren zur Veranlassung haben.

Dürfen wir, auf äußere und innere Gründe gestützt, neben Ambrosius noch einen heiligen Vater annehmen, dessen Schriften auf Prudentius Einfluß geübt haben, so ist es Cyprian. Das Lob, welches der Dichter diesem Martyrerbischofe gerade wegen seiner Thätigkeit als Lehrer (vgl. oben S. 160) spendet, läßt sich kaum denken ohne die Voraussetzung: Prudentius ist mit den Schriften Cyprians wohl vertraut gewesen.

> Dum genus esse hominum Christus sinet et vigere mundum,
> Dum liber ullus erit, dum scrinia sacra literarum,
> ✓ *Te leget omnis amans Christum*, tua, Cypriane, discet. (Perist. XIII, 6.)

Diese Worte des von Liebe zu Christus erfüllten Dichters besagen doch nichts anderes als: Auch ich lese deine Schriften und lerne aus denselben. Ueber die große Verehrung, welche der hl. Cyprian in Spanien genoß, war gleichfalls oben die Rede. Daneben mögen zur Bestätigung unserer Meinung hier die Worte des hl. Pacian von Barcelona erwähnt werden. Allein auf „die Autorität dieses Martyrers und Lehrers" [1] gestützt, widerlegt er den Novatianer Sympronian. „Cypriani epistolas," frägt er ihn (ep. 2), „mihi placere miraris? Quid ni beati martyris et catholici sacerdotis?" Noch stärker ist die Aufforderung (ep. 3. n. 48): „Lege diligentius Cyprianum meum; lege totam ‚de lapsis' epistolam; Cyprianum loquor vestra oppugnantem et catholica iura retinentem." Diese Worte zeigen, wie verbreitet das Studium Cyprians in Spanien war, und stimmen genau mit dem obigen Citate aus Prudentius überein. Die Worte, welche Pacian auf jene Aufforderung zur Lectüre Cyprians folgen läßt, führen uns zu der Frage, ob Prudentius von Tertullian abhängig sei. „Tertullianum," sagt er nämlich, „post haeresim (nam multa inde sumpsistis) ipsum epistola sua et ea ipsa, quam catholicus edidit, audies confitentem, posse ecclesiam peccata dimittere." Gibt dieses Zeugniß für die Verbreitung der Schriften Tertullians in der Heimath des Prudentius genügenden Grund zu der Annahme, daß der Dichter sich an diesen Schriftsteller angelehnt habe? Von vornherein wird man das Gegentheil folgern müssen. Pacian unterscheidet den katholischen Tertullian von dem häretischen. Gerade die Schriften Tertullians aus der montanistischen Periode wurden nach Pacians Worten von den Novatianern in Spanien benützt; ja Pacian redet sogar den Sympronian an: „Auf deinen ersten Brief hin hielt ich dich für einen Kataphrygier" [2], setzt also die Existenz von Monta-

---

[1] *S. Paciani* ep. I. (Mlgne t. 13. col. 1054.)

[2] „Quum primum scripseras Cataphrygen putabam." Ep. II. 3. Cfr. I. 1. 2. 3.

niſten in Spanien voraus. Stellen wir uns nun Prudentius vor mit
ſeiner glühenden Begeiſterung für die Reinheit des Glaubens, ſeiner An=
hänglichkeit an Rom, ſeinem Abſcheu vor der Häreſie, die im erſten Ka=
pitel des zweiten Theiles zur Sprache kommen werden! Können wir
dann wohl ohne die zwingendſten Gründe glauben, der Dichter habe
Tertullian mit Vorliebe benützt? Brockhaus (a. a. O. S. 203) hat
dieß behauptet; er ſagt: „Von einer Theologie des Prudentius als einer
ſeinem Geiſte angehörigen, zuſammenhängenden Anſchauungsweiſe kann
nicht die Rede ſein; in dem Punkte gleicht er völlig ſeinem Zeitgenoſſen
Ambroſius, deſſen theologiſche Anſchauungen und Argumente in der Haupt=
ſache ſeinen Vorgängern und Zeitgenoſſen entlehnt waren, ſo originell
und bedeutſam die Erſcheinung deſſelben auch ſonſt iſt. Einmal beherrſcht
(den) Prudentius die orthodoxe nicäniſche Theologie, der er ſich ohne
Rückhalt hingibt, ſodann aber namentlich jener merkwürdige
Theolog, der, bis Auguſtins gewaltiger Genius ihn ablöst,
die dogmatiſchen Anſchauungen des Abendlandes beherrſcht:
Tertullian.“ Das ganze achte Kapitel, wohl das ſchwächſte in der
Brockhaus'ſchen Arbeit, iſt vorzugsweiſe dem Nachweiſe dieſer Behauptung
gewidmet. Ebert hat dieſe Behauptung auch als gut bewieſen ohne
Weiteres in ſein vielgeleſenes und ſchönes Werk aufgenommen[1], ſo daß
der Satz: „Prudentius iſt auf's Innigſte mit Tertullian verwandt“, Aus=
ſicht haben dürfte, Gemeingut der wiſſenſchaftlich Gebildeten zu werden.
Deſto entſchiedener müſſen wir hier dieſe Behauptung als durch=
aus unbegründet zurückweiſen. Schon der bereits angeführte Grund,
die Meinung, welche man nach Pacian vor dem Auftreten des Prudentius
in Spanien über den Häretiker Tertullian hegte, genügt, um die Brock=
haus'ſche Behauptung als durchaus unwahrſcheinlich hinzuſtellen. Man
bedenke doch, daß die Zeitgenoſſen des Prudentius, Hilarius, Vincenz von
Lerin und Hieronymus, ebenſo wie Pacian die häretiſche Verirrung Ter=
tullians brandmarken[2]. Nun ſoll der katholiſche Prudentius gegenüber

---

[1] Geſchichte der chriſtlich=lateiniſchen Literatur. S. 260. 266. Merkwürdiger=
weiſe hat Ebert in der entſchiedenſten Weiſe die Abhängigkeit Cyprians von Ter=
tullian betont (a. a. O. S. 56 f.). Cyprians Buch de bono patientiae iſt nach ihm
„faſt nur ein an das Plagiat ſtreifender Abklatſch“ des tertullianiſchen über den=
ſelben Gegenſtand. Warum ſoll nun Prudentius in der Perſonification der Geduld
gerade von Tertullian und nicht von Cyprian abhängig ſein (S. 277), zumal Ebert
an derſelben Stelle darauf aufmerkſam macht, daß das von Prudentius angewandte
Bild von der Berennung der Seele durch die Laſter unter der Anführung des
Teufels (Ham. 393 sq.) uns ſchon bei Cyprian begegnet? Die Zuverſicht der Be=
hauptungen von Brockhaus hat hier ihre Wirkung gethan.

[2] Hilar. Comment. in Matth. c. 5. Vincent. Common. c. 24. Hieron. contra
Helvid. c. 7: „De Tertulliano nihil amplius dico, quam ecclesiae hominem
non fuisse.“

der Meinung der damaligen Kirche im Kampfe gegen die Irrlehre sich so eng an Tertullian anschließen, daß er nach Brockhaus sogar dessen Irr= thümer theilt. Dieß allein muß genügen, um Bedenken gegen die Brock= haus'sche Beweisführung zu erregen. In der That ist letztere entschieden hinfällig; das „Qui nimium probat, nihil probat" springt klar in die Augen. Was zunächst jene Sätze betrifft, in denen der Dichter mit Ter= tullian wirklich übereinstimmt, so hat die Kritik [1] im Ganzen die richtige Erklärung gegeben. „Es liegt in einigen Stellen allerdings am Tage (?), daß der Rhetor dem Dichter vorgelegen sein muß; auch ist unbestreitbar, daß die Theologie des Prudentius überhaupt keinen Anspruch auf Ori= ginalität erheben kann, aber es scheint uns verfehlt zu sein, sie im Ganzen oder in den wichtigern Stücken gerade auf Tertullian als Quelle zurück= zuführen, und wir glauben, daß die vom Verfasser zu diesem Behufe vorgebrachten Beweise nicht Stand halten. Die theologischen Vorstellungen und Ansichten, die von ihm als tertullianisch bezeichnet werden, waren im christlichen Alterthum meist Gemeingut der theologischen Welt, und Prudentius mußte sie keineswegs einem besondern Schriftsteller entnom= men haben, zumal sie diesem nicht einmal in erster Linie eigen waren. Der Verfasser läßt Prudentius z. B. die Vorstellung der Väter, nach der der λόγος das Substrat der alttestamentlichen Theophanien war, aus Ter= tullian schöpfen, und er schreibt diesem das Verdienst zu, sie angebahnt zu haben (S. 208). Diese Anschauung war bereits von Justin aus= gesprochen (Dial. c. Tryph. n. 127), und sie findet sich bei fast sämmt= lichen Vätern bis zur Zeit Augustins (vgl. Kuhn, Kath. Dogmatik II. S. 12 f.)." Auch die im Anfange dieses Citats zugestandene Anlehnung an Tertullian muß noch mit einem Fragezeichen versehen werden, wenn wir einerseits Tertullians Verhältniß zu Cyprian und außerdem die Lectüre der Schriften Cyprians Seitens des Dichters berücksichtigen. Die Stellen, in denen Prudentius dem Tertullian gefolgt zu sein scheint, sind vielmehr in Cyprian zu suchen. Dabei bewahrheitet sich, was Ebert über die Abhängigkeit Cyprians von Tertullian im Allgemeinen und im Be= sondern in den beiderseitigen Abhandlungen über die Geduld bemerkt [2]. „Ein Vergleich dieser Schrift (de bono patientiae) mit der entsprechen= den Tertullians ist sehr lehrreich; er zeigt recht den Unterschied beider Autoren: bei Cyprian einerseits Mangel eigener Gedanken, andererseits aber eine einfachere, durchsichtigere Disposition, indem er die Tertullians modificirte, und eine klarere, glattere Darstellung." Gerade in dog= matischen Fragen steht Prudentius der Klarheit Cyprians viel näher, als der Dunkelheit Tertullians. Allerdings findet Brockhaus die unklare

---

[1] Tübinger theologische Quartalschrift. Jahrg. 1872. S. 638 f.
[2] A. a. O. S. 56.

Logoslehre Tertullians und dessen Ansicht: der Logos habe wohl von Ewigkeit im Schooße des Vaters geruht, aber erst zum Zwecke der Welt=schöpfung ein persönliches Fürsichsein gewonnen (S. 181 f. 208), bei Prudentius. Doch dieß geschieht aus Liebe zu seiner vorgefaßten Mei=nung. „Wenn diese Vorstellung," sagt die (S. 245) erwähnte Kritik, „über=haupt bei Prudentius anzunehmen ist, so dürfte bei Prüfung seiner Arbeiten doch auch wohl ihr dichterischer Charakter in Betrachtung zu ziehen und nicht einfach der strenge Maßstab der Dogmatik anzulegen sein." Dieser Zweifel, ob Prudentius, mit seiner „rückhaltlosen Hingabe an die nicänische Theologie", „von einer persönlichen Existenz des Sohnes erst bei Erschaffung der Welt spricht"[1], ist nur zu berechtigt. In der Theologie des Dichters (Th. II. Kap. 3) wird sich zeigen, daß wir zur Rechtfertigung des Prudentius gar nicht den immerhin bedenklichen Hin=weis auf den dichterischen Charakter seiner Arbeiten benöthigen.

Auch die Ausführungen des Prudentius über die Entstehung der Sünde in der Hamartigenie, wo er „in einzelnen Gedankengängen bis auf Wort und Bild mit den Anschauungen Tertullians in den fünf Büchern gegen Marcion übereinstimmt"[2], zwingen uns keineswegs, in dem genannten Werke des großen Afrikaners die unmittelbare Vorlage für Pru=dentius zu sehen. Mit gutem Rechte dürfen wir annehmen, daß der oben erwähnte Olympius zu seiner Schrift Tertullians Bücher gegen Marcion benützt habe[3]. Wahrscheinlicher ist daher hierin Prudentius mittelbar durch Olympius ähnlich wie durch Cyprian in Verwandtschaft mit Ter=tullian getreten.

Das schwerste Argument gegen Brockhaus, wodurch zugleich die oben behauptete Wahrscheinlichkeit wesentlich erhöht wird, liegt in den Stellen des Dichters, worin er von Tertullian abweicht, ja dessen Aeußerungen bekämpft. Brockhaus hat diese Stellen unberücksichtigt gelassen. Während Tertullian den Traducianismus in der crassesten Form lehrt[4], be=kämpft Prudentius[5] denselben als Irrlehre. Ebenso entschieden, wie gegen die Fortpflanzung der Seele, spricht der Dichter gegen die Annahme einer Art Körperlichkeit der Seele und der göttlichen Wesenheit, womit der Generatianismus Tertullians in innerem Zusammenhange steht. In

---

[1] Brockhaus a. a. O. S. 208.

[2] Brockhaus a. a. O. S. 209 f.

[3] Uebrigens muß auch Brockhaus bezüglich dieser Anlehnung an die Bücher gegen Marcion die einschränkende Bemerkung machen (S. 209): „ . . . freilich nur so (stimmt Prudentius mit Tertullian überein), daß er die Spitzen der ter=tullianischen Ausführungen benutzt, in der Anlage des Ganzen aber sich frei und eigenthümlich hält." Cfr. *Dressel*, Prudentia carmina. Proleg. p. XII. n. 25.

[4] De anima c. 36 (Migne t. 2. col. 712).

[5] Cfr. Apoth. v. 915 sq.; unten Th. II. Kap 5; Brockhaus a. a. O. S. 185.

einer fast unbegreiflichen Weise sucht nun freilich Brockhaus dem Dichter die tertullianischen unklaren Ideen über die Körperlichkeit Gottes und der Seele zu imputiren [1]. Die Voreingenommenheit für seine Lieblingsidee, in Prudentius den popularisirten und versificirten Tertullian zu sehen, macht dieß erklärlich. Allein die Wissenschaft erhebt gegen eine derartige Beweis= führung Einsprache. Bedenken wir nun, daß die angeführte anthro= pologische Frage die Schriften Tertullians beherrscht, ähnlich wie sie den Dichtungen des Prudentius einen eigenthümlichen Stempel aufdrückt, so kann doch von „einer Beherrschung des Dichters durch Tertullian" wohl keine Rede sein. Auf andere Unterschiede macht Obbarius aufmerksam [2]. Im zweiten Theile: über die Theologie des Dichters, werden wir noch öfter auf diesen Gegenstand zurückkommen müssen. Während also schwer= wiegende Gründe gegen eine Anlehnung des Prudentius an Tertullian (im Brockhaus'schen Sinne) sprechen, läßt sich die Aehnlichkeit und inhalt= liche Uebereinstimmung zwischen beiden Schriftstellern viel leichter anders erklären. Prudentius mag Tertullians Schriften gekannt und gelesen haben; daß er aber in der von Brockhaus behaupteten Weise von Ter= tullian abhängig sei, muß entschieden verneint werden. Nicht zu über= sehen ist hierbei, daß der milde, versöhnliche Geist des Dichters sich un= möglich von dem sarkastischen, hochmüthigen Stile des unglücklichen Häretikers angezogen fühlen konnte.

Der tiefste Grund übrigens der eben widerlegten Ansicht von Brock= haus liegt in dem falschen Begriffe, welchen er über Kirche und Dogmen= geschichte hegt. Seine ganze Untersuchung über den theologischen Stand= punkt hat den Zweck: „uns darüber klar zu machen, ob überhaupt eine Theologie des Prudentius, d. h. eine eigenthümliche Auffassung und Fort= bildung der christlichen Lehre, bei unserem Dichter existirt, oder ob er in diesem Punkte nur die herrschenden Meinungen seiner Zeit reproducirt und an die anerkannten Autoritäten der Kirchenlehrer sich anlehnt" (S. 175). Das Resultat der Untersuchung ist: „daß sich von einer eigenthümlichen Theologie des Prudentius strenggenommen nicht reden läßt, um so mehr von einer eigenthümlichen Darstellung der Theologie" (S. 217). Gegründet ist aber dieses Resultat auf den versuchten Nach= weis der totalen Abhängigkeit des Prudentius von Tertullian. Allein diese „eigenthümliche Theologie", welche Brockhaus beim Dichter vergeblich sucht, setzt eben das Princip der freien Forschung voraus, wonach sich „die Dogmenbildung unmittelbar zwischen Gott und dem Einzelnen, ohne das Dazwischentreten eines Mittelgliedes (der Kirche) vollzieht" [3]. Das

---

[1] Vgl. unten Th. II. Kap. 3.   [2] Prud. carmina. Proleg. p. V. n. 16.
[3] Schäzler, Die Bedeutung der Dogmengeschichte vom katholischen Stand= punkte aus erörtert. Herausgegeben von Fr. Thomas Esser Ord. Praed. Regens= burg 1884. S. 1.

großartige wunderbare Walten des heiligen Geistes, welcher die Kirche
nach göttlicher Verheißung in alle Wahrheit einführt, wird von diesem
Standpunkte zu einem Kampfe einzelner Personen und ihrer theologischen
Sondermeinungen begrabirt. Concret stellt sich hiernach der Sieg der
Wahrheit über den Irrthum im Trinitätsdogma z. B. so dar: „In die
vornicänischen Differenzen über die Stellung des Sohnes zu Gott dem
Vater . . . setzte die große Controverse des Athanasius und Arius
ein, die, bald in Compromißversuchen vermittelnder Parteien scheinbar
zusammengeschmolzen, in ihren extremsten Consequenzen auseinandergehend,
die gesammte Kirche durchwühlte und, nachdem in unermüdlicher Geistes=
arbeit das Problem durchgearbeitet war, mit dem Siege des Atha=
nasius und der Feststellung der orthodoxen Trinitätslehre endete.“ [1]
Von diesem Standpunkte aus kann man auch von „athanasianischem
Lehrbegriff“ und vom „Siege des Augustinismus“ [2] reden und darunter
Lehre und Sieg der Kirche verstehen. Darnach soll man sich auch Pru=
dentius vorstellen, wie er, im Begriffe, die Wahrheit zu vertheidigen, sich
erst ein System des Christenthums ausdenkt, oder, sei es aus Unfähigkeit
hierzu, sei es, um sich die Mühe zu erleichtern, nach Tertullian greift
und in seinem Studierzimmer den Tertullianismus in Verse bringt.
Allein diese Anschauungsweise ist ein großartiger Anachronismus. Der
Protestantismus überträgt hierbei die Theorie der sogenannten Refor=
matoren des 16. Jahrhunderts auf das Alterthum. Die Kirche erkennt
aber ebenso wenig eine Controverse zwischen Athanasius und Arius an,
als sie Luthers und Calvins Theorien das Recht eingeräumt hat, mit der
Wahrheit um die Palme zu streiten. Ihr sind Arius wie Luther Irr=
lehrer, die nicht gegen Athanasius und gegen Eck gekämpft, sondern der
Kirche den Gehorsam aufgekündigt haben. Athanasius wie Augustinus
wollen als Vorkämpfer der Wahrheit nichts von dem Siege ihres Sy=
stems wissen, sondern der letztere mahnt vielmehr: „Quae vera esse
perspexeris tene et *ecclesiae catholicae tribue*, quae falsa respue et
mihi, qui homo sum, ignosce.“ [3] Mit dem hl. Augustinus aber drückt
sein größter Interpret, der hl. Thomas [4], die Wahrheit also aus: „et ipsa
doctrina catholicorum doctorum ab ecclesia auctoritatem habet;
ideo magis standum est auctoritati ecclesiae, quam auctoritati vel
Augustini vel Hieronymi vel cuiuscunque doctoris.“ Das war auch

---

[1] Brockhaus a. a. O. S. 6.   [2] Ebenda S. 7. 174. 207.
[3] De versa relig. c. 10. n. 20. Cfr. *Tertull.* de praescr. haeret. c. 6:
„Apostolos Domini habemus auctores, qui nec ipsi quidquam ex suo arbitrio,
quod inducerent, elegerunt, sed acceptam a Christo disciplinam fideliter nationi-
bus assignaverunt.“
[4] Summa th. II. II. qu. 10 a. 12. Vgl. Schwane, Dogmengeschichte der
vornicänischen Zeit. S. 659.

die Ueberzeugung des katholischen Prudentius. Die Lehre der Kirche und ihre Theologie hat er in seinen Dichtungen vertheidigen wollen. Dabei hat er Schriftsteller benützt, die er vom kirchlichen Geiste durch= drungen glaubte. Sollte er auch Tertullian zu Rathe gezogen haben, was wir, wie gesagt, an sich nicht in Abrede stellen, so hat er in ihm mit Pacian den Katholiken vom Häretiker unterschieden. Es ist ihm aber nicht in den Sinn gekommen, ein neues Lehrsystem als „Theologie des Prudentius" erfinden und so die kirchliche Lehre fortbilden zu wollen. „Auf Originalität und selbständige Forschung" in diesem Sinne muß er, wie Ambrosius und jeder Katholik, verzichten. „Er ist (wie Ambrosius) durchaus und will auch ·nur sein der Mann der traditionellen Schule (der Kirche), voll Pietät gegen das kirchliche Dogma, welches er als die Voraussetzung seines Denkens und Lehrens annahm und nach Kräften polemisch und apologetisch vertheidigte, ohne es doch von Neuem selbständig und originell zu begründen."[1] Hiermit steht aber eine solche Abhängigkeit von Tertullian, wie sie Brockhaus nach= weisen will, im Widerspruch. Zur Zeit des Prudentius nämlich wäre eine solche ohne Verletzung der Pietät gegen die Kirche nicht mög= lich gewesen.

Durch den Hinweis auf Tertullian löst Brockhaus (a. a. O. S. 204) auch die Frage, ob Prudentius die Schriften des hl. Augustin benützt habe. „Wie die Gedanken Tertullians, so treten uns auch gewisse An= schauungen Augustins in den Erörterungen des Prudentius entgegen, namentlich in der Frage über die Entstehung des Bösen, wie sie in der Hamartigenie behandelt ist, und über die reale Leiblichkeit Christi am Schlusse der Apotheosis. Middeldorpf macht darauf aufmerksam, daß eine Reihe von Argumenten, die Augustin in seiner Polemik gegen die Manichäer verwendet, auch in Prudentius' Gedichten schon zu finden sind. Eine Benutzung der einschlagenden Schriften des Augustin Seitens des Prudentius wäre der Zeit nach allenfalls möglich, auf der andern Seite auch eine Bekanntschaft des prudentianischen Gedichts Seitens des Au= gustinus; doch ist für eine Verwandtschaft der beiderseitigen Argumente in dieser Frage eine Berührung beider Männer mit Tertullian, der dieselbe Lehre behandelt, die wahr= scheinlichere Erklärung." In der Ansicht, daß die Verwandtschaft

---

[1] Förster, Ambrosius von Mailand S. 123. Die Darstellung des ambro= sianischen Lehrsystems von Förster, welche die des prudentianischen von Brockhaus bei weitem an Gründlichkeit übertrifft, ist gleichfalls vom Standpunkte der specifisch protestantischen Auffassung der Dogmengeschichte geschrieben, welche nun einmal von vornherein eine richtige Beurtheilung der katholischen Väter unmöglich macht. Die Schlußworte des obigen Citates erhalten vom katholischen Standpunkte einen andern Sinn als vom protestantischen.

des Prudentius mit dem hl. Augustinus wahrscheinlicher mittelbar zu
Stande gekommen ist, dürfte Brockhaus Recht haben. Wenn wir den
Verkehr des heiligen Kirchenlehrers mit dem hl. Paulinus[1] und über=
haupt den wissenschaftlichen Gedankenaustausch jener Zeit[2] erwägen, so
kommen wir freilich leicht auf den Gedanken, auch in Spanien seien vor
dem Jahre 400 die bis dahin erschienenen Schriften des hl. Augustin
wahrscheinlich verbreitet gewesen. Allein was wir aus dem Leben des
Orosius wissen[3], zeigt, daß der hl. Augustinus erst nach 410 mit den
Verhältnissen in Spanien näher bekannt wurde, und daß im ersten Jahr=
zehnt des fünften Jahrhunderts seine Schriften dort kaum in weitern
Kreisen verbreitet waren. Prudentius hat somit die Werke des heiligen
Bischofs von Hippo wahrscheinlich nicht kennen gelernt. Noch unwahr=
scheinlicher ist, daß der hl. Augustin sich mit Prudentius' Dichtungen be=
schäftigt habe. Wie im nächsten Kapitel gezeigt werden wird, scheinen
des Dichters Werke bei Lebzeiten des hl. Augustinus außerhalb Spanien
nicht bekannt geworden zu sein. Somit sehen wir uns mit Recht nach
einem Vermittler zwischen Prudentius und Augustinus um. Nach dem,
was oben über den Bischof Olympius und dessen Schrift gesagt wurde,
können wir kaum an eine andere Vermittlung denken, als durch diesen.
Olympius nämlich hat gegen die Manichäer (Priscillianisten) über den
Ursprung der Sünde geschrieben, und Augustinus hat nach eigenem Zeug=
nisse seine Schriften benützt. Wenn nun gerade in der Frage nach der
Entstehung des Bösen Prudentius mit Augustinus übereinstimmt, und
wenn Prudentius aller Wahrscheinlichkeit nach die Schrift des Olympius
gekannt hat, so können wir doch über den Ursprung der Verwandtschaft
zwischen Augustinus und Prudentius kaum im Zweifel sein. Durch das
Gesagte ist zum Theil auch bereits die Frage beantwortet, welche Ebert[4]
über die Beziehung des Dichters zu Augustinus aufgeworfen hat. „In
dem Preise des Friedens," sagt er, „zeigt Prudentius (Psych. v. 769 sq.)
eine noch nicht beachtete und doch sehr beachtenswerthe Uebereinstimmung
mit Augustinus im neunzehnten Buche seiner Civitas Dei. Hat hier der
letztere sich der Dichterworte erinnert? Denn Prudentius hat dieses Buch
wohl keinesfalls mehr benützen können." — „Wäre eine so späte Ab=
fassung der Psychomachie denkbar, daß Prudentius dieß neunzehnte Buch
der Civitas Dei hätte benützen können, so wäre daran nicht zu zweifeln (?).

---

[1] Vgl. Buse, Paulin von Nola. I. 270 f.

[2] Vgl. Sulpicii Sever. dial. I. n. 8. Postumian sagt bei seiner Rückkehr
aus dem Orient zu seinen Freunden in Gallien über Hieronymus: „Miror, si non
et vobis per multa quae scripsit opera compertus est, cum per totum orbem
legatur."

[3] Gams, Kirchengeschichte von Spanien. II. 1. S. 398 f.

[4] Geschichte der christlich=lateinischen Literatur. S. 276.

Aber man müßte dann annehmen, er hätte das Werk hoch in den Siebzigen gedichtet; oder könnte das Buch der Civitas Dei früher, als man heute annimmt, erschienen sein? Die Erörterung dieser nicht unwichtigen Frage muß jedenfalls einer Specialuntersuchung überlassen bleiben." Auf die Untersuchungen über das Leben des Dichters gestützt, dürfen wir die zuletzt aufgestellten beiden Möglichkeiten einfach abweisen. Ueberhaupt aber können wir in der angeführten Uebereinstimmung keinen Grund finden, der oben behaupteten Ansicht entgegen eine directe Abhängigkeit zwischen Augustinus und Prudentius anzunehmen. Man vergleiche die bezüglichen Stellen! Prudentius läßt die personificirte Concordia sagen (Psych. 762. 769 sq.):

> Quod sapimus, coniungat amor: quod vivimus, uno
> Conspiret studio: nil dissociabile firmum est. ...
> ... Pax plenum virtutis opus, pax summa laborum,
> Pax belli exacti pretium est pretiumque pericli:
> Sidera pace vigent, consistunt terrea pace.
> Nil placitum sine pace Deo. ...

Aus der Civitas Dei (l. XIX c. 10 sq.) hebt Ebert besonders folgende Stelle aus: „Ibi (sc. in vita aeterna) virtutes, non contra ulla vitia vel mala quaecunque certantes sed habentes victoriae praemium, aeternam pacem, quam nullus adversarius inquietat (c. 10). Unde pacem constat belli esse optabilem finem (c. 12). Pax animae rationalis ordinata cognitionis actionisque consensio" (c. 13). Die Gedanken stimmen insoweit überein, als in beiden Stellen das Lob des Friedens verkündet wird. Allein es handelt sich um Ge= danken, die den Christen, um nicht zu sagen den Menschen allezeit geläufig waren [1]. Sollen dergleichen Stellen eine gegenseitige Abhängigkeit begrün= den, so verlangt man wenigstens theilweise wörtliche Uebereinstim= mung. Wäre nun auch diese vorhanden, so bliebe es immer noch ge= wagt, auf Grund dieser einzigen Stelle in einem Werke wie die Civitas Dei die Abhängigkeit im Sinne Eberts zu behaupten. Aber auch der Zusammenhang verdient Beachtung. Derselbe ist bei Augustinus ein anderer, als bei Prudentius. Ersterer spricht von dem Frieden, welcher die Bürger der Stadt Gottes bereinst als die Fülle alles Glückes beseligen wird; letzterer wünscht zunächst den Frieden, welcher durch die pris= cillianistischen Kämpfe gestört worden war, in seiner Heimath wieder= hergestellt zu sehen. Erst im weiteren Verlaufe schildert er unter dem Bilde der im Frieden geeinten Christenheit das himmlische Jerusalem (vgl. oben S. 221). Die beiläufige, inhaltliche Uebereinstimmung beider

---

[1] Vgl. Lämmer, Coelestis urbs Ierusalem. Freiburg 1866. S. 25 f. Man denke an die Katakombeninschriften und an die alten Liturgien.

Stellen genügt somit in keiner Weise, um Prudentius und Augustinus in gegenseitige unmittelbare Beziehung zu setzen.

Daß unser Dichter den hl. Paulin von Nola gekannt habe, kann mit Rücksicht auf Zeit und Ort des Aufenthaltes beider nicht zweifelhaft sein. Paulin ließ sich wahrscheinlich 389 taufen und nahm während der letzten Jahre des Theodosius seinen Aufenthalt „im tarraconensischen Spanien auf den Villen, die er dort bei den volkreichen Städten Barce= lona, Tarragona und Saragossa besaß" [1]. Paulin stand mit Ambrosius in der freundschaftlichsten Beziehung [2]; es ist deßhalb kaum denkbar, daß Prudentius im Verkehre mit Ambrosius nicht auf Paulin aufmerksam gemacht worden sei. Buse meint allerdings [3]: „Sie (Prudentius und Paulinus) scheinen sich nicht gekannt zu haben." Allein dieß kann wirk= lich nur so scheinen. Des Prudentius gänzliche Zurückgezogenheit er= klärt es, daß er von Paulin ebenso wenig wie von einem seiner Zeit= genossen erwähnt wird. Wenn Prudentius aber selbst den Namen des Ambrosius nicht in seine Gedichte aufgenommen hat, so kann uns die Nichterwähnung Paulins nicht Wunder nehmen. Uebrigens ist es mög= lich, daß Prudentius unter der Familie der Pauline, die er unter den zum Christenthum bekehrten Senatorenfamilien aufzählt (c. Sym. I, 558), Paulinus von Nola meint [4]. Ob und wie weit aber Paulinus auf Prudentius und seine Bildung Einfluß gehabt habe, läßt sich nicht entscheiden.

Was wir im Eingange dieses Kapitels andeuteten, müssen wir zum Schluß dieser Untersuchung als Ueberzeugung aussprechen: **Die theo= logische Bildung des Prudentius ist weniger die Frucht eingehender bedeutender Studien, als das Spiegelbild der kirchlichen Lehre, die im öffentlichen Gottesdienste und im Privatverkehre zum Ausdrucke kam.**

---

[1] Buse, Paulin von Nola. I. S. 148.

[2] An Alypius schreibt Paulin (ep. 3. n. 4. Migne t. 61. col. 161 sq.): „. . . fateor me curiosius velle, ut omni parte te noverim, quo magis gratuler, si a suscipiendo mihi *patre nostro Ambrosio* vel ad fidem invitatus es vel ad sacerdotium consecratus, ut eundem ambo videamur habere autorem." Vgl. Buse a. a. O. I. S. 209.

[3] A. a. O. I. S. 183.   [4] Buse a. a. O. I. S. 146.

Fünftes Kapitel.

Das Leben des Prudentius in der Geschichte.

Als sich Paulinus um 390 nach Spanien in die Einsamkeit zurück=
gezogen hatte, machte ihm Ausonius herbe Vorwürfe. In vier poetischen
Episteln spricht sich Ausonius an mehreren Stellen unwillig über „die
vasconischen Wälder, die rohen Dörfer Spaniens und das eisige Land
der Pyrenäen" aus, welche Paulin zum Aufenthalte erwählt hatte. Na=
mentlich erwähnt er Bilbilis und Calagurris[1], wo Paulin am Ab=
hange starrender Felsen sich vergrabe. Die Worte des vom Christen=
thume kaum angehauchten, schöngeistigen Ausonius sind allerdings über=
trieben. Die Antwort des hl. Paulinus indeß bestätigt wenigstens, daß
Calagurris wirklich einem Herzen entsprach, das Einsamkeit und Ver=
borgenheit liebte. Prudentius hat daher dort gefunden, was er gesucht:
er war verborgen und blieb verborgen. Das beweist und erklärt zugleich
das Schweigen seiner Zeitgenossen über ihn, das sich fast auf das ganze
fünfte Jahrhundert ausdehnt. Prudentius hat sich wie kein zweiter
Dichter des christlichen Alterthums durch seine Werke verewigt; aber sein
Fortleben in der Geschichte kann wie die Kirche mit dem Senfkörnlein
des Evangeliums verglichen werden. Prudentius verschwindet geradezu,
was Nachruhm anbelangt, neben Paulinus in dem Jahrhunderte, welches
dem irdischen Leben beider folgte. Heute gilt sein Name in der ganzen
christlichen Welt als der des größten lateinischen Dichters aus der Zeit

---

[1] „Ergo meum patriaeque decus columenque senatus Bilbilis, aut sco-
pulis haerens *Calagurris* habebit?" Ep. 25 (al. 24. Migne t. 19. col. 934).
Die Antwort und Vertheidigung dieser Gegend von Spanien gab Paulin im
zehnten und elften seiner Carmina (Migne t. 61. col. 453 sq.).

> Nam quod in aversis habitacula ponis Hiberis
> Urbibus et deserta tuo legis oppida versu
> Montanamque mihi *Calagurrim* et Bilbilim acutis
> Pendentem scopulis collemque iacentem Ilerdae
> Exprobras, velut his habitem laris exul et urbis
> Extra hominum tecta atque vias: an credis Hiberae
> Has telluris opes, Hispani nescius orbis,
> Quo gravis ille poli sub pondere constitit Atlas
> Ultima nunc eius mons portio metaque terrae
> Discludit bimarem celso qui vertice Calpen?
> Bilbilis huic tantum, *Calagurris*, *Ilerda* notatur
> *Caesarea* est *Augusta* cui, cui Barcino amoena
> Et capite insigni despectans Tarraco pontum.　(Carm. X. v. 221.)

Vgl. Buse, Paulin von Nola. I. S. 171 f. Lagrange, Geschichte des
hl. Paulinus. S. 24. 121 f.

der Kirchenväter. Es ist interessant, das Fortleben des Prudentius in seinem Wachsthume von Jahrhundert zu Jahrhundert zu verfolgen.

Bei den Koryphäen unter seinen Zeitgenossen, bei Ambrosius, Hieronymus, Augustinus suchen wir, wie gesagt, seinen Namen vergebens. Im Schriftstellerkatalog des hl. Hieronymus, der 393 abgefaßt wurde, fehlt sein Name: eine Bestätigung der im ersten Kapitel erwiesenen Behauptung, daß Prudentius um diese Zeit seine Dichterlaufbahn noch nicht begonnen hatte. Dem Scharfblicke des Hieronymus wäre er andernfalls kaum entgangen. Leo d. Gr. [1] braucht in seinen Reden Ausdrücke, welche an Prudentius erinnern. Es scheint aber gewagt, mit Arevalo (zu Perist. IV, 21) darin „eine ziemlich deutliche Nachahmung (satis clare imitatus videtur Prudentium) des Dichters zu sehen. Das Zeugniß des C. Sollius Apollinaris Sidonius [2] († um 487) über Prudentius dürfte das erste uns aufbewahrte Lob des Dichters mit der Erwähnung seines Namens sein. Er stellt ihn als Dichter mit Horaz auf Eine Stufe [3]. Als er 472 Bischof von Arverna geworden, versuchte er die Martyrer von Gallien zu besingen und nahm sich dabei Prudentius zum Vorbilde. Aus Gallien stammen auch die übrigen Zeugnisse aus jener Zeit über Prudentius. Was Gennadius von Marseille in seiner Fortsetzung des hieronymianischen Schriftstellerkatalogs (Migne t. 58. col. 1068), die wahrscheinlich um 480 verfaßt ist, über ihn sagt, wurde oben mitgetheilt. Der hl. Alcimus Avitus, welcher um 490 Bischof von Vienne wurde, lobt in dem seiner gottgeweihten Schwester Fuscina gewidmeten Werke De consolatoria laude castitatis [4] die Psychomachie des Prudentius:

> Has virtutis opes, haec sic solatia belli
> Describens mentis varias cum corpore pugnas
> Prudenti quondam cecinit Prudentius ore.

Prudentius war somit am Ende des fünften Jahrhunderts wenigstens in Aquitanien ein allgemein bekannter Autor. Als solchen citirt ihn Gregor von Tours (540—594) in seinem gegen 580 verfaßten Werke

---

[1] Sermo 1., cfr. Perist. IV, 21, und Sermo 88, cfr. Perist. II, 437. „Leo M.,“ sagt Arevalo zu letzterer Stelle, „serm. 88. non solum sententiam hanc expressit, sed etiam verba ipsa Prudentii sumpsisse videtur.“

[2] Vgl. Ebert, Geschichte der christlichen lateinischen Literatur. S. 401.

[3] Lib. II. ep. 9 (Migne t. 58. col. 483): „. . . similis scientiae viri hinc Augustinus hinc Varro, hinc Horatius hinc Prudentius lectitabantur.

[4] Migne t. 59. col. 369 sq. Ebert a. a. O. S. 376 f. Arevalo (Proleg. c. 28. Migne t. 59. col. 752) citirt die Verse in folgender Weise:

> Hae virtutis opes, haec sunt solatia belli,
> Quis dubium adversus mentis cum corpore bellum
> Ipsa suos armat clamantis buccina Pauli,
> Quae prudenti olim cecinit Prudentius ore.

De gloria martyrum [1]. Der Zeitgenosse des letztern, der hl. Venantius Fortunatus, der 599 den bischöflichen Stuhl von Poitiers bestieg und bald darauf, im Anfange des siebenten Jahrhunderts, starb, benützt den Namen des Dichters wie Avitus zu dem Wortspiele:

Martyribusque piis sacra haec donaria mittens
Prudens prudenter Prudentius immolat actus [2].

Wenn Männer wie Gregor und Fortunat die Werke des Dichters studirten und zur Lectüre empfahlen, so war denselben der Weg in alle Länder des christlichen Abendlandes geebnet. In Spanien brauchte der Dichter keine Empfehlung. Die Worte des hl. Isidor von Sevilla († 636), welche „den süßen Prudentius auch dann noch der Lectüre empfehlen, wenn Vergil und Horaz, Ovid und Persius, Lucan und Papinius Ueberdruß er= regen" [3], bezeugen nur, daß der Dichter in seinem Vaterlande die gebührende Ehre erhalten hatte. Sicher ertönten damals in den Kirchen von Spanien bereits die Hymnen des Prudentius. Der Protest, welchen die Aufnahme von Hymnen in's kirchliche Officium namentlich in Gallien erfuhr, wird auch der Verbreitung der prudentianischen Hymnen hinderlich gewesen sein. Allein zur Zeit des hl. Isidor war diese Richtung überwunden [4]. Bei der Um= gestaltung, welche das mozarabische Brevier durch den hl. Isidor erhielt, sind zweifelsohne auch prudentianische Hymnen in dasselbe aufgenommen worden. Wann und in welchem Umfange die römische Kirche die Leistungen des Prudentius für ihren Gebrauch adoptirte, läßt sich nicht ermitteln.

Mit der zweiten Hälfte des siebenten Jahrhunderts findet die christ= lich=lateinische Literatur einen ganz neuen fruchtbaren Boden im äußersten Norden des Abendlandes [5]. Im Süden dagegen erstirbt alle bedeutendere literarische Thätigkeit; in Frankreich mit Gregor von Tours am Ende

---

[1] Lib. I. c. 4: „Sicut Prudentius noster in libro contra Iudaeos" (i. e. Apoth. 321—551); c. 162: „Iuxta Prudentium crux pellit omne crimen" (Cath. VI. 133).

[2] De vita S. Martini. Praef. v. 19 (Migne t. 88. col. 365). Dasselbe Wort= spiel findet sich auch bei Gregor von Tours in der Schrift De cursibus ecclesiasticis § 59. „Prudentius cum prudenter dissereret." Vgl. Ebert a. a. O. S. 550.

[3]   Si Maro, si Flaccus, si Naso et Persius horret,
          Lucanus si te, Papiniusque taedet,
       Pareat eximio dulcis Prudentius ore
          Carminibus variis nobilis ille satis. (In sua bibliotheca.)
    Ueber die Aechtheit dieser Verse siehe *Arevalo*, Proleg. in Prudent. c. 28. n. 242 Anm., wo nachgewiesen wird, daß Muratori mit Unrecht meinte, dieselben in seinen Anecdot. t. II. p. 108 zum erstenmale zu veröffentlichen.

[4] Vgl. Concil. Agath. a. 506. can. 30. Hefele, Conciliengeschichte II. 637. Lämmer, Coelestis urbis Ierus. S. 80. Daß der hl. Isidor den Prudentius in seinen Schriftstellerkatalog nicht aufgenommen hat, erklärt sich daraus, daß letzterer nur die betreffenden Arbeiten von Hieronymus und Gelasius ergänzen soll. Vgl. die Anmerkung zu De viris illustr. c. 1 (Migne t. 83. col. 1081 sq.)

[5] Vgl. Ebert a. a. O. S. 582.

des sechsten, in Italien Anfangs des siebenten Jahrhunderts mit Gregor d. Gr., in Spanien um die Mitte desselben Jahrhunderts mit Isidor. So werden jetzt die Angelsachsen die Vertreter der Weltliteratur, sie übernehmen die Führung. Ihre Vorläufer, zum Theil ihre Lehrer sind ihre keltischen Nachbarn, die Iren. Diese Wanderung des kräftigen wissenschaftlichen Lebens macht auch Prudentius mit. War er ja doch in seinen Werken als mustergültiges Vorbild und Träger der Bildung anerkannt worden.

Der Apostel Alamanniens, der hl. Columban (545—615), welcher seine Bildung im Kloster Bangor erhalten hatte, zeigt in seinen erhaltenen Werken [1] eine bedeutende Kenntniß der antiken Dichtung. In dem poetischen Briefe ad Sethum ermahnt er den Abressaten, die Freuden des flüchtigen Lebens zu verlassen, namentlich den Reichthum. Seine Stelle sollen vertreten „die Dogmen des göttlichen Gesetzes, der heiligen Väter keusches Leben und alles, was die gelehrigen Meister vordem geschrieben oder die gelehrt-beredten Sänger in Dichtungen sangen". „Ein solcher Platz," sagt Ebert (a. a. O. S. 583), „wird also der Literatur und der Dichtung — sei auch nur die christliche gemeint — von Columban unter den unvergänglichen Schätzen angewiesen." Daß Columban den Prudentius gelesen und nachgeahmt habe, darf man daher auch ohne deutliche Spuren [2] erwarten. Die römischen Classiker, die Columban kennt, waren mit der Lectüre des Prudentius innig verbunden [3]. Deutlicher tritt der Einfluß des Prudentius bei „dem Vater der anglo-lateinischen Dichtung", dem Abte Aldhelm, Bischof von Sherborn († 709), hervor. In dem Gedichte De laude virginum, das einer Aebtissin Maxima gewidmet ist, wird in den letzten 459 Versen der allegorische Kampf der virginitas mit den acht Hauptlastern beschrieben. „Bei der Ausführung dieses Theiles schwebt dem Dichter die Psychomachie des Prudentius vor, an welche einzelne Stellen direct erinnern, was auch in seiner Prosa der Fall ist." [4] Bei Avitus sahen wir dieselbe Bezugnahme auf die Psychomachie. In der That war bereits um diese Zeit die Psychomachie, abgesehen von den Hymnen, das am häufigsten gelesene Werk des Prudentius geworden, welches weitaus am meisten das Mittelalter direct beeinflußt hat. Beda Venerabilis (672—735) tritt hierfür geradezu als Zeuge auf. In seinem Werke De arte metrica gibt er folgende

---

[1] Bibl. vet. PP. ed. Gallandi t. XII (Migne t. 80).

[2] Arevalo zu Psych. v. 609. Cfr. Obbarius, Prud. carm. Proleg. c. II. n. 2.

[3] Das von Columban gegründete Kloster Bobbio, in welchem seine Schüler die geistliche Poesie pflegten, bestätigt unsere Vermuthung. Vgl. Ebert a. a. O. S. 584. Das Loblied auf das Kloster Bangor (Versiculi familiae Benchiur) ist in dem Versmaße von Cath. VI geschrieben (Dimeter iamb. catal.).

[4] Ebert a. a. O. S. 589. Die Werke Aldhelms sind edirt von Giles. Oxford 1844 (Migne t. 89).

Anweisung: „Metrum iambicum senarium recipit iambum locis omnibus, tribrachyn locis omnibus praeter novissimum . . . Pyrrhichium
loco tantum ultimo, quo nobilissimus Hispaniarum scholasticus *Aurelius Prudens Clemens* scripsit prooemium Psychomachiae, i. e.
libri quem de virtutum vitiorumque pugna heroico carmine com-
posuit." Die angeführte Stelle hat darum noch besondere Bedeutung,
weil sie einem Unterrichtsbuche angehört. Was aus dem Gesagten allerdings bereits klar ist, wird hier ausdrücklich bestätigt: Die Dichtungen des Prudentius wurden in den Schulen gelesen. Darum
konnte Beda die Psychomachie als Exempel anführen. Die Klosterschulen
der Benedictiner und die Kathebralschulen begannen gerade damals durch
Karl d. Gr., welcher die Bemühungen der Kirche auf's Eifrigste unterstützte, auch in Deutschland ihre Blüte zu entfalten[1]. Alkuin (735
bis 804), der große Unterrichtsminister des großen Kaisers, hat in der
Klosterschule von York sicher den Prudentius gelesen. Darum finden wir
die Werke des Dichters in seiner Bibliothek, und ihn selbst bestrebt, denselben nachzuahmen[2]. Daß er in den von ihm gegründeten und ge-
leiteten Schulen die Lectüre des Prudentius beförderte, ist daher selbstverständlich. Sein großer Schüler Rhabanus Maurus (776—856)
bezeugt dieß durch das Lob, welches er dem Prudentius gerade in der
Schrift über die Erziehung des Clerus spendet[3]. Ja, wir besitzen aus

---

[1] Vgl. Ebert, Allgem. Geschichte der Literatur des Mittelalters im Abend-
lande. Leipzig 1880. Bd. II. S. 3 f. Besonders wichtig ist das Rundschreiben
Karls an alle Bischöfe und Klöster aus dem Jahre 787 (Monumenta Germaniae
histor. Leges I. p. 52. — Monumenta Carolina, ed. Jaffé. Berol. 1867. p. 343).
Kellner, Erziehungsgeschichte und Skizzen in Bildern. 3. Aufl. Essen 1880.
Bd. I. S. 144.

[2] Cfr. *Obbarius*, Prudent. carm. Proleg. p. XXIII. Trefflich sagt Ebert
(a. a. O. S. 4) über Alkuin: „Ein Angelsachse ist es, der, von Karl dem Großen
berufen, dessen Hof zum Mittelpunkt der Gelehrsamkeit und zur Wiege einer neuen
literarischen Bewegung im Abendlande macht: der Schüler Egberts, eines Schülers
von Beda, Alkuin; in ihm reicht diese Literaturperiode der vorausgehenden die Hand."
Vgl. S. 12 f. — Die Charakteristik, welche Ebert (S. 7) von dieser Literatur-
epoche gibt, bedarf indeß namentlich in folgender Stelle der Beschränkung und Erläuterung. „Wie die angelsächsische Literatur und die Dichtung des Fortunatus, geht
die karolingische Literatur, ganz im Gegensatz zu der ältern christlich-lateinischen, nicht
von der Kirche, sondern von der Schule aus; wenn auch diese Schule noch eng mit
der Kirche verknüpft war, doch ein sehr wesentlicher Unterschied!" — Ein „Gegensatz" und „wesentlicher Unterschied" im strengen Sinne existirt hierbei nicht.

[3] De clerior. institutione l. III. c. 18 (Migne t. 107—112) zählt Rhaban
Juvencus, Sedulius, Arator, Alcimus, Clemens Prudentius, Paulin und
Fortunat als evangelische Männer auf, welche ihre Werke metrisch verfaßt hätten.
(Vgl. Ebert a. a. O. II. S. 120. 132.) Besonderes Lob erhält aber der Dichter
noch: „Sed et Clemens Prudentius dissertissimus atque christianissimus poëta

der Feber des hl. Rhaban eine Nachahmung des Prudentius [1]. Mit
einzelnen Strophen des Hymnus auf die hl. Eulalia (Perist. III.) stimmt
ein Gedicht Rhabans auf die unschuldigen Kinder: Carmina psallere
voce viva, theilweise fast wörtlich überein — ein Beweis für die Beliebt=
heit, deren sich diese Dichtung des Prudentius in den Hoffreisen Karls
b. Gr. erfreute. Eine weitere Bestätigung dieser Thatsache liegt darin, daß
das älteste uns erhaltene nordfranzösische Gedicht derselben hl. Eulalia ge=
widmet ist. Wir stellen aus den zehn Strophen des Liedes vom hl. Rhaban
die sechste, siebente und neunte mit den entsprechenden Versen des Pru=
bentius (Perist. III, 85—95; 181—185) zusammen:

Prudentius.	*S. Rhabanus.*
Dux bonus arbiter egregius	Dux bonus, arbiter egregius
Sanguine pascitur innocuo,	Sanguine pascitur innocuo
Corporibusque piis inhians	Corporibus minimis inhians
Viscera sobria dilacerat,	— — — — — —
Gaudet et excruciare fidem.	Gaudia mors aliena dabit.
Ergo age, tortor, adure, seca,	Ergo age, tortor, adure, seca,
Divide membra coacta luto,	Divide membra coacta luto,
Solvere rem fragilem facile est.	Solvere rem fragilem facile est.
Non penetrabitur interior	Non penetrat dolor interius
Ex agitante dolore animus.	Mentis, in arce manet dominus.
Cedat amor lacrimantum hominum	Cedat amor lacrimantum hominum
Qui celebrare suprema solent,	Qui celebrare suprema solent,
Flebile cedit et officium:	Flebile cedat et officium:
Ipsa elementa iubente Deo	Martyribus quia regna patent
Exequias tibi virgo ferunt.	Gaudia perpetuoque manent.

Wenn der Bischof Theobulf von Orleans um 800 den Prie=
stern befiehlt, in Städten und auf dem Lande Schule zu halten, so hat
er damit auch den Dichter zu Ehren zu bringen gesucht, da er begeistert
ihn vor seinen übrigen Lieblingsautoren also auszeichnet:

Diversoque potens prudenter ponere plura
Metro, o Prudenti, noster et ipse parens [2].

---

in hac significatione pompam posuit in libro Psychomachiae." De sacr. ord. c. 12.
S. Arevalo zu Psych. 439, wo es heißt: „Theodulfus episcopus Aurelianensis
de Ord. bapt. c. 12 haec ipsa verba ante Rabanum scripserat."

[1] Die interessante Entdeckung verdanken wir dem schönen Aufsatze: „Die Ver=
wendung der Hymnen des Prudentius in der Liturgie" im Nordamerikan. Pastoral=
blatte. 1855. S. 61.

[2] Lib. IV. carm. 1. In seiner Abhandlung De spiritu sancto citirt er die
Worte des Prudentius über den heiligen Geist (Migne t. 105. col. 276). Merk=
würdigerweise hat er gerade die Hauptstelle Cath. V, 157 unerwähnt gelassen. In
der größeren Dichtung Theobulfs, von der nur zwei Bruchstücke erhalten sind, ist
der Einfluß der Psychomachie wieder unverkennbar. Ebert a. a. O. II. S. 73 f.
Vgl. dieselben bei *Dümmler*, Poes. Lat. aev. med. I. p. 445. Ueber Theobulfs Bil=
dungsgang siehe Rzehulfa, Theobulf, Bischof von Orleans. Breslau 1875. S. 10:

Unter diesen Umständen kann es nicht befremden, wenn des hl. Rha=
banus berühmter Schüler Walahfrid Strabo (806—849) mit der
Lectüre des Prudentius vertraut ist[1]; um 827 kam er in die Schule
Rhabans zu Fulda. In dem Hymnus auf die Martyrer von Agau=
num zeigt sich die deutliche Nachahmung des Dichters vom „Peristephanon".

„Wie in diesem Gedichte besonders," sagt Ebert[2], „so hat Walahfried
im Allgemeinen vor anderen christlichen Dichtern Prudentius sich zum
Muster genommen, namentlich auch in metrischer Hinsicht." In der Kloster=
schule von St. Gallen erklärte fast um dieselbe Zeit Iso[3] Magister
(† 871), der als der größte Gelehrte seiner Zeit galt, die Werke des
Prudentius. Seine noch vorhandene Glosse, die zuletzt Arevalo in seine
Ausgabe aufgenommen hat, bezeugt am besten, daß Prudentius der
eigentliche Schulschriftsteller der mittelalterlichen Jugend
gewesen ist. Unter Iso's Schülern befindet sich der heilige Dichter von
St. Gallen, Notker Balbulus (830—912). Wir dürfen es daher
nur als Wiedergabe der Worte seines Lehrers betrachten, wenn er sagt[4]:
„Si vero etiam metra requisieris, non sunt tibi necessariae gentilium fabulae, sed habes in Christianitate *prudentissimum Prudentium* de mundi exordio, de martyribus, de laudibus, de patribus
novi et veteris testamenti dulcissime modulantem, virtutum et
vitiorum inter se conflictus tropologica dulcedine suavissime pro-
ferentem contra haereticos et paganos acerrime pugnantem." Dem

---

„Das zweite Gedicht: De libris quos legere solebam (Migne t. 105. col. 331),
gibt uns diejenigen Schriftsteller an, welche Theodulf vorzugsweise zu lesen pflegte,
mit denen er sich, wie er selbst sagt, Tag und Nacht beschäftigte. Es sind dieß:
Gregorius, Augustinus, Hilarius . . . ferner Sedulius, Paulinus, Arator, Avitus,
Fortunatus, Juvencus, Prudentius."

[1] Der Jahresbericht über die Erziehungsanstalt des Benedictinerstiftes Maria=
Einsiedeln von 1856/57 veröffentlichte das Tagebuch Walahfrids über seine Studien=
jahre 816—825 in der Klosterschule zu Reichenau. Es bildet einen der interes=
santesten Abschnitte in Kellners Erziehungsgeschichte (3. Aufl. Bd. I. S. 149).
Darin wird die Lectüre des Prudentius ausdrücklich erwähnt. Freilich rührt das Tage=
buch in dieser Form nicht, wie es nach Kellner scheint, von Walahfrid selbst her. Die
dazu benützten Urkunden beweisen aber, daß Prudentius in Reichenau gelesen wurde.

[2] A. a. O. II. S. 162. Die Psychomachie hat er am Schlusse seiner großen
Dichtung De visionibus Wettini zum Vorbilde genommen. Ebert a. a. O. S. 152.

[3] Ueber ihn berichtet der Mönch Ekkehard: „Anholabant ad illius doctrinam
totius Burgundiae nec non et Galliae ingenia. Erant et aliqui, qui inter suos
satis haberent, si discipuli Isonis vel ad horam dicerentur, etiamsi ad stilos
suos non acuerentur. Erat enim de illo late fama, quoniam etsi obtusa in-
veniret ingenia, ipse eis daret acumina." De casibus monasterii S. Galli c. 2
in: *Goldasti* Scriptores rerum Alamannicar. ed. Senckenberg. Francof. et
Lipsiae 1730. t. I. p. 12. Vgl. *Arevalo*, Proleg. in Prud. n. 16 et 114.

[4] Notatio de illustribus viris, qui sacras litteras illustrabant, c. 7 (in
Pez, Thesaur. anecdot. p. I).

verrufenen zehnten Jahrhundert, in welches wir hiermit gelangt sind, ge=
hört auch der berühmteste Lobredner des Prudentius an, der heilige Erz=
bischof Bruno von Köln (924—965), Bruder des Kaisers Otto I.
Nach dem Zeugnisse seines Biographen Ruotger [1] war Prudentius, den
er als Knabe zu lesen begonnen hatte, beständig in seinen Händen, und
allen Kirchen schenkte er die Werke des Dichters. Die aufgeführte Zeugen=
reihe tritt für die Thatsache ein, daß Prudentius im zehnten Jahrhundert
in allen Ländern des christlichen Abendlandes nicht bloß bekannt, sondern
viel gelesen war. Ja, daß er unter allen lateinischen Dichtern in Deutsch=
land wenigstens den ersten Rang behauptete, dafür sprechen als weitere
Zeugen die vorhandenen Handschriften und Glossen. „Unter den
Büchern," sagt Rudolf v. Raumer [2], „die außer der heiligen Schrift
in den Klosterschulen hauptsächlich behandelt wurden, nehmen drei bei
weitem die erste Stelle ein. Nämlich die Gedichte des Prudentius,
die Canones Apostolorum et Conciliorum und das Buch des Gre=
gorius Magnus vom geistlichen Amte. Diese drei Werke bezeichnen uns
die wesentlichsten Richtungen der damaligen theologischen Studien: Pru=
dentius die Liebe zur geistlichen Poesie. Seine Hymnen und
die des Ambrosius bildeten mit den übrigen christlichen Lyrikern gewisser=
maßen das Gesangbuch des mittelalterlichen Clerus. Es ist deßhalb nicht
zu verwundern, wenn die althochdeutsch glossirten Handschriften des Pru=
dentius ihrer Zahl nach unmittelbar auf die Bibel folgen; doch so, daß
zwischen der Bibel und dem Prudentius immer noch ein sehr weiter Ab=
stand bleibt. Denn von der Bibel haben wir gerade doppelt soviel glos=
sirte Handschriften als von Prudentius ... Jedoch auch von Prudentius
konnten wir volle 21 Handschriften mit althochdeutschen Glossen aufführen,
d. h. ungefähr gerade noch einmal so viele als sich von
sämmtlichen römischen Classikern althochdeutsch glossirt
vorfinden." Von diesen Glossen, welche Raumer a. a. O. S. 104
anführt, gehören zwei dem neunten Jahrhundert, fünfzehn dem zehnten
oder zehnten bis elften Jahrhundert, die übrigen vier dem elften oder
zwölften Jahrhundert an. Das zehnte Jahrhundert ist somit am meisten
ausgezeichnet. Bei den zahlreichen Kathedral= und Klosterschulen, welche
damals bestanden, kann uns dieß nicht Wunder nehmen [3]. Zu bemerken

---

[1] Bolland. Octob. V. 698, ebenso in Monum. Germ. SS. IV. 252 sq. Vgl.
Arevalo, Proleg. n. 244. Brockhaus a. a. O. S. 12.

[2] Die Einwirkung des Christenthums auf die althochdeutsche Sprache. Stutt=
gart 1845. S. 222.

[3] Vgl. Raumer a. a. O. S. 197. „Jedes nur einigermaßen bedeutende
Benedictinerkloster hatte seine Schule. Noch jetzt können wir eine große Menge
solcher Schulen namhaft machen, und wir sind berechtigt, auch da, wo uns besondere
Nachweisungen fehlen, das Dasein ähnlicher Schulanstalten anzunehmen."

ist ferner, daß auch in den Nonnenklöstern und den darin befindlichen Erziehungsanstalten der weiblichen Jugend die lateinische Sprache wohl bekannt war. Hier namentlich war Prudentius und besonders seine Psychomachie viel gelesen. Oben wurde erwähnt, daß Aldhelms Dichtung an die Aebtissin Maxima sich theilweise an die Psychomachie anlehnt. Eine Dichtung des hl. Bonifatius[1] läßt die Tugenden und Laster personificirt auftreten und erinnert schon dadurch an die Psychomachie. Dieselbe, wahrscheinlich aus dem Jahre 745, ist an eine „Schwester" gerichtet, unter der wohl die hl. Lioba zu verstehen ist. Wie vortrefflich Lioba selbst es verstanden, sich der lateinischen Sprache zu bedienen, beweisen ihre Briefe[2]. Roswitha von Gandersheim[3] (um 960) ist allerdings eine außerordentliche Erscheinung; allein sie hat zu ihrer Voraussetzung die Bildung in der lateinischen Sprache und Poesie bei einem großen Theile der vornehmen weiblichen Jugend.

Die folgenden Jahrhunderte zeigen dieselbe Erscheinung. Die heilige Hildegard (1098—1179) läßt in ihren Werken erkennen, wie geläufig ihr das Latein war, und aus ihrem Leben ist bekannt, wie viele adelige Jungfrauen aus allen Gegenden in ihrer Genossenschaft gebildet wurden. Unter den schriftstellerischen Producten der Heiligen findet sich unter der Ueberschrift: „Incipit ordo virtutum"[4], ein Melobram, eine von den sogen. Moralitäten des Mittelalters. Der Grundgedanke des Ganzen wird freilich anders durchgeführt, als in der Psychomachie des Prudentius. Die größte Aehnlichkeit zwischen beiden Dichtungen tritt in der Einleitung hervor. Allein die personificirten Tugenden an sich, welche zur Seele sprechen: „Nos debemus militare tecum, o filia regis", würden genügen, um an Prudentius zu erinnern. Hildegard läßt die Seele mit

---

[1] Aenigmata. Vgl. Ebert a. a. O. I. S. 613.

[2] Ihre Correspondenz mit dem hl. Bonifatius in den Monumenta Moguntina ed. Jaffé. 1866. Vgl. Zell, Die hl. Lioba. Freiburg 1873. S. 22. Ebert a. a. O. II. S. 332 f. Ihr Biograph, der Mönch Rudolph von Fulda, berichtet (Vita Liobae c. 11), daß das von ihr geleitete Kloster zu Bischofsheim eine Pflanzschule von Lehrerinnen anderer Klöster in Deutschland wurde.

[3] Vgl. Barack, Die Werke der Hrotsvitha. Nürnberg 1858. S. X f. „Von der innern Einrichtung der Klosterschule zu Gandersheim erhalten wir aus den Schriften unserer Dichterin ein . . . ziemlich vollständiges Bild. . . . Wie aus vielen Stellen der Werke Hrotsvitha's hervorgeht, wurden namentlich die kirchlichen Schriftsteller fleißig gelesen. . . . Wie sehr dagegen die Lectüre der classischen Autoren in Gandersheim gepflegt wurde, davon gibt Hrotsvitha sowohl durch directe als auch indirecte Hinweisungen die zuverlässigsten Belege. Ihre Schriften verrathen eine genaue Kenntniß des Horaz, Virgil, Ovid, vor Allem des Plautus und Terenz . . ."

[4] In das vorzügliche Werk von Schmelzeis, Das Leben und Wirken der hl. Hildegardis. Freiburg 1879. S. 477 f., ist dieses allegorisch-moralische Schauspiel mit Uebersetzung und Commentar aufgenommen.

der Klage antworten: „O gravis labor et o durum pondus, quod habeo in veste huius vite, quia nimis grave michi est contra carnem pugnare." Prudentius eröffnet die Psychomachie mit der Bitte an Christus (v. 5 sq.):

> Dissere, rex noster, quo milite pellere culpas
> Mens armata queat nostri de pectoris antro:
> Exoritur quotiens turbatis seusibus intus
> Seditio atque animam morborum rixa fatigat,
> Quod tunc praesidium pro libertate tuenda
> Quaeve acies furiis inter praecordia mixtis
> Obsistat meliore manu. Nec enim, bone ductor,
> *Magnarum virtutum* inopes nervisque carentes
> Christicolas vitiis populantibus exposuisti.

Dieselbe Aehnlichkeit zeigt sich am Schlusse. Auf die Aufforderung der Victoria an die Tugenden, sich zu freuen über die Fesselung der alten Schlange, läßt Hildegard die Tugenden antworten: „Laus tibi Christe, rex angelorum!" Aehnlich jubeln in der Psychomachie des Prudentius nach errungenem Siege die Tugenden (v. 888):

> Reddimus aeternas, indulgentissime doctor,
> Grates, Christe, tibi meritosque sacramus honores
> Ore pio.

Die angeführten Parallelen sollen selbstverständlich nicht einen Beweis für eine directe Abhängigkeit der hochbegnabigten deutschen Seherin von Prudentius abgeben. Allein steht es fest, daß Prudentius und besonders seine Psychomachie eine Lieblingslectüre in den mittelalterlichen Klöstern bildete, und ist in Folge dessen daran nicht zu zweifeln, daß die heilige Hildegard gleichfalls mit dieser Dichtung bekannt geworden war, so wird man den Einfluß des Prudentius auf ihr Melobram nicht in Abrede stellen können. Die Worte Eberts über die Psychomachie[1] finden hier ihre Bestätigung: „Dieß Werk unseres Dichters hat denn auch unter allen von ihm weitaus am meisten direct das Mittelalter beeinflußt, indem es nicht bloß als ältestes und höchstes Muster des christlichen Alterthums auf diesem Felde durch seine Darstellungsweise, den eigenthümlichen Kunststil überhaupt, wirkte, sondern nicht minder durch den Gegenstand, den es behandelt, und die allegorischen Typen, die es vorführt[2]. Es gehörte

---

[1] A. a. O. I. S. 276.

[2] Die geringschätzige Beurtheilung der Psychomachie von Dressel (Prol. p. XX): „mediocritatem vix superat", ist völlig grundlos und wohl nicht am wenigsten veranlaßt durch die mißkannte Zweckbeziehung dieses Werkes. Kantecki (De Prudentii genere dicendi p. 17) sagt zu schüchtern: „negari non potest in Hamartigeniae quibusdam partibus lccos poetica pulchritudine distinctos saepius occurrere, qui, si inter Vergilianos legerentur, maiore forsan laude fruerentur et admiratione *idemque de Psychomachia*, nescio an iure, dixerim, adversante

sozusagen zu den standard works des Mittelalters: es wird unter den
Studienbüchern empfohlen (so in dem dem Eberhard von Béthune bei=
gelegten Labyrinth) und geht in die encyklopädischen Werke über, wie in
das der Herrad von Landsberg." Der Name Herrads, die als Aeb=
tissin von Hohenburg oder Ottilienberg im Elsaß (1167—1195) ihren
berühmten Hortus deliciarum[1] verfaßte, nöthigt uns, den Prudentius
auch in der grünen Steiermark zu suchen. Aus dem um 1116—1120
gegründeten Nonnenkloster zu Admont[2] in Steiermark hatte nämlich Herrad
ihre Lehrerin, die gelehrte Regilind, erhalten. Kaiser Friedrich I. hatte
Regilind von Admont als Aebtissin in das Kloster Hohenburg berufen,
als dieses einer geistigen Erneuerung bedurfte. Auf Ansuchen des Bi=
schofs Eberhard von Bamberg (1156) hatte dieselbe Regilind bereits das
Kloster Berg bei Neuburg an der Donau mit bestem Erfolge reformirt.
Finden wir nun bei Herrad, der Schülerin Regilinds, das Studium des
Prudentius, so wurde es selbstverständlich auch von der Lehrerin gepflegt.
Und was wir im Admonter Kloster um jene Zeit finden, nämlich die
Lectüre unseres Dichters, dürfen wir in allen Frauenklöstern annehmen,
denn wohl in allen wird man damals, wie in Admont, gelehrte und un=
gelehrte (literatae et illiteratae) Schwestern unterschieden haben. „Viele
der inneren (Profeßschwestern im Gegensatze zu den Laienschwestern oder
Obedientiären) zeichneten sich durch hohe Geistesbildung aus. Der Mönch
und nachmalige Abt Irimbert[3] (1172—1177) berichtet von ihnen: „Sie

Dresselio . . .; ordo enim et compositio totius carminis, granditas verborum,
celebritas sententiarum, alia flagitare videntur, ut aequius, aut certo non adeo
acerbum de eo fiat iudicium, quamvis sub finem vis poëtica minuatur ardor-
que considat." Die letztere Einschränkung rührt gleichfalls nur von dem Mangel
an Einsicht in Zweck und Disposition der Psychomachie her. Mit Fug und Recht
steht die Psychomachie unter den großen polemischen Dichtungen des Prudentius
dem poetischen Werthe nach an erster Stelle.

[1] Vgl. Engelhardt, Herrad von Landsberg und ihr Werk. Stuttgart 1818.
S. 43 f. Merkwürdigerweise hat Engelhardt die Verweisung auf Prudentius unter=
lassen. Das Original des Hortus deliciarum aus Herrads Feder war bis 1870
ein Schatz der Straßburger Stadtbibliothek; infolge der Beschießung Straßburgs
wurde es bei dem entstandenen Bücherbrande ein Raub der Flammen.

[2] Vgl. P. Jakob Wichner, Das ehemalige Nonnenkloster O. S. B. zu
Admont in Steiermark. Brünn 1881.

[3] Vgl. Wichner, Geschichte des Benedictinerstiftes Admont von den ältesten
Zeiten bis zum Jahre 1177. Im Selbstverlag des Verfassers 1874. S. 206 f.
„Duae ex ipsis studii sui impenderunt diligentiam ad conservandam interpreta-
tionis meae memoriam. Ideoque huic opusculo annectere duxi earundem hi-
storiarum, sicut ab ipsis sororibus digesta est, explanatiunculam" (aus dem
Prolog zu Irimberts Commentar über das Buch der Richter. Pez, Thes. anecd.
IV. p. 132). Die Admonter Stiftsbibliothek enthält zwei Handschriften von Pru=
dentius aus dem 13. Jahrhundert. In cod. 128 das Dittochäon und in cod. 640
das Kathemerinon.

sind sehr belesen, in der Schrifterklärung wunderbar geübt, und viele sind
befähigt, ihren Mitschwestern geistliche Vorträge zu halten." In der That
verstanden manche die Sprache Latiums und schrieben in derselben. Irim=
bert ließ einen Theil seiner Werke von Nonnen niederschreiben. Viele
Codices der (Admonter) Stiftsbibliothek lassen die zarte Frauenhand er=
kennen. So ein Brevier und die Handschrift Nr. 17: „Irimberti ab-
batis comment. in Iosua, Iudicum et Ruth", welche von den Nonnen
Regilind und Irmgard herrührt. Der berühmte Propst Gerhoch von Rei=
chersberg († 1169) würdigte die gelehrten Nonnen von Admont eigener
Sendschreiben, welche die Erklärung der Psalmstelle: „Ut iustificeris in
sermonibus", und die evangelische Perikope vom Hauptmanne[1] zum
Gegenstande haben. „Das zwölfte Jahrhundert," so leitet P. Wichner
(S. 18) die Fortsetzung der Geschichte dieses Klosters ein, „war die
Glanzperiode klösterlicher Tugenden im Nonnenkloster. Die Nachrichten
über dasselbe werden immer spärlicher, je näher das 16. Jahrhundert
heranrückt. Der einst hellleuchtenden Lampe beginnt das Oel zu mangeln,
sie brennt immer trüber; wohl flackert sie zuweilen mächtiger auf, allein
derlei Aeußerungen des Lebens und der Kraft werden seltener, bis die
Stürme des Lutherthums den glimmenden Docht verlöschen."[2] Nicht bloß
„glimmenden Docht" haben aber diese Stürme des Daseins beraubt; auch
hellleuchtende Fackeln voll Lebenskraft, deren Licht den Namen des Pru=
dentius verklärte, haben in dem rohen Ungestüm jener sturmvollen Tage
ihren Untergang finden müssen. Charitas Pirkheimer, die Aebtissin
von St. Clara zu Nürnberg († 1532), steht einer Regilind und Herrad
mindestens ebenbürtig zur Seite. Aus ihrem lateinischen Briefwechsel mit
ihrem Bruder Willibald hat sich ein Schreiben erhalten, worin sie dem=
selben für die Uebersendung der Hymnen des Prudentius und einer
ungenannten Schrift des hl. Hieronymus dankt[3]. „Dem rechtschaffenen
und gelehrten Herrn Willibald Pirkheimer, ihrem einzigen Bruder und
theuersten Lehrer, entbietet Charitas, Schwester und unwürdige Schülerin
seiner Liebe denjenigen zum liebevollen Gruß, der aus übergroßer Liebe
an's Kreuz sich schlagen ließ. Ich schicke dir, liebster Bruder, die from=
men Lieder des christlichen Poeten Prudentius zurück, die mich äußerst
lieblich angesprochen haben. Mehrere fand ich darunter, die wir während
des Jahres in unserm Chore singen, ob ich gleich bisher ihren Verfasser

---

[1] Herausgegeben von *Pez*, Thes. anecd. VI. p. 593. 603.

[2] Regilind (Regilla, oder Rilindis) starb zu Hohenburg 1169. Proben
ihrer lateinischen Gedichte hat Wichner (Das ehemalige Nonnenkloster S. 33)
mitgetheilt. Wie Regilind nach Klosterberg und Hohenburg, so wurde eine andere
Nonne von Admont, die Meisterin Agnes (Gräfin von Wolfratshausen), 1168 nach
Neuburg bei Ingolstadt als Aebtissin berufen (Wichner S. 15).

[3] Binder, Charitas Pirkheimer. Freiburg 1873. S. 44.

nicht gekannt habe." Das Klarenkloster von Nürnberg, in welchem dieser
Brief geschrieben wurde, hat 1590 aufgehört zu sein, und der Rath von
Nürnberg hat damit das Ziel seiner Gewaltthätigkeiten gegen das Kloster
erreicht. „Eine Anstalt," schreibt Charitas' Biograph (a. a. O. S. 183),
„die lange segensreich gewirkt — seit 1279 bestand sie als Klarissinnen-
kloster — war vernichtet, durch ihre Vernichtung aber, wie Nürnbergs
Geschichtschreiber Lochner bekennt, eine Lücke in den gesellschaftlichen Zuständen erzeugt, die erst nach der völligen Aufhebung recht offenkundig
und sichtbar hervortrat." Daß in der Zeit vom zwölften Jahrhundert
bis zum sechzehnten, den beiden eben angeführten Grenzmarken, die Lectüre
des Prudentius in den Frauenklöstern nicht aufgehört hat, sondern eifrig
gepflegt wurde, dürfte der Hinweis auf einen einzigen Orden, auf die
deutschen Nonnenklöster des Predigerordens, lehren. „Mit un-
glaublicher Schnelle setzte der neugegründete Dominicanerorden in der ersten
Hälfte des 13. Jahrhunderts seine kerngesunden Zweige in Deutschland
ab. . . . Noch vor dem Ende des 14. Jahrhunderts blühten in Deutschland 51 Brüderconvente. Die Schwesterconvente waren noch zahl-
reicher."[1] Was nun von dem Convente der Schwestern in Töß berichtet
wird, gilt aber mehr oder minder je nach den Zeitverhältnissen von allen:
„Sie waren beflissen, Bücher abzuschreiben, und manche von ihnen geschickt genug, Bücher zu verfassen. Die meisten waren des Lateinischen
kundig und in den Schriften des beschaulichen Lebens wohl erfahren"
(Greith a. a. O. S. 376). Prudentius wurde sicher zu diesen Schriften gerechnet. Ein Blick in die allegorischen deutschen Dichtungen dieser Nonnen
zeigt die Verwandtschaft mit der Psychomachie. Die zahlreichen deutschen
Glossen zu Prudentius, woneben sich die Glossen zu den römischen Classikern nur spärlich finden[2], dürften gerade von der Lectüre des Dichters

---

[1] Greith, Die deutsche Mystik im Predigerorden. Freiburg 1861. S. 15 f.
[2] Raumer (a. a. O. S. 203) zieht aus diesem Umstande den Schluß, daß
in den Klosterschulen und Kathedralschulen überhaupt, wo der Clerus gebildet
wurde, die (römischen) Classiker sehr in den Hintergrund gedrängt waren. „In
der Regel lasen nur eigentliche Gelehrte die Classiker, die der deutschen Glossen
nicht mehr bedurften. Wo demnach das Lesen der Classiker in den Clericalschulen des Mittelalters vorkommt, da ist es als Ausnahme von der Regel zu
betrachten." Diesem Schlusse widerspricht schon das, was oben S. 261 über die
Werke der Roswitha gesagt wurde. In den eigentlichen Clericalschulen wurde noch
viel mehr die Lectüre der Classiker als Regel, nicht als Ausnahme betrachtet. Allerdings war dieselbe von der Classiker-Lectüre der modernen Schule wesentlich
verschieden. Man dachte nicht im geringsten daran, die Schüler zu begeisterten
Verehrern des Heidenthums zu machen und sie darüber das Licht des Christenthums
vergessen zu lassen. Wenn Roswitha ihre Dramen verfaßt, um den Plautus und
Terenz zu verdrängen, so muß doch wohl die Lectüre der letztern keine Ausnahme
gewesen sein.

in den weiblichen Bildungsanstalten der Klöster herrühren. Denn hier blieb der Unterricht in der Muttersprache doch die Regel; die Lectüre der heidnischen Classiker aber wurde für die christliche Erziehung der weib= lichen Jugend als unzuträglich betrachtet.

Die eifrige Lectüre des Prudentius in den Schulen des Clerus bis zum Ausgange des sogen. Mittelalters braucht nach dem Gesagten nicht weitläufig durch die Zeugnisse eines Sigebert von Gemblours, Ru= pert von Deutz, Vincenz von Beauvais, Johann von Tritenheim u. a. be= stätigt zu werden. Dazu genügt ein einfacher Schluß a minori ad maius. Wurde der Dichter in Frauenklöstern gelesen, so waren seine Werke in den Schulen zur Heranbildung des Clerus an der Tagesordnung. Nur das Zeugniß des Erasmus [1] möge noch angeführt sein. Wenn er in seiner Schrift De pueris liberaliter instituendis sagt: „Iam si quis Prudentium unum inter Christianos vere facundum poëtam volet enarrare, literas etiam arcanas callere oportet", und hiermit die Lectüre desselben in den Lateinschulen widerräth, so wird eben hierbei die Lectüre als allgemein gebräuchlich vorausgesetzt. So war denn Prudentius bis in das 16. Jahrhundert der Lehrer der christlichen Jugend. Dem ent= spricht das vorhandene handschriftliche Material. Als älteste Handschrift wird der unvollständige Cod. Puteanus oder Cod. Parisiens. 8084 bezeichnet [2], der dem sechsten Jahrhundert angehören soll. Allein Obbarius sagt mit Recht (Proleg. p. XXVII): „neque Puteanus cd. antiquissimus sec. VI. et archetypus recte vocatur, quamvis capi- talibus litteris rusticis scriptus sit, quod haec scriptura usque ad sec. IX. initium in codd. ipsis, postea in librorum mtorum sub- scriptionibus usitata fuit." [3] Der letzte Herausgeber, Dressel, hat zu seiner Ausgabe 33 Handschriften benützt. Wenn derselbe sein Kapitel De codicibus et editionibus Prudentii mit den Worten beginnt: „Italiae illustres mihi bibliothecas perscrutanti mira quaedam codd. ms. Prudentii penuria iterum iterumque notabilis fuit," und in der Folge bedauert, daß dieselbe Erscheinung sich in den Bibliotheken von Deutsch= land, Frankreich und England wiederhole, so bezieht sich dieß nur auf Handschriften, die sämmtliche Werke des Dichters enthalten. Während Obbarius noch drei solche Codices aufzählt [4], gibt es nach Dressel nur

---

[1] In cap. 14 Ioannis sagt er: „Prudentius vir quovis etiam seculo inter doctos numerandus."

[2] Teuffel, Römische Literaturgeschichte. S. 911. Cfr. *Arevalo*, Proleg. n. 96 (Migne t. 59. col. 636).

[3] Wenigstens mißverständlich nennt Brockhaus a. a. O. S. 18 den Cod. Alex. 321 aus dem zehnten Jahrhundert die älteste Handschrift. Sie ist die älteste vollständige und als solche die einzige bisher bekannte.

[4] Cod. Angel. n. 5821. Cod. Vatic. Urbinas 666. Cod. Alex. 321 (Proleg. p. XLI). Dressel (Proleg. p. XXII) will diese Behauptung bezüglich der beiden

einen einzigen, den Cod. Alex. 321 in der vaticanischen Bibliothek. Im
Interesse der Kritik ist dieß sicher zu bedauern, allein zu den angeführten
Worten Dressels liegt darin keine Berechtigung. Bei Weitem die meisten
Handschriften enthalten nur die Psychomachie, das Dittochäon und theil=
weise die Hymnen des Buches Kathemerinon. Aber hiervon existirt
namentlich seit dem 13. Jahrhundert, wie Obbarius sagt, eine ingens
multitudo [1]. Das bestätigt, was wir hier nachzuweisen haben, daß Pru=
dentius überaus viel gelesen wurde. Daß sich verhältnißmäßig wenig
vollständige Exemplare aus der ältern Zeit finden, dürfte gleichfalls hier=
für als Beweis gelten. Was nämlich Arevalo der langen Reihe von
Ausgaben seit 1470 vorausschickt [2], dürfte auch auf die Handschriften An=
wendung finden. „Cum tot editiones poëmatum Prudentii factae
fuerint, quot nunc proferam, quid causae esse putem, cur adeo eius
opera sint rara, vix ut venalia prostent et in multis non ignobilibus
bibliothecis etiam familiarum religiosarum desiderentur? *Id qui
laudi poëtae verterit, non male ut existimo iudicabit.* Nam et exemplaria
feliciter vendita esse usuque plura consumpta et eos qui ea obti-
nuerint, cupide retinere inde colligitur.“ Uebrigens hängt es eben
mit dem praktischen Gebrauche zusammen, den man von den Werken des
Dichters machte, daß dieselben nur theilweise abgeschrieben wurden. Vieles
handschriftliche Material ist in Folge dessen verloren gegangen; manches
harrt noch der Entdeckung. So fand Mone in München zwei Handschriften
des zehnten, bezw. des zwölften Jahrhunderts, denen gemäß sieben Strophen
von Cath. III, nämlich 1—5, 34 und 35, am Osterfeste vor dem Mittag=
essen in irgend einem Kloster Süddeutschlands gesungen wurden [3]. Die
Textcorruption der vorhandenen Codices durch Interpolationen, Glossen
u. dgl. ist eine weitere Folge der weitverbreiteten Lectüre des Dichters.
Dieselbe ist so groß, daß Obbarius [4] auf den Gedanken gekommen ist,
einen ursprünglichen, mit Interlinearglossen versehenen Coder (Cod. archetypus) anzunehmen, in Folge dessen die Abschreiber die Worte des Dichters
mit den Worten der Scholien verwechselten. Dressel, der diese Meinung
verwirft, meint doch, mit Obbarius eine doppelte, wahrscheinlich von
Prudentius selbst herrührende Textrecension annehmen zu müssen [5]. Was

---

erfteren Codices corrigirt wissen und sagt: „nescio quonam auctore (Obbarius
scribat)." Hiernach scheint er Arevalo's Prolegomena (n. 76 et 79) nicht gelesen
zu haben, denen Obbarius seine Angabe entlehnt hat.

[1] Proleg. p. XXV. Cfr. *Arevalo*, Proleg. cap. IV.

[2] Proleg. cap. V. n. 101 (Migne t. 59. col. 640).

[3] Pastoralblatt, herausgegeben von mehreren katholischen Geistlichen Nord=
amerika's. 19. Jahrg. 1885. S. 31.   [4] Proleg. p. XXVII.

[5] Proleg. p. XXV: „Quos Prudentii vidi codices vetustos, ii omnes et
variis lectionibus et glossis aut interlinearibus aut ad marginem adpositis
instructi erant, cum recentiores utrisque fere carerent. Hinc collegerim aut

den Zustand der Handschriften im Einzelnen betrifft, haben Arevalo, Obbarius und Dressel in den Prolegomena ihrer Ausgaben ausführlich Bericht erstattet. Ebenso haben dieselben eine Geschichte der Ausgaben von der Editio princeps an geliefert. Arevalo zählt chronologisch bis zum Jahre 1788 eine Reihe von 72 literarischen Erscheinungen auf. Es wäre unrichtig, dieselben einfach Ausgaben des Prudentius zu nennen, weil die Mehrzahl nur den einen oder andern Hymnus oder Commentare zu denselben enthalten. Einige sind überdieß zweifelhaft. Ebenso verhält es sich mit der von Dressel gelieferten Uebersicht. Brockhaus (a. a. O. S. 12) sagt mit Berufung auf dieselbe: „. . . mit der Ausgabe Dressels, die 1860 erschien, existiren 63 Ausgaben." Brockhaus hat hierbei die Jahreszahlen gezählt, deren Dressel von 1470—1860 allerdings 63 registrirt. Unter diesen Daten macht er aber durchaus nicht vollständige Ausgaben der Werke des Dichters namhaft. Zuweilen wird nur die Herausgabe des einen oder andern Hymnus unter denselben verzeichnet. Das Jahr 1670 erhält folgende Beziehung auf Prudentius: „Aliam editionem Heinsii iterum prodiisse Theolius l. l. fabulose venditat." Andererseits bringt manches Jahr, wie 1540, 1562, 1564, mehrere Editionen. Somit kann von der Existenz von 63 „Ausgaben" nicht die Rede sein. Immerhin gewährt diese Uebersicht, wonach theils einzelne Werke des Dichters, theils sämmtliche Dichtungen von 1470 (bezw. 1492) ungefähr 70 Mal edirt worden sind, die Möglichkeit, sich ein Urtheil über das Studium der prudentianischen Dichtungen in den letzten Jahrhunderten zu bilden. In unserem Jahrhundert zählen wir bis jetzt zwei vollständige Ausgaben, die von Obbarius 1845 und von Dressel 1860. Abgedruckt wurden 1824 zu London die Ausgabe von Chamillard S. J. von 1687 in usum Delphini und 1847 zu Paris von Migne die Ausgabe Arevalo's. Dazu kommt die Aufnahme der Apotheosis in die von Hurter edirten ss. Patrum opuscula selecta (t. 33) 1876. Wenn dagegen im ersten Jahrhunderte von der Editio princeps an 1492—1591 etwa 34 Publikationen einzelner und sämmtlicher Werke des Dichters zu verzeichnen sind, so ist damit an sich noch nicht die Abnahme der Lectüre seiner Werke constatirt. Denn was den Werth der betreffenden Ausgaben anbelangt, so wiegen die beiden voll-

Prudentium ipsum duas carminum recensiones confecisse aut non multo post eius obitum doctam critici cuiusdam manum textum lectionum varietate suo sibi usui vel aliorum illustrasse. Ista profecto textus discrepantia, quae in Cath. hymn. X, 9 sq. in codd. occurrit, vix aliunde nisi e Prudentii calamo provenire potuit. . . . Interpolatio vero cum coepisset seculorum decursu progressa est eo usque, ut ex illis quae exstant scriptis monumentis genuinum Prudentii textum omnibus numeris absolutum enucleari atque repristinari posse vix credam."

ständigen des 19. Jahrhunderts selbstverständlich die zahlreichen mangel=
haften des 16. Jahrhunderts auf. Dazu kommt, daß Prudentius viel=
fach in unserer Zeit in theologischen und kunsthistorischen Zeitschriften zum
Gegenstande der Forschung gemacht wurde und wird[1]. Allein Prudentius
hat aufgehört, in weiteren Kreisen unter den Gebildeten ein lieber Bekannter
zu sein. Ja, wenn man bedenkt, was zur Erklärung der Werke des
Dichters seit 100 Jahren geschehen, bezw. nicht geschehen ist, muß man
den Leserkreis des Prudentius auch unter den theologisch Gebildeten enger
ziehen. Die Ausgaben der prudentianischen Dichtungen und die Commen=
tare zu denselben, welche seit der Erfindung der Buchdruckerkunst erschienen
sind, füllen eine kleine Bibliothek. Die Charakteristik derselben dürfen wir
auf die commentirten Ausgaben von Arevalo, Obbarius und Dressel und
deren gegenseitiges Verhältniß beschränken, welche in ihren umfangreichen
Prolegomenen ihre Vorgänger besprochen haben. Die Reihe derselben
eröffnet Joh. Murmellius mit seiner Erklärung zum Hymnus auf den
hl. Romanus (Köln 1507)[2]. Die glänzendsten Namen unter ihnen
dürften haben: zunächst der Mitarbeiter an der Complutenser Poly=
glotte Antonius Aelius von Lebrija (Nebrissensis; 1442—1522),
dem nach dem Urtheile seines Landsmannes Gomez Spanien fast alles
verdankt, was es an classischer Bildung besaß[3]. Sein Commentar, der
sich jedoch auf die Bücher Apotheosis, Hamartigenie, gegen Symmachus
und fünf Martyrerhymnen nicht erstreckt, erschien mit der Ausgabe der
Werke des Dichters 1512. Neben ihm ragt durch kritische Verbesserung
des Textes der berühmte Nikolaus Heinsius (1620—1681) hervor,
welcher die Liebe für das classische und christliche Alterthum von seinem
großen Vater geerbt hatte. Ueber seine Ausgabe, die 1667 bei Dan. El=
zevier in Amsterdam erschien, sagt Arevalo: „De Prudentio nemo
Heinsio melius meritus est quantum quidem ad delectum variantium
lectionum pertinet." Wohl der größte Bewunderer des Prudentius,
welcher zum Zwecke eines fortlaufenden Commentars reichliches Material
zusammengetragen hat, dürfte der fast vergessene und verschieden beurtheilte
Caspar Barth (1587—1658) sein[4]. „Commentarius," sagt derselbe

[1] Es gibt kein Buch über christliche Archäologie und Kunst, die in der letzten
Zeit einen neuen Aufschwung genommen hat, worin uns der Name des Dichters
nicht oft begegnet. Zu den oft citirten und noch zu citirenden Arbeiten aus diesem
Jahrhunderte, die über Prudentius handeln oder auf seine Erklärung Bezug haben,
ist auch zu rechnen: „Kirchenschmuck", Organ des christlichen Kunstvereins der Diö=
cese Seckau. Jahrg. V, 33; VII, 103; IX, 80.

[2] „Post restitutas literas hunc primum appellaverim interpretem Prudentii." Arevalo, Proleg. n. 105.

[3] Hefele, im Freiburger Kirchenlexikon. 2. Aufl. Bd. I. Sp. 990.

[4] Sein Werk, welches er dem Kaiser Ferdinand II. widmete, erschien 1624
unter dem Titel: Adversariorum commentariorum libri LX (p. 3031 und 11 in-

Adversar. lib. XXI, c. 4. p. 1024, „in Prudentium necesse sit multorum annorum opus, in quo etiam ingeniosissimus, eruditissimus et laboriosissimus quis omnem suam industriam possit insumere optimo mortalitatis.“ Neben den eigentlichen Commentatoren, bezw. Editoren des Dichters ist die gelegentliche Interpretation einzelner Stellen aus seinen Gedichten in den Werken eines Bona, Gavanti, Malbonat, Petavius, Ruinart, Berti u. a. nicht zu vergessen. Die Hochschätzung des Prudentius in der theologischen Wissenschaft ist hiernach sehr groß gewesen. Trotzdem durfte Arevalo [1] im Eingange zu seiner Ausgabe (Proleg. n. 5) schreiben: „... quis non miretur scriptorem hunc insignem, qui eminentem quendam locum tum inter poëtas tum inter ss. ecclesiae patres debet obtinere, nondum eos commentatores editoresque habuisse, qui prudentium hominum votis undecunque fecerint satis?“ Bezüglich der Ausgabe des Prudentius, welche zu Parma kurz vor der seinigen im gleichen Jahre 1788 erschien, schreibt er aber (n. 117): „Vertat aliquis olim poëtae nostro laudi, quod editione Parmensi vix absoluta alius aliam inchoaverit. Nam qui argumenta rerum, quae in Prudentio latent ita iam illustrata censeat, ut ab uno vel altero possint exhauriri, is sane vel Prudentium non legit vel nullo modo intellexit.“ Es ist nun kein übertriebenes Lob, daß die Arbeit Arevalo's die früheren Ausgaben nicht bloß übertroffen, sondern fast überflüssig gemacht habe. Obbarius und Dressel erkennen dieß an [2]. Daß Arevalo aber der Folgezeit für die Erklärung des

---

dices in fol.). Mehr als ebenso viele Bücher sind noch ungedruckt vorhanden. Jedenfalls ist die außerordentliche Vertrautheit mit dem Alterthume anzuerkennen. Bereits in lib. I. c. 3 kommt er auf Prudentius zu sprechen. Er veröffentlicht ein von ihm als Manuscript entdecktes carmen in Spiritum Sanctum, das an Vollendung eines Prudentius oder Paulinus würdig sei. Arevalo (Prol. n. 73) handelt hierüber so, als habe Barth die Autorschaft des Prudentius oder Paulinus wirklich behauptet, und findet den Stil dem des hl. Paulinus ähnlicher.

[1] Faustinus Arevalo S. J., geb. 1749, den Pius VII. zum päpstlichen Hymnographen und Theologen erhob, besorgte außer der commentirten Ausgabe des Prudentius die der Werke des Dracontius (1791), des Juvencus (1792), des Sedulius (1794), des hl. Isidor (1797—1803). „Hisce editionibus,“ sagt Hurter (Nomenclator literarius recentioris theologiae cath. tom. III. p. 604) „magnam sibi comparavit famam apud eruditos, quorum una consentiensque vox est, Arevalum in his auctoribus illustrandis priores interpretes fere inutiles reddidisse posterioribusque, si qui venturi sint, spei parum reliquisse novi aliquid conficiendi.“

[2] Obbarius, Proleg. p. XLI: „Hanc editionem ea laude quam ipsi a VV. DD. tributam esse constat, dignam esse nemo negabit, quod praeter ceteros in explicando Prudentio Arevalus excelluit, quamquam theologiam suo more pluribus, quam par erat, illustrat et studio partium nonnumquam arreptus in adnotationibus exegeticis cum in haereticos tum in Lutheranos tum in Calvinistas invehitur. Omnia autem, quae ad fontes, e quibus sanctorum historias

Dichters kaum etwas zu thun übrig gelassen habe, dürfte mit seinem eigenen Urtheile schwerlich übereinstimmen; der Aufschwung, welchen namentlich die historische Kritik seit jener Zeit genommen hat, macht dieß von vornherein unwahrscheinlich. Indeß ist katholischerseits seitdem weder eine Ausgabe noch ein Commentar zu Prudentius erschienen. Indem Abbé Migne die Ausgabe Arevalo's 1847 in seinen Cursus patrologiae t. 59 und 60 aufnahm, hat er ihr nur die verdiente Verbreitung verschafft. Was die Herstellung eines kritisch genauen Textes betrifft, so hat Obbarius über Arevalo hinaus eine vorzügliche Arbeit geliefert. Durch Textreinheit behauptet sie ihre Stelle neben der neuesten Ausgabe von Dressel; dagegen hat Dressel durch Bereicherung und Richtigstellung des kritischen Apparates alle seine Vorgänger übertroffen. Die aufgezählten Verdienste unseres Jahrhunderts um die Lectüre des Prudentius sind indeß wahr und richtig durch Brockhaus folgendermaßen beurtheilt[1]: „Trotz der gelehrten, freilich nicht immer unbefangenen Noten des Faustus Arevalus selbst und der schätzbaren, namentlich textkritischen Anmerkungen der trefflichen Ausgaben von Obbarius und Dressel ist ... doch für eine Commentation des Dichters wenig gethan, und es wäre wünschenswerth gewesen, wenn die beiden letzteren Herausgeber in ihren Beiträgen zur Sacherklärung etwas freigebiger gewesen wären." Diese Worte, wonach das letzte Jahrhundert in der Pietät gegen Prudentius den früheren Jahrhunderten nachsteht, erheischen einige Erläuterung. Was die Commentation betrifft, so ist die Abhängigkeit Dressels von Obbarius und Arevalo in der befriedigenden Erklärung von wirklichen Schwierigkeiten derart, daß man fragt: wie viel wohl nach Abzug des Herübergenommenen oder Verwertheten noch übrig bleiben würde?[2] Man

---

poëta hauserit, spectant, nemo melius atque sagacius perscrutatus est, ita ut hanc editionem saepius in Germaniae bibliothecis inveniri optandum esset." Dressel (Prol. p. XLII) schreibt: „Is igitur quae non sine nimio legentium incommodo exstabant incomposita atque dispersa ad Prudentium illustrandum in unum collegit, collecta in prolegg. congessit, capitibus distinxit." Das Lob erscheint hier freilich auf das eines fleißigen Sammlers herabgestimmt; das folgende Urtheil über den Commentar geht zum schärfsten Tadel über mit der Beschränkung: „Verumtamen poëta *pluribus sordibus adhuc* oppletus laceret, nisi Arevalo, homo in bonarum artium disciplinis egregie instructus, illum sibi corrigendum explicandumque submovisset." In dem Urtheile, das wir über Dressels Arbeit alsbald zu geben haben, wird hierüber zu reden sein.

[1] A. a. O. S. 163. Wir können es Brockhaus nicht verargen, daß er von seinem Standpunkte aus Arevalo's Noten „nicht immer unbefangen" nennt, ohne hiermit einverstanden zu sein.

[2] Mit Unrecht würde man hieraus an sich dem verdienstvollen Dressel einen Vorwurf machen. Allein das Auftreten Dressels gegen seine Vorgänger flößt Unwillen ein. Ueber Obbarius lautet sein Urtheil (p. XLV): „Nos sane in eius ed. acquievissemus, si ob innumeros critici commentarii errores, quos ab

vergleiche namentlich die beiden Indices nominum propr. et rerum und verborum et phrasium bei Dreſſel (p. 488 sq.) mit Arevalo's Index verborum et phrasium (Migne t. 60. col. 931 sq.); ferner die Anmerkungen Dreſſels zu Proleg. c. I und II mit den Prolegomena des Obbarius. Aus dem Commentare greife man eine beliebige Stelle heraus,

Arevalo accepit, acceptos propagavit, id absque fontium poetae criticorum ipsiusque carminum nitoris praeiudicio fieri potuisset. *Taceo reliqua quae ab aliis intelligi maluerim, quam a me dici.*" Zur Kritik dieſes Schweigens ſei auf die Worte des hl. Franz von Sales (Philothea l. III. c. 29) verwieſen. Das eine mitgetheilte Beiſpiel (S. 100), wie Dreſſel die Anmerkung von Obbarius verwerthet hat, hätte erſterem den Wunſch nahe legen ſollen, daß hierüber Schweigen bewahrt würde. Von dem Commentar Arevalo's ſagt Dreſſel (p. XLII): „nimium quantum adcumulavit ita, ut potius horreum habeas *scientiae ostentatoriae*, quod alibi forsan laudasses inventum, hinc ut procul abesset optares." Richtig iſt hieran, daß namentlich für unſere Zeit der Commentar zu viel enthält, was zur Erklärung des Dichters kaum etwas beiträgt und antiquirt iſt. Das iſt aber kein Grund, dem gelehrten Jeſuiten Eitelkeit vorzuwerfen. In der Polemik gegen Andersgläubige ſoll Arevalo gar „einem Stachelſchweine" gleichen. „At tunc profecto more hystricis se gerit aculeos acutos protendentis ita, ut ubivis tangas quin feriaris periculum sit apertum." Hierzu kommt endlich die „incredibilis Arevali negligentia, qua in codicibus conferendis usus est". Der letztere Vorwurf hat, die Uebertreibung abgerechnet, eine gewiſſe Berechtigung. Das rechte Maß desſelben zu beſtimmen, iſt darum ſchwer, weil Dreſſel ſagt: „Infinitum est, quoties in varr. lectt. adnotandis erraverit, toties expressim memorare; *tacite* eum corrigere libuit, siquidem et mihi et lectoribus minus molestum." Noch läſtiger bezw. vielfach unmöglich iſt es dem Leſer, die römiſchen Handſchriften zur Feſtſtellung des „quoties" herzunehmen. Uebrigens iſt hierbei der Stand der textkritiſchen Wiſſenſchaft zur Zeit Arevalo's im Vergleiche zu heute nicht zu überſehen. Der Vorwurf der unerträglichſten Unbulbſamkeit dagegen, welchen Arevalo von Dreſſel erhält, iſt grundlos. Arevalo vertheidigt den Dichter und die katholiſche Lehre gegen die Entſtellungen der Proteſtanten. Letztere ſind ihm „Häretiker", und er nennt es „unverſchämt" (impudenter), wenn dieſelben behaupten: „Der Teufel habe ſehr vieles in die Schriften ſo großer Männer (wie des Prudentius und der Väter) eingeſchmuggelt, z. B. die Lehre über die Anrufung der Heiligen" (malignum spiritum tantorum virorum scriptis plurima inseruisse). Das iſt wahr und jedem Katholiken ſelbſtverſtändlich. Wir überlaſſen es aber jedem beſonnenen Proteſtanten, Arevalo's cap. IV der Prolegomena: Magdeburgensium aliorumque de Prudentio doctrina iudicium, den Commentar zu Cath. VIII, 19 ꝛc. zu leſen und dann zu beurtheilen, ob darin die obigen Worte Dreſſels zumal in einem wiſſenſchaftlichen Werke einen irgendwie gerechten Anlaß finden können. Wir fragen weiter, wo die Wiſſenſchaft Dreſſels bleibt, wenn er p. XIII n. 29 über die Zeugniſſe des Dichters für die Heiligenverehrung ſagt: „Quae de nimio martyrum cultu passim occurrunt, *Hispaniae propria esse videntur* nisi forte solius *Prudentii pietati ea debemus. Hieronymus, Augustinus, Leo M., Vigilantius Barcilonensis ecclesiae presbyter haud quaquam illi quamvis piae devotioni suffragabuntur.*" Dieſe Worte, welche im Leſer eine völlige Unkenntniß des chriſtlichen Alterthums vorausſetzen, werden noch intereſſanter, wenn man unterſucht, wie darin die Anmerkung 40 p. 12 der Prolegomena bei Obbarius verwerthet iſt.

z. B. Perist. X, 839—996. Obbarius, der durch seine Arbeit überall Achtung einflößt, hat im Vergleich zu Dressel namentlich in den Prolegomena viel mehr selbständig zur Erklärung des Dichters beigetragen[1]; mit Arevalo kann er indeß den Vergleich nicht bestehen[2]. Wir besitzen also im Grunde an der Ausgabe von Arevalo noch immer den besten und katholischerseits den einzigen Commentar zu Prudentius seit 100 Jahren. Daß Manches in Obbarius' und namentlich in Dressels Anmerkungen den katholischen Leser verletzen muß, ist in unserer Arbeit an mehreren Stellen dargethan. Eine neue commentirte Ausgabe des Prudentius wäre demnach katholischerseits ein Bedürfniß, falls jemand an die Ausführung der Worte des berühmten Gelehrten Ludwig Vives denken wollte. Derselbe sagt nämlich (ep. II. De ratione studii puerilis): „Legendi sunt et poëtae nostrae pietatis: *Prudentius*, Prosper, Paulinus, Iuvencus et Arator; qui quum habeant res altissimas et humano generi salutares non omnino sunt in verbis rudes aut contemnendi. Multa habent, quibus elegantia et venustate carminis certent cum antiquis, multa quibus etiam eos vincant.“ Wir sind weit entfernt, die in diesen Worten gewünschte Restitution des Prudentius für unsere Zeit zu erhoffen. Die Beschützer der Götter von Hellas und Rom brauchen sich wahrlich vor solchen und ähnlichen Stimmen aus neuerer Zeit[3] nicht zu fürchten, so lange unsere Gymnasien mehr und mehr außer Stand gerathen, den Schülern auch das bescheidenste Maß von Fertigkeit im Gebrauche der lateinischen Sprache beizubringen. Um indeß die angeführte Aeußerung zu würdigen, müssen wir nach dem Urtheile fragen, welches sich schließlich über Prudentius gebildet hat. Dasselbe muß gewissermaßen als Resultat seines vierzehnhundertjährigen Verkehrs mit der christlichen Welt gelten. Man ist namentlich in neuerer Zeit nicht einig in diesem Urtheile. Hierbei ist vor Allem die Bemerkung des P. Albert M. Weiß O. P. zu beherzigen, die er gerade bezüglich der Beurtheilung unseres Dichters macht[4]: „Wie wenig man in diesen Fragen auf Auctoritäten geben, und wie sehr man sich auf eigene Füße stellen muß, zeigt die reich-

---

[1] Dressel gesteht übrigens selbst seine Abhängigkeit von Obbarius zu (p. XLVI); er hätte Arevalo zu erwähnen nicht unterlassen sollen. Vgl. z. B. den Commentar Arevalo's zur Praefatio mit dem Dressels.

[2] „Mellus,“ sagt Dressel über Obbarius, „meruit de Prudentio commentando quod, quae *alii ante eum* collegerunt iis sedulo adiunxit, quae apta atque idonea ad eundem finem nostro aevo viri docti exposuerunt.“ Die „alii ante eum“ sind aber in Arevalo ziemlich concentrirt.

[3] Bähr, Die christlichen Dichter und Geschichtschreiber Roms. Supplement-Bd. Karlsruhe 1836. S. 10. *Kantecki*, De Aur. Prudentii Cl. genere dicendi quaestiones. Monasterii 1874. p. 6. Vgl. *Dressel*, Prol. p. XIX.

[4] Apologie des Christenthums vom Standpunkte der Sittenlehre. 3. Bd. Freiburg 1884. S. 871.

Rösler, Prudentius.   18

haltige Sammlung von Urtheilen verschiedener Zeiten und Kritiker über
Prudentius bei Bähr, Die christlichen Dichter Roms (1), 46 ff." — „Wie
viele," ruft Ebert (a. a. O. I S. 279) aus, „haben darüber (über das
Dittochäon) geurtheilt, ohne Prudentius überhaupt oder mit Aufmerksamkeit gelesen zu haben!" — „Man hat Pindar stets überschätzt," sagt P. Albert M. Weiß (a. a. O. S. 867), „wohl nur, weil die meisten vor seiner
Lectüre eine so heilige Scheu tragen"; aus demselben Grunde, dürfen wir
sagen, sind manche sonderbare Urtheile über Prudentius an's Tageslicht
gekommen. Freilich haben sich auch trotz aufmerksamer Lectüre wieder-
sprechende Ansichten gebildet. So sagt Kayser (a. a. O. S. 267) über
den Hymnus auf die hl. Eulalia: „Er dürfte das schönste aller lyrischen
Gedichte des Prudentius sein." Während Dressel fast noch weiter im
Lobe desselben geht[1], führt Brockhaus (a. a. O. S. 168) gerade diesen
Hymnus neben Perist. X und II als Hauptbeleg für folgendes Urtheil
an: „Dieser verkünstelte Zug bis zum Unwahren tritt auch in der
Charakteristik der Heiligen und Märtyrer hervor, die Prudentius in den
Hymnen Peristephanon besingt. Gestehen wir es offen, so machen viele
derselben trotz der Bewunderung, die gerade die katholische Kirche diesen
Schilderungen entgegengebracht hat, einen widerwärtigen Eindruck." Der
Grund, warum Brockhaus nicht nur gegen die „Bewunderung der katholischen Kirche", sondern auch gegen den sicher nicht katholisirenden Dressel
eine so absprechende Meinung ausspricht, liegt in den subjectiven ästhetischen und dogmatischen Begriffen, die er über das Martyrium und die
Darstellung desselben äußert. Die Märtyrer der katholischen Kirche sind
keine Romanhelden, die der Dichter nach den Grundsätzen des „Laokoon"
auftreten läßt. Es sind wirkliche Menschen, und verschieden nach Nation,
Alter und Geschlecht äußert sich die Kraft des heiligen Geistes in den
christlichen Helden. „Wir haben es oft gehört und gesagt," schreibt
Gams[2], „daß die Gnade die angeborene oder anerschaffene Natur nicht

---

[1] Zu Perist. III. (p. 332): „Inter Prudentii carmina hocce gravitate pia
conceptionisque venustate longe praeeminet."

[2] Kirchengeschichte von Spanien I. S. 385. Die Erklärung, welche Gams
S. 309 von dem Schweigen des Dichters über die hl. Eulalia von Barcelona und
der Bezeichnung der Jungfrau Enkratis mit violenta virgo (Perist. IV, 111) gibt,
würde dem Prudentius gerade das zuschreiben, was Brockhaus an ihm vermißt.
„Indem Prudentius die achtzehn Märtyrer von Saragossa rühmt und besingt, kann
er nicht umhin, die Vorkämpferin aller, die Jungfrau und Heldin Engratias, zu
rühmen. Aber er kann auch nicht umhin, sie eine gewaltthätige Jungfrau zu nennen.
Indem er sie rühmt und bewundert, tadelt er sie. — Prudentius betrachtet also dieses
Hervortreten und Auftreten der spanischen Jungfrauen bei dem Martyrium mit
denselben Gefühlen, wie überhaupt die Nichtspanier. — Er nimmt Anstoß an dem
Recken, Herausfordernden ihres Auftretens, und es ist, als ob er durch sein gesuchtes
und absichtliches Stillschweigen sie dafür bestrafen wollte." — „Zwar von der

aufhebe. Die spanischen Heiligen sind große Heilige, aber sie sind und
bleiben Spanier. Die spanischen Martyrer stehen hinter den Blutzeugen
keines Volkes und Landes zurück, aber sie sind und bleiben als Mar=
tyrer — Spanier. Wir wollen dieß nicht loben, aber woher hätten wir
ein Recht, es zu tadeln? Sie haben die Palme des Sieges erreicht; und
dabei ist es gleichgültig, ob sie ihre Peiniger mit scharfen Worten anredeten,
die Götzenbilder zertrümmerten, oder selbst ihren Richtern in das Angesicht
spieen. — Es war dieß kein Trotz, keine Selbstüberschätzung, kein Zorn,
es war die angeborene Natur ihres Volkes" und, setzen wir hinzu, die
eigenthümliche Einwirkung des heiligen Geistes. „Infremuit
sacer Eulaliae Spiritus", sagt Prudentius. „Wären sie den Peinen unter=
legen, dann hätten wir ein Recht, sie zu tadeln. Nun sie aber als Sieger
hervorgingen aus dem Kampfe, wäre jeder Tadel ihrer Haltung, milde
ausgedrückt, Engherzigkeit oder Unverstand." Die angeführten Worte
von Gams bedürfen, wie angedeutet ist, einer Ergänzung. Nicht die an=
geborene Natur allein, sondern die durch die Gnade gehobene und veredelte
Eigenthümlichkeit der Natur ist das Princip derartiger Erscheinungen.
Diese gab dem christlichen Spanier Prudentius das Recht, das Auftreten
seiner Heldin so zu schildern, wie er es gethan hat. Dagegen meint
Brockhaus: Bei ihrem Martyrium „verläugne die hl. Eulalia etwas,
was der Dichter eine weibliche Gestalt in keiner Situation
verläugnen lassen darf, die Weiblichkeit". Hiermit legt er
an eine Erscheinung des übernatürlichen Gnadenlebens den unzureichenden
Maßstab der Natur an[1]. Prudentius schließt aber ausdrücklich von seiner
Heldin die natürlichen Aeußerungen „der Weiblichkeit" aus, die in dem

---

Eulalia von Emerita berichtet er auch, daß sie zum Martyrium sich herbeigedrängt
und daß sie dem Richter in das Angesicht gespieen habe. Aber er bemerkt, daß sie
stets von strenger Miene, von bescheidenem Gange (gewesen), und daß sie in
zarter Jugend schon die Reife des Greisenalters erlangt habe. Aber er kann doch
nicht umhin, ihr heftiges Auftreten bei dem Martyrium anscheinend zu tadeln." Ich
zweifle, ob jemand außer Gams in Perist. III, 31 sq. den „anscheinenden" Tadel
finden wird, der nicht, wie er, das Schweigen des Dichters über die hl. Eulalia
von Barcelona als Argument für ihre Nichtexistenz beseitigen will. Das Schweigen
hat, wie wir oben sahen, einen weit einfachern Grund. Sicher kannte Prudentius
den 80sten Canon von Elvira und mißbilligte in Uebereinstimmung damit das muth=
willige Vordrängen zum Martyrium. „Si quis idola fregerit et ibidem fuerit
occisus, quatenus in evangelio scriptum est neque invenietur sub apostolis
unquam factum, *placuit in numerum eum non recipi martyrum*." (Siehe Gams
a. a. O. II. 1. S. 124.) Daß er jedoch das kühne Auftreten der von der Kirche
anerkannten Martyrer nicht tadelte, zeigen die Worte, welche er in Perist. X. dem
hl. Romanus in den Mund legt.

[1] Ebenso engherzig lautet das Urtheil des Rationalismus über die Briefe des
hl. Ignatius von Antiochien, das wir unten im zweiten Theile anzuführen haben.

Mädchen schon in Folge höheren Einflusses einer männlichen Gesinnung Platz gemacht haben (v. 16 sq.):

> Iam dederat prius iudicium
> Tendere se Patris ad solium
> *Nec sua membra dicata toro:*
> Ipsa crepundia repulerat,
> Ludere nescia pusiola.

Die Brockhaus'sche Verurtheilung unseres Hymnus hat somit einen doppelten Fehler zur Voraussetzung: sie verkennt den übernatürlichen Cha= rakter der Handlung, und sie trägt der natürlichen Anlage der Heldin nicht genügend Rechnung. Letzteres hebt Ebert richtig also hervor (a. a. O. S. 254): „Die Darstellung hat etwas Glänzendes und Elegantes, und der daktylische Trimeter hypercatal. entspricht ganz dem stürmischen, leiden= schaftlichen Wesen der (spanischen) Heldin." Die einander widersprechenden Urtheile über Prudentius erklären sich also aus dem verschiedenen Stand= punkte, auf dem die Kritiker gestanden sind. Ist nun aber überhaupt ein einheitliches, objectives Urtheil möglich? Die Antwort hängt davon ab, ob es einen objectiven Standpunkt der Beurtheilung gibt, auf den sich die Kritik stellen kann oder stellen muß. Prudentius ist religiöser Dichter im strengen Sinne; seine Religiosität ist aber durch und durch katholisch; seine Gedichte sind das Porträt seiner katholischen Seele. Von diesem Standpunkte aus will er auch beurtheilt sein. Eine Aesthetik, welche von der Religion absieht oder dem Katholicismus feindlich gegen= übersteht, wird somit nothwendig gegen Prudentius Stellung nehmen und im besten Falle ein übel angewandtes Dichtertalent an ihm finden. Ganz anders wird das Urtheil des vom katholischen Glauben durchbrungenen Aesthetikers lauten; es wird das richtige sein, falls der katholische Glau= bensstandpunkt der objectiv wahre ist, und somit die von diesem Glauben inspirirte ästhetische Wissenschaft mehr als subjective Meinungen vorträgt. Thatsächlich ist das einstimmige Zeugniß so lange ausschließlich günstig für Prudentius gewesen, als die Gesellschaft katholisch dachte. Der Ruf und das Fortleben des Dichters steht im geraden Verhältnisse mit dem Leben der katholischen Kirche in der Menschheit. Somit können wir be= hufs Feststellung des schließlichen Urtheils über Prudentius auch fragen: Ist das Urtheil der katholischen Christenheit, wonach Prudentius der her= vorragendste Dichter des christlichen Alterthums ist, objectiv richtig? Uns gilt die katholische Lebensanschauung des Dichters als der allein richtige Standpunkt. Die hieraus gegen ihn erhobenen Vorwürfe fallen also weg. Erweist sich Prudentius auch in der sprachlichen Darstellung und in rein ästhetischer Beziehung nach allgemeinem Urtheile als Dichter von Gottes Gnaden, so ist die obige Frage in bejahendem Sinne erledigt.

Zunächst handelt es sich also um die Latinität des Prudentius, um die Reinheit der Sprache und die Gewandtheit, diese den Regeln der Prosodie gemäß zu brauchen. Die ausführliche und gelehrte Abhandlung Arevalo's über diesen Punkt (Proleg. c. XXIII—XXVII) hat durch die bereits citirte gründliche Dissertation Kantecki's eine erwünschte und abschließende Ergänzung erhalten [1]. Die Zahl der Worte und Wendungen, welche Prudentius abweichend von den Classikern des augusteischen Zeitalters braucht, ist nun freilich nicht gering. Allein selbst wenn man an das Latein des Prudentius den Maßstab dieses Classicismus anlegt, kann man nach Cicero's eigenem Grundsatze dem Dichter nur in beschränktem Maße einen Vorwurf machen [2]. Selbst Bernhardy, den Kantecki (S. 18) als Ausnahme unter den gelehrten Philologen „Prudentio plus aequo inimicum" nennt, fällt allein von diesem Standpunkte über unsern Dichter das Urtheil [3]: „Alle diese, Juvencus, Da=

---

[1] Denselben Zweck verfolgt Brys in der oben (S. 9) angeführten Dissertation, die an die Gründlichkeit Kantecki's aber nicht heranreicht. Vgl. *Obbarius*, Proleg. p. XVI sq. und *Dressel*, Proleg. p. XVI sq.

[2] *Kantecki* l. c. p. 24 sq.: „... magnam verborum vim ... genuit, novavit, fecit, quorum plurima decursu temporis ab iis, qui de theologicis rebus scribebant civitate quasi donata, in omnium ore sunt. Fatendum vero est magnam eorum partem contra genium et consuetudinem linguae latinae nullaque urgente necessitate factam minimeque adhibendam sed potius perhorrescendam esse purae latinitatis studiosis." Letztere Worte, die, wie gesagt, nur vom Standpunkte der heidnisch-römischen Classicität berechtigt sind, dürften gleichwohl zu streng sein. Einerseits nämlich beschränken sie willkürlich die im Princip zugestandene poetische Licenz, (*Cicero*, De oratore III, 38; De finb. III, 1), andererseits übersehen sie, daß Zeit und Ort des Prudentius wohl eine „drängende Nothwendigkeit" bildeten, Worte anzuwenden, die dem classischen Sprachgebrauche fremd waren. Hier ist die Unterscheidung Arevalo's (l. c. n. 239) am Platze: „Si poeta Latinus optimus non est, qui Augustaea Latini sermonis elegantia non eminet, concedam fortasse mediocrem poetam fuisse Prudentium. ... Sed res ita se habet: in Prudentio cum cetera omnia sint, quae poetam eximium constituunt, si purissimus sermo Augustaeo saeculo usitatus desit, non propterea eum inutiliter legendum esse arguas ab eis, qui poetica facultate delectantur. Nam primum si quis *Christianum argumentum* carmine velit tractare, non aliunde melius sumere poterit exemplar. Deinde ceteris in rebus plurima ab eo dicta elegantissime occurrunt et ex optimis auctoribus petita vix *ut pauca reiicere possis* et, si voces ecclesiasticas excipias, *pauciora quam quae in Ausonio aliisque aequalibus reperiuntur."*

[3] Grundriß der römischen Literatur. Fünfte Bearbeitung. Braunschweig 1872. S. 895. Bernhardy mag über die heidnischen Classiker ein vorzügliches fachmännisches Urtheil haben. Um aber über die Leistungen des christlichen Alterthums sprechen zu können, muß man den Geist des Christenthums besitzen, der dem Bernhardy'schen Buche wenigstens völlig fremd ist. Vgl. S. 0 Anm. 4. Seine Beurtheilung der lateinischen Väter ist deßhalb bedeutungslos. Hätte Bernhardy nur ein wenig von den „mittelmäßigen Studien" gemacht, die nach ihm der Möhler'schen Patrologie zu Grunde liegen!

masus, Victorin (wie Gennadius den Marius Victor nennt), Hilarius, hat der Spanier Prudentius ... weit übertroffen." Dürfen wir aber die Sprache des Horaz und Vergil zur Richterin über Prudentius aufstellen? Prudentius ist ein christlicher Dichter auf der Grenzscheide des vierten und fünften Jahrhunderts. Seine Gedichte sind nicht Stilübungen, die seine genaue Kenntniß der lateinischen Sprache im goldenen Zeitalter be=weisen sollen. Vielmehr will er darin Jesus Christus und seine Kirche verherrlichen und seine Zeitgenossen zur gleichen Verherrlichung veranlassen. Hierin sind zwei Ursachen enthalten, warum seine Latinität von der des classischen heidnischen Rom nicht bloß abweichen darf, sondern muß. Er=stens nämlich forderte der Gegenstand und der christliche Geist des Dichters auch eine eigene christlich=lateinische Sprache. „Nachdem die Offenbarung durch den Eingeborenen vom Vater in der Fülle der Zeiten eine Welt ganz neuer Anschauungen und Begriffe auf diese Erde herabgeführt, war es ja schlechthin nicht möglich, daß die in den classischen Sprachen Roms (und Athens) vorhandenen Ausdrücke und Wendungen hätten hinreichen, daß der seinem ganzen Wesen nach heidnische Geist dieser Sprachen sich hätte eignen können, jene durch und durch anderartigen Wahrheiten und Begriffe zur Dar=stellung zu bringen. Dadurch wurde eine durchgreifende Umbildung dieser Sprachen, die Bereicherung derselben mit neuen Formen und Ausdrücken und das Fallenlassen mancher, die in ihrer Art ‚classisch‘ waren, für die Vertreter der christlichen Wissenschaft und Kunst zur unabweisbaren Noth=wendigkeit."[1] Prudentius steht aber wegen seiner classischen Bildung und wegen der Rücksicht auf seine gebildeten Gegner gerade in dieser Beziehung den Classikern mindestens ebenso nahe, als die übrigen christlichen Dichter[2].

---

[1] Jungmann, Aesthetik, 2. Aufl. S. 359. Vorzüglich ist die von Jungmann S. 917 mitgetheilte sarkastische Abfertigung, die Erasmus den fanatischen Puristen zu Theil werden ließ. Das im Jahre 1853 zu Amiens gehaltene Concil der Rheimser Kirchenprovinz hat über die ungerechte und unverständige Verurtheilung der christlichen Latinität des Alterthums den Satz ausgesprochen: „Opinio, qua uti *barbara* despicitur lingua illa, quae apud excellentissimos Patres usitata, ab ipsa ecclesiae liturgia est consecrata, reiicienda est uti non minus a decentia, quam a veritate ab-horrens, et in sanctam ecclesiam contumeliosa." (Bei Jungmann a. a. O.) Man erwäge besonders in Bezug auf Prudentius, wie eng seine Werke mit der Liturgie und dem dogmatisch fixirten Ausdrucke der Kirchenlehre zusammenhängen. Alsbann erscheint es, als wären die Worte des großen Hymnologen Mone (Latei=nische Hymnen des Mittelalters. Freiburg 1853. Bd. I. S. IX) speciell für Pru=dentius geschrieben. Vgl. übrigens dieselbe Meinung bei *Arevalo* l. c.; *Kan-tecki* l. c. p. 10; *Dressel*, Prol. p. XVII: „Verum enimvero fides novella novellum loquendi modum sibi adtulit."

[2] Dressel (p. XIX) sagt: „... re maturius pensitata Prudentium in primorum christianorum poetarum choro primum collocandum dixerim. Atqui alii, qui eum antecesserunt, ut Iuvencus, certe optimorum veterum exempla

Zweitens schrieb Prudentius als religiöser Dichter im eigentlichsten Sinne zunächst nicht für die Gelehrten, nicht für bestimmte Kreise von höherer Bildung, sondern für das christliche Volk. Dieß gilt zur Erklärung mancher Ausdrücke, für die Prudentius wohl auch ein classisches Wort hätte anwenden können; mehr noch werden hierdurch die Eigenthümlichkeiten in der Prosodie und Metrik in's rechte Licht gestellt. „Den Meistern der lateinischen religiösen Poesie," sagt Jungmann (a. a. O. S. 749), „war die antike classische Poesie keineswegs unbekannt; beßungeachtet wurden die metrischen Gesetze derselben von ihnen nicht adoptirt, sondern nach und nach durchgreifend geändert. Nicht allein, daß sie die kunstreichen Strophen der altgriechischen und -römischen Dichter wenig zur Anwendung brachten: sie suchten überdieß ihre Verse immer mehr so einzurichten, daß die Hebung des Tones, die Arsis, mit dem Wortaccent zusammenfiel, wie es in der ungebundenen Rede und überhaupt in der Sprache des täglichen Verkehrs der Fall ist, während ja die antike Poesie, in Folge ihrer vom Wortaccent ganz unabhängigen Messung der Silben, die sonst gewöhnliche Betonung ganz unberücksichtigt gelassen hatte, und zu derselben oft in den vollsten Gegensatz getreten war. Bei der etwas einseitigen Bewunderung und der tiefen Ehrfurcht, welche dem classischen Alterthum gegenüber der gelehrte Unterricht der Jugend einzupflanzen bemüht ist, kommen eben darum die hervorragendsten religiösen Dichtungen der christlichen Zeit manchem Gebildeten vor wie das Werk eines Geschlechtes, das, von der einstigen Höhe herabgesunken, nicht mehr die geistige Kraft besitzt, es den Vorfahren gleichzuthun, und sich in Einfalt mit den Producten der Mittelmäßigkeit zufrieden gibt [1]. Aber nicht Mangel an Gewandtheit und geistiger Begabung war es, was die Meister der religiösen Poesie veranlaßte, die Gesetze der antiken Metrik nach und nach großentheils fallen zu lassen, sondern sie sahen sich hierzu durch sehr gewichtige Gründe bestimmt, und was sie an deren Stelle setzten, das ist nichts weniger als von der Art, daß der Bewunderer der antiken Kunst irgendwie berechtigt wäre, mit Geringschätzung darauf herabzusehen."

Wenn Jungmann alsbald diese Rücksichtnahme auf das christliche Volk durch den Hinweis auf die Volkspoesie des Plautus u. s. w. erklärt und vertheidigt, so hat dieß mit der speciellen Beziehung auf Prudentius

---

adfiniores sunt eos aut imitantes aut anxie iterantes...." Hierin ist der Unterschied zwischen Prudentius und seinen Vorgängern genügend angedeutet. Dem Worte, aber nicht dem Genius der Sprache nach steht Prudentius den Classikern ferner.

[1] Vgl. Brockhaus a. a. O. S. 171. Auch hier zeigt Brockhaus, daß er nicht im Stande war, den Christen Prudentius und die christliche Poesie überhaupt zu würdigen.

schon Arevalo (Prol. n. 214) gethan [1]. Allein auch hier spielt wieder
Prudentius unter den christlichen Dichtern eine eigene und zwar die her=
vorragendste Rolle. Wer von ihnen bringt so vielfach und mit der tref=
fendsten Auswahl die antiken Versmaße in Anwendung wie Prudentius?
Im Hymnus „Vor der Mahlzeit" (Cath. III.) kommt der muntere
daktylische Trimeter hypercatal. in fünfzeiligen Strophen zur Anwendung,
wogegen im Hymnus „Nach der Mahlzeit" (Cath. IV.) die phaläcischen
Hendekasyllaben, zu dreizeiligen Strophen verbunden, gelassen einher=
schreiten. Im glänzenden Lichthymnus (Cath. V.) erscheint das elegante
asklepiadeische Versmaß in vierzeiligen Strophen. Der kurze bewegliche
Rhythmus des Dimeter iamb. catal. im Hymnus vor dem Schlafe
(Cath. VI.) hat etwas Einwiegendes. In dem Hymnus vor dem Fasten
(Cath. VII.), in welchem die Erzählung eine so große Rolle spielt, wird
der nüchterne, gewöhnliche und zugleich in epischen und bidaktischen Dich=
tungen damals gebräuchliche Senar angewendet; ihm an Ernst verwandt
ist die sapphische Strophe des Hymnus nach dem Fasten (Cath. VIII.).
Zum begeisterten Vortrage der Thaten des Erlösers (Cath. IX.) wählt
Prudentius den trochäischen Tetrameter catal., der ebenso volksmäßig
als für das Erhabene geeignet ist [2]. An dem anapästischen Rhythmus
des unvergleichlichen Grabgesanges (Cath. X.) aber „kann auch der fein=
fühligste Classicismus keinen Anstoß nehmen". Wie oben, so dürfen wir
auch hier sagen: die feine classische Bildung des Prudentius kommt hier
merklich zum Vorschein. Andererseits erlaubte es ihm sein nächster Leser=
kreis, der unter Katholiken wie Priscillianisten viele nach Ausonius' Art
Gebildete zählte, davon Gebrauch zu machen. Er selbst sagt ausdrücklich,
welche Rücksicht er auf das Metrum genommen:

> Quatuor posthinc superest virorum
> Nomen extolli *renuente metro,*
> Quos Saturninos memorat vetustos
>   Prisca vetustas.
>
> *Carminis leges amor aureorum*
> *Nominum parvi facit, et loquendi*
> *Cura de sanctis otiosa non est,*
>   *Nec rudis unquam.*
>
> Plenus est artis modus adnotatas
> Nominum formas recitare Christo,
> Quas tenet coeli liber explicandus
>   Tempore iusto.

---

[1] „Ibique poesin et Latinitatem Prudentii et similium ad regulas seu
consuetudinem saeculi aurei, quod vocant, exigere volunt, cum interea non
solum Terentium, quem plurimi faciebat Cicero, sed etiam Plautum, Ennium
et alios tueantur, quamvis *ea, quae Terentius et ceteri in prosodia ausi sunt,*
longius ab aetate Augusti recedant, quam Prudentii carmina."

[2] Vgl. Ebert a. a. O. I. S. 249.

Gleichzeitig ist indeß in diesen Versen angedeutet, daß es für den christlichen Dichter höhere Rücksichten, als die Gesetze der Metrik gibt. Durch diese bewogen, hat Prudentius sich mehrfache Abweichungen von den strengen Regeln der antiken Metrik erlaubt. Als eine „beschränkte und unrichtige Schulmeinung" bezeichnet Mone [1] die Ansicht jener, die ohne Verständniß der religiösen Poesie eine solche dem Wortaccent Rechnung tragende Metrik für eine Barbarei halten. Bei Prudentius, der in Folge der oben angedeuteten Umstände im Ganzen durchaus auf dem Standpunkte des Classicismus steht, finden sich aber erst die Anfänge dieser Richtung. In dieser Beziehung sagt Bernhardy richtig von ihm (a. a. O. S. 895): „Prudentius ließ als theologischer Dichter allmählich die gelehrten Ueberlieferungen in Prosodie, Phrasen und correctem Wortgebrauch fallen." [2] Durch die Zeitverhältnisse seiner Heimath ist also Prudentius vor anderen der classische christliche Dichter für die Gebildeten geworden; und das hat das christliche Mittelalter bewogen, im richtigen Takte gerade den Prudentius der in der Bildung begriffenen Jugend in die Hand zu geben. Von der classischen Formschönheit der Horaz'schen Verse zur erhabenern Schönheit des christlichen Geistes überzuleiten, gibt es keine bessere Brücke als die Werke des Prudentius. Diesen Charakter haben letztere heute noch nicht verloren; aber die Schule hat ihren christlichen Charakter abgestreift. Sobald sie ihre Aufgabe wieder erkennen und erfüllen würde, die Jugend zu gebildeten Christen zu erziehen, würde sie dieselbe auch wieder neben und nach Ovid und Horaz mit dem christlichen Sänger Prudentius bekannt machen.

Die Aesthetik setzt in dem christlichen Dichter, der den übernatürlichen Wahrheiten ein schönes, angemessenes Kleid verleihen soll, mehr voraus als Gewandtheit in Sprache und Versification. Jene ästhetische Einheit, Lebendigkeit, Natürlichkeit, Neuheit und Würde, welche jede wahre Kunstschöpfung von ihrem Meister als Mitgift verlangt, sind auch für die christlich-religiöse Dichtung nothwendiges Erforderniß. Tragen nun die Dichtungen des Prudentius diese Merkmale in hervorragendem Grade an sich? „Es unterliegt keinem Zweifel," sagt Brockhaus (a. a. O. S. 163), „daß in Prudentius eine außerordentliche dichterische Begabung vorhanden ist. Unter den christlichen Dichtern seiner Zeit ragt er entschieden als der bedeutendste hervor." Nachdem Brockhaus den Schwung seiner Phan-

---

[1] A. a. O. S. X.

[2] Bernhardy fährt fort: (Prudentius) „hat aber auch christliche Dogmen und Gefühle mit Schwung und Beredsamkeit in natürlichem Ausdrucke, weniger mit Geschmack dargestellt; nur war sein poetisches Talent zu schwach, um eine neue Bahn zu brechen." Unter „Geschmack" und „neuer Bahn" versteht Bernhardy das, was die Seele des dem christlichen Geiste entfremdeten Humanismus bildet.

tafie, die farbenglühende Sprache, die zarte, einfache Innigkeit einzelner Stellen des Dichters hervorgehoben, kommt er zu dem Schlusse: „Hier finden wir in der That die Begabung eines Dichters ersten Ran= ges, und es wird uns begreiflich, wie das Bestreben, die Kirche im Voll= besitz aller geistlichen und geistigen Schätze erscheinen zu lassen, Prudentius den Ehrennamen eines christlichen Vergil und Horaz zuerkannte." Hierin ist thatsächlich die allgemeine Ueberzeugung ausgesprochen. Allein die Bezeichnung „christlicher Horaz und Vergil" bedarf, um richtig verstanden zu werden, der Erläuterung, und enthält fast nothwendig eine Einschrän= kung des Lobes. Wir bewundern an Horaz die Klarheit und krystall= helle Durchsichtigkeit mit der kunstgerechten Beschränkung seiner lyrischen Ergüsse, und an Vergil die dem Epos eigene Ruhe, welche den Hörer und Leser in der lebhaftesten Spannung die Ereignisse schauen läßt. Der Herzenserguß Horazens selbst ist es gewöhnlich nicht, der uns anzieht; ja nicht selten kommt die Bewunderung wenigstens bei dem edlen Leser nur daher, daß er über dem schönen Kleide der kunstvollen äußern Form „die geniale Lüderlichkeit" und die niedrige Schmeichelei vergißt, welche sich darunter verbirgt. Im besten Falle ist, was Horaz besingt, das jedem Menschenherzen von Natur eigene, auf die Erde beschränkte Sehnen und Fühlen. Wer könnte aber im Ernste durch die Fabeln der Aeneis sich gehoben fühlen? Was uns ergötzt, ist die Art, wie der liebenswürdige Dichter zu erzählen weiß. Horaz und Vergil hatten sich also nicht zu beklagen, daß der Stoff zu erhaben für die Form sei, die sie ihm zu geben suchten: im Gegentheil könnte man klagen, daß der Gedanke des Horaz seines schönen Kleides zuweilen so unwürdig ist. Wie steht es in dieser Beziehung mit dem „christlichen Horaz"? Was er besingt, be= schreibt der hl. Bernhard also:

> Keine Feder hat's beschrieben
> Und erzählen kann's kein Mund,
> Was es heiße, Jesum lieben;
> Wer's erfährt, nur dem wird's kund.

Prudentius hat die erste Bedingung eines christlichen Künstlers er= füllt: er hat den dogmatischen und ethischen Gehalt der übernatürlichen christ= lichen Offenbarung in Geist und Herz aufgenommen. Das zeigten wir im ersten Kapitel und werden wir deutlicher noch im zweiten Theile dieser Arbeit darthun. Soll er nun wahrhaft ein christlicher Horaz sein, so muß er die unendliche Schönheit und Erhabenheit des menschgewordenen Gottes, seine Wahrheit und seine Liebe mit einem ganz entsprechenden Kleide der Sprache schmücken. Hat er diese Aufgabe gelöst? Er darf sich das Zeugniß geben, daß er nach der Lösung ernstlich gestrebt hat; er darf sich aber nicht rühmen, daß er dieselbe überall erreicht hat. In

letzterm Punkte aber kann er sich mit den größten Meistern der christ=
lichen Kunst trösten.   Christus, insoferne er sich hienieden in der Kirche
und ihrer Kunst offenbart, hat die mangelhafte Hülle seiner noch nicht
verklärten Menschheit beibehalten.   Nur hie und da brechen einzelne
Strahlen seines Verklärungsglanzes durch. Die christliche Kunst ist ihrer
Natur nach „Stückwerk", mag sie die profane auch weit überragen. Be=
gnügen wir uns also, wenn auch in den Gedichten des Prudentius hier=
von keine Ausnahme gemacht ist, und wenn wir das Prädicat „christlicher
Horaz" nur in beschränktem Sinne als wahr bezeichnen dürfen. Hiermit
haben wir auch die Vorwürfe erklärt, die man gegen die poetische Voll=
endung der Werke des Prudentius vorbringt [1].   Wahr ist, daß „ein
rhetorischer Zug störend durch die Poesie des Prudentius geht, daß er
nicht zur rechten Zeit das Ende findet, wenn er einmal von einem Ge=
danken und Bilde ergriffen ist". Man kann auch nach dem oben Gesagten
behaupten: „Er läßt das schöne discrete Maß der classischen Dichter ver=
missen, das selbst in der höchsten Erregung der Phantasie nicht den Zügel
verliert." Ferner wird zugegeben werden müssen, daß die seinem be=
weglichen Geiste sich aufdrängende und nicht beherrschte Gedankenfülle
seiner Sprache öfter die Einfachheit und Natürlichkeit raubt. Ahnungs=
reiche Anspielungen führen uns zuweilen in Seelentiefen des Dichters, wo
die lichtvolle Klarheit von einem Helldunkel verdrängt wird. Sollen wir
all dieß als „geschraubte Effecthascherei", „poetische Zuchtlosigkeit", „be=
rechnende Reflexion und Verkünstelung" „schmerzlich" bedauern? Nein.
Insofern die genannten Erscheinungen Schwächen sind, haben sie ihren
Grund in der Lebensstellung und in dem Temperamente des Dichters.
Als solcher konnte er die rhetorische Ausbildung nicht verläugnen; wie
sein zum Tiefsinne geneigtes melancholisches Temperament sich in seinen
Gedichten offenbart, ist im Vorausgehenden wiederholt hervorgehoben
worden und wird in der Folge noch zur Sprache kommen. Mehr
jedoch, als zum Tadel, darf das Gesagte dem Dichter ohne Künstelei
zum Lobe ausgelegt werden.   Das Wort: „Amor modum saepe nescit, sed super omnem modum fervescit," kommt hier wahr und
voll zur Anwendung. Glühende Liebe zu Christus und seiner Kirche
ist das Leben des Prudentius.   Das gesteht ihm Freund und Feind zu.
Soweit außer der eingehenden Lectüre des Dichters der Nachweis hier=
von möglich ist, wird er im zweiten Theile geliefert werden. Diese
den Christen Prudentius verzehrende Liebe kommt in seinen Werken
zum Ausbruch; aus der Fülle des Herzens redet der Mund. Ein Horaz
konnte leicht in seinem Gegenstande das „schöne discrete Maß" finden,
das bei noch größerer Bescheidenheit öfter an Schönheit wachsen würde.

---

[1] Vgl. Brockhaus a. a. O. S. 167.

Unserm Prudentius gereicht für gewöhnlich, nicht immer, seine Maßlosig=
keit zum Ruhme, weil er dem maßlosen Gegenstande seines Gesanges eine
entsprechende maßlose Liebe entgegenzubringen sucht. Wirft man ihm
letztere als Barbarei und Mangel an Aesthetik vor, so beurtheilt man
ihn nicht als christlichen Dichter, und er selbst sagt darauf (Perist.
IV. 165 sq.):

> Carminis leges amor aureorum
> Nominum parvi facit, et loquendi
> Cura de sanctis otiosa non est
> Nec rudis unquam.

Aehnliches darf als Ergänzung zu der Abweisung des Vorwurfes
gesagt werden, welchen wir oben gegen die Martyrerhymnen, insbesondere
gegen Perist. III. gerichtet sahen. „Die natürliche Aesthetik legt immer
zu viel Gewicht auf die äußere Form und vergißt über der Bewunderung
dieser gar zu leicht das innere Wesen." [1] Und doch ist der Gehalt eines

---

[1] Vgl. P. Albert M. Weiß, Apologie III. S. 831 f. Falls man den Ruhm
des Prudentius, seine poetische Begabung durch eine Vergleichung mit einem an=
erkannten Dichterheroen bezeichnen will, so scheint uns der Hinweis auf Milton
nicht als Mensch, wohl aber als gebornen Dichter, am gelungensten. Im Vorworte
und am Schlusse haben wir dieß gethan. Brockhaus a. a. O. S. 30 bemerkt
zu der Schilderung der Verderbniß der gesammten Natur durch Adams Fall (Ham.
215 sq.), sie sei „in vieler Hinsicht eines Milton würdig". Kayser (a. a. O. S. 259)
adoptirt diese Worte und fügt hinzu: „Andere Stellen, z. B. v. 824 sq., fordern zum
Vergleich mit Dante heraus." Interessant ist nun das Urtheil, welches P. Albert
M. Weiß a. a. O. S. 856 über Miltons Begabung gefällt: „Wären nur die christ=
lichen Völker ihrem Glauben treuer geblieben, wir hätten sicher noch manch anderes
poetische Meisterwerk aufzuweisen. Gerade auf diesem Gebiete fühlt man schmerzlich,
was uns der große Abfall im sechzehnten Jahrhundert Wunden geschlagen hat.
Wenn je einer berufen und befähigt war, dem Heliand ein Werk an die Seite zu
setzen, das ihm ebenbürtig, ja überlegen werden konnte, so war es Milton. Welche
Kraft der Dichtung hat Gott in diesen Geist gelegt! Mit welch erstaunlich geringem
Aufwand von Mitteln bringt er Wirkungen hervor, wie kaum ein zweiter Dichter!
Aber ach, wie oft bricht er plötzlich zusammen gleich einem Gichtbrüchigen! Wie
stürzt er auf einmal von der höchsten Höhe wieder in den Abgrund, gerade als
wären ihm die Schwingen gebrochen. Sicher, er hat auch so noch trotz seiner
großen Fehler ein wunderbares Gedicht geschaffen und . . . wir setzen es neben die
Divina Commedia. Aber was hätte dieser Mann erst werden und leisten können,
hätte er die Weltanschauung Dante's gehabt, hätte er wie dieser die Summa des
hl. Thomas von Aquin, und nicht die Reformation zur Lehrerin gehabt, die einen
solchen Geist unmöglich befriedigen konnte, sondern mit Zweifel und Unzufriedenheit
an allem erfüllen mußte! So muß hohler mythologischer Bombast die Lücken aus=
füllen, die lebendiger Glaube mit lebendigen Gebilden bevölkert hätte, und erzwungener
Predigerton uns plötzlich in schmerzlicher Enttäuschung aus dem Genuß der er=
habensten, nahezu prophetischen Ekstase reißen. Wenn jemand will bedauern lernen,
welch unersetzlicher Schaden für einen ungewöhnlich begabten Mann der Verlust

Gedichtes und eines Dichters schließlich von diesem innern Wesen abhängig. Das Urtheil über Prudentius wird stets schief ausfallen, wenn man vergißt, daß seine Gedichte der lebendige Ausdruck seiner Christus liebenden Seele sind. Ja, es könnte der Fall eintreten, daß der durch 14 Jahrhunderte ruhmvoll fortlebende Prudentius in's Grab der Vergessenheit stiege, falls die Weltherrschaft Christi vernichtet werden könnte. Allein mit dem gegen alle Stürme sicheren Bestande dieser Herrschaft ist auch das Fortleben des Prudentius bis zum Ende der Zeiten gesichert. Die Bürgschaft hierfür gibt die katholische Kirche, welche die Dichtungen des Prudentius in ihrem ewigen Lobgesange verwendet hat. Was wir hier ausführlich zu schildern hätten: „Die Verwendung der Hymnen des Prudentius in der Liturgie", ist im vorigen Jahre im Nordamerikanischen Pastoralblatte[1] in gründlicher Weise geleistet worden. „Die lyrischen Dichtungen des Spaniers Aurelius Prudentius," beginnt die Arbeit, „,sind,' wie Fortlage sagt, ,das Hervorragendste, Prächtigste und Kostbarste,' was die christliche Hymnodie jemals hervorgebracht hat. Sie sind aber auch eine reich strömende Quelle, aus der die Kirchen des Abendlandes, die Mutter in Rom und die Töchter in den Provinzen, ihre liturgischen Lieder geschöpft haben. Die Gesänge keines andern lateinischen Hymnographen, selbst die des großen Sequenzendichters Adam von St. Victor nicht ausgenommen, können sich einer so allgemeinen Verbreitung und Beliebtheit rühmen." Die Hinweisung auf dieß „bislang verlorene Blättchen", das der Verfasser „dem Lorbeerkranze des Dichterkönigs einzufügen" sich bemüht hat, darf hier genügen. Insoweit die Artikel zur Erklärung des Dichters beitragen, sind sie in unserer Arbeit berücksichtigt worden. Das Resultat, daß „die Vorsteherin des Liebesbundes", die römische Kirche, die Dichtungen des Prudentius derart in ihre Liturgie aufgenommen hat[2], daß mit ihr der Name Prudentius steht und fällt, interessirt uns hier

---

des vollen Glaubens ist, so muß er das verlorne Paradies studiren, das letzte unserer wahrhaft großen Epen." An Hochschätzung des wahren Glaubens wetteifert Prudentius mit den letztern Worten; an poetischem Geistesschwunge kann er wie gesagt mit Milton verglichen werden; es liegt daher nahe, daß man in ihm das Zeug zu einem Dante sieht.

[1] Pastoral-Blatt, herausgegeben von mehreren katholischen Geistlichen Nordamerika's. Verlag von B. Herder, St. Louis, Mo. 19. Jahrgang 1885. S. 31 f.

[2] Die ausführliche und vorzügliche Erklärung der dem römischen Breviere einverleibten Hymnen des Prudentius siehe bei Kayser a. a. O. S. 249 f. Prudentius wird zuweilen als Heiliger citirt. Dieß ist unrichtig, falls man hierbei an die von der Kirche zugestandene Verehrung denkt. Cfr. *Arevalo,* Proleg. n. 56. not. 6. Ob Prudentius in seiner Heimath noch jetzt ein derartiges ehrendes Andenken genießt, habe ich mich vergeblich zu erfahren bemüht.

zunächst. Somit hat der Name des Prudentius die Gewährleistung ewiger Dauer aus dem Munde dessen selbst, den er so innig geliebt und so schön besungen hat (vgl. Matth. 16, 18). Prudentius hat sich der Kirche, die ihn zu Ehren gebracht, gewissermaßen dadurch dankbar erwiesen, daß er ihrer Lehre seit 14 Jahrhunderten bereits Zeugniß gibt. Der Kenntnißnahme dieses Zeugnisses ist der zweite Theil unserer Arbeit gewidmet.

Zweiter Theil.

Die Lehre des Prudentius.

Erstes Kapitel.

Die Kirche und die Glaubensregel.

„Nur in gläubige Herzen kehrt Christus ein; eine dem Zweifel ergebene Seele, deren Glaube unsicher schwankt, hält er dieser Ehre für unwürdig." [1] Indem Prudentius auf diese Weise das apostolische Wort: „Ohne Glauben ist es unmöglich, Gott zu gefallen" (Hebr. 11, 6), umschreibt, stellt er den Glauben, und zwar den übernatürlichen, jeden Zweifel ausschließenden Glauben, als die Grundlage des christlichen Lebens hin [2]. „Laßt uns," ruft er den Christen zu, „nach Kräften jene Lehre als Lebensregel befolgen, die du, o Christus, als Lehrer des heiligen Glaubens (consecrati dogmatis) deinen Schülern gegeben hast." [3] Mehr jedoch noch als auf die unbedingte Nothwendigkeit des Glaubens überhaupt, bringt der Dichter auf die Reinheit des Glaubens von jedem Irrthume. Nicht bloß daß wir glauben müssen, schärft er uns ein; ebenso großes Gewicht legt er darauf, was zu glauben ist. Denn nur der eine, wahre Glaube kann uns als Weg zum Himmel gelten. Aber „diesen engen Weg des Heiles kann man kaum erkennen unter den verschlungenen Nebenpfaden. Vielfach gekreuzt ist der Weg von verworrenen Irrwegen, die von den Treulosen (perfidi), den Irrlehrern, herrühren. Nach beiden Seiten hin zweigen sich vom geraden Wege verschlungene Nebenpfade ab. Wer nun die gerade Straße verläßt und jene Irrwege unstät umherschweifend verfolgt, der wird kopfüber in die verdeckte Grube stürzen, welche die Hand des Feindes gegraben hat." „Das Reich (status) des allmächtigen Gottes," so fährt der Dichter fort, indem er

---

[1] Apoth. 581. — [2] Brockhaus a. a. O. S. 177 schreibt: „Klar sagt Prudentius aus, daß der Glaube der einzige Weg sei, zur Erkenntniß Gottes zu gelangen, der menschliche Verstand nimmer zu derselben durchbringen könne (l. II. c. Symm., 92 sq.)." Hier ist zwischen natürlicher und übernatürlicher Gotteserkenntniß nicht unterschieden. Prudentius weiß sehr wohl, daß das natürliche Licht des Verstandes zu einer gewissen Erkenntniß Gottes genüge, wie Brockhaus a. a. O. selber zugeben muß. Vgl. Kleutgen, Theologie der Vorzeit. 2. Aufl. 2. Bd. S. 34 f.

[3] Cath. VII, 106.

das eben angeführte Gleichniß ſelber auslegt, „ſuchen die Irrlehrer zu
ſtürzen durch ihre Streitfragen voll Lüge und Verleumdung; je nach dem
Maße ſeiner Verſchlagenheit ſucht ein jeder von ihnen den Glauben durch
ſeine Auslegungen zu zerreißen. Verwickelte Trugſchlüſſe bringen ſie in
Anwendung, wenn ſie Fragen löſen und aufwerfen. Doch wehe den ver-
fänglichen Kunſtgriffen der Heuchler! Wehe ihrer verſchmitzten Schlauheit! Die rechte Lehre (recta regula), die Feindin dieſer Schwätzer,
zerreißt die unlösbar geſchlungenen Knoten (des Irrthums). Dazu hat
Gott das vor der Welt Thörichte erwählt, um die Sophismen zu zer-
ſtören, und dem Schwachen hat er das Starke unterworfen, damit der
Glaube einfältig ſei. Seht da, feſt gegründet iſt uns zum Anſtoß der
(Grund=) Stein, gegen welchen die Eitelkeit ankämpft; ein Wahrzeichen für
den, welcher vorſichtig wandelt, für den Unvorſichtigen (aber) ein Aerger=
niß. Dieſen bringt er zum Falle, jenen leitet er (auf der rechten Bahn).
Wer blind mit unſicherem Schritte verſuchend da= und dorthin ſeinen Fuß
ſetzt, ſtößt ſich an das, was im Wege liegt. Darum muß die Fackel des
Glaubens unſeren Schritten voranleuchten, damit wir auf dem rechten
Wege wandeln.“[1] Am Schluſſe ſeiner Vorrede zur Apotheoſis führt der
Dichter endlich das evangeliſche Gleichniß vom Weizenacker an, auf welchem
der vorſichtige Beſitzer das vom Feinde geſäete Unkraut bis zur Ernte
wachſen läßt. Es ſei aber, folgert er daraus, nützlich, den Samen des
Unkrautes ſelber, der die Ernte verderbe, kennen zu lernen.

Es kann nur e i n e n wahren Glauben, nur e i n e wahre Lehre
Chriſti geben: dieß iſt nach dem Angeführten unſerem Dichter unzweifel=
haft. „Denn es könnte keine Verbindung der Menſchheit mit Chriſtus
geben, die ſeiner würdig wäre, wenn nicht eine einzige Geſinnungsart die
Völker vereinigte. Nur die Eintracht weiß von Gott; ſie allein verehrt
im Frieden auf rechte Weiſe den gütigen Vater.“[2] Wie der hl. Paulus,
ſo belehrt uns auch Prudentius, daß „in Chriſto die nationalen Unter=
ſchiede in religiöſer Beziehung vernichtet ſind (Epheſ. 2, 15); die Feind=
ſchaften der Völker hat er getödtet, er iſt unſer Friede geworden. Alle
haben in gleicher Weiſe in ihm Zutritt zu Gott. Wie ſie aber in Chriſto
zuſammenlaufen in Eins, ſo ſind ſie nun auch unter ſich vereinigt zu
e i n e m Leibe und e i n e m Geiſte. Die Einheit des Glaubens und der
Erkenntniß des Sohnes Gottes iſt Wirklichkeit und das anzuſtrebende
höchſte Ideal zugleich, und ohne dieſelbe, in welcher der Einzelne ſtark iſt,
gibt es nur Ueberantwortung an jeglichen Wind der Lehre und den Be=
trug der Menſchen (Epheſ. 4, 14)“ (Möhler). Dieſer e i n e Glaube,
welchen Prudentius als den „ſeinigen“ bezeichnet[3], heißt „der katho=

---

[1] Praef. in Apoth. 10 sq.
[2] c. Symm. II, 590 sq. Cfr. Perist. II, 424. 432 sq.
[3] c. Symm. I, 652.

lifche" [1]. Brockhaus (a. a. D. S. 203) bringt das klare Bekenntniß des Dichters in folgenden Worten zum Ausdrucke: „(Den) Prudentius beherrscht die orthodoxe nicänische Theologie, der er sich ohne Rückhalt hingibt." Im Sinne Brockhaus' ist hierin ein leicht zu erkennender Vorwurf gegen Prudentius enthalten. Allerdings, der katholische Dichter weiß nichts und will nichts wissen von einer Freiheit des Glaubens, welche die Häresie dem ursprünglichen Christenthume andichtet, wie dieß u. A. Ebert [2] in folgender Weise thut: „Eine Religion von solchem speculativem Gehalte (wie das Christenthum) mußte zu stetem Nachdenken anregen. Noch war ja das Dogma nicht in die engen Schranken gebannt, die die Freiheit des Glaubens verkümmern sollten." Die Frage ist nur diese: Wer ist mehr berechtigt, ein Urtheil über Glaubensfreiheit und Dogmenzwang abzugeben: Prudentius mit der ganzen katholischen Kirche oder die sogen. Reformatoren des 16. Jahrhunderts?

Alsbald entsteht nun die Frage, wo nach Prudentius dieser eine katholische Glaube rein und unverfälscht gefunden werde. Der Dichter läßt den hl. Hippolyt auf dem Wege zum Martyrertode hierauf folgende Antwort geben [3]: „Ein Glaube soll herrschen; der, welcher in dem alten Heiligthume niedergelegt ist, welchen Paulus festhält und der Lehrstuhl des Petrus." Hiermit erhalten wir von Prudentius die Idee der Kirche als der Trägerin und Lehrerin des wahren Glaubens. Der Mensch gelangt in den Besitz der wahren Lehre Christi durch den Anschluß an jene Lehrautorität, welche objectiv, unabhängig von bloß menschlicher Forschung und Deutung die Wahrheit lehrt. Oben haben wir mit den Worten des Dichters den Gegensatz zwischen Wahrheit und Irrthum abstract und im Allgemeinen dargelegt. Schöner und schärfer schildert Prudentius diesen Gegensatz in concreto, indem er die wahre Kirche personificirt der Häresie gegenüberstellt. In der Psychomachie [4] treten als letztes Kämpferpaar die Concordia und Discordia gegen einander auf. Die Zwietracht mit dem Beinamen „Häresie" charakterisirt sich selbst in folgender Weise: „Ich habe einen veränderlichen (discolor) Gott; einmal ist er klein, ein andermal groß, bald in der Zweizahl, bald in der Einzahl. Je nach Belieben hat er im Aether seine Wohnung und ist ein Phantasiegebilde, oder er ist die eingeborene Seele (selber). So oft es mir gefällt, spiele ich mit der Gottheit. Zum Lehrer habe ich Belial, zur Wohnstätte und zum Aufenthalte die Welt." Auf diese Worte hin, in welchen ebenso die Zerrissenheit wie der alberne Freiheitsdünkel der Irrlehrer in Glaubenssachen zum Ausdruck gebracht wird, erhebt sich die

---

[1] Perist. VII, 9; XI, 24.
[2] Geschichte der christlich-lateinischen Literatur von ihren Anfängen bis zum Zeitalter Karls b. Gr. Leipzig 1874. S. 15.
[3] Perist. XI, 31 sq.   [4] Psych. 670—915.

Fides, die Königin der Tugenden, zum Kampfe für die verspottete Ein=
tracht, und „bald findet die schreckliche Häresie ihren Untergang". „Mitten
im Lager (der Tugenden) wird nun in der Freude des Sieges an einem
höher gelegenen Platze, welchen ein Hügel mit steil emporragendem Gipfel
zur Warte erhebt, ein Richterstuhl (tribunal) hergerichtet, von wo aus
der Blick frei durch den ungetrübten Luftraum weithin im Umkreise Alles
unter sich erblickt. Dieses Tribunal besteigt zugleich mit der unversehrten
Fides die Concordia, die als Schwestern durch heiligen Eidschwur
verbunden sind in der Liebe Christi. Bald steht auch hochragend auf dem
erhabenen Tribunale das heilige, von gegenseitiger Liebe erfüllte Paar im
Besitze des gleichen Rechtes. Hoch oben auf dem Walle stehen sie, allen
sichtbar, und befehlen den Völkern, zahlreich heranzutreten." Nachdem die
Concordia das Glück des wiedergekehrten Friedens geschildert hat, be=
ginnt die Fides zu reden: „Eins erübrigt noch nach glücklich beendigtem
Kriege. Salomo hat als friedlicher Nachfolger seines kriegerischen Vaters
dem Herrn einen Tempel erbaut, und Jerusalem hat den Gott des Frie=
bens in seinen Tempel aufgenommen. So soll sich nun (auch) in unserem
Lager ein ehrwürdiger Tempel erheben, dessen Allerheiligstes Christus der
Allmächtige heimsuchen möge." Alsbald wird der Bau begonnen, den der
Dichter nach dem Vorbilde des apokalyptischen Tempels (Apok. 21, 10) im
himmlischen Jerusalem ausführen läßt.

Was haben wir nun unter diesem Tempel, in welchem Christus mit
wunderbarem Scepter herrscht, zu verstehen? Zweifelsohne ergibt sich
aus der Vorrede und dem Epiloge der Psychomachie, daß der Dichter zu=
nächst von dem geistigen Tempel der Menschenseele redet, „von der kleinen
Hütte des keuschen Herzens, in welcher Christus nach seiner Verheißung
(Joh. 14, 23) mit dem Vater und dem heiligen Geiste seinen Einzug
hält"[1]. Da aber so nachdrücklich vom Dichter betont wird, daß „Christus
nur eine rechtgläubige Seele seiner Einkehr würdigt", so muß vor Allem
dem Glauben die Bereitung des Herzens für Christus als eigenthümliche
Aufgabe zuerkannt werden. Allein der Dichter selbst zwingt uns, das
Bild des vom Glauben gegründeten Tempels noch in anderem Sinne zu
erklären. Durchweg beziehen die heiligen Väter die evangelischen Parabeln
vom Reiche Gottes sowohl auf die Kirche in ihrer Vollendung, auf das
himmlische Jerusalem, wie auf die noch im Kampfe begriffene Kirche in
der Zeit. In der That sind ja beide nur der Existenzweise nach von
einander verschieden. Christus ist das eine Haupt beider. Nun ist aber
„die sichtbare Kirche hienieden der unter den Menschen in menschlicher
Form fortwährend erscheinende, stets sich erneuernde, ewig sich ver=
jüngende Sohn Gottes, die andauernde Fleischwerdung desselben, wie

---

[1] Praef. ad Psych. 59 sq.

denn auch die Gläubigen in der heiligen Schrift der Leib Christi genannt werden"[1]. Der mystische Leib der Kirche besteht ferner aus den Gliedern, den einzelnen Gläubigen. Mit jedem dieser Glieder vereinigt sich Jesus. Jede einzelne Seele vermählt er sich in geheimnißvoller Ehe (Ephes. 5, 32), wie er der Bräutigam der ganzen, alle Gläubigen umfassenden Kirche ist.

Nach dieser katholischen Auffassung der Kirche liegt es überaus nahe, auch auf die geheiligte, mit Christus vereinigte Seele jene Bilder anzu=wenden, die sich auf die ganze Kirche beziehen. Hierdurch verstehen wir leicht, wie Prudentius mit dem angeführten Bilde am Schlusse der Psycho=machie, ohne zu unterscheiden, die einzelne Menschenseele und die ganze Kirche bezeichnen konnte. Wir finden dieselbe Erscheinung ebenso bei den Christen der Katakomben, wie in den Gebeten der katholischen Kirche unserer Tage. Wendet letztere einzelne Stellen der Sapientialbücher zugleich auf Maria als das Ideal des gerechtfertigten Menschen und auf die ge=sammte Kirche an, so haben jene nicht selten dieselbe bildliche Darstellung für Maria wie für die ecclesia orans gebraucht[2]. Daß Prudentius hierin mit dem christlichen Bewußtsein der frühesten Zeit übereinstimmt, ergibt sich aus einer Vergleichung des Schlusses der Vorrede zur Psychomachie (V. 59—68) mit dem Satze jener uralten Homilie, welche als zweiter Corintherbrief des hl. Clemens bekannt ist: τὸ ἄρσεν ἐστὶν ὁ Χριστός, τὸ θῆλυ ἡ ἐκκλησία (c. 14, 2). Man könnte die Worte unseres Dichters a. a. O., welche zunächst von der einzelnen gläubigen Seele gelten, eine Paraphrase dieser Worte nennen.

Nach dieser Erörterung verstehen wir jetzt leicht die Worte, welche Prudentius der Concordia am Schlusse ihrer Rede (Psych. 794 sq.) in den Mund legt. Sie warnt vor der Irrlehre, die wie der Wolf im Schafspelze das größte Verderben in die friedliche Heerde (der Schäflein Christi) bringt. „Durch diese Kunst (der Verstellung) verbergen sich Photin und Arius, diese Wölfe voll wilder Grausamkeit: unsere Kämpfe und das frische Blut, wenn es auch nur an der Oberfläche des Körpers (aus leichter Wunde) floß, beweisen, was die Hand des Verräthers ver=möge." Nothwendig bleibt diese Aeußerung unverständlich bei der An=

---

[1] Möhler, Symbolik, 6. Aufl. S. 332.
[2] Vgl. Kraus, Roma sotterranea. S. 262. 276 n. 1. Die Archäologen sind noch uneinig bezüglich einzelner Bilder, ob dieselben als Orans oder als Dar=stellung der Gottesmutter zu betrachten seien. Die tendenziöse Deutung dieser Bilder zu Ungunsten der Muttergottesverehrung von Schultze (Archäologische Studien über altchristliche Monumente. Wien 1880. S. 178) hat Kraus gebührend zurückgewiesen. Siehe „Literarische Rundschau" 1881. Nr. 2. S. 48. Dieselbe geht hervor aus der Unkenntniß des katholischen Kirchenbegriffes. Vgl. Schäfer, Das hohe Lied. Münster 1876. S. 87 f.; Dante, Divina Commedia. Purgator. XXIX, 85, wozu Het=tinger (Die göttliche Komödie. Freiburg 1880. S. 403. Note 190) bemerkt: „Maria ist seit ältester Zeit das Sinnbild der Kirche."

nahme, daß Prudentius nur von der einzelnen Seele, ihren Tugenden und Lastern spreche. Niemand kann läugnen, daß er hier von „dem Körper" der Kirche redet. Nur unter dieser Voraussetzung erhalten seine Worte den herrlichen Sinn: „Die Glaubenswahrheit selbst ist in den Kämpfen der Kirche mit der Häresie unversehrt geblieben; die Seele, das Leben der Kirche, ist nicht gefährdet worden!" Das liegt in der tröstenden Beschränkung: „quamvis de corpore summo."

Die Rede der Fides (l. c. 799 sq.) knüpft an diesen Gedanken an. „Ja, im Glücke weiche die Trauer! Die Concordia ist freilich ver= letzt worden, allein die Fides wurde (in ihrer Unversehrtheit) vertheidigt." Concordia selbst, welche (wieder) unversehrt ihre rechte Schwester, die Fides, begleitet, achtet nicht ihrer Wunden. „Sie ist mein einziger Trost," fährt die Fides fort; „nachdem sie mir wiedergegeben ist, gibt es keine Trauer mehr für mich." Auch diese Stelle zwingt uns, an die Kirche und die ihrem Schutze anvertraute Glaubenssubstanz zu denken. Fernere Beweisstellen hierfür sind Vers 739 f., wo „die Völker sich zahlreich um den Siegesthron (tribunal) der Concordia und Fides versammeln", und die Beschreibung des Scepters (V. 878), welches die Weisheit als Herrscherin in dem auf Anregung der Fides errichteten Tempel führt: „Nicht ein Werk der Kunst ist dieses Scepter, sondern ein grünen= der Stab, der, losgeschnitten vom Stamme, unversehrtes, frisches Laub trägt, obgleich ihn die Feuchtigkeit der Erde nicht nährt; blutroth ge= färbte Rosen, abwechselnd mit glänzend weißen Lilien, schmücken ihn, die nimmer an welkendem Stengel ihren Blüthenkelch herabsinken lassen."[1]

In dem Schmucke der Rosen und Lilien müssen wir das beliebte Sinnbild des Ruhmes erkennen, welchen der Kirche die Martyrer und die gottgeweihten, jungfräulichen Seelen bringen[2]. Prudentius ist also wieder von der einzelnen Seele, in welcher Christus, die ewige Weisheit, das Scepter des lebendigen Glaubens führt, auf die Kirche übergegangen. Ob ein solches unvermitteltes Uebergehen aus einer Idee in eine ver= wandte vom ästhetischen Standpunkte gebilligt oder gerechtfertigt werden kann, mag dahingestellt bleiben. Unser lebhaftestes Interesse indeß muß es erregen, wenn wir sehen, daß der Dichter auch hierin genau als Kind

---

[1] Cfr. S. Aug. serm. 31 append.: „Omnes ergo principes tribuum habeant necesse est virgas suas; sed unus est solus, sicut scriptura dicit, verus ponti-fex ille, cuius Aaron sacerdos praeferebat figuram. Huius ergo virga ger-minavit. Sicut enim virga Aaron germinavit in populo Iudaeorum, ita crux Christi floruit in populo gentium."

[2] Cfr. Perist. XIV, 7. Ebenso erhält die hl. Agatha in dem Hymnus, welcher dem hl. Damasus zugeschrieben wird, einen doppelten Ehrenkranz. Siehe dazu Kayser a. a. O. S. 116.

seiner Zeit erscheint. Gerade damals beschäftigte die Betrachtung der Kirche als des mystischen Leibes Christi die christlichen Geister in hervorragender Weise, und gerade damals entwickelte der hl. Augustinus seine Ideen über diesen Gegenstand, welche, wie Möhler sagt, an Kraft des Gemüthes und an Kraft der Gedanken bei Weitem das Herrlichste enthalten, was nach den Zeiten der Apostel noch hierüber geschrieben worden ist. Einzig und allein von der Kirche in ihrer geheimnißvollen Vereinigung mit ihrem gottmenschlichen Haupte kann auch die schon erwähnte Stelle (V. 796 f.) verstanden werden. „Nur an der Oberfläche des Körpers," so tröstet sich dort die Concordia, „sei sie durch die Häresie verwundet worden." Offenbar ist hier vom Leibe der Kirche als der Gemeinschaft aller Gläubigen die Rede. Derselbe Gedanke liegt diesen Worten zu Grunde, den bereits Origenes in folgender Weise zum Ausdrucke gebracht hat: „Aus den göttlichen Schriften lernen wir, daß die ganze Kirche Gottes der Leib Christi ist, welcher vom Sohne Gottes beseelt ist. Die Glieder dieses Leibes, als eines Ganzen, sind alle Gläubigen; denn wie die Seele dem Leibe, der seiner Natur nach aus sich keine lebendige Bewegung hat, Leben und Bewegung verleiht, so bewegt auch (das ewige Wort) den ganzen Leib der Kirche zu allen nothwendigen Lebensäußerungen, indem es die einzelnen Glieder derer, die zur Kirche gehören, in Bewegung und Thätigkeit versetzt, so daß dieselben nichts thun ohne das Wort." Gerade diese Worte des Origenes zeigen, wie nahe es liegt, von der einzelnen gläubigen Seele, in welcher Christus lebt, ebenso zu reden, wie von der Gesammtheit der mit Christus durch den Glauben und die Taufe Vereinigten, d. h. der Kirche.

Fast gleichzeitig mit Prudentius lebte und schrieb Pacian, von dessen geistiger Verwandtschaft mit unserm Dichter bereits oben die Rede war. Mit demselben Eifer wie Prudentius kämpft er für die Einheit der Kirche und spricht in Bildern, die unwillkürlich an die Darstellung unseres Dichters erinnern. Zur Begründung seines berühmten Ausspruches: „Christianus mihi nomen, catholicus cognomen," schreibt er: „Freilich nannte man zur Zeit der Apostel noch niemanden katholisch. Als aber in der Folgezeit die Häresieen unter verschiedenen Namen die göttliche Taube (die Kirche), die Königin zu zerreißen drohten, hatte da die christliche Gemeinde (plebs) nicht einen Beinamen nöthig zur Bezeichnung der Einheit des rechtgläubigen (incorrupti) Volkes, um zu verhüten, daß der Irrthum Einiger nicht die unversehrte göttliche Jungfrau in ihren Gliedern zerfleische?" Die Concordia bei unserm Dichter sagt: diese Königin habe nur an der Oberfläche ihres Körpers leichte Wunden von der Häresie empfangen.

Wir haben den Nachweis, daß Prudentius in der Psychomachie a. a. O. von der Kirche rede, deßhalb so ausführlich gebracht, um für die weitere Lehre des Dichters, daß die eine wahre Kirche keine andere als die römische sei, eine feste, unantastbare Grundlage zu haben. Unter dem von der Fides gebauten Tempel versteht Prudentius erwiesenermaßen die von Christus gestiftete Kirche. In der oben angeführten Stelle aus dem Hymnus auf den hl. Hippolyt hatte er gesagt: „Ein Glaube soll gelten, der in dem alten Tempel niedergelegt (fest gegründet) ist, den Paulus und die Kathedra des Petrus festhält." Hieraus ergibt sich nun als nothwendige Schlußfolge: nach Prudentius ist die Lehre der einen wahren christlichen Kirche gebunden an den Lehrstuhl Petri; wo Petri Kathedra steht, da ist der eine alte Tempel der Wahrheit, d. h. in Rom ist die wahre Kirche Christi. Die römische Kirche ist also der erhabene Richterstuhl, auf welchem hoch erhaben der Glaube mit der Eintracht verbunden thront, allen Völkern sichtbar (conspicuae), welche auf den Befehl dieses Richters zahlreich herantreten, um seine Entscheidungen zu vernehmen. ⌐Die römische Kirche ist nach des Dichters Worten „jener Stein, festgegründet als Zeichen für den Vorsichtigen, damit wir nicht anstoßen, während er dem Unvorsichtigen zum Aergernisse wird" [1]. Die eine Kirche ist „jener Stein, der wie ein uneinnehmbarer Festungsthurm den Feinden gegenübersteht; den kein Sturmbock anstürmend mit ehernem Kopfe beunruhigt, noch auch die Stöße der eisernen Waffen erschüttern. Dieß ist der Eckstein vorn am Hause (portae in capite); dieser hält alle Steine zusammen und schützt die wohlgebauten Schwellen. Wer diesen kennt, wie er eingefügt ist seinen Mauern ... und sich und sein Haus mit dreifachem Walle umgibt, freistehend auf hochragender Burg, voll von liebendem Vertrauen zu dem Felsen und wachsam mit den Waffen der Reinheit: den wird weder die Königin von Tyrus, noch der Parther vom Ufer des gewaltigen Euphrat her in Gefangenschaft schleppen, noch auch der häßliche Inder, dessen schwarze Schläfe geschmückt sind mit ge= flügelten Pfeilen. Ja sogar, wenn ein barbarischer Tyrann mit Blitzen bewaffnete Giganten in's Feld führte, um dein Lager zu verderben, so wirfst du dennoch sicher sein." [2] Die eben angeführte Stelle aus der Hamartigenie läßt sich freilich nur entfernt auf die Kirche anwenden [3]. Prudentius hat den Kampf des Menschen mit den Leidenschaften geschil= dert. Das Leben hienieden unter beständigen Kämpfen mit der ungeord= neten Sinnlichkeit und den Versuchungen des Teufels gleicht der babylo= nischen Gefangenschaft (V. 447). Wie einst die verbannten Juden, so sehnt sich der Christ nach seinem Sion und frägt, der Verzweiflung nahe: „Was nützt es uns, daß wir einst aus Aegypten errettet worden sind,

---

[1] Apoth. praef. 33 sq. (1 Petr. 2, 4; Eph. 2, 20.)
[2] Hamart. 485 sq.
[3] Cfr. S. August. tract. I. in ep. Ioann. n. 13. [Hurter, Theol. dogm. comp. I. p. 173.]

wenn wir die mit so vielem Schweiße erbaute Stadt (Jerusalem), deren
Zinnen in die Wolken ragen, nicht zu vertheidigen wissen; wenn wir
nicht wissen, welches jener Stein ist, der unüberwindlich den Feinden
Widerstand leistet?" Darauf gibt der Dichter die oben citirte Antwort
gegenüber der Häresie des Marcion. Welches ist nun das Sion des
Christen, der durch das rothe Meer der Taufe aus dem Aegypten der
teuflischen Sklaverei in das gelobte Land gewandert ist? Es ist die
streitende Kirche Christi, die, im Vollbesitze der Gnade und Wahrheit, gegen
alle Feinde des Heiles Schutz gewährt.

Allein nicht bloß schlußweise erkennen wir aus den Worten des
Dichters in Rom das neutestamentliche Jerusalem und in der
römischen Kirche die unüberwindliche Kirche Christi. Prudentius sagt
dieß mit klaren Worten im Hymnus auf den hl. Laurentius. Er läßt
den heiligen Martyrer auf dem glühenden Roste folgendes Gebet zum
Himmel senden[1]: „O Christus! Allein wahrer Gott, Abglanz und Kraft
des Vaters, Schöpfer des Himmels und der Erde und Erbauer (auctor)
dieser Stadt! Du hast Rom zur Herrscherin der Welt gemacht, und
bestimmt, daß der Erdkreis der Toga der Quiriten diene und ihren
Waffen unterliege, um die Sitten und Gewohnheiten der entzweiten Völker,
ihre Sprachen, Unternehmungen und Heiligthümer durch einheitliche Ge=
setze (unis legibus) zu regeln. Siehe! Das ganze Geschlecht der Sterb=
lichen hat sich vereinigt unter der Herrschaft des Remus; dieselbe Sprache,
dieselbe Gesinnung findet sich bei ihnen. So hat die Vorsehung es ge=
fügt, damit das Gesetz des Christenthums alles, was sich auf Erden
findet, desto leichter mit einem einzigen Bande verbinde. Verleihe (also),
o Christus, deinen Römern, daß christlich jener Staat sei, durch welchen
nach deinem Willen die übrigen Staaten auch eins in der Religion werden
sollten. O daß alle Glieder (Völker) von allen Himmelsgegenden zu
einem Bekenntnisse sich vereinigen möchten (confoederentur in symbolum): möge der unterworfene Erdkreis das sanfte Joch Christi (man-
suescat) ebensowohl annehmen, wie das (ihn beherrschende) Oberhaupt
(summum caput). Möge es (Rom) danach streben, daß die getrennten
Völker zu einem Liebesbunde zusammenkommen (in unam gratiam coire);
gläubig möge werden Romulus und gläubig auch Numa." Von freu=
diger Hoffnung für die sichere Erfüllung seines Flehens erfüllt, betet der
heilige Blutzeuge weiter: „Und schon haben wir Bürgen von der be=
währtesten Treue für unsere Hoffnung: schon regieren ja hier die beiden
Apostelfürsten: Der eine (ist) der Prediger der Völker, der
andere, der erste Inhaber der Kathedra, eröffnet die ihm an=

---

[1] Perist. II, 412 sq. Vgl. Tertull. adv. Marcion. l. III. lib. IV, bei Söder,
Der Begriff der Katholicität der Kirche und des Glaubens. Würzburg 1881. S. 62 f.

vertrauten Pforten der Ewigkeit ... In der Zukunft sehe ich einen Für=
sten, der dann als ein Diener Gottes Rom den unreinen Götzenopfern
nicht (mehr) dienen läßt." Klarer und ausdrücklicher konnte Prudentius
nicht bekennen, daß nach seiner Ueberzeugung die eine Kirche Christi in
Rom, in den Nachfolgern Petri, das Princip ihrer katholischen Ein=
heit besitzt.

Alle Völker sind nach Christi Willen eingeladen, durch Einheit im
Glauben und in der Liebe das eine Reich Christi zu werden; diese Ein=
heit aber kommt zu Stande durch die Unterordnung aller Völker unter
das eine geistige Oberhaupt, den Lehrstuhl des Apostelfürsten in Rom.
Unter Theodosius sieht der Dichter diesen Plan Gottes bereits ausgeführt;
denn daß unter dem „zukünftigen Fürsten" (V. 473) Theodosius, nicht
aber, wie Obbarius will [1], Constantin zu verstehen ist, bedarf nach dem,
was oben über die Lebensumstände des Dichters gesagt worden ist, keines
Beweises. Indeß geht Prudentius in der Verherrlichung Roms in dem=
selben Hymnus noch weiter. Der heldenmüthige Tod des heiligen Mar=
tyrers Laurentius hat den endlichen Sieg über das Heidenthum herbei=
geführt: „Der Tod des heiligen Martyrers wurde der wahre Tod für
die Götzentempel" (V. 509). Darum ergeht sich nun der Dichter im
begeisterten Lobe seines Helden. „Dreimal, viermal, siebenmal glücklich
ist der Einwohner Roms, der dich und die Ruhestätte deiner Gebeine in
der Nähe verehren kann! Uns aber trennt der baskische Ebro, die dop=
pelte Kette der Alpen liegt zwischen uns und Rom; jenseits der cottischen
Joche wohnen wir und jenseits der schneebedeckten Pyrenäen ... Doch
wenn wir schon, entbehrend dieser Güter, die Blutspuren (der Martyrer)
nicht in der Nähe schauen können, so blicken wir hinauf zum Himmel.
So, o hl. Laurentius, suchen wir (betrachtend) dein Martyrium, denn
du hast ja eine doppelte Wohnung: hienieden für den Körper, für den
Geist im Himmel. Dort bist du aufgenommen als Bürger der unaus=
sprechlichen Stadt und trägst die Bürgerkrone in der Veste der ewigen
Curie. Da glaube ich (dann) den Mann zu sehen im Strahlenglanze
leuchtender Edelsteine, welchen das himmlische Rom sich erwählt hat
zum Consul für immer". So innig ist nach dem Glauben des Pru=
bentius die streitende Kirche Christi auf Erden an Rom als ihren Mittel=
und Einheitspunkt gebunden, daß sie selbst in ihrer Vollendung von ihm
„das himmlische Rom" genannt wird [2]. Denn daß die (V. 553) er=

---

[1] Obbarius widerspricht sich, indem er diese Stelle von Constantin versteht.
Den l. c. Symm. 4 erwähnten Fürsten, der mit diesem offenbar einer und derselbe
ist, bezeichnet er nämlich als Theodosius.

[2] Vgl. Andries, Cathedra Romana, oder der apostolische Lehrprimat. Nach
Maßgabe der Lehrbestimmung des Concilium Vaticanum. 1. Bd. Mainz, Kirchheim,
1872. S. 308. S. Thom. Summa c. gent. IV. c. 76.

wähnte „unaussprechliche Stadt", welche (V. 559) „das himmlische
Rom" genannt wird, das Apok. 21, 10 f. geschilderte himmlische Jeru=
salem ist, stellt niemand in Abrede[1]. Hiernach versteht der Dichter
zweifelsohne auch Psych. 753 unter der „sancta urbs" Rom, wie Ma=
nietti[2] richtig bemerkt. Umsonst stellen Obbarius und Dressel dieß in
Abrede und verweisen dafür auf Hebr. 12, 22. Wenn an letzterer Stelle
des Hebräerbriefes offenbar von der Kirche Christi die Rede ist, so ver=
steht eben Prudentius unter dieser Kirche die römische Kirche. Vergeblich
citirt Dressel auch c. Symm. I. v. 1 sq. zum Beweise, daß der Dichter
Rom unmöglich als „heilige Stadt" habe bezeichnen können, denn daselbst
sage er: „Ich glaubte, daß die von den Lastern des Heidenthums kranke
Stadt die Gefahren der alten Seuche schon ganz beseitigt habe, und daß
gar kein Krankheitsstoff mehr zurückgeblieben sei, nachdem des Fürsten
heilkräftige Regierung das Uebermaß des Schmerzes auf dem Capitole
gestillt hatte." Nur die größte Oberflächlichkeit kann es für unmöglich
finden, daß das hier als sittlich krank bezeichnete Rom von dem Dichter
an einer andern Stelle die „heilige Stadt" genannt wird. Sagt ja Pru=
bentius ausdrücklich, daß er Rom ganz frei vom Heidenthum geglaubt habe.

Die Ueberzeugung des Dichters, daß die römisch=katholische Kirche
im Besitze der wahren Lehre Christi ist, veranlaßt ihn, seine Liebe zu
Rom so oft an den Tag zu legen. „Vor den übrigen Ländern der Erde
muß Rom golden[3] genannt werden." Im Hymnus auf die Erschei=
nung des Herrn[4] fordert er alle Völker zur Freude auf, da sie alle in
Christo, ihrem Könige, ein Volk geworden seien:

> Freut euch, ihr Völker, allzumal,
> Judäa, Rom und Griechenland,
> Aegypter, Perser, Scythenland:
> Nur eines Königs Volk sind all.

Rom wird hier offenbar mit Absicht an erster Stelle nach Judäa ge=
nannt. Man würde Griechenland vor Rom erwarten; doch nein. Nach dem
auserwählten Volke des alten Bundes kommt das neutestamentliche „Sion",
Rom[5]. In diesen Worten hat auch der Begriff der Katholicität einen

---

[1] Vgl. Obbarius zu V. 559.

[2] In der Ausgabe von Arevalo zu dieser Stelle.

[3] Apoth. 385. Cfr. Apoth. 444; Perist. IV, 62; IX, 3; X, 167; XI, 153. 231.

[4] Cath. XII, 201 sq.

[5] Die Glossa Vat. (ed. Arevalo ad h. loc.) bemerkt: „Iudaeam propter
legem, Romam propter principalitatem, Graeciam propter scientiam sc. hoc
ordine digerit." Vgl. Wolter, Psallite sapienter. Bd. 2. Freiburg 1876. S. 602 f.,
zu Pf. 67, 15 als Pfingsthymnus: „Die römisch=katholische Kirche ist die alle Na=
tionen umschlingende messianische Weltkirche ... ‚Der Waisen Vater und Wittwen
Sachwalter' hat sein Wort erfüllt: ‚Ich lasse euch nicht als Waisen zurück ...'
(Joh. 14, 18). Durch seinen Geist hat Er die Gotteskindschaft hergestellt, daß wir

herrlichen Ausdruck gefunden, der dem Dichter wie seinem Landsmanne Pacian eines und dasselbe mit Rechtgläubigkeit ist. Er will seine katho=lische Zunge nicht beflecken mit der Aufzählung aller schrecklichen (häre=tischen) Lehren, darum werde er nur wenige nennen[1]. „Wenn du die geheimnißvolle Geburt des Sohnes Gottes bezweifelst, o Verworfener, so gehörst du nicht zum katholischen Volke, sondern du bist ein Götzen=diener," so droht er den Häretikern[2]. Den katholischen Glauben hat der hl. Quirinus „durch seinen Martyrertod verherrlicht", und „mit dem Schatze des katholischen Glaubens ist der greise Hippolyt im Tode beschenkt worden nach Aufgabe der verderblichen Lehre"[3]. Das Schiff, worauf der hl. Paulus seine erste Reise nach Rom machte, vergleicht er mit der Kirche[4]. Nach vielen Stürmen der Verfolgung habe die Kirche, wie jenes Schiff in Malta, Ruhe gefunden. Allein kaum ist der Völker=apostel den großen Gefahren des stürmischen Meeres entronnen, da droht ihm die bis dahin erstarrte Natter (Apg. 28, 3 f.) durch ihren Biß auf's Neue Verderben. So wäre fast auch das katholische Schiff (catholica puppis) der Kirche vergeblich den wüthenden Verfolgungen

rufen: Abba, Vater (Röm. 8, 15), Ein Leib mit Ihm und unter einander in dem Einen Geiste, gleichwie Ein Herr, Ein Glaube, Eine Taufe. Durch denselben Geist ‚macht Er' die katholische Kirche zum ‚Heimathhaus' allen Einmüthigen, die Ein Herz und Eine Seele bilden! (S. Cyprian. De un. eccl. c. 8.) ... O glück=selige Kinder dieses herrlichen Hauses. ‚Wenn ihr' in den Blüthezeiten des Glaubens ‚über eure Stammgebiete' auf dem Erdkreis ‚gelagert seid', welch liebliches Schauspiel überirdischen Friedesegens gewährt ihr da! Im lichten Schmucke strah=lender Unschuld und Tugend seid ihr der Abglanz der göttlichen ‚Taube', über=schattet von deren ‚Silbergefieder und goldschimmernden Schwingen' und sicher ruhend inmitten der zeitlichen und ewigen ‚Loose'. Und ‚so oft der Himmlische mächtige Widersacher' antichristliche ‚Könige' und Völker ‚ausscheidet', leuchtet in neuer Glorie die Kirche auf, ‚wie Schnee auf dunklem' Grunde. In diese Kirche (Rom) ist der ‚Sinai' und ‚Sion' verpflanzt. Sie ist die hochgelegene, weithin schim=mernde Stadt, der ‚Gottesberg', der durch Christi Gesetze und Gnadenmittel an Segnungen ‚fette, geronnene Berg, auf dessen' übernatürlichen Reichthum ‚mit scheelen Augen die vielkuppigen Basanberge' des Schismas und der Häresie ‚blicken'; denn nur ‚auf ihm wohnt der Herr immerdar' und von ihm aus erkämpft Er unablässig neue Triumphe."

[1] Apoth. 1 sq.   [2] Apoth. 290.   [3] Perist. VII, 8; IX, 24.
[4] c. Symm. I. praef. sq. Ueber das Schiff als Symbol der Kirche in der christlichen Archäologie und besonders in der Sacramentskapelle von S. Callisto vgl. Kraus, Roma sott. S. 284. (447.) Schultze (Archäologische Studien über altchristliche Monumente. Wien 1880. S. 62) hat tendenziös die symbolische Be=deutung der genannten Wandmalerei in S. Callisto dadurch umgehen wollen, daß er dieselbe als das Schiff des hl. Paulus von Malta deutete. Vgl. die Wider=legung durch Kraus in „Literar. Rundschau" 1881. S. 18. Aus Prudentius hätte Dr. Schultze lernen können, daß das christliche Alterthum die erwähnte Scene aus der Apostelgeschichte selbst symbolisch deutete.

entronnen durch das Steuerruder des apostolischen heiligen Griffels, den
Paulus den verschiedenen Völkern (durch seine Briefe) mitgetheilt hat; denn
auf einmal habe jener Natter gleich das schon erstarrte und leblose Heiden=
thum unter Symmachus noch einmal seine Anstrengungen gemacht. Doch nur
auf der Oberfläche der Haut[1] sei das vergeblich verspritzte Gift geblieben
(ohne in den mystischen Leib der zu einer Kirche vereinigten Christgläu=
bigen [Christicolae] einzubringen). Der eine, wahre, katholische
Glaube, welchen Paulus verkündet hat, ist allein in der
römischen Kirche: das ist der Sinn des geistreichen Bildes und die
so ausdrücklich erklärte Ueberzeugung unseres Dichters[2]. Aus dieser
Ueberzeugung geht seine Verehrung Roms hervor.

Merkwürdig ist zum wenigsten, daß Brockhaus[3] im engen Anschluß
an Mibbeldorpf von dieser ausführlichen Lehre des Prudentius über die
Kirche kein Wort erwähnt; gerechten Unwillen dagegen erregen die Be=
mühungen, welche Brockhaus macht, um der Liebe des Dichters zu Rom
eine rein politische Grundlage zu geben. Allein seine gewählte und ge=
suchte Sprache vermag nimmer den Mangel an Wahrheit zu ersetzen.
Brockhaus thut unserm Dichter offenbar Unrecht an, wenn er ihn in
diesem Punkte willkürlich in Gegensatz zu dem hl. Augustin setzt.

Prudentius soll zu sehr römischer Bürger sein, als daß er mit dem
Gleichmuthe des hl. Augustin die Unfälle hätte ertragen können, welche
von 410 an die Größe Roms zu vernichten anfingen[4]. Wahr ist es,
wenn Brockhaus sagt: „Prudentius ist soweit Christ, um nur unter der
Bedingung einer allseitigen Geltung des Christenthums ein Blühen des
Staates für möglich zu halten"; aber unrichtig ist, wenigstens im Sinne
Brockhaus', die seinem Satze vorausgehende Behauptung: „Er ist soweit
Staatsbürger, um das Gedeihen des Christenthums nur in Verbindung
mit der Blüte des Staates zu wünschen." Wenn das im Sinne Brock=
haus' heißen soll: dem Dichter würde an dem Gedeihen des Christenthums
nichts liegen, wenn nicht dadurch zugleich das Gedeihen des römischen
Staates als solchen befördert würde, so würde Prudentius zu einem An=
hänger und Vertheidiger der Staatsreligion werden. Prudentius stände
mit seiner Begeisterung für Rom im Grunde nicht höher als der Heide
Ovid, der (Fast. lib. II, 683 sq.) schreibt:

Gentibus est aliis tellus data limite certo,
Romanis spatium est urbis et orbis idem.

---

[1] Vgl. oben S. 293 dasselbe Bild.

[2] Vgl. *Arevalo*, Prudentii opera Proleg. c. 21: „Quantum fidei *catholicae*
et ecclesiae *catholicae* appellatio Prudentio aliisque antiquis Hispanis debeat."

[3] A. a. O. S. 172 f. Vgl. Ebert a. a. O. S. 282.

[4] So wie Prudentius mit Augustinus in der Verherrlichung des Theodosius
übereinstimmt, (vgl. De civ. Dei l. V. 26 mit c. Symm. I. 619; II. 656), so hätte
er mit Augustinus „auch im Falle Roms die Herrlichkeit Christi" gesehen.

Indeß die Schuld liegt wahrlich nicht an unserm Dichter, wenn seine erhabene Idee von dem alle Länder und Völker umfassenden Reiche der Kirche Christi mit ihrem Mittelpunkte in Rom bei Brockhaus so wenig Verständniß findet. Die bereits angeführten Stellen beweisen schon zur Genüge, wie weit Prudentius entfernt war, das Christenthum zur römischen Staatsreligion im heidnischen Sinne herabzuwürdigen. Die folgenden schönen Stellen zeigen dieß noch deutlicher: „Wir (Christen) erkannten in Jesus den ewigen König. Frevel erscheint es uns, die Ehre und den Namen des Vaters Gott zu verweigern, der aus sich den König gezeugt hat; keinen König der Parther etwa und des römischen Volkes, sondern den Herrscher der höchsten, der mittlern und untersten Ordnung und darum Herrn aller Dinge und aller Welten Gebieter."[1] Diesen göttlichen König der Christen aber begrüßt der Dichter im Namen Roms:

> Schon bist du da, Allmächt'ger, regier nun die Länder in Eintracht;
> Schon empfing dich, o Christus, die Welt, die am Bande der Eintracht
> Rom und der Friede beherrscht; hier wohne die Herrschaft der Dinge,
> Also gefällt es dir, nur der Friede macht Rom dir gefällig,
> Und daß der Friede gefällt, das bewirkt Roms glänzender Vorrang[2].

Einen neuen Beweis liefern diese Verse für die Richtigkeit der Erklärung, welche oben von Psych. V. 710 f. gegeben worden ist. Dort sahen wir die Fides im Vereine mit der Concordia einen Thron zur Herrschaft über den Erdkreis aufrichten; hier erscheinen nach Christi ausdrücklichem Befehle Rom und der Friede als Beherrscher der Welt (capita haec et culmina rerum esse iubes. v. 636). Diese Verwandtschaft unserer Stelle mit jener aus der Psychomachie ist noch augenscheinlicher durch die vorhergehenden Verse II. c. Symm. 626. Die Herrschaft Christi über den Erdkreis, welche Rom als Sitz des wahren Glaubens und Friedens übt, wird darin mit der Herrschaft des Menschengeistes über den Leib mit seinen Sinnen verglichen.

Nach dem Gesagten dürfen wir dem Leser das Urtheil darüber überlassen, ob Brockhaus den Dichter verstanden hat, wenn er schreibt[3]: „Prudentius wie Ambrosius lebten beide an der Neige der Zeit, da die Herrlichkeit Roms wenigstens äußerlich noch intact war. Die Freude an dieser Herrlichkeit verläugnen beide nicht. Der aristokratisch stolze Sinn des Römers tritt bei beiden charakteristisch hervor und führt zu dem öfter wiederholten Ausspruche, daß das Heidenthum nicht nur blasphemische Abkehr, sondern barbarische Verirrung, gut für ungebildete Horden sei, während das Christenthum allein die des römischen Bürgers und des gebildeten Mannes würdige Religion bilde. Der exclusive Stolz des

---

[1] Apoth. v. 222 sq.
[2] c. Symm. II. 634 sq.　　[3] A. a. O. S. 173 f.; vgl. S. 205.

Römers beeinträchtigt mitunter bei beiden das christliche Universalgefühl; ja der von Prudentius wie von Ambrosius gegen Symmachus geltend gemachte Einwurf, daß der Ruhm der römischen Sieger nicht von ihrer Verehrung der Götter, sondern nur von ihrer Waffentüchtigkeit stamme, widerspricht vom Standpunkte der irbischen Wahrnehmung nicht nur dem heidnischen, sondern dem religiösen Princip überhaupt, und konnte, wie gegen das Heidenthum, gegen jede Religion gebraucht werden. In der Zeit, da nach der Schlacht bei Pollentia Honorius in aller Herrlichkeit des römischen Siegers in Rom einzog, scheint Prudentius von der Möglichkeit einer Wiedergeburt Roms im Christenthum zu träumen.

Die altrömische Tradition, in der Religion und Politik in einem und demselben Ziele, der Herrlichkeit Roms, sich begegnen, lebt noch in ihm."

Was aber berechtigt Brockhaus, die apologetischen Ausführungen des Dichters allein „vom Standpunkte der irdischen Wahrnehmung" aus zu beurtheilen? Nicht bloß der römischen Waffentüchtigkeit schreibt Prudentius die Siege Roms zu. „Ich will dir sagen, o Römer, was deine Unternehmungen zu so glücklichen Erfolgen geführt hat; unter wessen Gunst dein Ruhm also glänzend zugenommen hat, daß er mit angezogenem Zügel die Welt im Zaume hält. Die Völker, durch Sprachen einander fremd (discordes), und die Reiche, verschieden an Sitten, wollte Gott vereinigen; einer einzigen Herrschaft sollte nach seinem Willen unterworfen werden, was immer empfänglich wäre für Bildung, und unter einheitlichem Joche (concordi iugo) die Zügel der Milde tragen, damit die Liebe zur Religion die also vereinigten Herzen der Menschen beherrschte: denn Christus kann keine Ehe schließen, die seiner würdig wäre, außer wenn eine einzige Gesinnung die verbündeten Völker vereinigt. . . . Um die Wuth (der Zwietracht) zu besänftigen, lehrte Gott die Völker von allen Weltgegenden ihr Haupt beugen unter die nämlichen Gesetze; Römer zu werden lehrte er sie alle, welche der Rhein und die Donau mit Wasser versorgt, der goldfließende Tajo und der große Ebro, welche an den Ufern des Tiber wohnen, und die der Ganges tränkt, die endlich sich waschen in des warmen Nilus siebenarmiger Mündung. . . . Das (diese Einheit) ist zu Stande gekommen durch so große Siege und Triumphe des römischen Reiches: Christo, glaube mir, der schon damals auf dem Wege war (in die Welt), ist der Weg bereitet worden, welchen seit langem unseres Friedens weitverbreitete Freundschaft (publica amicitia) unter Roms Leitung gebaut hat." [1] So unterscheidet Prudentius sehr wohl das Reich

---

[1] II. c. Symm. v. 583 sq.

Christi, das nicht von dieser Welt ist, die Kirche, mit Rom als ihrem
Mittelpunkte, von dem römischen Weltreiche, dessen Größe durch die gött=
liche Vorsehung zur leichtern Ausbreitung des Christenthums herbeigeführt
worden war.   Keineswegs aber ist Rom als Mittelpunkt des Christen=
thums an die weltbeherrschende Hauptstadt des alten Römerreiches ge=
bunden.   Rom als Sitz des Apostelfürsten hat seine eigene, weltbeherr=
schende Bedeutung, die unabhängig ist von der politischen Größe der von
Romulus gegründeten Weltstadt.   Nur vom Standpunkte der protestan=
tischen Hermeneutik aus, welche die Mißachtung der römisch=katholischen
Kirche zum Ausgangspunkte ihrer Forschungen nimmt, konnte Brockhaus
den Dichter so mißverstehen; nur von diesem Standpunkte aus konnte er,
an einzelne Stellen sich anklammernd, ohne Berücksichtigung des Con=
textes, bei Prudentius das christliche Universalgefühl beeinträchtigt finden.
Neues hat Brockhaus freilich hiermit nicht gebracht.   Die Magdeburger
Centuriatoren[1] haben bereits kürzer und bündiger die Behauptung auf=
gestellt, daß die Auctorität der römischen Päpste in den ersten Jahrhun=
derten rein der politischen Größe Roms zuzuschreiben sei, und daß sich
auch nicht der geringste Beweis für den Primat der römischen Kirche
aus Prudentius erbringen lasse: „Hactenus (sc. temporis) Romanis
episcopis auctoritatem prae aliis conciliaverat amplitudo civitatis
Romanae, quod ea domina et caput orbis esset, et multitudo et
sinceritas et constantia doctorum et beneficentia in alias ecclesias
et propagatio ad urbes vicinas.   Nec ex Caio Victorino . . . levis-
simam aliquam coniecturam capias de Romanorum episcoporum in
omnes ubique terrarum ecclesias potestate.   Idem de . . . Prudentio
affirmari licet.“   So sehr hat sich Brockhaus diese Mahnung zu Herzen
genommen, daß er auch nicht eine erwähnenswerthe Stelle in Pruden=
tius' Werken über die Macht der römischen Kirche findet; nach ihm
schöpfte Prudentius seine Begeisterung nur aus der Betrachtung der poli=
tischen Größe Roms.   Ein anderer Prudentius, der Benedictiner Pru=
dentius Moranus, hat in seiner Vorrede zu den Werken des hl. Cyprian
auch die Vertheidigung unseres Dichters geschrieben, indem er Cyprian
gegen dieselben Mißdeutungen Pearsons in Schutz nahm[2].   Allein von
diesen Vertheidigungen nehmen Roms Gegner wenig Notiz.   Neander kann
die Anerkennung der cathedra Petri in Rom als Mittelpunkt der katho=
lischen Einheit durch den hl. Cyprian nicht in Abrede stellen; jedoch den
Grund dieses Vorranges sucht er ungescheut wieder allein in der poli=
tischen Macht Roms[3].

---

[1] Centur. IV. de primatu p. 309. 413 (ed. Surius. Basil. 1624).
[2] Praefat. ad S. Cypriani opera n. 3 (ed. Migne t. IV. p. 25).
[3] Söber a. a. O. S. 85 f.

Nur als „ein Bewunderer der alten Größe und Herrlichkeit Roms" soll Prudentius seine Achtung auch den Vorzügen eines Julian nicht entziehen, als ob nicht vor Allem in dem durch das Christenthum veredelten Herzen des Dichters der Sinn für Großes und Edles, wo immer es sich findet, zu suchen wäre. Gerade diese „merkwürdige Stelle" [1] zeigt im Zusammenhange, wie der Dichter die Universalität des Christenthums in ihrer ganzen Reinheit trotz aller Liebe zu Rom erfaßt hat. Von V. 320 bis 551 bekämpft der Dichter die hartnäckige Läugnung der Gottheit Christi durch die Juden. Die Dämonen haben in Christus den Sohn Gottes anerkannt [2]; alle Völker haben Christus als Gott aufgenommen, nur Judäa nicht. Die Spanier im fernen Westen, die Scythen und Hyrkanier in ihren kalten Ländern, die rohen Geten und die wilden Gelonen, endlich auch die Mauren Afrika's haben den christlichen Glauben und christliche Gesittung angenommen. Alle die Lügenorakel des Heidenthums sind verstummt. Sogar Rom hat aufgehört, als heidnischer Staat zu existiren:

„Roms Capitol weint selbst, daß seinen mächtigen Herrschern
Christus leuchtet als Gott, daß zerstört seine Tempel zerfielen
Auf das Gebot seiner Kaiser; der Königsschmuck des Aeneas
Liegt jetzt im Staub, schutzflehend am Tempel Christi, des Herrschers;
Aber das Banner des Kreuzes verehret der erste der Fürsten.
Doch in der ganzen Reihe der Herrscher hat's einen gegeben [3],
Der — ich war noch ein Knabe — als tapferster Feldherr berühmt war
Und als Gesetzgeber auch, gleich groß durch Thaten und Worte;
Treulich beschützend den Staat, doch treulos der Gottesverehrung
Pflichten vergessend, verehrt' er an Göttern wohl dreihundert Tausend.
Also Verräther an Gott, wenn auch nicht Verräther am Reiche,
Beugt' er sein kaiserlich Haupt zu den Füßen der thönernen Pallas."

(Apoth. 444 sq.)

Allein auch dieser eine mußte wider Willen Zeugniß für Christus ablegen. Prudentius beschreibt zu diesem Zwecke jenes Opfer, welches Julian der Hekate bringen wollte, das aber nicht vollbracht werden konnte. In der Leibwache des Kaisers befand sich nämlich ein christlicher Krieger, welcher seine Stirn mit dem Kreuze bezeichnet und dadurch die Vollendung des Opfers verhindert hatte. Der Kaiser floh erschreckt, und die ganze Schaar der Krieger erhob zum Himmel den Blick und anerkannte Jesum. Jetzt an das jüdische Volk sich wendend, fährt der Dichter fort:

„Reut und verdrießt solches dich? Sieh, auch für dich kam in Christo,
Elendes Israel! Gott; er endet den irdischen Sabbath,
Aber die Sterblichen nahm er hinauf zur ewigen Ruhe.

---

[1] Apoth. 449 sq. Vgl. Kayser a. a. O. S. 258.　　　[2] Apoth. 400 sq.
[3] Apoth. 449. In der zumeist gelungenen Uebersetzung von Brockhaus ist gerade dieser Vers zu Ungunsten des Zusammenhanges abgeschwächt. „Und es fehlte der eine auch nicht in der Reihe der Herrscher" — hebt den vom Dichter beabsichtigten Gegensatz nicht hervor.

Vor den Geschlechtern der Erde, vor ihren Beherrschern erglänzt er;
Sein ist der Erbkreis, er zwang die Weltenherrscherin Roma,
Daß an ihn sie nun glaubt, ihre Götter und Bilder zerbrach er."
(Apoth. 503 sq.)

Welche Bedeutung erhält nun das Lob Julians in diesem Zusammen=
hange? Nichts, will der Dichter sagen, hat Werth ohne den Glauben und die
Hingabe an Christus. Obgleich Julian die Macht des weltbeherrschenden
Roms mit tapferer Hand zu wahren sucht, ist er doch ein Frevler gegen
Gott, und der glänzendste Beweis für das unvergleichliche Königthum Christi
liegt gerade darin, daß der mächtige Julian als Vertreter des heidnischen
Roms bekennen muß: er sei von Christus besiegt und vernichtet. Diesen
seinen Ansichten nach wäre Prudentius sicher gegen Rom aufgetreten, sobald
es in seiner Regierungsweise das Gesetz Christi außer Acht gelassen oder
gar bekämpft hätte. Brockhaus aber zeiht den Dichter der Inconsequenz,
wenn er von ihm sagt: „Er ist so weit Staatsbürger, um das Gedeihen
des Christenthums nur in Verbindung mit der Blüthe des Staates zu
wünschen." Denn er spricht es zu klar und offen aus, daß der Bestand
des Reiches Christi an kein irdisches Reich, auch nicht an das römische,
geknüpft ist, während das Heil aller Menschen und aller Staaten von
der Anerkennung der Religion Christi abhängt. Prudentius unterscheidet
eben, wie bereits gesagt, Rom als Mittelpunkt der Kirche Christi von
Rom als dem Sitze der Weltherrschaft; zu dieser Unterscheidung konnte
sich aber leider Brockhaus vom protestantischen Standpunkte aus nicht
erschwingen.

Mit dieser Unterscheidung aber „scheint Prudentius" nicht bloß
„von der Möglichkeit einer Wiedergeburt Roms im Christenthume zu
träumen" [1]; nein, er spricht die frohe Hoffnung aus und sieht dieselbe zum
Theil bereits erfüllt, daß Rom nicht nur in geistlicher, sondern auch in
weltlicher Beziehung der Mittelpunkt der in Christo erneuten Menschheit,
der Christenheit, sein werde; kurz, wir finden in unserem Dichter einen
Vorläufer „des Dichters der katholischen Kirche", Dante's [2]. „In jener
Epoche des Christenthums," sagt Baunard [3] von der Zeit des Prudentius,
„war die Welt zu großen Hoffnungen berechtigt. Alle Kräfte der Kirche
und des Staates waren vereinigt . . ., strebten nach dem nämlichen
Ziele. Das war jetzt schon das Ideal des heiligen römischen Reiches,
wie es später geschaffen wurde, so daß es zwei Häupter hatte: ein geist=
liches, um die Seelen zu leiten, und ein weltliches, um auf dem Gebiete

---

[1] Brockhaus a. a. O. S. 173.
[2] Hettinger, Die göttliche Komödie des Dante Alighieri. Freiburg. Herder
1880. S. 58.
[3] Geschichte des hl. Ambrosius, übersetzt von Bittl. Freiburg. Herder 1873.
S. 187 f.

der Politik die dem Geiste des Evangeliums entsprungenen Gesetze in Aus=
führung zu bringen. So begann die vollkommene Einheit der dem neuen
Rom versprochenen Weltherrschaft sich zu verwirklichen. Am Tage nach
der blutigen Epoche der Martyrer — konnten da die Christen, welche
Zeugen dieser Uebereinstimmung waren, nicht des Glaubens leben, daß
das Reich Christi sich auf Erden aufbauen werde?" In der That, nichts
anderem als dieser Hoffnung gibt Prudentius in den Worten Ausdruck[1]:
„Sollen wir noch zweifeln, daß Rom, dir, o Christus, geweiht, dein Gesetz
angenommen habe und entschlossen sei, mit der Gesammtheit seines Volkes
und den Größten (summi) seiner Bürger sein irdisches Reich bereits hoch
über die Sterne des weiten Himmels auszudehnen?"

Kehren wir von dieser Hoffnung des Dichters zu dem Zeugnisse
seines Glaubens an die von Christus gestiftete Kirche zurück. Nach den
bisher angeführten Stellen ist die e i n e, katholische Kirche dem Dichter ein
lebendiger Organismus, die heilige, allen sichtbare und zugängliche Stadt
Gottes auf Erden, „das heilige Volk"[2], welches in dem auserwählten
Volke Israel ebenso sein Vorbild hat, wie Christus, sein Herrscher, an
Moses, Josue und den Fürsten aus Juda[3]. Die Apostel aber sind die
ruhmreichen Ahnen (stemmata), auf welchen wie auf Grundsteinen die
Kirche ruht, vorgebildet durch die zwölf Steine, welche Josue in das
Bett des Jordan niederlegte[4]. „Zu dem Glaubensgebäude (sincera
penetralia) dieser nazarenischen Männer und zu den Quellen der Apostel"[5]
muß darum ein jeder sich begeben, der an dem Reiche des Lebens Theil
haben will[6]. Der Ausdruck: „die Quellen der Apostel" leitet uns über
zur Lehre des Dichters über den Primat des Petrus und seiner Nach=
folger im Besondern, nachdem aus dem Obigen bereits zur Genüge klar
ist, daß Prudentius die Zugehörigkeit zu der einen, heiligen, katholischen

---

[1] c. Symm. I, 587 sq.

[2] Perist. VII, 22.   [3] Cath. XII, 143 sq.

[4] Cath. XII, 177. Die Aehnlichkeit dieser Stelle mit *Tertull.* adv. Marcion.
l. IV. c. 13: „Totidem enim apostoli portendebantur ... lapides solidi, quos
de lavacro Iordanis *Iesus verus* elegit ...", ist auffallend. Auffallender noch ist,
daß Brockhaus diese Beziehung nicht notirt hat. Das „Iesus verior" des Dichters
ist allerdings mit „der wahre Josua" zu übersetzen, aber mit Unrecht tadelt Obbarius,
daß Ael. Nebrissensis hierzu erklärend bemerkt: „Christus". Die von Arevalo an dieser
Stelle ausgesprochene Vermuthung, anstatt des ungewöhnlichen „ap. stemmata" sei
vielleicht „schemata" zu lesen, wie er auch für „stemma ieiunii" (Cath. VII, 81)
„schema iei." vermuthet, ist mit dem Zusammenhange unvereinbar und verkennt die
Tiefe des vom Dichter gewählten Ausdruckes, welcher die Wahrheit der Kirche treffend
illustrirt. Denn „wer kann ... den vollen Besitz der apostolischen Wahrheit für sich
in Anspruch nehmen, als die Kirche, welche ihren S t a m m b a u m bis auf die
Apostel und den Herrn selbst zurückführen kann?" S. S c h w a n e, Dogmengesch.
der patrist. Zeit. S. 842.

[5] c. Symm. I, 549.   [6] Cfr. Cath. XII, 205 sq.

und apostolischen Kirche Christi von der Uebereinstimmung mit der römischen Kirche abhängig gemacht hat.

Der zwölfte Hymnus im Buche Peristephanon ist dem Martyrium der Apostelfürsten oder vielmehr ihren Grabstätten zu Rom geweiht. Die Beschreibung, welche Prudentius vom Grabe des hl. Petrus gibt, ist ebenso schön als schwierig. Für unsern Zweck handelt es sich um Vers 43 und 44. „Der Hirte selber labt dort mit der Kühlung der eisigen Quelle seine Schäflein, welche er dürsten sieht nach dem Wasser Christi." Zum Verständniß und zur Erklärung dieser Worte müssen wir auf den Zusammenhang von Vers 31 an eingehen: „Auf dem rechten Ufer des Tiber, wo Olivenbäume weißlich schimmern und ein Gießbach murmelt, halten goldene Dächer Petri Gebeine verwahrt. Das Wasser nämlich, welches oben am Felsenhügel hervorquillt, hat diese stets grünende und fruchtbare Oelbaumpflanzung hervorgerufen[1]. Jetzt rinnt es über kostbare Marmorplatten[2] und befeuchtet den Abhang, bis es (gesammelt) in einem Becken fluthet, welches von sprossendem Grün umgeben ist. Im Innern des Grabmonumentes (in der über dem Grabe des Apostels erbauten Kirche) befindet sich eine Abtheilung, wo das angesammelte Wasser (stagnum) in lautrauschendem Gefälle wogt in eiskalter Tiefe. Ein buntes Gemälde (aber) darüber färbt die gläsernen Wellen; das (grüne) Moos leuchtet wider (von den Farben des Gemäldes), und das Gold des Gemäldes schimmert (hinwieder) grünlich (von dem Moose). Die Bläue des Wassers zieht den Schein des Purpurs über ihm herab: man möchte meinen, die Decke (mit ihrem Gemälde) bewege sich in den Fluthen. Der Hirte selber labt dort mit der Kühlung der eisigen Quelle die Schäflein, die er dürsten sieht nach dem Wasser Christi." Nach Brockhaus (a. a. O. S. 151) ist es nur möglich, „die ganze Schilderung, die der Basilika des Petrus, die schon Constantin über des Apostels Grab erbaute, in keiner Weise Erwähnung thut, wegen des darin erwähnten Wasserbeckens auf das Baptisterium der alten Peterskirche zu beziehen". In dem „Petrum regio *tectis* tenet *aureis* receptum" (v. 31) ist indeß die erwähnte Basilika genügend angedeutet, und das „Interior *tumuli* pars" verglichen mit dem c. Symm. I, 53 genannten „Vaticano *tumulus* sub monte" ver-

---

[1] Die Lesarten schwanken zwischen „fontem" und „frondem". Abgesehen von den Handschriften, die für „frondem" sprechen, nöthigt der Zusammenhang, mit Arevalo gegen Obbarius „frondem" als allein richtig zu vertheidigen. Das „namque" (v. 33) soll den Grund einleiten für das „canens oliva murmurans fluento". Entspricht nun „liquor ortus" dem „murmurans fluento", so steht „frondem perennem" in Parallele zu „oliva". Hierzu kommen die von Arevalo angeführten Parallelstellen. Mit dem Wegfall von „fontem" wird auch die Beziehung von „chrismatis feracem" auf die mit der Taufe verbundene Salbung hinfällig.

[2] Vgl. Kayser a. a. O. S. 97.

vollständigt diese Andeutung. Es ist klar, daß Prudentius einen Brunnen bei oder im Eingange zur alten Peterskirche beschreibt, und zwar den= selben, welchen der hl. Papst Damasus erbaut hatte. Letzterer schreibt selber in seinem 36. Carmen[1] De fontibus Vaticanis, daß er die durch= sickernde Feuchtigkeit, welche in den unterirdischen Grüften der Petersbasilika über die vielen dort ruhenden Martyrerleichen rann und denselben Ver= derben drohte, in einen Brunnen sammelte, über welchem sich ein kuppel= artiger Ueberbau erhob. Ueber die Bestimmung indeß, welche dieser Brunnen erhielt, herrscht keine Einstimmigkeit. Baronius (ad ann. 384 n. 24), Dressel und Brockhaus sehen in demselben das Baptisterium der Peterskirche, auch baptisterium Damasi genannt. Arevalo, welchem sich Obbarius anschließt, sucht namentlich aus Paulinus (ep. 13 ad Pamach.) nachzuweisen, daß der von Prudentius beschriebene Brunnen den Christen zum Waschen der Hände diente, ehe sie das Gotteshaus betraten. Die Worte unseres Dichters scheinen uns aber die Annahme der all= gemeineren Ansicht, der Brunnen sei ein Baptisterium gewesen, zu for= dern. Denn Vers 43 und 44 kann man kaum anders als von der Taufe verstehen, noch auch auf einen andern Ort beziehen, als auf eben jenen Brunnen. „Dort" (illic) labt der Hirt selbst seine Schäflein. Ver= gleicht man zudem die betreffenden Worte mit folgender Inschrift, welche an dem Baptisterium der alten Petersbasilika angebracht war, so bleibt kaum ein Zweifel hierüber übrig.

> Sumite perpetuam sancto de gurgite vitam:
>   Cursus hic est fidei, mors ubi sola perit,
> Roborat hic animos divino fonte lavacrum,
>   Et dum membra madent, mens solidatur aquis.
> Auxit apostolicae geminatum sedis honorem
>   Christus et ad coelos hanc dedit esse viam:
> Nam cui siderei commisit limina regni,
>   Hic habet in templis altera claustra poli[2].

Die Aehnlichkeit zwischen diesen Worten und der in Rede stehenden Stelle des Dichters ist so groß, daß man wohl vermuthen darf, Pru= dentius habe selber diese Inschrift beim Besuche der Apostelgräber gelesen[3]. In jedem Falle muß man unter dem seine Schäflein tränkenden Hirten (V. 43) den Apostelfürsten verstehen. „Petrus, der hier begraben ist," sagt

---

[1] Migne, Patrol. ser. lat. tom. 13. p. 411:
    Siccavit totum quidquid madefecerat humor,
    Invenit fontem, praebet qui dona salutis.
Vgl. Kayser a. a. O. S. 95 f.

[2] Kraus, Roma sotterranea. S. 508. Vgl. hierzu die Note zum carm. 39. Sti Damasi v. 8. bei Migne tom. 13. p. 412.

[3] Vgl. Ebert a. a. O. S. 250.

der Dichter, „weidet noch immer die ihm von Christus anvertraute Heerde."
Da dieß nur auf den jeweiligen Inhaber des bischöflichen Stuhles von
Rom bezogen werden kann, so bemerkt Arevalo mit Recht hierzu: „Prudentius hoc in loco Romanum pontificem designat et probabiliter
ipsum Damasum, qui fontem construxit." Dieselbe Bedeutung für
den Vorrang der Bischöfe von Rom behält die Stelle, wenn wir annehmen,
Prudentius habe mit diesen Worten das Bild beschrieben, welches oben
an der Decke des Baptisteriums gemalt war und sich im Taufbrunnen
selber wiederspiegelte. Merkwürdiger Weise soll aber Prudentius nach
Bunsen[1], dem sich Dressel anschließt, unter dem Hirten auf diesem Bilde
nicht Petrus, sondern Christus verstanden haben: „Bunsen sieht in diesen
Worten (B. 43 f.) völlig mit Recht eine Anspielung auf eine Mosaik,
die Christus auf dem Felsen, dem Wasser entsprudelt, dargestellt habe,
während die Gläubigen, durch Schafe symbolisirt, durstig herbeieilen"
(Brockhaus). Ganz abgesehen von dem Zusammenhange, ergibt sich die
Unhaltbarkeit dieser Deutung, wenn wir statt pastor in unserer Stelle
Christus setzen:

> (Christus) oves alit ipse illic gelidi rigore fontis,
> Videt sitire quas fluenta Christi.

Kurz, nach der angeführten Stelle ist Petrus und sein jedesmaliger
Nachfolger der Hirt, welchem die Schäflein Christi zur Weide anvertraut
sind[2]. Daß wir unter fluenta Christi mit der Glosse richtig die Lehre
Christi (doctrinam) verstehen, beweisen die bereits S. 297 citirten Verse
aus Perist. II, 459 sq.

> Hic namque iam regnant duo
> Apostolorum principes.
> Alter vocator gentium,
> Alter cathedram possidens.
> Primus recludit creditas
> Aeternitatis ianuas.

Petrus erschließt die Pforten des Himmels, indem er das Lehramt
ausübt; daraus folgt, daß zum Eintritte in das Himmelreich die gläubige
Annahme der Lehre des Apostelfürsten, wie sie der jeweilige Inhaber
seiner Kathedra ausspricht, erforderlich ist. Ja Prudentius nimmt die
Bekehrung zum Christenthume und die Wallfahrt zum Grabe des heiligen
Petrus, den deutlichsten Ausdruck für die Uebereinstimmung mit der
römischen Kirche, gerade zu für eines und dasselbe. „Schau," ruft er triumphirend dem Symmachus zu, „wie viele unter dem römischen Volke gibt

---

[1] Bunsen, Beschreibung der Stadt Rom II. 83, bei Brockhaus a. a. O. S. 263.
[2] Vgl. den Hymnus auf die hl. Agatha, welcher wahrscheinlich den hl. Damasus zum Verfasser hat, v. 14: „Pastor ovem Petrus hanc recreat". Bei Kayser
a. a. O. S. 121 f.

es noch, die Jupiters befleckten Altar nicht verachten? Alle — auch die Aermsten — besuchen (frequentare) entweder das Grab= mal auf dem Vaticanischen Hügel, wo des Vaters Asche ruht, die liebliche Bürgschaft, oder strömen in großer Menge zum Lateranischen Tempel, um das heilige Zeichen mit dem königlichen Chrisma zu erhalten. Können wir (also) noch zweifeln, daß Rom sich zu dir bekehrt habe, o Christus?"[1] Entweder sind die Römer schon Christen, oder sie sind im Begriffe, es zu werden, sagt der Dichter. Das Zeichen des christlichen Bekenntnisses aber sieht er im Besuche des Grabes, welches Petri Asche, die liebliche Bürgschaft des Friedens, umschließt. Nehmen wir dazu die Bedeutung, welche der Dichter nach den früher angeführten Stellen Rom beilegt, so kann Niemand zweifeln, daß nach Prudentius die Zugehörigkeit zur römischen Kirche im Glauben und in der Liebe mit dem Besitze des wahren Glaubens eines und dasselbe ist.

Prudentius spricht aber hiermit nicht seine Privatansicht, sondern den Glauben seiner Zeit aus. Insbesondere tritt er mit seinem Zeugnisse für die höchste Autorität des römischen Bischofs seinen Landsleuten überein= stimmend zur Seite. Gerade hierin liegt ja die Bedeutung unseres Dich= ters. Auf dem Concile von Sardica hatte der greise Hosius mit den versammelten Bischöfen dieselbe Autorität feierlich anerkannt. Seine Worte, auf welche die Bischöfe mit Placet antworteten, mögen hier eine Stelle finden: „Si aliquis episcoporum iudicatus fuerit in aliqua causa et putat, se bonam causam habere, ut iterum concilium renovetur: si vobis placet, S. Petri apostoli memoriam honoremus, ut scribatur ab his, qui causam examinarunt, Iulio Romano episcopo, et si iudicaverit, renovandum esse iudicium, renovetur et det iudices; si autem probaverit, talem causam esse, ut non refricentur ea, quae acta sunt, quae decreverit, confirmata erunt."[2] Handelt es sich in diesen Worten nur um eine Disciplinarentscheidung, so legt der Mönch Bachiarius gerade zur selben Zeit, wie unser Dichter, direct Zeugniß von der Unfehlbarkeit der Entscheidung Roms in Glaubenssachen ab. Es kommt hierbei nicht darauf an, ob Bachiarius seine professio fidei direct an den Bischof von Rom oder an einen andern Bischof gerichtet hatte. Das Erstere dürfte allerdings als die Meinung des Gennadius[3] gegen

---

[1] c. Symm. I, 578 sq.:
  Aut Vaticano tumulum sub monte frequentat,
  Quo cinis ille latet, genitoris amabilis obses.
[2] Siehe Hefele, Concilien=Geschichte. Bd. I. S. 539. Vgl. Gams, Kirchen= geschichte von Spanien. Bd. II. 1. S. 251 f.; ferner Das Schreiben des Papstes Siricius an den Bischof Himerius (Eumerius) von Tarraco bei Gams a. a. O. II. 1. S. 426.
[3] De vir. ill. c. 24.

Gams (a. a. O. II, 1. S. 412) festzuhalten sein. „Wenn in Folge der Schuld eines Einzigen (des Priscillian, wie Gams richtig bemerkt) die Gläubigen einer ganzen Provinz mit dem Anathem zu belegen sind, so möge auch jene heilige . . . [1] Schülerin, Rom nämlich, verurtheilt werden, wo jetzt zwei oder drei, ja noch mehr Irrlehren ihren Ursprung genommen haben: und doch hat keine derselben die Kathedra des Petrus, d. h. den Sitz des Glaubens (sedem fidei), für sich gewinnen (tenere) oder erschüttern können.“ [2] Ebenso ergibt sich aus dem dritten Briefe des hl. Pacian an den Sympronian, daß man damals in Spanien wenigstens das Lehramt des römischen Bischofs als „die Kathedra der Kirche“ schlechthin bezeichnete [3]. „Wer,“ frägt Pacian den Novatianer, „hat das gelehrt, daß man nach der Taufe (falls man gefallen ist), keine Buße mehr wirken könne? . . . Novatian hat es gelehrt (antwortest du). Wohlan, ist Novatian rein und unbefleckt; hat er nie dem Novatus angehangen, ist er nie von der Kirche abgefallen, ist er von Bischöfen rechtmäßig zum Bischof geweiht worden, hat er die erledigte Kathedra in der Kirche erlangt?“ Daß man das „vacantem cathedram in ecclesia“ mit unserer Ueber= setzung auf die römische Kirche, nicht auf einen beliebigen andern Bischofs= stuhl beziehen müsse, ergibt sich aus dem Vergleiche unserer Stelle mit den kurz vorhergehenden Worten: „Cornelius iam Romae *episcopus a sedecim episcopis factus locum cathedrae vacantis acceperat* et in illa, qua fuit castimonia virginali, crebras persecutiones irati principis sustinebat.“ Zweierlei muß nach Pacian der Eindringling Novatian besitzen, wenn seine Lehrentscheidung Autorität haben soll. Zunächst muß er rechtmäßig Bischof geworden sein, sodann muß er die „vacans cathedra in ecclesia“ bestiegen haben. Beides fehlt dem Novatian, während es sich in Cornelius, dem Bischof von Rom, findet. Da Pacians Worte in

---

[1] Hier ist nach der Bemerkung des Herausgebers etwas ausgefallen; vielleicht: „beatissima *(apostolorum) discipula*“.

[2] Migne t. 20. col. 1023. Cfr. Cyprian. ep. 55. (al. 52.) n. 7: „Factus est autem Cornelius episcopus de Dei et Christi eius iudicio, de clericorum paene omnium testimonio, de plebis, quae tunc affuit, suffragio, de sacerdotum antiquorum et bonorum virorum collegio, cum nemo ante se factus esset, *cum Fabiani locus i. e. cum locus Petri et gradus cathedrae sacerdotalis vacaret.*“ Man kommt bei diesen Worten auf die Vermuthung, der hl. Pacian habe diesen Brief des hl. Cyprian vor Augen gehabt. Vgl. noch Cypr. ep. 69. (al. 76.) n. 3.

[3] Vgl. Probst, Lehre und Gebet. S. 18 u. 222: „Von der Kathedra sprechen hieß nicht nur in dem Gottesdienste in der Eigenschaft als Lehrer der Gemeinde zu den Gläubigen reden, sondern sehr früh wurde das Wort Kathedra bildlich für Lehre und Lehramt gebraucht. Petrus übergibt dem Clemens vor dem Tode seine Kathedra der Lehre. Clemens lehnt jedoch die Macht und Ehre der Kathedra ab.“ Epist. Clem. ad Iacob. n. 2 et 3. ed. Galland. p. 612.

einer Klimax vom Niedern zum Höhern fortschreiten, so darf man die Aus=
drücke „episcopus factus" und „cathedram consecutus" auch nicht als
Synonyma auffassen. Demnach kann „cathedra in ecclesia" hier nur den
in seiner Art einzigen Lehrstuhl bezeichnen, d. i. den der römischen Kirche.
Diesen so bestimmten Zeugnissen Spaniens aus dem vierten Jahrhundert
für die in ihrer Art einzige und höchste Autorität des römischen Bi=
schofs in der ganzen Kirche tritt demnach Prudentius mit seiner begeisterten
Liebe zur Kathedra Petri nicht als Sonderling, sondern recht eigentlich
als Kind seiner Zeit bei. Und da es nach Brockhaus (a. a. O. S. 6
und 7) der höchste Ruhm des Dichters ist, „für das allen geistig Gemein=
same die edelste Form und den schönsten Ausdruck gefunden zu haben",
so kann dieser Ruhm unserem Prudentius auch nicht versagt werden für
das schöne Bekenntniß seines römisch=katholischen Glaubens:

> Una fides vigeat, prisco quae condita templo est,
> Quam Paulus retinet quamque cathedra Petri. (Perist. XI, 31.)

Petrus, „der zur höchsten Würde erhobene Jünger" (summus discipulus Dei. c. Symm. II, Praef. 1), erkennt allein im Meeressturme
unerschrocken den Herrn des Himmels und der Erde und des unwegsamen
Meeres (Ibid. v. 23). Damals hat ihn der Herr wegen seines un=
beständigen Glaubens („non stabili fide") getadelt, weil er in Folge dessen
nicht über die Fluthen wandeln, noch ihm folgen konnte. Dann (aber)
erhebt er mit der Rechten den Jünger, daß er feststeht, und lehrt ihn
wandeln über die wogende Fläche des Meeres (B. 37). Der Dichter
dehnt diese Stelle in übertragener Bedeutung auf das Wandeln über das
Meer der Zeit in der Kraft des unerschrockenen Glaubens aus, wie die
von ihm gemachte Nutzanwendung zeigt. So mächtig ist nun nach ihm
der Glaube des Petrus gewesen, daß er nicht einmal bei der Verläugnung
des Herrn verletzt oder verloren wurde. Aus Uebereilung, nicht aber
aus Unglauben hat nach Prudentius der Apostelfürst damals gesündigt:

> Flevit negator denique
> Ex ore *prolapsum* nefas,
> *Cum mens maneret innocens*
> *Animusque servaret fidem.* (Cath. I, 57 sq.)

Offenbar hängt diese Exegese des Dichters[1] mit seiner festen Ueber=
zeugung von der Unfehlbarkeit zusammen, welche dem Petrus und seinen
Nachfolgern im Lehramte verliehen worden ist. Die Beweisstellen, woraus

---

[1] Cfr. S. August. c. mendac. c. 6: „In illa negatione (Petrus) intus veritatem tenebat, foris mendacium proferebat." Malbonat zu Matth. 26, 37 be=
nützt diese Stelle des Dichters, sowohl um jene zurückzuweisen, welche Petrus des
Unglaubens beschuldigen, als jene, die gar keine Sünde in der Verläugnung sehen
wollen.

diese Ueberzeugung des Prudentius klar hervorgeht, sind im Laufe der Untersuchung mitgetheilt worden. Wir weisen schließlich nur auf die Ab=hängigkeit oder vielmehr die Uebereinstimmung hin, in welcher Prudentius auch hierin mit dem hl. Cyprian steht. Die una fides des Dichters, welche auf der cathedra Petri thront, ist nur ein Echo der Stimme des Martyrerbischofs von Karthago: „Deus unus est, et Christus unus, et una ecclesia, et cathedra una super Petrum Domini voce fundata." [1]

Im Anschlusse an die Lehre des Dichters von der in der römisch=katholischen Kirche bestehenden Glaubensregel nun die Stellen zu bringen, welche auf die innere Constitution der Kirche, auf die Unterscheidung zwischen Clerus und Laien u. dgl. Bezug haben, halten wir für unnöthig. Einer=seits finden sich sogen. classische Stellen in dieser Beziehung bei Prudentius nicht, andererseits kennt die Dogmengeschichte und das Kirchenrecht am Schlusse des vierten Jahrhunderts bereits eine so ausgebildete Verfassung der Kirche, daß sich aus Prudentius nichts Neues beibringen ließe. Mehr der Sonderbarkeit wegen als um eine Widerlegung anzustellen, citiren wir eine dießbezügliche Bemerkung von Brockhaus. A. a. O. S. 222 heißt es nämlich: „Der Hymnus Perist. II liefert einen Beleg dafür, daß das Bewußtsein von der ursprünglichen Gleichheit der Presbyter und Bischöfe zur Zeit des Dichters keineswegs erloschen war. Innerhalb weniger Verse wird Bischof Sirtus II. einmal als ‚Sacerdos‘ (v. 21) und dann als ‚Episcopus‘ (v. 39) erwähnt, ganz in derselben Weise, wie in der heiligen Schrift die Worte πρεσβύτερος und ἐπίσκοπος gleichbedeutend ge=braucht werden. Es tritt auch hier das Zeugniß des Dichters der Mei=nung seines Zeitgenossen Hieronymus stützend zur Seite: ‚Apostolus perspicue docet, eosdem esse presbyteros atque episcopos etc.‘ (Ep. 146)." Ich verzichte darauf, zur Entgegnung eine Wolke von Zeugen anzuführen, aus denen sich das Unwissenschaftliche dieser Bemerkung ergibt. Sacerdos ist bei Cyprian stehender Amtsname des Bischofs, wie man in der Hartel’schen Ausgabe seiner Werke (Index verb. et locut. p. 451) nachsehen kann. (Vgl. Reinkens, Der hl. Martin von Tours S. 43 Note 1: „Sacerdos bezeichnet bei Sulpicius Severus wie bei Hilarius immer Bischof, nie Presbyter, was manche Schriftsteller nicht zu wissen scheinen.") Ich frage nur, ob auch bei dem Verfasser der „Imitatio Christi" „das Bewußtsein von der ursprünglichen Gleichheit der Pres=byter und Bischöfe noch nicht erloschen" war. Nach Brockhaus wäre dieß der Fall, da es l. II. c. 9 n. 2 heißt: „Vicit s. martyr Laurentius saeculum cum suo *sacerdote*." Es ist auffällig, dergleichen Behaup=tungen immer wieder lesen zu müssen, nachdem aufrichtige Protestanten

---

[1] Ep. 43. (ed. Vindob.) al. 40. Cfr. ep. 59. n. 14. (al. 55); ep. 55. n. 8. (al. 52).

schon längst durch rein wissenschaftliche Gründe sich gezwungen sahen, die Superiorität der Bischöfe über die einfachen Priester in die Zeit zurück= zubatiren, „da die Apostel abtraten" [1]. Brockhaus hätte am allerwenigsten seine irrige Meinung dem Dichter imputiren sollen, da er ja Prudentius in eine möglichst große Abhängigkeit von Tertullian versetzt. Tertullian aber lehrt sehr klar: „Dandi (sc. baptisma) quidem habet ius summus sacerdos, qui est episcopus, dehinc presbyteri et diaconi non tamen sine episcopi auctoritate propter ecclesiae honorem, quo salvo salva pax est." De baptismo c. 17. Cfr. S. Aug. De civ. Dei l. XX, c. 10.

Zweites Kapitel.

Die Quellen der Offenbarung.

Von dem in der Kirche Christi bestehenden Lehramte, welches in der Kathedra des hl. Petrus seinen Höhe= und Einheitspunkt hat, geht nach Prudentius einzig und allein die Verkündigung des wahren Glaubens aus. Gehorsame Unterwerfung unter diese Autorität und Hingabe der eigenen Meinung, falls sie mit den Aussprüchen dieses Lehramtes im Widerspruche steht, fordert deßhalb der Dichter mit Strenge. „Flieht," so läßt er den hl. Hippolyt auf dem Wege zum Martyrtode sagen, „flieht, o Unglückliche, die abscheulichen Lehren [2] des Novatus; schließt euch an (ergebt euch) den katholischen Völkern . . . Was ich gelehrt habe, das wünschte ich nicht gelehrt zu haben; ehrwürdig erscheint mir jetzt als Martyrer, was mir einst im Widerspruche mit der Verehrung Gottes zu stehen schien", nämlich der Ausspruch der Kathedra Petri. Daß Prudentius von einer sogen. freien Forschung nichts gewußt hat, liegt somit auf der Hand. Die manichäische Lehre von der Ewigkeit des Uebels verwirft er mit den Worten: „Dem widersetzt sich unsere Vernunft, der es nicht er= laubt ist, den einen Glauben anzutasten (infirmare), der in dem heiligen Buche überliefert ist." [3] „Das heilige Buch", welches der Dichter hier nennt, ist die Bibel. Wenn er nun in diesem Ausspruche die heilige

---

[1] S. Kist, Ueber den Ursprung der bischöflichen Gewalt in der christlichen Kirche, in der Zeitschrift für histor. Theologie von Jlgen. 1832. Bd. II. 2. Stück. S. 48. Ueber die diesbezüglichen Worte des hl. Hieronymus vgl. Hettinger, Fundamental=Theologie. II. S. 139 f.

[2] Perist. XI. 29 sq. „Schismata" läßt sich in seiner Prägnanz im Deutschen nicht durch ein einziges Wort wiedergeben; am besten dürfte es durch „spaltung= erregende Lehren" ausgedrückt werden.

[3] Ham. 170 sq.: Hoc ratio sed nostra vetat, cui non licet unam
Infirmare fidem, sacro quae tradita libro est.

Schrift zur Quelle der Glaubenswahrheit macht, so ist dieß selbst=
verständlich kein Widerspruch gegen sein so klares Bekenntniß von einem
lebendigen Lehramte. Im Gegentheile kann die katholische Lehre von dem
Verhältnisse des unfehlbaren kirchlichen Lehramtes zu dem geschriebenen
Worte Gottes kaum präciser und schöner ausgedrückt werden, als in dem
eben citirten Dichterworte. Nur e i n e n Glauben kann es geben, den die
katholischen Völker durch den Mund der Apostel erfahren (quam Paulus
retinet quamque cathedra Petri). Andererseits ist dieser eine wahre
Glaube ü b e r l i e f e r t in der heiligen Schrift, deren Außspruch der Dichter
deßhalb a. a. O. citirt; folglich kann das Lehramt der Kirche niemals
mit dem Inhalte der heiligen Schrift im Widerspruche stehen. Das ge=
schriebene Wort Gottes und die von der Kathebra Petri ausgehende Lehre
muß vielmehr auf e i n e n Ursprung zurückgeführt werden, auf die
Bürgschaft aller Wahrheit, auf Gott selbst. Nach dem Zeugnisse der
Geschichte war nun das mündliche Lehramt der Kirche eher thätig, als
die Schriften des neuen Bundes vorlagen (Prudentius citirt a. a. O.
den Anfang des Johannesevangeliums). Ferner ist nach dem Zeugnisse
der heiligen Schrift selbst (Joh. 20, 30; 2 Thessal. 2, 15) nicht alles
aufgeschrieben, was der Herr den Aposteln zur Verkündigung aufgetragen
hatte. Folglich ergibt sich aus den angeführten Stellen zunächst, daß
Prudentius an eine doppelte Ueberlieferung der Glaubenswahrheit geglaubt
haben muß, an eine mündliche und an eine schriftliche, die, neben, ja in=
einander bestehend, ihrem Werthe nach einander gleich sind [1]. Es ergibt
sich ferner, daß nach Prudentius es dem Einzelnen nicht erlaubt ist, nach
eigenem Gutbünken aus der Quelle der schriftlich firirten Ueberlieferung
zu schöpfen, d. h. die Schrift auszulegen, sondern daß alle das leben=
bringende Wasser der Glaubenswahrheit aus jener Hand zu empfangen
haben, welche mit dem Schöpfen betraut ist, nämlich aus der Hand der
Kirche. So allein ist es möglich, die Außsprüche des Dichters mit einan=
der in Einklang zu bringen. Sein herrliches Wort (Ham. 179) könnte
etwa so umschrieben werden: „Unserem Verstande ist es nicht erlaubt, den
e i n e n Glauben anzutasten, der uns theilweise in dem Buche der heiligen
Schriften nach der Erklärung und Auslegung des apostolischen Lehramtes
der Kirche überliefert worden ist." Wie sehr Prudentius von der Noth=
wendigkeit einer rechtmäßigen Auslegung der heiligen Schriften durch=
brungen ist, zeigt uns sein Loblied auf den hl. Cyprian [2]: „Es fehlte

---

[1] Wie innig der Begriff der mündlichen Ueberlieferung mit dem Glauben an
ein von Gott eingesetztes Lehramt, eine Kathebra, verbunden ist, zeigt die Herleitung
einer alttestamentlichen Traditionslehre bei Hilarius aus dem Außspruche Christi
(Matth. 23, 2) über die Kathebra des Moses (In psalm. 2, 2). Vgl. Reinkens,
Hilarius von Poitiers. S. 285.

[2] Perist. XIII, 15 sq.

jemand, der im Stande gewesen wäre, die apostolischen Schriften aus=
zulegen (opulentus executor); da wird die reiche Beredsamkeit (Cyprians)
erwählt, den Erdkreis zu belehren und im Dienste der paulinischen
Schriftrollen (b. h. sich ihrer bedienend) darnach zu ringen, daß die
gefühllosen Herzen der Menschen gebildet würden und lernen möchten, sei
es das Werk der Furcht, seien es die tiefen Geheimnisse Christi" (ihre
Pflichten entweder vollkommen aus Liebe oder wenigstens unvollkommen aus
heiliger Furcht zu erfüllen). Wenn Prudentius weiter die Werke Cyprians
in dichterischer Begeisterung so hoch erhebt, daß er sagt: „Jener Geist Gottes
hat dich mit den Strömen der Beredsamkeit vom Himmel her getränkt,
der sich über die Propheten ergossen. So lange es Bücher geben und
man die heiligen Schriften aufbewahren wird, wird auch dich, o Cyprian,
jeder lesen, der Christum liebt, und deine Werke studiren" — so muß jeder
Unbefangene hierin das Dogma von der in den Väterschriften enthaltenen
Erblehre erkennen. Und nur darum und insoweit preist der Dichter
Cyprians Schriften, als sie mit der Lehre der römischen Kathedra im
Einklange stehen. Andernfalls hätte Prudentius seinem Lieblinge conse=
quent dasselbe in den Mund gelegt, was er den hl. Hippolyt ausrufen
läßt: „Quae docui, docuisse piget."

Unter diesen Verhältnissen richtet sich das Wort Middeldorpfs[1]
über die Lehre unseres Dichters von selbst: „Fontem veri et cogno-
scendi et diiudicandi *unam* sacram scripturam Prudentius agnoscit."
Wissenschaftlich ist es wenigstens nicht, eine solche Behauptung mit Be=
rufung auf die einzige Stelle (Hamart. 181) aufzustellen. Brockhaus
sagt dasselbe: „Das Wort der heiligen Schrift ist ihm alleiniger Grund
des Glaubens" (a. a. O. S. 197). Indem er durch diese unrichtige Be=
hauptung dem aufrichtigen Bekenntnisse, daß Prudentius katholisch gedacht
und geglaubt habe, ausweichen will, geräth er in Widerspruch mit sich
selbst. Gerade Brockhaus betont im Uebermaße die genaue Ueberein=
stimmung des Prudentius mit den Ansichten Tertullians. Wie wenig
aber der katholische Tertullian von einem Sola=Scriptura=Princip gewußt
hat, lehrt der oberflächliche Einblick in sein Buch „Von den Verjährungen".
Ebert (a. a. O. S. 54) erkennt dieß ohne Umschweif an: „Indem
Tertullian in seinem Buche De praescript. als Criterium der Wahrheit
die apostolische Tradition hinstellt, brachte er die eigentliche Grundlage
des Katholicismus erst wahrhaft zum Bewußtsein, er, derselbe, welcher
später als Montanist die Kirche so feindselig bekämpfte" (vgl. ebenda
S. 33). Nach Brockhaus würde sich also Prudentius schon wieder mit
Tertullian im Widerspruch befinden. Oder sollte der katholische Dichter
etwa nur der Nachbeter des Montanisten Tertullian sein?

---

[1] A. a. O. S. 140.

Ueberaus groß ist die Verehrung, welche unser Dichter gegen die
heiligen Schriften bekundet. „Demüthig beugt er sich (adoro) vor den
röthlichen Schriftzeichen, verehrt sie mit Thränen und bedeckt sie mit zärtlichen Küssen." [1] Prudentius sieht in den heiligen Schriften das Wort
Gottes im eigentlichen Sinne. Der Geist Gottes ist ihr Verfasser. Selbstverständlich können wir keine ausführliche Lehre über die Inspiration bei
ihm erwarten. Die Thatsache der Inspiration aber bezeugt er so kräftig
und so schön, wie wir es nur immer von einem katholischen Dichter erwarten können. Dem Zweifler an der Gottheit Christi ruft er zu [2]:
„. . . Erforsche Gottes Zeichen (Schriftzüge, signacula) in der uralten
Quelle selbst und durchgehe des ersten Schriftstellers [3] Schriften. Ihm
hat nicht ein alter Barde oder ein vogelflugschauender Ahne, weder alter
Sage Gerücht, noch eine geschwätzige Amme, auch keine wohlberedte Seherin und plappernde Krähe Gottes That (Geheimniß) gelehrt, sondern
offen hat Gott sich selber gezeigt. Er selbst beschenkte herablassend mit
freundlicher Rede den zitternden Sterblichen und enthüllte ihm sich und
seine erhabensten Geheimnisse." „Der Geist Gottes hat sich als Urheber
(der Schriften) über die Propheten ergossen" [4]; darum heißt David „der
Sänger Gottes" (vates Dei) [5] und Paulus „der Herold Gottes" (praeco) [6].
Den Irrthum des Marcion von dem dualistischen Gegensatze der alttestamentlichen und neutestamentlichen Bücher kennt der Dichter wohl und berührt ihn: „Zwei Testamente entflossen je einem Urheber; der gute gab
das neue, jenes alte aber der strenge" (acerbus) [7]. Es ist das Echo des
achten Canons der ersten Synode von Toledo [8]. Eine besondere Widerlegung läßt er jedoch diesem Irrthume nicht angedeihen. Ich finde hierin
eine neue Bestätigung der Behauptung, daß Prudentius in erster Linie
die Priscillianisten bekämpft. Richteten sich des Dichters Worte vor
Allem gegen Marcion und die Manichäer, so hätte er es bei der bloßen
Andeutung dieses Irrthums (a. a. O.) nicht bewenden lassen, zumal er
überall mehr der Ausführlichkeit als zu großer Kürze huldigt. Allein
gerade in diesem Irrthume unterscheiden sich die Priscillianisten von
Marcion und von den Manichäern. Nach dem Zeugnisse des hl. Augu-

---

[1] Apoth. 598. Arevalo verweist an dieser Stelle sehr treffend auf Cardinal Bona (De reb. liturg. l. I. cap. 25. n. 10). Die hohe Verehrung, welche
bis heute in der Liturgie der Kirche dem Evangelienbuche zu Theil wird, war vordem überhaupt bei den Gläubigen in Uebung.

[2] Apoth. 294 sq.   [3] Moses'.

[4] Perist. XIII, 9 sq. Vgl. über Isaias Apoth. 595; über Jonas Cath. VII,
82; über den Verfasser der Apokalypse Cath. VI, 77; Ham. 909 sq.

[5] Ham. 575.   [6] c. Symm. praef. 1.   [7] Ham. 121.

[8] „Si quis dixerit . . . alterum deum esse priscae legis, alterum evangeliorum, a. s."

ſtinus[1] nahmen die Priscillianiſten alle Schriften (ſowohl die canoniſchen
als die apokryphen) an.

Prudentius zeigt eine große Beleſenheit in der heiligen Schrift. Es
wäre leicht, aus ſeinen Liedern Belegſtellen für faſt alle canoniſchen Bücher
anzuführen. Trotzdem er erſt in den ſpäteren Lebensjahren der Leſung
der heiligen Schrift ſich hingab, ſo brachte ſein Eifer doch ähnliche Früchte,
wie wir ſie an Cyprian bewundern. Cyprian hat, wie ſeine Schrift an
Quirinus beweist, „ungefähr innerhalb eines Jahres die ganze Bibel
derart zu ſeinem Eigenthum gemacht, daß er jeden beliebigen Lehrſatz mit
einer Reihe von Schriftſtellen aus dem Gedächtniß zu belegen im Stande
war“[2]. Nur die Stellen, welche der Dichter aus den ſogen. deutero=
canoniſchen Büchern anführt, haben aber für unſern Zweck beſondere Be=
deutung. Den „Vater des hl. Tobias“ nennt er „einen heiligen und
ehrwürdigen Helden, weil er die ſchon bereitete Mahlzeit ſtehen ließ, um
die Todten zu begraben“[3]. In der Pſychomachie (V. 60 f.) rühmt er
Judiths That und macht deren Sieg über Holofernes zum Typus des
Sieges, den „die Jungfrau“ mit ihrem Kinde über die Sünde davon=
getragen hat. Intereſſant iſt, daß die Canonicität gerade dieſer beiden
Bücher durch das Zeugniß des hl. Hilarius[4] eine Stütze erhält, da er
bemerkt, daß unter ſeinen Zeitgenoſſen in der lateiniſchen Kirche einige
auch dieſe Bücher den canoniſchen beizählten. In den Tagen des Pru=
dentius ſcheint bereits jeder Zweifel geſchwunden zu ſein. Mit Vorliebe
citirt Prudentius das zweite Buch der Maccabäer. Den heiligen Mar=
tyrer Vincenz vergleicht er mit den ſieben heldenmüthigen Brüdern[5],
und ſchildert den Martyrertod derſelben ausführlich[6]. Dagegen dürfte
die Stelle:

> Lux comes est iusti, comes est mors horrida iniqui;
> Elige rem vitae etc. (Ham. 704.)

zum directen Beweiſe für die Anerkennung des Eccleſiaſticus ſchwerlich
anzuführen ſein, da in derſelben Deuter. 30, 19 viel klarer durchblickt[7].
Den Hymnus der drei Jünglinge im Ofen von Babylon citirt er Apoth.
150 sq. Die bloße Anführung dieſer Stellen genügt zum Beweiſe, daß
der Dichter die betreffenden Bücher für canoniſch gehalten habe. Gerade

---

[1] Ep. 237. n. 3. Cfr. S. Aug. de haeres. c. 70: „Hoc versutiores Mani
chaeis (sc. Priscillianistae), quod nihil scripturarum canonicarum repudiant.“
[2] Peters, Der hl. Cyprian. Regensburg, Manz 1877. S. 83.
[3] Cath. X, 69. Vgl. Tob. Kap. 2.
[4] Praef. in ps. Vgl. Schwane a. a. O. S. 917. Für Bernays (Die
Chronik des Sulp. Sev. S. 47. n. 63) gilt Sulp. Severus mit ſeinem Zeugniſſe
für die Canonicität des Buches Judith nichts; es bleibt ihm ein apokryphes Buch.
[5] Perist. V, 523.   [6] Perist. X, 751—790. Vgl. 2 Macc., Kap. 7.
[7] Siehe Arevalo zu dieſer Stelle.

damals und besonders in Spanien wurde der Mißbrauch mit apokryphen
Schriften von der Kirche auf's Schärffte verpönt, und Prudentius würde,
bei seiner Ehrfurcht gegen die Kirche, Büchern zweifelhaften Charakters
nie solche Ehre erwiesen haben.

Allerdings scheint in dieser Beziehung sich eine doppelte Schwierigkeit
zu erheben gegen die Annahme, daß der Dichter in seinen Werken be=
sonders die Priscillianisten bekämpft habe. Denn einerseits finden sich
wirklich Stellen, die mit apokryphen Nachrichten übereinstimmen; anderer=
seits vermissen wir eine Polemik gegen die Apokryphenliteratur, während
alle directen Zeugnisse über die Priscillianisten gerade deren Mißbrauch
mit dergleichen Producten hervorheben [1].

Eine in den Apokryphen mehrfach sich findende Nachricht enthält
Cath. XI, 97, wo der Dichter eine obstetrix bei der Geburt des Hei=
landes erwähnt:

> Hunc, quem *latebrae et obstetrix*
> Et virgo feta et cunulae
> ... Regem dederunt gentibus.

Einige Handschriften haben das „et" zwischen latebrae und obstetrix nicht. Arevalo hält es in Folge dessen für möglich, obstetrix als
prädicative Apposition zu latebrae zu fassen. Daß er selber wenig Ge=
wicht auf diese gekünstelte Erklärung legt, zeigt seine weitere Bemerkung:
„Negari nequit quorundam veterum hanc fuisse opinionem, quod
obstetrix intervenerit. Legebatur enim in libris apocryphis sc.
in Protoevangelio S. Iacobi, in Evangelio infantiae, in libro de
S. Maria et obstetrice.... Eiusdem narrationis meminit Clemens
Alex. (VII. strom.) eamque amplexus est S. Zeno (l. II. tract. 8)...
Nullum erit flagitium, si censeamus, Prudentium, quod alii viri
docti crediderunt, credidisse." Es wird in der That keine wesentlich
andere Erklärung oder Entschuldigung des Dichters geben, als die in den
letzten Worten Arevalo's enthaltene. Prudentius spricht unzweifelhaft von
dem Vorhandensein einer obstetrix. Seine Worte in dem Sinne des
hl. Hieronymus [2] zu verstehen: „Nulla ibi obstetrix... (Maria) ... ipsa
et mater et obstetrix fuit", verbietet die Grammatik. Daß jene An=
nahme damals vielfach verbreitet war, zeigt eben die Polemik des hl. Hiero=
nymus gegen dieselbe und sein kategorisches Wort: „Ipsa collocavit in
praesepio, ipsa pannis involvebat; unde commenta refelluntur *apo-
cryphorum.*" Daß aber Prudentius diese Annahme aus Apokryphen

---

[1] Cfr. Bachiarii profess. fidei n. 6 (Migne t. 20); S. Leonis ep. ad
Turib. c. 5; S. August. ep. 237. n. 3; Conc. Toletan. I. can. 12 (Mansi t. III.
p. 1003). Siehe auch *Ceillier* l. c. t. 8. p. 453.

[2] Contra Helvid. c. 10. ed. Hurter, opusc. XII. p. 265.

direct geschöpft und überhaupt diese Art Literatur benützt habe, folgt keineswegs aus unserer Stelle. Aus dem Volksglauben hat der Dichter diese Meinung geschöpft. Dieselbe ist deßhalb den historischen Irrthümern an die Seite zu stellen, die oben S. 158. 163 mit Angabe des Grundes angemerkt worden sind. Dazu kommt, daß Prudentius noch keinen Grund hatte, dieser irrthümlichen Tradition, welche er offenbar zur Bestätigung der wunderbaren Geburt des Herrn anführt[1], entgegenzutreten. Erst als Helvidius gleichzeitig oder einige Jahre später diese Tradition blasphemisch mißbrauchte, erhob sich Hieronymus gegen dieselbe. Mit diesem Grunde ist theilweise auch bereits die zweite Schwierigkeit beseitigt, die oben mit Rücksicht auf die Apokryphenliteratur angegeben wurde. Zunächst deutet Prudentius den Mißbrauch, welchen die Häretiker (Priscillianisten) mit den heiligen Schriften trieben, wenigstens an. Vom Teufel, dem Urheber aller Häresie, heißt es in der Vorrede zur Apotheose (V. 45), daß „er heimlich die freudeverheißende (laeta) Saat Christi verfälscht (interpolat), indem er wucherndes Unkraut hineinsäet". Während in dieser poetischen Umschreibung von Matth. 13, 25 der Mißbrauch nur angedeutet ist, heißt es (a. a. O. V. 23) deutlich genug von den Häretikern:

> Solvunt ligantque quaestionum vincula
> Per syllogismos plectiles,
> Vae captiosis sycophantarum strophis,
> Vae versipelli astutiae!
>
> — — — — — —
>
> Idcirco mundi stulta delegit Deus,
> Ut concidant, sophistica!

Diese Worte enthalten eine merkwürdige Aehnlichkeit mit der Antwort eines gewissen Peregrin, die derselbe an seinen Freund zur Widerlegung

---

[1] Die glossa Vat. bemerkt ohne Berücksichtigung des grammatischen Zusammenhanges fälschlich zu lymphatam (Cath. XI, 92): „Legitur in evangelio Nazaraeorum Sephoram fuisse obstetricem b. Mariae, quae cum manum inflexisset, et agnovisset virginitatem illius mansisse, exclamans quasi lymphata dixit: Haec virgo peperit et virginitatem non amisit." In dem Protoevangelium Iacobi wird die Legende c. 19 und 20 anders erzählt. Vgl. „Die Marienverehrung in den ersten Jahrhunderten" von Hofrath Dr. v. Lehner. Stuttgart 1881. S. 233. Zur Erklärung der Stellung des Prudentius in obigem Sinne dient vortrefflich, was ebenda S. 256 über diese Apokryphen gesagt wird. „Diese Dichtungen fanden im christlichen Alterthum einen ausgebreiteten Leserkreis, sie wurden nicht bloß in verschiedene Sprachen übersetzt, sondern auch erweitert und umgebildet, und gewannen bei vielen die Autorität geschichtlicher Erzählungen, wogegen verschiedene Kirchenväter, z. B. Hieronymus und Augustinus, sich ereiferten. .. Im Jahre 405 wurden sie darum von Papst Innocentius I. und wiederholt im Jahre 496 von Papst Gelasius verurtheilt." (Tischendorf, Evangel. apocrypha. ed. 2. p. XXIII sq.) Prudentius hat aber gerade vor 405 geschrieben. — Vgl. über die Legende: Die Madonna als Gegenstand christlicher Kunstmalerei und Skulptur von Dr. Eckl, vollendet von Atz. Brixen 1883. S. 127.

der sogen. canones Priscilliani zu den paulinischen Briefen schickte [1]: „Ideo contra eos (sc. haereticos) tale aliquid excogitandum esse dicis, quod non versuta oratoris eloquentia turgescat, vel lubricis dialecticae syllogismis involvatur; nam haec quibusdam maxima solent esse perfugia." Prudentius verwirft aber auch direct die sibyllinischen Weissagungen, die doch von den christlichen Apologeten nicht selten benützt worden waren. Seit der Menschwerdung des Sohnes Gottes „ist still der Abgrund von Delphi mit seinen fluchbringenden Schicksals= verheißungen, . . . nicht mehr stößt der rasende Priester (fanaticus) keu= chend Schicksalssprüche aus, die veröffentlicht sind in den sibyl= linischen Büchern" [2]. Ja, es ist nach ihm geradezu der Dämon, welcher die Menschen „aufstachelt durch den zweideutigen Spruch eines rasenden Weibes, der Sibylle, sie verstrickt durch die Be= rechnung der Sterne (mathesi), sie antreibt zu magischen Künsten" [3]. Es liegt wenigstens nahe, in diesen letzten Worten, mit welchen freilich zunächst das Heidenthum bekämpft wird, eine Beziehung auf die Priscil= lianisten zu finden. Der hl. Augustin sagt nämlich von dieser Secte [4]: „Astruunt etiam fatalibus stellis homines colligatos ipsumque cor- pus nostrum secundum duodecim signa coeli esse compositum sicut hi, qui mathematici vulgo appellantur." Allerdings ist mit den an= geführten Stellen kein genauer Beweis dafür gebracht, daß der Dichter wirklich die Apokryphenliteratur der Priscillianisten bekämpft habe. Indeß ist hierbei zu beachten, daß zur Zeit des Prudentius die Priscillianisten noch mit Erfolg ihre Bücher vor den Katholiken zu verheimlichen suchten [5]. Der Mönch Bachiarius spricht ausdrücklich hiervon. So konnte es kom= men, daß die hierin liegende Gefahr zur Zeit des Dichters nicht so zu

---

[1] Spicileg. Roman. ed. Aug. Mai, tom. IX. De Priscill. canon. ad S. Pauli epp.

[2] Apoth. 438. Arevalo bemerkt über die Ansicht, daß Prudentius die unter den Christen verbreiteten sibyllinischen Orakel im Sinne habe: „mihi non liquet", ohne seinen Zweifel zu begründen. Brockhaus übersetzt „Sibyllinis edita libris" mit: „dem Buche der Sibylle entnommen", was sich grammatisch und sachlich schwer rechtfertigen läßt.

[3] c. Symm. II, 893 sq.

[4] De haeres. c. 70 (Migne t. 42. col. 44). Vgl. Synod. Tolet. I. can. XV.

[5] Vgl. S. Aug. l. c. Gams a. a. O. II. 1. S. 403. Auf einen Brief des Bischofs Ceretius antwortet Augustin: Nachdem er sein Schreiben gelesen, scheine ihm, daß (der sonst nicht genannte) Argirius entweder unwissend in die Hände der Priscillianisten gefallen oder schon mit Wissen in den Netzen derselben sei. Die ihm übersandten Codices seien sicher Schriften dieser Secte. Der beigelegte Hymnus auf Christus werde in den Apokryphen gefunden, deren sich auch andere Häretiker bedienen. Die Priscillianisten nähmen sowohl die canonischen als die apokryphen Schriften an, was aber gegen sie zeuge, deuten sie, zuweilen schlau, zuweilen unklug, hinweg.

Tage getreten war, als da Leo I. hierüber an Turibius schrieb. Vgl.
was oben S. 201 f. über die Anfänge der Häresie Priscillians mitgetheilt
worden ist.

Dazu kommt ferner, daß die Katholiken bei dem damaligen Zustande
des Canons in den Canon nicht aufgenommene Bücher mit gutem Ge=
wissen brauchten, obwohl sie im Allgemeinen über die Gefahr der Apo=
kryphenliteratur unterrichtet waren. So sagt Bachiarius in der Absicht,
sich vom Verdachte der Häresie zu reinigen, ausdrücklich: „Omnem scripturam, quae ecclesiastico canoni non congruit neque consentit,
non solum non suscipimus, verum etiam velut alienam a fidei veritate damnamus.“ [1] Gleichwohl benützt er das apokryphe dritte Buch
Esdras' in seiner Schrift an Januarius[2]. Endlich sagt noch Leo I. in
seinem Schreiben an Turibius (c. 13): „Quamquam sint in illis (sc.
apocryphis) quaedam, quae videantur speciem habere pietatis, nunquam tamen vacua sunt venenis.“ Hierin ist die Möglichkeit, daß
rechtgläubige Christen die Apokryphenliteratur in gutem Glauben benützten,
deutlich genug ausgesprochen. Die Häresie ist sich hierin zu allen Zeiten
gleich geblieben. Das Angeführte dürfte jedenfalls genügend erklären,
warum wir bei Prudentius keine specielle Polemik gegen die Apokryphen=
literatur finden, die wir nach den Zeitumständen des Dichters erwarten
könnten.

Zu der Frage nach dem Zustande des Schrifttextes in der zweiten
Hälfte des vierten Jahrhunderts kann Prudentius kaum einen Beitrag
liefern. Schon das poetische Kleid, welches die Schriftworte zumeist er=
halten, ist der Untersuchung hinderlich, ob der Dichter neben der lateini=
schen Uebersetzung den griechischen Text benützt oder welche der vorhan=
denen lateinischen Uebersetzungen, bezw. Recensionen, er vor sich gehabt
habe. Indeß können wir nach den Zeitumständen, wie nach inneren An=
zeichen, nicht zweifeln, daß Prudentius einer vorhieronymianischen lateini=
schen Uebersetzung gefolgt sei[3]. Die hebräischen Eigennamen hat er in der
gräcisirten Form, wie sie die sogen. Itala bietet, aufgenommen; z. B.
Nebroth (Ham. 143), Esaias (Perist. V, 723), Ambakum (Cath. IV, 59).
In der Zahlangabe der vom Herrn erwählten Jünger (Luc. 10, 1), die
er in merkwürdigen Zusammenhang mit den 72 Ahnen des lucanischen
Geschlechtsregisters bringt[4], folgt Prudentius einmal der lateinischen Ueber=

---

[1] Professio fid. n. 6. Migne t. 20. Vgl. Conc. Tolet. I. can. XII: „Si quis
dixerit vel crediderit alias scripturas, praeter quas ecclesia catholica recipit,
in auctoritate habendas vel esse venerandas, a. s.“

[2] De reparat. lapsi. Migne t. 20. col. 1041; cfr. Esdr. l. III. c. 9, 19.

[3] Vgl. Gams a. a. O. II. 1. S. 347. n. 3 und Kaulen, Geschichte der
Vulgata. Mainz 1868. S. 168. 198.

[4] Apoth. 1001 sq.

ſetzung, an einer andern Stelle [1] dem griechiſchen Texte, der nur von 70 Jüngern berichtet. Allein an letzterer Stelle ſind die Jünger typiſch in den 70 Palmbäumen von Elim (Exod. 15, 27) vorgebildet. Des Typus wegen hat der Dichter die Zahl beſchränkt.

Die Methode, nach welcher Prudentius die Schrift auslegt, ſtimmt genau zu dem, was im erſten Theile (Kap. 4 S. 242) über die Abhängigkeit des Dichters von ſeinen Zeitgenoſſen geſagt worden iſt. Wie einem Hilarius und Ambroſius, ſo iſt es auch unſerm Prudentius unzweifelhaft, daß die ganze heilige Schrift einen doppelten Sinn enthält. „Außer dem gram= matiſch=hiſtoriſchen Sinne nämlich gibt es noch einen typiſchen oder allego= riſchen Sinn. Der Schlüſſel zu dem Schatze dieſes höhern, geiſtigen Sinnes iſt die Chriſtologie. Diejenigen, welche Chriſtum als den zweiten Adam kennen, verſtehen die Allegorie und bringen ein in den typiſchen Sinn. Denn dieſe finden, von heiliger Liebe geleitet, überall in der hei= ligen Schrift die durch Wort und That bildlich angedeutete Beziehung auf den Hohenprieſter und König der Völker und auf ſeine Wirkſamkeit im Geſchlechte zur Heiligung und Beſeligung derſelben." [2] Deßhalb er= eifert ſich Prudentius gegen die Juden: „Du, o fleiſchliches Geſchlecht, ſiehſt alles nur fleiſchlich; das Werk des Fleiſches vollbringſt du unter dem Geſetze, welches doch der innere Geiſt erfüllt (beſeelt); ... von Chriſtus erfüllt war das Geſetz, und im Schooße trug es meine Hoffnung; ... ja welchen Buchſtaben gibt's, der nicht Chri= ſtum verkündet, oder welche Sammlung von Schriften feiert nicht, von Chriſti Lobe erfüllt, ſeine Wunder in neuen Büchern?" [3] „Wenn wir ſo in der myſtiſchen Bedeutung (figura myſtica) erwägen, was die Zahl der 318 Knechte bedeutet, mit denen Abraham dem Lot zu Hülfe kam, werden wir erkennen, daß wir (im Kampfe des Lebens) zahlreiche Kampf= genoſſen beſitzen." [4] Arevalo zeigt im 20. Kapitel ſeiner Prolegomena ausführlich, daß der Dichter hiermit auf die griechiſchen Zahlzeichen T ι η' anſpielt, welche im T das Kreuzzeichen und in ι η die Anfangsbuchſtaben des Namens Jeſus darſtellen. Bereits im neunten Kapitel des Barnabas= briefes findet ſich dieſe Deutung. Am ähnlichſten iſt Prudentius in dieſer Deutung dem hl. Ambroſius [5]. Für uns hat die allegoriſirende Schrift= auslegung des Dichters eine beſondere Bedeutung wegen der Stellung, die wir ihm im Kampfe gegen die Priscillianiſten gegeben haben. Der hei=

---

[1] Dittoch. 55. [2] Vgl. Reinkens, Hilarius von Poitiers. S. 67.
[3] Apoth. 367 sq.
[4] Psych. praef. 56 sq.: Nos esse large vernularum divites,
Si, quid trecenti bis novenis additis
Possint, figura noverimus mystica.
[5] De Abraham l. I. c. 3; De fide l. I. prolog.

lige Augustin [1] bezeugt ausdrücklich, daß die Priscillianisten die allegorische
Schriftauslegung im Uebermaße brauchten, bezw. mißbrauchten, um ihre
Thorheiten aus der heiligen Schrift zu beweisen. Bernays (a. a. O.
S. 66 f.) hat in scharfsinniger Weise hieraus den Unterschied hergeleitet,
welcher zwischen der Chronik des Sulpicius Severus und dessen übrigen
Schriften herrscht. Während in den letzteren die beliebte allegorische Me=
thode der Exegese hervortritt, findet sich in der Chronik kaum eine Spur
davon. Er schrieb eben seine Chronik, um die Aquitanier vor der pris=
cillianistischen Secte zu warnen. „Severus mußte fürchten, daß, wenn er
von dieser Manier (der allegorischen Exegese) vor dem aquitanischen Pu=
blikum öffentlichen Gebrauch mache, er gegen ihre priscillianistische An=
wendung wehrlos werde; denn war einmal zugegeben, daß Allegorie den
wahren Sinn der Bibel aufschließe, so ward es Gegenstand einer miß=
lichen Disputation, welche Art von Allegorien ein Schlüssel und welche
ein Dietrich sei. Severus hat es daher vorgezogen, mit Opferung auch
der rechtgläubigen Typik und Allegorese, denen er ohne Zweifel ergeben
war, sich einer rein thatsächlichen Darstellung zu befleißen." Sollte man
nun von Prudentius, der im nördlichen Spanien dasselbe Publikum vor
sich hatte, wie Severus in Aquitanien, nicht dasselbe erwarten? Wir
sahen oben das Gegentheil. Und doch bleibt die Annahme, Prudentius
habe gegen Priscillians Secte geschrieben, bestehen. Seine Gedichte lagen ja
bereits fertig vor, als Severus seine Chronik schrieb und die List der Häre=
tiker in der Schriftauslegung merkte. Wiederum finden wir an Bachiarius
eine kräftige Stütze für unsere Ansicht. Indem er sich von dem Verdachte, ein
Anhänger Priscillians zu sein, reinigt, kommt er wirklich auf diesen Gegen=
stand zu sprechen: „Vetus et novum testamentum aequa fidei lance
suscipimus ac veluti currentis per signa ponderis libra, sic testi-
moniorum gesta mobili meditatione pensamus. *Nec evacuantes histo-
riae fidem credimus universa gesta esse, quae legimus*, sed iuxta doctrinam apostolicam sensum in his spiritualem, prout Dominus
dederit, perscrutamur, qui tamen sensus ad typum Christi eccle-
siaeque pertineat aut in morum emendationem correctionemque
proficiat." [2] Bachiarius war demnach wegen seiner allegorischen Schrift=
erklärung in den Verdacht gekommen, Priscillianist zu sein. In der That
sehen wir ihn gemäß oder auch trotz dieser seiner Erklärung die Allegorese
in seinen Schriften auf die Spitze treiben. Prudentius schrieb gleichzeitig
mit Bachiarius. Wie dieser, hatte er die Verschlagenheit der Häretiker
noch nicht genug erkannt, um dieselbe Vorsicht zu brauchen, welche wir
in Severus' Chronik bemerken. Noch Turibius, der um 444 Bischof von
Astorga geworden war, mußte erfahren, daß die Priscillianisten ihre apo=

---

[1] De haeres. l. c.   [2] Professio fidel n. 6.

kryphen Schriften mehr als die Evangelien verehrten, daß sie aber vor entschiedenen Katholiken dieselben verläugneten und äußerlich sich als Katholiken zeigten; noch auf der Synode von Braga 561 wurde der strenge Befehl Leo's I. gegen die Lesung und Verbreitung der von Priscillian gefälschten Schriften wiederholt [1]: wie dürfte man daher bei Prudentius um 400 eine ausführliche Polemik gegen die Apokryphen der Priscillianisten erwarten?

Drittes Kapitel.

Die Lehre über Gott.

A. Gottes Wesenheit.

„Wenn wir über göttliche Dinge handeln und jenen schlußweise zu erkennen (coniectare) trachten, der anfangslos ist und ohne Ende, wie er vor dem Chaos gewesen ist und wie er die Welt geschaffen hat, so zeigt sich, wie schwach der Menschengeist ist und wie beschränkt für solch eine Arbeit. Denn allzu gering ist die natürliche Einsicht (natura), wenn sie mit ihrem Auge schärfer zu blicken und die Geheimnisse der Majestät Gottes zu ergründen sich bemüht; ... leicht dagegen ist der Weg, der (uns) auffordert, zu glauben an den Allmächtigen...." [2] Klar bekundet Prudentius mit diesen Worten, daß es eine doppelte Gotteserkenntniß gibt, die durch ein doppeltes Medium, das Licht des natürlichen Verstandes und das Licht des Glaubens, vermittelt wird. Oben (S. 289) wurde bereits angedeutet, daß Brockhaus diese Worte mißversteht, wenn er (S. 177) dem Dichter damit die Behauptung imputirt, der Glaube sei der einzige Weg, zur Erkenntniß Gottes zu gelangen, der menschliche Verstand könne nimmer zu demselben durchdringen [3]. Nach dem Dichter drängt sich die Erkenntniß von der Existenz eines Gottes der

---

[1] Vgl. Gams a. a. O. II. 1. S. 459 und 476.

[2] c. Symm. II. 94. Cfr. Apoth. 883.

[3] Die Brockhaus'sche Exegese dieser Worte des Dichters mit ihrem Mangel an Unterscheidung erinnert durch Inhalt wie durch die Form unwillkürlich an die Worte Luthers über den Text: „Nicht Fleisch und Blut haben es dir geoffenbart" (Matth. 16, 17). „Hierin," erklärt Luther, „verwirft Christus auch klärlich Fleisch und Blut mit seiner Offenbarung, d. i. Menschen und allen menschlichen Verstand, als der da gewißlich nicht möge Christum zeigen; so muß es also auch eitel Finsterniß sein. Noch toben die hohen Schulen, die Teufelsschulen, und rühmen nicht allein das natürliche Licht, sondern richten es auf als da gut, nütz und noth sei, die christliche Wahrheit zu erkennen, daß es ja klar werde, wie die hohen Schulen niemand erfunden habe, denn der Teufel selbst" ... (Kirchenpostill.)

bloßen gesunden Vernunft vielmehr so nothwendig auf, daß er frägt:
„Gibt es denn einen, der von tausend Opfern umgeben vor den Götzen=
bildern liegt und sie verehrt mit Salz, mit Rasen (b. h. auf einem aus
Rasen [caespes] erbauten Altar) und Weihrauch, der nicht meint, es
gebe einen allerhöchsten Gott, der allein herrscht über Alles?" (Apoth. 186).
Und was der ungebildete Heide bei seinem Götzenculte oder vielmehr trotz
desselben ahnend weiß, darin stimmen auch die Gebildeten, die Philo=
sophen, schließlich überein.

> „Ziehe zu Rath das Gefasel des bartumwachsenen Plato,
> Frage, was sich geträumt der stinkenden Cyniker Weisheit,
> Was Aristoteles dann verworren zusammengeschwindelt!
> Wandeln sie auch auf des Wahns verschlung'nen Irrwegen alle,
> Pflegen sie auch zu geloben zum Opfer Hähne und Hennen,
> Daß sich der Krankheiten Gott dem Sterbenden günstig erweise:
> Handelt sich's um die Vernunft und um der Wissenschaft Richtschnur,
> Schließen sie, wenn auch gebrechlich die Form, doch der Sinne Bewegung
> Und der Beweise Gewirr in eine Gottheit zusammen,
> Nach deren Willen sich schwingt der Welt bewegliches Kreisrund
> Und die wandelnden Sterne in ihren Bahnen sich halten." [1]

Diese Erkenntniß des einen Gottes ist nach Prudentius alsbald
im Menschen vorhanden, sobald er zum Gebrauche der Vernunft gelangt
ist. Den hl. Romanus läßt er an den heidnischen Richter die Forderung
stellen [2]: „Weil ich mit dir nicht mit tiefen Gründen [3] streiten kann, so
laßt uns das Nächstliegende zu Rathe ziehen. Erforsche das einfache Ur=
theil des ungebildeten, natürlichen (gesunden) Menschenverstandes selber.
Schaff einen Richter herbei, dem die Schminke der Redekunst unbekannt
ist! Nimm einen Knaben her von sieben Jahren ungefähr oder noch
jünger, der niemandem schmeichelt und niemanden haßt, noch sonst eine
Makel der Seele kennt. Laßt uns erfahren, was der kindliche Sinn für
recht hält." Das Kind wird herbeigebracht [4]. Romanus fragt: „Was
ist billig und wahr: Christus den Einen zu verehren und in Christo den
Vater, oder anzuflehen zugleich tausend Göttergestalten?" Lächelnd ant=
wortet das Kind sogleich: „Was immer das sein mag, was die Menschen
Gott nennen: Nur Eins kann es sein, und was dem Einen gehört, ist

---

[1] Apoth. 200 sq.   [2] Perist. X, 051 sq.

[3] „Profunda ratione" bezeichnet sowohl mit Rücksicht auf das Vorhergehende
(V. 646 f.) als auf den nachfolgenden Gegensatz: „Ipsa naturalium simplex sine
arte sensuum sententia" (653), die vom Glauben erleuchtete, tiefer schauende Ver=
nunft. Klarer, als es hier geschieht, läßt sich der Unterschied zwischen natürlicher
und übernatürlicher Gotteserkenntniß kaum ausdrücken.

[4] Das Kind, dessen Name nicht genannt wird, heißt im römischen Martyro=
logium Baralas oder Barulas; im mozarabischen Officium trägt es den Namen
Theobul. (Vgl. oben S. 167.)

einzig. Da Christus dieß ist, so ist Christus der wahre Gott; an viele
Göttergeschlechter glauben nicht einmal die Kinder." Freilich wird in dieser
Antwort das natürliche Gottesbewußtsein innig verbunden mit der geoffenbarten Glaubenswahrheit dargestellt. Dazu kommt, daß das Kind
auf die weitere Frage (680), wer es gelehrt habe, also zu antworten,
spricht: „Die Mutter, und der Mutter hat es Gott gelehrt." So wird
der Appell an das bloße Licht des Verstandes und die Unterscheidung
zwischen natürlicher und übernatürlicher Gotteserkenntniß bei Prudentius
hinfällig, aber nur scheinbar. Wir haben hier eine Umschreibung des
tertullianischen Testimonium animae naturaliter christianae (Apolog.
c. 17). So wenig der afrikanische Apologet durch dieses Wort sich in
Widerspruch setzt mit der schon im nächsten Kapitel folgenden Behauptung: „Fiunt, non nascuntur Christiani," so wenig darf die Beweisführung des Prudentius uns befremden. Allerdings ist die im Christenthume geoffenbarte Gotteserkenntniß dem bloßen Verstandeslichte unerreichbar. Doch der eine Gott ist der Urheber des Glaubens ebenso wie der
Schöpfer des Verstandes, und nach der von ihm gewollten Ordnung soll
der Mensch durchaus mittelst der Gnade zu der höhern Glaubenserkennt-
niß fortschreiten. So gelangt derjenige leicht und schnell, ja fast nothwendig zur Annahme des Christenthums, welcher das natürliche Licht des
Verstandes ungeschwächt bewahrt und zur Erkenntniß Gottes benützt.
Daher glaubt Prudentius die Angriffe des Heidenthums mit den Gründen
des Glaubens zurückweisen zu können: „Respondet vel sola fides"
(c. Symm. II, 92). Indem er aber hinzufügt: „doctissima *primum*
pandere *vestibulum* verae ad penetralia sectae", gibt er zu erkennen,
daß 1) der Glaube zwar am besten (doctissima) im Stande sei, die
Thorheit des Götzendienstes zu erweisen, aber nicht allein; daß 2) das
Bekenntniß des einen höchsten Wesens, wie es die Vernunft fordert, nur
die nothwendige Vorbedingung (primum vestibulum) zum Eintritt in's
Christenthum (penetralia) sei. „Erst Mensch, dann Christ!" Uebrigens
ist in den Worten des Dichters über die Schwäche des menschlichen Fas-
sungsvermögens in göttlichen Dingen und über die Irrwege der Philosophie die relative Nothwendigkeit der Offenbarung genügend ausgedrückt.
Da Prudentius zudem, durchdrungen vom Christenthume, nur das übernatürliche Ziel des Menschen kennt und einzig kennen kann, so verschmelzen
in seinen Worten natürliche und übernatürliche Gotteserkenntniß und erscheint die letztere als unumgänglich nothwendig zum Heile. Der herbe
Tadel des Dichters über die Philosophie ist aber weit entfernt von Geringschätzung gegen die Philosophie oder Wissenschaft als solche. „Plato's
Idee vom Staate, in welchem die Könige Philosophen und die Philosophen Herrscher sein sollten," hebt er rühmend hervor und nennt Plato
selbst „doctissimus" (c. Symm. I, 30).

Die Einheit Gottes zu beweisen, hat Prudentius an mehreren Stellen
Gelegenheit. Eine derselben im Hymnus auf den hl. Romanus ist bereits
angegeben. Dazu kommt in der Hamartigenie die ausführliche Wider=
legung des marcionitischen oder manichäischen (vgl. oben S. 195) Dua=
lismus (V. 1—129) und der größere Theil des zweiten Buches gegen
Symmachus (bes. V. 11—269). Negativ wird die Einheit Gottes be=
wiesen, indem Prudentius die Nichtigkeit der heidnischen Gottheiten na=
mentlich im ersten Theile des ersten Buches gegen Symmachus (V. 41
bis 405) darthut und die Entstehung des Polytheismus brandmarkt. Der
Dichter unterscheidet sich hierin nur durch die oft classische Schönheit seiner
Sprache von den übrigen Apologeten. Auch darin stimmt er mit der
Anschauung des gesammten christlichen Alterthums überein, daß die heid=
nischen Götter zwar Phantasiegebilde des irrenden Menschengeistes sind [1],
daß aber der Teufel bei der Irreführung der Menschen betheiligt war
und durch die Götzenbilder seine Macht ausübte [2]. Brockhaus sieht in
dieser doppelten Anschauung „eine Zweideutigkeit des Dichters, die auch
bei Tertullian im Apologeticum hervortritt" (a. a. O. S. 177). Da
derartige Widersprüche, welche nach Brockhaus sich in Prudentius oft
finden, eben nur für Brockhaus existiren, und diese „Zweideutigkeit", wie
gesagt, ein Gemeingut des christlichen Alterthums ist, so genügt es, diese
Bemerkung mitgetheilt zu haben.

Dem Anwalte des Polytheismus, Symmachus, gegenüber beruft sich
Prudentius auf die Geschichte, welche den Glauben der Menschheit an
einen Gott als ursprünglich bezeuge [3]. Symmachus hatte die Beibehaltung
der heidnischen Staatsreligion gerade wegen ihres ehrwürdigen Alters em=
pfohlen. „Umsonst," kann der Dichter dem Heidenthume und damit dem
Symmachus selbst zurufen, „hängst du, verderblicher Cult, an dem Alt=
hergebrachten (solitis); nicht ist das des Vaterlands (uralte) Sitte, die
du liebst; nein, gottloser, sie ist es nicht" (V. 369). Wohl zu beachten
ist, daß Prudentius sich bei diesem Argumente auf den Standpunkt des
Gegners stellt, um ihn mit seinen eigenen Waffen zu schlagen. Deßhalb
begnügt er sich, ihn auf die Einfachheit des ursprünglichen römischen
Cultus, der „nicht viele Götter, sondern wenige Heiligthümer und Altäre"
(V. 345) kannte, hinzuweisen. Beachtet man dieß, so wird man in diesen
Worten keinen Widerspruch des Dichters mit sich selbst finden, in welchen
er nach Brockhaus [4] durch das unmittelbar vorhergehende Argument
(V. 270—335) getreten sein soll. Dort hat Prudentius gegen die Be=
hauptung des Symmachus, man müsse auch in der Religion beim Alten

---

[1] Perist. X, 186 sq.
[2] Perist. V, 77 sq. Vgl. Peters, Der hl. Cyprian. S. 65 f.
[3] c. Symm. II, 335—370. [4] A. a. O. S. 66. Anm. 2.

bleiben, geltend gemacht, daß Alles fortschreite und sich zu verbessern trachte. Folglich sei mit Recht das neue Christenthum an die Stelle des alten Götterglaubens getreten. Eine absolute Bedeutung kann diesem Argumente ebensowenig zukommen, wie der Berufung auf die Einfachheit des altrömischen Cultus. Prudentius verwahrt sich selber im Folgenden (V. 851 f.) ausdrücklich gegen eine Nebeneinanderstellung der heidnischen und christlichen Religion, als wären beide nur verschiedene Wege zu einem und demselben Ziele. Demnach beweisen beide einander scheinbar entgegengesetzte Ausführungen des Dichters nur, daß die Vertheidigung des Symmachus von seinem eigenen Standpunkte aus in jeder Weise hinfällig sei.

Indem Prudentius den manichäischen Dualismus bekämpft, entwickelt er den metaphysischen Begriff der Einheit Gottes, in welchem zugleich die Antwort auf die Frage nach der Wesenheit Gottes gegeben ist. Gott kann seiner Wesenheit nach nur einer sein. Dualismus und Polytheismus sind darum in gleichem Grade widersinnig. „Wenn nämlich zwei Götter sind (sein können), warum nicht viele Tausende derselben, warum ist die Gottheit mit der Zwillingszahl zufrieden?" (Hamart. 94.) „Entweder gibt es einen Gott, dem die höchste Herrschaft zukommt, oder falls die Gottheit in der Zweizahl vorhanden ist, so wird sie verringert, da der Höchste alsdann getrennt ist. Nur die mit voller Kraft ausgerüstete Einheit kann das Höchste (summum) sein; denn zwei einander gegenüberstehende Götter vermögen weder das Höchste noch Alles, indem ein jeder für sein begrenztes Reich thätig ist (revulso imperio vindicat). Wir bekennen, daß Gott die Fülle ist ohne Theil und nur einer ... (Er ist) die Allmacht (summa potestatum), die reine (simplex) Herrschaft des Weltalls (rerum), der Mächte erhabenes Haupt, die einzige Quelle des Erbkreises, der Herrscher der Natur (naturalis apex), der Urheber jeglicher Zeugung, aus dem Alles fließt, das Licht und die Zeit und die Jahre und die Zahl, welche nach dem Einen (Ersten) ein Zweites zuläßt; der Eine nämlich ist der Herr der Zahl, und nicht kann gezählt werden, der nur Einer ist." [1] Unwillkürlich hat die Betonung der allmächtigen und einzigen Herrschaft Gottes den Dichter auf die Beziehung geführt, in der Gott zu seinen Geschöpfen steht. Genauer wird dieselbe und damit zugleich das Wesen Gottes entwickelt im zweiten Buche gegen Symmachus.

Der heidnische Rhetor hat auf das Glück hingewiesen, welches Rom seinen Göttern verdankt. Prudentius hält ihm dagegen die Vergänglichkeit und Nichtigkeit dieses Glückes entgegen. Ohnmächtig muß der Gott sein, arm und der Anbetung unwürdig, welcher nur Vergängliches spendet und nichts hat, was kostbarer ist, als die vergänglichen Dinge. „Der

[1] Ham. 20 sq. Cfr. S. Cyprian., De idol. vanit. c. 8.

Allmächtige schenkt nicht nur Güter für die Gegenwart, sondern verspricht
zukünftige, die nicht vergehen in der langen Reihe der Jahrhunderte. . . .
Schließe aus dem Geschenke auf den Geber deßelben; Ewiges verleiht
der Ewige, der Sterbliche dagegen Vergängliches; Göttliches (gibt) Gott
und Nichtiges der Staubgeborene. Deßhalb lehrt uns der Glaube, den
für den wahren Gott zu halten, welcher uns zu hoffen besiehlt, daß unser
Sein und Leben immer dauern werde, falls wir es verdienen; Himmlisches, sagt er, sollen wir erstreben, die irdischen Sorgen aber aus dem
Herzen verbannen." [1] Wer diese Mahnung nicht befolgt, „wird darum
ewige Strafen zu büßen" haben (V. 185). Die Ewigkeit, ein Sein
ohne Anfang und Ende, ist im Gegensatz zu den Geschöpfen ausschließlich
Gott eigen, und zwar deßhalb, weil er der Eine und als der Eine un-
theilbar ist. In diesem Gedankenzusammenhange schildert Prudentius die
göttliche Wesenheit. „Du," läßt er Symmachus von Gott angeredet
werden, „erdichtest, indem du mich vergissest, tausend Gottheiten, in welchen meine Vorzüge zum Vorschein kommen sollen, um mich durch vielerlei
Theile zu verringern, während ich doch durch Theilung nicht verkürzt
werden kann, weil ich einfaches Sein (substantia simplex) bin
und ein Theil nicht sein kann. Theilung ist nur möglich bei zu-
sammengesetzten und geschaffenen Dingen: mich aber hat
niemand geschaffen, so daß ich, der Schöpfer des Alls, aufgelöst werden könnte. Glaube, was ich geschaffen habe aus nichts, das
ist nicht ein Theil von mir. Darum wohlan, o Sterblicher, mir allein
baue Tempel und verehre mich, den Einen Gott!" In dem negativen
Begriffe der Unkörperlichkeit sieht daher Prudentius zunächst eine Bestimmung des göttlichen Wesens. „Ipse incorporeus" nennt sich Gott
(V. 190). Ueber die Grenze der Zeit ist er durch sein untheilbares, un-
vergängliches, weil reines Sein ebenso erhaben wie über die Schranke
des Raumes. „Der unendlich große und über Alles ausgegossene (super-
fusus [2] trans omnia) Gott hat in sich keine Grenze, so daß er umschlossen
werden könnte oder der Sinn ihn erfaßte. Unerfaßt bleibt die Macht
(virtus), der die begrenzende Linie fehlt und die den unmeßbaren Raum
übersteigt" (Apoth. 810). Wenn also die heilige Schrift sagt: „Die
Hand des Herrn schuf den sterblichen Leib und formte mit den Fingern
den Lehm," so frägt Prudentius: „Ist etwa die Hand des Herrn glieder-
weise geordnet (gebildet) . . .?" und antwortet: „Dieß ist die Form
unserer Hand, die nicht besitzt der in sich unbegrenzte (incircumscriptus)
Herr, aber die Form (diese bildliche Redeweise) ist uns überliefert worden,
damit sie, (uns) wohlbekannt, dem menschlichen Geiste zum Verständniß

---

[1] c. Symm. II, 106 sq.
[2] Der hl. Cyprian (De idol. vanit. c. 9) sagt: „ubique ipse diffusus est."

verhelfe."[1] Brockhaus verräth eine krankhafte Sucht, in unserm Dichter
Widersprüche zu entdecken, wenn er ihm trotz dieser Aeußerungen anthropo=
pathische Anschauungen imputirt (a. a. O. S. 215) und zweifelt, ob er
einen rechten Begriff von der Unkörperlichkeit Gottes gehabt habe (S. 185).
Es ist wirklich unbegreiflich, wie Brockhaus, ohne die angeführte Erklä=
rung des Dichters zu citiren, unter Berufung auf Apoth. 1023 sagen
kann: „Mit derselben anthropopathischen Ausführlichkeit wie Tertullian,
scheut sich Prudentius nicht, Gott im buchstäblichen Sinne die verschie=
denen Formen aus Lehm zusammenkneten zu lassen." Tertullian ist durch=
weg der Meister des Prudentius; Tertullian aber hat die merkwürdige
Aeußerung gethan[2]: „Quis negabit Deum corpus esse, etsi Deus
spiritus est? Spiritus enim corpus sui generis in sua effigie." Folg=
lich kann Prudentius keine rechte Vorstellung von der Unkörperlichkeit
Gottes gehabt haben. So ungefähr dürfte der Gedankengang Brockhaus'
sein. Und während das ausdrückliche Wort des Dichters: „Ipse (Deus)
incorporeus ac spirituum sator unus", ein ziemlich deutlicher Beweis
dafür ist, daß Prudentius durchaus nicht in Allem von Tertullian ab=
hängig ist, glaubt Brockhaus (a. a. O. S. 185 Anm.) bemerken zu
müssen: „Was die Unkörperlichkeit der Seele nach Prudentius anlangt,
so ist es ebenso, wie über die Unkörperlichkeit Gottes selbst,
nicht so leicht, über dieselbe eine feste Bestimmung zu geben. . . . Darf
man von dem Dichter auch nicht die scharfe Terminologie des Systema=
tikers verlangen, und mancher Ausdruck wegen der plastischen Darstel=
lungsweise des Prudentius nicht allzusehr premirt werden, so scheint es
doch, als wenn derselbe in thesi die Unkörperlichkeit Gottes und der Seele
aufstelle, aber in seinen Vorstellungen eine elementare Körperlichkeit beider
festhalte." Natürlich ist Tertullians Einfluß hierbei maßgebend gewesen.

Wenn Prudentius das Wesen Gottes gegenüber den sinnfälligen
Geschöpfen negativ als Köperlosigkeit bezeichnet, so erscheint ihm dasselbe

---

[1] Apoth. 857.

[2] Adv. Prax. c. 7 (Migne t. 2. col. 162). Man kann nicht zu Gunsten
von Brockhaus einwenden, daß Tertullian unter corpus, wie der Zusammenhang
lehrt, nichts anderes als substantia verstehen will. (Vgl. Schwane, Dogmen=
geschichte der vornicänischen Zeit. S. 168.) In dem Kapitel über die Anthropologie
des Prudentius wird es sich zeigen, daß der Dichter in diesem Punkte direct dem
Tertullian widerspricht. Uebrigens ist schon aus dem Begriffe von „incorporeus" bei
Prudentius, verglichen mit dem Begriffe, welchen Tertullian mit „incorporalis"
(De carne Christi. c. 9) verbindet, klar, daß unserm Dichter corpus und substantia durchaus nicht identisch sind, daß er sich also gerade hierin mit Tertullian
im Widerspruche befindet. Während Prudentius durch „incorporeus" das Wesen
Gottes wenigstens negativ zu bestimmen sucht, würde man nach Tertullian die
Existenz Gottes durch das Attribut „incorporalis" läugnen. Denn: „nihil est in-
corporale, nisi quod non est", sagt Tertullian.

im Vergleiche zur Menschenseele positiv als reine Geistigkeit. Daß der Dichter diesen Begriff mit dem treffenden Ausdrucke substantia simplex (c. Symm. II, v. 239) verbinde, wird aus Folgendem klar. Später ist darzuthun, daß den Engeln und der Menschenseele von Prudentius wesentlich Geistigkeit zugeschrieben werde. Hier handelt es sich nur um das Verhältniß Gottes, des unerschaffenen Geistes, zu den geschaffenen Geisteswesen. Prudentius hat dieß Verhältniß ganz ausführlich in der Apotheose (V. 782—951) behandelt. Oben (S. 192) wurde dargethan, daß dieser Abschnitt direct gegen die Priscillianisten gerichtet sei. Die Seele ist geistiger Natur und wahrhaft Gott ähnlich, aber trotzdem ist sie als Geschöpf vom Schöpfer unendlich unterschieden. Die Priscillianisten lehrten gerade, die Seele des Menschen gehöre zur göttlichen Substanz, und durch sie sei Gott die Natur (d. i. die bestimmende Form) aller Geschöpfe [1]. „Glaube: die Seele ist nicht Gott; nur glaube, daß sie größer ist als alle (übrigen) Geschöpfe, daß sie selber (aber) auch ge= schaffen ist." [2] Prudentius zeigt nun ausführlich die Erhabenheit der Seele über die sinnfälligen Dinge und den Vorzug, welchen sie in dieser Aehnlichkeit mit Gott besitzt. „Aber etwas Anderes ist die Wahrheit, etwas Anderes das Bild der Wahrheit." Die Seele ist und bleibt trotz ihrer geistigen Natur und ihrer Aehnlichkeit ein Geschöpf Gottes, und „es ist ein Frevel, sie einen Theil Gottes zu nennen" (V. 821). Den Ausdruck, mit welchem der Dichter im Allgemeinen den unausfüllbaren Ab= grund zwischen Schöpfer und Geschöpf bezeichnet hat, braucht er auch, um den unendlichen Abstand der Menschenseele von Gott zu charakterisiren; er nennt sie „composita factaque" (Apoth. 821). Derselbe Ausdruck an zwei verschiedenen Stellen klingt wie eine stehende Formel. Folgerecht sieht der Dichter im Ausschlusse jeder Zusammensetzung, in der Einfachheit selber und im Ausschlusse jeglichen Ursprungs das eigentliche Wesen Gottes. Zwar kommt auch der Seele gegenüber den körperlichen Wesen eine gewisse Einfachheit zu, aber dennoch ist ihr Wesen von ihren Fähigkeiten unter= schieden. „Vieles weiß unsere Seele, aber sie weiß nicht Alles . . . Wem aber versagt ist, Alles zu wissen, das ist ein Geschöpf; das erweist sich als erschaffen und des Wachsthums fähig" (Apoth. 883). Wo Zu= nahme ist, da ist auch Zusammensetzung und Theilung. Das unendliche Wesen Gottes schließt dagegen jede Zusammensetzung aus; Gott ist auf keine Weise geworden, sondern er ist. Prudentius drückt dieß aus, indem er Gott nennt: substantia simplex, das reine Sein [3]. Enthält

---

[1] Vgl. Kleutgen, Theologie der Vorzeit. I. S. 160.

[2] Apoth. 786.

[3] Das vierte Laterancouncil hat gerade in diesem Ausdruck die kirchliche Lehre von der Wesenheit Gottes eingekleidet. „Una essentia, *substantia* sive natura *simplex* omnino" (Cap. Firmiter). Vgl. Kleutgen a. a. O. S. 193. Wenn der hl. An=

simplex ben Gegensatz zu compositus, so muß Prudentius in „substantia" ben Gegensatz zu factus legen, unb substantia muß hier bedeuten: Das durch sich selbst daseiende Wesen[1]. Prudentius
steht somit auf Seite derjenigen, welche in der sogen. Aseität jenes Prädicat
sehen, wodurch die Wesenheit Gottes bestimmt werden müsse, unb wenn
nach Kleutgen „die heiligen Väter stets ben Unterschied zwischen Gott unb
ben Geschöpfen dadurch am besten auszudrücken geglaubt haben, daß sie
das . . . göttliche Sein, Leben unb alle anderen Vollkommenheiten durch
sich selbst daseiend nannten", so dürfen wir dieß auch von Pru=
dentius behaupten. In dem reinen, unerschaffenen Sein Gottes hat jedes
andere geschaffene Sein seinen Ursprung zu suchen. Prudentius drückt deß=
halb die schöpferische Allmacht Gottes mit dem eigenthümlichen Ausdrucke
cunctiparens[2] aus. „Aus dem Nichts ist alles, was jemals geschaffen ist,
aber nicht aus dem Nichts ist Gott. Auch jener entartete Engel, auf ben
der Ursprung des Uebels zurückzuführen ist, strahlte, aus dem Nichts
hervorgerufen, vordem wie ein herrliches Gestirn" (Ham. 158). „Auch
die Legionen der Engel hat ja die Rechte (Gottes) geschaffen" (c. Symm. II,
233). Nach seinen Gesetzen wird die Schöpfung regiert; er allein ist der
Herr auch dieser Gesetze. Der hl. Romanus kann daher wunderbarer
Weise, trotzdem ihm die Zunge von der Hand des Henkers heraus=
geschnitten worden ist, die Allmacht Gottes preisen unb dem staunenden
Richter zurufen: „Zweifelst du, daß der Zustand der Natur von dem=
jenigen geändert werden könne, von welchem ihre ursprüngliche Gestalt
herrührt? Nach Belieben vermag der Schöpfer dieselbe zu ändern unb
die gegebenen Gesetze zu bestätigen unb zu widerrufen, (wenn er will,) daß
die Sprache der Zunge nicht benöthige."[3] „Mir," läßt der Dichter Gott
sprechen, „ist es vorbehalten (meum est), zu wissen, welche Natur ben

---

gustin (De trin. l. VII. c. 5) sagt: „Manifestum est Deum abusive substantiam
vocari," so geht aus dem Zusammenhange hervor, daß er substantia als Trägerin
der accidentia betrachtet; baß er dagegen nicht ansteht, Gott substantia zu nennen,
falls substantia mit essentia identificirt wird. Cfr. Claudii Frassen, Scotus Aca-
demicus. Paris 1672. p. 89, unb besonders: Gangauf, Des hl. Augustinus
speculative Lehre von Gott dem Dreieinigen. Augsburg 1883 (zweite, unveränderte
Auflage) S. 144.

[1] Cfr. Leo, Ep. ad Turib. c. 5: „Nemo hominum veritas (Apoth. 801),
nemo sapientia (v. 853), nemo iustitia (v. 894) est, sed multi participes sunt
veritatis et sapientiae et iustitiae. Solus autem Deus nullius participationis
indigus est: de quo quidquid digne utcunque sentitur, non qualitas est, sed
essentia." Interessant ist, baß wir hier bereits ben Einfluß des hl. Augustin be=
merken. Leo braucht nicht mehr, wie Prudentius, substantia.

[2] Perist. XIV, 128; Ham. 931. Andere Stellen, wo der Dichter die Allmacht
Gottes preist, sind: Cath. III, 36. 81; VII, 25. 36; Apoth. 725. 1028; Ham. 162;
Perist. X, 310; XIII, 355.

[3] Perist. X, 941.

geschaffenen Wesen innewohnt und zu welchem Zwecke sie für mich erhalten werden" (c. Symm. II, 232). Seine hierin ausgesprochene Allwissenheit verbindet sich mit der Allmacht, um voll liebender und gerechter Fürsorge jedes Geschöpf zu seinem Ziele zu führen [1]. Deßhalb bekämpft der Dichter ausführlich den Fatalismus, welchem Symmachus das Glück Roms zu= schreibt (c. Symm. II, 370—487). „Wer da immer meint, es gebe ein Fatum, der wisse, daß Gott es ist, der Alles hervorbringt (omniparens); keinem ist etwas versagt durch unheilverkündende Sterne, noch werden fromme Gebete unwirksam durch irgend einen Satz der Astrologen. Höheres nämlich ersehnt der Geist, und er erschwingt sich über die Gestirne; er überschreitet die nebelhaften Wege des Geschickes und tritt mit Füßen die Spuren, welche das Lebensgeschick in der Geburtsstunde vorzeichnen sollen. Hierher (zu Christus) komme (daher), o Menschengeschlecht, hierher eilet sämmtlich, ihr Städte; das unermeßliche Licht ruft, erkennet euren Schöpfer." [2] Wir haben in der eifrigen und ausführlichen Bekämpfung des Fatalismus eine neue Bestätigung dafür, daß Prudentius vor Allem gegen die Priscillianisten kämpfte. Auch Brockhaus erkennt an, daß der Dichter in diesem seinem Kampfe gegen den Fatalismus des Heidenthums den Hauptgedanken der Hamartigenie wieder aufnimmt. „Der Dichter begegnet hier einem ähnlichen Gedanken, den er schon in der Hamartigenia bekämpft hat, daß dieß Fatum zuletzt auch Ursache des bösen Handelns und der Mensch durch das starre Gesetz desselben dazu getrieben werde, daß er der Vollbringung des Verbotenen sich nicht widersetzen könne. Keine Strafe dürfe dann mehr verhängt werden. Keiner sei schuldig, wenn das Fatum regiere; schuldig nur der, der sich im freien Wollen demselben widersetze. Dagegen vertheidigt, wie in der Hamartigenia, der Dichter die wahrhaft sittliche Anschauung." [3] Hätte Prudentius nur den Symmachus und seinen Genius von Rom bekämpft, so hätte er kaum so lebhaft die Warnung vor der Astrologie ausgesprochen, welche eine Ver= breitung dieses Irrthums unter der großen Menge voraussetzt. Ganz allgemein nämlich sagt er: „Quisque = quisquis putat, fato esse locum" (v. 477). Ich glaube, daß die thatsächlichen Verhältnisse seines Vater= landes, d. h. die astrologischen Träumereien der Priscillianisten, unter denen er lebte, ihn unwillkürlich zu dieser Apostrophe fortgerissen haben. Die Ausdrücke des Dichters stimmen genau mit den Worten überein, in welchen uns von anderen dieser Punkt der priscillianistischen Lehre über= liefert worden ist. Der hl. Leo schreibt im elften Kapitel seines Briefes an Turibius: „Undecima ipsorum blasphemia est, qua fatalibus

---

[1] Cath. II, 105.

[2] c. Symm. II, 477. „Lux immensa", das Licht, welches jeden Menschen erleuchtet und ihm den rechten Weg weist, nennt der Dichter im beabsichtigten Gegen= satze zum Glanze der Sterne.   [3] Brockhaus a. a. O. S. 68.

stellis (cfr. c. Symm. II, 478) et animas hominum et corporum opinantur obstringi, per quam amentiam necesse est, ut *omnibus paganorum erroribus implicati* et faventia sibi, ut putant, sidera colere et adversantia studeant mitigare. Verum ista sectantibus nullus in ecclesia catholica locus est: quoniam, qui se talibus persuasionibus dedit, a Christi corpore totus abscessit." Im 14. Ka= pitel desselben Briefes kommt derselbe Irrthum zur Sprache. Wie die Ge= danken Leo's durch die Astrologie der Priscillianisten auf die Erwähnung des Heidenthums kommen, so denkt Prudentius bei der Bekämpfung des heidnischen Fatalismus an die Fatalisten Spaniens, die Priscillianisten. Bedenkt man zudem, daß die ausführliche Abweisung der pantheistischen Ansicht von der Göttlichkeit der Seele in der Apotheosis genau mit dem fünften Kapitel von Leo's Brief übereinstimmt; erwägt man, daß die Widerlegung der manichäischen Lehre von einem ewigen bösen Prin= cipe fast nur eine Ausführung der Gedanken Leo's (im sechsten Kapitel seines Briefes) ist[1], so wird man auch den Zusammenhang zwischen der Stelle c. Symm. II, 459—487 mit der Stellung des Dichters gegen die Priscillianisten für begründet ansehen. Jedenfalls ist es mehr als merkwürdig, daß Prudentius in der Lehre über Gottes Wesen gerade in den Punkten ausführlicher ist, in welchen dieselbe von den Priscillianisten verunstaltet wurde. Prudentius vereinigt in seinen Worten über Gott tiefe Speculation mit kraftvoller Schönheit. Die im vorliegenden Kapitel verwertheten Stellen beweisen dieß. Eines seiner schönsten Worte möge den Schluß machen. Gott, dem reinen Geiste, gebührt ein geistiger Tempel. Diese Forderung läßt der Dichter von Gott selber in folgender Weise stellen (c. Symm. II, 245 sq.):

„Sterblicher! mir allein bau einen Tempel, und mich, den Einen, ver= ehre als Gott; aber nicht nach Steinen verlange ich, weder nach dem Marmor, den Paros bricht, noch nach dem punischen Felsen; nicht den Marmor will ich, den das grüne Lacedämon besitzt, noch den des fleckigen von Synna (= den fleckigen von Synna). Niemand weihe mir das natürliche Roth des Marmors. Den Tempel des Geistes liebe ich, nicht den von Marmor; golden lagern in ihm die Grundlagen des Glaubens, glänzend erhebt sich darauf in blendender (unschuldiger) Frömmigkeit das Gebäude. Die hochragende Gerechtigkeit deckt den Gipfel. Drinnen be= sprengt den Boden, der bemalt ist mit dem Roth der Schamhaftigkeit, die hehre Züchtigkeit und bewacht den Vorhof. Dieß ist das Haus, das sich für mich schickt; diesen überaus schönen Wohnsitz, der eines ewigen und himmlischen Gastes würdig ist, erwähle ich mir."[2]

---

[1] Cfr. S. Cyprian., De Zelo et livore c. 4.

[2] Cfr. S. Cyprian., De idol. van. c. 9: „Quod vero templum habere possit Deus, cuius templum est totus mundus? Et cum homo latius maneam,

B. Die Dreipersönlichkeit Gottes.

Das Licht des Christenthums durchbringt den Dichter so, daß es ihm schwer fällt, Nichtchristen gegenüber allein das schwache Licht der natürlichen Vernunft zu seiner Beweisführung zu benützen. In der Darlegung seiner Lehre über Gottes Wesenheit mußten wir auf diesen Umstand aufmerksam machen. Mit triumphirender Begeisterung dagegen geht er daran, Gott als den Dreieinigen gegen die Entstellungen der Häretiker zu vertheidigen und das Lob des Vaters, des Sohnes und des heiligen Geistes zu verkünden. „Die Einheit Gottes erkennt jedes Volk an, sei es noch so stumpfsinnig und seine Sprache noch so barbarisch; . . . wir aber, die wir den Herrn bereits zweimal gesehen haben, in den Büchern (der alttestamentlichen Offenbarung) und im (sterblichen) Leibe, vorher nur im Glauben, sodann aber offen durch Fleisch und Blut[1]; die wir, die Wahrheit der alten Propheten durch das Zeugniß des Kreuzes erkennend, unsere prüfenden Finger in die offene Wunde der Seite getaucht und die Male der Hände erforscht haben, da unsere Augen zweifelten, und so Jesus, den ewigen König, erkannt haben: wir halten es für ein Verbrechen, Gott die Ehre und den Namen des Vaters zu verweigern, der (diesen) König aus sich gezeugt hat" (Apoth. 194—224). Nachdem der Dichter in den folgenden Versen die Offenbarung der göttlichen Dreieinigkeit in der Menschwerdung des Sohnes gefeiert, bezeichnet er das Dogma von der Trinität als das Fundament des christlichen Heiles:

„Hierin liegt unser Heil; hier quillt uns wahrhaftes Leben.
Das ist die Losung für uns: nie ohne den Namen des Sohnes
Anzurufen den Vater, und ohne den Namen des Vaters
Nimmer die Gottheit des Sohns, und weder den Sohn noch den Vater,
Ohne den heiligen Geist als dritten zuzugesellen[2],
So daß geeint sind die drei und nicht als Götter geschieden,
Denn nur einzig ist Gott, der in den dreien bestehet." (Apoth. 238 sq.)

Die katholische Lehre, welche der Dichter hier gegenüber der Häresie betont, bekennt er ebenso kurz als klar im Gebete (Cath. VI, 1 sq.):

---

intra unam aediculam vim tantae maiestatis includam? In nostra dedicandus est mente, in nostro consecrandus est pectore."

[1] Apoth. 218: „Carne et sanguine." Auch Brockhaus übersetzt: „Einst im Glauben allein, dann gegenwärtig im Fleische." Der Gegensatz zu „fide" scheint zu fordern, daß man das „carne et sanguine" auf das Erkenntnißmittel seitens des Erkennenden, d. h. die Wahrnehmung durch die Sinne beziehet.

[2] Prudentius scheint die beim christlichen Gebete so oft wiederholte Dorologie im Sinne zu haben. Die Schwierigkeit der Uebersetzung tritt besonders in den letzten Versen hervor:

Sic tamen haec constare tria, ut ne separe ductu
Tres faciam, tribus his subsistat, sed Deus unus.

Ades Pater supreme,
Quem nemo vidit unquam,
Patrisque sermo Christe
Et Spiritus benigne!

O trinitatis huius
Vis una, lumen unum,
Deus ex Deo perennis,
Deus ex utroque missus.

Die angeführten Verse sagen wohl unter allen Aeußerungen des Prudentius am besten, wie der Dichter über das unerforschliche Geheimniß der Trinität gedacht habe. Sie enthalten nämlich nicht bloß das positive Bekenntniß der wahren katholischen Lehre, sondern auch die Eigenthümlich= keiten, welche den Standpunkt des Dichters in der speculativen Erfassung, bezw. Vertheidigung dieses Mysteriums kennzeichnen. Letztere zeigen sich in der Lehre von der ewigen Zeugung des Sohnes einerseits, in der An= sicht über den Ausgang des heiligen Geistes von den beiden anderen gött= lichen Personen andererseits. Dementsprechend behandeln wir zuerst die Logoslehre des Prudentius.

I. „Greifst du den Vater nicht an, indem du vom Sohne nichts wissen willst, da ja doch vom Erzeuger keine Rede sein kann, wenn die Existenz des Sohnes nicht feststeht? Den kannst du nicht Vater nennen, welchem du den Sohn abläugnest."[1] Mit diesen Worten wendet sich Prudentius direct an Sabellius, nachdem er die Behauptungen der Patripassianer zurückgewiesen hat[2]. „Zeitlos, ehe der erste Tag war, besitzt er (Gott), das wahre Licht und des Lichtes Urheber, immerdar als der Eine die Gegenwart wie die Vergangenheit (esse et fuisse); (aber) da er das Licht war, goß er sein Licht aus; aus dem Lichte ist geboren der Glanz und dieser ist der Sohn."[3] Die ewige Zeugung des Sohnes, welche in diesen Stellen gelehrt wird, schließt nun in sich die beiden geheimnißvoll vereinigten Momente: die persönliche Verschiedenheit des Vaters vom Sohne, und die Consubstantialität beider. Beide vertheidigt Prudentius und stellt dabei je nach seinen Gegnern bald das eine, bald das andere Moment in den Vordergrund. Das Ringen des Dichters, die Worte des sogen. athanasianischen Symbolums: „Alia persona Patris, alia Filii" und „qualis Pater, talis Filius" ebenso entschieden zu behaupten als klar zu veranschaulichen, gehört zu dem Interessantesten in der Lectüre

---

[1] Apoth. 180 sq.

[2] Daß die vollkommenste Uebereinstimmung der Worte des Dichters mit dem ersten Kapitel des Briefes Leo's I. an Turibius unter den Patripassianern und Sabellius die Priscillianisten zu verstehen nöthigt, wurde im ersten Theile bereits gezeigt.

[3] Perist. X, 316.

seiner Werke. „Das allein wissen wir, was (uns) überliefert wird
(traditur): Gott ist (jener), welchen der ungezeugte Erzeuger gezeugt,
und zwar (als) Einzigen (hat ihn) der Eine (gezeugt), als Vollkommenen
der Vollkommene (integer integrum) ihn, der ohne Anfang und dennoch
entsprossen ist; gleich ewig mit dem Vater und vom Vater geboren[1].
Aber der Vater selbst ist nicht etwa (als Person) derselbe wie der Sohn
(nec Pater ipse autem qui Filius)[2], so daß der Vater wahrhaft Vater
und der Sohn wahrhaft Sohn ist, weil, wie wir wissen, der Sohn
geboren ist vom Ungeborenen. Aber auch der Sohn ist nicht für sich
selber Erzeuger, als ob entweder der Vater geboren wäre oder (der Sohn)
selbst plötzlich entstanden wäre."[3]

Ebenso nachdrücklich, wie hier die persönliche Verschiedenheit des Vaters
vom Sohne betont wird, bemüht sich der Dichter die Consubstantialität
beider Hypostasen in der einen göttlichen Natur hervorzuheben. „Wer
möchte es wagen, jene Wesenheit, die als die eine Majestät regiert und
ganz unabhängig (propria sibi) und von ewiger Dauer ist, als zwei
(Herrscher) zu bezeichnen (Quis dixisse duos rem maiestate sub una
regnantem ausit?) und (so) die Kräfte der einen (göttlichen) Natur
zu zerreißen?[4] — Die unmittelbar vorhergehenden Verse bereiten der
Uebersetzung in's Deutsche bedeutende Schwierigkeit:

---

[1] Apoth. 268 sq.:

> Hoc solum scimus, quod traditur: esse Deum quem
> *Non genitus genitor generaverit unus et unum,*
> Integer integrum, non coeptum, sed tamen ortum
> Et comperpetuum retro Patris et Patre ortum.

Gegen die gewöhnliche Lesart von V. 269 haben Obbarius und Dressel folgende
aufgenommen: „Non genitus genitor *generavit et unus et unum.*" (Cfr. *Petavius*,
De theol. dogmat. De trin. V. c. 9.) Da hierbei „unus" wie „unum" auf „genitor"
ginge, so würde hierdurch die numerische und physische Einheit ausgesprochen werden.
Nach dem Zusammenhange und nach Parallelstellen behalten wir jedoch besser „gene-
raverit" bei, wobei sodann „unus" auf „genitor" und „unum" auf „Deum"
(V. 268) sc. „Filium" zu beziehen ist. Dieß entspricht dem unmittelbar folgenden
„integer integrum"; zudem wird Ham. 43 das Verhältniß zwischen Vater und
Sohn ebenso ausgedrückt: „unus ab uno".

[2] Apoth. 245. Brockhaus (V. 241) übersetzt: „Aber der Vater ist nicht,
was der Sohn"; die persönliche Verschiedenheit, welche der Dichter ausdrücklich
lehren will, kommt hierbei nicht zum Ausdruck.

[3] Brockhaus übersetzt die schwierige Stelle:

> „. . . der Sohn ward erzeugt
> Vom Unerzeugten, hier ist wahrhaftige Vater- und Sohnschaft.
> Nimmer erzeugte der Sohn sich selbst, und ebenso wenig
> Wurde geboren der Vater, von selber plötzlich entstehend."

[4] Ham. 45 sq.

22*

Unum semper erit gignens atque unus ab uno
Ante Chaos genitus numeroque et tempore liber ¹.

„Eins wird immer sein der Erzeuger und der Eine von dem Einen vor dem Chaos Gezeugte, der erhaben ist über Zahl und Zeit." Was begründet demnach das Verhältniß zwischen Vater und Sohn? Einzig und allein die ewige Zeugung:

Qui Pater est, *gignendo* Pater tum Filius ex hoc
Filius, auctore *ut genitus* quod sit Patre summo
Summus et ipse tamen nec enim minor aut Patre dispar ².

Weil aber „von Ewigkeit Christus mit dem Vater da war" (Apoth. 288), so ist auch jeder Gedanke an eine Veränderung in Gott, welche etwa durch die Zeugung des Sohnes herbeigeführt worden wäre, ausgeschlossen. „Der Sohn ist ja kein Theil des Vaters, und so konnte die Gottheit des Vaters durch die Erzeugung des Sohnes nicht geschwächt werden. Ebenso wenig konnte sie zunehmen, denn ferne sei der Gedanke, als könnte jemals der zur Vollkommenheit fortschreiten, bei welchem kein Wachsthum stattfindet" (Apoth. 272 sq.). Die Uebereinstimmung mit den Worten Leo's gegen die Priscillianisten ist in diesem Beweisgrunde am auffälligsten. „In quo (errore)," schreibt Leo Kap. 2, „Arianorum suffragantur (Priscillianistae) quoque errori diçentium: quod Pater Filio prior sit, quia fuerit aliquando sine Filio et tunc Pater esse coeperit, quando Filium genuerit. Sed sicut illos catholica ecclesia detestatur, ita et istos, qui putant unquam Deo id quod ciusdem est essentiae defuisse. Quem sicut *mutabilem* ita et *proficientem* dicere nefas est. Quam enim mutatur quod minuitur, tam mutatur etiam quod augetur." Prudentius singt (Apoth. 276):

Non convertibilis nec demutabilis unquam
Est Deus aut gignendo aliquid sibi detrahit: atqui
Totus et ex toto Deus est, de lumine lumen.
Quando autem lumen sine lumine, quando refulgens
Lux fulgore caret, quando est ut proditus ignis
Ignem diminuat, quando Pater et Deus et lux
Non lucis Deus et Pater est? Qui si Pater olim
Non fuit et serum genuit post tempora natum
Fit novus, inque novum ius proficit. Absit ut unquam
Plenus proficiat, qui non eget incremento ³.

---

¹ Die Lesart „erunt" für „erit" ist zu schwach bezeugt und als Erklärung abzuweisen. Arevalo setzt nach „gignens" ein Komma, wodurch der dem Inhalte nach ganz unmögliche Satz entsteht: „Unum erit semper gignens". Die Relation der paternitas würde nämlich hierdurch der göttlichen Wesenheit beigelegt.

² Apoth. 253. Cfr. Bachiarii professio fidei. c. 3 (Migne tom. 20. col. 1026).

³ Cfr. *S. August.*, De trin. l. VI. c. 8. 9; *S. Ambros.*, De fide l. I. c. 9. n. 61: „Sempiternitas Filii paternae maiestatis insigne est. Si iste, non semper

Das in den citirten Worten gebrauchte Bild führt Prudentius zur
Veranschaulichung des trinitarischen Geheimnisses an dem Sonnenlichte
weiter aus in der Hamartigenie B. 70 f. Weit entfernt indeß, hierin
eine genügende Erklärung des Geheimnisses zu sehen, unterläßt er nicht,
auf die Schwäche dieses Vergleiches hinzuweisen (B. 79 f.), und beugt
so selbst der Gefahr vor, auf welche Schwane[1] gelegentlich der Lehre
Tertullians aufmerksam macht: „Die Abbilder, welche er (Tertullian)
von dem trinitarischen Leben Gottes in der endlichen Welt gefunden haben
will, dürfen freilich nicht zu strenge urgirt werden; denn es sind und
bleiben nur sehr schwache Schattenrisse, die uns diese oder jene Seite des
göttlichen Lebens in etwa andeuten." Wie sucht nun aber Prudentius
die ewige Zeugung des Sohnes aus dem Vater speculativ zu erklären?
Auf die Frage selbst einzugehen, unterläßt er nicht:

Pergunt ulterius scrutantes, quid sit ipsum gignere (Apoth. 259).

Zunächst macht er darauf aufmerksam, „daß der Mensch hierbei sich
zur Erforschung eines Geheimnisses anschickt, das aller Zeit und allen
Tagen vorangeht, das über den Anfang (Joh. 1, 1) hinausragt und
alles übersteigt, was der Mensch untersuchen kann[2]. Wenn schon der
Weg zur Erforschung des Ursprungs der Dinge (principiorum semina)
Schwierigkeiten bereitet, welcher Sterbliche wird dann zu ergründen ver=
mögen, was Gott vor dem Anfange (ultra principium) gethan oder
wie er jenes Wort erzeugt habe, das ohne jeden Anfang ist?"[3] Wäh=
rend der Dichter an dieser Stelle (Apoth. 268) die Frage mit dem Hin=
weise auf die Sicherheit des Glaubens beantwortet und auf ihn gestützt
behauptet: die Ewigkeit und die Unveränderlichkeit Gottes fordern, daß
wir jeden Gedanken an eine Entstehung des Sohnes aus dem Vater in
der Zeit verbannen, so gibt er in der Hamartigenie (B. 42) den tiefsten
Grund der geheimnißvollen Zeugung, die absolute Einfachheit

---

fuit, ergo ille mutatus est. Sed semper fuit Filius, ergo nec Pater aliquando
mutatus est; quia immutabilis semper est. Itaque videmus, quod illi, qui
volunt negare Filium sempiternum, volunt Patrem docere esse mutatum."

[1] Dogmengeschichte I. S. 165. Von einer Anwendung dieses Bildes im Sinne
des Sabellius, den Prudentius bekämpft, kann also selbstverständlich keine Rede sein.
Gleichwohl macht Brockhaus (a. a. O. S. 209) gerade auf dieses Bild aufmerksam,
um seiner Behauptung einen Schein von Stütze zu geben: „So sehen wir auch in
diesem breiter ausgeführten Dogma (von der Trinität) die Anlehnung des Dichters
an vorhandene Anschauungen, mitunter sogar an die, die er bekämpft, wie die des
Sabellius."

[2] Cfr. S. Ambros., De fide l. I. c. 10: „. . . scrutari non licet superna
mysteria. Licet scire quod natus sit; non licet discutere, quemadmodum
natus sit."

[3] Vgl. Scheeben, Die Mysterien des Christenthums. 2. Hauptst. § 8: „Die
Uebernatürlichkeit zugleich Grund der Unbegreiflichkeit."

Gottes, an. „Quid enim differt *generatio simplex?*" fragt er, nachdem er die Consubstantialität der ersten und zweiten Hypostase dargestellt hat. Wie Prudentius zur Bezeichnung der göttlichen Wesenheit den Ausdruck substantia simplex mit Vorliebe braucht, so sieht er folgerichtig in dem Ausdrucke generatio simplex den Schlüssel zur Erklärung der in Gott stattfindenden Zeugung[1].

Nach dem Gesagten steht Prudentius genau auf dem Standpunkte des nicänischen Glaubensbekenntnisses, fern von jedem Irrthum. Sein Streben, die ewige Zeugung des Sohnes Gottes immer stärker in den verschiedensten Wendungen zu betonen und Christus nicht bloß als Sohn der Jungfrau, sondern als wahren und eingeborenen Sohn des ewigen Vaters zur Anerkennung zu bringen (Apoth. 552 sq.), ist durch die Priscillianisten veranlaßt, welche ausdrücklich lehrten: „Ideo unigenitum dici filium Dei, quia solus sit natus ex virgine."[2]

Der Standpunkt des Dichters trägt aber auch, was die speculative Durchbringung der Logoslehre betrifft, jene Mängel an sich, die der Speculation der Väter vor dem Auftreten des großen Augustinus über-haupt anhaften. Indem wir dieselben zur Sprache bringen, gilt es indeß, den Dichter zunächst gegen die Anschuldigung irriger Vorstellungen zu vertheidigen, die Tertullian über das Geheimniß der Trinität hegte, bezw. gehegt haben soll. Es wird sich alsbald zeigen, daß man dem Dichter zwar die Genauigkeit der Untersuchung absprechen muß, welche die augu-stinische Darstellung dieses Geheimnisses auszeichnet, daß man dagegen mit Unrecht diesen Mangel an Vollkommenheit in arianische und sabel-lianische Anschauungen ausbeutet[3].

---

[1] Vgl. Scheeben a. a. O. § 16. S. 81: „Die göttliche Substanz ist absolut einfach; deßhalb geht nicht nur ein Theil derselben, wie das selbst bei der voll-kommensten sinnlichen Zeugung geschieht, auf die zweite Person über, sondern die ganze Substanz." Vgl. S. 180. „Generatio simplex," sagt Arevalo zu unserer Stelle, „est generatio aeterna per communicationem eiusdem naturae, non per divisionem aut multiplicationem essentiae." Vgl. Schwane, Dogmengeschichte der patristischen Zeit. 1869. S. 229. *S. August.*, De trinit. 1. VI. c. 6 und 1. IV. c. 20; an letzterer Stelle handelt der heilige Lehrer über die hierher gehörige Stelle Sap. 7, 25. Siehe hierüber Gutberlet, Buch der Weisheit. Münster 1874. S. 188 f.

[2] *Leo M.*, Ep. ad Turib. c. 3. „Quod utique," heißt es weiter, „non au-derent dicere nisi Pauli Samosateni et Photini virus hausissent, qui dixerunt: Dominum nostrum Iesum Christum, antequam nasceretur ex virgine Maria, non fuisse."

[3] *Middeldorpf*, Commentatio de Prudentio etc. n. 58. (p. 155.) Brod-haus a. a. O. S. 182: „In der That weisen einzelne Stellen darauf hin, daß der Sohn, obschon von Ewigkeit gezeugt, doch sein Sein als ein im Vater befaßtes führt, und erst zu seiner Sonderexistenz mit der Erschaffung der Welt heraustritt." Vgl. S. 208.

Es handelt sich um die Selbstoffenbarung Gottes nach außen, die sich bei der Schöpfung, in den Theophanien des alten Bundes und am vollkommensten in der Incarnation des Logos vollzogen hat. In welchem Verhältnisse steht dieselbe nach Prudentius zu der ewigen Zeugung des Sohnes im trinitarischen Leben Gottes? Die Hauptstelle, worin der Dichter diese Frage beantwortet, findet sich Cath. XI, 13 sq. Wir müssen dieselbe ganz hersetzen:

> Emerge dulcis pusio,
> Quem mater edit castitas,
> Parens et expers coniugis
> Mediator et duplex genus.

> Ex ore quamlibet Patris
> Sis ortus et verbo editus,
> Tamen paterno in pectore
> Sophia callebas prius.

> Quae prompta coelum condidit,
> Coelum diemque et cetera;
> Virtute verbi effecta sunt
> Haec cuncta, nam verbum Deus.

> Sed ordinatis seculis
> Rerumque digesto statu
> Fundator ipse et artifex
> Permansit in Patris sinu.

> Donec rotata annalium
> Transvolverentur milia,
> Atque ipse peccantem diu
> Dignatus orbem viseret.

Geht man vorurtheilsfrei an die Erklärung dieser Stelle, ohne in derselben die Bestätigung einer vorgefaßten Meinung zu suchen, so kann man nur folgenden Gedankengang des Dichters darin finden, den wir zunächst durch eine freie Uebersetzung wiedergeben: „Erscheine, o süßes Kind! Zur Mutter hast du (als Mensch) die Keuschheit (die Jungfrau, welche keinen Mann erkennt), und (als Gott hast du) zum Vater den, welcher keine Gemahlin hat (expers coniugis parens[1]); (so bist du denn)

---

[1] Die alten Ausleger, welche in unserer Stelle große Schwierigkeit finden (cfr. *Arevalo* in h. l.), halten „mater castitas" und „parens expers coniugis" für zwei verschiedene Bezeichnungen der jungfräulichen Gottesmutter. Ebenso umschreibt Obbarius: „Nascere puer, quem mater, quae est castitas, *expers mariti paritura est;* emerge qui es mediator et Deus et homo ..." Allerdings kann in der Poesie „parens" auch „Mutter" und „conlux" „Gatte" heißen; allein das „duplex genus" = duplex generatio zeigt deutlich, daß diese Worte hier im gewöhnlichen Sinne zu nehmen sind. Der Dichter bringt den schönen, den Vätern so geläufigen Gedanken zum Ausdruck: „Christus hat in der Zeit eine Mutter ohne

Mittler und von doppelter Abkunft (göttlicher und menschlicher Natur)."
Dieser Gedanke (V. 13—16) bildet die Proposition für das Folgende,
worin diese doppelte Geburt (Zeugung) ausführlicher in ihrem gegen=
seitigen Verhältnisse beschrieben wird. Zunächst wird also die ewige Zeu=
gung und das Leben des Logos vor der Incarnation geschildert (V. 17
bis 28) und dann die Annahme der menschlichen Natur gepriesen (vgl.
oben S. 337). In deiner ewigen vorweltlichen Existenz bist du „aus
dem Munde des Vaters hervorgegangen und, im Worte erzeugt (verbo
editus[1]), wohntest du als die (ewige) schaffende Weisheit (sophia cal-
lebas prius) im Herzen des Vaters. Diese Weisheit hat voll Kraft[2] den
Himmel geschaffen, das Licht und die übrigen Wesen; durch des Wortes
Macht ist alles das geworden, denn das Wort (ist) Gott. Aber nach der
Schöpfung und Ordnung der Welt blieb der kunstfertige Schöpfer selbst
im Schooße des Vaters, bis er nach Jahrtausenden die Welt (durch die
Incarnation) heimzusuchen sich würdigte." Die ewige Zeugung des
Wortes, seine Schöpferthätigkeit und seine Incarnation bringt Prudentius
unter den einheitlichen Gesichtspunkt der Selbstoffenbarung Gottes. Als
der eingeborene Sohn Gottes blieb der Logos, obwohl persönlich vom
Vater unterschieden, unsichtbar; in der Schöpfung hat er seine Macht
zwar geoffenbart, aber er selbst blieb doch wie vor der Schöpfung im
Schooße des Vaters; erst die Menschwerdung in der Zeit offenbarte ihn
vollkommen der Welt. Auf den ersten Blick erkennt man in dem ganzen
Abschnitte eine poetische Paraphrase der Hauptgedanken aus Joh. 1, 1—14.
Sogar der Wortlaut erinnert daran. Die Worte: „Virtute verbi ef-
fecta sunt haec cuncta, nam verbum Deus," stehen für: „Deus erat
verbum. Omnia per ipsum facta sunt." In der hier gegebenen er=
klärenden Uebersetzung, deren inhaltliche Richtigkeit wohl von keinem prü=
fenden Auge in der Hauptsache beanstandet werden kann, ist nun keine
Spur davon zu finden, daß Prudentius „von der persönlichen Existenz

---

Vater; von Ewigkeit einen Vater ohne Mutter." Cfr. *S. Ambros.*, De fide l. I.
c. 12. n. 77; l. III. c. 11. n. 88: „. . . qui (sc. sempiternus Filius Dei) et
sine Patre secundum incarnationem natus est et sine matre secundum divinam
generationem . . ."

[1] Buchner versteht in der Erklärung dieses Hymnus (Aurel. Prudentii Cl.
hymnus de Christi Dni natali. Wittebergae 1643. p. 33) unsere Stelle von der
Menschwerdung des Logos. „Verbo editus" hieße demnach der vom Dichter an=
geredete Erlöser, weil die allerseligste Jungfrau in Folge des Engelwortes vom
heiligen Geiste empfing. „Simul *sermonem* angeli virgo excepit aure, simul
salvatorem utero concepit. Neque enim is simplex sermo erat, qui nunciabatur
ἀλλ᾽ οὐσιώδης, ut Ignatius loquitur; is ipse enim qui homo nasci debebat." Daß
diese Erklärung unrichtig ist, zeigt der Zusammenhang.

[2] „Prompta." Der Dichter will das biblische: „Fiat lux, et facta est" da=
durch ausdrücken.

des Sohnes erst bei der Erschaffung der Welt" spreche[1]. Die Erschaffung der Welt (V. 21 f.) wird vielmehr der „sophia callens in paterno pectore" in einer Weise zugeschrieben, daß deren persönliche, von der Schöpfung ganz unabhängige Existenz in Folge der ewigen Zeugung vorausgesetzt wird. Brauchten wir zur Erhärtung dessen noch Parallelstellen, so sind sie zum Theil in den oben angeführten Zeugnissen enthalten, worin Prudentius die Ewigkeit und Consubstantialität des Sohnes auf's Schärfste betont; zum Theil schreibt der Dichter dem Sohne die Schöpfung ebenso zu wie dem Vater. So sagt Prudentius feierlich Ham. 342 sq.:

Hoc sequar, hoc stabili conceptum mente tenebo
Inspirante Deo, quod sanctus vaticinator
Prodidit antiquae recolens primordia lucis
Esse bonum, *quidquid Deus et Sapientia fecit.*
Conditor ergo boni *Pater est et cum Patre Christus,*
Nam Deus atque Deus Pater est et Filius unum:
Quippe unum natura facit, quae constat utrique,
Una voluntatis, iuris, virtutis, amoris.
Non tamen duo numina, nec duo rerum
Artifices, quoniam generis dissensio nulla est,
Atque ideo *nulla est operis distantia, nulla*
Ingenii peperitque bona omnia conditor unus[2].

Wenn nun der Weisheit, welcher hier in gleicher Weise wie Gott die Schöpfungsthat zugeeignet wird, an anderen Stellen ganz klar und nachdrücklich von Ewigkeit her persönliche Existenz zugesprochen wird, so muß die Behauptung überraschen: „Die Anschauung (Tertullians und des Marcell von Ancyra!), die zu gleicher Zeit dem Arianismus sich zuneigt, indem sie ein persönliches Fürsichsein des Sohnes erst mit der Schöpfung der Welt statuirt, und zugleich sabellianisch ist, indem sie im Sohne wesentlich nur die Beziehung Gottes zur Welt und seine Manifestation an der Welt sieht, ist im Grunde die prudentianische."[3] An-

---

[1] Brockhaus a. a. O. S. 208. Zu „verbo editus" V. 18 verweist Dressel auf die Erklärung von „Verbigena" (Cath. III, 2), die er wie Obbarius aus Mibbelborpf (l. c. p. 155) aufgenommen hat: „Intellectus (verbum, sermo, λόγος) semper fuit in Deo, qui absque intellectu cogitari nequit; hoc etiam intellectu utebatur in omnibus rebus moliendis imprimis cum mundi creandi ideam conciperet, qua idea mente Dei conditum est Verbum. Perfecte genitum est tum, cum ex ore Dei prodiret illud: Fiat lux, antea enim immanens Verbum erat." Diese Erklärung, welche sich an das später noch zu erläuternde „Verbigena" und „verbo editus" anklammert, ist schon durch die gleich darauf folgenden Worte Cath. III, 4 und 5 des Dichters selbst widerlegt.

[2] Cfr. Cath. IX, 13; Apoth. 256 sq. 664 sq. 672 sq. 687 sq.; Perist. II, 415; X, 469 sq.

[3] Brockhaus a. a. O. S. 208.

genommen auch), die Dunkelheit [1] der in Rede stehenden Stelle (Cath.
XI, 13 sq.) wäre einer solchen Behauptung günstig, so forbert boch jede
vernünftige Hermeneutik, daß man bunkle Stellen eines Schriftstellers
burch klare aufhelle, nicht aber ·über mehrere klare das Dunkel einer ein=
zigen schwierigen ausbreite. Wir brauchen indeß ben Appell an Parallel=
stellen nicht. Ließe die oben gegebene Erklärung hierüber noch einen
Zweifel, so verschwände berselbe bei folgender Erwägung: hätte Pru=
bentius in ben Versen Cath. XI, 17 sq. bem Logos ein solches im=
manentes Sein in Gott zugeschrieben, bas erst bei der Schöpfung zur
vollen persönlichen „Sonberexistenz heraustrat“, so müßte man nach bem
Worte bes Dichters nothwendig biese Sonderexistenz bes Logos nach der
Schöpfung wieder in jenes immanente Sein zurückkehren lassen. Pru=
bentius sagt nämlich ausbrücklich (v. 25):

> Sed ordinatis saeculis . . .
> Fundator ipse et artifex
> *Permansit in Patris sinu.*

Genau ebenso hatte er vier Verse vorher ben Zustand bes Logos vor
ber Schöpfung geschilbert:

> Ex ore quamlibet Patris
> Sis ortus et verbo editus,
> Tamen paterno in pectore
> Sophia callebas prius [2].

Nach bem Gesagten kann man nicht in Zweifel sein, wer sich in unlös=
bare Widersprüche verwickelt hat; ob Prubentius ober jene Ausleger seiner
Worte. Warum Brockhaus im Dichter über biesen Punkt so viel Un=
klarheit und Widerspruch mit sich selbst gefunden, ist leicht gesagt. Zu=
nächst um seine Lieblingstheorie, wonach Prubentius von Tertullian ab=
hängig ist, auch hier durchzuführen [3]. Sodann weil Brockhaus selbst über
bas trinitarische Leben Gottes und bie Wirksamkeit bes breieinigen Gottes
nach außen keine klaren Begriffe hat [4]. Endlich weil Brockhaus mit

---

[1] Die Erhabenheit bes Gegenstandes hat eine gewisse Dunkelheit im Ausbrucke
nothwendig im Gefolge. Wenn oben dieselbe Stelle als klar bezeichnet wurde, so
geschah dieß unter der Voraussetzung, baß bieser Begriff in Bezug auf das trini=
tarische Geheimniß selbstverständlich für uns stets relativ ist.

[2] Das „prius“ ist im Vergleich zur Incarnation gesagt. Genau benselben Gegen=
satz stellt ber Dichter in ber Parallelstelle (Cath. III, 2 sq.) fast ebenso bar:

> Omniparens, pie, Verbigena,
> Edite corpore virgineo,
> Sed *prius* in genitore potens (Sophia callebas)
> Astra, solum, mare quam fierent.

[3] Brockhaus a. a. O. S. 207. Die Schrift Tertullians gegen Prareas
soll bem Prubentius als Vorlage gebient haben.

[4] A. a. O. S. 182 f. Wüßte Brockhaus, was bie theologischen Schulaus=
brücke: „operatio Dei ad extra“, „appropriatio“, „circumincessio“ bebeuten, so wäre

Außerachtlassung des Zusammenhanges und der Verhältnisse, unter denen Prudentius schrieb, einzelne Stellen unstatthaft premirt. Die Incarnation besingt Prudentius also (Cath. XI, 49 sq.):

> Hic ille natalis dies,
> Quo te creator arduus
> Spiravit et limo indidit
> Sermone carnem glutinans.

Weil in diesen Worten die Erschaffung der menschlichen Natur Christi der Person des Vaters zugeeignet erscheint und dabei von sermo als der bewirkenden Ursache die Rede ist, glaubt Brockhaus behaupten zu können (a. a. O. S. 208): nach Prudentius werde „der Sohn, so wie Marcellus von Ancyra lehrt, im eigentlichsten Sinne erst bei der Fleischwerdung der Sohn Gottes". Die Werke des Prudentius in ihrer Gesammtheit sind ein Protest gegen diesen Satz. Um seine völlige Unrichtigkeit einzusehen, dürfen wir nur bedenken, daß unter anderen gerade dieser Irrthum den Priscillianisten von Leo vorgeworfen wird; der Dichter aber schreibt gegen diese Irrlehrer. Ist es nun denkbar, daß er sich bis zur Uebereinstimmung mit der Lehre seiner directen Gegner verirrt? Die Darstellung der prudentianischen Theologie, welche Brockhaus nach dem Vorgange Middelorpfs geliefert hat, muß demnach in diesem Punkte als unrichtig bezeichnet werden. Das Verhältniß des göttlichen Logos zur Weltschöpfung ist von Prudentius ohne jede Abweichung von der Wahrheit dargestellt worden. Wenn „der von Ewigkeit gezeugte Sohn demnach sein Sein als ein im Vater befaßtes führt" (Cath. XI, 19; III, 4 sq.), so ist dieß mit Nothwendigkeit im Begriffe der göttlichen Zeugung gelegen [1]. In völliger Uebereinstimmung mit den Vätern jener Zeit wird die Schöpfung dem Sohne per appropriationem zugeschrieben. Deßhalb

---

folgender Satz nicht geschrieben worden: „So bestimmt auch Prudentius das Fürsichsein des Sohnes ausgesprochen hat, so führt ihn doch das Bestreben, die Gleichheit des Vaters und Sohnes zu erweisen, ohne dem Dytheismus verfallen zu wollen, zeitweilig zu einer Darstellung des Verhältnisses zwischen Vater und Sohn, daß beide nicht nur einander gleich, sondern ein und dasselbe geworden zu sein scheinen."

[1] Prudentius sagt in Cath. XI, 17—20. 25 sq. dasselbe, was der hl. Thomas in lichtvollster Klarheit in der Summa c. gent. IV. c. 11 darlegt: „Considerandum est, quod id quod generatur, quamdiu in generante manet, dicitur esse conceptum. ... Est autem differentia inter conceptionem Verbi Dei et materialem conceptionem. ... Nam proles, quamdiu concepta est et in utero clauditur, nondum habet ultimam perfectionem, ut per se subsistat. ... Verbum autem Dei in ipso Deo dicente existens est perfectum in se subsistens distinctum a Deo dicente; non enim exspectatur ibi localis distinctio, si sola relatione distinguuntur, ut dictum est. *Idem est ergo in generatione Verbi Dei et conceptio et partus* et ideo postquam ex ore Sapientiae dictum est: ‚Ego iam *concepta* eram', post pauca subditur: ‚Ante colles ego parturiebar'." Prov. 8, 25. Vgl. S c h e e b e n, Mysterien des Christenthums. S. 85.

heißt er cunctiparens (Ham. 931) und omniparens (Cath. III, 2), deßhalb ist die Erschaffung des Menschen sein eigenthümliches Werk (Apoth. 1023 sq.). In diesem Sinne heißt es auch in der Praef. I. ad Apoth. 2 sq.:

> Corde Patris genita est sapientia, Filius ipse est.
> Tempore nec senior Pater est nec numine maior,
> Nam *sapiens retro semper Deus edidit ex se,*
> *Per quod semper erat gignenda ad secula Verbum*
> Edere, sed verbum Patris est; at cetera Verbi,
> Assumptum gestare hominem, reparare peremptum.

Das ewige Wort, welches nach dem Willen des Vaters die Welt schaffen sollte (gignenda ad secula), erhielt sein persönliches Fürsichsein nicht erst bei der Weltschöpfung und nicht nur behufs derselben, sondern von Ewigkeit her war es der Wille des Vaters, die der e i n e n göttlichen Natur eigene Schöpfermacht durch den ihm gleichwesentlichen Sohn zu offenbaren. Die Schöpfung ist nämlich, wie Prudentius (Ham. 349) ausdrücklich betont, das Werk des göttlichen Wesens, welches dem Vater wie dem Sohne in gleicher Weise zukommt (natura constat utrique), und in Folge dessen in den göttlichen Personen wesentlich nur e i n Wille, e i n e Oberherrlichkeit, e i n e Kraft und e i n e Liebe existirt (una sc. natura voluntatis, iuris, virtutis, amoris) [1]. Im kleinsten seiner Werke, im Dittochäon, hat Prudentius diese Lehre vielleicht am klarsten ausge= sprochen. Im 26. Tetrastich wird Bethlehem also verherrlicht:

> Urbs hominem Christum genuit, qui Christus *agebat*
> *Ante Deus, quam sol fieret,* quam lucifer esset.
> (Cfr. *S. Ambros.*, De fide l. III. c. 9.)

Klarer kann die von aller Thätigkeit nach außen absolut unabhängige Persönlichkeit des ewigen Wortes nicht bezeichnet werden. Das „Deus agebat" ist aber durchaus identisch mit „sophia callebat" in Cath. XI, 20. Freilich ist hierin auch der Unterschied zwischen Prudentius und der zwei= deutigen Vorstellung Tertullians vom Logos in seiner vorzeitlichen Existenz scharf markirt. Während dieser lehrt [2]: „ ... etsi Deus nondum ser- monem suum miserat, proinde eum cum ipsa et in ipsa ratione intra semetipsum habebat, *tacite* cogitando et disponendo secum, quae per sermonem mox erat dicturus," sagt der Dichter: „Christus (in seiner vorzeitlichen Existenz als Logos) Deus *agebat* antequam sol

---

[1] Cfr. *S. Ambros.*, De fide l. I. c. 17. n. 112. „Quomodo autem nisi verum Filium sciret, committeret ei *voluntatis suae unitatem* et operis veritatem?" L. II. c. 9. c. 10. „Didicimus unam esse operationem, unam gloriam, unam quoque divinitatem." L. IV. c. 7.

[2] Adv. Prax. c. V. (Migne t. 2. col. 160.) Noch schärfer zeigt sich der Gegensatz zwischen c. VII. adv. Prax. und Apoth. 280 sq.

fieret." Die Schöpferthätigkeit des Wortes erstreckt sich auf alles (cetera verbi), auch auf die menschliche Natur, mit der es sich bei der Menschwerdung bekleidete[1].

Am genauesten stimmt Prudentius hier wieder mit dem hl. Ambrosius überein[2], wenn wir für diese Lehre, die übrigens Gemeingut der Väter ist, einen Gewährsmann suchen. Wie sehr die Anschauungen des Prudentius über die Beziehungen der göttlichen Trinität und insbesondere der Person des Logos zur Schöpfung und zur Incarnation den Christen jener Zeit eingeprägt waren, zeigt am deutlichsten das berühmte Basrelief des Sarkophages im Lateran, worauf der Erschaffung Eva's durch die zweite Hypostase der göttlichen Trinität (in der obern Bilderreihe) die Menschwerdung des Logos (auf der untern Reihe) gegenübergestellt ist[3]. Man könnte die Lehre des Prudentius und insbesondere jene Stelle Cath. XI, 13 sq. eine Beschreibung dieser bildlichen Darstellungen nennen.

---

[1] Apoth. 80 sq. „Deus (sc. Verbum), qui visibilem se praestitit olim tale aliquid formans in sese, quale secuta est passio, quae corpus sibi vindicat;" vorher (V. 53) wird daher der Leib Christi „verbi virtute coactum" genannt. Hiermit hat der Dichter auch selbst sein viel umstrittenes Wort „Verbigena" (Cath. III, 2) erklärt, worüber Wernsdorff eine eigene Dissertation geschrieben hat: De Christo verbigena. Viteberg. 1774, und woran Brockhaus (S. 182) seine unrichtige Auffassung anknüpft. Dem Zusammenhange nach ist das Wort zunächst auf den menschgewordenen Logos, nicht aber auf die ewige Zeugung aus dem Vater zu beziehen, und bezeichnet demnach die wunderbare Menschwerdung gegenüber der natürlichen Zeugung. An sich betrachtet, kann „Verbigena" freilich auch im Sinne von „verbo editus" (Cath. XI, 18, oben S. 344) von der ewigen Zeugung verstanden und dann mit „als Wort gezeugt" übersetzt werden. Die Verweisung auf „Christigena" (Brockhaus a. a. O. S. 182), wie Ham. 787 das davidische Geschlecht genannt wird, ist bei einer Sonderbildung wie „Verbigena" ohne Belang.

[2] Cfr. Hexaëm. III, 7: „Non agnoscis, opus esse te Christi. *Manibus suis te ille formavit*, et tu, Manichaee, alterum tibi adsciscis auctorem. Pater Deus dicit ad Filium: ,Faciamus hominem etc.', et tu, Photiniane, dicis, quia in constitutione mundi adhuc non erat Christus." Cfr. Apoth. 1021 sq., wo Prudentius den Menschen gleichfalls in der Polemik gegen die Manichäer (Priscillianisten) „monumenta manuum suarum" (sc. Christi) nennt. Indem der hl. Ambrosius die Menschwerdung als Werk der heiligen Dreifaltigkeit darstellt (De Spiritu S. II. c. 5), sagt er: „Ita etiam legimus, quod et ipse Filius suum corpus creavit. Creavit enim Pater, ... creavit et Spiritus omne illud mysterium. Accipe, quia creavit et Filius Dei." Vgl. Förster, Ambrosius, Bischof von Mailand. S. 131 f.

[3] Vgl. die ausführliche Erklärung bei *Garrucci*, Storia della arte cr. t. I. c. 24 (p. 284 s.): „ ... l SS. Padri parlando della creazione al Padre attribuiscono la volontà, al Figlio l'operazione, allo Spirito S. la perfezione ossia la santificazione della creatura; al Padre, per modo di dire, il commando, al Figlio ed allo Spirito S. l'esecuzione dell'opera. Tal è la dottrina e la tradizione costante dei SS. Padri della interpretazione da darsi al bassorilievo Lateranense." Cfr. *Franzelin*, Tractat. de Deo trino. Ed. II. Romae 1874. Thesis XIII. p. 221.

Wie eng sich Prudentius an den Prolog des Johannesevangeliums
anschließt, indem er die Ewigkeit des göttlichen Wortes erörtert und dem=
selben die Schöpfung der Welt in besonderer Weise zueignet, ist aus dem
Gesagten klar [1]. Das Wort des vierten Evangelisten hat den Dichter
auch veranlaßt, die eigenthümliche Beziehung des Logos zur Welt gewisser=
maßen auf die Spitze zu treiben. Die Stelle Joh. 1, 18: „Deum nemo
vidit unquam: unigenitus Filius, qui est in sinu Patris, ipse enar=
ravit," bildet für ihn im Eingange zur Apotheosis (V. 6 f.) den Grund,
auf welchen er gegen die Patripassianer [2] die Behauptung aufbaut: „Nie=
mals hat Gott gesehen werden können. Das ist (nämlich) der Vater [3], den
kein Auge trotz aller Anstrengung mit weitreichendem, spähende Scharf=
blicke erreicht hat, der in Menschengestalt sich nicht kleidet und die Uner=
meßlichkeit der Gottheit nicht mäßigt (begreiflich und sichtbar macht) durch
Annahme einer meßbaren Gestalt (deitatis immensum adsumpto non
temperat ore modove). Indeß gibt es auch ein Bild des Vaters (Pa=
tris est specimen), das zu sehen gestattet ist; das bereit ist, manchmal
(aliquando) den Augen der Menschen zu begegnen.... Wer immer unter
den Menschen Gott gesehen zu haben berichtet, der sah den ihm selbst
(Gott) entsprossenen Sohn [4]; denn das ist der Sohn, was als Abglanz
vom Vater sich zum Anblicke darbot durch derartige (angenommene) Ge=
stalten, daß der Mensch sie mit seinem Blicke wahrnehmen könne. Die
reine (unverhüllte) Herrlichkeit (mera maiestas) nämlich ist unendlich
und fällt nicht in's (menschliche) Auge, wenn sie nicht durch irgend eine
Einschränkung (sichtbare) Gestalt annimmt." In der Folge schreibt dann
der Dichter dieser Theorie entsprechend die Theophanien im alten Bunde
ausschließlich dem Logos zu. Ihn hat Abraham bewirthet als Gast=
freund; mit ihm hat Jakob gerungen; mit ihm Moses auf dem Berge
verkehrt. Er erschien im Dornbusche und war mit den drei Jünglingen
im Feuerofen zu Babylon. Die genannten Theophanien finden sich
sämmtlich im citirten ersten Abschnitte der Apotheosis. Wie diese, so
werden an anderen Stellen andere auf Christus zurückgeführt [5]. Nicht

---

[1] Cfr. *S. Ambros.*, De incarnat. dominicae sacram. c. 2.

[2] *S. Leo* ad Turib. ep. 15. c. 1: „Quod blasphemiae genus (sc. Patrem
et Filium et Spiritum S. unam atque eandem esse personam) de Sabellii opi=
nione sumpserunt, cuius discipuli etiam patripassiani merito nuncupantur."

[3] Richtig und schön umschreibt Brockhaus: „Das ist des Vaters Natur,
daß auch das schärfste der Augen, mag es das Fernste erspähen, doch nie bis zu
ihm hingedrungen."

[4] Die schwer wiederzugebenden Worte: „ab ipso — infusum vidit natum"
(V. 22) umschreibt Brockhaus schön:
                                        „ ... er erblickt nur
          Den, den Gott sich gezeugt und ihm eingoß göttliche Fülle."

[5] Cath. V, 32; Apoth. 312 sq.; Dittoch. v. 29 etc.

bloß im auserwählten Volke war das Wort vor der Incarnation thätig. „Christus" war es, den die Niniviten durch ihre Buße besänftigten (Cath. VII, 147); ihn läßt Prudentius von dem hl. Laurentius auf dem glühenden Roste anrufen (Perist. II, 413 sq.):

O Christe, numen unicum,
O splendor, o virtus Patris,
O factor orbis et poli
Atque auctor horum moenium!

Qui sceptra Romae in vertice
Rerum locasti sanciens
Mundum Quirinali togae
Servire et armis cedere etc.

Die Hauptstelle, aus der wir die Lehre des Dichters über die Wirksamkeit des Logos in der Welt vor der Incarnation kennen lernen, bleibt aber jener Abschnitt Apoth. 6—177, den Prudentius selbst folgendermaßen abschließt: „Niemand kennt den Vater als der Sohn, und wem der Sohn ihn zeigt, der Mittler ist zwischen uns und dem Allmächtigen (et nostri mediator et omnipotentis). Um also diesen kurzen, auf die Hauptsache beschränkten Nachweis zu schließen, sage ich endlich: Nicht der Vater ist zur Menschwerdung (in carnem) herabgestiegen, sondern des Vaters (himmlische) Burg (arcem) hat die angenommene Menschennatur (sumpta caro) erstiegen; der Sohn (jedoch) ist sowohl herabgestiegen als hinaufgestiegen." [1] Es fragt sich nun, ob dieses Theologumenon nach der Darstellung des Prudentius mit der orthodoxen Lehre der Kirche vereinbar ist; woher die ihm anhaftende Schwäche stamme, und wem der Dichter sich hierin angeschlossen habe. Zweifelsohne behauptet der Dichter nicht bloß, daß in allen Theophanien stets der Sohn und niemals der Vater geschaut worden ist, sondern auch, daß der Vater nicht sichtbar werden könne, während dieß dem Sohne möglich ist.

Est invisibilis donum Patris edere natum
Visibilem, per quem valeat Pater ipse videri. (Apoth. 123 sq.)
Visibilis de fonte Deus (sc. Filius), non ipse Dei fons (sc. Pater)
Visibilis, cerni potis est, qui nascitur, at non
Innatus cerni potis est: latet os Patris illud
Unde Deus, qui visibilem se praestitit olim. (Apoth. 88 sq.)

So sehr ist Prudentius hiervon durchdrungen, daß er als einziges charakteristisches Merkmal des Vaters gerade dieses: „Quem nemo vidit unquam" (Cath. VI, 2), hervorhebt. Haben wir nun von Prudentius zu behaupten, was Schwane[2] über Tertullian ausspricht: „daß er,

---

[1] „Natus per utrumque cucurrit," — „Der Sohn hat beides durchwandelt", übersetzt Brockhaus richtig.

[2] Dogmengeschichte der vornicänischen Zeit. S. 158. Noch strenger urtheilt über diese vom hl. Justin an sich findende Ansicht Zobl (Dogmengeschichte der

ebenſo wie die Apologeten vor ihm, bei der Erklärung dieſer Theophanien in ſuborbinatianiſche Vorſtellungen fällt; denn er behauptet, daß der Vater nicht erſcheinen könne?" Prudentius würde hierdurch entſchiedenes Unrecht erleiden. Wir brauchen nicht die zahlreichen klaren Stellen anzuführen, in denen er die abſolute Conſubſtantialität des Vaters mit dem Sohne ex professo behauptet. Ihnen zufolge hätte Prudentius ſich in unlösbare Widerſprüche verwickelt, falls ihm hier ſuborbinatia= niſche Vorſtellungen nachgewieſen werden könnten. Die Argumentation gegen die Patripaſſianer (Apoth. 6—177) enthält in ſich Alles, um den Argwohn gegen den Dichter zu beſeitigen. Inſofern nämlich die abſolute Unſichtbarkeit im göttlichen Weſen begründet iſt, wird ſie der zweiten göttlichen Hypoſtaſe ebenſo deutlich zugeſprochen, wie der erſten. „Sicht= bare Geſtalt nahm der Sohn an," heißt es Apoth. 25 sq., „die der Menſch wahrnehmen könnte; denn die reine Herrlichkeit iſt unenb= lich und bleibt als ſolche dem Auge des Menſchen unzugäng= lich." Die „mera maiestas" bezieht ſich dem Zuſammenhange nach auf den Sohn; hiermit iſt unſere Behauptung ſchon bewieſen. In ſolcher Geſtalt „würdigte ſich ſchon damals Chriſtus, die Erde als Gaſtfreund Abrahams heimzuſuchen"[1]. Am deutlichſten ſchildert Prudentius den Verkehr des Logos mit Moſes (Exod. c. 33; Apoth. 32 sq.): „Der Geſetzgeber fühlte (auf Sinai), daß er im Bilde des Fleiſches (in Menſchengeſtalt) Chriſtus ſchaue, aber, nach Größerem ver= langend, erhob ſich ſein Herz zu Wünſchen, die dem Menſchen verſagt ſind. Uebermenſchliches erſtrebend, (wollte er) Chriſtus ſelbſt in ſeinem Weſen (quantus erat), ohne Körper ſchauen." Die Antwort des Herrn: „Mea, non me, cernere iustis posteriora dabo", veranlaßt den Dichter, ſeine Gegner ſiegesbewußt zu fragen: „Was liegt (alſo) offener zu Tage, als daß das Wort nicht geſchaut werden kann, falls es nicht eine fremde (irdiſche) Geſtalt annimmt? baß es jedoch unſeren Augen, wenn es nur will, ſich zeigen könne in unſerer Geſtalt, während der Vater niemals geſehen wird."[2] Das Wort als Wort iſt alſo ebenſo wenig ſichtbar,

katholiſchen Kirche. Innsbruck 1865. S. 51). Es iſt aber nicht bloß möglich, ſon= dern nothwendig, dieſes Urtheil mit Ausſchluß des Suborbinatianismus auf jenes Maß zurückzuführen, welches Franzelin (Tract. de Deo trino. thes. XI. n. IV. ed. II. p. 187 sq.) angibt. Inwieweit die härteren Ausbrücke Tertullians dieſe Entſchuldigung verdienen, iſt allerdings nicht klar zu entſcheiden.

[1] „Iam tum dignati terras invisere Christi (cfr. Cath. XI, 32), donec ipse peccantem dignatus orbem viseret." Dieſe genaue Uebereinſtimmung des Dichters in verſchiedenen Dichtungen, welche nicht ſelten vorkommt, weist darauf hin, daß Pru= dentius ſich den Glaubensinhalt in einer gewiſſen Formulirung zu eigen gemacht hatte.

[2] Sehen wir von dem „nunquam Patre viso" (v. 45) ab, ſo ſtimmt Prudentius in der Darlegung dieſer Begebenheit vollkommen mit dem hl. Auguſtinus in De trin. l. II. c. 27 u. 28 überein.

wie der Mund des Vaters; wie der Vater, ist der Sohn nicht fähig, zu leiden, falls er sich nicht mit der leidensfähigen menschlichen Natur bekleidet [1]. Nimmt er aber eine sichtbare Menschengestalt an, dann erscheint er nicht ohne den Vater. In ihm, als dem wesensgleichen Bilde des Vaters, wird der Vater geschaut. „So ist allerdings der Vater selbst auf der Erde in seiner Macht und Gottheit an jeglichem Orte allezeit gegenwärtig; keinen Ort gibt es, an dem der göttliche Vater nicht wäre (nusquam est genitor Deus absens), aber durch sein Wort ist er allzeit da, und deßhalb sprach Christus zu Philippus: ‚So lange verkehre ich nun schon mit dir, und du meinst den Vater nicht zu kennen, den du (doch) in mir schaust'" (Apoth. 117 sq.). Den klaren Worten des Dichters zufolge kann somit der Sohn sein unsichtbares Wesen durch Annahme sichtbarer Gestalten in Erscheinung treten lassen, wogegen das Wesen des Vaters auf diese Weise nie sichtbar werden kann. Der Grund hiervon ist aber nicht in einem Unterschiede des Wesens zu suchen, als ob dasselbe im Vater vollkommener wäre. Der Unterschied liegt vielmehr allein in den göttlichen Personen als solchen. Dadurch unterscheidet sich die Person des Sohnes charakteristisch von der des Vaters, daß sie das unsichtbare, unendliche göttliche Wesen nach dem Willen des Vaters offenbart, welches sie als vom Vater empfangen und als eines mit dem Vater besitzt. Dieß will Prudentius ausdrücken, wenn er sagt: „Patris est specimen, quod cernere fas est" (v. 18), und wenn er den Sohn nennt: „Invisibilis Patris natus visibilis, per quem valeat Pater ipse videri." [2] In dieser Auslegung der johanneischen Worte (Joh. 1, 18) liegt auch alles, was der Dichter als Beweis für seine Behauptung beibringt. Dabei ist zu beachten, daß Prudentius den Patripassianern gegenüber einzig und allein die Incarnation des Wortes, wie sie positiv und unumstößlich feststeht, zu beweisen sucht. Auf diese zielten alle Theophanien des alten Bundes gleichsam als Vorbereitung derselben hin [3]. Im Hinweis auf das Factum der Incarnation concentrirt sich (V. 105 f.) die Widerlegung seiner Gegner, die er fragt: „Er selbst (der Vater) hat also der keuschen Jungfrau Schooß erfüllt, und Unwahrheit soll die Seite des heiligen Buches berichten, welche vom Worte erzählt, daß es in des Fleisches Gestalt sich ergossen (quae verbum in carnis loquitur fluxisse figuram)? Doch mit nichten sagt man: der sei Fleisch geworden, welcher des Wortes Vater ist . . . Sichtbar hat er (der Vater) sein Wort gesendet und nach der Sendung es wieder aufgenommen, da er wollte; durch das Wort berührt er den Schooß der reinen Jungfrau;

---

[1] Apoth. 83 sq.

[2] Cfr. *Irenaei* Adv. haer. l. IV. c. 6. n. 3—6.

[3] Apoth. 155 sq.

durch das Wort auch bildete er die kindlichen Glieder." Wenn Pru=
bentius also sagt: „Der Vater konnte nicht durch Annahme einer
Menschengestalt sichtbar werden," so gilt die von Gott festgesetzte Heils=
ökonomie als Voraussetzung. Unter dieser aber gewinnt der Beweis des
Dichters folgende (relativ) berechtigte Gestalt: Die eine göttliche Natur
des Vaters wie des Sohnes kann uns nur in einer angenommenen crea=
türlichen Gestalt sichtbar werden; nach göttlichem Rathschlusse ist es aber
nur die Aufgabe des Sohnes, zum Zwecke der Erlösung die menschliche
Natur und deren Vorbilder in den alttestamentlichen Theophanien anzu=
nehmen; folglich kann der Vater nicht in sichtbare Erscheinung treten.
Daß Prudentius so geschlossen habe, kann man nicht in Abrede stellen.
Man wird aber die Berechtigung dieses Schlusses zunächst bezüglich der
Theophanien des alten Bundes anstreiten. Dem Satze: „Der Sohn hat
in der Menschwerdung unsere Natur angenommen, also kann auch nur
er in den Gottesoffenbarungen im alten Bunde sichtbar geworden sein,"
wird man das Nimium, ergo nihil probatum entgegenhalten und mit
Augustinus sagen: „Ipsa natura, vel substantia, vel essentia, vel
quolibet alio nomine appellandum est idipsum quod Deus est,
quidquid illud est, corporaliter videri non potest; per subiectam
vero creaturam non solum Filium, vel Spiritum S., sed etiam Patrem
corporali specie sive similitudine mortalibus sensibus significationem
sui dare potuisse credendum est." [1] Diese Schwäche im Schlusse des
Dichters muß ohne Weiteres zugegeben werden. Auch dagegen läßt sich
schwer etwas sagen, daß die Worte des Prudentius an sich dem Vater
absolut, auch ohne Rücksicht auf das Factum der Incarnation, die Möglich=
keit abzusprechen scheinen, eine sichtbare Gestalt anzunehmen. Falls auch
dieser Punkt als Schwäche zu bezeichnen wäre [2], so wird doch die Ortho=

---

[1] De trinit. l. II. c. 18.

[2] Prudentius läßt sich in keiner Weise auf eine speculative Erörterung der
Frage ein, ob der Vater an sich unter Voraussetzung einer andern Heilsordnung
sichtbar werden könne, so sehr auch seine Worte dieß zu verneinen scheinen. Dieß
würde genügen, um ihn gegen einen etwaigen Zweifel an seiner Orthodoxie
zu vertheidigen. Cfr. *Franzelin* l. c. p. 194 sq. Uebrigens sagt Meßmer zu
Col. 1, 15 (Erklärung des Colosser=Briefes. Herausgegeben von Mitterrutzner.
Brixen, bei Weger 1863. S. 25): „Der Apostel beginnt mit dem Verhältniß
Christi zu Gott: ‚Der da ist das Bild des unsichtbaren Gottes.‘ Gott heißt κ. ἐξ.
der Unsichtbare, weil sein Wesen jeder erschaffenen Intelligenz unzugänglich, un=
begreiflich ist; es ist dasselbe, was die Offenbarung bald als undurchbringliches
Dunkel, bald als unzugängliches Licht ausdrückt oder wovon Johannes sagt: ‚Deum
nemo vidit unquam.‘ Ja nicht bloß gegen die Creatur, sondern schon an und für
sich gehört es zur Eigenthümlichkeit der ersten göttlichen Person, in sich selbst ver=
borgen zu sein. Christus heißt nun das Bild Gottes nach zwei Seiten hin: gegen
Gott hin oder im inwendigen dreieinigen Leben Gottes, indem ja der Vater durch
die Zeugung des Sohnes sein Wesen vollkommen abdrückt, also in ihm selbst sich

dorie des Dichters dadurch ebenso wenig wie durch die Ansicht über das Subject der Theophanien gefährdet. Wir haben nur die Quelle dieser eigenthümlichen, nicht genügend entwickelten Ansichten des Prudentius aufzusuchen. Dieselbe liegt in der innigen Verbindung, in welcher Prudentius die ewige Zeugung und die Incarnation betrachtet. So sehr beherrscht den Dichter, wie oben bereits angedeutet wurde, das Factum der Incarnation, daß er auf die Möglichkeit einer andern Heilsordnung gar keine Rücksicht nimmt und zu einer speculativen Betrachtung des trinitarischen Lebens ohne Beziehung auf die Menschwerdung des Wortes gar nicht gelangt. So geht er in der bereits citirten Stelle (Apoth. 114 sq.) von der Sendung[1] des Sohnes bei der Incarnation unvermittelt und gewissermaßen unbewußt auf die ewige Zeugung des Sohnes über (V. 123 f.). Beides steht dem Dichter in innerem Zusammenhange. Wie die sichtbare Erscheinung bei der Geburt aus der Jungfrau nur dem Sohne zukommt, so ist auch ihm allein die Annahme einer sichtbaren Gestalt überhaupt in Folge der ewigen Zeugung aus dem Vater zuzuschreiben. Diese Gedankenfolge hat bei Prudentius auch durch die Wahl der Worte Ausdruck gefunden. Mit einer gewissen Vorliebe nennt

---

abbilbet und schaut; nach außen hin, indem Gottes verborgenes Wesen nur durch den Sohn offenbar und erkennbar wird. Er ist aber das Bild Gottes in eminenter und vollkommener Weise, nicht etwa wie die Schöpfung, die auch ein Spiegel von Gottes Wesen ist, oder wie der Mensch, der ein Bild Gottes, aber nur ein unvollkommenes ist. Schon dadurch steht Christus als der Eine und Einzige da, durch den Gott der Welt sich erschließt und die Welt zu Gott kommen kann." — Diese Worte decken sich mit der Anschauung des Prudentius vollkommen. Daß in der einfachen paulinischen Form „Deus et Christus" auch der Grund liegt, warum Prudentius zu der Speculation des hl. Augustin nicht vorgedrungen ist, soll sogleich oben gezeigt werden. Gelegentlich sei hier auf die allzu wenig bekannten Commentare des genialen Meßmer aufmerksam gemacht, die auch in ihrer unvollkommenen Gestalt als opera posthuma sich des Lobes des großen Bischofs Vincenz Gasser würdig erweisen.

[1] Die Väter machen als Grund dafür, daß der Vater keine sichtbare Gestalt annehmen könne, geltend, daß man ihm das Prädicat „missus" nicht beilegen könne. Der „angelus Domini" in den alttestamentlichen Theophanien müsse daher der Sohn sein, welcher in seiner Menschwerdung ausdrücklich als vom Vater gesandt erscheint (Joh. 3, 17). Cfr. S. August., De trin. t. II. c. 5 sq.; l. IV. c. 19 sq. S. Ambros., De fide l. II. c. 9. — Petavius, De theol. dogm. (de trinit.) l. VIII. a. 1. Franzelin l. c. p. 193. Prudentius macht dieses Argument nicht ausdrücklich geltend; es ist aber in seinen Worten Apoth. 114 enthalten. Während er nämlich hier sagt: „Verbum conspicuum misit missumque recepit", und so die sichtbare Erscheinung (conspicuum) mit dem „mittere" in Zusammenhang bringt, stellt er als Gegensatz dazu auf (v. 111): „Pater est, quem cernere nulli est licitum; qui nunquam visus in orbe est", und (v. 176): „Non Pater in carnem descendit." Consequent muß diese Negation der sichtbaren Erscheinung gleichfalls die Negation der Sendung zur Voraussetzung haben.

er ben Logos in seiner vorweltlichen Existenz: Christus [1]. Ohne Unter=
scheidung braucht er Sapientia, Sophia (notionalis), Verbum und
Christus für einander. Diese Ausdrucksweise ist wohl aus dem pau=
linischen Gruße hervorgegangen: „Gnade euch und Friede von Gott
unserem Vater und dem Herrn Jesus Christus." Der christliche Glaube,
daß keine Gabe uns vom Vater gegeben wird ohne den Sohn, der als
Gottmensch unser Mittler geworden, hat hierin seinen kürzesten und
treffendsten Ausdruck gefunden. Für die wissenschaftliche Erörterung des
Geheimnisses der Trinität ist aber die gesonderte Betrachtung des ewigen
Sohnes vor und nach der Menschwerdung gefordert. Prudentius hat
dieß unterlassen, indem er mit dem Namen des menschgewordenen Wortes:
Christus, auch dessen göttliche Natur für sich allein bezeichnete. Hierdurch
ist er auch veranlaßt worden, die der zweiten göttlichen Hypostase eigen=
thümliche Beziehung zur Menschwerdung in der von Gott gewollten Heils=
ordnung absolut aufzufassen [2]. Hiermit dürfte dieser Punkt der pru=
bentianischen Theologie, welcher erst durch den speculativen Blick des
Adlers von Hippo klarer erschaut wurde, genügend erklärt sein. In den
Büchern des hl. Augustinus über das Geheimniß der Trinität ist uns
auch t h e i l w e i s e die Frage beantwortet, an wen sich Prudentius hierin
wohl angelehnt haben mag. Die Untersuchungen des zweiten Buches
De trinitate, beren Resultat oben (S. 354) im Citate angegeben wurde,
beschäftigen sich, wie auch das dritte Buch, eingehend mit den Erscheinungen
Gottes im alten Bunde. Die Worte, mit welchen der heilige Lehrer die
specielle Untersuchung (l. II, c. 9) einleitet, sind für unsere Frage
interessant. „ . . . Nos [3], qui nunquam apparuisse corporeis oculis
Deum nec Patrem nec Filium nec Spiritum S. dicimus nisi per
subiectam suae potestati corpoream creaturam, *in pace catholica
pacifico studio requiramus parati corrigi,* si fraterne ac recte repre-
hendimur . . . utrum indiscrete Deus apparuerit patribus nostris,

---

[1] Cfr. Cath. VII, 196; VIII, 8; XI, 20 sq.; c. Symm. I, 3; Psych. 910 sq.;
Perist. X, 669 sq.; Dittoch. 103 etc.

[2] Mutatis mutandis erklärt dieß der hl. Augustin (De trin. l. I. c. 7): „ . . . Quia
multa in sanctis libris propter incarnationem Verbi Dei, quae pro salute nostra
reparanda facta est, ut mediator Dei et hominum esset homo Christus Iesus,
ita dicuntur, ut maiorem Filio Patrem significent . . ., erraverunt homines
minus diligenter scrutantes vel intuentes universam seriem scripturarum, et ea,
quae de Christo Iesu secundum hominem dicta sunt, ad eius substantiam, quae
ante incarnationem sempiterna erat et sempiterna est, transferre conati sunt."

[3] „Wir Katholiken", im Gegensatze zu den Manichäern, die in den unmittelbar
vorhergehenden Worten von der Theilnahme an dieser Untersuchung ausgeschlossen
werden. Daß Prudentius unter diese „nos", für welche das „nisi per subiectam suae
potestati corpoream creaturam" gleichsam als Losungswort galt, gehört, ist aus
seiner oben dargelegten Lehre klar.

antequam Christus veniret in carne, an aliqua ex trinitate persona, an singillatim quasi per vicem." Warum geht der Heilige so vorsichtig, mit Furcht vor Streit und Widerspruch gerade Seitens der katholischen Mitbrüder an diese Untersuchung? Warum wiederholt er ähnliche Versicherungen in der Einleitung zum dritten Buche, bevor er die Untersuchung fortsetzt? Offenbar, weil seine Ansicht über die Theophanien des alten Bundes der allgemein verbreiteten Meinung gegenüber neu und ungewöhnlich erschien [1]. Prudentius, dessen Apotheosis mit den ersten Büchern De trinitate der Zeit nach fast zusammenfällt, theilt uns also die allgemein geltende Meinung seiner Zeitgenossen über das in Rede stehende Theologumenon mit. Handelt es sich dabei nur um die Frage, ob thatsächlich der Logos als מלאך יהוה im alten Bunde thätig gewesen sei, so wird dieselbe von der Liturgie der Kirche und damit von der sententia communissima auch heute noch bejaht. Die innige Verwandtschaft der prudentianischen Dichtungen mit der Liturgie dürfte auch hier wieder zu Tage treten.

Wir dürfen jedoch auf die Frage nach der Abhängigkeit des Prudentius in diesem Punkte auch eine genauere Antwort geben [2]. Die Anklänge in Prudentius an die Werke des hl. Ambrosius De fide und De incarnationis dominicae mysterio sind zu deutlich, als daß sie überhört werden könnten [3]. Neben den obigen Citaten ist an dieser Stelle die enge

---

[1] Vgl. S ch w a n e , Dogmengeschichte der patristischen Zeit. S. 241.

[2] B r o ck h a u s a. a. O. S. 208 sieht auch hier wieder Tertullian im Hintergrunde. „Wie Prudentius mit Tertullian (adv. Hermog. c. 18) den Sohn, die Sapientia, zum Helfer bei der Weltschöpfung, ja zum Organ derselben und Bildner der Geschöpfe macht, so ist auch seine Anschauung, die den Sohn vor seiner Fleischwerdung als das eigentliche Substrat der Theophanien des alten Testaments erscheinen läßt, e i n e v o n T e r t u l l i a n a n g e b a h n t e (adv. Prax. c. 16) und von allen Kirchenlehrern bis Augustin befolgte." Hierbei wird zunächst unrichtig die genannte Anschauung auf Tertullian als ihren Urheber zurückgeführt. Tertullian hat die von den griechischen Apologeten ü b e r k o m m e n e Ansicht nach seiner Art bis zu dem Extrem gesteigert: „Scilicet et haec nec de Filio Dei credenda fuissent, si scripta non essent, *fortasse non credenda de Patre licet scripta*" (adv. Prax. c. 16). Zwischen den der Heterodoxie sich nähernden Worten Tertullians und Prudentius besteht aber nach obiger Darlegung ein deutlicher Unterschied. Wie vorsichtig der hl. Cyprian in diesem Punkte seinen Meister benützt habe, hat P e t e r s (Der hl. Cyprian S. 77 f.) vortrefflich gezeigt. Hat Prudentius den Tertullian direct benützt, was als möglich nicht in Abrede zu stellen ist, so ist er mit demselben Vorsicht wie Cyprian zu Werke gegangen. Viel wahrscheinlicher indeß erklären wir die Aehnlichkeit mit Tertullian auch hier indirect durch die Lectüre des hl. Cyprian. Cfr. *S. Cypriani* testimon. l. II. c. 5 sq.

[3] Eine eingehende Vergleichung der Apotheosis und Hamartigenie mit den genannten ambrosianischen Schriften würde zu einer eigenen Abhandlung anwachsen. Von Anfang an muß die Aehnlichkeit in der Beweisführung, in der Lebhaftigkeit der Sprache, in der dargestellten Lehre selbst auffallen. Den gleichen Zweck, die

Verbindung am meisten bemerkenswerth, in welche Ambrosius gleich Pru=
bentius die ewige Zeugung des Logos mit der Incarnation bringt. „For=
tasse," sagt der Heilige (De fide l. III, c. 9), „dices, quomodo de
incarnatione Christi dictum esse memoraverim: Dominus creavit
me, quum ante incarnationem Christi creatura sit mundi? Sed
considera, quia moris est scripturis divinis et futura pro praeteritis
dicere et geminam in Christo significare substantiam divinitatis et

---

Vertheidigung der Gottheit des menschgewordenen Wortes, erstrebt Prudentius in der
Apotheosis im Ganzen mit denselben Beweismitteln, welche der hl. Ambrosius ge=
braucht. Die Ewigkeit und die Unveränderlichkeit der dreipersönlichen göttlichen
Einheit schließen jeden Wesensunterschied zwischen dem Vater und dem Sohne aus.
Andererseits stellt Ambrosius die persönliche Verschiedenheit fast mit denselben Worten
wie Prudentius als unantastbare Wahrheit im Beginne seiner Untersuchung auf:
„*Non enim Pater ipse, qui Filius;* sed inter Patrem et Filium generationis expressa distinctio est, ut ex Deo Deus, ex manente manens, plenus ex pleno
sit" (De fide l. I. c. 2). Cfr. Apoth. 245: „*Nec Pater ipse, qui Filius,* ut
quia scimus natum ab innato vere Pater et sata vere sit soboles." Der Haupt=
unterschied zwischen den betreffenden Werken des hl. Ambrosius und Prudentius liegt
darin, daß letzterer den Kampf mit den Arianern als beendet ansieht, während er=
sterer seine Arbeit direct gegen Arius und Photin richtet. Indeß bestätigt gerade
dieser Unterschied unsere Vermuthung, daß Prudentius die Arbeiten des hl. Am=
brosius zu seinem Zwecke, zur Bekämpfung der Priscillianisten, benützt habe. „Unser
jüngst vergossenes Blut," läßt der Dichter (Psych. 794 sq.) die Fides mahnend
klagen, „beweist, was die häretische List des Photin und Arius vermochte." Dieß
ist, wie oben S. 190 bemerkt wurde, die einzige Stelle, wo dieser Irrlehrer Er=
wähnung geschieht. Ambrosius wendet sich direct (De fide l. II. c. 18) an dieselben:
„Haec Arianus dicat et Photinianus." Auf diesen Kampf des heiligen Lehrers
gegen den Arianismus, meine ich, hat Prudentius an dieser Stelle angespielt.
Gegen die Sabellianer und Manichäer, welche der hl. Ambrosius in der Fortsetzung
dieser Stelle gleichfalls erwähnt (cfr. De fide l. I. c. 8; De incarn. c. 2), richtet
Prudentius direct seine Argumente, als ob sie noch existirten. Bei Ambrosius er=
scheinen also die Sabellianer, Manichäer u. a. nur gelegentlich neben Arius und
Photin, insoferne die Irrlehre der letzteren mit jenen älteren Häresien Verwandtschaft
zeigt. Prudentius betrachtet umgekehrt Arius und Photin als überwundene Feinde,
die sich höchstens noch in häretischer Arglist versteckt auf neue Angriffe vorbereiten,
und läßt die Namen jener alten Häresiarchen in den Vordergrund treten. Woher
dieser Unterschied? Weil thatsächlich um 400 in Italien und Spanien der Arianis=
mus unter den wuchtigen Schlägen des Bischofs von Mailand unterlegen war;
der von Prudentius direct bekämpfte Priscillianismus zeigte dagegen mehr Ver=
wandtschaft mit den Lehren des Sabellius u. s. w. Deßhalb hat Prudentius aus
den genannten ambrosianischen Schriften die Argumente übergangen, welche nur
oder fast nur den Arianismus trafen, und daher der Unterschied zwischen Prudentius
und Ambrosius. Nehmen wir zu dieser innern in den Schriften hervortretenden
Verwandtschaft zwischen beiden noch die äußeren Verhältnisse, welche den Dichter
dem heiligen Bischofe von Mailand nahe brachten (oben Th. I. Kap. 4), so können wir
den Zusammenhang zwischen den prudentianischen Dichtungen und den genannten
Arbeiten des hl. Ambrosius nicht wohl in Frage stellen.

carnis; ne quis aut divinitatem neget eius aut carnem; …ut scires non duos Christos, sed unum esse: qui et ante secula generatus sit ex Patre, et ultimis temporibus creatus ex virgine, hoc est: Ego sum ille creatus, ex homine creatus ad causam (d. h. ad munus redemptionis), qui sum generatus ante secula." Prudentius betont nicht nur ebenso das duplex genus Christi [1], sondern stimmt namentlich in der Anwendung des Namens Christus mit dem hl. Ambrosius überein. Speciell die Theophanien des alten Bundes schreibt der heilige Kirchenlehrer von Mailand dem Logos in einer Weise zu, daß jeder Zweifel daran ausgeschlossen ist. Die Schöpfung der Welt durch den Sohn, welche gewissermaßen das Fundament dieser Ansicht bildet, begegnet uns gleich im Eingange (l. I, c. 2): „Iure igitur adorandus atque venerandus est Dei Filius, qui *mundum divinitate sua* condidit." Die Erörterung des göttlichen Zeugnisses über Christus bei der Verklärung veranlaßt den hl. Ambrosius (l. c. c. 13) zu den Behauptungen: „Ergo et nos, cum audimus ex utero Filium, ex corde Verbum, credamus quia non plasmatus manibus, sed ex Patre natus … Et ideo qui dicit: ‚Hic est filius meus,' non dixit: Hic est temporalis; non dixit: Haec est creatura mea, haec factura mea, hic servus meus; sed: ‚Hic Filius meus.' … *Hic est Deus Abraham, Deus Isaac, Deus Iacob, qui apparuit in rubo Moysi, de quo Moyses ait: ‚Qui est, misit me.' Non Pater in rubo, non Pater in eremo* [2]: *Sed Filius Moysi locutus est. … Hic est ergo, qui legem dedit …, hic est ergo Deus patriarcharum, hic Deus est prophetarum.*" „Hiccine," frägt er ebenso zuversichtlich seine Gegner (l. II, c. 2), „non bonus, qui, cum sexcenta millia populi Iudaeorum persecutoribus suis cederent, dehiscentem subito rubri maris individua aquarum mole divisit, ut fideles circumfusa unda muniret, infidos refusa demergeret? Hiccine non bonus, cuius imperio maria solidata fugientibus, saxa humefacta sitientibus, ut opus veri agnosceretur auctoris, cum humor rigesceret, petra inundaret?" (Exod. c. 14. 17.) Welcher Unterschied ist zwischen den Aeußerungen des hl. Ambrosius und der Lehre des Prudentius in diesem Punkte? Keiner; nur spricht Prudentius dem Vater noch die Möglichkeit ab, sichtbar in Erscheinung zu treten. Indeß hätte auch der hl. Ambrosius gegebenen Falls dieselbe Ansicht geäußert, nachdem er ausnahmslos die Theophanien im alten Bunde dem Vater abgesprochen und dem Sohne vindicirt hatte, zumal er in der oratorisch über-

---

[1] Cath. XI, 13 sq.; III, 1 sq.; Apoth. 175 sq.

[2] Cfr. l. II. c. 8: „… neque Pater visus est Abrahae nec Deo Patri pedes lavit, sed ei, in quo futuri hominis est figura." Am Schlusse des ganzen Werkes (l. V, c. 19) wird noch die Vision Ezechiels (c. 40, 3) in diesem Sinne gedeutet und an den Verkehr des Moses mit Gott (in typo) Exod. 33 erinnert.

aus schönen Stelle (l. II, c. 2) in einem Athem von den Wunderthaten des Logos im alten Bunde auf die Erweise der göttlichen Macht Christi im neuen Bunde übergeht. Daß wir mit Recht diese Consequenz aus den Worten des hl. Ambrosius ziehen, zeigt das Schlußkapitel (Kap. 10) seiner Abhandlung über die Menschwerdung[1]. Hier wird die Consub= stantialität des Sohnes mit dem Vater daraus bewiesen, daß Christus „das Bild des Vaters“ genannt wird. Wie Prudentius in der absoluten Einfachheit Gottes den Schlüssel zu den Geheimnissen des göttlichen We= sens findet, so beweist der hl. Ambrosius, daß der Sohn als vollkom= menes Bild des unsichtbaren Vaters nothwendig diesem wesensgleich sein müsse, weil in Gott keine Zusammensetzung stattfindet. Würde nämlich der Sohn, der κ. ἐξ. von Natur aus, nicht wie die Menschen durch Nachahmung, das absolut vollkommene Bild Gottes darstellt, die Vollkommenheit des Vaters nur theilweise zur Anschauung bringen, so müßte Gott selbst zu= sammengesetzt sein. In diesem Zusammenhange folgert nun der heilige Lehrer: „Sanctus ergo Pater et perfectus Pater, sanctus etiam et perfectus Filius quasi imago Dei. Imago autem Dei, quia *omnia, quae sunt Dei, videntur in Filio*, i. e. sempiterna divinitas, omni- potentia atque maiestas (cfr. Apoth. 18 sq.). Talis ergo, qualis est Deus, sua videtur in imagine. Unde oportet, ut imaginem eius talem credas, qualis est Deus. Nam si imagini detrahas et utique ei, cuius imago est, videbitur esse detractum. Si minorem imagi- nem credas, minor *Deus apparebit imagine*. Qualem enim aestima- veris imaginem, talis tibi videtur is, *cuius* **invisibilis** *est imago*. *Dixit enim imago: qui me vidit, vidit et Patrem* (Apoth. 120 sq.). Et qualem aestimaveris eum, cuius imaginem esse Filium credis, talis tibi necessario Filius aestimandus est. Unde quia increatus Pater, increatus et Filius.“ Was wir oben als Sinn der prudentiani= schen Worte erklärt haben, spricht hier der hl. Ambrosius als seine An= sicht aus. Die unsichtbare Wesenheit des dreipersönlichen Gottes wird durch jene Person (und nur durch diese) der Welt offenbart, die den charakteristischen Namen trägt: „Imago (specimen) Dei.“ Nach der Ausführung des hl. Ambrosius gestaltet sich demnach auch bei Prudentius das Prädicat der absoluten Unsichtbarkeit des Vaters zur Waffe gegen den Suborbinationismus, anstatt zum Anlasse, den Dichter gerade dieser Abirrung von der Wahrheit zu beschuldigen.

---

[1] Dort führt er weiter aus, was er bereits De fide l. V, c. 11 (n. 137) und c. 19 gesagt hat. „Filius,“ heißt es an erster Stelle, „paternae est imago substantiae; omnis autem creatura dissimilis supernae substantiae, sed non dissimilis Dei Patris Filius: non ergo creatura Filius.“ Cfr. l. I, c. 7; l. II. prolog.

Als Resultat unserer Untersuchung dürfte somit gelten:

Die Logoslehre des Prudentius steht, was dogmatische Richtigkeit betrifft, in der vollkommensten Uebereinstimmung mit der Lehre der Kirchen=versammlung von Nicäa. Im engen Anschlusse an den hl. Ambrosius sucht der Dichter ängstlich auch den geringsten Schatten eines Wesens=unterschiedes zwischen dem Vater und dem Sohne zu vermeiden. Mit demselben heiligen Lehrer ist er aber auch in der speculativen und wissen=schaftlichen Betrachtung des Trinitätsgeheimnisses nicht bis zu der Klar=heit vorgedrungen, durch welche der hl. Augustin unsere Bewunderung erregt. Als kürzester Ausdruck dieses Resultates aber dürfte die An=rufung des Dichters gelten, die wir deßhalb gleichsam als Thema an die Spitze dieser Untersuchung stellten:

> Ades, Pater supreme,
> Quem nemo vidit unquam,
> Patrisque sermo Christe.

Daß die folgenden Worte dieses Gebetes: „Et Spiritus benigne .. *Deus ex utroque missus*", auf ähnliche Weise die Lehre des Prudentius über die dritte göttliche Hypostase charakterisiren, soll die weitere Unter=suchung darthun.

Die Priscillianisten vernichteten durch ihre sabellianischen Angriffe gegen das Dogma der Trinität selbstverständlich auch die katholische Lehre über den heiligen Geist. Ihr Lehrsystem wurde jedoch durch eine eigen=thümliche Ansicht über die dritte göttliche Hypostase nicht charakterisirt [1]. Wir finden deßhalb bei Prudentius das katholische Dogma über den hei=ligen Geist einfach mit den Worten der Väter bezeugt. Zu einer aus=führlichen Vertheidigung dieses Lehrpunktes boten ihm eben die Irrlehrer, welche er bekämpfte, keinen Anlaß [2]. Die als „paraclitus" und „virtus divina" (Cath. V, 160), als „tener ignis" (Apoth. 566 sq.) bezeichnete Person des heiligen Geistes ist gleicher Wesenheit mit den beiden anderen trinitarischen Personen. Er heißt daher einfach „Gott" (Cath. VI, 8), und wie der Vater und der Sohn, regiert er in Ewigkeit (Cath. IV, 14). Nirgends indeß wird das Verhältniß des heiligen Geistes zum Vater und Sohne eingehender entwickelt. Wiederholt beweist Prudentius die Wesens=

---

[1] Die Wirksamkeit, welche die Priscillianisten dem heiligen Geiste nach dem Briefe Leo's an Turibius (c. 9) zuschrieben, ist viel mehr eine Entstellung der Gnadenlehre, als des Trinitäts=Dogmas.

[2] Hätte der Dichter, wie Brockhaus will, eine Darstellung beziehungsweise Ver=theidigung der christlichen Lehre überhaupt liefern wollen, um die Gläubigen gegen die bereits aufgetretenen Häresien, nicht bloß gegen den damals in Spanien grassi=renden Priscillianismus zu waffnen, dann allerdings hätte er ausführlicher über den heiligen Geist handeln müssen. Die durch den Kampf gegen die Pneumato=machen entstandene Literatur machte ihm dieß auch leicht möglich.

einheit des Vaters und des Sohnes ausführlich[1], ohne den heiligen Geist
auch nur zu nennen, so daß der Leser eine solche Erwähnung unwillkür=
lich wünscht. In diesem Sinne bemerkt Arevalo zu Ham. 45: „Prudentius ait nos fateri Deum unum, quamvis diversae sint personae,
quia verbum *(idem dic de Spiritu Sancto)* cum Patre regnat maiestate sub una.“[2] Neben dieser gewissermaßen mangelhaften Aufmerk=
samkeit, die Prudentius der Lehre über den heiligen Geist zuwendet, ist
es nun sicher auffallend, daß die dritte göttliche Person fast immer mit
dem specifisch katholischen Ausdrucke: „a Patre *Filioque* procedens“, er=
wähnt wird. Neben der bereits citirten Stelle (Cath. VI, 11 sq.), die
wir als Compendium der Trinitätslehre des Prudentius bezeichneten, lesen
wir Cath. IV, 14 sq.:

> Regnat Spiritus ille sempiternus,
> A Christo simul et parente missus.

Die Parallele, in der diese Worte zu den übrigen, ähnlichen
Stellen stehen, verbietet, hierbei nur an die zeitliche Sendung des heiligen
Geistes als Paraklet zu denken[3]. In Cath. V, 157 wird dieselbe Lehre
in der Weise, die besonders den griechischen Vätern eigen ist, vorgetragen:

> Per Christum genitum, summe Pater, tuum
> In quo visibilis stat tibi gloria,
> Qui noster dominus, qui tuus unicus
> Spirat de patrio corde paraclitum,

und das berühmte, unten zu besprechende Gebet am Schlusse der Hamar=
tigenie (V. 931) beginnt mit den Worten:

> O Dee cunctiparens animae dator, o Dee Christe,
> Cuius ab ore Deus subsistit Spiritus unus[4].

Wir finden den Dichter in vollkommener Uebereinstimmung mit dem
ganzen christlichen Alterthume, daß an keinen sachlichen Widerspruch zwi=
schen den beiden Formeln in Bezug auf den Ausgang des heiligen Geistes:

---

[1] Ham. 28 sq.; Perist. IV, 174; V, 37 sq.; XIV, 52.

[2] Der hl. Thomas bemerkt über diese einfache paulinische Ausdrucksweise, bei
welcher der lebendigste Glaube an das Geheimniß der Trinität vorausgesetzt wird,
sehr treffend (Comment. in 1 Cor. 8, 6. lect. I.): „A Deo nostro et Domino
nostro Iesu Chr. Tacetur autem de Spiritu Sancto, quia est nexus Patris et
Filii et intellectus ex ambobus (vel, quia est donum utriusque, intelligitur in
donis, de quibus dixit 1 Cor. 1, 3: ,gratia et pax, quae per Spiritum S.
dantur‘).“ Vgl. Hergenröther, Die Lehre von der göttlichen Dreieinigkeit nach
Gregor von Nazianz. Regensburg 1850. S. 46.

[3] Allerdings steht die Thätigkeit des heiligen Geistes nach außen im Verein
mit den beiden andern göttlichen Personen in innerem Zusammenhange mit seinem
innergöttlichen Verhältnisse.

[4] Cfr. Apoth. praef. I, 3.

„ex Patre Filioque" und „ex Patre per Filium" gedacht hat [1]. Ferner ist aber nicht zu verkennen, daß die Art und Weise des Prudentius, über den Ausgang des heiligen Geistes vom Vater und vom Sohne zu reden, zu seiner Zeit an der Tagesordnung gewesen sein muß. Der oben geführte Nachweis, daß der Dichter im engsten Anschlusse an die Ver= hältnisse seiner Zeit und seiner Heimath geschrieben hat, bekräftigt diese Behauptung. Unwillkürlich drängt sich uns die Frage nach speciellen positiven Beweisen bezüglich des Filioque hierfür auf. Wurde das Filio-que gerade zur Zeit und in der Heimath des Dichters wirklich in so auffallender Weise betont, daß es in seinen Schriften nur als firirtes Echo erscheint? Wir glauben, dieß entschieden bejahen zu können und dadurch zur endgültigen Lösung der Zweifel über die Glaubensregel der ersten Synode von Toledo im Jahre 400 einen wesentlichen Beitrag zu liefern. Vielleicht wäre eine besondere Abhandlung über die Akten dieser Synode überhaupt als Anhang angezeigter gewesen [2]. Indeß spielt das Filioque in dieser Glaubensregel doch so sehr die Hauptrolle, daß wir die ganze Frage nach dem Ursprunge derselben wohl nicht un= passend hier einschalten können.

In diesem toletanischen Glaubensbekenntnisse heißt es [3]: „Credimus... Spiritum quoque esse paracletum, qui nec Pater sit ipse nec Filius, sed *a Patre Filioque procedens*. Est ergo ingenitus Pater, genitus Filius, non genitus Paracletus, sed *a Patre Filioque procedens*." Biß heute wird nun fast von allen Historikern und Canonisten bestritten, daß dieses Symbol dem ersten Concil von Toledo im Jahre 400 seinen Ursprung verdanke. Es soll vielmehr auf dem angeblich 447 gehaltenen zweiten Concil von Toledo abgefaßt und nur irrthümlich unter die Akten des ersten

---

[1] Vgl. Kranich, Der hl. Basilius in seiner Stellung zum „Filioque". Braunsberg 1882. S. 90 f.

[2] Es eristiren vier Aktenstücke, die entweder ganz oder theilweise der Synode abgesprochen und einer spätern unter dem hl. Leo zugewiesen werden, nämlich: a) 20 canones; b) die in Rede stehende regula fidei mit 18 Anathematismen; c) Exemplaria professionum in conc. Toletano contra sectam Priscilliani; d) Exemplar definitivae sententiae translatae de gestis. Die Aechtheit der regula fidei bildet für uns die Hauptsache; mit ihr hängt auch die Datirung der beiden letzten Aktenstücke eng zusammen, die für die Erklärung des Prudentius von Be= deutung sind (vgl. oben S. 202). Da die 20 canones fast allgemein der Synode von 400 zugeschrieben werden, so haben wir die Zugehörigkeit aller Aktenstücke zu derselben in der Hauptsache nachgewiesen, wenn wir die Genuinität der regula dar= thun. Die auffallende Uebereinstimmung des Prudentius mit den übrigen Lehr= bestimmungen des Symbolum ist in den betreffenden Kapiteln der Lehre des Dichters hervorgehoben.

[3] *Mansi*, Concil. coll. t. III. p. 1003; *Denzinger* Enchirid. symb. ed. IV. p. 40.

Concils aufgenommen worden sein[1]. Als Hauptgrund oder vielmehr als einziger beachtenswerther Grund für diese Annahme gilt der Ausdruck Filioque. Erst Papst Leo I., von dem der Anstoß zur Abhaltung eines allgemeinen spanischen Concils zu Toledo 447 gegeben worden sei, habe in seinem Briefe an Turibius dieses ex utroque procedens gebraucht. Aus diesem Briefe sei es dann in unsere Glaubensregel übergegangen[2].

---

[1] *Mansi* l. c. p. 1001. n. 4: „Recte iudicavit Quesnellus regulam fuisse temporum progressu interpolatam. . . . Haec fidei regula pertinet ad aliud concilium Turibio ecclesiam Asturicensem regente celebratum anno 447, ut Baronius suspicatus est et ostendit Quesnellus (Dissert. 14. de libell. in cod. ecclesiae Romae contentis. n. 8)." Maaßen, Geschichte der Quellen und der Literatur des canonischen Rechts im Abendlande bis zum Ausgange des Mittelalters. Graz 1870. Bd. I. S. 217. § 222: „Von dem auf Veranlassung Leo's I. nach dem 21. Juli 447 gegen die Priscillianisten gehaltenen Concil . . . besitzen wir nur die regula fidei mit 18 Anathematismen. Dieses Aktenstück findet sich in den beiden Sammlungen, welche das erste Concil von Toledo vollständig bringen, der Hispana und der Sammlung der Handschriften von St. Amand, unmittelbar hinter diesem Concil, dem es irriger Weise zugeschrieben wird." Daß P. Gams (Kirchengeschichte von Spanien. II. 2. S. 475 f.) diese spanische Synode nach dem 21. Juli 447 richtig „eine Erfindung" nennt, darüber unten.

[2] Hefele, Concilien-Geschichte. II. S. 288 (2. Aufl. S. 30), theilt das Symbolum unterm Jahre 447 mit und bemerkt zu den Worten „a Patre *Filioque* procedens": „Dieß weist vielleicht auf eine spätere Zeit hin." Hergenröther (Photius. Bd. I. S. 692) schreibt: „Ob schon 447 in der Synode von Toledo die Aufnahme des Filioque geschah, ist streitig; es erscheint aber keineswegs unwahrscheinlich, wenn man bedenkt, daß Leo d. Gr. in seinem Schreiben an Bischof Turibius von Astorga, das diese Synode veranlaßte, nachdrücklich das Hervorgehen des Geistes von Vater und Sohn hervorgehoben, und daß diesem die spanischen Bischöfe eifrig nachzukommen suchten, sowie daß gegen die sabellianische Trinitätslehre der Priscillianisten dieses ebenso hervorgehoben werden konnte, wie gegen die Lehren der spanischen Arianer." Die letztern Worte enthalten ein starkes Argument für unsere Behauptung, da eben Prudentius zweifelsohne die sabellianische Trinitätslehre der Priscillianisten bekämpft hat (Kranich a. a. O. S. 114). Cacciari (Exercitationes in universa S. Leonis M. opera. Romae 1751. De Priscillianistarum haeresi lib. unicus c. XV. XVI. [Migne t. 55. col. 1044 sq.]) handelt ausführlich über diese regula fidei. Er vindicirt dieselbe gleichfalls einem auf Befehl Leo's I. abgehaltenen spanischen Concil. Den Einwand Quesnels und Harduins, das Filioque spreche für eine spätere Zeit, widerlegt er (c. XV. n. 7) durch den Hinweis auf die Werke Leo's, worin sich dieser Ausdruck finde (serm. I. de Pentec. c. 3 und serm. II. c. 2). Mit Recht beruft er sich auf das Buch „De Spiritu S." des Theodulf von Orleans, der bereits aus Leo's Werken das Filioque vertheidigt. Merkwürdig genug hat er die wichtigen Citate Theodulfs aus Prudentius übersehen (Migne t. 105. col. 276), aus denen wir das Filioque für das erste Concil von Toledo 400 mit mehr Recht beanspruchen als Cacciari und Hergenröther auf den hl. Leo gestützt für 447. Franzelin (De Deo trino. Romae 1874. ed. II. p. 511 sq.) nimmt zwar die Abfassung der regula fidei im Jahre 400 an, aber ohne das Filioque, welches erst 447 hinzugefügt

Indeß muß jeder Zweifel, der gegen die Abfassung unseres Symbolums im Jahre 400 aus dem darin vorkommenden Filioque sich erheben könnte, schwinden, wenn wir das obige Zeugniß des Prudentius genügend würdigen. Dieses Schibboleth der Orthodoxie ist nämlich, wie wir sahen, beim Dichter gang und gebe. Er schrieb aber gerade um 400. Schrieb er kurz v o r dem ersten Toletanum (400) und braucht er den fraglichen Ausdruck in so auffallender Weise, so spricht dieß für den allgemeinen Gebrauch des Filioque im Vaterlande des Dichters. Alsdann dürfen wir die Aufnahme desselben durch die in Toledo versammelten Bischöfe in ein dort abge= faßtes Symbolum für selbstverständlich, keineswegs aber für befremdend halten. Hat Prudentius jedoch die Mehrzahl seiner Gedichte erst kurz n a c h dem Concile geschrieben, so liegt geradezu die Vermuthung nahe: eben deßhalb sei ihm das Filioque so geläufig, weil dasselbe von den Bischöfen durch die Aufnahme in's Symbolum damals eine autoritative Bestätigung erhalten hatte. Da das Jahr 400 so ziemlich der Mittel= punkt der dichterischen Thätigkeit des Prudentius ist, so vereinigen sich die angegebenen beiden Gründe zur Erklärung des Filioque in seinen Werken. Erinnern wir uns zudem, daß der Dichter innigen Antheil an den kirch= lichen Ereignissen seiner Heimath nahm, daß er mit dem Bischofe seiner Vaterstadt und sehr wahrscheinlich auch mit den anderen spanischen Bischöfen in freundschaftlichem Verkehre stand, so dürfen wir eine an historische Gewiß= heit grenzende Wahrscheinlichkeit dafür beanspruchen, d a ß d i e u n s ü b e r = l i e f e r t e *regula fidei* m i t d e m *Filioque* t h a t s ä c h l i c h d e m e r s t e n Concil von Toledo vom Jahre 400 seinen Ursprung verdankt.

Nachdem uns Prudentius das Hauptbedenken gegen die Aechtheit des Symbols beseitigt hat, bleibt uns ein Blick auf die übrigen Bedenken übrig. Der berühmte spanische Historiker F l o r e z [1] behauptet, wie Arevalo zu Cath. IV, 16 bemerkt, ebenfalls, daß die uns erhaltene Regel und zwar mit dem Filioque auf dem ersten Toletanum abgefaßt worden sei, da alle Handschriften dieß bezeugen und jenes erste Concil von Toledo gegen die Priscillianisten gehalten wurde, die auch bezüglich des heiligen Geistes häretisch lehrten. Arevalo gibt zu, daß die angezogenen pruden= tianischen Stellen hierfür schwer in's Gewicht fallen [2], allein gleichwohl,

---

worden sei. K u h n (Die christliche Lehre von der göttlichen Dreieinigkeit. Tübingen 1857. S. 487) bemerkt: „Zuerst geschah die Aufnahme des Filioque in das Sym= bolum auf der dritten Synode von Toledo 589, ... vielleicht schon im Jahre 400 zu T o l e d o.“

[1] *España sagrada.* tom. VI. diss. 1. Nach Florez ging übrigens dem Con= cile von Toledo im Jahre 400 der Versuch zu einem solchen schon im Jahre 397 (396) voraus. Vgl. G a m s , Kirchengeschichte von Spanien II. 1. S. 389.

[2] „Quae confirmari possent ex his poëtae Hispanici carminibus, *quibus processio Spiritus S. exprimitur, quasi regulam fidei eiusque particulam: ,qui ex Patre Filioque procedit', prae oculis habuerit.*“

meint er, müsse die Sache unentschieden bleiben, weil in der Ueberschrift der Glaubensregel ausdrücklich der hl. Leo d. Gr. erwähnt
werde[1]. Sie sei also bedeutend später (longe posteriorem) als in's
Jahr 400 zu setzen, oder wenigstens habe der Sammler der Akten nicht
gewußt, in welche Zeit dieselbe gehöre. Wie ist diese Schwierigkeit zu
beseitigen? Vergrößert wird dieselbe noch durch den Umstand, daß der
Text der Regula sowohl in den Handschriften als in den gedruckten Ausgaben ziemlich bedeutende Verschiedenheiten aufweist[2]. Thatsächlich heißt
es in der Ueberschrift[3]: „Incipit regula fidei catholicae contra omnes
haereses et quam maxime contra Priscillianos, quam episcopi Tar-
raconenses, Carthaginienses, Lusitani et Baetici fecerunt et cum
praecepto[4] papae urbis Romae Leonis ad Balconium episcopum
Galliciae transmiserunt." Zwingt uns diese Ueberschrift wirklich, die
Abfassung der Regel in das Pontificat des hl. Leo I. und speciell, wie
man bisher fast allgemein angenommen hat, in das Jahr 447, auf das
sogen. zweite toletanische Concil zu verlegen? Der Wortlaut sagt genau
nur, daß auf Befehl Leo's jenes Symbolum von den jeweiligen In-
habern der genannten Diöcesen an den Bischof Balconius geschickt worden
ist. Allein keineswegs liegt in den angeführten Worten auch, daß dieser
Auftrag Leo's von denselben Personen ausgeführt worden ist, die
jenes Symbolum verfaßt haben. Diese Annahme ist im Gegentheil durch
die unmittelbar darauffolgenden Worte ausgeschlossen. „Ipsi," lauten
dieselben, „(sc. episcopi) etiam et suprascripta XX canonum capitula statuerunt in concilio Toletano." Die Abfassung dieser 20 Canones erfolgte ganz gewiß auf dem ersten toletanischen Concil 400[5].
Wer wird nun annehmen wollen, daß 447 dieselben Personen als Bischöfe der genannten Diöcesen sämmtlich noch lebten, welche 400 zu Toledo versammelt waren?[6] Beispielsweise sei nur die Kirchenprovinz ·

---

[1] Cfr. *Cacciari* l. c. c. XV. n. 1 (Migne t. 55. col. 1044). *Ballerini*,
S. Leonis opera t. II. col. 1365: (Haec regula fidei) „male concilio Toletano I.
ad ann. Chr. 400 annexitur, cum revera sit huius Hispanici quatuor provin-
ciarum concilii (447), ut *vel ex titulo regulae* subiunctorumque capitulorum
arguitur." Die Ballerini behandeln die Frage wohl am ausführlichsten in den Notae
et observationes ad Leonis ep. 15. l. c. p. 1362—1386.

[2] Cfr. *Pagi* ad Baron. annal. a. 405. n. 16 sq.

[3] *Mansi* l. c. p. 1003.

[4] Die wichtige Verschiedenheit der Handschriften bezüglich des „cum praecepto"
behandeln die Ballerini l. c. col. 1375.

[5] Gams a. a. O. II. 1. S. 389. *Ballerini* l. c. col. 1375. „Canones
igitur et episcopi iisdem subscripti pertinent ad concil. Toletanum anni 400."

[6] Dieses „ipsi" wird deßhalb als Grund angeführt, um alle vorhandenen
Documente des Concils dem angeblich unter Leo 447 gehaltenen zuzuschreiben.
Cfr. *Ballerini* l. c. col. 1373.

Lusitanien erwähnt, deren Metropolit Patruinus als Bischof von Emerita den Vorsitz auf der ersten Synode von Toledo führte. Im Jahre 404 bereits folgte ihm ein gewisser Gregor und im Jahre 445 heißt der Inhaber desselben Stuhles Antonin [1]. Wir dürfen darum in jener Ueber= schrift unter den Bischöfen von Tarraco u. s. w. nur an die bischöflichen Sitze, nicht aber an bestimmte Personen denken. Haben nun die Inhaber derselben im Jahre 400 die 20 Canones abgefaßt, so dürfen, ja müssen wir dieselben nach dem Wortlaute jener Ueberschrift auch als Urheber der Regula betrachten. Sollte indeß unsere Auslegung der Ueberschrift zu gezwungen erscheinen, so werden wir die widerspruchsvolle Unklarheit oder Unrichtigkeit derselben vielmehr ihrem Verfasser zuschreiben müssen, als die anderweitig so gut begründete Annahme, daß das Symbolum 400 abgefaßt wurde, aufgeben.

Und in der That war ein Irrthum leicht möglich, da nach der be= gründeten Vermuthung von Gams die Fassung der Ueberschrift erst vom hl. Martin von Braga nach 561 herrührt. Den Inhalt der Ueberschrift, insofern dieselbe auf eine unter Leo abgehaltene Synode bezogen wird, nennt Gams „Erdichtung"; dem zweiten Aktenstücke der toletanischen Synode von 400, unserer Regula fidei, wurde die Ueberschrift erst nach 561 vorangestellt [2]. Die Unsicherheit der Ueberschrift als eines historischen Documentes steht jedenfalls als das sichere Resultat der darüber angestellten Forschungen fest [3]. Zum Mindesten bleibt es also zweifel= haft, ob wir auf Grund der Ueberschrift die Regula fidei in das Pontificat des hl. Leo I. verlegen dürfen. Dagegen zeigen die Werke des um 400

---

[1] Gams a. a. O. II. 1. S. 420.

[2] Gams a. a. O. II. 1. S. 458. 475 f.

[3] „Quid autem," fragen die Ballerini (l. c. col. 1379), „censendum de verbo *statuerunt*, quod nulla in sententia patribus concilii sub Leone convenire potest? *Solis coniecturis locus est.* Quum certum sit canones esse concilii Toletani anni 400, regulam vero fidei spectare ad aliud concilium (?) sub Leone, cui quidem ea sola fidei regula tribuitur in laudata synodo Bra- carensi verba inserta in titulo regulae fidei ,Ipsi etc.' additamentum per- peram intrusum videntur, quod sane nec cum antecedentibus nec cum sub- sequentibus quicquam habent nexus et in codice, unde ipsa regula sumpta fuit, procul dubio non exstabat etc." Die Trennung, welche die Ballerini zwischen dem ersten und den folgenden Aktenstücken, insbesondere der Regula annehmen, stützt sich aber eigentlich nur auf die Worte: „Explicit concilii Toletani constitutio" (l. c. col. 1378), welche nach den Canones vor der Ueberschrift des Symbolum in den Codices zu lesen sind (cfr. *Cacciari* l. c. cap. XV. n. 1. col. 1045). Indeß kann dieser Bemerkung des Sammlers keine größere Bedeutung zukommen als der Ueber= schrift zur Regula. Was hindert zudem, anzunehmen, daß in den ursprünglichen Akten den Canones die übrigen Aktenstücke vorausgingen? Thatsächlich ist, wie oben gesagt wurde, unter allen Einwänden gegen die Abfassung der Regula im Jahre 400 nur der dem Filioque entnommene von Bedeutung.

gegen die Priscillianisten schreibenden Prudentius die überraschendste und
vollständigste Uebereinstimmung mit derselben Regula sammt den bei=
gefügten Anathematismen, die ganz zweifellos gegen die Priscillianisten ab=
gefaßt ist, und zwar nach dem Zeugnisse aller Handschriften auf dem ersten
Toletanum im Jahre 400. Auf welcher Seite die größere Wahrscheinlich=
keit, um nicht zu sagen: die Sicherheit, ist, liegt auf der Hand. Wir
können, ja wir müssen mit Prudentius, bezw. wegen seines indirecten
Zeugnisses das fragliche Aktenstück in's Jahr 400 verlegen. Was kann
man nämlich außer der Ueberschrift noch anführen, um die Abfassung
der Regula auf dem angeblichen Concil von Toledo im Jahre 447 zu
begründen? Nichts. Dieses Concil selbst ist nur eine unerwiesene An=
nahme, zu der man sich durch das Filioque und die Ueberschrift des
Symbolums genöthigt glaubte. Prudentius nimmt, wie wir sahen, beide
Stützen dieses hypothetischen Concils hinweg. Was Gams ohne Rück=
sicht auf Prudentius mit guten Gründen vertheidigt hat[1], daß nämlich
das Toletanum von 447 eine Erfindung sei, dürfte nun durch Prudentius
und insbesondere durch sein Zeugniß für das Filioque als unbestrittene
Thatsache vorliegen. Damit ist aber auch der Ursprung unserer Regula
fidei auf dem ersten Concil von Toledo 400 historisch gesichert. Zu dem
eben erbrachten negativen Beweise kommen nämlich neben dem Zeugnisse
der Handschriften noch positive Gründe. Den galizischen Bischöfen, welche
zum Priscillianismus hinneigten (vgl. oben S. 16), wurde im Jahre 400
zu Toledo angekündigt, es werde ihnen vom Concil eine Formel zur
Unterschrift zugesendet werden. „Ich glaube," sagt Gams a. a. O., „das
zweite vielbesprochene Aktenstück der Synode I von Toledo, die ‚Regula
fidei catholicae contra omnes haereses et quam maxime contra
Priscillianistas', sei gerade diese Formel." Fragen wir aber, in welcher
Beziehung diese Regula von 400 zu der räthselhaften Ueberschrift und
zu dem Briefe Leo's I. an Turibius steht, so dürfte die begründete Antwort
also lauten: Bischof Turibius von Astorga hat das von Papst Leo an=
geordnete allgemeine Concil im Jahre 447 oder 448 nicht halten können.
Der Papst spricht am Schlusse seines Schreibens selbst von Hindernissen,
welche die Ausführung seines Befehles vereiteln könnten, die dann auch
thatsächlich eintraten[2]. Um wenigstens etwas gegen die Priscillianisten
zu thun, schickte Turibius einen Auszug aus den Akten der toletanischen
Synode vom Jahre 400, darunter auch die Glaubensregel mit den
18 Anathematismen und dem Befehle Leo's, eine Synode zu halten, an
die spanischen Bischöfe, wahrscheinlich auch an den Balconius von Braga,

---

[1] A. a. O. II. 1. S. 478.

[2] „Si autem aliquid, quod absit, obstiterit, quominus possit celebrari
generale concilium Galiciae etc." (Migne t. 54..col. 692.) Cfr. *Ballerini* l. c.
t. II. col. 1364.

zur Unterschrift. Dieser Auszug, welchem wahrscheinlich der hl. Martin von Braga später die genannte Ueberschrift gegeben hat, ist uns nun überliefert worden [1]. Wir werden daher unter den verschiedenen Text= recensionen der Regula fidei eher die ausführlichere [2] für die ursprüng= liche, aus dem Jahre 400 datirende ansehen dürfen, als sie für inter= polirt betrachten, am wenigsten durch das Filioque. **Jedenfalls darf man, auf Prudentius gestützt, ohne jedes Bedenken be= haupten, daß das *Filioque* bereits im Jahre 400 in's Sym= bolum gekommen ist.** Der berühmte Brief des hl. Leo an Turibius ist aber nur die Antwort auf die Anfrage (libellus) [3] des letztern, welche in ihren 16 Kapiteln der Regula und den Anathematismen von dem Toletanum im Jahre 400 inhaltlich völlig conform ist. Turibius hatte eben seinen Libellus den Akten dieser Synode entnommen. Sonach geht der Brief des hl. Leo auf die Synode von Toledo (400) als auf seinen Ursprung zurück; wir durften denselben deßhalb mit Recht durchweg zur Erklärung der Worte unseres Prudentius heranziehen.

Durch das Filioque legt also Prudentius ein wichtiges Zeugniß für die katholische Lehre über den heiligen Geist ab, ohne auf die specu= lative Erörterung seiner Stellung im trinitarischen Leben einzugehen. Ebenso steht alles im vollkommenen Einklange mit der Kirchenlehre und der ihr von der Schule gegebenen Fassung, was Prudentius über das Verhältniß des heiligen Geistes zur Creatur und insbesondere zum Men= schen im Heiligungsprozesse lehrt. Der Grundsatz der Theologie: „In den Werken nach außen offenbart sich der eine ungetheilte dreieinige Gott", findet in der Darstellung des Dichters ebenso eine eigenthümliche Be= stätigung, wie er zum Verständniß und zur Erklärung des Dichterwortes benützt werden muß. Mit dem Vater und dem Sohne ist der heilige Geist als das ewige, unerschaffene Sein der Schöpfer aller Wesen:

> Ex nihilo nam cuncta retro factumque, quod usquam est,
> *At non ex nihilo Deus et sapientia vera*
> *Spiritus et sanctus, res semper viva nec unquam*
> *Coepta, sed aërios etiam molita ministros.* (Ham. 164 sq.)

Nun scheint aber Prudentius dem heiligen Geist die Schöpfung ebenso wie dem Logos in besonderer Weise zuzuschreiben oder die zweite

---

[1] Gams a. a. O. Damit erledigt sich auch der Einwand, den man gegen die andern beiden Aktenstücke des Concils von Toledo im Jahre 400 erhebt, daß nämlich in den exemplaria professionum die ehedem priscillianistischen Bischöfe Symphosius und Dictinnius sanctae memoriae genannt werden. *Ballerini* l. c. t. II. col. 1373. Sie waren bereits gestorben, als Turibius diesen Auszug machte.

[2] Eine solche wurde früher als sermo 129 de tempore dem hl. Augustin zu= geschrieben. In der Mauriner Ausgabe seiner Werke ist sie als serm. 233 in den Appendix verwiesen. Cfr. *Cacciari* l. c. cap. XVI. n. 5 (Migne t. 55. col. 1052).

[3] Vgl. Gams a. a. O. II. 1. S. 476.

göttliche Person mit der dritten zu identificiren. Unter den Wundern, welche der Dichter in der Apotheosis zum Beweise der Gottheit Christi anführt, wird auch sein Wandeln auf den Wogen des See's Genesareth angeführt. „Wer anders", fragt er Vers 664 f., „kann es gewesen sein, der über die spiegelnde Fluth trockenen Fußes, ohne unterzusinken, seinen Weg genommen hat, wenn nicht der Schöpfer des Wassers (factor aquac), **der als der Geist, entflossen aus dem Munde des Vaters, über den noch ungeschiedenen Gewässern schwebte, da sie** noch nicht von festem Gestade abgegrenzt waren?"[1] Brockhaus sagt über diese Worte a. a. O. S. 179: „Der Geist Gottes, der über den Ge-wässern schwebte, wird mit dem Sohne identificirt." Zweifelsohne redet Prudentius, wie der Zusammenhang und die Parallelstelle im Dittochäon (V. 137 f.) zeigt, vom Logos[2]. Da nun Brockhaus unter „Geist Gottes" dem Zusammenhange nach den heiligen Geist als göttliche Hypostase ver-steht, so würde Prudentius dasselbe lehren, was wir später bei den Priscillianisten finden. Ueber diese berichtete nämlich Bischof Profuturus von Braga an den Papst Vigilius 538: Sie verstümmelten die Doxologie am Schlusse der Psalmen, indem sie mit Weglassung des et nach Filio sagten: Gloria Patri et *Filio, Spiritui* sancto. Vigilius antwortete: Der Zweck der Häretiker hierbei sei, zu lehren, daß der Sohn und der heilige Geist nur eine Person seien[3]. Dann würde freilich Prudentius mit sich selbst und mit dem christlichen Alterthume in Widerspruch gerathen, ähnlich wie das Johannesevangelium in dem Berichte der Geistesoffen-barung nach der Taufe Jesu einen unlösbaren Widerspruch mit der Lehre von der Incarnation des Logos enthalten soll[4]. Denn wenn der Dichter auf's Klarste die Persönlichkeit des heiligen Geistes lehrt, auf welche die

---

[1]   „. . . qui spiritus olim
         Ore superfusus patrio volitabat in undis
         Nondum discretis nec certo littore clausis."

Brockhaus übersetzt:

   „Wer war's, . . .
   Wenn nicht selbst der Erschaffer des Meers, der einstmals, als Geisthauch
   Von des Vaters Munde entströmt, auf den Wassern sich wiegte
   Ohne Begrenzung annoch, von keinem Gestade umfriedigt?"

[2] „Verbum ‚spiritus' dicitur", bemerkt richtig Arevalo. Es ist kaum be-greiflich, wie Petavius (De opific. VI. dier. c. 3) unter „spiritus" die dritte göttliche Person verstehen kann.

[3] *Cacciari* l. c. cap. XVIII. 3 (Migne t. 55. col. 1057). Der Rationalismus strebte jederzeit die drei Personen in der göttlichen Wesenheit zu verschiedenen Be-zeichnungen für die Thätigkeit Gottes nach außen zu verflüchtigen.

[4] Vgl. die vortreffliche Widerlegung dieser Versuche einer sogen. Wissenschaft bei Adalb. Maier, Johannes-Evangelium I. S. 225 f., und desselben Commentar über den Brief an die Römer zu c. 1, 4. S. 35.

Väter gewöhnlich die Stelle vom Geiste Gottes (Genes. 1, 2) beziehen, und nun in seinen vorliegenden Worten die göttliche Natur Jesu Christi als der Geist bezeichnet wird, welcher bei der Schöpfung über den Gewässern schwebte, so gewinnt der rationalistische Unglaube allerdings scheinbar auch an Prudentius einen Zeugen für seine Behauptung. Allein dieses Zeugniß erweist sich sofort als leeren Schein, weil es auf der Voraussetzung der schlechthinigen Identität von Wesen und Person in Gott beruht, welche bei den Vätern und bei Prudentius nicht vorhanden ist. Prudentius verkennt keineswegs das immanente Leben Gottes, dessen Läugnung die nothwendige Vorbedingung für alle häretischen Angriffe auf das Trinitätsdogma ist. Deßhalb werden die fraglichen Worte des Dichters umgekehrt zu einem Zeugnisse für die Lehre der Kirche, wonach sich die drei göttlichen Personen im Wirken nach außen als die eine Gottheit erweisen. Prudentius stellt in unserer Stelle die ewige Existenz des Logos seiner zeitlichen Erscheinung im Fleische gegenüber. Hat er in letzterer Fleisch von unserem Fleische angenommen, so ist er doch als Geist, und zwar als ungeschaffener, göttlicher Geist, immer gewesen. Offenbar ist der Ausdruck „spiritus" für die Gottheit Christi nur gewählt, um den Gegensatz zu seiner menschlichen Natur recht deutlich zu bezeichnen, ähnlich wie der Herr zur Samaritanerin spricht: „Geist ist Gott" (πνεῦμα ὁ θεός. Joh. 4, 24). Prudentius setzte eben bei seinen Lesern das Bewußtsein voraus, daß auch der Vater und der Sohn Geist sind, und daß sie beide heilig sind, obwohl der dritten Hypostase in der göttlichen Wesenheit der Name „heiliger Geist" eigenthümlich ist [1]. Auch das mußten seine Leser, daß der Logos und der heilige Geist zwar im immanenten Leben Gottes als real von einander unterschiedene Personen existiren, daß aber in der Schöpfung, die nur durch Appropriation dem Logos zugeschrieben wird, die eine Allmacht und Weisheit des Vaters und des Sohnes und des heiligen Geistes sich geoffenbart hat. So wie der Sohn in bleibender Verbindung steht mit dem Vater, so kann freilich auch der heilige Geist nur in bleibender Verbindung mit dem Vater und dem Sohne gedacht werden, und in diesem Sinne könnte die Brockhaus'sche Bemerkung über unsere Stelle vielleicht richtig erklärt werden. Soll darin aber gesagt sein, wie es nach dem Zusammenhange scheint: Prudentius identificirt den Logos mit dem heiligen Geiste als Personen schlechthin, so müssen wir diese Auffassung als dem Dichter durchaus fremd zurückweisen. An vielen Stellen schreibt der Dichter in Uebereinstimmung mit den Vätern dem Sohne die Schöpfung per appropriationem zu; nichts anderes thut er an unserer Stelle. Warum er ihn hier „Geist" nennt, wurde gesagt: einerseits mit Rücksicht auf den Ausdruck

---

[1] Vgl. Hergenröther, Die Lehre von der göttlichen Dreieinigkeit. S. 67 u. 71.

der Schrift (Genes. 1, 2); andererseits zur Hervorhebung des Gegen=
satzes. Wenn andere Väter die Genesisstelle auf den heiligen Geist be=
ziehen, so schließen sie dadurch ebenso wenig den Vater und den Sohn
aus, als Prudentius jene Thätigkeit bei der Weltschöpfung dem Logos
ausschließlich zueignen will. Interessant ist unsere Stelle aber besonders
noch dadurch, weil Prudentius in der Bezeichnung der göttlichen Natur
in Christus durch „spiritus" gerade den hl. Cyprian zur Seite hat.
Letzterer führt nämlich die Stelle Luc. 1, 35: „Spiritus sanctus super-
veniet in te et virtus altissimi obumbrabit tibi", zum Beweise an[1],
daß Jesus Christus wahrer Gott ist. Unter „dem heiligen Geiste" ver=
steht er also an dieser Stelle die göttliche Person des Logos. Ganz aus=
drücklich sagt er dieß in seiner Schrift Quod idola non sunt dii
c. 11 . . .[2]: „Huius igitur gratiae disciplinaeque arbiter et magister
sermo et Filius Dei mittitur, qui per prophetas omnes retro illuminator et doctor humani generis praedicabatur. *Hic* (sc. Christus)
est virtus Dei, hic sapientia eius et gloria; hic in virginem illabi-
tur, *carnem spiritus sanctus induitur*, Deus cum homine miscetur;
hic Deus noster, hic Christus est, qui mediator duorum hominem
induit, quem perducat ad Patrem." — „Es bedarf der Erinnerung
nicht," sagt Peters zu dieser Stelle[3], „daß hier keineswegs die dritte
Person der Trinität gemeint ist. Der Ausdruck: ,Gott ist der abso=
lute Geist' ist eine Bezeichnung des göttlichen Wesens überhaupt. Um
nun in prägnanter Kürze darzustellen, daß trotz der persönlichen Ver=
schiedenheit vom Vater und Sohn zwischen beiden eine vollkommene
Wesenseinheit herrscht, und daß der Sohn bei der Menschwerdung nicht
aus der Einheit des göttlichen Wesens herausgerissen ist, mithin Vater
und Sohn ein Gott sind, darum wird im Gegensatz zur mensch=
lichen die göttliche Natur in Christus *spiritus* genannt.
Der Vater ist nicht ein anderer spiritus, und ein anderer spiritus der
Sohn, sondern beide sind wesentlich ein und derselbe Geist, spiritus."
Dasselbe mußten wir oben zur Erklärung des Prudentius sagen. Der
große Unterschied, welcher hierbei rücksichtlich der beiden Schriftstellen

---

[1] Testimon. l. II. c. 10. ed. Maran. p. 648.

[2] Gewöhnlich citirt: De idolor. vanitate, ed. Maran. p. 538.

[3] Der hl. Cyprian von Karthago S. 73 f. Sehr treffend ist, was Peters
über den Unterschied des heiligen Bischofs von Tertullian sagt: „Während Cyprian
die Stelle Luc. 1, 35 zum Beweise der Gottheit Christi anführt, sucht Tertullian
daraus herzuleiten, daß Gott nicht nach seiner Wesenheit, sondern ein aus Gott ab=
gezweigter Theil (portio aliqua totius) aus Maria geboren wurde (c. Prax. c. 26).
Hiernach wäre nicht Gott selbst, sondern eine göttliche Kraft im Schooße der Jung=
frau als Sohn Gottes Mensch geworden. Dieser Vergleich bestätigt, was oben über
die Abhängigkeit des Dichters, der die Gottheit Christi auf's Entschiedenste vertheidigt,
von Cyprian oder Tertullian gesagt wurde.

(Genef. 1, 2 und Luc. 1, 35) besteht, braucht nur angedeutet zu werden. In ganz anderm Sinne wird ja die Schöpfung der Person des Logos zugeschrieben, als die Menschwerdung. Prudentius selbst bezieht die ge= nannte Lucasstelle auf die Thätigkeit des heiligen Geistes bei der Menſch= werdung der zweiten göttlichen Hypostaſe [1]. Indem er die Gottheit Chriſti gegen die ebionitiſche Auffaſſung des Incarnationsbogmas Seitens der Priscillianiſten vertheidigt, ſagt er Apoth. 566 sq.:

> „. . . tener illum (sc. Christum) seminat ignis,
> Non caro nec sanguis patrius nec foeda voluptas.
> Intactam thalami *virtus divina* puellam
> Sincero flatu per viscera casta maritat.
> Incomperta ortus novitas iubet, ut Deus esse
> Credatur Christus sic conditus: innuba virgo
> Nubit *spiritui*, vitium nec sentit amoris."

Hier ist mit den Worten „tener ignis", „virtus divina" und „spiritus" ſicher der heilige Geist in ſeiner perſönlichen Verſchiedenheit vom Logos bezeichnet. Dagegen iſt auf den erſten Blick der Zweifel berechtigt, ob Prudentius auch Apoth. 164 sq., wo er von der Menſchwerdung redet, unter „spiritus" nur die Perſon des heiligen Geiſtes verſtehe. Der Dichter ſtellt hier die Incarnation als die Erhebung des Menſchen zur Ueber= natur, bezw. die Wiederherſtellung dieſer Erhebung dar:

> Ergo animalis homo quondam: nunc [2] *spiritus illum*
> Transtulit ad superi naturam seminis, ipsum
> Infundendo Deum mortalia vivificantem.
> Nunc nova materies solidata intercute flatu
> Materies sed nostra tamen, de virgine tracta,
> Exuit antiquae conrupta exordia vitae
> Immortale bonum proprio spiramine sumens.
> Filius ille hominis, sed filius ille tonantis
> Iam solus vultum patris adspicit et videt ipsum.

Arevalo bemerkt zu Vers 164: „Spiritus" könne als die dritte Perſon der Trinität aufgefaßt werden, indeß ſtehe nichts im Wege, darunter die zweite Perſon zu verſtehen. Bei genauerer Erwägung erweiſt ſich jedoch dieſe Indifferenz der Erklärung als unzuläſſig. Prudentius zeigt durchweg in ſeinen Werken eine auffallende Stabilität in ſeinen Gedanken, die ſich oft

---

[1] Weil die Väter in der Stelle Luc. 1, 35 unter „virtus" vielfach zunächſt die göttliche Weſenheit verſtanden, konnten ſie darin von einander abweichen, daß ſie die Worte „virtus altissimi obumbrabit tibi" auf jede der drei göttlichen Hypoſtaſen bezogen. Cfr. *Franzelin*, De Deo trino p. 219; *Maldonat*, Comment. in h. l. Weit entfernt, in dieſer Erſcheinung einen Widerſpruch zu finden, müſſen wir in derſelben vielmehr eine Anleitung zum rechten Verſtändniſſe des Trinitätsbogmas ſehen; ins= beſondere bildet ſie die Grundlage für den theologiſchen Ausdruck der Appropriationen.

[2] Sc. in incarnatione. Vgl. die Parallelſtelle Cath. III, 136 sq.

auch auf den Wortlaut erstreckt. Würden wir „spiritus" (v. 164) als
Logos im Sinne des hl. Cyprian auffassen, so vermißten wir hier im
Vergleich zu der obigen Stelle die gewohnte Consequenz. Hierneben
nöthigen uns die Parallelstellen durchaus, unter „spiritus" (Cath. III, 142:
rutilans numen) nur den heiligen Geist, die dritte göttliche Person, zu
verstehen. Die Rechtfertigung betrachtet Prudentius, wie sich unten
zeigen wird, als eine Fortsetzung der Incarnation. Wie nun die Bildung
der Menschennatur, welche der Logos in der hypostatischen Union annahm,
ein Werk des heiligen Geistes war, so auch die in der Rechtfertigung
beständig sich fortsetzende Erhebung der einzelnen Menschen zur Vereinigung mit Christus [1]. Gerade das, die Heiligung des Menschengeschlechtes,
die in der Incarnation den Anfang nahm und in der Rechtfertigung
bis zum Weltende sich fortsetzt, ist der Gegenstand der vorliegenden Worte.
Ausdrücklich bezeichnet Prudentius dieß als die eigenthümliche Wirksamkeit des heiligen Geistes:

> Spiritus ista [2] Dei complet, Deus ipse fideles
> In populos charisma suum diffundere promptus
> Et Patris et Christi virtutem in corpora transfert.

Deßhalb preist er auch den heiligen Geist (Cath. IV, 10 sq.):

> Fons vitae liquida fluens ab arce
> Infusor fidei, sator pudoris,
> Mortis perdomitor, salutis auctor.
>
> Omnes quod sumus ac vigemus inde est,
> Regnat spiritus ille sempiternus
> A Christo simul et parente missus.

Petavius [3] hat deßhalb die obige Stelle (Apoth. 164 sq.) mit den
Parallelstellen zur Bekräftigung seiner Lehre von der eigenthümlichen
wesentlichen Einwohnung des heiligen Geistes in der Seele des Gerechten
angeführt. Auf diese schwierige, viel besprochene Frage einzugehen, bieten
indeß die Worte des Dichters nicht genügenden Anlaß [4]. Allerdings
dürften die Anhänger dieser Ansicht mit Recht den Dichter für sich in
Anspruch nehmen. Wir haben jedoch die Wirksamkeit des heiligen Geistes

---

[1] Die beste Erklärung dürfte der hl. Bonaventura geben, der (Breviloquium,
ed. Hefele p. 134) sagt: „Quoniam liberalitas Spiritui S. appropriatur et
sanctificatio virginis, in qua peracta fuit Verbi conceptio: hinc est, quod licet
opus illud sit a tota trinitate per appropriationem, tamen dicitur Virgo con-
cepisse de Spiritu sancto."

[2] D. h. das Erlösungswerk, das in der Annahme der Menschennatur durch
den Logos seinen Anfang genommen hatte.

[3] De theol. dogm. t. IV. part. 2. lib. II. c. 9.

[4] Vgl. hierüber die eingehende Abhandlung von Scholl, Die Lehre des
hl. Basilius von der Gnade. Freiburg 1881. S. 175 f.

nach außen zur Sprache gebracht, ohne die Lehre des Dichters über die großen Werke Gottes, die Schöpfung und namentlich die Erlösung, in ihrem ganzen Umfange bis zur Vollendung in der Ewigkeit zu kennen. Zur Darstellung derselben gehen wir daher jetzt über.

Viertes Kapitel.

Die Engel.

„Die Legionen der Engel zu kennen, welche meine Rechte geschaffen hat, ist mir vorbehalten; ebenso welche natürliche Beschaffenheit (Wesen= heit) sie als Geschöpfe besitzen und zu welchen Aufgaben sie von mir in Bereitschaft gehalten werden." [1] Indem Prudentius diese Worte dem all= mächtigen Schöpfer in den Mund legt, um den heidnischen Wahn von unzähligen apotheosirten Naturkräften zu bekämpfen, spricht er uns Men= schen eine genauere Kenntniß vom Wesen der geschaffenen Geisterwelt ab. Die Kirche bestätigt sein Wort, indem sie über die dießbezüglichen theo= logischen Erörterungen keine positiven Entscheidungen getroffen hat[2]. Die Existenz der Engel ist dem Dichter Glaubensobject[3]; aus dem Nichts „hat der, welcher das Leben selbst ist (res semper viva), der einzige Gott, auch diese Diener in den Himmelsräumen (aërios ministros; vgl. Ephes. 2, 2) geschaffen." [4] „Ewig" (sempiterni) nennt sie Pru= dentius[5], insofern die in der Prüfung bewährten Engel sich der ewigen Glückseligkeit erfreuen. Nach den Eingangs mitgetheilten Worten des Dichters dürfen wir von ihm kein ausführliches Urtheil über die Be= schaffenheit, Zahl, Ordnung und Wirksamkeit dieser himmlischen Geister erwarten[6]. Auch hier haben wir zu wiederholen, daß Prudentius einzig

---

[1] c. Symm. II, 233 sq.

[2] Cfr. *Laemmer*, Coelestis urbs Ierusalem. Friburg. 1866. p. 142 n.

[3] Apoth. 891 sq.:
   Angelus quocunque modo sit factus id unus
   Scit factor dominus: factum mihi credere sat sit.

[4] Apoth. 165; cfr. Ephes. 6, 12.

[5] Perist. X, 540.

[6] Die Worte des Dichters kommen auf die Meinung des hl. Augustin hinaus (De trin. l. III. c. 9): „Quid autem (angeli) possint per naturam nec possint per prohibitionem et quid per ipsius naturae suae conditionem facere non sinantur, homini explorare difficile est immo vero impossibile nisi per illud donum Dei quod apostolus commemorat dicens: ‚Alii diiudicatio spirituum' (1 Cor. 12, 10)." Daß man aus diesen Worten des heiligen Lehrers ebenso wenig wie aus Prudentius gegen die ausführlichen Untersuchungen der Schule über die

ben positiven Glauben seiner Zeit bezeugt und in theologischen Fragen durchaus mit der allgemeinen Meinung der Väter übereinstimmt. In letzterer Beziehung drängt sich die Frage auf, wie der Dichter über die Spiritualität der Engel gedacht habe, worüber bekanntlich in der patristischen Zeit die Meinungen verschieden oder wenigstens nicht klar waren[1]. Prudentius scheint den Engeln eine sinnlich wahrnehmbare Gestalt, einen ätherischen Körper zuzuschreiben. Nachdem er nämlich behauptet hat, der Logos könne sein an sich durchaus unsichtbares göttliches Wesen nur durch Annahme einer sichtbaren Gestalt offenbaren, sagt er (Apoth. 46 sq.): „Oftmals nimmt auch der Sohn (nach dem Zeugnisse der Schrift) sich selber begrenzend die **Gestalt von Engeln oder Menschen an** (angelicas vel mortales species), um im Bilde gesehen zu werden." Es kann hier nicht von Gestalten die Rede sein, welche die Engel behufs sichtbarer Erscheinung annehmen. Gerade das wird ja als Eigenthümlichkeit des Logos bezeichnet, daß er unter dem Bilde eines Engels oder eines Menschen vom leiblichen Auge erblickt werden könne. Andererseits wird in den Worten „angelicas vel mortales species" zweifelsohne die sichtbare Gestalt (species) sowohl den Menschen wie den Engeln, wenn auch qualitativ verschieden zugeeignet. Prudentius scheint somit die rein geistige Natur der Engel nicht angenommen zu haben. Man kann hiergegen nicht geltend machen, daß bei der Stellung, welche Prudentius nach unserer Ueberzeugung gegen die Priscillianisten einnimmt, der Brief des hl. Leo I. an Turibius ausdrücklich die Geistigkeit der Engel betont[2]. Wenn es nämlich a. a. O. c. 6 heißt: „fides vera, quae est catholica, omnium creaturarum sive spiritualium sive corporalium bonam confitetur substantiam", wobei dem Zusammenhange nach unter den spirituales creaturae die gefallenen Engel zu verstehen sind, so ist hierbei zunächst der Begriff der Spiritualität nicht Gegenstand der Controverse. Die Irrlehre der Priscillianisten, welche Leo und — wie weiter unten zu zeigen ist — mit ihm Prudentius bekämpft, bestand in der Annahme eines ursprünglich bösen Princips. Sodann schließt der Begriff „spiritualis creatura" an sich bei den Vätern die Annahme eines feinen, gewissermaßen geistigen Leibes nicht nothwendig aus[3]. Sonach ist schließ-

---

Engel einen Einwand hernehmen kann, ist selbstverständlich. Vgl. hierüber den Aufsatz von Straub, S. J.: „Zur scholastischen Behandlung der Engellehre." Innsbrucker Theologische Quartalschrift. 1885. S. 124 f.

[1] Vgl. Schwane, Dogmengeschichte der patristischen Zeit. S. 301 f.

[2] Vgl. Schwane a. a. O. S. 305.

[3] Cfr. S. *Cyrill.*, Hieros. Catech. XVI. 16. — Apoth. 890 schließt Prudentius nur den grobsinnlichen Menschenleib aus. „Angelus, hospitium qui nescit adire caducum — cratis tabifluae." Schwane, Dogmengeschichte der patristischen Zeit. S. 301.

lich leicht benkbar, baß zwar der hl. Leo an unferer Stelle mit dem Be=
griffe „spiritualis creatura" jebe finnlich wahrnehmbare Gestalt unverein=
bar gehalten habe, Prudentius bagegen nicht. Das Letztere müffen wir als
gewiß annehmen, wenn wir bie Anficht bes hl. Ambrofius herbeiziehen. „Nos
autem", sagt berfelbe[1], *nihil materialis compositionis immune* atque alienum putamus, praeter illam solam venerandae trinitatis substantiam,
quae vere *pura et simplex*, sincerae imtermixtaeque naturae est."
Das Lieblingswort bes Prudentius zur Bezeichnung bes göttlichen Wefens:
„simplex substantia", ist uns Beweis genug, baß er wie ber hl. Ambrofius
an bieser Stelle Gott allein bie absolute Einfachheit zukommen läßt, bem
Engel also folgerecht eine irgendwie fichtbare Gestalt zuerkennt. Unb bei
ber ganz eigenthümlichen Abhängigkeit bes hl. Ambrofius vom hl. Basilius
werden wir mit vollem Rechte bie positive Meinung bes letztern von ber
ben Engeln eigenen fichtbaren Gestalt[2] auch bem Prudentius zuschreiben.
Diefelbe spricht klar unb bestimmt aus, was wir in ben oben citirten
Worten bes Dichters (Apoth. 46 sq.) vermuthen mußten.

Der gegenwärtige Zustand ber Engel, indem wir hierbei nach bem
Sprachgebrauche an bie in ber Prüfung bewährten Geister benken, ist bie
glückfelige Anschauung Gottes. Den verklärten Christus läßt ber Dichter
beßhalb bem ungläubigen Jubäa zurufen (Apoth. 532): „Von ben
Schaaren ber Engel wurde mein Tempel (mein auferstandener Leib) be=
gleitet, als bu ihn zur Höhe (bes Himmels) auffteigen saheft." Wie bie
Engel am Triumphe bes Erlösers theilnehmen, so verkehren sie im Auf=
trage Gottes hülfreich mit ben zum Heile Berufenen. Im alten Bunbe
„schwingt sich eilends ber (himmlische) Bote zur Erbe hinab, welcher bem
erprobten Diener Gottes (Daniel) Speise bringen soll" (Cath. IV, 55).
Den Juben, welche fogar „ben Worten bes Engels bas Ohr verschließen",
hält ber Dichter bas Beispiel ber „heiligen Jungfrau" zürnend entgegen:

> „Glaubte bie heilige Jungfrau boch selbst an bes glänzenden Dieners
> Gottesgebot, unb im Glauben hat also sie Christum empfangen."
>
> (Apoth. 579.)

Die Heldenjungfrau Eulalia eilt zum Martyrium, „begleitet vom
Chore ber Engel" (Perist. III, 45). Während ber hl. Vincentius bie
heftigsten Qualen erbulbet, treten zahlreiche Engel herzu unb reben mit

---

[1] De Abraham l. II. c. 8.
[2] De Spiritu S. XVI, 38: 'Η μὲν οὐσία αὐτῶν ἀέριον πνεῦμα — Pru=
bentius braucht mit Vorliebe aërius zur Bezeichnung ber Engel — εἰ τόχοι, ἢ πῦρ
ἄϋλον κατὰ τὸ γεγραμμένον, ὁ ποιῶν τοὺς ἀγγέλους αὐτοῦ πνεύματα καὶ τοὺς λειτουρ-
γοὺς αὐτοῦ φλόγα· διὸ καὶ ἐν τόπῳ εἰσὶ καὶ ὁρατοὶ γίνονται ἐν τῷ εἴδει τῶν
οἰκείων αὐτῶν σωμάτων τοῖς ἀξίοις ἐμφανιζόμενοι. Ham. 170 hebt
Prudentius bie Feuernatur (πῦρ ἄϋλον) nachbrücklich hervor: „Ostentat suos ignes",
heißt es von Lucifer unb feiner Sünde.

ihm; einer aber, beſſen Erſcheinung die anderen an Glanz übertrifft, redet ihn alſo an:

> Exurge martyr inclite,
> Exurge securus tui,
> Exurge et almis coetibus
> Noster sodalis addere. (Perist. V, 281.)

Letztere Stelle hätte Mibbelborpf[1] beachten ſollen. Er hätte dann kaum geſchrieben: „Nec eum (sc. Prudentium) de angelis tutelaribus omnium fere patrum consensu probatis aliquid attulisse mihi (!) persuasum habeo; non dubito enim affirmare ad merum poëticum ornatum pertinere, quum Eulalia angelico comitata choro in medium producitur neque de geniis Eulaliae additis sociis esse cogitandum." Was dieſe Stelle aus Perist. III, 45 unklar läßt, iſt dagegen im Martyrium des hl. Vincentius deutlich ausgedrückt. Der eine Engel, welcher mit der Anſprache „noster sodalis" die innige Beziehung der Engel zu uns Menſchen (Chriſten) allgemein ausſpricht, ſteht doch dem heiligen Martyrer beſonders nahe. Zudem bringt Mibbelborpf ohne Grund den Dichter bezüglich dieſes Punktes in Gegenſatz zu den Vätern. Bekennen die Väter, wie auch Mibbelborpf betont, einſtimmig die Lehre von den Schutzengeln, und ſtimmt Prudentius in anberen Punkten genau mit der Väterlehre ſeiner Zeit überein, ſo dürfen wir auch hierin ohne klares Zeugniß doch wohl keine Ausnahme annehmen. Im Gegentheil dürfte eine gewiſſe Dunkelheit in ſeinem Zeugniſſe für das Schutzamt der Engel durch den Hinweis auf die Väter völlig aufgehellt werden. Wie wir demnach in dem Engel beim Martyrium des hl. Vincentius den Schutzengel des Heiligen erblicken, ſo beziehen wir auch auf den Schutzengel des hl. Romanus, was Prudentius Perist. X, 1121 ſagt:

> Excepit adstans angelus coram Deo
> Et quae locutus martyr, et quae pertulit,
> Nec verba solum disserentis condidit,
> Sed ipsa pingens vulnera expressit stilo
> Laterum, genarum pectorisque et faucium etc. [2]

---

[1] Commentatio de Prudentio etc. p. 160.

[2] Arevalo hebt bei der Erklärung dieſer Stelle hervor, baß auch der Proteſtant Fabricius hierin mehr als bloße poetiſche Ausſchmückung erblicke. Selbſtverſtänblich will Arevalo dieß nicht auf die ſinnlich anſchauliche Weiſe beziehen, womit der Dichter die Wunden und Leiden des Martyrers von dem Engel in's Buch des Lebens für den Tag des Gerichtes einzeichnen läßt. Die Wahrheit der heiligen Schrift iſt in dieſen Worten lebhaft dargeſtellt, baß die Engel Gottes uns als Beſchützer, Begleiter und Vertheidiger beiſtehen.

In Perist. IV, 174 spricht der Dichter von einem Engel, der am Gerichtstage die 18 Martyrer von Saragossa vor dem Vater und dem Sohne aufrufen (recolet) werde. Arevalo geht zu weit, wenn er mit Chamillard hier den Schutzengel der Kirche von Saragossa versteht. Pru=bentius umschreibt einfach die biblische Schilderung des Gerichtes (Matth. 24, 31 f.).

Der glückselige Zustand und die heilbringende Wirksamkeit, welche Prudentius den Engeln zuschreibt, ist indeß nicht allen geschaffenen Gei=stern eigen. Es hat eine Spaltung im Geisterreiche stattgefunden. „Weil der Engel", lehrt Prudentius (Apoth. 889), „nicht (wie der eingeborene Sohn Gottes) gezeugt, sondern geschaffen ist, so sündigt[1] auch er", d. h. ist er nicht von Anfang an vollkommen gewesen, sondern mit der Fähig=keit und Pflicht, sich zur Vollkommenheit mit freier Selbstbestimmung zu entwickeln, in's Dasein gerufen worden. Damit war freilich auch die Möglichkeit gegeben, durch schlechten Gebrauch der Freiheit die bei der Schöpfung erhaltenen Vorzüge zu verlieren. Und in der That „bläht einer aus der Zahl der himmlischen dienenden Geister, der schönste von Gestalt (pulcerrimus ore), übermüthig durch seine Herrlichkeit, in der Stärke seiner überaus großen Kraft sich auf, erhebt sich, vor Stolz an=schwellend, über sich hoch hinauf und zeigt in ungebührlicher Prahlsucht seinen feurigen Glanz. Er hat sich eingeredet, er habe, gezeugt[2] aus eigener Kraft, aus sich selbst den Stoff (materia[3]) sich genommen, wo=durch er im Anfange sein Dasein begann, und seine Geburt habe ohne Urheber ihren Anfang genommen" (Ham. 166 sq.). Hierdurch ist er der Urheber des Bösen geworden. „Nicht Gott ist des Uebels (der Sünde, vitii) Erfinder; (jener) entartete Engel hat jene (Ursünde) im ruchlosen Geiste empfangen und hervorgebracht, welcher vordem strahlte als er=habenes Gestirn und gewaltig (wie Feuer) leuchtete im Ruhmesglanze, der aus dem Nichts entsprossen war" (Ham. 158 sq.). Indem Pru=bentius diese Wahrheit mit der ihm eigenen Glaubenszuversicht betont, wendet er sich in unverkennbarer Verachtung gegen die priscillianistische Entstellung derselben.

---

[1] Daß die Präsensform „Quum peccet et ipse angelus" zeitlos entsprechend dem als Gattungsname gebrauchten „angelus" zu nehmen und somit aus diesem Satze nicht zu folgern ist, als sei nach Prudentius auch jetzt die Wahlfreiheit (libertas contrarietatis) der Engel noch nicht zur endgültigen Entscheidung gelangt, zeigt der Zusammenhang.

[2] Das „genitus" ist, wie Apoth. 889 zeigt, absichtlich gebraucht, um die Gleich=stellung mit dem Logos zu bezeichnen.

[3] Der Dichter hat durch die Wahl der Worte den unsinnigen Widerspruch in der stolzen Einbildung des gefallenen Engels darstellen wollen. Deßhalb redet er nicht ohne Sarkasmus von materiellem Stoffe des Engels, dem der Anfang in der Zeit wesentlich ist und der dennoch ohne Urheber sein will.

Hinc (von dieser Wahrheit aus) *schola subtacitam* meditatur
gignere *sectam,*
Quae docet e tenebris subitum micuisse tyrannum,
Qui velut aeterna latitans sub nocte retrorsum
Vixerit et tecto semper regnaverit aevo.
Aemulus, ut memorant, opera ad divina repente
Corrumpenda caput caligine protulit atra.   (Ham. 174.)

Schon die Wahl der Worte zeigt die Absicht des Dichters, den Priscillianismus zu charakterisiren. Dem gelehrten Priscillian entstammte die Secte, der den Titel doctor mit Vorliebe hörte; wem sollte die Anspielung hierauf in *„schola meditatur* gignere sectam, quae *docet"* entgehen? (vgl. oben S. 160). Das „subtacita" aber paßt einzig auf die Geheimthuerei dieser Häresie. Wir werden kaum irren, wenn wir auch in der Schilderung des Satans: „latitans sub nocte", einen sarkastischen Hinweis auf die Priscillianisten sehen, die, entsprechend dem Vater der Häresie, das Dunkel der Nacht zu ihren geheimen Versammlungen wählten. Volle Ueberzeugung darüber, welche Gegner der Dichter im Auge hat, schaffen jedoch auch hier wieder die Worte des hl. Leo, der (a. a. O. Kap. 6) an Turibius schreibt: „Dicunt Priscillianistae, quod diabolus nunquam fuerit bonus nec natura eius opificium Dei sit, sed eum ex chao et tenebris emersisse, quia sc. nullum sui habeat auctorem, sed omnis mali ipse sit principium et substantia." [1]

Dieser gefallene Engel, welchen der Dichter „perfidus draco" (Cath. III, 3), „hostis" x. $\frac{1}{2}$. (Cath. VII, 191), „praestigiator" (Cath. VI, 140), „tortuosus serpens" (Cath. IX, 188) nennt, ist aber nicht allein seines Glückes verlustig geworden. Ueber die Geister, welche seinem Beispiele gefolgt sind, übt er seine schreckliche Herrschaft aus. Mit dem Weltapostel lehrt deßhalb der Dichter (Ham. 512 sq.):

Non mentem sua membra premunt, nec terrea virtus
Oppugnat sensus liquidos bellove lacessit:
Sed cum spiritibus tenebrosis nocte dieque
Congredimur, quorum dominatibus humidus iste
Et pigris densus nebulis obtemperat aer.
Scilicet hoc medium coelum inter et infima terrae,
Quod patet, et vacuo nubes suspendit hiatu
Frena potestatum variarum sustinet, ac sub
Principe Belia rectoribus horret iniquis.
His colluctamur praedonibus . . .   (Cfr. Ham. 406.)

---

[1] Vgl. die ähnlichen Worte des B a ch i a r i u s in dessen Professio fidei n. 5 (Migne t. XX. col. 1031). Das gegen die Priscillianisten gehaltene Concil von Bracara (563) erklärt noch im siebenten Canon: „Si quis dicit diabolum non fuisse prius bonum angelum a Deo factum nec Dei opificium fuisse naturam eius, sed dicit, eum ex chao et tenebris emersisse nec aliquem sui habere

Ihren Triumph feiern diese unheimlichen Mächte in der Idololatrie. Den heiligen Märtyrer Vincentius läßt der Dichter die heidnischen Tempel als Aufenthaltsorte dieser Geister betrachten. Glaubensmuthig ruft er den Heiden zu:

> Adsunt et illic spiritus,
> Sunt sed magistri criminum
> Vestrae et salutis aucupes
> Vagi, impotentes, sordidi:
>
> Qui vos latenter incitos
> In omne compellunt nefas,
> Vastare iustos caedibus
> Plebem piorum carpere.   (Perist. V, 77 sq.)

Wenn der Dichter (Perist. X, 267) hinwieder vom hl. Romanus die Götzenbilder der Heiden als Werke der Menschenhand verspotten läßt und andererseits sie als Sitz und Werkzeug der Dämonen schildert (Apoth. 417), so ist hierin weder Widerspruch noch Zweideutigkeit [1] zu finden. Die Verkehrtheit der Menschen, welche bis zur Anbetung lebloser Gebilde geht, kann im Sinne des Dichters auf dämonischen Einfluß zurückgeführt werden. Die Dämonen haben auch mit Zulassung Gottes, wie die einstimmige Lehre der Väter lautet, sich der Götzenbilder bemächtigt und durch dieselben ihre Wirksamkeit entfaltet.

Fünftes Kapitel.
Der Mensch und seine Bestimmung.

„Uns hat, o Heiliger, deine Hand aus der feuchten Erde gebildet und (dabei) das eigene Bild (zur Nachahmung) betrachtet; damit aber (des Körpers) Stoff als vernünftiges Wesen selbständig wäre (rata materies), hast du die Seele gehaucht und sie mit der Menschengestalt verbunden (ore indidit)." [2] Weist uns Prudentius in dieser poetischen Umschreibung der Genesisstelle (2, 7 f.) auf den Ursprung des Menschen hin, so lehrt er uns Cath. X, 1 sq. im Schöpfer die Vaterliebe verehren, indem er betet:

> „Gott, du feurige Quelle der Seelen,
> Hast vereiniget zwei Elemente,
> Hast, o Vater, den Menschen gebildet
> Und ihn lebend dem Tod unterworfen."

---

auctorem, sed ipsum esse principium atque substantiam mali sicut Manichaeus et Priscillianus dixerunt: a. s." Hiernach war diese Lehre ein Hauptsatz des priscillianistischen Systems; daher die Ausführlichkeit des Dichters.

[1] Vgl. Brockhaus a. a. O. S. 177.

[2] Cath. III, 96 sq. Die Stelle bereitet dem Streben, treu zu übersetzen, nicht geringe Schwierigkeit. Der Tropus, wonach Prudentius von der Hand Gottes das Hauchen der Seele aussagt, ist für unsere Sprache allzukühn.

In dieser Art seiner Erschaffung hat der Mensch seine höchste Würde zu verehren; denn „der Mensch allein verdiente (wurde gewürdigt), das bildsame Antlitz des Herrn durch die Rechte desselben zu erlangen und die Gottheit selbst zum Bildner zu haben."[1]

Aus den angeführten Stellen erhellt zunächst, daß der Dichter nur zwei constitutive Bestandtheile des Menschen kennt: Leib und Seele. Wenn er auch neben „corpus" und „anima" (Cath. X, 11 sq.) von „caro et spiritus" redet (ebb. V. 8), so ist die Identität dieser Bezeichnungen zweifellos[2]. Alles vegetative, sensitive und intellectuelle Leben ist auf die Verbindung der Seele mit dem Leibe zurückzuführen. So innig ist aber die Zusammengehörigkeit zwischen beiden, daß Prudentius gegen Symmachus (l. II, 377) den Geist ohne die Hinordnung auf einen bestimmten Leib „spiritus informis" nennt. Symmachus hatte nämlich behauptet, allen Völkern und Städten werde ein Genius zu Theil, der sie fatalistisch bestimme in der Art, wie die Seelen unsere Körper; die Seelen aber nehmen nach ungleichem Geschicke (immer wieder) in neuen Körpern ihre Wohnung. „Dagegen", sagt Prudentius V. 379 f., „sind nach meiner Ueberzeugung die Seelen derart in die Lebensorgane der Menschen hineingegossen (venis vitalibus interfusae), daß von ihnen das Blut seine schnelle Bewegung zur Belebung des Körpers (unde vegetet sanguis praecordia) erhält. So regelt der lebendige Geist (vivida mens) das Leben des Menschen und regiert es. ... Ja (derselbe) lebendige Geist (mens viva) faßt zur Leitung des Körpers seinen selbständigen Rathschluß (summum consilium[3]) und bereitet in Folge dessen sichern Schutz

---

[1] Apoth. 1032:

    Solus homo emeruit Domini formabile dextra
      Os sapere et fabro deitatis figmine nasci.

„Domini" ist ebenso mit „dextra" wie mit „os" zu verbinden. Der Begriff „sapiens" in „sapere" läßt sich schwer wiedergeben.

[2] Vgl. Brockhaus a. a. O. S. 185. Bei der innigen Beziehung, die wir zwischen Prudentius und Ambrosius nachgewiesen haben, ist die von Förster (Ambrosius S. 139) behauptete „Hinneigung des hl. Ambrosius zur trichotomischen Anschauung" von vornherein nicht wahrscheinlich. In den angeführten Beweisstellen (z. B.: „... ex anima et corpore constamus et spiritu." De Abrah. II. 2) ist „spiritus" nur als Potenz der „anima" aufzufassen. Uebrigens muß Förster selbst zugeben, daß der heilige Lehrer von dieser psychologischen Distinction keinen Gebrauch macht. Durch sein Wort: „Quum sit homo compositus ex corpore et anima — satis est enim interim hoc dicere et silere de spiritu" (Ep. 72) ist die vollste Uebereinstimmung mit Prudentius gegeben.

[3] Der Dichter betont die Selbständigkeit der Seele, die in ihrer Regierung des Körpers von keinem Genius oder Fatum abhängt; dieß drückt er durch „summus" aus. In den Worten: animae „sub disparili subeunt nova corpora sorte" (v. 374) äußert Symmachus einen neuplatonischen Irrthum. (Vgl. Stöckl, Lehrbuch der Geschichte der Philosophie. Mainz 1870. S. 216. n. 26.) Die Priscillianisten hegten

für den nackten und schwachen (Körper), weicht den drohenden Gefahren aus, trifft nützliche Vorsichtsmaßregeln, beschäftigt sich mit verschiedenen Künsten, geht zu Rath, welchem Herrn er sich unterwerfen und wen er für den Urheber der Welt halten solle, dem die Herrschaft der Welt zu= kommt." Die niedrigen Sorgen für das vegetative Leben beschäftigen also gleich wie die höchsten Fragen des geistigen Lebens die e i n e Seele. Zu den Punkten nun, welche Prudentius ausführlich behandelt, gehören die beiden eng verwandten Fragen nach dem Ursprunge und dem Wesen der Seele. Als entschiedener Vertheidiger der Lehre, daß Gott jede einzelne Menschenseele erschaffe, bekämpft Prudentius zunächst die pantheistische Ansicht der Priscillianisten. Die Synode von Toledo (I) hatte den Anathematismus (XI) ausgesprochen: „Si quis dixerit vel crediderit, animam humanam Dei portionem vel Dei substantiam esse, a. s." [1] Dementsprechend lehrt der Dichter (Apoth. 786 sq.): „Halte im Glauben fest, daß die Seele nicht Gott ist; glauben sollst du freilich, daß sie größer ist als alle (materiellen) Creaturen, glaube aber auch, daß sie selbst ge= schaffen ist. Gebildet (formata) ist sie ja im Munde Gottes, und nicht existirte sie vordem, sondern gebildet ward sie überaus schön in ihrer Ausstattung (pulcerrima habitu) und geschmückt mit göttlichen Gaben (picta divinis rebus), voll von Gott und ähnlich dem Schöpfer; aber sie ist nicht selber Gott, weil sie nicht Erzeugung (generatio, der durch Zeugung entsprossene Sohn) ist, sondern ein Werk Gottes." In der Weise, wie der hl. Leo, greift er bald darauf (B. 820) die häretische Meinung an: „Vielleicht gibst du deßhalb nicht zu, daß die Seele zu= sammengesetzt und geschaffen ist, weil sie aus dem Munde des Herrn ge= flossen, als ob nun ein Theil Gottes selbst, was man ohne Frevel nicht sagen darf, sich mit häßlicher Schuld befleckt hätte. Sie (die

---

dieselbe Ansicht, wie aus Kap. X. des Briefes Leo's I. an Turibius erhellt: „Asse-runt animas, quae humanis corporibus inseruntur, fuisse sine corpore et in coelesti habitatione peccasse atque ob hoc a sublimibus ad inferiora delapsas in diversae qualitatis principes incidisse et per aëreas ac sidereas potestates corporibus esse inclusas sorte diversa et conditione dissimili." Gerade dieses Irrthums wegen nennt der hl. Leo (Kap. XI) die Priscillianisten „omnibus paga-norum erroribus implicati". Aehnlich dürfen wir annehmen, Prudentius habe in seinen Worten gegen Symmachus auch die Priscillianisten bekämpft.

[1] Cfr. S. Leo, Ep. 15. cap. V: „Quinto capitulo refertur, quod animam hominis divinae asserant esse substantiae nec a natura creatoris sui conditionis nostrae distare naturam. Quam impietatem ex philosophorum quorundam et Manichaeorum opinione manantem catholica fides damnat sciens nullam tam sublimem tamque praecipuam esse facturam, cui Deus ipse natura sit." In derselben Weise wie Prudentius verwirft diese Lehre Bachiarius in seiner Professio fidei c. 4 (Migne t. XX. col. 1030). Cfr. S. August. c. Priscill. c. 2. 3; S. Hieron. ep. 82.

Seele) mag immerhin von Gott stammen (sein Eigenthum sein) [1]; ich läugne es nicht; ein Theil Gottes kann sie aber keinesfalls genannt wer= den, da sie in der Zeit begonnen hat." So mag denn die Seele, im Gegensatze zum Körper, der „aus verweslichem Lehme gebildet ist" (Cath. VII, 191), immerhin „im Lichte und im Aether ihre Heimath" (lucis et aetheris indigena, Cath. III, 32) und „im Himmel ihren Ursprung" haben (Cath. VI, 34), „woher sie floß, da sie Adams Körpergebilde belebte" (Ham. 846), und wohin sie im Tode beim Scheiden vom Körper zurückkehrt, als zu ihrem „ursprünglichen Wohnsitze" (genitalis sedes, Cath. X, 167): sie bleibt trotz „ihrer alle Geschöpfe überragenden Würde" (Apoth. 815) ein Gebilde „des kunstreichen Vaters" (Cath. III, 189). Allein es fragt sich, wann Gott die einzelne Seele schafft und sie mit dem ihr bestimmten Körper verbindet. Die Antwort ist in den vorausgehenden Worten des Dichters zum Theil schon gegeben. In der oben angeführten Argumentation gegen Symmachus hat er die innige Zusammengehörigkeit der Menschenseele zum Menschenleib ganz allgemein so scharf betont, daß man an Tertullian [2] erinnert wird. Muß man aus dieser Stelle schlußweise behaupten, daß Prudentius von der sogen. Präexistenz der Seelen nichts wissen will, so bestätigen andere Stellen seiner Dichtungen diesen Schluß klar und deutlich. Die Fortsetzung der oben citirten Worte (Apoth. 820—825) lautet: „Weder für älter noch für jünger darf man die Seele halten, als das erste Körpergebilde (Adams, primum plasma). Damals nämlich ist sie geschaffen, wie ich (aus der Schrift) sehe, als sie in des liebenden Herzens Haus schwester= lich eintrat und als Gast des neugebildeten Leibes (recentis limi) selbst neuerschaffen (et ipsa recens) ihren Wohnsitz nahm in der brüderlichen Behausung." Spricht der·Dichter auch zunächst von der Erschaffung des ersten Menschen, so gilt Adam doch, wie der Zusammenhang zeigt, als Gattungsname. Zudem malt der Dichter das Verhältniß zwischen Leib und Seele, das hier poetisch unter dem Bilde von Geschwistern erscheint, gegen Symmachus (II, 379 sq.) mit Rücksicht auf alle Seelen ausführlich

---

[1] Brockhaus (a. a. O. S. 328) übersetzt „sit res illa Dei" (v. 824) mit: „das ist Gottes Gericht"; bezieht also „res illa" auf das V. 823 erwähnte Schicksal der sündigen Seele. Diese Beziehung ist nicht bloß dem Sinne nach schwer verständlich, sondern auch durch den sogleich folgenden Gegensatz verboten. „Ipsa Dei *pars*" (anima est), hat der Priscillianist behauptet (V. 821). „Sit", antwortet Prudentius, „*res* illa (sc. anima) Dei, non abnuo; *pars* tamen illa haud quaquam dicenda Dei est"; der Gegensatz von „res" und „pars" ist zu klar und in Folge dessen auch nur die Beziehung von „res" auf „anima" möglich.

[2] Adv. Marcion. 1. V. c. 10: „Non ideo animam dicit in resurrectione spiritum futurum, sed corpus, quod *cum anima nascendo et per animam vivendo* animale dici capit, futurum spiritale." Vgl. Schwane, Dogmengeschichte der vornicänischen Zeit. S. 452 f.

aus. Die eben gemachten Bemerkungen könnten bei der Klarheit des Dichters in dieſem Punkte mit Recht als überflüſſig gelten, hätte man nicht trotzdem Prudentius als Anhänger des Präexiſtentianismus bezeichnet. Mibbelborpf [1] hat bei ſeiner dahin zielenden Bemerkung zu Apoth. 826 ganz überſehen, daß Prudentius nur 100 Verſe weiter (V. 921 sq.) ausdrücklich von jeder Seele der Nachkommen Adams ſagt:

Quae (sc. anima) quamvis infusa *novum* penetret *nova* semper Figmentum etc.

Genau wie Apoth. 828 „*recens* limus“ und „*recens* anima“ gewählt iſt, um die Gleichzeitigkeit der Erſchaffung von Adams Leib und Seele zu bezeichnen, ſo hier „*novum* figmentum“ und „*nova* anima“, wo es ſich um die Erſchaffung jedes Adamskindes handelt. Dazu kommt endlich, daß Prudentius bei der Frage nach der Sünde des Menſchen den Grund des Präexiſtentianismus ausdrücklich bekämpft. Die Priſcillianiſten ſtimmten eben auch darin mit den Origeniſten überein, daß ſie die Vereinigung der Seele mit dem Körper als Strafe für die im Himmel begangene Sünde betrachteten (oben S. 382 Anm. 3). Mit Recht bezeichnet deßhalb Obbarins und wörtlich wie dieſer Dreſſel [2] den Dichter als Gegner der Lehre von der Präexiſtenz der Seelen. „Die Seele des Menſchen hat keine Präexiſtenz,“ ſagt ebenſo Brockhaus [3] in der Erklärung von Apoth. 814 sq. Bei dieſer Sachlage befremdet es, daß Schwane [4] ſchreibt: „Der von Origenes aus der platoniſchen Philoſophie entlehnte Präexiſtentianismus kam (in der nachnicäniſchen Zeit) immer mehr und mehr in Verruf und wurde faſt von keinem der ſpäteren Väter adoptirt. Nur Nemeſius, der Philoſoph, und der Dichter Prudentius haben ſich noch für denſelben ausgeſprochen.“ Wie Münſcher und Keil (nebſt Mibbelborpf), ſtützt Schwane dieſe Behauptung auf Cath. X, 161 bis 168. Wir müſſen demnach dieſe Stelle im Zuſammenhange erklären. Nachdem Prudentius ſeinen Glauben an die Auferſtehung des zur Erde beſtatteten Leibes bekannt hat, frägt er: „Aber wo wirſt du denn, o Gott, die reine [5] Seele (in der Zeit bis zur Auferſtehung) ruhen laſſen, bis du

---

[1] Mibbelborpf (l. c. p. 165) ſagt mit Berufung auf die bald zu beſprechende Stelle Cath. X, 166 sq.: „Quae verba a Münschero et Keilio ita intelliguntur, ut Prudentius cum Origene singulas hominum animas statuisset propter peccata in terram proscriptas. Tum vero et praeexistentia animarum, pro qua Origenes pugnabat, Prudentio attribuatur necesse est. *Neque obstat locus Apoth. 826; is enim de primi hominis anima solummodo agit.*“

[2] *Obbarius*, Prudent. carm. proleg. n. 26; *Dressel* l. c. p. IX. n. 16.

[3] A. a. O. S. 185.

[4] Dogmengeſchichte der patriſtiſchen Zeit. S. 539.

[5] „Anima pura“ bezeichnet hier zugleich die vom Leibe gelöſte und die von Sünde gereinigte Seele.

den verweslichen Körper wieder (in's Leben) rufst und neu gestaltest?"
(B. 149.) „Im Schooße Abrahams; im Paradiese, wohin du den reu=
müthigen Schächer gehen ließest," lautet die Antwort, welche (B. 161)
also fortgesetzt wird:

Patet ecce fidelibus ampli
Via lucida iam paradisi,
Licet et nemus illud adire
Homini, quod ademerat anguis.

Illic precor, optime ductor,
Famulam tibi praecipe mentem,
Genitali in sede sacrari,
Quam liquerat exul et errans![1]

Die letzten beiden Verse sollen den Präexistentianismus des Pru=
dentius beweisen. Allerdings, hätten wir nur diese Worte, dann wäre
die Möglichkeit zur Erklärung gegeben, als sei die Seele aus ihrem
ursprünglichen Aufenthaltsorte (genitalis sedes) zur Strafe in den Leib
verbannt worden. Diese Möglichkeit wird aber sofort gänzlich vom Dichter
selbst aufgehoben. Denn, wie er im Eingange dieses Hymnus Leib und
Seele von Anfang ihres Daseins an als von Gott vereinigt bezeichnet[2],
so gilt ihm hier die Ruhe der vom Leibe getrennten Seele noch nicht als
Zustand der Vollendung. Letzterer wird erst eintreten, wenn der auf=
erstandene, mit der Seele wiedervereinigte Leib gleichfalls im Paradiese
wohnen wird. Darum fügt er an seine Bitte die Schlußworte an: „Wir
(hienieden) werden (inzwischen, während du die Seele bei dir wohnen
lässest) die bestatteten Gebeine mit Blumengewinden schmücken (die wir
auf ihr Grab niederlegen)." Was haben wir demnach unter „genitalis
sedes" der Seele zu verstehen? Es ist Gott, den der Dichter wiederholt
als Quelle, Ursprung und Spender der Seele bezeichnet. Zur Anschauung
Gottes zu gelangen, ist die Bestimmung des Menschen. Während unserer
irdischen Pilgerschaft sind wir aber noch fern von diesem Ziele; gleichsam
als Verbannte leben wir in der Gefahr, durch die Sünde von Gott,
unserem Ziele, abzuirren. Somit enthalten die Worte des Prudentius
nur den Gedanken des hl. Paulus: „Dum sumus in corpore, peregri-
namur a Domino" (2 Cor. 5, 6)[3], und seine Bitte (Cath. X, 165)

---

[1] Vgl. den Hymnus im römischen Breviere in I. Vesp. fest. omn. sanctor.:

Vos purpurati martyres,
Vos candidati praemio
Confessionis *exules,*
Vocate nos in patriam.

[2] Cath. X, 1; III, 35; Ham. 931. Cfr. Perist. X, 786.

[3] Im Griechischen haben wir das schöne Wortspiel: ἐνδημοῦντες ἐν τῷ σώματι
ἐκδημοῦμεν ἀπὸ τοῦ κυρίου.

fällt inhaltlich mit dem berühmten Worte zusammen, womit der hl. Augu=
stinus seine Lebensbeicht einleitet: „... fecisti nos ad te, et inquietum
est cor nostrum, donec requiescat in te." [1]

Womöglich noch weiter als vom Präeristentianismus, ist Prudentius
von der Lehre entfernt, welche die Seele wie den Leib im Generations=
akte entstehen läßt. Dieselbe wird von ihm als verwerflicher Irrthum
bezeichnet (Apoth. 915 sq.):

> *Vitandus tamen error erit, ne traduce carnis*
> *Transfundi in sobolem credatur fons* animarum
> Sanguinis exemplo, cui texta propagine vena est.
> *Non animas animae pariunt*, sed lege latente
> Fundit opus natura suum, quod parvula anhelent
> Vascula vitalisque adsit scintilla coactis.

Die letzteren Worte hat Prudentius an anderen Stellen genauer
dahin erklärt, daß Gott direct in jedem einzelnen Falle die Seele des
Menschen erschaffe [2]. Sein Wille ist die „lex latens". Daß Prudentius
sich somit bezüglich des Ursprungs der Seelen zum Creatianismus im
strengen Sinne bekenne, kann keinem Zweifel unterliegen. Auffallend ist
aber sein strenges Verwerfungsurtheil über den Trabucianismus. Denn
nach prudentianischem Sprachgebrauche [3] ist „error" in obiger Stelle als
wirkliche, mit dem wahren Glauben (credatur) unvereinbare Häresie auf=
zufassen. Eine solche Entschiedenheit hierin finden wir in der Zeit des
Prudentius kaum bei einem Vater [4]. Was veranlaßte den Dichter, so
streng gegen die Lieblingstheorie Tertullians aufzutreten? Die einzige
befriedigende Antwort lautet: die priscillianistische Häresie. Der hl. Leo
sagt in voller Uebereinstimmung mit Prudentius (ep. 15, c. 10): „Omnes
eos *catholica fides a corpore suae unitatis abscidit* constanter prae-
dicans atque veraciter, quod animae hominum, priusquam suis inspirarentur corporibus, non fuere; nec ab alio incorporantur nisi

---

[1] Wesentlich auf dasselbe kommt die Erklärung von Obbarius a. a. O. hinaus:
„Da, Deus, ut anima eandem sedem occupet, quam ante primum peccatum,
ante Adami lapsum, tenuit", insofern darin der Wunsch der Seele, zu ihrer Be=
stimmung zu gelangen, enthalten ist. Bei der durch Adams Sünde veränderten
Heilsökonomie jedoch ist die obige Erklärung allein entsprechend.

[2] Ham. 931: „O Dee, cunctiparens *animae dator*." Vgl. oben S. 384.

[3] Vgl. die Praefatio ad Apoth.

[4] Die Stelle Apoth. 915 ist deßhalb fast wie ein locus classicus in die Lehr=
bücher der Dogmatik übergegangen. Cfr. *Hurter*, Theol. dogm. comp. II. p. 191
(ed. II.). Der hl. Hieronymus äußerte sich gleichzeitig mit Prudentius ähnlich über
den Trabucianismus; allein eine Abhängigkeit des Dichters von Hieronymus läßt
sich kaum nachweisen. Ambrosius und Augustinus aber sprechen sich unentschieden
hierüber aus.

ab opifice Deo, quia ipsarum est creator et corporum."[1] Bachiarius aber vertheidigt sich gegen den Verdacht, ein Priscillianist zu sein, mit den Worten: „Sed nec illi assertioni tradimus manus, qua quidem superfluo delectantur, ut credant animas ex transfusione generari."[2] Der Gegensatz zwischen Tertullian, der von den Seelen sagt: „In utero seminantur pariter cum carne,"[3] und Prudentius ist der denkbar größte. Bedenkt man nun aber, wie gerade der Trabucianismus das gesammte theologische Denken Tertullians durchdrang[4], so ist diese eine Differenz zwischen letzterm und Prudentius, abgesehen von allem andern, wohl genügend, um das Verwandtschaftsverhältniß zwischen beiden im Sinne von Brockhaus einfach aufzulösen[5]. Dieß gilt zunächst auch von der Ansicht über das Wesen der Seele. „Was den Tertullian zu dieser (seiner) trabucianischen Ansicht verleitet hatte, war wohl nichts anderes als sein Irrthum über die Körperlichkeit der Seele, womit eine geschlechtliche Fortpflanzungsweise auf das Innigste verbunden zu sein schien."[6] Wie in diesen Worten richtig Ursprung und Wesen der Seele in Abhängigkeit gebracht werden, so wird man von vornherein erwarten, bei Prudentius die Unkörperlichkeit der Seele ausgesprochen zu finden. In der That sagt Obbarius[7]: „In eo..., quod eam (animam) incorpoream dicit (sc. Prudentius) atque animarum translationem improbat, ab hoc scriptore (Tertulliano) valde dissentit."

---

[1] Vgl. Kleutgen, Die Philosophie der Vorzeit. Münster 1863. II. S. 611. Cfr. Cath. X, 5:

Tua sunt, tua, rector, utraque,
Tibi copula iungitur horum,
Tibi, dum vegetata cohaerent,
Et spiritus et caro servit.

Schwane, Dogmengeschichte der patristischen Zeit. S. 541.

[2] Prof. fid. c. 4 (Migne t. 20. col. 1030).

[3] De anima c. 36 (Migne t. 2. col. 712).

[4] Schwane, Dogmengeschichte der vornicänischen Zeit. S. 454 f.

[5] Der scheinbar schlagende Nachweis, den Brockhaus (a. a. O. S. 209 f.) über die Abhängigkeit des Dichters von Tertullian in anthropologischen Fragen, speciell im Vergleiche der Hamartigenie mit den beiden ersten Büchern Tertullian's gegen Marcion führt, löst sich in nichts auf. Denn in den dort besprochenen Ansichten über Willensfreiheit und Sünde ist Prudentius dem hl. Ambrosius mindestens ebenso ähnlich wie dem Tertullian. Die wichtige Differenz aber läßt Brockhaus unbesprochen.

[6] Schwane, Dogmengeschichte der vornicänischen Zeit. S. 455.

[7] A. a. O. Proleg. n. 26. Freilich zeigen nicht viel später die Semipelagianer des südlichen Galliens, daß man auch als entschiedener Gegner des Trabucianismus und Verfechter des Creatianismus die Materialität der menschlichen Seele vertheidigen könne. Vgl. Schwane II. S. 543. Allein diese immerhin befremdende Erscheinung war durch das Interesse für die pelagianischen Streitigkeiten hervorgerufen.

Alle Vorzüge der Seele kommen nämlich darin zuſammen, daß ſie als „Hauch des göttlichen Mundes" (flatus ab ore Dei) bei ihrer Schöpfung „das Antlitz Gottes" (ora Dei, Apoth. 306) erhielt und, nach dem Bilde Gottes geſchaffen, „dem Schöpfer ähnlich iſt" (Apoth. 790). Der erſte Zug dieſer Aehnlichkeit iſt die Unkörperlichkeit der Seele. In der kühn=ſten und erhabenſten Weiſe vergleicht Prudentius zum Nachweiſe deſſen die Seele im Körper mit der göttlichen Natur in Chriſtus (Apoth. 834 sq.):

> Sed speculum deitatis homo est. In corpore discas
> *Rem non corpoream* [1] sollers interprete Christo,
> Qui Patrem proprium mortali in corpore monstrat.

Erinnern wir uns aus der Logoslehre des Dichters, wie derſelbe die Unſichtbarkeit und Geiſtigkeit des göttlichen Weſens bis zum Extrem betont, ſo hat er nach dieſen Worten die Immaterialität der Seele in

---

[1] Gegenüber dieſer ausdrücklichen Betonung der Geiſtigkeit der Seele iſt der Zweifel Brockhaus' über dieſen Punkt nur durch ſein Streben zu erklären, den Dichter von Tertullian abhängig zu machen. „Was die Unkörperlichkeit der Seele nach Pru=bentius anlangt," heißt es a. a. O. S. 185. Anm., „ſo iſt es ebenſo wie über die Unkörperlichkeit Gottes ſelbſt, nicht ſo leicht, über dieſelbe eine feſte Beſtimmung zu geben. Wenn Prudentius auch die Seele als ‚flatus ab ore Dei' von dem Leibe als ‚factum digitis' begrifflich unterſcheidet, ſo ſcheint es doch, als ob er die Seele, ja im gewiſſen Sinne Gott ſelbſt in einer feinern Körperlichkeit ſich vorſtelle ... als wenn derſelbe in thesi die Unkörperlichkeit Gottes und der Seele aufſtelle, aber in ſeinen Vorſtellungen eine elementare Körperlichkeit beider feſthalte." Daß von einer Körperlichkeit Gottes bei Prudentius abſolut keine Spur zu finden iſt, dürfte oben in der Unterſuchung über das Weſen Gottes und in der Logoslehre wider=ſpruchslos bewieſen ſein. Die Bezeichnung der Seele als liquor (Cath. X, 12), vigor igneolus (Cath. III, 138), calor socius ossium (Cath. X, 38), lux, lumen, ignis (Apoth. 566), worauf Brockhaus ſeinen Zweifel gründet, hat Arevalo in einem eigenen Kapitel (Proleg. c. XV. Migne t. 59. col. 693) zum Nachweiſe der Immaterialität der Seele erklärt. Geradezu unglücklich iſt Brockhaus in dem Hin=weiſe darauf, daß analog auch Gott liquidus und luminis auctor genannt werde. Da die Unkörperlichkeit Gottes bei Prudentius über jeden Zweifel erhaben iſt, folgt aus dieſen analogen Bezeichnungen Gottes und der Seele gerade die geiſtige Natur der letztern. Brockhaus ſteht daher mit ſeinem Zweifel unter den neueren Erklärern des Dichters auch iſolirt da. Middeldorpf (l. c. p. 166. n. 10) vertheidigt wie Arevalo den Satz, daß Prudentius die Immaterialität der Seele gelehrt habe. Der einzige begründete Einwurf hiergegen könnte aus der Anſicht des Dichters über die Engel genommen werden. Da dieſen eine Art Körperlichkeit zukommt, ſo wird, kann man vermuthen, dem Dichter um ſo mehr die reine Geiſtigkeit der Menſchen=ſeele undenkbar geweſen ſein. Allein auch dieſer Einwand iſt, näher betrachtet, nichtig. Prudentius denkt ſich den Engel ähnlich wie den Menſchen aus einem Geiſte und einem ätheriſchen Leibe zuſammengeſetzt. Wenn er daher die Menſchenſeele compo-sita nennt (Apoth. 821), ſo meint er damit, wie die unmittelbar vorhergehenden Verſe zeigen, die Syntheſe der Seele mit dem Leibe. Die Seele ſelbſt iſt ihm durchaus immateriell; ihre Körperlichkeit, wenn man von einer ſolchen reden will, beſteht nach Prudentius in der Zugehörigkeit zum Körper.

der ſtrengſten Weiſe anerkannt. Die Seele kommt ja im Körper auf ähnliche Weiſe zur Erſcheinung, wie die göttliche Natur in der Menſch= werdung des Logos [1]. Darum iſt auch die Thätigkeit der Seele nicht begrenzt, wie die der Sinnesorgane. „Im Irrthume befindet ſich jeder, welcher die Seelen (bezw. ihre Erkenntnißkraft) beurtheilt nach der be= grenzten Sehkraft unſerer Augen, die ein durchſichtiger Vorhang verhüllt in gläſernem Walle [2], durch welche die körperlich feſten Geſtalten (ſich) ihr Spiegelbild fertigen und (dadurch) die beweglichen Fenſter (der Augen) mit feuchtem Schleier zum Stehen bringen. Rollen denn über die Augen der Seelen die perlenden (teretes), dicken Tropfen (der Thränen); ſtehen etwa nach außen der Augenlider Haare ſtarrend hervor oder werden (die Seelen) geſchützt von ſchattigen Brauen? Lebendige Sehkraft iſt ihnen eigen, aber nicht eine kleine Pupille, ſondern Feuer, das den Nebel durch= ſchaut und einbringt in unermeßliches Dunkel. Keine eiſerne feſte Wand hält ihren Blick auf; die nächtliche Finſterniß weicht, es weichen die ſchwarzen Wolken, die runde Scheibe der Erde weichet (ſogar), wenn man ſie entgegenhalten würde. Nicht nur die Räume der Luft durchfliegt der Geiſt (spiritus) mit ſeinem Blicke, ſondern die entgegenſtehenden Berge überſteigt er mit ſeinem Lichte, zu des Oceans Grenzen und den äußerſten Geſtaden von Thule bringt er vor, und in die Unterwelt ſendet er ſeine ſchnellen (ſchauenden) Augen. Ferner, vor unſeren Blicken (der körper= lichen Augen) vergehen zur Nachtzeit ſämmtliche Farben, und im Grabe der Zeit (caeco tempore) verſchwinden die Körpergeſtalten. Verlieren etwa auch die der Glieder und des Leibes Entkleideten (die Seelen der Abgeſchiedenen) die Kenntniß der Dinge, die ſie erwarben, oder verirren ſie ſich auf dem Wege? Nur ein Anblick feſſelt die Seelen für immer und eine Färbung des Luftkreiſes, je nachdem eine jede es ſchließlich ver= dient hat, die des rechten oder des linken" [3] (Ham. 867 sq. [4]). In der Fortſetzung dieſer Stelle führt der Dichter das Traumleben an, um die Geiſtigkeit der Seele zu beweiſen. In der angeführten Stelle iſt im Zu= ſammenhange mit der Immaterialität der Seele ihre Intelligenz als wei=

---

[1] Arevalo (Prolegom. c. XV.) bemerkt mit Recht hierzu: „Crederes Pru- dentium prae oculis habuisse symbolum Athanasianum, si vere Athanasii fuisset, aut iam tum exstitisset: Nam sicut anima rationalis et caro unus est homo: ita Deus et homo unus est Christus."

[2] Errat quisque animas nostrorum fine oculorum
Aestimat, *involvit vitreo quos lucida palla*
Obice, quis speculum concreta coagula texunt. (Ham. 866 sq.)

[3] Der einfache Gedanke iſt: Die vom Körper geſchiedene Seele erfreut ſich entweder unveränderlich des Anblickes Gottes im Lichtglanz des Himmels (aer dexter) oder ſchaut in die entſetzliche Nacht der Hölle (aer sinister).

[4] Aehnlich ſchildert der hl. Athanaſius die Erhabenheit der Seele über den Körper c. gentes c. 31. Vgl. Schwane II. S. 536.

terer Zug der Ebenbildlichkeit Gottes hervorgehoben. Die Freiheit des
Willens und der Beruf zur Herrschaft über die unvernünftige Schöpfung
vollenden das Ebenbild. Dieß ergibt sich aus den Worten, mit denen
Prudentius Gott den ersten Menschen anreden läßt (Ham. 697 sq.):

> „Vade," ait ipse parens opifexque et conditor Adae,
> „Vade, homo, adflatu nostri praenobilis oris
> Insubiecte, potens, rerum arbiter, *arbiter idem*
> *Et iudex mentis propriae, mihi subdere soli*
> *Sponte tua,* quo sit subiectio et ipsa soluto
> Libera iudicio: non cogo nec exigo per vim,
> Sed moneo, iniustum fugias iustumque sequaris.

Alle Vorzüge dieser Ebenbildlichkeit zugleich mit der ewigen Fortdauer
der Seele werden aber (Apoth. 802 sq.) zusammengefaßt:

> (Anima Dei) est similis, seclis quod non consumitur ullis,
> Quod sapiens iustique capax reginaque rerum
> Imperat, antevidet, perpendit, praecavet, infit,
> Verborum morumque opifex instructaque mille
> Artibus et coelum sensu percurrere docta.
> His animam similem sibi conditor effigiavit
> Cetera dissimilem.

Trotz der letzteren Worte kennt der Dichter noch eine höhere Ebenbildlichkeit Gottes, welche, von der bisher geschilderten wesentlich verschieden, die Seele zum Gipfel der Würde erhebt. „Vollkommen," läßt er
Gott sagen [1], „hatte ich den Menschen geschaffen; nach dem Himmlischen
zu trachten, hatte ich ihm befohlen; auf mich sollte er all' sein Sinnen
gerichtet halten und mit aufrechter Haltung in hochragender Stellung das
Erhabene betrachten. Doch er durchsuchte den Erdboden, neigte sich zum
irdischen Reichthume nieder und vertrieb aus seinem Herzen meine Gottheit (pepulit meum de pectore numen). Mir blieb er also zur
Wiederherstellung überlassen ..." Die verlorene Vollkommenheit und
die vertriebene Gottheit (Gottähnlichkeit), wovon der Dichter redet, kann
unmöglich in der oben geschilderten Aehnlichkeit der Seele mit Gott bestehen. Er schreibt ja die einzelnen Züge derselben, das ewige Fortleben
und die Intelligenz, ausdrücklich auch den Verworfenen in der Hölle zu
(Ham. 888). Er vertheidigt ganz ausführlich die vollkommene Freiheit
der Entscheidung für das Gute oder Böse, die allen Menschen auch nach
dem Falle Adams zukommt (Ham. 720 sq.):

> *Nunc* igitur vitae dominum mortisque magistrum
> Consistit medius (sc. homo); vocat hinc Deus, inde tyrannus
> Ambiguum atque *suis se motibus* alternantem.

Besteht nun nach Prudentius einerseits alle Vollkommenheit der vernünftigen Seele in ihrer Aehnlichkeit mit Gott, wird andererseits zwischen

---

[1] c. Symm. II, 260: „Condideram perfectum hominem."

einer Aehnlichkeit unterschieden, die der Menschenseele unter allen Um=
ständen bleibt, und einer Vollkommenheit, die verloren gegangen ist: so
nimmt der Dichter folgerecht ein doppeltes Ebenbild Gottes in der Menschen=
seele an. Worin das letztere, das verlierbare bestehe, sagt er außer=
ordentlich schön (Apoth. 880), wo er die gefallene Seele „Christi beraubt"
(Christi inops) nennt [1]. Ein Bild Christi zu sein und in sich Christus
darzustellen, ist nämlich des Menschen gottgewollte Bestimmung. „So
nämlich berichtet uns (Moses) der kundigste Schriftsteller, daß damals,
im Beginne der Welt, nicht allein und nicht ohne Christus der Vater das
Gebilde der neuen Schöpfung geformt habe. ‚Der schaffende Gott,' sagt
er, ‚bildete den Menschen und gab ihm das Antlitz Gottes' (ora Dei).
Was ist das anders als sagen: er war nicht allein, sondern (ein) Gott
stand dem schaffenden Gotte zur Seite, als der Herr nach dem Bilde des
Herrn den Menschen (plasma) schuf? Christus ist des Vaters
Gestalt, wir Christi Gestalt und Bildniß [2]; geschaffen werden
wir nach dem Bilde des Herrn durch die Güte des Vaters für Christus,
der nach Jahrhunderten unsere Gestalt annehmen und (in die Welt) kom=
men sollte" (Apoth. 302 sq.). Freilich ist Christus (der Logos) in ganz
anderer Weise das Bild Gottes, als unsere Seele. „Etwas anderes ist
nämlich die Wahrheit (das Wesen), und etwas anderes die Nachbildung
(der Schatten) der Wahrheit" (Apoth. 801). Jedenfalls lehrt Prudentius
klar und deutlich, was die Schule als natürliches (imago) und über=
natürliches (similitudo) Ebenbild Gottes unterscheidet. Von Natur ist
und bleibt der Mensch Gottes Bild; durch Gnade (Apoth. 880) war
und wird der Mensch das Bild Christi. In gewissem Sinne hat daher
auch der Leib Theil an der Ebenbildlichkeit Gottes [3], insofern das Wort
durch die Incarnation in Allem uns ähnlich geworden ist. Dieses Eben=
bild Christi ist es, was Prudentius als numen und deitas (c. Symm. II,
264 sq.), Theilnahme an der göttlichen Natur, bezeichnet [4]. Der Hauptzug
desselben besteht in der Kindschaft Gottes; „durch Christus nämlich wird
Adam Sohn des höchsten Gottes" (Apoth. 1009). Aus der Wiederher=

---

[1] „Christus=entkleidet" wäre vielleicht die beste Uebersetzung.

[2] Christus forma Patris, nos Christi forma et imago,
   Condimur in faciem Domini bonitate paterna
   Venturo in nostram faciem post secula Christo.
Cfr. Apoth. 1033 sq.:
   Solus homo emeruit Domini formabile dextra
   Os capere et fabro deitatis figmine nasci. . . .
   Decrerat quoniam Christum Deus incorrupto
   Admiscere solo.

[3] Cfr. *Hurter*, Theol. dogm. comp. II. n. 225.

[4] Cfr. Apoth. 880 sq.

stellung des verlorenen Ebenbildes, die Apoth. 880 sq. beschrieben wird, lernen wir die einzelnen Züge kennen. „Eine neue Gnade r e i n i g t die Christus=entkleidete Seele"; somit erfreut sich die Seele im Zustande des väterlichen Wohlgefallens Gottes einer vollkommenen Reinheit von der Sünde. Prudentius beschreibt deßhalb die Versuchung des Satans zur ersten Sünde (Cath. III, 111 sq.):

> Hic draco perfidus *indocile*
> Virginis illicit *ingenium.*

Allein richtig dürfte „indocile ingenium" als „unbekannt mit der Sünde und darum ungelehrig für dieselbe" erklärt werden, so daß Satan seine Schlauheit und Verlockungen anwenden muß, um den Geist der jungfräulichen[1] Eva zu verkehren. Zu dieser Sündenreinheit kommt, daß „der heilige Geist die in der Taufe gerechtfertigte Seele adelt (iustificatam nobilitat) und ihr als seiner (gehorsamen) Dienerin den mangelnden Schmuck spendet" (Apoth. 881 sq.). Und dieser Schmuck, „dessen Besitz wie Verlust von dem Verdienste oder dem Mißverdienste der Menschen abhängt, ist ein göttliches, und zwar das höchste Gut, das die Seele bald gehorsam trinkt aus ewiger Quelle, bald durch verbrecherische Schuld einbüßt und so entweder Strafe erhält oder frei (von Qualen, triumphirend) einhergeht"[2] (Apoth. 880 sq.). Der Besitz der übernatürlichen Heilig=keit und Gerechtigkeit, die der Mensch nach Prudentius nur in Vereinigung mit Christus haben und bewahren kann, ist also die eigentliche Bestim=mung des Menschen, von der Prudentius sagt (c. Symm. II, 154 sq.):

> Luctandum summis conatibus, inter acerba
> Sectandum virtutis iter, ne suavia fluxae
> Conditionis amet, nimium ne congerat aurum,
> Ne varios lapidum cupide spectare colores
> Ambitiosa velit, ne se popularibus auris
> Ostentet pulcroque inflata tumescat honore,
> Ne natale solum, patrii ne iugera ruris
> Tendat et externos animum diffundat in agros,

---

[1] „Virgo" schließt den Begriff der Sündenreinheit in sich und bestärkt unsere Auslegung. Der hl. Cyprian braucht für indocile das Wort rudis: „Verbis mendacibus blandiens rudes animas incauta credulitate inimicus fefellit." De unit. eccl. c. 1. A r e v a l o erklärt dagegen indocile als „Dei praecepto non vescendi pomo vetito".

[2] (Anima) „divinum summumque bonum de fonte perenni
> Nunc bibit obsequio, nunc culpa aut crimine perdit,
> Et modo supplicium recipit, modo libera calcat."
Die Worte des Dichters sind nicht von verschiedenen Zuständen einer indi=viduellen Seele zu verstehen. „Anima" ist hier generischer Begriff; die eine Menschen=seele, sagt Prudentius, geht verloren, die andere wird des höchsten Gutes theilhaftig.

Et ne corporeis addicat sensibus omne,
Quod vult aut quod agit: ne praeferat utile iusto
Spemque in me omnem statuat: nunquam peritura
Quae dedero, longoque die mea dona trahenda.

„So weit vom Himmel die Erde absteht, so groß ist der Unterschied zwischen den Erbengütern und meinen zukünftigen Schätzen," läßt der Dichter Gott den Menschen zurufen. Darum, „was immer vergänglich ist, das fliehet; was zufolge seiner natürlichen Beschaffenheit schadhaft wird und veraltet, das achtet für nichts (pro nihilo putetis), weil es in das Nichts zurückkehren wird" (II. c. Symm. 125 sq.). In Folge dieser ursprünglichen Bestimmung war der Mensch auch dem Leibe nach unsterblich; der zeitliche Tod hängt mit dem Verluste des übernatürlichen Ebenbildes Gottes zusammen. „Die der entsetzlichen Schlange gebrachten gottlosen Opfer (die Willfährigkeit gegen die Verlockungen des Satans) haben dem Körper den Tod bereitet" (Cath. III, 181). Seitdem vollzieht sich die Vereinigung der Seele mit dem Leibe folgendermaßen:

... animam factam magno et factore minorem
Maioremque aliis atque omnibus imperitantem
Conruptela putris nascentem turbida carnis
Concipit ac membris tabentibus interfusam
Participat de faece sua: fit mixta deinde
Peccandi natura luto cum simplice flatu [1].

Neben der innigen Verbindung der Seele mit dem Leibe, die wir oben (S. 382) in derselben Weise vom Dichter schildern hörten, scheint diese Stelle die Antwort auf die Frage zu enthalten: Woher stammt die Sünde? „Es finden sich nicht nur Stellen," sagt Brockhaus (a. a. O. S. 195), „die das Fleisch an und für sich als Träger der Sünde erscheinen (Perist. II, 213 sq.), die Sünde in der Hingabe der Seele an das Fleisch (Apoth. 816 sq. 910) wesentlich beruhen lassen und die Gefahr der Sünde für die Seele aus der Begehrlichkeit des Fleisches ableiten (Psych. 889 sq.); sondern noch mehr spricht dafür die gesammte ascetische Anschauung des Dichters, in der er das Abtödten des Fleisches und die Abschwächung der Kraft desselben in strengen Uebungen der Enthaltsamkeit als Sündenbefreiung preist (Cath. VII), den Leib ein Gefängniß nennt, dem zu entfliehen wahre Freiheit sei, und in der körperlichen Verkümmerung die wahre Gesundheit des Geistes sieht (Perist. II, 209 sq.)." Der Dichter hat sich also, wie man sieht, nicht umsonst gefürchtet, mißverstanden zu werden, da er schrieb (Ham. 522 sq.):

Nemo habitum naturae aut inritamina peccans
Corporis accuset: facile est frenare rebelles,
Adfectus carnis nimiosque retundere pulsus,
Materiae fragilis et viscera victa domare:

---

[1] Apoth. 814 sq. In dem „*nascentem* animam" ist der Creatianismus, in der Bezeichnung der Seele mit „*simplex* flatus" die Spiritualität der Seele ausgesprochen.

Quippe animus longe praestantior, utpote summo
Aethere demissus, subiectos si velit artus
Imperio quassare gravi iussisque severis
Dedere, regnanti domino vis nulla resistit.

Wollen wir den Dichter nicht eines sinnlosen Widerspruches[1] zeihen,
so müssen wir „das Verderben des verweslichen Fleisches" (Apoth. 816)
anders erklären, als Brockhaus. In der That sind wir hierzu aus Gerechtigkeit gegen den Dichter verpflichtet. Nach seiner oben entwickelten
Ansicht über den Urzustand des Menschen besaß der Leib die Unsterblichkeit. Nicht durch das Fleisch ist die Seele in's Verderben gezogen, sondern durch die Abkehr der Seele von Gott ist der Leib dieser Gabe beraubt worden. Consequent stellt der Dichter in seinem Begräbnißliede
(Cath. X) die Verherrlichung des Leibes bei der Auferstehung wieder in
Aussicht. Da wir nun keinen Grund haben, dem Dichter das gesunde
Denkvermögen abzusprechen, so können wir auch nicht annehmen, er habe
das Fleisch an und für sich für böse gehalten[2]. Vielmehr liegt in den
oben citirten Worten über die „Bosheit des Fleisches" die alte christliche
Lehre; im Menschen macht sich ein doppeltes Gesetz geltend: das der
Sinnlichkeit, die unordentlich nach den Gütern der Erde verlangt und
dadurch den Willen zur Sünde anreizt, und das Bewußtsein der Pflicht,
der ursprünglichen Bestimmung entsprechend die irdischen Güter zur Erlangung der himmlischen zu benützen. Man kann über diesen Lehrpunkt
bei Prudentius nichts Besseres sagen, als was bei Förster[3] das Resultat
der Untersuchung über die dießbezüglichen Aeußerungen des hl. Ambrosius
bildet. „Es muß bei dem Principalsatz bleiben, daß nicht das Fleisch

---

[1] Diesen Widerspruch nimmt Brockhaus a. a. O. allerdings mit dem Hinweise auf letztere Stelle an. In allen wichtigeren Lehrpunkten widerspricht sich, nach
Brockhaus, der Dichter selbst. Hiernach verdiente er als ein verworrener Kopf
wahrlich nicht den Ruhm, der erste Dichter des christlichen Alterthums zu heißen.

[2] Middeldorpf (l. c. p. 172 n.) hat den Dichter bereits gegen Keil vertheidigt: „Iniuria Keilius opinatus est Prudentium corpus ,animae carcerem'
(Cath. X, 22. Cfr. Perist. V, 358. Dittoch. 7. 8) dicendo prope tantum afuisse
a Lactantii sententia statuentis: animam humanam a coelo et a Deo, corpus
vero e terra atque a diabolo esse; huic alteri bonum, alteri malum adhaerere.
Prudentio enim et corpus magni et eximii quid fuisse apparet inde quod
(o. Symm. II. 214) diserte iis obloquitur, qui corpus malo Deo auctori assignaverunt." Brockhaus nimmt, ohne diese Worte zu berücksichtigen, die oberflächliche Argumentation Keils wieder auf. Wo Prudentius (Ham. 523 sq.) andererseits von der Ueberlegenheit des Geistes über die Sinnlichkeit redet, ist er nach
Brockhaus (S. 32. Anm. 1) wieder „nicht in Uebereinstimmung mit Paulus" (Gal.
5, 17; Röm. 7, 18 f.).

[3] Ambrosius, Bischof von Mailand. S. 149. Vgl. mit den oben citirten
Worten Ham. 522 sq. S. Ambros. In ps. I. enarr. 30: „Quid carnem quasi
infirmam accusamus? Membra nostra arma sunt iniquitatis et arma iustitiae."

die Sünde begeht, sondern der Wille, und daß kein zwangsmäßiges Sün=
digen stattfindet; aber thatsächlich befindet sich der Wille in einer Ab=
hängigkeit vom Fleisch, dem er zu viel Macht über sich eingeräumt hat,
und von welchem er sich, auch bei Erkenntniß des Bessern, nicht mehr
befreien kann. Die fleischlichen Regungen überwältigen den Willen, dieser,
aber ist und bleibt das eigentliche Subject des Sündigens." Somit ist
die Frage: „Woher kommt die Allgemeinheit der Sünde, und warum
sagt der Dichter unterschiedlos von jedem Menschen, der in diese Welt
tritt: ‚fit mixta natura peccati‘?" nicht gelöst durch den Hinweis auf
die Sündhaftigkeit des Fleisches[1]. Geben wir, um vom Dichter die Ant=
wort zu erhalten, der Frage folgende Gestalt: „Woher kommt jener heftige
Reiz der sinnlichen Begierden im Menschen, der ihn mit einer gewissen
Nothwendigkeit gegen seine bessere Erkenntniß zur Uebertretung der göttlichen
Gebote fortreißt?" Prudentius erklärt dieß folgendermaßen (Ham. 188 sq.):
In jenem entarteten Engel „glühte der Funke des Hasses, vom Zunder
der Eifersucht (genährt), und plötzlich, schnell fachte der Schmerz das gott=
lose Gemüth zur hellen Flamme an. Er hatte gesehen, wie das Erben=
gebilde (der Menschen) vom Hauche Gottes mit Lebenswärme erfüllt
(concaluisse) und der Schöpfung zum Herrn gesetzt worden war . . .
Da gerieth das Thier (die Schlange) von Aerger und Zorn des Gemüthes
in heftige Aufwallung und zog voll Grimm aus dem verbitterten Herzen
(des Satans) seine (feindliche) Kraft. Sieh! das schuldlose Thier (sorde
carens bestia), welchem damals noch unverdorbene (natürliche) Klugheit
des langgestreckten Körpers jugendfrische Gewandtheit bewahrte, krümmt
seinen Leib, schlägt noch nie gesehene (novos) Ringe, und legt den glänzen=
den Bauch in schlängelnde Windungen. Die vordem einfache Zunge be=
sitzt die glänzende Gabe kunstvoller Rede (varia micat arte loquendi),
und gespalten von listigem Truge tönt sie in mehrdeutiger Rede (sermone
trisulco)[2]. Daher stammt der Uebel ursprüngliche Quelle,
von jenem Vater (Urheber) nahm das Uebel seinen Anfang,
der zuerst sich selbst und bald auch den Menschen zu ver=
derben gelernt, und doch keinen Lehrer gehabt hat."[3] Die
verderblichen Folgen der ersten Sünde erstreckten sich nun nach Pru=

---

[1] Die Beschuldigung des Dichters, er huldige wegen seiner ascetischen Richtung
der manichäischen Lehre, hat Arevalo (Proleg. c. XVI) zum Ueberfluß ausführlich
zurückgewiesen.

[2] Vergil nennt die Schlangenzunge trisulca. Georg. III, 439. Wörtlich
dürfte die Uebersetzung richtiger lauten: „Die Zunge läßt Worte vernehmen, die der
dreifach gezackten Schlangenzunge entsprechen." Cfr. Cath. III, 128: colla trilinguia.

[3] Hinc natale caput vitiorum, principe ab illo
  Fluxit origo mali, qui se corrumpere primum
  Mox hominem didicit nullo informante magistro. (Ham. 203 sq.)

bentius auf die ganze unvernünftige Schöpfung [1]. In der unmittelbaren
Fortsetzung der eben mitgetheilten Worte entwirft er hiervon eine poetisch
meisterhafte Schilderung (V. 206 f.), die alsbald (V. 250) in eine scharfe
Predigt gegen das luxuriöse, weichliche Leben der Frauen und sodann der
Männer mit offenbarer Anspielung auf die Sitten seiner Zeit übergeht.
Auf den „gewaltigen Räuber" (praedo potens. v. 390), den „ruchlosen
Feind" (improbus hostis. v. 406) ist alle diese Sittenlosigkeit der Men=
schen zurückzuführen (Ham. 389 sq.):

> His *aegras animas* morborum pestibus urget
> Praedo potens, tacitis quem viribus interfusum
> Corda bibunt hominum: serit ille medullitus omnes
> Nequitias spargitque suos per membra ministros.
> Namque illis numerosa cohors sub principe tali
> Militat, horrendisque animas circumsidet armis
> Ira, superstitio, moeror, discordia, luxus,
> Sanguinis atra sitis, vini sitis et sitis auri,
> Livor, adulterium, dolus, obtrectatio, furtum,
> Informes horrent facies habituque, minaces,
> Ambitio ventosa tumet, doctrina superbit,
> Personat eloquium, nodos fraus abdita nectit [2].

Das ganze Menschengeschlecht gleicht in diesem Zustande dem Volke
Israel im Exil. „Glaubt es, o Sterbliche, in eurer Knechtschaft, (euer
Gefängniß und eure Dienstbarkeit) ist jenes Babylon, jene Wegfüh=
rung unseres Volkes und der schreckliche Sieg des Fürsten von Assur,
den im klagenden Liede Jeremias beweint hat, als er jammerte über die
ihrer Bürger beraubte Stadt" (Ham. 445 sq.). Nachdem aber der
Dichter seine Lehre noch durch die Berufung auf die Worte des heiligen
Paulus an die Epheser (6, 12) erhärtet hat, wonach die Anreizungen
des Fleisches (inritamina· corporis) zur Sünde weit leichter (von der
Seele) zu überwinden seien, als die Versuchungen des Satans [3], wandelt
ihn die Furcht an, zu weit gegangen zu sein. „Aber warum mißbrauche
(detorqueo) ich denn alles Uebel der Welt und der Menschen, um damit
den Haß gegen den bösen Feind zu erregen? Aus unserem Gemüthe und

---

[1] Hierbei huldigt Prudentius der unhaltbaren Ansicht, daß thatsächlich die
Natur der Pflanzen= wie der Thierwelt derart verändert worden, daß erst von da
an die Giftpflanzen existirt und die Raubthiere ihre Blutgier erhalten hätten.
Vgl. **Knabenbauer**, Erklärung des Propheten Isaias. Freiburg 1882. S. 178 f.

[2] In den letzten Worten, wie in der Fortsetzung derselben, spielt der Dichter
wohl speciell auf seine eigene Erfahrung an. Praef. 13 sq.

[3]   Maior inest *vis illa* homini, quae flatile virus
  Ingerit et tenuem tenui ferit aëre mentem. (Ham. 531.)
Prudentius vergleicht hier die teuflische Versuchung mit der Gewalt, die der
Satan im Paradiese über die Schlange ausübte. Vgl. Ham. 195.

aus unserem Herzen nehmen ja doch unsere Uebel (Sünden) ihren Ur=
sprung mit allen ihren Folgen. Jener (der Satan) ist zwar der An=
stifter (fomes) und die Ursache (causa) unserer Uebel. Aber er kann
uns doch nur so viel verwirren und täuschen, als wir wollen (quantum
nos volumus) . . . Jegliches Uebel erzeugen wir als das unsere aus
dem eigenen Körper."[1] Aus dem angeführten Gedankengange der Hamarti=
genie ist klar, daß Prudentius in der Ansicht über den ersten Eintritt
des Bösen in die Welt mit der heiligen Schrift vollkommen überein=
stimmt. Zweifellos besteht nach seinen Worten auch ein Zusammenhang
zwischen der ersten Sünde und dem sündigen Zustande der Menschheit.
Nicht erklärt bleibt indeß, welcher Art dieser Zusammenhang sei. Es
könnte scheinen, als gleiche jede persönliche Sünde des einzelnen Menschen
ganz und gar jener ersten Sünde im Paradiese. Die genauere Betrachtung
der Werke des Dichters belehrt uns eines andern. Nach Prudentius hat
die erste Sünde den geschilderten Zustand der Menschheit ebenso veran=
laßt, wie dadurch eine Verschlechterung der unvernünftigen Natur ein=
getreten ist. Es ist „das Uebel seines Herrn (herile malum), welches
der so reich ausgestattete Erbkreis bei der Sünde seines Herrn schon
damals verderbt davontrug"[2]. Ist es nun möglich, daß Prudentius
durch die erste Sünde des Menschen den Zustand der unvernünftigen
Creaturen in übertriebener Weise corrumpirt werden läßt, dabei aber
sich den Zustand des Menschengeschlechtes so unverändert denken kann,
daß die Kinder Adams ebenso in's Leben eintreten, wie Adam selbst;
daß ihre Sündhaftigkeit einzig als Nachahmung der Sünde des Vaters
zu Stande kommt und als solche zu betrachten ist? Falls uns nicht die
Worte des Dichters diesen Mangel an logischem Denken bestätigen, dürfen
wir ihm denselben nicht zuschreiben. Prudentius spricht aber klar und
deutlich aus, was die gesunde Vernunft als Consequenz seiner bisherigen
Darstellung fordert. „Die zerstörte Menschennatur (destructa natura)
verließ zwar das Gebilde der geformten Erde (den Leib) und entwich,
vom Tode genöthigt; aber Gottes Natur, die niemals zerstört werden
kann, beschloß, daß unsere hinfällige Erde (unser Leib), die im Anfange
durch unseren Mißbrauch verderbt wurde (tellurem nostro vitiatam
primitus usu), seine eigene würde, damit sie aufhöre, verderbt zu sein"
(Apoth. 1040 sq.). Mit diesen Worten schildert Prudentius den Tod
und den Grund der Auferstehungshoffnung. Die destructa natura,

---

[1] Ham. 553 sq.: Gignimus omne malum proprio de corpore nostrum.

[2]   . . . homini subiecta domus, ditissimus orbis
          Scilicet in facilem domino peccante ruinam
          Lapsus herile malum iam tum vitiabilis hausit. (Ham. 213 sq.)
Vgl. Apoth. 1041 sq., wo auch das dem Prudentius eigenthümliche vitiabilis =
vitiosus zum Ausdruck desselben Gedankens wiederkehrt.

welche im Tode den Leib verläßt, kann nur die Seele ſein, welche
(primitus) durch die erſten Menſchen verderbt wurde. Die Folgen der
erſten Sünde erſtreckten ſich alſo nicht bloß auf die erſten ſündigen
Menſchen; die Menſchennatur als ſolche, wie ſie in jedem Menſchen
individualiſirt erſcheint, nahm Theil daran. In der That unterſchei=
bet der Dichter von der „verderbten Natur“ einen erſten Zuſtand der
Natur. „Bei ihrer Erſchaffung war die Seele einſt (d. h. in den
erſten Eltern) rein (sincera) und belebte ſo den ſchwerfälligen Lehm ...
bald aber nach ihrer Vereinigung mit dem Erdenleibe (gravidum arvum)
wurde ſie hinfällig[1], indem ſie ſich allzuſehr durch die ſüßen Lockreden
(des Verſuchers) ſchmeicheln ließ, und im ſchmutzigen Schwemmteich be=
ſubelt ſie ihre koſtbare Feuernatur, indem ſie durch ruchloſe Uebertretung
Gottes gerechte Anordnung mit Füßen tritt. Das iſt die erſte Natur[2]
der Seele; in dieſem reinen Zuſtande erſchaffen, ſtürzte ſie
in’s Verderben durch das ſchmutzige Bündniß mit dem
Fleiſche. Seitdem ſteckte ſie mit der ſchlimmen Sünde des
Stammvaters Adam das ganze Geſchlecht der Menſchen an,
welches von ihm entſtammt, und die Kindheit der Seelen trägt ſchon ein=

---

[1] „refrixit“, ſie erkaltete. Apoth. 906. Der Dichter betrachtet die Seele unter
dem Bilde des Feuers; dementſprechend heißt es im folgenden Verſe: „deque volu-
tabris pretiosum polluit ignem“ — „das ſchmutzige Waſſer des Sündenmoraſtes
dämpfte und befleckte das Feuer“. Brockhaus überſetzt: „Sieh, im irdiſchen Staub
erlöſcht das köſtliche Feuer.“ Auch dem Sinne nach iſt dieſe Ueberſetzung nicht getreu.
Der Dichter lehrt kein Aufhören des Seelenfeuers, ſondern eine Alteration.

[2] Apoth. 909 sq.:

Haec prima est natura animae (al. anima), sic condita simplex
Decidit in vitium per sordida foedera carnis.
Exin tincta malo peccamine principis Adae
Infecit genus omne hominum, quod pullulat inde,
Et tenet ingenitas animarum infantia in ortu
Primi hominis maculas, nec *quisquam nascitur insons.*
Vitandus tamen error erit, ne traduce carnis
Transfundi in sobolem credatur fons animarum
Sanguinis exemplo, cui texta propagine vena est.
Non animas animae pariunt, sed lege latente
Fundit opus natura suum, quod parvula anhelet
Vascula vitalisque adsit scintilla coactis.
Quae quamvis infusa novum penetret nova semper
Figmentum, vetus illa tamen de crimine avorum
Ducitur (al. dicitur) in luto quoniam concreta veterno est.
Inde secunda redit generatio et inde lavatur
Naturae inluvies, iterumque renascimur intus
Perfusi, ut veterem splendens anima exuat Adam.

Das „sordida“ in v. 910 iſt ebenſo Prolepſis wie das „splendens“ in v. 926.

geboren an sich in ihrem ersten Beginne (in ortu) die Sündenmakel des ersten Menschen, und keiner wird unschuldig geboren. Dabei fliehe jedoch den Irrthum und glaube nicht, daß durch die Vermittlung des Fleisches die Quelle der Seele übergeleitet werde auf die Nachkommenschaft, etwa so wie das Blut . . . Nicht die Seelen erzeugen die Seelen, sondern nach verborgenem Gesetze geschieht es . . ., daß der Lebensfunke in dem Körper= gebilde sich findet. Obgleich aber dieser stets neu (als neugeschaffener) den neugebildeten Körper durchdringt, so gilt er doch von der Sünde der Stammeltern her als alt (mit der alten Sünde behaftet), weil er im Zusammenhang steht mit dem alten, nicht weggenommenen Schmutze. Darum folgt dann eine zweite Zeugung, und darum (darauf) wird der Schmutz der Natur abgewaschen (naturae inluvies lavatur), und auf's Neue werden wir geboren, innerlich überströmt, damit die glänzende Seele den alten Adam ausziehe." So wird denn die Erbsünde im wahren und eigentlichen Sinne vom Dichter gelehrt. Der Mensch erblickt als Sünder das Licht der Welt. Die Veränderung, welche an Eva und Adam durch den Fall zu Tage trat, ist in allen ihren Abkömmlingen als solchen Thatsache. „Eva war eine glänzend weiße Taube; nachdem sie aber darauf durch das in süßer, betrügerischer Rede (eingeträufelte) Schlangen= gift schwarz geworden war, befleckte sie mit schmutzigen Makeln auch den Adam." [1] Worin der verlorene Glanz der Seele unserer Eltern be= stand, wurde oben (S. 392) aus Prudentius erwiesen. Mit dem Ver= luste desselben [2] trat das Gesetz des Todes in Kraft. Das Bündniß zwischen Leib und Seele wurde gestört. Die Christus= entkleidete Menschen= natur beschreibt nämlich Prudentius also (II. c. Symm. 626 sq.):

Sic incompositos humano in pectore sensus
Disiunctasque animi turbato foedere partes
Nec liquida invisit sapientia, nec Deus intrat.

Hiermit ist auch der Unterschied zwischen unseren persönlichen Sünden und der ersten Sünde unserer Stammeltern erklärt. An und für sich

---

[1] Dittoch. 1 sq. Auch hier ist das Festhalten des Prudentius an seinem Sprachgebrauche bemerkbar. Vgl. Apoth. 913: ingenitae maculae.

[2] Daß der Eintritt in die Seligkeit des Himmels durch die Sünde für das Menschengeschlecht verwirkt wurde, ist selbstverständlich. Der Dichter lehrt dieß zu= dem ausdrücklich, wenn er die hl. Agnes vor ihrem Martyrium also beten läßt (Perist. XIV, 81):

Aeterne rector, divide ianuas
Coeli obseratas terrigenis prius
Ac te sequentem, Christe, animam voca,
Cum virginalem, tum Patris hostiam.

Die Glosse von Iso bemerkt zu prius: „in primo homine." Cfr. Ham. 658; c. Symm. II, 265 sq.

sind die ersteren allerdings eine Nachahmung der letzteren. Allein an unsere Eltern trat der Versucher heran, da dieselben, im Vollbesitze der ursprünglichen Gerechtigkeit, keinerlei Hang zur Sünde in sich verspürten (vgl. oben S. 393). Wir sind dem Versucher nicht bloß von Anfang an unterworfen, weil unsere Seele, mit wahrer und wirklicher Erbschuld behaftet, in's Dasein tritt. Unsere sinnliche Natur hat auch in Folge dessen ein Uebergewicht über die Vernunft erlangt, und ein unordentlicher Hang zieht uns zur Sünde, an den der Versucher mit leichter Mühe an= knüpfen kann. Hierin liegt der Grund, warum Prudentius in der Ha= martigenie, wie oben gezeigt wurde, den jetzigen sündhaften Zustand der Menschheit in so innigen Zusammenhang mit der ersten Sünde gebracht hat. Das Mittelglied hat er als bekannt ausgelassen. Die böse Begier= lichkeit, die dem Menschen seit der Sünde im Paradiese nicht als Erb= sünde, sondern mit derselben und als Folge derselben innewohnt, bewirkt, daß der Mensch so leicht sündigt und die Sünde übermächtig wird. Aus= drücklich lesen wir dieß Cath. III, 131 sq.:

> His ducibus (sc. primis parentibus) vitiosa dehinc
> Posteritas ruit in facinus,
> Dumque rudes imitatur avos,
> Fasque nefasque simul glomerans
> Impia crimina morte luit.

Nach der dargelegten Lehre des Dichters kann es kaum jemanden einfallen, die Erbsünde als bloße Nachahmung der ersten Sünde zu be= zeichnen, weil hier von Nachahmen (imitatur) die Rede ist. Schon die Stelle an sich verbietet eine solche Auffassung. Denn die Nachkommen= schaft wird als solche verderbt (vitiosa) genannt. In ihrem sündigen Zustande ahmt sie die Sünde der Stammeltern nach; nicht umgekehrt stammt ihre Sündhaftigkeit allein und zuerst aus der Nachahmung. Wenn übrigens dieser Stelle eine Unklarheit anhaftet, so ist dieselbe nach der bekannten hermeneutischen Regel durch die oben mitgetheilten klaren und ausführlichen Worte des Dichters zu beseitigen [1]. Abgesehen von dem

---

[1] Vgl. Apoth. 61 sq., wo die von Adam stammende Menschheit in folgender Weise mit dem Dorngebüsche verglichen wird, in dem Moses die göttliche Erschei= nung sah:

> Inculto(a) nam stirpe frutex vitiosus iniquis
> Luxuriam virgis inhonesto effundere suco
> Coeperat et nodos per acumina crebra ligabat.

Die Stelle enthält alle Begriffe, die dem katholischen Dogma von der Erbsünde eigen sind. „Inculta stirps" = die Stammeltern; „inhonestus sucus" = ἡ ἁμαρτία (Rom. 5, 12); „frutex vitiosus iniquis virgis" = posteritas vitiosa, die mit der Erbsünde behaftete Nachkommenschaft; „nodi per acumina ligati" (cfr. fas nefasque simul glomerans posteritas), die persönlichen Sünden der Menschen. Man kann

Verluste jenes übernatürlichen Glanzes [1], ist aber Seele und Leib auch in ihren natürlichen Vorzügen geschädigt worden. Beide helfen einander in Folge dessen gewissermaßen zur Sünde (Apoth. 927):

> Quae (sc. anima), quia materiam peccati ex fomite carnis
> Consociata trahit, nec non simul ipsa sodali
> Est incentivum peccaminis, implicat ambas
> Vindex paena reas peccantes mente sub una,
> Peccandique cremat socias cruciatibus aequis.

Von einer dem Fleische als solchem innewohnenden Bosheit kann nach diesen Worten des Dichters keine Rede sein. Wenn Prudentius an anderen Stellen dagegen die Leichtigkeit betont, womit die Seele den Re=gungen der Sinnlichkeit Widerstand leisten könne [2], so ist zu beachten, daß er die erlöste, von der Gnade unterstützte Willensfreiheit im Auge hat. Dieß geht ganz klar aus der citirten Hauptstelle (Ham. 523 sq.) hervor, wo er V. 559 ausdrücklich den Satan „decrepitus leo" nennt. Dazu kommt, daß er die Lehre der Priscillianisten bekämpft, in deren dualisti=schem Systeme das Fleisch ein Geschöpf des bösen Princips war. Die ganze Hamartigenie strebt deßhalb nach dem Ziele, darzuthun, daß der Mensch allezeit selbst durch freie Entscheidung seines Willens der Herr seines Geschickes und darum stets für seine Sünde verantwortlich sei. Gleichsam voll Siegesbewußtsein ruft er darum gegen Schluß seiner Be=weisführung aus (Ham. 769 sq.):

> En tibi signatum libertatis documentum!
> Quo voluit nos scire Deus, quodcunque sequendum est
> Sub nostra ditione situm passimque remissum
> Alterutram calcare viam. Duo cedere iussi
> De Sodomis: alter se proripit, altera mussat,
> Ille gradum celerat fugiens, contra illa renutat
> Liber utrique animus, sed dispar utrique voluntas
> Dividit huc illuc rapiens sua quemque libido.

Von der Lehre, daß die Freiheit des Willens dem Menschen durch die erste Sünde völlig abhanden gekommen sein soll, hat also Prudentius keine Ahnung gehabt [3]. Die Freiheit betrachtet der Dichter vielmehr als

---

zweifeln, wie „rudes" in Cath. III, 133 zu verstehen ist, ob „unerfahren" im Sün=bigen (vgl. oben S. 393) oder verwildert durch die Sünde. Das letztere ist wahr=scheinlicher, weil dieß auch der allein richtige Sinn von „*inculta* stirps" (Apoth. 61) ist.

[1] Vgl. oben S. 393. Cath. II, 61 sq. bittet der Dichter um Bewahrung des in der Taufe wiedererlangten Glanzes.

[2] Ham. 523 sq.

[3] Nach dieser Darlegung der prudentianischen Lehre möge man nun beurtheilen, mit welchem Rechte B r o c k h a u s dem Dichter Folgendes imputirt (a. a. O. S. 187): „. . . von einer Erbsünde, als Uebertragung eines sündigen Keimes (!), im scharf ausgeprägten Sinne ist nicht die Rede. Es wird zwar von einem ‚herile malum'

ein unverlierbares Gut. In der Hamartigenie V. 637 f. beschäftigt er sich nämlich mit dem Einwande seiner Gegner, daß trotzdem Gott der Urheber des Bösen sei, da er es ja in seiner Allmacht verhindern könne[1].

Condidit ergo malum Dominus, quod spectat ab alto
Et patitur fierique probat, tamquam ipse crearit:
Ipse creavit enim, quod quum discludere possit,
Non abolet longoque sinit grassarier usu. (v. 645 sq.)

„Weißt du denn nicht, o Thor," antwortet der Dichter voll Ent-rüstung, „daß deiner Freiheit Kraft dir vom Schöpfer selber gegeben worden?" (V. 673.) Der Mensch ist nicht wahrhaft gut, wenn es nicht in seiner Gewalt steht, auch etwas anderes zu wollen. Was ist das für Lob oder ein Verdienst des Menschen, ohne wirkliche Gefahr zwischen dem zweifachen Wege (der Tugend und der Sünde) gerecht zu leben?

Atqui nec bonus est nec conlaudabilis ille,
Qui non sponte bonus: quoniam probitate coacta
Gloria nulla venit sordetque in gloria virtus:
Nec tamen est virtus, ni deteriora refutans
Emicet et meliore viam petat indole rectam. (v. 692 sq.)

Den schönsten Beweisgrund zur Rechtfertigung Gottes, der das Uebel zugelassen hat, stellt er aber an die Spitze seiner Argumentation.

gesprochen, ein sündiger, aus dem Fleische stammender Keim erwähnt, den der Dichter als den alten Adam bezeichnet (Apoth. 926 sq.), und eine Infection mit der Sünde Adams angenommen, die in einer schädlichen Vermischung der Seele mit dem Leibe besteht (Apoth. 816); indessen, da der Leib wohl als ein Kerker, aber doch nicht von Natur als schlecht bezeichnet, auch den Nach-kommen Adams der volle Besitz des freien Willens zuerkannt wird, so wird das Vorhandensein der Sünde in allen Menschen mehr zu einer Nachahmung des bösen Beispiels, das Adam gegeben hat (Cath. III. 133), als zum Ergebniß einer durch die Sünde Adams ver-rückten Disposition der menschlichen Natur!" Zu Ham. 556 sq. be-merkt Brockhaus (a. a. O. S. 32): „Es ist leicht erkennlich, wie, wenn Pru-bentius auch eine Fortpflanzung der Sünde Adams zugesteht, doch eine Wirkung der Erbsünde im augustinischen Sinne ihm unbekannt war." Zu dieser Art von Beweis-führung können wir nur die vortrefflichen Worte anführen, mit denen Wörter (Gnade und Freiheit S. 134) die auf dieselben sogen. Gründe gestützte Behauptung von Semisch zurückweist: in den Werken des hl. Justin finde sich die Lehre von der Erbsünde nicht. „Diese Argumentation," sagt Wörter, „beruht auf der sonder-baren Voraussetzung: der Kirchenvater müßte, wenn er die Erbsünde gelehrt hätte, in diesem Stücke lutherisch gedacht haben. Dieß hat nun Justin (Prudentius) aller-dings nicht gethan; aber folgt denn daraus, daß er deßhalb von keiner Erbsünde gewußt? Nur durch ein Unrecht behält man in diesem Punkte Recht gegen ihn."

[1] Vgl. den ähnlichen Einwand und seine Widerlegung beim hl. Ambrosius: De paradiso c. 8. Förster, Ambrosius S. 141 f. Arevalo (Proleg. c. XVI) bespricht diesen Einwand gegen Bail, der denselben im Sinne der Manichäer urgirte.

„Wenn Gott des Uebels Urheber und Erhalter wäre, so würde er nie=
mals nach dem Verluste des Heils und dem Untergange der Sünder die
wiederbelebende Arznei zu bringen gewillt sein und die verlorenen durch
ein zweites (Schöpfungs=) Werk wiederherstellen (amissos opere instaurare
secundo nunquam vellet). Der Fall kommt vom Menschen, die Be=
wahrung (Aufrichtung) von Gott: durch seine Schuld geht jener zu
Grunde, dieser tilgt des Verlorenen Werk (die Sünde) und zahlt seine
Schuld. Ein unwiderleglicher Beweis ist's, daß der Herr, der solches
gewährt, das Uebel nicht will, und daß er das nicht gutheißt, was er
nachher beseitigt." [1] (Ham. 661 sq.)

Zur Betrachtung dieses „opus secundum", wie es Prudentius dar=
stellt, gehen wir jetzt über. Zuerst begegnet uns hierbei diejenige, welche
als Morgenstern die Nähe der Sonne der Gerechtigkeit verkündigte.

Sechstes Kapitel.
Die Gottesmutter.

„Hat nicht ein Maler," fragt v. Lehner [2], „der Maria als Teufels=
besiegerin bilden will, dem Prudentius einfach nachzufahren, der die
grünliche Schlange im grünen Grase unter dem Fuße der Jungfrau sich
winden läßt?" In der That sieht Prudentius in dem hehren Weibe,
welches nach Genesis 3, 15 mit der Schlange den Entscheidungskampf
kämpfen soll, die allerseligste Jungfrau. „Auch die Schlange, die ruchlose
Urheberin der bösen That, erhält (dadurch) ihre Strafe, daß das Weib
mit seiner Ferse (ihr) den dreizüngigen Hals zertreten soll" (Cath. III,
126 sq.). Daß Prudentius unter „mulier" in V. 127, das V. 130 als
Gattungsname gebraucht ist, das Weib x. 2c. versteht, ergibt sich aus
den folgenden Versen. Der Dichter besingt nämlich V. 136 sq. die Er=
füllung der Verheißung. Die hierher gehörigen Verse 141 sq. lauten [3]:

---

[1] Ueberaus schön sind die letzten Verse (665 sq.):

Labi hominis, servare Dei est: meritis perit iste,
Ille abolet pereuntis opus meritumque resolvit.
Argumentum ingens, Dominum, qui talia praestat,
Nolle malum, nec quod post abluit ante probare.

[2] Die Marienverehrung in den ersten Jahrhunderten. S. 282.

[3] Die Uebersetzung ist bis auf die letzten drei Verse mit Aenderungen von
Lehner a. a. O. Daß thatsächlich diese Verse im elften Jahrhundert durch eine
Statue erläutert wurden, welche vielleicht unmittelbar durch die Lectüre des Dichters
veranlaßt war, siehe bei *Hurter*, Compend. theol.. dogm. t. II. p. 390 und Opuscula SS. Patr. XII. p. 211.

„Lebendes Fleisch wird das göttliche Wort,
Das, von der strahlenden Gottheit erfüllt,
Nicht in dem Brautgemach, nicht in der Eh',
Noch auch in bräutlicher Wonne erzeugt,
Ohne Versehrung das Mägblein gebiert.

Dieß war der alteingewurzelte Haß,
Dieß war der Schlang' und des Menschengeschlechts
Bis zur Entscheidung wüthender Krieg,
Daß[1] nun die Viper vom weiblichen Fuß
Kopfüber stürzend zertreten erliegt.
Sie, die uns Gott zu gebären verdient
Bändiget jegliches teuflische Gift:
Muthlos sich windend und krümmend ruhlos,
Speit nun die grünliche Schlange ihr Gift
Unschäblich aus in das grünende Gras."

Prudentius hat bei dieser Auslegung von Genesis 3, 15 in der lateinischen Uebersetzung offenbar „*ipsa* conteret caput tuum" gelesen. Daß vor Prudentius bereits diese Lesart in die Itala, bezw. in unsere Vulgata aufgenommen war, ist bekannt. Wir brauchen beßhalb unsern Dichter nicht mit dem Eifer Arevalo's[2] gegen jene zu vertheidigen, welche behaupten, er habe hier ein corrumpirtes Schriftexemplar vor Augen gehabt. Jede besonnene Exegese muß zugeben, daß die Beziehung der Stelle im Protoevangelium auf die allerseligste Jungfrau mit den daraus ge- zogenen Consequenzen für das Dogma der unbefleckten Empfängniß be- stehen bleibt, ob wir nun jenes הוא mit ipse oder ipsa oder wörtlich genau ipsum übersetzen. Das ist aber gewiß, daß die alte Kirche durch die Uebersetzung ipsa die von Moses überlieferten göttlichen Worte aus- brücklich von der jungfräulichen Gottesmutter verstanden hat, und daß Prudentius in Cath. III, 126 hierin mit ihr zweifelsohne übereinstimmt.

Die Argumente, welche Mibbelborpf[3] gegen diese Beziehung unserer Dichterstelle vorbringt, versetzen uns daher im Interesse der Wahrheit

---

[1] Der Sinn des Dichters ist: „Dahin zielte der Kampf auf Leben und Tod (digladiabile discidium), der Schlange den Untergang zu bereiten." Lehners Ueber- setzung: „Weil nun die Viper ... erliegt" (Quod modo vipera proteritur), ist minbestens schwer verständlich. Uebrigens sagt Lehner S. 178, wo er die Stelle in Prosa wiedergibt, selbst: „Daß jetzt" u. s. w.

[2] Proleg. c. X (Migne t. 59. col. 672) Vgl. Lehner a. a. O. S. 178.

[3] Mibbelborpf (l. c. p. 172) hat eine sonderbare Logik zur Anwendung gebracht, um darzuthun, Prudentius habe in Cath. III, 126—128 die allerseligste Jungfrau nicht im Auge gehabt. „Applicatne," frägt er, „Prudentius Geneseos locum ad Mariam sine labe conceptam?" Die apobiktische Verneinung dieser Frage wird also begründet: „Pertinet enim dogma de immaculata Mariae con- ceptione ad serius demum iaventa; primo enim a Paschasio Radberto saec. IX. propositum et saec. XII. festo sancitum est." Welch sonderbare Vorstellung Mibbelborpf von der „Erfindung des Dogma's", sowie von dem Inhalte beßselben

und Wissenschaft eher in die Lage, so blinden Eifer gegen die Gebenedeite unter den Frauen aufrichtig zu bedauern, als in die Nothwendigkeit, die-

hat, interessirt uns hier nicht. Wir haben nur den doppelten logischen Fehler zu beanstanden, mit dessen Hülfe dem ausgewichen wird, was eigentlich Gegenstand der historischen Forschung sein soll, nämlich dem wahren Sinn der prudentianischen Worte. Zunächst ist die petitio principii aus der fallacia incerti medii zu con-statiren. Wenn Prudentius die Stelle auf die unbefleckte Empfängniß bezöge, so würde das Dogma schon im vierten Jahrhunderte bezeugt sein; nun ist aber der erste Zeuge, den Mibbelborp kennen will, Paschasius: also bezieht Prudentius die Stelle nicht auf die unbefleckte Empfängniß Maria's. Mit diesem Erfolge seiner Logik ist indeß Mibbelborp nicht zufrieden. Er meint ja, durch diesen Syllogismus bewiesen zu haben, daß Prudentius in Cath. III, 126 sq. überhaupt nicht an Maria denke. Hierin nun liegt der zweite arge Verstoß, daß er die beiden verschiedenen Fragen: 1) Versteht Prudentius a. a. O. unter „mulier" die Gottesmutter? und 2) Lehrt Prudentius eben dort die unbefleckte Empfängniß derselben? zusammen-wirft, um dann mit der Behauptung, Prudentius könne das letztere nicht lehren, die über jeden Zweifel erhabene Bejahung der ersten Frage zu umgehen. Ebenso interessant ist das Argument gegen die Bezugnahme auf Maria aus den Worten (v. 147 sq.):

Hoc erat aspidis et hominis
Digladiabile discidium.

„Recte," heißt es bei Mibbelborp (p. 173), „Prudentius intellexit dic-tum (Gen. 3, 15) de inimicitia humanum genus inter et serpentem, quod dis-cimus e v. 146—148: ‚Hoc odium' etc.; nec cuiquam in mentem veniet ‚hominis' illud de *sola* Maria posse explicari." (Vgl. Obbarius zu Cath. III, 123 und den genau nachschreibenden Dressel.) Man wird bei diesem „sola Maria" an das berüchtigte Einschiebsel (Rom. 3, 28) „per fidem *solam*" erinnert. Wie dort die Noth-wendigkeit der guten Werke durch dieses Wörtchen beseitigt werden sollte, so hier die Beziehung auf Maria. In der That ist es, so viel ich weiß, keinem Erklärer des Prudentius eingefallen, jenes „hominis" auf Maria allein zu beziehen. Aber jeder Leser wird vernünftiger Weise nach dem Anfange des Satzes, welchen Mibbel-borp citirt hat, auch folgenden Schluß lesen (v. 149 sq.):

Quod modo cernua *femineis*
Vipera proteritur pedibus.

Ohne weitere Erklärung wird jedem Leser hieraus einleuchten, daß die weib-lichen Füße doch einer bestimmten weiblichen Person angehören müssen, die als Ver-treterin des Menschengeschlechtes dessen Kampf mit der Schlange und damit auch ihren eigenen Kampf zum Austrage bringt. Daß aber diese Tochter Eva's, welche Prudentius als Schlangentreterin preist, einzig und allein Maria, „die Gott ge-bärende und dadurch alles Gift bändigende Jungfrau" (v. 151) ist, sagt und bekennt der Dichter ohne Umschweif. In der obigen Uebersetzung ist diese von Mibbelborp und Obbarius herausgeforderte, an sich unnöthige Erklärung enthalten.

Was den von Mibbelborp angerufenen hl. Paschasius Rabbert († um 865) betrifft, so sagt derselbe in seinem Werke De partu Virginis l. I. (Migne t. 120. col. 1371): „Si non beata esset (B. M. V.) et gloriosa, nequaquam eius festi-vitas celebraretur *ubique ab omnibus*. Sed quia tamen solemniter colitur, constat *ex auctoritate ecclesiae*, quod nullis, quando nata est, subiacuit delictis *neque contraxit in utero sanctificata originale peccatum* ... Nisi in utero matris

felben ernftlich zu bekämpfen. Arevalo geht wohl in feinem Eifer zu
weit, wenn er a. a. O. in Folge des prudentianifchen Zeugniffes für
die Lesart der Vulgata ipsa vorwurfsvoll fragt: „Cur autem tam per-
spicuam Prudentii auctoritatem ii potissimum non urgent, qui
B. Mariae intemeratam conceptionem tot voluminibus editis pro-
pugnant?"[1] Man wundert fich, daß Arevalo zu diefem Zwecke nicht
auf eine andere Stelle aufmerkfam gemacht hat, von der fogar Mibbelborpf fagt: „Melius fortasse (Arevalo) suam opinionem de Prudentio immaculatae conceptionis Mariae fautore firmasse videretur,
si ad Apoth. 932—933 provocasset."[2] Die Stelle, im nächften wie
im weitern Zufammenhang betrachtet, darf allerdings als Beleg dafür
gelten, daß Prudentius die allerfeligfte Jungfrau von der Beflecfung
durch die Erbfünde für ausgenommen angefehen hat. Unmittelbar vorher
entwicfelt nämlich Prudentius in den oben S. 402 mitgetheilten Worten
die Lehre von der Vererbung der Erbfchuld. Nachdem er die Folgen
derfelben erwähnt hat, fährt er fort:

> His crucibus Christus nos *liberat incorruptae*
> *Matris* et innocui gestator corporis[3].

sanctificata esset, minime nativitas colenda esset. Nunc autem, quia ex *auctoritate totius ecclesiae* veneratur, constat *eam ab omni originali peccato immunem
fuisse*, per quam non solum maledictio matris Evae soluta est, verum etiam
benedictio omnibus condonatur." Wer möchte, ohne großen Mangel an hiftorifchem
Sinne zu zeigen, bei diefen Worten behaupten: „dogma de immaculata Mariae
conceptione *primo a Paschasio propositum*"?

[1] Vortrefflich ift, was Hurter (Compend. II. p. 387 n.) über die Verwerthung diefer Stelle für das Dogma fagt.

[2] Allerdings fährt Mibbelborpf befchränkend fort: „Sed etiam hoc loco
vix aliud quid efficeretur, quam illo loco Augustini (De nat. et gratia c. 36):
‚Cum de peccato agitur, de B. Virgine quaestionem esse nolo.' In quo loco
peccatum proprie sic dictum non vero peccatum originis respicitur. Omne
enim peccatum procul habuisse B. Virginem omnes antiquitatis christianae
doctores sibi persuaserant." Letztere Behauptung dagegen geht zu weit. Bafilius,
Cyrill von Aler. und Chryfoftomus befchränken das „omnes patres", wodurch allerdings der unanimis consensus patrum für den can. 23. sess. VI. des tribentinifchen
Concils nicht aufgehoben wird. Cfr. *Petavius*, De theol. dogm. l. XIV. c. 1.
Hurter, Comp. II. p. 396. Die Worte des hl. Auguftin aber laffen fich mit der
Annahme, die heilige Jungfrau habe je die Erbfünde gehabt, nicht vereinigen:
„Excepta itaque s. Virgine Maria, de qua propter honorem Domini *nullam
prorsus cum de peccato agitur, haberi volo quaestionem*. Inde (unde) enim
scimus, quod ei plus gratiae collatum fuerit ad vincendum omni ex parte
peccatum, quae concipere et parere meruit, quem constat nullum habuisse
peccatum." Vgl. hierüber *Passaglia*, De immaculata Deiparae conc. sect. 6.
n. 1259 sq. Lehner a. a. O. S. 170.

[3] Brockhaus überfetzt:
„Chriftus entriß uns der Qual, der Sohn der fündlofen Mutter,
Er, deffen eigener Leib die Sündenbeflecfung nicht kannte.

An sich mag man zweifeln, ob das „incorrupta" die unversehrte Jung=
fräulichkeit Maria's oder ihre Sündenlosigkeit bezeichnen soll. Dem Zu=
sammenhange nach aber steht „die unverletzte Mutter" einerseits im Gegen=
satze zu dem unmittelbar vorher geschilderten Verderben der Erbsünde,
andererseits ist der Zusammenhang dieses Ausdruckes mit dem „schuld=
losen Körper" evident. Sonach dürfen wir wenigstens die gegründete
Vermuthung aussprechen, Prudentius habe die Gottesmutter als unbefleckt
von der Erbsünde darstellen wollen. Hierzu kommt, daß der Dichter die
völlige Reinheit von der Sünde mit der Jungfräulichkeit zu identificiren
scheint. Wie bereits oben S. 393 bemerkt, bezeichnet er den sündelosen
Zustand Eva's vor dem Falle (Cath. III, 112) dadurch, daß er sie
„virgo" nennt. An der Mutter des Erlösers aber rühmt er nichts so sehr,
als ihre unbefleckte, jungfräuliche Reinheit. Er nennt sie geradezu die
personificirte Keuschheit (mater castitas, Cath. IX, 14), und in dem=
selben Hymnus V. 19 f. singt er:

> „O edle Jungfrau, fühlest du,
> Daß bald die schwere Zeit vorbei?
> Der Keuschheit unberührte Zier
> Wächst durch die Ehre der Geburt.
>
> O welche Freuden übergroß
> Umfaßt der keusche Mutterleib,
> Aus welchem eine neue Zeit
> Hervorgeht und ein neues Licht!"

Die schönsten diesbezüglichen Worte aber legt Prudentius in der
Psychomachie (V. 70 f.) der Keuschheit im Kampfe mit der Unlauterkeit
in den Mund:

> „Bleibt dir nach der Geburt der unberührten Jungfrau [1]
> Irgend ein Recht? nach der Jungfrau Geburt, seit welcher auf immer
> Wich von dem menschlichen Leibe der sündliche Ursprung,
> Während ein neues Fleisch jene Kraft, die himmlische, pflanzte,
> Wunderbar auch jenes Weib empfing den göttlichen Christus [2],
> Mensch von der sterblichen Mutter, doch Gott mit Gott, seinem Vater."

---

[1] D. h. nachdem die Jungfrau Christus geboren. V. 80 heißt es geradezu:
„post Mariam". In V. 384 wird umgekehrt die Gottesmutter als Entwicklungsziel
der Geschichte bezeichnet. Die Mäßigkeit redet die wankende Schlachtreihe der Tu=
genden also an (v. 381 sq.):

> State, precor, vestri memores, memores quoque Christi.
> Quae sit vestra tribus, quae gloria, quis Deus et rex,
> Quis Dominus, meminisse decet. *Vos nobile Iudae*
> *Germen ad usque Dei genitricem,* qua Deus ipse
> Esset homo, procerum venistis sanguine longo.

[2] Atque innupta Deum concepit femina Christum. Die freie Uebersetzung
von „innupta" durch „wunderbar" gibt den Sinn jedenfalls besser als die wörtliche
„unvermählt".

Es fehlt nach diesen Worten des Dichters nur der Buchstabe, der uns sagt: „Maria war ganz sündelos." Vertiefen wir uns in die Anschauungen des Dichters, der die Jungfrau, im innigsten Bunde mit ihrem göttlichen Kinde, „jegliches Gift" (omnia venena, Cath. III, 152), b. h. jegliche Sünde „bändigen" läßt, der sie als die personificirte Tugend dem Laster gegenüberstellt, so können wir nicht zweifeln, daß Prudentius von der gänzlichen Sündelosigkeit Maria's von ihrer Empfängniß an überzeugt war. Nach dem, was bisher über die Verwandtschaft des Dichters mit dem hl. Ambrosius gesagt worden ist, kann es nicht Wunder nehmen, daß beide auch in der außerordentlichen Verherrlichung der allerseligsten Jungfrau übereinstimmen. Es muß hiernach aber auch erlaubt sein, diese Uebereinstimmung auf dasjenige auszubehnen, was Ambrosius ausführlicher als Prudentius über diesen Gegenstand sagt. Ambrosius ist es nun, der „zuerst das Bild des geistigen Wesens Maria's in relativer Vollendung dargestellt hat". Und wenn „der große Kirchenlehrer Augustin in Betreff des gesammten innern Wesens Mariens ganz auf den Anschauungen seines Lehrers Ambrosius fußt", so gilt dieß wohl nicht zuletzt von seinen oben (S. 407 Anm. 2) mitgetheilten Worten über die Sündelosigkeit Maria's. Der heilige Bischof von Mailand bittet Gott in der Erklärung des letzten Verses von Ps. 118 (119): „Suscipe me non in carne, quae in Adam lapsa est. Suscipe me non ex Sara, sed ex Maria, *ut incorrupta sit virgo, sed virgo per gratiam ab omni integra labe peccati.*" [1] „Hiermit," sagt Lehner (a. a. O. S. 161), „schließt

---

[1] Migne t. 15. col. 1521. Diese Stelle hätte Förster nicht übersehen sollen, da er bezüglich der Erbsünde schrieb (Ambrosius S. 150): „Ambrosius läßt keinen Zweifel barüber, daß nur Christo die Sündelosigkeit zukomme, und auch Maria, bei welcher manche Väter, sogar Augustin, eine Ausnahme zu machen geneigt waren, wird nicht von jener Regel ausgenommen. Auch wenn er sonst voll hoher Verehrung für die Jungfrau sich ausspricht, und, wie oben bemerkt, ihre ewige Virginität festhält, bleibt es ihm doch Ariom, daß nur Christus ohne Sünde sei, und baß auch Maria der Erlösung bedürfe; er findet z. B. in dem Worte des zwölfjährigen Jesus (Luc. 2, 49) einen Tadel ausgesprochen, welcher auf eine Schwäche oder einen Fehler bei ihr hindeutet." Wahres und Falsches ist hier bunt gemischt. Das Ariom von der Erlösungsbedürftigkeit Maria's, das in der That als conditio sine qua non für das Dogma von ihrer unbefleckten Empfängniß feststeht, wird hier mit dem angeblichen Fehler Maria's beim Wiederfinden Jesu begründet. Daß zwischen der Sündelosigkeit Jesu und der Sündelosigkeit Mariä ein gewaltiger Unterschied besteht, und baß somit Ambrosius (wie Prudentius Apoth. 894 sq.) beßhalb von Christus allein die Sündelosigkeit aussprechen könne, ohne die Maria's zu läugnen, ist in Obigem gleichfalls verkannt. Abgesehen hiervon aber berührt es gerabezu schmerzlich, wenn Förster in der Anm. 111 (S. 302) die an sich bunkle Stelle des hl. Ambrosius im Lucas-Commentar (Migne t. 15. col. 1575) mit einer gewissen Freude zu Ungunsten der heiligsten Jungfrau urgirt und baneben die citirten ganz klaren Worte besselben unbeachtet läßt. Auch wenn man das „hæc mater

sich Ambrosius den Anschauungen des Epiphanius, Gregor von Nazianz und Ephräm von der Ausnahme Mariens von der Sünde an." Hiermit ist aber auch die Uebereinstimmung des Kirchenlehrers mit Prudentius bestätigt. Denn in denselben Worten „incorrupta" und „virgo", und zwar in demselben Zusammenhange mit der Erwähnung der Erbsünde wie bei Ambrosius, fanden wir nach Obigem bei Prudentius die Sündelosigkeit Maria's ausgesprochen. Ohne Furcht vor Uebertreibung dürfen wir demnach wohl hier schon sagen: Die Lehre des hl. Ambrosius über Maria ist die des Prudentius. Die ausführliche Darstellung bezw. Mittheilung der erstern hat v. Lehner in seinem Werke geliefert, auf das wir hier schließlich verweisen [1].

arguitur" ohne Rücksicht auf den Zusammenhang im strengsten Sinne nimmt, ist es doch noch übertrieben, zu sagen: „Aehnlich urtheilt Chrysostomus über Maria." Zwischen letzterem und Ambrosius ist in diesem Punkte wohl wenig Aehnlichkeit. In merkwürdigem Mißverhältnisse hierzu steht, was Förster S. 133 sagt: „Sogar die Hindeutung auf eine Himmelfahrt Maria's ist unserem Ambrosius nicht fremd; . . . und er läßt auch hier die Neigung erkennen, die menschliche Natur wie Christi, so Maria's, welcher Christus den Ursprung verdankt, gänzlich zu vergotten." Les extrêmes se touchent: bei Ambrosius oder bei Förster?

[1] Die katholische Presse hat die Vorzüge dieser ausgezeichneten Leistung gebührend anerkannt. Zu wenig ist man dagegen der Pflicht nachgekommen, auf einen bedenklichen Punkt des Buches aufmerksam zu machen. Die „Stimmen aus Maria-Laach" verdienen in dieser Beziehung wegen ihrer ausgezeichneten Recension (Bd. 22. S. 104 f.) alles Lob. Der Verfasser (v. Lehner) vindicirt nämlich seinem Buche nur einen archäologischen Zweck und schließt den theologischen aus. Allein, läßt der Gegenstand wohl eine solche Trennung zu? Uns scheint dieselbe auf katholischem Standpunkte mit dem gesunden katholischen Begriffe von Dogmen= beziehungsweise Kirchengeschichte kaum vereinbar zu sein. Die erwähnte Recension hat dieß in der schonendsten Weise nachgewiesen. Wenn das Marienideal in der Hauptsache ein Werk „der religiösen Phantasie" und nicht als Werk der göttlichen Gnade vor Allem realer Gegenstand des geoffenbarten Glaubens ist, dann wird die Marien= verehrung der katholischen Kirche phantastisch. Eine Reihe mindestens unglücklich gewählter Ausdrücke in dem Buche, welche in dem eingenommenen einseitig archäo= logischen Standpunkte des Verfassers ihren Ursprung haben, legt aber dem Leser wiederholt diese Auffassung nahe. Die Entwickelung des Marienideales und der Unterschied desselben im ersten und im fünften christlichen Jahrhundert kommt nach katholischer Auffassung etwa auf den Unterschied zwischen einer aufspringenden Rosen= knospe und der aufblühenden Rose und auf die Entwicklung von der erstern zur letztern hinaus. v. Lehner drückt dieß (S. 182) also aus: „In dem Bisherigen haben wir nachzuweisen versucht, wie das Bild Mariens, dessen Grundlinien wir den Evangelien entnahmen, in der Vorstellung der Christen sich nach und nach mit Farbe gefüllt hat. Es ist damit eigentlich kein neues Bild geworden, aber es ver= hält sich zu dem evangelischen Umrisse, wie das Gemälde zur Skizze." Das kann richtig sein, aber nur dann, wenn derselbe Geist der Wahrheit, welcher die Umrisse in den Evangelien gezeichnet hat, auch die Ausführung des Gemäldes überwacht und geleitet hat. Ob aber der heilige Geist in dieser Weise thätig gewesen oder

Die jungfräuliche Reinheit Maria's, welche nach Prudentius die Sündelosigkeit derselben einschließt, wird aber nur deßhalb vom Dichter gepriesen, weil sie wunderbar mit der göttlichen Mutterschaft verbunden ist und bleibt. Denn also wurde nach Prudentius das Wort des Vaters und seine menschliche Natur (Apoth. 50) empfangen und geboren (Apoth. 568 sq.):

„Göttliche Kraft naht sich dem unentweiheten Mägdlein,
Und der keusche Schooß wird durchweht von dem lauteren Hauche —
Niemals gehörte und neue Geburt! Sie gebietet, zu glauben:
Gott sei Christus, der also erzeugte. Die nimmer vermählte
Jungfrau — schau, sie vermählt sich dem Geist ohne sündige Liebe;
Fest versiegelt verbleibet der Schooß ihr, innerlich schwanger,
Aeußerlich unversehrt, und blühet von keuscher Befruchtung.
Mutter, und Jungfrau doch, des Gemahls unkundige Mutter."[1]

nur die fromme Phantasie, welche mit ihren Legenden die Wahrheit ausschmückt oder auch entstellt: das ist aus v. Lehners Worten nicht deutlich genug zu erkennen. Da= nach „ist aus der einfachen Thatsache jungfräulicher Empfängniß die nothwendige Grundbedingung der Welterlösung geworden, aus Josephs Frau die jungfräuliche Gattin eines mit ihr und durch sie jungfräulichen Gatten, aus der Mutter Jesu die immerwährend jungfräuliche Gottesgebärerin, aus dem klugen, frommen, sittsamen Weibe das mit allen Tugenden geschmückte, vollkommen sündenlose, unerreichbare Menschenideal" (S. 182). Und wie Maria das alles wird, sehen wir ohne genügende Unterscheidung aus den inspirirten Evangelien, wie aus den unverbürgten, ja kirchlich reprobirten Apokryphen. Ich verwahre mich gegen die Meinung, als hätte ich durch das Gesagte den Werth des vorzüglichen Werkes vermindern oder die katholische Ge= sinnung des Verfassers verdächtigen wollen. Indem letzterer bittet, daß sein Buch hauptsächlich vom archäologischen Standpunkte angesehen werde (S. VIII), hat er einer solchen Verdächtigung vorgebeugt. Allein diese Bitte geht eben von der falschen Voraussetzung aus, als könne man den Gegenstand eines katholischen Dogma's wie irgend ein profanes kunstgeschichtliches Ideal behandeln. Warum aber S. 153 die anstößige Bemerkung Montfaucons zu der eigenthümlichen Exegese des hl. Chryso= stomus von Matth. 12, 46 f. (hom. 44 in Matth. t. VII. p. 467) mitgetheilt wird, das erklärt der archäologische Zweck des Buches nicht, noch berechtigt er dazu.

[1] Iam mater, sed virgo tamen, maris inscia mater (v. 575). Ohne auf diese Stelle zu achten, ergeht sich Brockhaus (a. a. O. S. 214) zu Gunsten seiner Lieblingsidee in einer Betrachtung, die an die Naivetät des Lesers unerhörte For= derungen stellt: „Wie Tertullian im Gegensatze gegen die Doketen, die Maria nur als Kanal ansehen, durch den die Geburt Christi ohne jede geschlechtliche Function und ohne Mittheilung fleischlichen Stoffes von ihr erfolgte, die Jungfräulichkeit der Maria nur gegenüber dem Alte des Empfanges des männlichen Samens, aber nicht gegenüber der Geburt selbst behauptet (De carne Christi c. 22), betont auch Prudentius nur die Jungfräulichkeit in der Empfängniß, während er die Maria als Gebärerin Christi nicht nur Mutter nennt (!), sondern auf die Zustände des Mutterwerdens ausführlich eingeht (Apoth. 106) und das Hervorgehen des Fleisches Christi aus dem Fleische der Mutter deutlich ausspricht (Apoth. 529)." Hiernach würde Brockhaus daraus, daß wir dieses Kapitel „Die Gottesmutter" überschrieben haben, auch folgern können, daß wir an die Jungfräulichkeit Maria's in und nach

In der ersten Scene des neutestamentlichen Dittochäoncyklus beschreibt der Dichter in derselben Weise die Verkündigung:

> „Da Gott nahet, so steigt Gabriel als Bote hernieder
> Von dem Throne des Vaters und tritt in der Jungfrau
> Haus urplötzlich und spricht: ‚Vom heiligen Geiste erfüllet,
> Wirst du Christum gebären, Maria, o heilige Jungfrau!‘"

Die Jungfräulichkeit Maria's in der Geburt, die durch das Bisherige genügend bezeugt ist, erhellt noch besonders aus dem Tetrastich, welches die Anbetung der Weisen schildert:

> „Christus liegt an der Jungfrau Brust, die Magier bringen
> Hier die köstlichen Gaben dem Kind: Gold, Myrrhe und Weihrauch,
> Staunend schauet die Mutter des keuschen Leibes Verehrung,
> Staunt, daß Gott sie gebar, der auch Mensch und oberster König." [1]

Prudentius nennt die Gottesmutter fast in allen Stellen, wo er ihrer Erwähnung thut, mit Vorliebe „Jungfrau". Er bestätigt somit die zuversichtliche Frage des hl. Epiphanius an die Antidicomarioniten: „Wer hat jemals, oder in welchem Zeitalter hat einer es gewagt, den Namen der hl. Maria zu nennen, ohne wenn man ihn fragte, sogleich beizusetzen: die Jungfrau" (Haeres. 78, 6). „Dieß ließe sich," bemerkt Lehner hierzu (S. 36), „denn auch durch hundert Beispiele aus den Kirchenschriftstellern von Ignatius an belegen, welche wirklich bei auch nur gelegentlicher Erwähnung des Namens Maria sehr häufig das Prädicat Jungfrau nicht vergessen." Dieß genügt, um zu behaupten, daß nach ihm Maria nach der Geburt Christi stets Jungfrau geblieben ist, obgleich der Dichter diesen Punkt nicht ausdrücklich zur Sprache bringt. Bei dem Verhältnisse des Prudentius zu Ambrosius ist es auch geradezu unbenkbar, dem Dichter die gegentheilige häretische Meinung zuzutrauen, welche der Bischof von Mailand ein Sacrilegium nennt [2].

Mit dem Preise der einzigen, jungfräulichen Mutterschaft Maria's verbindet Prudentius das Lob ihres Glaubens. Diese Tugend hebt er

---

der Geburt nicht glauben. In dem Citate aus Tertullian sucht man übrigens für die sonderbare Meinung von Brockhaus vergeblich eine Bestätigung. Die Vergleichung aber der Geburt Jesu aus der unversehrten Jungfrau mit der Bildung Adams aus der jungfräulichen Erde ist dem Tertullian (De carne Christi c. 17) keineswegs so eigenthümlich, daß Prudentius dieselbe von ihm entlehnt haben muß. Vgl. Lehner a. a. O. S. 31 f.

[1] Cfr. Cath. VII, 60: virgo plena Deo; IX, 19: virgo puerpera; Apoth. 115. 168; Ham. 575: paritura virgo; 635: fusa per virginis artus progenies; Psych. 70 sq.

[2] „Fuerunt, qui eam (Mariam) negarent virginem perseverasse. Hoc tantum sacrilegium silere iam dudum maluimus." De instit. virg. c. 5 (Migne t. 16. col. 314). Zu Ambrosius' Zeit war eben diese Häresie bereits ein überwundener Standpunkt; Prudentius greift sie daher auch nicht ausdrücklich an.

als Grund hervor, warum die allerseligste Jungfrau zu so unbeschreiblich hoher Würde erhoben wurde. Mit Entrüstung wendet er sich deßhalb an die Juden (Apoth. 576 sq.), welche die Incarnation läugnen:

„Läugnest du dieß und schüttelst das Haupt, Ungläubiger, thöricht?
Dieß verkündet mit heiligem Mund der Engel. Gefällt es
Dir, zu vertraun und zu öffnen das Ohr den Worten des Engels?
Glaubte die heilige Jungfrau selbst doch des glänzenden Dieners
Mahnwort, und sie empfing deßhalb als Gläubige Christum."[1]

Die Zugehörigkeit zu Christus ist vom Glauben an ihn bedingt,

„Denn zu den Glaubenden nur kommt Christus; die zweifelnde Seele,
Festen Glaubens entbehrend, verwirft er und nimmt ihre Ehre." (V. 581.)

Sonach erscheint die heilige Jungfrau als die erste unter den Gläubigen gleichsam als der Keim und die Repräsentantin der Kirche, insofern diese die Gemeinschaft der Gläubigen ist. Prudentius führt diesen Gedanken nicht aus; er liegt aber den im Eingange dieses Kapitels citirten Worten aus Cath. III zu Grunde, in denen Maria als Teufelsbesiegerin gepriesen wird. Dadurch, daß sie die Mutter Gottes wird, zertritt sie der Schlange den Kopf, wie dieß, mit Christus in geheimnißvoller Weise vereinigt, die Kirche fortsetzt[2]. Indem die allerseligste Jungfrau auf diese Weise Antheil am Erlösungswerke erhält und ihr eine gewisse Mitwirkung daran zukommt, wird sie auch der Gegenstand außerordentlicher Bewunderung und Verehrung. Prudentius spendet ihr dieselbe in vollstem Maße. Indem er den Juden gegenüber die Gottheit Christi aus der Anbetung beweist, welche ihm von den Magiern zu Theil wurde, sagt er (Apoth. 642 sq.):

„Was war der Grund, was Ursach' nur, den Nacken zu beugen
Vor den Füßen Maria's und vor des Kindeleins Spielzeug,
Wenn nur sterblich es war und wenn die höchste Gewalt nicht
Füllete an mit göttlichem Hauch die zärtlichen Glieder?
Lassen wir aber die Weisen, das Gold, die Myrrhe, den Weihrauch,
Was wahrhaftig als Gott ihn bezeugt, auch die Krippe, die Windeln,
Auch den verehrten Schooß der Mutter im Lichte des Sternes —
Seiner Wunder Gewalt soll selbst als Gott ihn bezeugen."

Was wir bereits oben in der Beschreibung des Dittochäonbildes lasen, wird hier wiederholt. Indem die Magier dem göttlichen Kinde

---

[1] Credidit atque ideo concepit credula Christum. (v. 580.)
Die Worte, die v. 583 sq. in der Form wiederkehren:

Virginitas ac prompta fides Christum bibit alvo
Cordis et intactis condit paritura latebris,

sind nachdrücklich genug, um dem Dichter jene Meinung über den Glauben der allerseligsten Jungfrau beizulegen, die wir bei den Vätern und Kirchenschriftstellern, namentlich auch bei Ambrosius, finden. Vgl. Lehner a. a. O. S. 157.

[2] Vgl. Lehner a. a. O. S. 178.

ihre Huldigung darbringen, unterlassen sie nicht, der wunderbaren Mutter
ihre Verehrung zu bezeugen.   Eine andere Auffassung der Worte „miratur genitrix tot casti ventris honores" (Dittoch. v. 106) und
„matris adoratum gremium" (Apoth. 648) ist schlechterdings unmög=
lich [1].   Welche Liebe und Verehrung der Dichter selbst gegen die jung=

---

[1] Die diesbezügliche Bemerkung von Brockhaus scheint vorauszusetzen, daß
die Leser den Text des Prudentius selbst nicht zur Hand nehmen. Er sagt nämlich
(a. a. O. S. 252): „Die katholischen Ausleger haben sich Mühe gegeben, aus der
in dieser Scene (die Anbetung des Christkindes durch die Magier) wiederholt vor=
kommenden Abbildung der Maria den Beweis einer schon in die ältesten christlichen
Zeiten zurückdatirenden Verehrung der Maria zu ziehen. Doch können gerade hier
die Dichter den rechten Commentar abgeben. Die angeführten Stellen derselben —
(sonderbar genug citirt Brockhaus aus der Apoth. nur v. 615—630, und erwähnt
das Dittochäonbild gar nicht) — legen in der Schilderung dieser Scene auf die
Maria selbst kein Gewicht, und wir dürfen daraus schließen, daß auch die Bildwerke
sie nur darstellen, weil sie zum Ganzen der Scene gehörte." (!)
De Rossi's Erklärungen zu den ältesten Marienbildern (Imagini scelte della
B. Vergine Maria tratte dalle catacombe Romane. Roma. Salviucci. 1863. p. 5 s.),
um von andern zu schweigen, würden also nach Brockhaus von den altchristlichen
Dichtern als fruchtlose Bemühungen erwiesen werden. Diese Behauptung widerspricht
nach obiger Darstellung dem klaren Wortlaute des Prudentius. Um die „Kühnheit"
dieser Behauptung anzustaunen, brauchen wir indeß weder die Erklärung von Kunst=
historikern über die ältesten christlichen Bilder, noch die Dichter des vierten und
fünften christlichen Jahrhunderts. Das Urtheil der nüchternsten, gewissermaßen con=
fessionslosen archäologischen Wissenschaft über die Marienverehrung in jener Zeit,
da weder Katakombenbilder noch unsere christlichen Dichter existirten, und damit die
Verurtheilung solcher wissenschaftlichen Kühnheit finden wir bei Lehner. Im
Anschlusse an die Epitheta, welche Maria im Lucasevangelium erhalten hat, äußert
sich dieser a. a. O. S. 185 also: „Man mag die Evangelisten fassen, wie man
will: als inspirirte Organe des heiligen Geistes oder als Schriftsteller, die mit dem
für alle andern geltenden Maßstabe zu messen sind, oder wie immer, — unter
allen Umständen dürfen wir sagen: in dieser Weise gedachte man der heiligen
Jungfrau ein paar Decennien nach ihrem Tode, d. h. es bestand schon in dieser
Zeit eine Verehrung im allgemeinen Sinne, eine verherrlichende Erinnerung an die
abgeschiedene und drüben die Seligkeit genießende Mutter des Herrn." — „Von Am=
brosius hier etwas anzuführen," heißt es bald darauf (S. 189) bei Lehner, „ist
eigentlich nach dem Früheren überflüssig, ... er stellt sie (die allerseligste Jungfrau)
über alle Menschen (De virgin. l. II. c. 3, 21)." — „Man möchte einwenden," sagt
Ambrosius, „wie kannst du nur Maria als Beispiel aufstellen, als ob jemand ge=
funden werden könnte, der die Mutter des Herrn nachahmen könnte?" — Man
erinnere sich bei diesen Worten an die Verwandtschaft des hl. Ambrosius mit Pru=
dentius. Wer behält hiernach Recht: Brockhaus mit seiner aus der Luft gegriffenen
Behauptung oder die katholischen Archäologen? Unter ihnen sagt Kraus (Roma
sott. S. 265): „Auf einer zahlreichen Klasse von Gemälden — de Rossi zählt deren
mehr als zwanzig — bildet Maria den Mittelpunkt oder wenigstens
die Hauptfigur des Bildes: es sind die Darstellungen der Weisen aus dem
Morgenlande." Vgl. Real=Encyklopädie der christlichen Alterthümer, Art. „Magier"
und „Marienbilder". II. S. 348 f. 361 f. Zur möglichst genauen Veranschaulichung

fräuliche Gottesmutter im Herzen getragen, iſt nach dem Mitgetheilten
klar. Bei Prudentius finden wir hiernach über die allerſeligſte Jungfrau
und ihre Verehrung der Hauptſache nach denſelben Glauben, welcher heute
noch die Angehörigen der katholiſchen Kirche beſeelt. Prudentius beſtätigt
das Reſultat der Unterſuchungen, welches v. Lehner den Leſern ſeines
Werkes vorgelegt hat: daß nämlich „das aus der frühern Entwicklung
ganz naturgemäß gewachſene Marienideal gewiſſermaßen ſchon fertig an
das fünfte Jahrhundert abgegeben wird" (S. VII). Nach der obigen
Bemerkung (S. 410) brauchen wir kaum daran zu erinnern, daß dieſe
„naturgemäße Entwicklung" im Sinne der katholiſchen Dogmengeſchichte
aufzufaſſen iſt. Entſprechend den Worten der gottbegeiſterten Eliſabeth
(Luc. 1, 42) gehen wir von dem Lobe der Gottesmutter aus dem Munde
des Prudentius zu dem Preiſe über, den er der gebenedeiten Frucht ihres
Leibes geſungen hat.

Siebentes Kapitel.
Der Erlöſer und ſein Werk.

Prudentius ſchließt ſeinen herrlichen Epilog mit dem Gedanken an
ſein Geſchick in der Ewigkeit alſo (V. 33):

> „Harr' auf mich was immer auch,
> So mag's doch frommen, daß mein Mund ſang Chriſtum."

Seine Werke können daher, wie oben (I. Theil S. 26 f.) gezeigt
wurde, insgeſammt ein Lobgeſang auf Chriſtus genannt werden. Bei
keinem Kapitel aus der Theologie des Dichters iſt es deßhalb aber auch
ſo nothwendig, auf die Lectüre ſeiner Werke ſelbſt zu verweiſen, wie bei
dem vorliegenden. Im Streben nach Ausführlichkeit würden wir hier
dazu gelangen, den Dichter ganz auszuſchreiben.

Für wen hält Prudentius Chriſtus, den Sohn der allzeit jungfräu=
lichen Mutter? Wohl die bündigſte Antwort hierauf geben die Worte,
worin er ſich gegen die Läugner Chriſti wendet. Seine Liebe zu Chriſtus
legt ihm die entrüſtete, poetiſche Aufforderung an den Tod in den Mund:

---

dieſer Wahrheit iſt unſerem Buche als Titelbild die Darſtellung der Magier mit den
entſprechenden Verſen aus dem Dittochäon des Prudentius beigegeben worden. Das
Bild iſt ein Frescogemälde aus dem Cömeterium der hl. Petrus und Marcellin in
der Via Labicana. Der Mangel des Schleiers im Bilde der Gottesmutter ſoll nach
der Vermuthung von de Roſſi, deſſen „Imagini scelte" unſer Bild entlehnt iſt,
ihre jungfräuliche Unverſehrtheit ausdrücken. Die Entſtehung des Bildes wird von
de Roſſi in die zweite Hälfte des dritten Jahrhunderts verſetzt.

„Raffe nur Chrifti Läugner hinweg, es verwehret dir's niemand!
Brauche nur deine Gewalt; in der Nacht des ewigen Kerkers
Halte die Läfterer feft; doch befreie das Volk der Gerechten,
Die da in Chriftus alfo den Gott und den Menfchen bekennen,
Daß er als wahrer und höchfter Gott doch die Sterblichkeit trage.
Was er gefchaffen, das Werk: er trägt es auch felbft, und nicht reut's ihn,
Selbft fein Gebilde zu tragen; ich meine den Leib und die Seele.
Werk feiner Hand ift der Leib und der Hauch feines Mundes die Seele.
Ganz nimmt Gott auch den Menfchen an, der ja ganz von ihm herftammt.
Und den er annahm, löft er auch ganz, da er gänzlich zurückführt
Unfre Natur: aus dem Grabe den Leib, aus dem Abgrund die Seele."¹
                                                        (Apoth. 771 sq.)

Wir brauchen die foeben mitgetheilten Gedanken nur durch einige
Parallelftellen zu erläutern, um die ganze Chriftologie vor uns zu haben.
Die im dritten Kapitel behandelte Logoslehre hat bereits zur Genüge gezeigt, wie nachdrücklich Prudentius die Gottheit Jefu Chrifti vertheidigt,
während aus feiner Lehre über die Gottesmutter der fefteste Glaube an
die wahre menfchliche Natur desfelben hervorgeht. Dem Nachweise der
göttlichen Natur in Chriftus find vorzugsweife die beiden Abfchnitte der
Apotheofis gegen die Juden (V. 321—551) und gegen die ebionitifche
Härefie (V. 552—781) gewidmet. Gegen die erfteren führt er eigentlich
nur zwei Thatfachen als Beweife auf: die Bekehrung der Heidenwelt mit
dem Aufhören der heidnifchen Culte einerfeits (V. 321—503), und die
Zerftörung des Tempels mit der Zerftreuung des israelitifchen Volkes

---

¹ Die letzten Verfe (v. 779 sq.) dürften trotz freierer Ueberfetzung den Sinn
genau wiedergeben:

Totum hominem Deus adsumit, quia totus ab ipso est,
Et totum redimit, quem sumpserat, *omne reducens*
Quidquid homo est; istud tumulis, ast illud abysso.

Zugleich find wir in unferer Ueberfetzung gegen Obbarius und Dreffel
auf die Seite Arevalo's getreten. Jene wollen mit der Gloffe von Ifo unter
„abyssus" den Himmel verftehen. Dem entfprechend überfetzt Brockhaus v. 780:

„... da er Alles zurückführt,
Aus dem gebildet der Menfch, zum Grabe dieß, jenes zum Himmel."

Diefe Ueberfetzung, welche mit Bezug auf den Tod Chrifti in etwa verftändlich
wird, widerfpricht entfchieden dem Zufammenhange. Das „reducens" foll eine Erklärung des vorausgehenden „redimit" fein. Die Erlöfung des Menfchen aber be-
fteht, was der Dichter öfter wiederholt, in der durch Chriftus erlangten Auferftehung
(bezw. Auferftehungshoffnung) für den Leib und in der feligen Anfchauung für die Seele.
Obbarius weiß auch für die Möglichkeit feiner Beziehung nur anzugeben,
daß dem „abyssus" das Epitheton „tristis" oder „durus" fehlt. Also, meint er,
kann „abyssus" Himmel bedeuten; folglich bedeutet es hier Himmel. Eine merkwürdige Logik! Dreffels Grund: es fei nicht von „extrahere", fondern von
„reducere" die Rede, zerfällt durch den Begriff von „redimere", während der Hinweis
auf Apoth. 785 Arevalo's Deutung beftätigt.

anbererseits. In letzterem Abschnitte ragt die Gegenüberstellung der Person Jesu Christi als des neutestamentlichen Tempels und des zerstörten salomonischen Heiligthums (V. 512 f.) durch poetische Schönheit hervor. Der Dichter beschreibt dem ungläubigen Judäa die gottmenschliche Person Christi folgendermaßen (V. 518 f.):

„Willst du dagegen erfahren, wie unser Tempel beschaffen:
Schau, es ist jener, den nicht ein Meister nach künstlichem Bauplan
Baute, der nicht aus Tannen und schön behauenen Fichten,
Nicht aus geglätteten Quadern von Marmor ragend sich aufthürmt,
Dessen erhabene Last nicht ruht auf strebenden Säulen,
Noch auf zierliche Bogen gekrümmter Wölbung sich stützet;
Sondern erbaut durch das Wort des Herrn, nicht im Laute vernehmbar,
Nein, durch das Wort von Ewigkeit her: Fleisch ist es geworden.
Ewiglich währt dieser Tempel ohn' End'; doch ihn zu zerstören,
Holtest du eifrig die Geißeln hervor und das Kreuz und die Galle.
Ja, er lag auch zerstöret von Qualen und Pein; nicht läugn' ich's.
Denn was der Schooß seiner Mutter ihm gab, unterlag der Zerstörung.
Doch durch des Vaters Gewalt wird am dritten Tage lebendig,
Was von der Mutter der Tod für so flüchtige Frist nur zerstört hat.
Und du sahest es ja, wie von Engeln begleitet er aufstieg,
Der mir zum Tempel geworden, in seinem Schutz mich bewahrend."

Die Anfangs mitgetheilte Stelle gegen die „Läugner Christi" schließt seine Ausführungen gegen jene ab, die nach dem Beispiele der Ebioniten trotz der Anerkennung Christi seine wahre göttliche Natur bestritten. Gegen diese beruft sich der Dichter (Apoth. 552—781) auf die von den Evangelisten erzählten Wunder. Seine Gegner, die Priscillianisten, nöthigten ihn aber auch, für die wahre menschliche Natur in Christus einzutreten. Sagten dieselben einerseits, Christus habe vor seiner Geburt aus der Jungfrau (als Gott) nicht existirt[1], so fasteten sie andererseits am Weihnachtsfeste[2], weil sie nicht glaubten, daß Christus in wahrer Menschennatur geboren worden, sondern sie behaupteten, durch eine gewisse Sinnestäuschung seien (die Thaten Christi) wahrgenommen worden, die wahr und wirklich nicht vollbracht worden seien[3]. Prudentius bekämpft daher im letzten Theile

---

[1] S. *Leo* Ep. ad Turib. c. 3.

[2] S. *Leo* l. c. c. 4: (Ieiunant in natali Christi) „sicut et die dominico, qui est dies recurrentis Christi. Quod utique ideo faciunt, quia Christum Dominum in vera hominis natura natum esse non credunt, sed per quandam illusionem ostentata videri volunt, quae vera non fuerint."

[3] Cfr. *Bachiarii* prof. fid. n. 3 und die regula fidei Synodi Tol. In letzterer heißt es: „Filium quoque credimus in novissimis diebus natum esse de virgine et Spiritu s., carnem naturae humanae *et animam* suscepisse. (Vgl. hiermit die fast wörtliche Uebereinstimmung in Apoth. 779.) In qua carne et passum et sepultum resurrexisse a mortuis credimus et fatemur, et in eadem ipsa carne, in qua iacuit in sepulcro, post resurrectionem ascendisse in coelum." Cfr. Apoth. 528 sq. 1053 sq.

der Apotheosis (V. 952 f.) die Behauptung, der Herr habe einen Schein=
leib gehabt.

> Aërium, Manichaeus ait, sine corpore vero
> Pervolitasse Deum, mendax phantasma cavamque
> Corporis effigiem, nil contrectabile habentem. (v. 957 sq.)

Gott kann nicht lügen; Christus aber hätte gelogen, wenn er trotz
eines solchen Scheinleibes gesagt, „er sei wahrer Mensch zugleich mit der
(göttlichen) Kraft des Vaters" (V. 972 f.). Ferner beweist die Reihe
seiner Vorfahren dem Fleische nach, die der hl. Matthäus und Lucas
auf die alttestamentlichen Ahnen und auf Adam zurückführen, seine wahre
menschliche Natur. Andernfalls „waren auch Levi, Juda, Simeon und
David Scheinmenschen. Selbst den Leib der jungfräulichen Mutter müßten
wir uns als täuschende Luftspiegelung, als Nebel und Wolkengebilde vor=
stellen", ja „dann wäre unser aller Existenz eine Fabel" (sit fabula, quod
sumus omnes. v. 1010 sq.). Das Erlösungswerk ist nichtig bei dieser
Annahme, denn dann ist Christus nicht wirklich gestorben und nicht wirklich
auferstanden; und weil er nicht in unserer wirklichen Menschennatur den
Tod überwunden hat, ist auch unsere Auferstehungshoffnung nichtig
(V. 1019 f.). Darum ruft schließlich Prudentius (v. 1060):

> Quisque Deum Christum vult dicere, dicat eundem
> Esse hominem, ne maiestas sua fortia perdat.

Die zahlreichen übrigen Beweisstellen aus den Gedichten des Pru=
dentius für die Vereinigung der Person des Logos mit der wahren mensch=
lichen Natur in Christus ausführlich mitzutheilen, dürfen wir unterlassen.
Es tritt auch in ihnen eine gewisse Stabilität im Gedanken wie im Aus=
drucke, auf die schon wiederholt aufmerksam gemacht wurde, zu Tage. Die
angeführten Stellen aber handeln über diesen Punkt der Glaubenslehre
so klar und bestimmt, daß wir weiterer Erklärungen kaum mehr bedürfen.
Ehe noch das christologische Dogma in seiner Entwicklung die Scylla
und Charybdis der nestorianischen und eutychianischen Irrlehren passirt
hat, erscheint hier Prudentius als Steuermann, unter dessen Leitung man
diese Klippen sicher vermeiden kann. Die hypostatische Union der beiden
Naturen in Christus ist ganz und wahr in den Versen Apoth. 774 sq.
gelehrt, welche dem Dichter als Glaubensbekenntniß „der Gerechten" (plebs
iustorum) gelten:

> Qui norunt hominem atque Deum sic dicere Christum,
> Ut verus summusque Deus mortalia gestet.

Die Person des Logos ist die Trägerin der menschlichen Natur, die mit
jener zur innigsten, untheilbaren Einheit vereinigt ist. Deßhalb braucht der
Dichter auch das Schibboleth der Orthodoxie im nestorianischen Streite:

„Dei genitrix" [1]. Daß die beiden Naturen aber unbeschadet ihrer Ein=
heit unvermischt in der Person Christi existiren, leuchtet zur Genüge aus
den oben citirten Versen (Apoth. 777 sq. 526 sq.) hervor. In dem
nachdrücklich betonten Satze, daß Christus den ganzen Menschen, Leib und
Seele, angenommen (Apoth. 779), erinnert der Dichter an die Worte des
hl. Ambrosius, womit dieser den Apollinarismus bekämpft [2].

Die gottmenschliche Person Jesu Christi, das Haupt der erlösten
Menschheit, gilt nun dem Dichter zunächst als das „secundum opus"
(Ham. 664); denn das Erlösungswerk, welches durch diesen Ausdruck
bezeichnet wird, ist nach prudentianischer Auffassung mit der Mensch=
werdung des Wortes im Keime schon vollbracht. „Was wirkt denn
Christus," frägt er deßhalb (Apoth. 1019 sq.) die doketisch gesinnten
Priscillianisten, „wenn er mich (meine Natur) nicht annimmt? Oder
welchen Kranken befreit er wohl (von seinem Uebel), wenn er die Last
des Fleisches zu übernehmen sich nicht würdigt und sich scheut vor dem
Werke seiner Hände?" Freudig ruft er dagegen (Apoth. 1080), vom
Glauben an die Auferstehung durchbrungen, den Gliedern seines Leibes zu:

> „Bannt aus dem Herzen die Furcht, meine Glieder, und glaubet, daß ihr auch
> Gehet bereinst mit Christus zu Gott; denn euch trägt ja jener;
> Euch auch ruft er zurück mit sich."

Besteht nämlich nach Prudentius das Verderben, welches die erste
Sünde über die Menschheit gebracht hat, darin, daß die menschliche Natur
„Christus beraubt" (inops Christi; s. oben S. 392) dasteht, so ist dieses
Verderben eben dadurch wieder aufgehoben, daß Christus (der Logos) die
menschliche Natur in die persönliche Einheit zu sich aufnimmt. „Dadurch
(seitdem) erhält der göttliche Vater seine Natur mit der unserigen ver=
einigt zurück, und Adam wird (wieder) durch Christus zum Sohne des
höchsten Gottes." [3] Der Gedanke des hl. Cyprian über die Incarnation:

---

[1] Psych. 384; Dittoch. 107: „Miratur genitrix se Deum genuisse."

[2] Ep. 48 ad Sabin.: „In illa forma hominis nihil ei (sc. Christo) de=
fuisse, quo imperfectus homo iudicaretur, qui ideo venit, ut totum hominem
salvum faceret." Cfr. De incarn. domin. sacr. c. 7. Wenn Förster (Ambrosius
S. 135) mit Recht dem hl. Ambrosius die Neigung zuschriebe, „die menschliche Seite
ganz in der göttlichen aufgehen zu lassen und in die Person Christi jenen doketischen
Zug seiner alexandrinischen Vorgänger zu bringen", so daß er „alle Realität in
Christo in das Göttliche gesetzt hat", so würde Prudentius den heiligen Bischof
hierin entschieden übertreffen. Wir können aber nur sagen, daß Prudentius seinen
doketischen Gegnern gegenüber die Wahrheit der menschlichen Natur schärfer betont hat.

[3] Apoth. 1008:
> Inde parens deitas recipit sua nostraque mixtim,
> Fitque Dei summi per Christum filius Adam.

Wenn auch Vers 1009 eine mehrfache Deutung zuläßt (cfr. Arevalo in h. l.), so
ist doch aus dem Vorhergehenden klar, daß „inde" auf die Menschwerdung geht

„Quod homo est, esse Christus voluit, ut et homo possit esse, quod Christus est"[1], liegt auch allen dießbezüglichen Ausführungen des Prudentius zu Grunde. Allein der vom Dichter beschriebene Zustand des Menschengeschlechtes forderte mehr als die Incarnation des Wortes, damit der Zweck, die Menschen zu Abbildern Christi zu machen, erreicht würde. „Als Mittler zwischen dem Menschen und Gott kam Jesus, der das Sterbliche mit dem Vater vereinigt, damit kein Zwiespalt das Fleisch (die Menschennatur) trenne vom ewigen Geiste, und damit der eine Gott beides (Gott und Mensch) sei."[2] Erst mußte Tod und Sünde weggeschafft werden, ehe der Mensch werden konnte, was Christus ist; deßhalb singt Prudentius[3]:

> „Den Leib des Todes zog er an,
> Damit, im Leib vom Tod erweckt,
> Er bräch' des Todes eisern Band
> Und hin zu Gott den Menschen trüg'."

Freilich scheint nach Prudentius die Menschwerdung im ursprünglichen Plane Gottes gelegen zu sein, so daß sie auch ohne die Sünde Adams erfolgt wäre. Denn wie oben bereits bemerkt, beantwortet der Dichter die Frage, „warum denn der Menschenleib allein verdient habe, von Gottes Hand gebildet und schon durch die bloße Berührung geadelt zu werden" (Apoth. 1033 sq.), also:

> „Gottes Beschluß war es, Christum der unentweiheten Erde
> Einzuverleiben, drum würdigt er sie seiner heil'gen Berührung;
> Schaffet aus ihr ein Pfand seiner Liebe."[4]

---

und in „recipit" die Wirkung der Erlösung liegt. Brockhaus übersetzt deßhalb unrichtig:

> „Da die Gottheit des Vaters was sein und was unser verbunden
> Und zu des Ewigen Sohn durch Christum auch Adam geworden."

Adam bezeichnet prägnant den Stammvater sammt seinem Geschlechte; die ausschließliche Beziehung auf Adams Eintritt in den Himmel, welche Arevalo zu behaupten scheint, ist jedenfalls zu eng. Es bedarf kaum der Bemerkung, daß man „mixtim" nicht zu Gunsten einer monophysitischen Auffassung premiren darf.

[1] De idolor. vanitate c. 11 (Migne t. 4. col. 579). Vgl. c. 14 mit Apoth. 231 sq. 1006 sq.; c. Symm. II, 268. Gleichsam als Commentar zu Prudentius und seiner Ansicht über das Erlösungswerk kann gelten, was der hl. Pacian in der Rede über die Taufe (Migne t. 13. col. 1091) sagt.

[2]   .... ne carnea distent
       Spiritui aeterno sitque ut Deus unus utrumque. (Psych. 764 sq.)

[3] Cath. XI, 45 sq. Cfr. S. Cyprian., De idolor. vanitate c. 11: „Hic Deus noster est, hic Christus est, qui mediator duorum hominem induit, quem perducat ad Deum."

[4] Obbarius und Dressel wenden bei diesen Worten eine unrichtige Interpunction an: Decrerat quoniam Christum Deus incorrupto
       Admiscere solo, sanctis quod fingere *vellet*.
       Dignum habuit digitis et carum condere pignus.

Abgesehen davon, daß diese Worte auch in anderem (thomiſtiſchem)[1]
Sinne gedeutet werden können, iſt nun aber jedenfalls die Menſch=
werdung erfolgt, weil, wie der Dichter Gott ſagen läßt (c. Symm. II,
265), „der Menſch für ihn wiederherzuſtellen war" (restituendus erat
mihi). (Darum) „ſtieg mein Geiſt ſelbſt herniedergeſandt zu ihm (sub-
missus in illum) hinab und ſtattete die aus Lehm gebildeten Glieder mit
göttlicher Kraft (göttlichen Tugenden) aus; und (ſo) erhob nun Gottes
Majeſtät den Menſchen, den ſie angenommen, zur Gottheit (göttlichen
Natur) und lehrte ihn durch unſere Sorge wieder Lebenswärme (göttliche
Liebe) zu fühlen."[2] Dem Sinne des Dichters dürften wir am beſten
entſprechen, wenn wir ſagen: Was ohne Adams Sünde durch das Factum
der Menſchwerdung an ſich erreicht geweſen wäre, die innigſte Vereinigung
Gottes mit dem Menſchengeſchlechte, das trat nach dem Falle des Menſchen=
geſchlechtes nur dadurch ein, daß die Menſchwerdung ſich zur Erlöſungs=
that und zum Erlöſungswerke ausbildete. Es fragt ſich ſomit: Wie und
wodurch hat der Gottmenſch die Erlöſung vollbracht, und wie vollzieht
ſich fort und fort das Erlöſungswerk, die Theilnahme an der Erlöſungs=
that in dem einzelnen Menſchen?

Die Erlöſungsthat wurde nach Prudentius dadurch vollbracht,
daß der „zweite Menſch (Adam), der vom Himmel ſtammt und nicht wie
der erſte aus Lehm gebildet war, ganz ſündelos" (Cath. III, 137 sq.)
die dem Tode verfallene Menſchennatur durch ſeinen Tod vom Tode befreite.

> Corporis formam caduci membra morti obnoxia
> Induit, ne gens periret primoplasti ex germine
> Merserat quem lex profundo noxialis tartaro. (Cath. IX, 16 sq.)

> Diluit culpam recepto forma mortalis Deo
> Ad brevem se mortis usum dux salutis dedidit,
> Mortuos olim sepultos ut redire insuesceret,
> Dissolutis pristinorum vinculis peccaminum. (v. 93 sq.)

In dieſen Verſen iſt die ſtellvertretende Genugthuung des Erlöſungs=
todes Chriſti kurz aber klar dargeſtellt. Das Menſchengeſchlecht erſcheint
als dem zeitlichen und dem ewigen Tode verfallen, weil Adam, der gemein=

Wie im Vers 1029 „digitis" mit dem Attribute „divinis" erſcheint, ſo hier mit
„sanctis"; zudem iſt der Relativſatz: „quod fingere vellet", von „dignum" ab=
hängig, daher der Punkt nach „vellet" zu ſtreichen.

[1] S. Thomas, Summ. theol. III. qu. 1. a. 3.

[2] A. a. O. Die Prägnanz der letzten Worte:

> Iamque hominem adsumptum summus Deus in deitatem
> Transtulit ac nostro docuit recalescere cultu,

läßt ſich ſchwer wiedergeben. Unter „homo adsumptus" iſt die heilige Menſchheit
Chriſti zugleich mit der Geſammtheit der Erlöſten zu verſtehen, wie in Apoth. 1009
unter Adam der Stammvater ſammt ſeinem Geſchlechte. „Noster cultus" könnte
auch die wahre Religion bezeichnen.

same Stammvater, „das schädliche Gesetz", wie der Dichter proleptisch sagt, übertreten hat. Die Schuld (culpa) ist die Folge der Gesetzesübertretung, welche durch Strafe eine Sühnung (diluere) forbert. Daß der Mensch zu dieser Sühneleistung aus eigenen Kräften unfähig war, gilt dem Dichter als selbstverständlich. Er deutet dieß und die damit zusammenhängende relative Nothwendigkeit des gottmenschlichen Erlösungstodes genügend in seinem schönen Worte: „Labi hominis, servare Dei est" (Ham. 665) an. In dem Tode, welchen Christus am Kreuze erleidet, „tilgt er das Werk des durch seine eigene Schuld verlorenen Menschen und zahlt diese Schuld" [1]. Deßhalb bricht der Dichter bei der Betrachtung des Kreuzes= todes in den begeisterten Jubel aus (Cath. IX, 82 sq.):

„Lös' das Wort zum Sang, o Seele, lös' der schnellen Zunge Band,
Sing den Lobgesang des Leidens, sing des heil'gen Kreuzes Sieg,
Preis' dieß Zeichen, preis' die Stirne aller, die dieß Zeichen schmückt!

O der wunderbaren Wunde, die der Tod entsetzlich schlug:
Hier entfloß des Blutes Woge, Wasser strömte borten aus;
Denn das Wasser dient zum Babe, Siegeskranz verleiht das Blut.

Hingeopfert sah die Schlange diesen Leib als Opferlamm,
Sah es, und des alten Hasses schlimmes Gift verlor sie bald,
Schwer von heft'gem Schmerz durchzucket (getroffen), zischt sie mit
	zerquetschtem Kopf.

Sieh! umsonst, verruchte Schlange! reiztest du den Menschen auf [2],
Jenen ersten, den du stürztest durch's verführungsvolle Wort.
Gott hat seine Schuld gewaschen in der sterblichen Gestalt."

---

[1] Ham. 665:
... meritis perit iste (sc. homo),
Ille (Deus sc. Christus) abolet pereuntis opus meritumque resolvit.

Apoth. 931 sq.:

His crucibus Christus nos liberat incorruptae
Matris et innocui gestator corporis: unus
Naturam paenae expositam, sed non vitiorum
Naturam expositam contactibus induit Iesus.
Atque ideo paenae nil debuit intemeratus
Fraude carens, omni culparum adspergine liber.
Quid Christi in membris peccati saeva satelles
Paena ageret? Quid mors hominis sine crimine posset?
Nimirum cassis conatibus et sine nervis
Consideret sterilis peccati fomite nullo.
Mors alitur culpa, culpam qui non habet, ipso
Pastus defectu mortem consumit inanem.
Sic mors in Domini consumpta est corpore Christi,
Sic periit, solitum dum non habet arida pastum.

[2]			Quid tibi, profane serpens, profuit rebus novis
		Plasma primum perculisse versipelli hortamine?
Die „res novae" bezeichnen die Sünde des ersten Menschen als eine Empörung gegen die rechtmäßige Herrschaft Gottes.

In diesem Opfer (hostia immolata. Cath. IX, 88) hat das vor=
bildliche Passah=Opfer seine Vollendung gefunden. Prudentius macht es den
Juden zum herben Vorwurfe, daß sie diese Wahrheit verkennen. Seine
Worte erläutern die eben mitgetheilte Stelle. Er redet „das undankbarste
Volk" (gens ingratissima) also an [1]:

„Weffen Blut, sag, sag doch, erhebet zum heiligsten Feste
Dir dein Passah? Welch Lamm wird Jahr für Jahr denn geschlachtet,
Ein Jahr alt und von dir als heiliges stets noch betrachtet?
Dir gilt heilig das Thier; doch ist's thöricht, solches zu glauben,
Wenn mit dem Blute des Lamms du die Pfosten der Thüren bestreicheft,
Dich in den Tänzen ergötzest und Brod ohne Sauerteig ijfeft,
Während von Schuld durchsäuert verbleibt dein sündhaftes Leben.
Siehst du nicht, thörichtes Volk, daß das unfrige Passah du darstellst?
Schaueft du nicht in den Zügen des alten Gesetzes gezeichnet
Nur ein Geheimniß, das ganz nur das wahre Leiden enthüllet,
Jenes Leiden, das schützend die Stirne mit Blut uns bestrichen,
Unseres Körpers Behausung mit schützendem Zeichen versehen?"

Christus, das wahre Osterlamm, gilt daher dem Dichter auch als
„der wahre Priester" [2], als „der Erlöser des Erdkreises" (redemptor
orbis) [3]. „Durch das Blut Christi ist die Welt entsühnt worden" [4], und
„wer immer zum ewigen Reiche des Himmels hinaufzusteigen begehrt, dem
ist der Weg bereitet durch die Wunden Christi" [5]. Dasselbe bedeutet der
begeifterte Lobpreis auf's Kreuz, welcher uns allenthalben bei Prudentius
begegnet. So läßt er den hl. Romanus ausrufen [6]: „Ja, jenes Kreuz

---

[1] Apoth. 348 sq. Cfr. *S. Cyprian.*, Testimon. l. II. c. 22.
[2] Psych. praef. 59.   [3] Cath. IX, 21.
[4] Ham. praef. 17: „Mundus cruore Christi expiatus."
[5] Perist. VIII, 7:
    Qui cupit aeternum coeli conscendere regnum
    Huc veniat sitiens, ecce parata via est . . .
    Per vulnera Christi.   (v. 17.)
Cfr. Perist. XIV, 82. Man urtheile selbst, ob nach diesen Worten des Dichters
seine Lehre von Brockhaus richtig dargestellt wird, wenn letzterer a. a. O. S. 191
sagt: „Was das Werk Christi anbetrifft, so vollzieht sich die Erlösung nicht in
einer satisfactorischen Strafleistung vor der Gerechtigkeit Got=
tes, in der Christus für die Sünde der Menschen litt, sondern die
Erlösung ist wesentlich eine Heilung (Cath. IX, 67 sq.) und Heiligung des sünde=
erkrankten, der Verführung der Dämonen preisgegebenen und durch seine Sünde dem
Tode in die Hände arbeitenden Menschengeschlechtes." S. 216 liest man: „Die
Lehre von einer Genugthuung Christi für unsere Sünden liegt ihm (dem Pruden=
tius) ebenso fern wie dem Tertullian." In die letzteren Worte kann man einen
richtigen Sinn legen, insofern Tertullians Lehre hierüber von Brockhaus ebenso
falsch verstanden worden ist, als die des Prudentius.
[6] Perist. X, 586 sq. 621 sq.:
    Haec illa crux est omnium nostrum salus,
    . . . hominis haec redemptio est.

ist unser aller Rettung; das ist die Erlösung des Menschen." „Dieses
Kreuz Christi," erwidert er dem heidnischen Richter, „welches ihr eine
eben erst entstandene Religion (novella) nennt, ist schon in Zeichen (vor-
bildlich) ausgedrückt und in Büchern überliefert worden, da im Beginne
der Welt der erste Mensch geschaffen worden war; durch tausend Wunder-
zeichen ist seine Ankunft einstimmig von den Propheten vorherverkündet
worden . . . Endlich sind denn die (geheimnißvollen) Aussprüche der
Propheten enthüllt worden; durch unsere Zeit hat das Alterthum seine
Bestätigung erhalten und strahlt jetzt sichtbar vor aller Augen, damit
nicht länger die Wahrheit zweifelhaftem Schwanken unterläge, weil sie
nicht durch den nächsten Augenschein bezeugt zu Tage trat. Deßhalb
glauben wir, daß selbst der Leib nicht untergeht, der dem Grabe zur
Beute überliefert wird, weil Christus seinen am Kreuze gestorbenen Leib [1]
auferweckt, mit sich zum Throne des Vaters genommen und (so) allen
den Weg zur Auferstehung bereitet hat." Die unmittelbar folgenden
Verse (461 f.) fassen die Lehre von der stellvertretenden Erlösungsthat
so präcis zusammen, daß ihre Mittheilung im Urtexte vorzuziehen ist:

Crux illa nostra est, nos patibulum ascendimus:
Nobis peremptus Christus et nobis Deus
Christus reversus, ipse qui moriens homo est;
Natura duplex: moritur et mortem domat
Reditque in illud, quod perire nesciat [2].

Hinwegnahme der Sündenschuld und -Strafe vom Menschengeschlechte
ist aber für Prudentius nur das negative Moment in der Erlösungsthat.

---

[1] v. 638:   Christus in se mortuum corpus cruci
                Secum excitatum vexit ad solium Patris.
Christus bedeutet nach prudentianischem Sprachgebrauche auch hier speciell die göttliche Person des Logos; das „in se" enthält dementsprechend den Sinn: „Der
Logos hat den zur persönlichen Einheit mit sich aufgenommenen
und in dieser Vereinigung gestorbenen Leib wiedererweckt."

[2] Die vollkommenste Uebereinstimmung des Prudentius mit dem hl. Ambrosius
in diesem Punkte tritt auf den ersten Blick in die Werke des letztern hervor. Folgender Satz des heiligen Bischofs allein schon genügt zum Nachweise dessen, wenn
er mit den obigen Stellen aus Prudentius, insbesondere mit Apoth. 1019 sq. zu-
sammengehalten wird: „Quomodo nisi per carnem particeps factus est noster
(sc. Dei filius)? Aut per quam nisi per corporis mortem mortis vincula dis-
solvit? Mortis enim mors facta est susceptio mortis in Christo." De fide
l. III c. 11. n. 84 (Migne t. 16. col. 607). Förster (Ambrosius S. 136 f.)
hat die Lehre des Heiligen objectiv richtig dargestellt, wenn er u. a. sagt: „Es ist
also der Gedanke des stellvertretenden Strafleidens (bei Ambrosius) vorwaltend:
das göttliche Strafdecret über den Menschen konnte nicht aufgehoben werden, aber
die Person Christi wird substituirt; das Blut Christi als des Gottmenschen hat einen
so unendlichen Werth, daß es von Gott als Lösegeld angesehen werden kann, als
Aequivalent für die menschliche Schuld; durch sein Blut ist die Welt gereinigt."

Die gereinigte Menschenseele soll derart erhoben und umgewandelt werden, daß sie ein Bild Christi ist. Nicht bloß die Sündelosigkeit Christi, son= dern auch die positive Gerechtigkeit desselben soll der Menschenseele habi= tuell anhaften und als Erlösungsverdienst mitgetheilt werden. Beide Momente sind derart innig vereinigt, daß das erstere für das letztere conditio sine qua non ist, während das letztere als Ziel des erstern gilt. In den angeführten Worten des Dichters, aus welchen wir die Reinigung des Menschengeschlechtes durch den Erlösungstod Christi er= kannten, ist auch regelmäßig von dieser Theilnahme an der positiven Gerech= tigkeit Christi die Rede. Wir brauchen daher zum Nachweise dessen nur auf die mitgetheilten Stellen zu verweisen. Ganz richtig sagt Brockhaus (a. a. D. S. 192): „Das Resultat der Gesammtwirksamkeit Christi ist die innere Wiedergeburt des Menschen in der Vernichtung des alten Adam und der Befreiung von der Sünde und den Lüsten, denen er unterworfen war. Dadurch ist die Versöhnung des Menschen mit Gott ermöglicht, die zugleich zu einer Erhebung der Menschheit in die Gottheit (Apoth. 232 sq.; c. Symm. II, 268 sq.), zu einer Vereinigung des fleischlich Sterblichen mit dem ewig Geistigen durch die Mittlerschaft Christi wird (Psych. 764 sq.). Diese Erhebung des Irdischen zum Himmlischen ist dem Prudentius der letzte und höchste Zweck der Menschwerdung Christi." [1] Die Voreingenommenheit für die protestantische Rechtfertigungstheorie hat aber Brockhaus gehindert, die angedeuteten beiden Momente in ihrem Zu= sammenhange anzuerkennen, so daß er in der klaren und ausführlichen Dar= legung der satisfactorischen stellvertretenden Erlösungsthat durch den Dichter „nur Anklänge an die Erniedrigung Christi im Leiden und Tod" sieht.

Christus hat seine That für alle Menschen aller Zeiten vollbracht. Ueberaus schön hat der Dichter dieß im Gebete ausgedrückt, das er am Schlusse der Vorrede zum ersten Buche gegen Symmachus für letztern an den Erlöser richtet (V. 80 f.):

„Hör, o Retter von Rom und seines Volks, mein Fleh'n,
Der du Gnade verleihest allen Verlorenen,
Der du jedem gewährst Theil am Erlösungswerk [2],
Gern zur Hülfe bereit allen die Hand darreichest:

---

[1] Die Lehre des Concils von Trient ist die bündigste Zusammenfassung der klaren Worte des Dichters: „Iustificatio, quae fit per redemptionem in Christo Iesu, non est sola peccatorum remissio, sed et sanctificatio et renovatio inte= rioris hominis (,lavatur naturae inluvies iterumque renascimur intus.' Apoth. 924) per voluntariam susceptionem gratiae et donorum, unde homo ex iniusto fit iustus, ut sit haeres secundum spem vitae aeternae."

[2] v. 82: Qui nullum statuis non *operis tui*
Mortalem.
Das „opus", wovon der Dichter redet, ist jenes „opus secundum" (Ham. 664). Die Uebersetzung mit „Erlösungswerk" ist daher vollkommen gerechtfertigt.

Dem Mann schenk, kann's gescheh'n, beine Erbarmung jetzt,
Der kopfüber sich stürzt jäh in den Abgrund tief.
Schmähung athmet er aus, gottlos, boch unbewußt,
Hegt und pflegt seinen Wahn irrend und hartnäckig [1].
Raff nicht schnell ihn hinweg, flehend beschwör ich dich,
Wo im feurigen Schlund ewige Qual ihm droht."

Soll die Bitte des Dichters Erhörung finden, so muß Symmachus
des Erlösungswerkes Christi theilhaftig werden. Auf welchem Wege kann,
bezw. muß nun nach Prudentius diese Aneignung des Heiles, die sub=
jective Erlösung, geschehen? Die Frage ist nach prudentianischer
Anschauung gleichbedeutend mit der andern: Wie wird der Mensch in
Christus umgestaltet, so daß er „Christi Gestalt und Abbild" heißen
kann? Prudentius sieht diesen Vorgang ebenso schön wie tief als eine
Wiederholung der Incarnation an. Maria, „die Erlöste von ihrer Em=
pfängniß an" und die Erste der Erlösten [2], gilt ihm als Ideal aller, von
benen Christus geistiger Weise empfangen wird. Wie sie geglaubt und
durch den Glauben Christum empfangen hat, so nimmt Christus nur in
Herzen, die einen Glauben ohne Zweifel und Schwanken haben, Einkehr
(Apoth. 579 sq.). In diesem Zusammenhange gestalten sich die Worte
des Dichters:

> Virginitas et prompta fides Christum bibit alvo
> Cordis et intactis condit paritura latebris [3]

zum allgemein gültigen Gesetze, das nicht bloß einmal in Maria in der
vollkommensten Weise erfüllt worden ist, sondern bei jedem Erlösten in
geheimnißvoller Verborgenheit zur Anwendung kommt. Die „prompta

---

[1] Erroresque suos *indocilis* fovet: unzugänglich für Belehrung.

[2] Cfr. *S. Ambros.*, Exposit. ev. sec. Luc. l. II. n. 17 (Migne t. 15. col. 1559).
Eine schöne Variation dieses Gedankens in anderem Zusammenhange gibt J. Grimm
(Das Leben Jesu. Bd. II. S. 272): „Die junge Kirche schöpft ihre Lebenskraft,
ihr erstes Athmen zugleich aus dem Glauben der Mutter Gottes, wie
benn einmal mit der Menschwerdung selbst die Kirche mit ihren Wurzeln allen in
den Schooß der Jungfrau eingebaut erscheint."

[3] Treffend übersetzt, beziehungsweise umschreibt Brockhaus:
„Herzen der Jungfrau gleich und bereit zum Glauben empfangen
Christum im bräutlichen Schooß und zeugen ihn neu aus sich selber."
Cfr. *S. Ambros.*, Expos. in ev. sec. Luc. l. II. n. 26 (Migne t. 15. col. 1561): „Vides
non dubitasse Mariam, sed credidisse et ideo fructum fidei consecutam. Beata,
inquit, quae credidisti. Sed et vos beati, qui audistis et credidistis: quac-
cunque enim crediderit anima et concipit et generat Dei verbum et opera
cius agnoscit. Sit in singulis Mariae anima, ut magnificet Dominum; sit in
singulis spiritus Mariae, ut exultet in Deo. Si secundum carnem *una* mater
est Christi secundum fidem tamen omnium fructus est Christus. *Omnis enim
anima accipit Dei verbum, si tamen immaculata et immunis a vitiis intemerato
castimoniam pudore custodiat.*"

fides" ist nach Prudentius die bereitwillige, rückhaltslose Annahme der göttlichen Offenbarung, und zwar, wie oben in Kapitel I dargelegt wurde, nicht einer subjectiven Auslegung des Offenbarungsinhaltes, sondern der einen Glaubenslehre, wie sie unverfälscht von der katholischen Kirche überliefert wird. Mit Christus durch den Glauben (und die Taufe) ver= einigt sein und „zum katholischen Volke" (catholica plebs. Apoth. 291) gehören, ist daher dem Dichter eins und dasselbe. Die „virginitas", welche nach Prudentius prägnant die Sündelosigkeit überhaupt bedeutet (oben S. 408), wird dagegen durch das Bad der Taufe herbeigeführt. „Am auserwählten Orte (des Taufbrunnens) reinigt Christus die er= probten Herzen durch das Wasser."[1] Die erprobten Herzen (probata corda) sind die vom wahren Glauben an Christus erfüllten Seelen. Denn „der Glaube verleiht die Wiedergeburt"[2] und muß daher dem reinigenden Bade als unerläßliche Bedingung vorausgehen. Indeß mit der Reinigung der Seele von den Sündenflecken ist die Wirkung der Taufe nicht abgeschlossen.

Durch den Glauben und die Sündenreinheit ist die Seele nach den Worten des Dichters vielmehr erst fähig geworden, „Christum in dem Schooße des Herzens aufzunehmen, um ihn zu gebären, nachdem sie ihn in der unbefleckten Wohnung des Herzens verborgen hat". Unübertreff= lich schön drückt der Dichter die ganze Wirkung der Taufe sammt diesem paulinischen „Anziehen Christi" in der eben angeführten Stelle der Psycho= machie (V. 356 f.) aus. Die personificirte Mäßigkeit tabelt dort die im Kampfe mit der Sinnenlust lässigen Streiter. Um die Schmach dieser Feigheit zu brandmarken, erinnert sie dieselben an den in der Taufe er= langten Seelenschmuck. „Jetzt," fragt sie, „wollt ihr die kriegsgewohnten Hände zum (schmählichen) Bunde reichen...', damit euer (geckenhaft) zierlicher Gang mit dem Schleppkleide (der weltlichen Freude) die Fuß= spuren kehre und um eure entkräfteten Glieder seidene Faltenmäntel rau= schen[3], nachdem ihr das Kleid der Unsterblichkeit erlangt habt, das mit geschicktem Finger die hehre Fides gewebt, indem sie euren reingewaschenen Seelen ein undurchdring=

---

[1] Perist. VIII, 1 sq.

[2] Psych. 366. Cfr. S. Ambros., Ep. 7 ad Iustum. 26 (Migne t. 16. col. 911): „... nec enim fides sola ad perfectionem satis est, nisi etiam baptismatis adipiscatur gratiam et sanguinem Christi redemptus accipiat."

[3] v. 366 sq.:

Post immortalem tunicam, quam pollice docto
Texuit alma Fides, dans impenetrabile tegmen
Pectoribus lotis, dederat quibus ipsa renasci.

Das Kleid der Taufgnade ist als „tunica" in beabsichtigten Gegensatz zu den „serica pallia" (der Sinnenlust) gestellt.

liches Schutzkleid verlieh, (euch) denen sie ja auch (die Gnade) verschafft hatte, wiedergeboren zu werden?" Drei Factoren der Umgestaltung des Menschen in Christus treten hier deutlich hervor: der Glaube als Urheber derselben, gleichsam der Wegbereiter Christi, die reingewaschenen Seelen (lota pectora), welche der Taufe ihre Reinigung verdanken, und endlich das Kleid der Unsterb= lichkeit (tunica immortalis), das die gereinigte Seele aus dem Taufbade mitgenommen hat. Zu dem Schmucke, welchen das Kleid der Unsterb= lichkeit der Seele verleiht, gesellt sich noch eine andere Zierde, an welche der Dichter sowohl in den angeführten Versen (V. 260) als in den Parallelstellen die Erlösten erinnern läßt. Dieselbe Mäßigkeit fragt vor= wurfsvoll die feigen Kämpfer: „Eine vergoldete Kopfbinde, die des Mannes Haupthaar zusammenhält, soll mit safranburchtränktem Bande[1] das (auf euer Haupt) gegossene Narbenöl einziehen, nachdem (jenes) Zeichen mit Oel eurer Stirne aufgeprägt worden ist, durch das (wobei) euch das königliche Salböl verliehen wurde und unvergängliche Salbung?"[2] Während hier der Dichter an das „chrisma perenne" vor der Taufe erinnert, erwähnt er dasselbe Cath. VI, 125 nach der Taufe.

> „Bedenk, Verehrer Gottes:
> Der heil'ge Thau des Quellbads
> Ist über dich geflossen;
> Du trägst der Salbung Zeichen."[3]

Da in Psych. 356 sq. der Christ vor Allem an seine Pflicht als geistlicher Kämpfer erinnert wird, so ist leicht erkenntlich, warum Pru=

---

[1] Sarkastisch gibt Prudentius der „mitra", als weiblichem Kopfschmucke, das Prädicat „cohibens virilem caesariem". Die Stelle, welche Obbarius zu V. 358 aus Cicero (Har. resp. 44) anführt: „A mitra, a crocota, a muliebribus soleis . . . factus est repente popularis P. Clodius", scheint dem Dichter in der That vorgeschwebt zu haben.

[2] v. 360:
Post inscripta oleo frontis signacula, per quae
Unguentum regale datum est et chrisma perenne.

[3] Obbarius vertheidigt hier die Lesart: „te chrismate *innoratum*", während Dreffel mit Arevalo: *„innotatum"* aufgenommen hat. Arevalo meint, nur bei letz= terer Lesart sei die Beziehung auf die Firmung möglich, wogegen Obbarius gerade bei der erstern eine Unterscheidung zwischen „baptismus" und „confirmatio" findet. Abgesehen davon, daß Obbarius „confirmatio" ganz anders als Arevalo auffaßt, nämlich als Erneuerung der Taufe in dem vom römischen Katechismus (p. II. c. 3. qu. 21; vgl. Speil, Die Lehren der katholischen Kirche gegenüber der protestan= tischen Polemik. Freiburg 1865. S. 209) verurtheilten Sinne, kann doch von dieser Erwägung keinesfalls die Wahl der Lesart abhängen. Für „innotatum" sich zu entscheiden, wird man aber genöthigt durch die bessere Bezeugung, insofern der cod. Puteanus hierfür eintritt und namentlich durch· die Parallelstelle Cath. IX, 84: „notatae frontes".

bentius dort zuerst an die Salbung erinnert. Dieselbe steht mit der Pflicht, zu kämpfen, in näherer Beziehung als die Taufe. Dagegen hatte Prudentius in Cath. VI, 125 keinen Grund, von der Ordnung abzu=gehen, in welcher dem Christen die Taufe und die Salbung zu Theil ge=worden sind. Deutlich genug erscheinen aber durch diese Umstellung beide geheimnißvolle Handlungen als dem Zwecke nach von einander unter=schieden. Der Mensch, welcher in der Taufe ein Christ geworden ist, wird durch die Salbung zum Soldaten Christi eingeweiht. Unschwer er=kennen wir sonach in der Salbung, von der Prudentius redet, das Sa=crament der Firmung [1].

Die Frage, wodurch die Aneignung des Erlösungsverdienstes, die Recht=fertigung, nach seinem negativen wie positiven Elemente (Sündentilgung und Gnadenmittheilung) erfolge, ist also nach Prudentius jedenfalls dahin zu beantworten: durch Glaube und Taufe. Hierdurch hört die Seele auf, „Christi beraubt" zu sein. Fast mit dogmatischen Kunstausdrücken schildert Prudentius den Vorgang und das Wesen der Rechtfertigung Apoth. 880 sq.:

> (Animam) „... lapsam Christique inopem nova gratia mundat[2],
> Spiritus et sanctus baptismate iustificatam
> Nobilitat famulaeque decus, quod defuit, addit."

Denselben Begriff von der Rechtfertigung gibt uns endlich der Dichter, wo ihm die Furcht, die erlangte Taufgnade zu verlieren, die Bitte ein=flößt (Cath. II, 60 sq.):

---

[1] Der Dichter erwähnt mehrfach die chrismatische Salbung von der Taufe gesondert (Cath. IX, 84; Apoth. 357 sq. 493 sq.; Psych. l. c.; c. Symm. II, 712). Auch nach Brockhaus (a. a. O. S. 224 Anm.) „läßt dieser Umstand auf eine schon vollzogene Trennung der Taufe und der mit dem Chrisma verbundenen Con=firmation schließen". Hierbei faßt Brockhaus „Confirmation" in dem Sinne von Obbarius auf, wonach Prudentius unter „chrisma" die zur Taufe gehörige Salbung verstehen würde. Allein der Unterschied liegt nach dem Obigen tiefer. Die Praxis der alten Kirche, wonach die beiden Sacramente der Taufe und Firmung im engsten Zusammenhange ertheilt wurden (vgl. Probst, Sacramente und Sacramentalien. Tübingen 1862. S. 194 f.), läßt freilich die Firmung nur als eine Vollendung der Taufe erscheinen, was sie ja in gewissem Sinne auch ist (cfr. Catech. Rom. p. II. c. 3. qu. 20). Auch bei Prudentius zeigt sich dieser enge Zusammenhang, wenn man Apoth. 880 sq. vergleicht mit den Worten des hl. Pacian (De baptismo VI.): „Lavacro peccata purgantur, chrismate S. Spiritus superfunditur." Cfr. S. Pa=ciani Ep. 3, 2 ad Sympron.

[2] Mit Recht hat Dressel wie Arevalo hier die Lesart „mundat" aufgenommen, gegen Obbarius, der „inundat" liest. Die handschriftliche Bezeugung tritt für beide Lesarten gleichmäßig ein; allein nicht bloß der von Dressel betonte Zusammenhang, sondern auch die Parallelstellen fordern entschieden „mundat". Die dogmatisch be=stimmte, fast stereotype Ausdrucksweise, welche wir bei Prudentius wiederholt be=merkten, macht sich gerade in diesem Punkte sehr scharf geltend: Reinigung der Seele von der Sünde und Ausstattung mit göttlichem Glanze sind die constitutiven Momente der Rechtfertigung.

„So laß uns bleiben allezeit,
Wie wir, im Jordanfluß getauft,
Nach weggewasch'nem Sündenschmuß
Erglänzten einst auf dein Geheiß."

Ist die Seele dieses Gnadenglanzes theilhaftig geworden, den Pru=
bentius „novum lumen" [1], „nova gratia Christi" [2], „iustitia Christi" [3],
„gratia simplex" [4] nennt, dann wohnt Christus in ihr. Wenn der Dichter
andererseits den heiligen Geist als Bewohner des Seelentempels bezeichnet,
so stimmt er mit dem heutigen Sprachgebrauche der Ascese vollkommen
überein. Dem heiligen Geiste wird die Umbildung des Menschen in
Christus per appropriationem, wie die Schule sagt, zugeschrieben. In
diesem Sinne heißt es vom heiligen Geiste (Cath. IV, 16):

„Glanzvoll hält er in's Herz, in's keusche, Einzug;
Wie zum Tempel geweiht, erglänzt dieß freudig,
Sobald Gott sich's vereint im tiefsten Innern."

Die letzteren Worte: „Postquam *combiberint Deum* medullis" (sc.
pectora), zeigen durch die bloße Zusammenstellung mit (Apoth. 583):

Virginitas et prompta fides *Christum bibit* alvo
Cordis,

daß dem Dichter „vom heiligen Geiste geheiligt werden" und „Christum
anziehen" identisch sind. Das Bild, welches Prudentius für die Ver=
einigung Gottes mit der Seele gern braucht: „Gott oder Christus hinein=
trinken", zeigt nun schon an sich, daß man an kein mechanisches Ueber=
kleiden der Seele zu denken, noch sich den Gnadenglanz der gerechtfertigten
Seele als etwas Todtes vorzustellen hat. Die „neue Gnade" ist viel=
mehr ein Lebenselement, wodurch Christus im eigentlichen Sinne im Ge=
rechtfertigten lebt und sein Leben offenbart [5]. So wie nun Prudentius
das fleischgewordene Wort als heiligen neutestamentlichen Gottestempel
preist (Apoth. 518, vgl. oben S. 417), so stellt er sich auch das ge=
heimnißvolle Leben Christi in der geheiligten Menschenseele als einen be=

---

[1] Cath. I, 36. Christus, der selbst „sol" genannt wird, heißt deßhalb
Cath. III, 1: „lucisator" (lucis sator).

[2] Apoth. 880.   [3] Perist. XIII, 32.

[4] c. Symm. II, 906. „Simplex" hat bei Prudentius die Bedeutung der mo=
ralischen Reinheit. In diesem Sinne lesen wir: „mens simplex" Cath. II, 49;
„simplex lingua" Ham. 201; „simplices puellulae" Cath. IX, 110. Daß der
Dichter hierin dem Sprachgebrauche der alten Christen folgt, sehen wir aus den
Katakomben=Inschriften, wo die unschuldige Seele als „anima simplex" bezeichnet
wird. Vgl. Kraus, Roma sott. S. 202.

[5] Cfr.· *S. Ambros.*, Expos. in ev. sec. Luc. l. X. 7 (Migne t. 15. col. 1806):
„Quid mihi prodest diem scire iudicii? Quid mihi prodest tantorum conscio
peccatorum, si Dominus veniat, nisi *veniat in meum animum, redeat in meam
mentem, nisi vivat in me Christus, in me Christus loquatur?*"

ständigen Gottesdienst bezw. Opferdienst vor, welchen Christus, „der wahre Priester", verwaltet [1]. Nennt er (Cath. IV, 17) den Eintritt des heiligen Geistes in die Menschenseele eine Tempelweihe, so läßt er den hl. Romanus (Perist. X, 346 sq.) den Tempel der Christenseele und den darin gefeierten Gottesdienst ausführlich beschreiben:

„Im Menschengeiste baut [2] sich Gott den Tempel selbst,
Lebendig, heiter, sinnlich sichtbar, geistig auch;
Niemand zerstört ihn, Fall und Ende kennt er nicht,
Anmuth'ge Schönheit schmückt ihn, hoch ragt er empor,
Mit mannigfalt'gen Farben ist er bunt geschmückt.

Dort steht der Priester im geweihten Tempelraum,
Und vorn am Eingang hält die Jungfrau Fides Wacht,
Durch deren Haar sich flicht des Königs Diadem.
Sie fordert Opfer darzubringen, heilig, rein,
Die wohlgefällig Christo und dem Vater sind:

Der Stirne Schamroth, laut're Herzensreinigkeit,
Des Friedens Ruhe, unbefleckten, keuschen Leib,
Und Gottesfurcht, dann regelrechte Wissenschaft [3],
Der Fastenübung Mäßigkeit und Nüchternheit,
Standhafte Hoffnung, stets zum Geben offn'e Hand.

Hieraus erhebt sich süßer Opferduft empor,
Der besser ist als Balsam, Weihrauch, Safranduft,
Als Persiens Lüfte, angefüllt von Wohlgeruch,
Und bis zum Himmel steigt von hinnen er hinauf,
Stimmt Gott dort gnädig, den der süße Duft ergötzt."

So wenig also nach Prudentius der Glaube allein genügt, um die Rechtfertigung herbeizuführen, so streng fordert der Dichter, daß letztere sich durch gottgefällige Werke offenbare. Deutlich ist in der obigen Stelle der Glaube als Wächter des Seelentempels von dem Priester unterschieden, welcher durch den Glauben zur Darbringung von Opfern genöthigt wird (poscit fides victimas litari). Wer der Priester sei, sagt uns der Dichter in der Vorrede zur Psychomachie, wo er in fast überschwänglicher Gedankenfülle die Zusammenkunft des siegreichen Abraham mit dem königlichen Priester Melchisedech als Typus der von Christus erfüllten Seele

---

[1] Psych. praef. 59 sq.

[2] Das „perfectum condidit" geht auf die Taufhandlung, in der dieser ideale Tempel entsteht.

[3] v. 358: „regulam scientiae." Prudentius meint die mit der Glaubens= regel übereinstimmende Kenntniß des Glaubens. Von natürlicher Wissenschaft kann nicht die Rede sein, weil es sich in der Stelle nur um specifisch christliche Tugenden handelt. Der Begriff von „regula" ergibt sich aus der Vorrede zur Apotheosis; die dort v. 27 erwähnte „recta regula (fidei)" ist mit unserer „regula scientiae" identisch. Die Tugendhaftigkeit wird durch die gehorsame Unterordnung unter diese „regula" begründet.

betrachtet [1]. Abraham, der Glaubensheld (senex fidelis), repräsentirt die gläubige Seele, welche den wahren Priesterkönig Christus auch aufnimmt (v. 59 sq.):

> Mox ipse Christus, qui sacerdos verus est,
> Parente inenarrabili atque uno satus,
> Cibum beatis offerens victoribus,
> Parvam pudici cordis intrabit casam,
> Monstrans honorem trinitatis hospitae.

Ohne Bild haben wir in Christus, dem Opferpriester der Seele, den Willen des Menschen zu verstehen, der durch die Vereinigung der Seele mit Christus zu gottgefälligen verdienstlichen Werken befähigt wird. Wie daher in der obigen Stelle aus Perist. X die christlichen Tugendwerke als Opfer aus der Hand Christi dargestellt werden, so schildert sie Prudentius am Schlusse der Vorrede zur Psychomachie als Kinder, die der Ehe zwischen Christus und der Seele entsprießen (v. 66 sq.):

> Animam deinde spiritus complexibus
> Pie maritam, prolis expertem diu [2]
> Faciet perenni fertilem de semine:
> Tunc sera dotem possidens puerpera
> Haerede digno patris implebit domum.

Worin Prudentius die Verdienstlichkeit der guten Werke des Menschen sieht, denen er im wahren und eigentlichen Sinne die Seligkeit als Lohn zuschreibt (Apoth. 883), ist nach dem Gesagten leicht ersichtlich. Die Tugendkinder der Seele tragen den Namen ihres Vaters; es sind Christi Werke, die als solche auch einen Lohn verdienen, der Christi würdig ist. Durch ein anderes Bild erläutert Prudentius dieselbe Lehre von den guten Werken, ihrer Nothwendigkeit und insbesondere von ihrer Verdienstlichkeit im zweiten Buche gegen Symmachus (1020 f.). Prudentius bekämpft an dieser Stelle (von V. 910 ab) den Antrag des römischen Senators, den vestalischen Jungfrauen die vorbehaltenen Einkünfte zurückzugeben. Symmachus hatte, um seiner Bitte Nachdruck zu verleihen, die Hungersnoth in den Provinzen als Strafe des Himmels für die gegen die Jungfrauen der Vesta getroffene Maßregel hingestellt. Prudentius geht am Schlusse seiner Widerlegung auf die fruchtbaren Saaten der Tugenden über, welche die Christen auf dem Acker ihrer Seelen nach der Anleitung Christi erzielen, und auf die auszeichnenden

---

[1] Ueberhaupt kann die ganze Psychomachie in Parallele zu der angeführten Stelle aus Perist. X gestellt werden. Die „virgo Fides innexa crines vinculis regalibus", welche den Eingang zum Seelentempel bewacht, eröffnet (Psych. 21 sq.) als „regina Fides intonsa comas" den Kampf. Auch hier kommt die gleichsam consolidirte Denk- und Redeweise des Prudentius zum Vorschein.

[2] „Die lange Kinderlosigkeit der Seele" ist ebenso wie „sera puerpera" in v. 69 eine Anspielung des Dichters auf sein eigenes Leben.

Belohnungen, deren sich die christlichen Jungfrauen gegenüber den Vesta=
linnen erfreuen. In diesem Zusammenhange schildert der Dichter das
christliche Gnadenleben und Tugendstreben folgendermaßen (V. 1040 f.):

„Gänzlich reinigen wir unser Herz von stechenden Dornen,
Daß den lebendigen Keim nicht tödten die schädlichen Sprossen [1],
Noch auch der dornige Busch der Sünden mit häufigem Fehltritt
Hind're der Seele sprossende Saat und deren Erträgniß;
Daß nicht im ärmlichen Kies [2] und im trockenen Sande verdorre
Langsam verwelkend der Glaube im Herzen, nicht flamme der heißen
Leidenschaft Gluth und die Liebe verbrenne, die kraftlos erschlafft ist [3].
Endlich soll eitele Sorg' im Gemüthe Gott nicht vergessen,
Noch auch die Labung der Seele, die Hoffnung, verlieren
Und sie den kecken Vögeln am Weg zum Fraß überlassen,
Während im Fluge der Feind den verachteten Glauben [4] erbeutet.
Solcherlei Fleiß auf die Aecker verwandt bringt hundertfach Früchte,
Ihnen widmet er sich voll Eifer, doch ohne Besorgniß,
Daß die geernteten Garben verwüste der nagende Kornwurm ...
Vorrecht, vielfach und herrlich, besitzen auch unsere Jungfrau'n:
S c h a m h a f t i g k e i t , d a s A n t l i t z v o m h e i l i g e n S c h l e i e r v e r h ü l l e t ,
S t i l l e v e r b o r g e n e E h r ' , n i c h t ö f f e n t l i c h s i c h t b a r d u r c h Z e i c h e n ,
Seltne und ärmliche Mahlzeit und allzeit nüchterne Sinne,
Und der Keuschheit Gesetz, mit dem Ende des Lebens erst endend.
Sechzigfach ist die Frucht, die von hier in die Scheuern gebracht wird,
Und nie findet der Dieb bei Nacht zu den Scheuern den Eingang;
Denn kein Dieb steigt himmelan je; die himmlischen Schätze
Werden durch List nicht entdeckt; List wohnt tief unten auf Erden.“

Die mitgetheilten Worte bestätigen und ergänzen die obigen Ansichten
des Dichters. Sahen wir in den Stellen aus dem Gesange auf den hei=
ligen Romanus und aus der Vorrede zur Psychomachie d a s I d e a l d e r
Menschenseele, die in und durch Christus lebt, so zeigt Prudentius hier
zunächst den Weg, auf dem dieses Ideal verwirklicht wird. Das christ=
liche Leben ist eine beständige mühevolle Arbeit. „Eine innere Boden=
cultur“ (internus cultus) ist nöthig, um den in der Taufe erhaltenen
Seelenglanz zu bewahren (ne minus niteant praecordia, v. 1037). Je
nach dem individuellen Zustande der Seele gestaltet sich nun diese aus=

---

[1] „flagella“. Cfr. *Vergil.*, Georg. II, 299.

[2] „glarea tenuis“ im Gegensatze zum fetten, fruchtbaren Boden.

[3] „Effetis urat charismata venis.“ Dem Dichter schwebt auch hier das
Bild in der Vorrede zur Psychomachie vor, wonach er die Tugendwerke (Liebes=
thaten) als Kinder der Ehe zwischen Christus und der Seele betrachtet. Die „effetae
venae“ sind demnach der unfruchtbare Mutterschooß, während „charismata“ als
Wirkung statt der Ursache für „charitas“ steht.

[4] „projecta fides“, der als unnütz weggeworfene Glaube. Kurz vorher, in V. 1045,
redet Prudentius von der „marcescens fides“; dem Zusammenhange nach denkt er
sich also hier die Glaubenspflanze verdorrt und aller Lebenskraft beraubt.

führlich beschriebene Bearbeitung bezw. Reinigung des Herzens (exstirpamus sentos de pectore vepres, v. 1040) verschieden. Unterbleibt dieselbe, dann fängt der Lebenskeim (germen vitale) des Glaubens an, welk zu werden, und verdorrt. Unter dem Bilde einer verdorrten Pflanze können wir uns den Glauben nur als todt vorstellen. Was der Dichter umgekehrt unter lebendigem Glauben verstehe, ist aus den mitgetheilten Worten ohne Weiteres klar: es ist der zu Liebeswerken antreibende und durch solche bethätigte Glaube. Diesem allein ist die Aussicht auf ewige Belohnung eröffnet. Das Lob der christlichen, gottgeweihten Jungfräulichkeit, das der Dichter im Anschlusse hieran singt, zeigt, daß die Belohnung verschieden ist, je nach der hienieden durch Opfer bethätigten Gottesliebe. Die sechzigfache Frucht in der biblischen Parabel (Matth. 13, 8) ist dem Dichter der Lohn derjenigen, welche „das Gesetz der Jungfräulichkeit bis zum Tode" (lex pudicitiae vitae cum fine peracta) auf sich genommen haben. Das Martyrium gleicht in seinem Lohne der hundertfachen Frucht, weßhalb die hl. Agnes (Perist. XIV, 119 sq.) den doppelten Lohn erhält, da sie mit der doppelten Krone der Jungfräulichkeit und des Martyriums geschmückt ist[1]. Da Prudentius von „unseren Jungfrauen" als von einer bestehenden Einrichtung im Christenthume seiner Zeit redet, und das erwähnte „Gesetz" der Jungfräulichkeit eine gesetzgebende Autorität voraussetzt, so haben wir uns das gesammte Tugendleben, wie es der Dichter kannte, nach bestimmten

---

[1] „Aemulatur", sagt Arevalo zu letzterer Stelle richtig, „Cyprianum ep. 70: Cuius numero nec virgines desunt, quibus ad sexagenarium fructum centenus accessit, quasque ad coelestem coronam gloria geminata provexit." Ueber die Lobpreisung, welche der hl. Ambrosius der gottgeweihten Jungfräulichkeit ertheilt, schreibt Förster (a. a. O. S. 189): „Von allen verdienstlichen Werken gebührt dem jungfräulichen Leben der Preis bei Ambrosius, und auch ein flüchtiger Blick in seine Werke zeigt diese hohe Bewunderung des selbstgewählten ehelosen Standes, der oft in überschwänglichen Wendungen gepriesen wird. Zwar sagt er damit nichts Neues, fast alle kirchlichen Autoren jener Zeit wissen mit hohen Worten in den Preis der ‚virginitas' einzustimmen ... aber es ist charakteristisch für die unevangelische Richtung, welche sich der ethischen Anschauungen bemächtigt hat, daß auch ein im Ganzen so nüchterner und besonnener Mann, wie unser Kirchenvater, in begeisterten Ausdrücken das ehelose Leben als die höchste Blüthe sittlicher Vollkommenheit zu idealisiren versteht. Ein himmlisches Leben ist das der heiligen Jungfrauen, ein Leben der Engel, dem kein anderer Beruf sich vergleichen läßt und das an dem Leben der Jungfrau Maria sein unerreichbar hohes Vorbild hat." Die Stelle ist hier mitgetheilt, weil sie das Urtheil der protestantischen Theologie über Prudentius einschließt. Prudentius stimmt nun mit „fast allen kirchlichen Autoren" in diesem Punkte mit dem Stifter des Evangeliums (Matth. 22, 30) und dem Weltapostel desselben (1 Cor. 7, 7) genau überein. Huldigen sie „einer unevangelischen Richtung", so muß dieselbe nur die Abweichung von einem andern Evangelium als dem christlichen darstellen.

Normen geregelt zu denken. Diese Autorität kann nur durch die Kirche re=
präsentirt sein. Die Untersuchung über die Fastenhymnen im Kathemerinon=
buche nöthigte uns, oben bereits darauf hinzuweisen, daß Prudentius die
kirchliche Autorität als Ordnerin des christlich=religiösen Lebens und als
Wächterin über dasselbe ansieht. Hier finden wir die Fastenübung (ieiuniorum parcitas sobria, Perist. X, 359) unter den gottwohlgefälligen
Opfern aufgezählt, die „Christus und dem Vater" auf Anordnung des
Glaubens dargebracht werden. Um jeden Zweifel darüber abzuschneiden,
ob Prudentius nur von einem Fasten nach subjectivem Belieben[1] oder
zunächst von einer kirchlich geordneten und bindenden Fastendisciplin
verstanden sein wolle, mögen hier noch die Worte seines Zeitgenossen
Bachiarius folgen. Wie verwandt derselbe mit dem Dichter durch die
Bekämpfung des Priscillianismus ist, wurde oben (S. 19 f.) dargethan.
Er schreibt in seiner professio fidei n. 7[2]: „Ieiunia attentiora secundum
ecclesiasticam regulam disciplinamque servamus, ut tribus temporibus
anni ˙ masculinum nostrum (Exod. 34, 23), hoc est opus virtutis,
quod cetero operi praecellat, appareat, ac si quando ieiunia indicta
ecclesiae, tunc nos cupimus non solum de usu consuetudinarii, verum etiam a conversatione, fabulis, salutationibus, quae fabulas
interserunt, ieiunare." Dieses Bekenntniß liegt auch den Worten des
Dichters zu Grunde. Wie es nach Prudentius keinen Glauben gibt, der
zur Vereinigung mit Christus führt, außer dem von der Kirche gelehrten,
so entwickelt sich und gedeiht auch das Glaubensleben in der Vereinigung
mit Christus nur unter der Pflege der Kirche und durch den Gebrauch
ihrer Gnadenmittel.

Die Lehre des Dichters über die Aneignung der Erlösungsverdienste
Christi, wie sie bisher dargelegt wurde, gehört zu den Glanzpunkten in
seinen Werken. Fragen wir, wie sich dieselbe zu der Lehre der Kirche
verhält, so müssen wir sagen: Prudentius hätte nicht anders schreiben
können, wenn ihm die dießbezüglichen Bestimmungen der tridentinischen
Kirchenversammlung vorgelegen wären. In den Worten der letztern:
„Fides nisi ad eam spes accedat et caritas neque unit perfecte
cum Christo neque corporis eius vivum membrum efficit,"[3] ist die
Lehre des Prudentius vollständig enthalten.

---

[1] Cfr. *Middeldorpf,* Commentatio de Prud. p. 188.

[2] Migne t. 20. col. 1033. Muratori läßt diese Worte gegen Jovinian ge=
richtet sein. Er übersieht, daß Bachiarius nicht die Gemeinschaft mit jenen zurück=
weist, welche wie Jovinian vom Fasten nichts wissen wollten, sondern solche im
Auge hat, die das Fasten in abergläubischer Weise übten. Von den Priscillianisten
ist letzteres bekannt, vgl. S. 417.

[3] Sess. VI. c. 7. Cfr. can. 26 et 32. — Der neueste protestantische · Bio=
graph des hl. Ambrosius, Förster, ist vielleicht am interessantesten in den Worten

28*

Daß nach Prudentius die Rechtfertigung durch die Sünde wieder
verloren gehen, daß sie durch Reue und Buße wieder erworben werden
könne, ist zum Theil in den angeführten Stellen klar ausgesprochen, zum
Theil eine einfache nothwendige Folgerung. Welche Rolle Prudentius der

(S. 158 f. 188), worin er sich über diese Uebereinstimmung der Kirchenväter mit
dem Tridentinum und den vorgeblichen Widerspruch derselben mit der „eigenthümlich=
paulinischen Rechtfertigungslehre" ausspricht. Da nach ihm „auch bei Ambrosius"
— und dasselbe muß mindestens von Prudentius gelten — „der Begriff des Glau=
bens oft abgeschwächt und unzureichend erscheint", so schickt er über die Genesis
dieser Abschwächung des Glaubensbegriffes eine Bemerkung voraus. „Es braucht
... nur flüchtig daran erinnert zu werden," heißt es S. 158, „wie bald in den
ersten Jahrhunderten der christlichen Kirche die eigenthümlich=
paulinische Glaubensdoctrin und Rechtfertigungslehre ver=
schwunden ist, so daß sogar bei den apostolischen Vätern nur
Anklänge sich finden, nicht volles Verständniß. ... Sehr früh
geht der bei Paulus so klar hervortretende organische Zusammenhang zwischen
Glaube und Liebe, zwischen der vertrauenden Hingabe an Christum und guten
Werken verloren, es besteht ein mechanisches Nebeneinander zwischen Glaube
und Liebe oder sittlicher Bethätigung; nicht mit Nothwendigkeit erwächst diese als
dankbare Gegenliebe aus dem Glauben, sondern steht als ein Zweites daneben.
Und selbst der Mann, welcher so energisch in einigen Punkten, namentlich der An=
thropologie, an Paulus erinnert, Augustin, hat diesen Zusammenhang nicht wieder
angeknüpft, auch er redet davon, daß Liebe zum Glauben hinzukommen müsse, daß
es auch einen Glauben ohne gute Werke, ohne Liebe gebe. Danach wird der
Mensch auch nicht gerechtfertigt *sola fide*, sondern durch den Glau=
ben, weil und sofern er in der Liebe thätig sich erweist, — eine
Anschauung, welche bekanntlich maßgebend für die mittelalter=
liche Theologie blieb und auch im Tridentinum sanctionirt wor=
den ist." Die mit dieser Lehre zusammenhängende Unterscheidung zwischen voll=
kommenen und minder vollkommenen Werken, zwischen Pflichten und Räthen „legt
den Schwerpunkt in die einzelne That, nicht mehr in die Gesinnung, atomisirt die
Handlung und löst sie vom Kern der sittlichen Persönlichkeit" (S. 188). Wo kann,
fragen wir dem gegenüber, weniger von „einem mechanischen Nebeneinander" des
Glaubens und der Liebe, von einer Trennung „der That und der Gesinnung" die
Rede sein, als bei Prudentius? Nach ihm verdanken die Werke der gerechtfertigten
Seele ihren unschätzbar hohen Werth einzig und allein der innigsten Vereinigung
der ganzen menschlichen Persönlichkeit mit Christus. Es gibt in der That kaum
einen Ausdruck, den Prudentius noch brauchen könnte, um die habituelle innigste
Durchdringung des Menschen von Gott noch stärker zu betonen. Daher bleibt es
einfach unbegreiflich, wie auch besonnenere Protestanten, zu denen man Förster rech=
nen darf, sich so viele Mühe geben können, die katholische Lehre von der Recht=
fertigung mißzuverstehen. Bei aller übernatürlichen erhabenen Schönheit befriedigt
dieselbe das gesunde Denken und Fühlen des Menschen auf's Vollkommenste; zu=
gestandenermaßen hat das Christenthum vom ersten Jahrhundert bis heute die Lehre
Christi und der Apostel also verstanden; die Umwandlung der Welt in eine christ=
liche ist nur die praktische Folgerung dieser Lehre: trotzdem soll sie unevangelisch
sein, weil sie den Ansichten beziehungsweise dem Leben der sogenannten Reforma=
toren des sechzehnten Jahrhunderts nicht conform erscheint! —

bußfertigen Geſinnung im Leben des Chriſten zuweist, das zeigt uns
ſein Charakterbild derart, daß wir beſondere Belege hierfür nicht bedürfen.
Es erübrigt jedoch die Frage: wo leitet der Dichter den Anfang zu der
beſchriebenen Umwandlung des Menſchen in Chriſtus her, oder, da der
Glaube die Wurzel derſelben bildet, wie kommt der Menſch zum Glau=
ben? In dem Lobliede auf den hl. Cyprian (Perist. XIII, 25 sq.)
iſt die Antwort gegeben. Auf die Schilderung ſeines Sündenlebens folgt
die der Bekehrung alſo:

> Luxuriae rabiem tantae cohibet repente Christus,
> Discutit et tenebras de pectore pellit et furorem:
> Implet amore sui, *dat credere, dat pudere facti.* (Cfr. v. 55 sq.)

Ein Geſchenk der göttlichen Gnade iſt ſomit der Glaube, die Reue
und das ganze Heil. Deßhalb preist der Dichter Gott (Cath. IV, 10 sq.)
mit unverkennbaren Anklängen an die eben citirten Worte alſo:

> Fons vitae liquida fluens ab arce,
> *Infusor fidei, sator pudoris,*
> Mortis perdomitor, salutis auctor.

Ebenſo nennt er den hl. Hippolyt nach ſeiner Bekehrung (Perist. XI,
23 sq.) „senem perversi dogmatis olim *munere ditatum catholicae
fidei*". Dasſelbe geht aus dem oben mitgetheilten Gebete des Dichters
um die Bekehrung des Symmachus hervor. Denn die Worte: „huius, si
potis est, iam miserescito" (praef. c. Symm. I, 84), bedeuten doch
nur: „Gib ihm barmherzig die Gnade des Glaubens." Zu der Be=
dingung: „wenn es möglich iſt", macht Iſo die Gloſſe: „Si praedestinatus
est." Sicher iſt in dieſen Worten das Geheimniß der Gnadenwahl an=
gedeutet, ohne daß man daraus Folgerungen über die Stellung ziehen
könnte, welche Prudentius zu dieſer Frage eingenommen hat[1]. Wie der
Anfang des Heiles der göttlichen Gnade zugeſchrieben wird, ſo iſt auch
die Beharrlichkeit in der erlangten Rechtfertigung von dem göttlichen
Beiſtande mit abhängig. Das obige Gebet (S. 430) um die Bewahrung
der Taufunſchuld bezeugt dieß. Deßhalb ſchreibt Prudentius die Tugend=
werke der Heiligen ſelbſt der Gnade zu. Der hl. Agnes ruft er zu
(Perist. XIV, 124):

> O virgo felix, o nova gloria,
> Coelestis arçis nobilis incola ...
> *Cui posse soli cunctiparens dedit
> Castum vel ipsum reddere fornicem.*

---

[1] Zu den Worten Ham. 838 sq.:
> Ast adversa procul (sc. ab inferno) regionibus in paradisi
> Praemia constituit *maiestas gnara futuri*
> Spiritibus puris et ab omni labe remotis,

bemerkt Brockhaus (a. a. O. S. 36. n. 1): „Mit ſcharfer Unterſcheidung hält
Prudentius, indem er eine Prädeſtination verwirft, an einer Präſcienz feſt." Aus

Nichtsdestoweniger ist jedes gute Werk sammt seiner Belohnung auch wahrhaft und wirklich Sache der Entscheidung des freien Willens, wie im Kapitel über die Anthropologie des Prudentius gezeigt wurde. Die speculative Frage über das Verhältniß zwischen Gnade und Freiheit, die ja erst durch die Häresie des Pelagius in Fluß gebracht wurde, finden wir bei Prudentius nicht erörtert. Die persönliche Sünde und das Verderben des Menschen ist dagegen einzig und allein dem Mißbrauche des freien Willens zuzuschreiben [1]. Das ganze Erlösungswerk, wie es von Christus vollbracht wurde und wie es sich noch beständig vollzieht, ist somit die Bestätigung des prudentianischen Wortes: „Labi hominis, servare Dei est.“

Die noch hierher gehörige Lehre über die Gnadenmittel und die Sacramente im engern Sinne findet, außer dem, was bereits über die Taufe und Firmung gesagt wurde, bei Prudentius keine eingehende Er- örterung [2]. Wir dürfen zur Erklärung dessen auch daran erinnern, daß die Arcandisciplin noch in Uebung war. Prudentius selbst legt dem hl. Romanus (Perist. X, 646 sq.) dem heidnischen Richter gegenüber die Worte in den Mund:

> „Die wen'gen Worte vom Geheimniß unsers Heils,
> Wie uns're Hoffnung sich erfüllt, genügen jetzt.
> Ich will nun schweigen; diese Perlen auszustreu'n,
> Vor schmutz'gen Thieren, hindern Christi Worte uns;
> Unreine Wesen soll'n das Heil'ge nicht entweih'n.“

Bevor wir die Aeußerungen des Dichters über die Eucharistie an- führen, die wir ihm trotz dieser Worte verdanken, bleibt uns noch eine Stelle über die Taufe zu erörtern. Neben den Stellen, wo Prudentius sich über das Wesen und die geheimnißvollen Wirkungen der von Christus eingesetzten Taufe deutlich ausspricht [3], schildert er in Cath. VII, 71 sq.

anderen Stellen ist allerdings kein Zweifel, daß Prudentius eine fatalistische Prä- bestination verwirft. Worin aber in den citirten Worten die Unterscheidung zwischen Präbestination überhaupt und Präscienz liegen soll, ist nicht ersichtlich.

[1] Ham. 392. 512. 523. 686 sq. 717; c. Symm. II, 471. Vgl. hiermit und mit der Darlegung dieser Lehre oben S. 395 f. *Bachiarii* Prof. fid. n. 5 (Migne t. 20. col. 1033).

[2] Es ist aber auch nicht so mager hiermit bestellt, wie man nach Mibbel- borpf (l. c. p. 179) glauben muß, der zur Bestätigung seiner Worte: „De sa- cramentis fere nulla mentio apud Prudentium obvia“, vier Stellen aus dem Dichter über die Taufe anführt.

[3] Cath. II, 61 sq.; III, 157 sq.; VI, 125 sq.; XII, 165; Apoth. 485. 880 sq. 924 sq.; Psych. 364; Perist. VI, 29 sq.; Perist. VIII. Ueber letztere Baptisterium-Aufschrift vgl. oben S. 145. Inhaltlich ist dieselbe wohl das Schönste, was über die Taufe gesagt werden kann. Martyrium und Taufe beleuchten einander gegenseitig in fortlaufender Parallele. Dittoch. 165 sq.

die Taufe des hl. Johannes so, daß dieselbe bezüglich der Wirkungen mit der von Christus eingesetzten Taufe scheinbar identisch ist[1]. Er sagt:

> Hortator ille primus et doctor novae
> Fuit salutis, nam sacrato in flumine
> Veterum piatas lavit errorum notas:
> *Sed tincta postquam membra defaecaverat,*
> *Coelo refulgens influebat spiritus.*
>
> Hoc ex lavacro labe dempta criminum
> Ibant renati non secus, quam si rudis
> Auri recocta vena pulcrum splendeat,
> Micet metalli sive lux argentei,
> Sudum polito praenitens purgamine.

Allerdings bemerkt Arevalo, der diese Stelle eingehend bespricht, zu Vers 75: „Spiritum sanctum super alios (sc. quam super Christum), quos Ioannes baptizabat, specie visibili descendisse non recte colliges ex hoc loco." Er hätte hierfür auf die Parallele im Ditto=chäon (B. 117 f.) hinweisen können, wo die Taufe Christi allein so be= schrieben wird:

> Perfundit fluvio pastus Baptista locustis
> Silvarumque favis et amictus veste cameli,
> Tinxerat et Christum: sed spiritus aethere missus
> Testatur tinctum, qui tinctis crimina donat.

Allein hiermit ist der Vorwurf nicht beseitigt, daß der Dichter hier die Taufe des hl. Johannes der christlichen Taufe gleichgestellt habe, da Prudentius von den Getauften überhaupt, nicht aber von der Taufe Christi handelt. Malbonats Vertheidigung[2] erklärt die Worte des Dichters nicht, weil er nur auf die Väter verweist, die von der Johannestaufe ebenso wie von Prudentius reden, obgleich sie ihre wesentliche Verschieden= heit von dem Sacramente der Taufe behaupten. Indeß die Worte des Prudentius für sich allein lehren viel mehr den Unterschied zwischen der Wassertaufe des Johannes und der Geistestaufe Christi, als daß sie den= selben aufheben. Zu beachten ist zunächst, daß der Dichter das Prädicat des Täufers: „hortator primus et doctor novae salutis", mit der fol= genden Schilderung der Taufe begründet. Erster Lehrer des neuen Heiles heißt der letzte unter den Propheten nur deßhalb, weil er auf den erschienenen Christus hinweisen konnte. „Das neue Heil" kann nur die von Christus gebrachte Erlösung bedeuten, und diese muß in den folgenden Versen gemeint sein, weil dieselben durch nam das Prädicat doctor novae salutis erklären wollen. Demzufolge enthalten die Verse 72

---

bis 75 nur eine Umschreibung der Worte des Täufers im Evangelium (Matth. 3, 11 f.), und wir haben zu übersetzen: „Denn in dem heiligen Flusse wusch er (zwar) die (durch Buße) gesühnten Flecken der alten Sünden ab; aber nachdem er die getauften Glieder gereinigt, da ergoß sich in sie vom Himmel der (in Heiligkeit) glänzende Geist (durch die neue Taufe Christi). Und aus diesem (neuen) Bade gingen die (Getauften) nach Wegnahme des Sündenschmutzes wiedergeboren hervor." Von seiner eigenen Wassertaufe hatte Johannes auf diese neue, weit vorzüglichere Geistestaufe hinweisen können, und deßhalb heißt er „der Lehrer des neuen Heiles, zu dessen Aneignung er ermahnte". Die irrige Erklärung ist also aus einer falschen Auffassung des postquam in Vers 74 hervorgegangen, als ob der Sinn desselben wäre: „Sobald Johannes das Wasser über die zu Taufenden ausgegossen hatte, kam der heilige Geist über sie." Anstatt dessen kann, wie gesagt, die richtige Erklärung nur lauten: „Nachdem Johannes mit seiner Taufe nur die Makel der Sünde in Folge der bußfertigen Gesinnung der Getauften (ex opere operantis) hatte wegwaschen können[1], wurde durch die neue Taufe Jesu (ex opere operato) der heilige Geist und eine wahre Neuschaffung mitgetheilt."[2] Anderfalls würde im Widerspruche mit der übrigen Lehre des Dichters Johannes als Urheber des neuen Heiles erscheinen. Zudem würde Prudentius in Vers 76 f. ohne Grund die Wirkungen der Johannestaufe wiederholen, die er schon Vers 72 f. geschildert hätte.

Bezüglich der Lehre des Dichters über die Eucharistie können wir an die oben (S. 427) mitgetheilte Rede der personificirten Mäßigkeit in der Psychomachie (V. 350 f.) anknüpfen. Nachdem dieselbe den lässigen Streitern die Vernachlässigung der Taufgnade vorgeworfen, fährt sie fort (V. 367 f.):

„Dann geht's fort zum nächtlichen Schmaus; aus den mächtigen Krügen
Fließt ohne Maß der Falerner hervor, speit schäumend Verderben
Auf den Tisch in die tröpfelnden Becher, und naß von dem Weine
Triefen vom alten Thau die verzierten prächtigen Lager.
So kennt euer Gemüth denn nicht mehr den Durst in der Wüste?
Nicht mehr den Quell, den der Felsen gewährt den dürstenden Vätern,
Den jener Stab entlockt durch den Schlag auf die Spitze des Steines?

---

[1] Vgl. Oswald, Dogmatische Lehre von den heiligen Sacramenten. 3. Aufl. Münster 1870. Bd. I. S. 138; Adalb. Maier, Erklärung des Johannes-Evangeliums. I. S. 309.

[2] Cfr. Berti, De theol. disc. 1. 31. c. 2. „Probat," sagt Arevalo richtig, „Prudentii versus (76 sq.) accipiendos esse de remissione in spe et quae lavacrum Ioannis non comitaretur, sed consequeretur (sc. in baptismo a Christo instituto)."

Floß nicht in die Gezelte der Vorzeit Speiſe der Engel
Euren Vätern bereinſt, die jetzt in der Zeit der Erfüllung
Glücklicher ißt unſer abendlich Volk vom Leichname Chriſti?"[1]

Die Stelle enthält einen klaren Beweis für den Glauben des Dichters
an die wirkliche Gegenwart Chriſti in der Euchariſtie. Dem „Brode der
Engel" in der Wüſte, dem wunderbaren Manna, wird eine Speiſe ent=
gegengeſtellt, deretwegen die Chriſten glücklicher genannt werden und die
Prudentius „corpus Christi" nennt. Iſt dieſer Name nicht im eigentlichen
Sinne zu nehmen, dann hat der Vergleich des Dichters keinen Sinn
mehr. Sowohl ſeinem Urſprunge wie ſeinen Wirkungen nach muß ja
„das Engelsbrod" der Chriſten das der Israeliten wie die Erfüllung
das Vorbild übertreffen. Somit iſt an gewöhnliches Brod, das etwa
nur Symbol des Leibes Chriſti wäre, nicht zu denken. Hierzu kommt,
daß Prudentius in Uebereinſtimmung mit den Vätern[2] das geheimniß=
volle Mahl der Chriſten im engſten Zuſammenhange mit der Taufe und
Firmung erwähnt. Der ſacramentale Charakter, der dieſen Geheimniſſen
zugeſchrieben wird, kommt folglich auch der Euchariſtie zu. Noch klarer
womöglich ergibt ſich unſere Behauptung aus der Parallelſtelle (Cath. V,
97 sq.), wo Prudentius den Durchzug durch's rothe Meer und die
darauf folgende Wüſtenwanderung mit der Taufe und der Wanderung
der Chriſten zum Himmel zuſammenſtellt (vgl. oben S. 64 f.). Be=
züglich der Speiſe, die Gott beiden als Wegzehr bereitete, bezw. bereitet,
ſingt er:

„Brod, ſo weiß wie der Schnee, füllet das Lager an,
Niederregnend ſo dicht, eiſigem Hagel gleich;
Dieß Brod, dieſes Gericht, ſtell'n ſie zur Mahlzeit auf,
Das vom Himmel herab Chriſtus (voll Huld) gewährt ...

---

[1] Angelicusne cibus prima in tentoria vestris
     Fluxit avis, quem nunc sero felicior aevo
     Vespertinus edit populus de corpore Christi?

Ueber die Bedeutung von „vespertinus populus" herrſcht Meinungsverſchiedenheit.
Die zweifellos richtige Erklärung findet der Ausdruck durch den Gegenſatz, in welchem
Prudentius die Israeliten in der Wüſte zu den Chriſten ſtellt. „Serum aevum", die
meſſianiſche Zeit, iſt als der Abend des Offenbarungstages im Sinne der Väter
den „prima tentoria", dem Morgen desſelben, gegenübergeſtellt. Daß mit und neben
dieſer Bedeutung das „vespertinus" eine Beziehung auf die urſprünglich Abends
gefeierte Euchariſtie enthält, wogegen das Manna von den Israeliten am frühen
Morgen geſammelt wurde, iſt möglich. Mit Rückſicht auf die Zeit des Prudentius
hat wohl Arevalo Recht zu ſagen: „Non ea mens Prudentii esse mihi
videtur."

[2] Vgl. Schwane, Dogmengeſchichte. I. S. 673; Probſt, Sacramente und
Sacramentalien. S. 194 f.

Diese Gaben vordem schenkte den Vätern einst
Jene Lieb' ohne Maß Gottes des Einzigen,
Dessen Hülfe und Schutz uns auch zu kosten gibt
Speisen mystischer Art, Labung und Trost für's Herz." [1]

Zu beachten ist, daß letztere Stelle sich auf die Feier der Osternacht und die während derselben stattfindende Feier der Eucharistie bezieht, woran sich bald (V. 137 f.) folgende unsere Stelle ergänzende Schilderung anreiht:

„Wir durchwachen die Nacht festlich in frommer Freud'
Und versammelt zumal beten wir hoffnungsvoll,
Eifrigst reihen wir dann Bitte an Bitte an;
Auf dem heil'gen Altar bringen wir Opfer dar."

In den letzteren Worten: „exstructoque agimus liba sacrario" erklären sich die Worte „liba agere" und „exstructum sacrarium" gegenseitig. Bedeutet das erstere „opfern" im eigentlichen Sinne, dann kann letzteres nur den „Altar" bezeichnen, und umgekehrt. Die eigentliche Bedeutung ist nun, mit Ausschluß der übertragenen von „Gebete darbringen", festzuhalten. Den Beweis liefern die Parallelstellen. Das Martyrium des hl. Vincentius (Perist. V) enthält (V. 513 f.), nachdem die Bestattung des heiligen Leichnams beschrieben ist, folgende Stelle:

„Doch bald erliegt des Feindes Macht;
Die Frommen freu'n des Friedens sich,
Den seligen Gebeinen schenkt
Verdiente Ruhe der Altar."

Die Erklärung der letzteren Worte in den hierauf folgenden Versen dient unserem Zwecke nur im lateinischen Texte:

Subiecta nam sacrario (sc. ossa)
Imamque ad aram condita
Coelestis auram muneris
Perfusa subtus hauriunt.

Hier ist nun „sacrarium" mit „altar" und „ima ara" identisch und bedeutet den Altar, der über den Gebeinen des hl. Vincentius erbaut worden war, nachdem das Ende der Christenverfolgung die Uebertragung des heiligen Leibes gestattet hatte. Somit haben wir in der obigen Stelle aus Cath. V die eucharistische Feier (liba agere exstructo sacrario) der Osternacht als Opfer zu betrachten. Ergänzend und erklärend kommt

---

[1]   Haec olim patribus praemia contulit
          Insignis pietas numinis unici,
          Cuius subsidio nos quoque vescimur
          Pascentes dapibus pectora mysticis.
Vgl. die Erklärung hierzu bei Arevalo (Proleg. n. 146 sq.).

hierzu die oben (S. 423) citirte Stelle (Apoth. 355 sq.)[1], wo der Dichter das Paſſahopfer der Juden im Kreuzesopfer vollendet ſieht. Während dieſe Stelle indeß nur indirect eine Anſpielung auf die Euchariſtie als Opfer und Opferſpeiſe darbietet, iſt das bisher hierüber Geſagte klar und kurz in der Beſchreibung zuſammengefaßt, die Prudentius vom Grabe des hl. Hippolyt gibt (Perist. XI, 169 sq.):

> Talibus Hippolyti corpus mandatur opertis
> Propter ubi adposita est ara dicata Deo.
> *Illa sacramenti donatrix mensa eademque*
> *Custos fida sui martyris adposita*
> *Servat ad aeterni spem vindicis ossa sepulcro,*
> *Pascit item sanctis Tibricolas dapibus.*

Oben ſagte Prudentius von dem neuteſtamentlichen Manna (Cath. V, 107): „vescimur pascentes dapibus pectora mysticis." Die auch hier hervortretende conſtante Redeweiſe des Dichters beſtätigt, daß er die Euchariſtie als Opferſpeiſe anſieht. Die Opferfeier ſelbſt iſt klar bei der Beſchreibung des Feſtes der Apoſtelfürſten zu Rom (Perist. XII, 63 sq.) ausgeſprochen. „Der Prieſter (Biſchof)," heißt es dort, „der die Nacht durchwacht, feiert zuerſt das Opfer (sacra solvit) jenſeits des Tiber (in dem dem hl. Paulus geweihten Heiligthume. B. 45). Dann kehrt er (zur Baſilika des hl. Petrus) zurück und verdoppelt die Feier (duplicat vota)." In Rom feierte alſo zur Zeit des Prudentius derſelbe Celebrant am Tage der Apoſtelfürſten zweimal das heilige Opfer[2]. Den Opfercharakter der Euchariſtie bringt Prudentius noch beſonders ſchön zum Ausdruck, wo er (Apoth. 430 sq.) ſeinem ſpeciellen Zwecke entſprechend dieſelbe als Trinken und Opfern des Blutes Chriſti bezeichnet. Dort hält er nämlich den ungläubigen Juden vor, daß die rohe Wildheit der Barbaren in Sanftmuth umgewandelt ſei, ſeitdem dieſe den Glauben an Chriſtus angenommen hätten:

> „Sanft ſind geworden die Geten; der grauſame, wilde Gelone[3]
> Dürſtet nach lauterer Milch und miſcht ſich unblutige Becher,
> Opfernd heiligen Trank von Chriſti Blute (gewonnen).

---

[1] Auch Brockhaus ſagt über dieſe Worte a. a. O. S. 198: „Doch betrachtet Prudentius das heilige Abendmahl auch unter dem Geſichtspunkte des Opfers Chriſti; es iſt ihm das Sacrament des Leidens. Der altteſtamentliche Typus dafür in dem Sinne iſt das beim Auszug aus Aegypten geſchlachtete Oſterlamm."

[2] Cfr. *Arevalo* ad Perist. XII, 64: „De diebus polyturgicis."

[3] Brockhaus überſetzt „feritas cruenta Geloni" mit: „die wilden Pferdemilchtrinker", um in dem Namen ſelbſt einen Gegenſatz zu dem folgenden „lacte mero sitiens" zu legen. Der Sinn des Dichters wenigſtens dürfte dieß ſchwerlich ſein. Den Gegenſatz hat Prudentius vielmehr deutlich in „lac merum" und „exsangina pocula" legen wollen. Anſtatt das Blut des Feindes zu opfern und zu trinken, opfert der Gelone jetzt Chriſti Blut, die Milch der Kinder Gottes. Dieſer Gegenſatz von Milch und Blut iſt ſtark betont in Cath. III, 65 sq.

Die letzteren Worte: „Libatura sacros *Christi de sanguine* potus,“ werden in ihrer Beziehung auf die Eucharistie noch klarer, wenn wir die oben citirte Bezeichnung des neutestamentlichen Mannas aus Psych. 376 damit vergleichen: „Vespertinus *edit populus de corpore Christi* sc. angelicum cibum.“ Warum der Dichter die Eucharistie hier nur als Blut Christi bezeichnet, ist aus dem Gegensatze zu dem rohen Bluttrinken der Gelonen klar. „Die lautere Milch, welche der Gelone jetzt trinkt, ist ein und dasselbe mit dem Blute Christi, das er opfert.“ Die Stelle darf somit als einer der schönsten Beweise aus dem Alterthum für die katholische Lehre von der Eucharistie angesehen werden. Wie geläufig den alten Christen das Sinnbild der Milch für die Eucharistie war, weiß man aus den bildlichen Darstellungen und der Patristik[1]. Die wirkliche Gegenwart des Herrn in der Eucharistie ist in der Bezeichnung „corpus Christi“ und „sanguis Christi“ deutlich ausgedrückt, zumal wenn wir bedenken, welche Bedeutung der Name Christus bei Prudentius hat. Wenn er daher vom Grabe der hl. Eulalia (Perist. III, 211) singt:

> „Ihre Gebeine verehren wir hier,
> Und den Altar, der darüber erbaut;
> Sie aber ruht zu den Füßen des Herrn,
> Blicket auf uns und gewähret dem Lied,
> Das wir ihr weihen, geneigtes Gehör“,

so sagt Wiseman[2] mit Recht hierüber: „Der Ausdruck, daß ein Martyrer ‚unter den Füßen Gottes‘ (sub pedibus Dei sita) liege, bezieht sich auf die wirkliche Gegenwart Christi im heiligen Altarssacramente.“ Man kann nämlich diese Worte nicht allein von der Seele der Heiligen in der Anschauung Gottes mit Rücksicht auf Apok. 6, 9 verstehen. Der Dichter weiß vielmehr die unter dem Altare ruhenden Gebeine ebenso in der Gegenwart des (eucharistischen) Gottes, wie er die Seele wegen ihrer Anschauung Gottes im ewigen Leben selig preist. Dieß erhellt klar aus der schon citirten Beschreibung vom Grabe des hl. Vincenz, die eine Exegese jenes „sita sub pedibus Dei“ heißen könnte. Denn, wenn er hier (Perist. V, 517 sq.) sagt: „Die Gebeine des Heiligen, unter dem Altare bestattet, schlürfen dort unten den **Wohlgeruch der himmlischen Gabe** (coelestis auram muneris) ein, von dem sie durchströmt werden“ (perfusa), so kann dieses „coeleste munus“ nur jenes „Sacrament“ sein, dessen „Spender“ der Altar über den Martyrergebeinen (Perist. XI, 171) genannt wird[3]. Dem Dichter erscheint das Geheimniß der Eucharistie

---

[1] Vgl. Kraus, Roma sott. S. 219 f.; Real-Encyklopädie der christlichen Alterthümer, Art. „Eucharistie“.

[2] Fabiola oder die Kirche der Katakomben, übersetzt von Reusch. 14. Aufl. S. 180 Anm. Vgl. Arevalo zu Perist. III, v. 213.

[3] Vgl. Teolius bei Arevalo zu Perist. V, 519. Mit Unrecht denkt Arevalo auch an die wohlriechenden Flüssigkeiten, welche nach Prudentius (Perist. XI, 194)

für die Gläubigen gewissermaßen als Anticipation des himmlischen Lebens. So allein lassen sich auch die Verse (Perist. IV, 189 sq.) erklären, wo es vom Grabe der 18 Martyrer von Saragossa heißt:

> „Unterm Altar hier, der da ewig, liegend
> Fleht für uns're Schuld diese Schaar Vergebung,
> Welche aufbewahrt dieser eblen Kämpfer
> Glückliche Mutter" (d. i. Saragossa).

Daß der „ewige Altar" („altare sempiternum") nur der wirkliche in der Basilika von Saragossa befindliche Altartisch sein kann, liegt außer allem Zweifel. „Ewig" kann derselbe also nur heißen wegen des darauf gefeierten (himmlischen) Opfers (Hebr. 7, 1 f.; 8, 1 f.)[1], dessen Gegen-stand der ewige eucharistische Gott ist[2]. Zu beachten ist, daß hier die-selbe Bitte den bestatteten Gebeinen der Martyrerschaar ebenso zugeschrieben wird, wie in Perist. III, 213 der hl. Eulalia, die „unter den Füßen Gottes liegt". Dem Dichter, welcher von den Leichnamen der Martyrer unter dem eucharistischen Opfertische so spricht, als wären dieselben belebt, schwebt aber noch ein anderer Gedanke vor, nämlich die Auferstehungs-hoffnung, welche in der eucharistischen Speise ihren vorzüglichen Grund hat (Joh. 6, 58). Von diesem Gedanken durchdrungen, sieht Prudentius die heiligen Martyrer schon auferstanden vor sich. Wie lebhaft die Auferstehungshoffnung sich an das eucharistische Mahl in den Gedanken des Dichters anschließt, zeigt der herrliche Lobpreis Christi in Cath. IX, 61. In den vorhergehenden Versen hat Prudentius die wunderbare Speisung der Fünftausend erzählt. Wie in der biblischen Erzählung bei Johannes (Kap. 6) diese Speisung die Verheißung des Himmelsbrodes einleitet, so wird sie für den Dichter im Besitze dieses Himmelsbrodes Anlaß, Christum in folgender Weise anzurufen:

> „Du bist unser Brod und Speise, du die ew'ge Süßigkeit;
> Hungern wird der nie und nimmer, der von deinem Mahle ißt,
> Nicht des Magens Leere füllt er; nein, er mehrt des Lebens Kraft."

Durch die dem Prudentius eigene Weise, denselben Gedanken zu wiederholen, wird die Beziehung dieser Worte auf die Eucharistie ganz

---

an den Gräbern der Martyrer und der Christen überhaupt (Cath. X, 172) aus-gegossen wurden. Diese können zunächst nicht „coeleste munus" heißen; zubem ist die ausbrückliche Beziehung dieser Stelle auf die Eucharistie oben dargethan.

[1] Vgl. Thalhofer, Handbuch der katholischen Liturgik. S. 195 f. Die „ein-gehende, zusammenhangsgemäße Erklärung von Hebr. 8, 1—4", welche Thalhofer a. a. D. wünscht, dürfte übrigens kaum zu Gunsten des von ihm vertheidigten himmlischen Opfers ausfallen.

[2] Die Glosse, welche Dressel zu V. 189 citirt, setzt diesen nächsten Literalsinn voraus; für sich allein kann sie keinesfalls als Sinn des Dichters gelten.

unzweifelhaft in der Apotheosis (V. 739 f.) dargethan [1]. Dort schließt er den Hinweis auf die wunderbare Brodvermehrung mit der Erwähnung der zwölf von den Ueberbleibseln gefüllten Körbe. „Die zwölf (Apostel) sind dem Herrn beigesellt, um die überaus zahlreichen Güter Christi zu bewahren, die durch die schwer belasteten Körbe in der Ferne (als in der Zukunft bevorstehend) gezeigt wurden [2]. „Doch,“ unterbricht sich der Dichter, „wie darf ich dieß mit stammelnder Stimme wieder zur Sprache bringen, der ich unwürdig bin, das Heilige zu besingen (indignus qui sancta canam)?   Komm aus dem Grabe hervor, o Lazarus; sag, wessen Stimme du tief unten in der Erde vernommen, welche Gewalt den Abgrund des Todes durch= drungen, daß, als Christus dich ganz in die schwarze Tiefe versenkten zur Rückkehr ruft, du, als ob du es ganz nahe vernommen, augenblicklich da bist?“   Dem Zusammenhange nach soll also der auferstandene Lazarus an Stelle des Dichters verkünden, welcher Art „die heiligen Gaben Christi seien, die durch jenes Brod in den zwölf Körben vorherverkündigt wur= den“.   Schlechterdings ist nur eine Erklärung der an sich räthselhaften Worte möglich, nämlich: die Güter Christi, welche die Apostel in Menge (cumulatim) für alle Zeit zu bewahren haben, sind die eucharistischen Gaben.   Dieselben enthalten den, welcher Lazarus vom Tode erweckt hat, und ihre eigenthümliche Wirkung ist, das ewige Leben in und durch Christus zu verleihen.   Der Unterbrechung, welche der Dichter eintreten läßt [3], liegt übrigens nicht bloß das Gefühl der Unwürdigkeit Seitens des Dichters zu Grunde, sondern vor Allem die Arcandisciplin.   „Besorgt, durch weitere Besprechung dieses Geheimnisses das Heilige zu entweihen (und an Uneingeweihte zu verrathen), ruft er plötzlich den Lazarus aus dem Grabe hervor, offenbar in der Ueberzeugung, hierdurch den Ein= geweihten Wirkung und Bedeutung jener wundervollen Gaben Christi

---

[1] Uebrigens lassen die Worte selbst: „qui tuam sumit dapem“ (v. 62), ver= glichen mit Cath. V, 108 und Psych. 377, kaum einen Zweifel gegen diese Be= ziehung aufkommen.

[2]   Bis sex adpositi, cumulatim qui bona Christi
        Servarent gravidis procul ostentata canistris.

Die Uebersetzung von Brockhaus hierzu lautet:

„(Es) sind ihm zur Seite gestellt die Zwölf, die die Gabe von Christo,
Die ihre Wirkung gethan, in Körbe gefüllet bewahrten.“

Hätte Brockhaus nicht an andern Stellen gezeigt, daß er zu übersetzen verstanden habe, so würde ihm dieser Verse wegen der an sich berechtigte Tadel über Silberts Uebersetzung schlecht anstehen.

[3] „Sed quid ego haec autem titubanti voce retexo.“ Das „retexo“ enthält hier nicht sowohl den Begriff der Wiederholung, sondern der Offenbarung eines Geheimnisses, gleichsam: „das Gewebe der christlichen Lehre auflösen“.

hinlänglich vorgeführt zu haben." [1] Besondere Beachtung verdienen noch die Worte (v. 739): „qui (sc. apostoli) cumulatim bona Christi servarent." In dem „cumulatim" ist die Fülle der eucharistischen Speise für alle Zeiten und alle Menschen angedeutet. Der Finalsatz „qui servarent" enthält das Bekenntniß, daß diese geheimnißvollen Gaben Christi den Aposteln (und ihren Nachfolgern) anvertraut und nur durch ihre Vermittlung erhalten werden können.

Nach der Lehre des Dichters wird also das Leben Christi, das in der Taufe dem Menschen mitgetheilt wird, erhalten und vermehrt durch den Empfang des Engelsbrodes, welches Christus selber ist. Der mit diesem Brode Gestärkte ist, wenn auch sein Leib im Grabe liegt, des neuen Lebens in der Auferstehung so sicher, daß er dem Dichter schon lebendig vor der Seele steht [2]. Wie sich diese Auferstehungshoffnung nach der Ansicht des Dichters verwirklichen werde, und welches bis dahin der Zustand der Entschlafenen ist, bleibt im folgenden Kapitel zu erörtern.

Achtes Kapitel.
Die Vollendung in der Ewigkeit.

Das wahre Leben des Menschen besteht nach den dargelegten Ansichten des Prudentius in der Vereinigung der Seele durch Christus mit Gott. Das bloß natürliche Leben, der Zustand der Vereinigung der Seele mit ihrem Leibe hienieden, ist diesem übernatürlichen Leben gegenüber viel mehr Schein als Wahrheit, nur ein Bild des wahren Lebens; ja, wo die Trennung von Christus durch die Schuld des Menschen bestehen bleibt, gilt dem Dichter das irdische Leben, als „Weg des Todes" [3]. Die Vollendung des Christen, das ewige Leben, gipfelt demnach in der beständigen, unverlierbaren Vereinigung mit Christus. Dieselbe vollzieht sich endgültig bei dem Austritte des Gerechten aus diesem irdischen Leben im natürlichen Tode. Als Prediger dieser Wahrheit läßt Prudentius den hl. Romanus auftreten (Perist. X, 466 sq.):

Hört's alle! Weithin künd' ich's rufend laut,
Erheb' die Stimme, hoch vom Schaugerüste hier:

---

[1] Kraus, Real-Encyklopädie der christlichen Alterthümer, Art. „Eucharistie". I. S. 447, und Roma sott. S. 282.

[2] Nach der dargelegten Lehre des Dichters über die Eucharistie darf man wohl mit Recht fragen, wie Mibbeldorpf a. a. O. sagen konnte: „Obiter tantum a Prudentio eucharistia memorata est."

[3] c. Symm. II, 896 sq. „Mortis iter" bezeichnet ebensowohl den Weg, der zum ewigen Tode führt, als die Lebensstraße, auf der die geistig Todten wandeln

Des Vaters Abglanz, Christus (unſer großer) Gott,
Verheißt den Gläub'gen Heil, das währet immerdar,
Der Seele Wohlfahrt, die allein nicht untergeht,
Die vielmehr ewig bauernd ungleich Loos erfährt:
Im Lichte glänzt ſie oder ſinkt in Finſterniß;
Denn Chriſto folgend tritt ſie ein in Vaters Herrlichkeit;
Getrennt von Chriſtus wird des Abgrunds Beute ſie."

Wie dem Dichter die Vereinigung mit Chriſtus, die hienieden beginnt
und im Jenſeits vollendet wird, als das eigentliche Leben gilt, ſo bezeichnet
er die Trennung von Chriſtus, die hienieden durch die Sünde eintritt
und jenſeits ohne Hoffnung auf Wiedervereinigung mit Chriſtus in den
ewigen Strafen vollendet wird, als „den beſtändigen Tod"[1]. Im Unter=
ſchiede hiervon heißt die Trennung der Seele vom Leibe der erſte Tod,
während die ewige Verwerfung als zweiter Tod gilt. Chriſtus be=
ſtimmt ſowohl die Stunde des erſten, als die Strafe des zweiten Todes.
Von ihm ſingt Prudentius (Cath. VI, 85 sq.):

„Deß mächt'ge Hand bewaffnet
Ein Schwert, zwiefältig ſchneidend,
Und blitzend beiderſeitig
Bedroht's mit Doppelſtreiche.

Allein iſt er der Richter (quaesitor)
Der Seele und des Leibes;
Sein Schwert, zu fürchten zweimal,
Heißt Tod, der erſt' und zweite."

Von beiden, vom erſten wie vom zweiten Tode, ſagt indeß der Dichter
in gleicher Weiſe: „Das gottloſe Opfer," das dem Verführer bei der
erſten Sünde gebracht wurde, „hat den Tod geboren."[2] Die Trennung
der Seele vom Leibe iſt, wie oben S. 400 gezeigt wurde, gleichfalls
Strafe der Sünde und verhält ſich zu der Sünde mit der ewigen Strafe,
dem zweiten Tode, ähnlich[3] wie das natürliche Leben zu dem über=
natürlichen Gnadenleben. Hat nun Chriſtus in ſeinem wahren Paſſah=
opfer „die Kette des Todes zerbrochen"[4], ſo muß auch die Beſeitigung

---

[1] Cath. I, 25 sq.: Hic sompnus ad tempus datus
  Est forma *mortis perpetis,*
  Peccata ceu nox horrida
  Cogunt iacere ac stertere.

[2] Cath. III, 182. Cfr. c. Symm. II, 828.

[3] Dieſe Aehnlichkeit des Verhältniſſes iſt freilich nicht zu premiren. Während
das natürliche Leben die poſitive Vorbedingung des Gnadenlebens bildet, iſt der
natürliche Tod als Strafe nur der Reflex des Verluſtes jenes Gnadenlebens, d. h.
des Seelentodes. Neben dieſem Unterſchiede bietet aber die Steigerung in dem
doppelten Leben ſowohl wie in dem doppelten Tode eine wirkliche Aehnlichkeit dar.

[4] Cath. X, 47. Cfr. Cath. XII, 76.

des natürlichen Todes und seiner Folgen zu den Früchten der Erlösung gehören; ja in dieser gänzlichen Besiegung des Todes muß das Erlösungs= werk sein eigentliches „Es ist vollbracht" erhalten. Was wir aus den Prämissen des Dichters folgern, lehrt er auch ausdrücklich, denn er macht einen formellen Unterschied im natürlichen Tode, je nachdem der davon Getroffene mit Christus vereinigt ist oder nicht; er läßt ferner in der Auferstehung des Fleisches den Tod vollkommen beseitigt werden. Wenn wir neben beiden Lehrpunkten noch die Ansicht des Dichters über den Zustand der Seele bis zum Auferstehungstage erforschen, so werden wir seine eschatologischen Anschauungen völlig überblicken.

Das Leben der Seele mit Christus kann seiner Natur nach von dem natürlichen Tode nicht berührt werden. Deßhalb ist die Trennung der Seele vom Leibe für den wahren Christen kein Gegenstand der Furcht mehr. Er betrachtet dieselbe im Gegentheil als ein Mittel zur innigeren Vereinigung der Seele mit Gott. Den heiligen Bischof Fructuosus, der im Begriffe ist, den Feuertod für Christus zu erleiden, läßt Prudentius der entsetzten Zuschauermenge zurufen (Perist. VI, 94 sq.):

> „Nicht ist's, glaubet es, Strafe, was ihr sehet [1];
> Augenblicklich ja geht sie schnell vorüber.
> Sie raubt's Leben mir nicht, sie macht es besser!
> Heil den Seelen, die Feuersgluth läßt steigen [2]
> Zu des Donnerers Throne hoch erhaben,
> Die einst schonen wird jenes ew'ge Feuer!"

Wie die übrigen irdischen Leiden, so ist auch der Tod als das letzte und schwerste derselben durch die Erlösung zu einem Mittel geworden, der glücklichen, mit Christus vereinigten Seele die Freuden des Himmels zu verschaffen; der Tod hat, wie der hl. Fructuosus sagt, den Charakter der Strafe für die Erlösten verloren. Durch die Geschichte des frommen Tobias, meint Prudentius (Cath. X, 69 sq.), hat uns Gott belehrt, daß keiner früher das Himmelreich schaue, der nicht die rauhen Leiden der Welt in schmerzlicher Finsterniß erduldet hat. Der Tod selbst aber ist dadurch (seitdem) glückselig [3], daß (jetzt) den Gerechten durch

---

[1] Non est credite paena, quam videtis . . .
  Nec vitam rapit illa, sed reformat.
Cfr. Cath. X, 120: Mors haec reparatio vitae est.

[2] Brockhaus (a. a. O. S. 194 Anm.) hat Recht, wenn er in diesen Worten von einem Hinweise auf das Fegefeuer nichts wissen will. Ich habe mich indeß vergeblich bemüht, bei Arevalo diesen Hinweis zu finden, welcher ihn nach Brockhaus angenommen haben soll.

[3] v. 89: Mors ipsa inde beatior est. Der Comparativ „beatior" hat die Zeit vor der Erlösung zur Voraussetzung. Dem Dichter schwebt der Tod des Erlösers im Hintergrunde vor; per cruciamina leti via ardua iustis panditur (v. 90) be=

die Peinen des Sterbens der steile Weg (zur Himmelshöhe) gebahnt wird, und daß man zu den Sternen durch die Schmerzen gelangt." „So läßt uns denn," ruft der hl. Romanus aus (Perist. X, 530), „den Schaden, den das Gesetz des Todes bringt, als Gewinn ansehen" (legale damnum deputemus praemiis)[1]. Während also der natürliche Tod materiell für alle gleich ist (Perist. X, 521 sq.), existirt er als Strafe und als Störung des (irdischen) Glückes nur für diejenigen, welche durch ihre Schuld an den Erlösungsfrüchten keinen Theil haben. Indeß wäre mit dieser Umwandlung des Todes für die Gläubigen weder die Macht des Todes wirklich gebrochen, noch entspräche diese Vollendung der Er- lösung den anthropologischen Ansichten des Dichters, wonach der belebte Leib ein wesentlicher Bestandtheil der Menschennatur ist. Die vollkommene Vernichtung des Todes sieht Prudentius daher erst in der Wiedervereini- gung der Seele mit dem Leibe bei der Auferstehung. Von der Betrachtung der Auferweckung des Lazarus ergriffen, ruft er aus (Apoth. 767 sq.):

„O Tod, milb bist bu jetzt, ba bir kunb bein Gesetz warb! O Tod,
Taub vordem, hast bu folgen gelernt, was immer Befehl ist;
Wer übt solche Gewalt über bich? Ueberwunben bekenne:
,Jesus ist Gott,' ba nur er mich entriß beinem mächtigen Arme."

Der formelle Sieg über den Tod erfolgte aber durch die Auferstehung Christi selbst. Infolge der innigen Vereinigung, die Christus mit der Menschennatur eingegangen ist, und durch welche der Gerechtfertigte mit Christus eins wird, ist die Auferstehung Christi die sicherste Bürgschaft unserer eigenen Auferstehung. Den doketischen Läugnern der menschlichen Natur Christi ruft der Dichter zu (Apoth. 1046 sq.):

„Christus ist unser Fleisch; mir stirbt er unb mir auch ersteht er;
Mein Tod ist es, burch ben ich sterb', burch Christus ersteh' ich —
Mich seh' ich, während Christus stirbt, unter Thränen in's Grab steigt;
Wenn er lebenb jeboch aus bem Grabe zurückkehrt und bastebt,
Sehe ich Gott. . . ."

V. 1057:
„Was für herrliche That ist's benn, wenn, ohne zu sterben,
Jesus wiedersteht? (Nein), bas ist bas göttliche Wunber,
Daß er getödtet zum Leben ersteht, aus bem Grabe zurückkehrt. . . ."

V. 1062:
„Ich weiß: mein Leib stehet in Christus mit auf; warum willst bu,
Daß ich verzag'? Ich komme bereinst auf bem Wege, wo jener
Wiebergekehrt zertretenb ben Tod: bas ist's, was wir glauben.

---

zieht sich nicht bloß auf den Tod des einzelnen Christen, sondern vor Allem auf den Kreuzestod Christi. Es bleibt beßhalb auch zweifelhaft, ob man „inde" besser causal oder temporal auffaßt. Die Prägnanz des Dichters läßt sich kaum wiedergeben.

[1] Unwillkürlich wird man hierbei an das „O felix culpa" im Exultet erinnert.

Kommen werde ich ganz; nicht kleiner, auch nicht ein and'rer,
Als der ich jetzt bin, werd' ich erneut; Kraft, Farbe und Antlitz:
Ebenso werden sie sein, wie jetzt; nicht um Zahn oder Nagel
Aermer gibt mich zurück des geöffneten Grabes Vertiefung.
Der mich zur Rückkehr ruft, wird nichts, was verstümmelt ist,
             dulden[1],
Denn, kehrt unsere Schwachheit zurück, ist's keine Erneuung.
Was ein Unfall geraubt, was Krankheit und Schmerz je ver-
             zehrt hat,
Was das gefräßige Alter mit nagendem Siechthum verstümmelt,
All' das kommt in die Glieder, die neuen, zurück bei der
             Rückkunft.
Schuldet doch Treu' der besiegte Tod; nicht darf er betrügend
Etwas erstatten verkürzt durch das Grab, obgleich er verschlungen
Schon verstümmelte Leiber; die Schwäche jedoch und das Siechthum
War ja die Wirkung des Todes. So gibt er zurück, was er stückweis
Irgendwie jemals verschlang, daß keiner, der starb, wiederkomme,
Falls auch nur etwas ihm fehlt, das zum Ganzen des Leibes gehöret.
Treibt aus dem Herzen die Furcht, meine Glieder, und glaubet, daß ihr auch
Wiederkehret mit Christi Kraft[2]; denn er ist's, der euch trägt,
Und euch rufet mit sich. Ob der drohenden Krankheiten lachet!
Trifft euch Unfall; achtet es nicht; der entstellenden Gräber
Spottet! Dorthin, wo Christus euch ruft, der Erstandene, gehet!"

Die mitgetheilten Verse enthalten den Glauben des Dichters an die
Auferstehung aller Menschen in ihrer individuellen Körperlichkeit mit einer
Bestimmtheit, die kaum noch eine Erklärung nöthig macht. Freilich hat
er dabei zunächst die Auferstehung der mit Christo vereinigten Gerechten
im Sinne. Weit entfernt jedoch, die Wiedererweckung der Leiber auf
diese zu beschränken, lehrt er ausdrücklich, daß auch die Verworfenen
ihren Leib zur Vermehrung ihrer Qual erhalten werden[3]. Die Allmacht

---

[1] Qui iubet, ut redeam, non reddet debile quidquam,
   Nam si debilitas redit, instauratio non est.
Indem Brockhaus übersetzt: „Der da befiehlt, daß ich komme zu ihm, ver-
tilgt alle Schwachheit", legt er in das redire einen dem Zusammenhange fremden
Begriff, der namentlich in den folgenden Versen zur Entstellung des Sinnes führt.
[2] v. 1080:
   Pellite corde metum, mea membra, et *credite vosmet*
   Cum Christo reditura Deo; nam vos gerit ille
   Et secum revocat.
Mit Rücksicht auf v. 1040 u. 1062 ist der Sinn: Wie Christus, der wahrer Gott
ist, und durch ihn, werdet ihr aus dem Grabe in's Leben zurückkehren. Brockhaus
übersetzt:
   „ . . . glaubet, daß ihr auch
   Heimgeht mit Christo zu Gott, der euer Wesen getragen
   Und euch erwecket zu sich."
Die Worte an sich, wie der Zusammenhang, verbieten diese Uebertragung.
[3] Das so unwissenschaftliche Premiren einer einzigen Stelle verleitet Mibbelborpf (l. c. p. 180. n. 37) zu der unbegreiflichen Aeußerung: „Nescio an locus

Gottes wird als der zureichende Grund hierfür ausdrücklich bezeichnet. Ueber das Leben der Verdammten läßt er Gott lehren (c. Symm. II, 184 sq.):

„. . . Nicht wird vergehen
Jener innere Mensch, der da athmet; ewige Strafe
Wird er erleiden, weil schlecht er regierte die dienenden Glieder.
Wahrlich, mir ist's nicht schwer, der Seele flüssiges Wesen
Flammend in's Feuer zu schließen, wie sehr sie auch flüchtig sich rege
Gleichwie der Südwind; fesseln werd' ich sie doch in die Qualen,
Ich, der ich selbst ohne Leib bin, der einzige Schöpfer der Geister.
Ja, ich bestimm' für die Leiber sogar, die Strafe zu theilen;
Kann ich ja doch die Asche erneu'n zum früheren Antlitz.
Mißtrau'n hege nur nicht an der Macht; da einst ich vermochte,
Neu den Menschen zu bilden, erweck' ich dereinst auch den todten." [1]

Wie indeß die Leiber der Verworfenen in der ekelhaftesten Gestalt nach Art der Aussätzigen in zerrissenen Lumpen (Perist. II, 281 sq.)

Cath. X, 25—32 ita sit intelligendus, ut poëta in eo piis tantum immortalitatem attribuat." Abgesehen von jenen zahlreichen Stellen, wo der Dichter die ewige Strafe der Verdammten dem ewigen Lohne gegenüberstellt (Perist. X, 471; c. Symm. II, 185 sq.; Ham. 823 u. a.), sagt er ausdrücklich an der fraglichen Stelle V. 33 f., daß er die vorhergehenden Verse von dem Schicksale der Gerechten wie der Verworfenen nach der Auferstehung verstanden wissen wolle. Die Berufung Middeldorpfs auf Lactanz (Div. instit. l. VII. c. 5) leidet an demselben Fehler. Letzterer braucht in der angezogenen Stelle „immortalitas" für „vita beata". — Nicht minder merkwürdig ist „die Inconsequenz", welche Brodhaus a. a. O. S. 195 in Prudentius wegen der behaupteten Auferstehung der Verworfenen entdeckt hat. Diese Inconsequenz soll doppelter Art sein, indem zunächst „die Auferstehung des Leibes als Eingang zur Seligkeit bezeichnet wird, während sie auch den Verdammten zur Qual des Leibes zukommt". Brodhaus hat selbst (S. 196) die Beschreibung des Dichters von dem Feuerpfuhl der Hölle richtig wiedergegeben, „in dem die Unseligen in einem Mittelzustand zwischen Leben und Sterben, von Feuer und Würmern ewig gepeinigt und elend dahinkränkelnd, vom Tode geflohen, zum Leben gezwungen sind, nur um ihre Qual zu empfinden". Hiernach bewirkt die Auferstehung bei den Verdammten dem Leibe nach einen Zustand beständigen Sterbens; der „zweite, ewige Tod" kommt dadurch am ganzen Menschen zur Erscheinung. Somit liegt gerade in dieser von der Schrift und Tradition als Glaubenssatz bezeugten Lehre des Dichters die äußerste Consequenz. Der „Inconsequenz" beschuldigt Brodhaus sodann den Dichter, weil „diese Anschauung" (von der Auferstehung der Verdammten) bei ihm nicht die durchgehende ist, da er von den Verdammten an andern Stellen als von bloßen Geistern (Cath. V, 125 sq.), ja sogar von einem Kochen der sündigen Seele im Feuer spricht (Ham. 823 sq.). Abgesehen davon, daß die citirten Stellen zunächst auf den Zustand der Seele vor der Auferstehung bezogen werden können, liegt hier wieder die unberechtigte Forderung vor, der Schriftsteller müsse an jeder Stelle das ganze System seiner Lehre entwickeln, um allen möglichen Mißdeutungen vorzubeugen.

[1] Non occidet, inquit (sc. Deus),
Interior qui spirat homo, luet ille perenne
Supplicium, quod subiectos male rexerit artus.

das genaue Abbild ihrer sündenbefleckten Seele darstellen werden, so wird
der Leib der Gerechten den Glanz der Seele offenbaren. Hörten wir
nämlich von Prudentius oben: Antlitz, Gestalt und Farbe werde bei der
Auferstehung ebenso sein, wie während des irdischen Lebens, so ist damit
nur die wesentliche Identität des Auferstehungsleibes mit dem sterblichen
Körper behauptet. Daneben glaubt Prudentius fest, daß die Gerechten
bei der Auferstehung einen umgewandelten, verklärten Leib erhalten werden,
der dem Leibe des auferstandenen Erlösers ähnlich sein wird.

Der Schluß seines dritten Tagzeitenliedes (Cath. II, 194 sq.), dem
das Bekenntniß der Auferstehung des Fleisches vorausgeht, lautet:

„Das ist mein Glaube, nicht eitel fürwahr:
Leben wird einst wie die Seele [1] der Leib.
Denn mit dem Leibe, ich weiß es genau,
Kehrt' in den Himmel im schwebenden Lauf
Gott aus der untersten Tiefe zurück.

Gleiches Geschick auch erhoffet mein Leib.
Denn aus dem Dufte des Grabes [2] hervor,
Wenn er im Sarge gehorsam geruht,
Ruft ihn der Führer, vom Staub auch erweckt,
Christus, einst feurig zum Himmel hinauf."

Die letztern Worte:

Dux parili redivivus humo
Ignea Christus ad astra vocat (sc. mea membra),

nennen den Auferstehungsleib „feurig". Der Ruf Christi, dessen Leib
aus demselben verweslichen Erdenstaube in ein verklärtes Dasein sich
umgestaltete (parili redivivus humo), wird diese Umwandlung bewirken.
Infolge derselben wird der wiederbelebte Leib an der schnellen Bewegung
der Seele theilnehmen.

Nec mihi difficile est liquidam circumdare flammis
Naturam, quamvis perflabilis illa feratur
More noti; capiam tamen et tormenta adhibebo
Ipse incorporeus ac spirituum sator unus.
Quin et corporibus parilis consortia paenae
Decernam, possum quoniam renovare favillas
Antiquam in faciem: nec desperanda potestas,
Qui potui formare novum, reparabo peremptum.

[1] „Corpora vivere more animae." Arevalo bezieht das „more animae
vivere" nicht unrichtig auf die Ewigkeit des Fortlebens, deren der Leib nach der
Auferstehung wie die Seele theilhaft werden wird. Erschöpfend indeß ist nur die
Erklärung der Glosse im vaticanischen Codex, die zu „more animae" bemerkt:
„spiritalia fore" sc. corpora credo.

[2] „Membra redolentia funereo sarcophago." Prudentius hat die wohlriechenden Flüssigkeiten im Sinne, die nach Cath. X, 172 bei der Bestattung zur
Anwendung kamen.

„Die Gebeine, die träge balagen
In den Gräbern vermodernd seit langem,
Sie begleiten alsdann ihre Seelen,
In die Lüfte, die schnellen, entrückt. (Cath. X, 41 sq.)

Das Gesicht, das noch eben entstellt war
Von der bleichenden, fahlen Verwesung,
Das schmückt dann, wie keine der Blumen,
Die so liebliche Farbe des Blutes [1].

Nicht wird ferner das neibische Alter
Von der Stirne die Locke sich pflücken;
Nicht vertrocknen die mageren Arme,
Weil die Säfte des Lebens verzehrt sind." (v. 96 sq.)

Mit der völligen Besiegung des Todes in der Auferstehung wird auch der Ruhm des Erlösers vollendet. Derselbe erscheint dann als Richter der Welt. Nach der Schilderung der Auferstehung in Cath. IX, v. 100 sq., die als Parallelstelle mit dem bisher Gesagten übereinstimmt, singt Prudentius:

„Hat er dann gelöst das Leben [2] und den Menschen hergestellt,
Steigt er auf den hohen Richtstuhl, den des Vaters Macht ihm gab,
Trägt den hellen Ruhm des Leidens siegreich in den Himmel heim.

Heil dir, Richter aller Todten, Heil des Lebens König dir!
In des Vaters Burg zur Rechten leuchtest du durch Wundermacht;
Aller Schuld gerechter Rächer wirst du kommen einst von dort."

„Dann," ruft Prudentius dem Sünder zu [3], „wirst du hoch oben auf glänzenden Wolken den erblicken, welchen der Winkel (des Stalles) und die jungfräuliche Mutter . . . den Völkern zum König gegeben haben. Wenn weithin die Posaune das Zeichen über die zum Verbrennen bestimmten Länder gesandt und durch den Bruch der Aye die zusammenstürzende Welt aus ihrer Angel gehoben werden wird, dann wird er selbst in Herrlichkeit und Majestät dem Verdienste den zukommenden Lohn auszahlen (meritis congrua rependet), den einen den Genuß des ewigen Lichtes, den andern die Tiefe der Hölle." [4] Den „Ort der ewigen

---

[1]   Haec, quae modo pallida tabo,
        Color albidus inficit ora,
        Tunc flore venustior omni
        Sanguis cute tinget amoena.

Das anapästische Versmaß läßt eine wörtliche Uebersetzung ohne unverständliche Härten kaum zu.

[2] „Post ut occasum resolvit vitae et hominem reddidit." Unter „occasus vitae" versteht Prudentius die Trennung der Seele vom Leibe im natürlichen Tode.

[3] Cath. XI, 101 sq. Cfr. Perist. IV, v. 171; X, 1031; XIII, 6.

[4]   His lucis usum perpetis,
        Illis gehennam et tartarum.

Strafe"[1] und die Peinen der Verdammten, sowie die Freuden des „ewigen
Heiles"[2] hat Prudentius mit dichterischer Anschaulichkeit am Ende der Hamar-
tigenie (v. 823 sq.) ausführlich beschrieben. Von der Mittheilung seiner
Worte an dieser Stelle sehen wir ab, weil dieselben gelegentlich der Erörte-
rung mehrerer eigenthümlicher Parallelstellen zur Sprache kommen müssen.
Zu den letztern gehört zunächst die vielbesprochene Stelle Cath. V, 125 sq.
In der Beschreibung der Osternacht läßt Prudentius auf die Schilderung
der himmlischen Freuden die Verse folgen:

> Sunt et spiritibus saepe nocentibus
> Paenarum celebres sub Styge feriae
> Illa nocte, sacer qua rediit Deus
> Stagnis ad superos ex Acheronticis.
>
> Non sicut tenebras de face fulgida
> Surgens oceano lucifer inbuit,
> Sed terris Domini de cruce tristibus
> Maior sole novum restituens diem.
>
> Marcent suppliciis tartara mitibus
> Exultatque sui carceris otio
> Functorum populus liber ab ignibus,
> Nec fervent solito flumina sulphure.
>
> (Nos festis trahimus per pia gaudia
> Noctem conciliis etc. (Vgl. oben S. 64 u. 442.)

Arevalo hat der Besprechung dieser Stelle ein eigenes Kapitel
(XVIII, nicht XXIII, wie Dressel schreibt) in seinen Prolegomena
gewidmet. Er geht dabei von der Voraussetzung aus, die Brockhaus
(a. a. O. S. 196) ohne weiteres als Behauptung ausspricht: „die jedes-
malige (d. h. jährlich wiederkehrende) · Stunde der Auferstehung bringt
den Verdammten eine Unterbrechung ihrer Qualen". Die von Augustinus
nicht getheilte, aber als zulässig erachtete Meinung über die zeitweilige
Milderung der Höllenstrafen[3] soll von Prudentius in diesen Worten
eine bestimmte Gestalt erhalten haben. Wir müssen diese Ansicht dahin
beschränken, daß die angeführte Stelle an sich zwar die Möglichkeit einer
solchen Auslegung darbietet, daß man aber Prudentius mit Unrecht als
unzweifelhaften Zeugen für diese Meinung anführt. Dieß geht zunächst

---

[1] c. Symm. II, 185. [2] c. Symm. II, 907.
[3] Enchiridion c. 112: „Poenas damnatorum certis temporum intervallis
existimant, si hoc eis placet, aliquatenus mitigari." Vgl. Schwane, Dogmengeschichte II, S. 779 Anm. *Hurter*, SS. Patrum opusc. XVI, p. 156. Arevalo
vertheidigt den Dichter nur gegen die Anschuldigung Bellarmins (lib. II. de purgat.
c. 18): „Nihil aliud dico nisi more poëtico lusisse Prudentium." *Jungmann*,
Instit. theol. dogmat. spec. De novissimis. Ratisbonae 1871. n. 118. Hier
wird der Hymnus sonderbar als „Hymnus V. post fest. Paschale" citirt. Bautz,
Die Hölle. Mainz 1882. S. 198.

aus der Stelle selbst hervor. Oben (S. 54 f.) wurde nachgewiesen, daß der Hymnus Cath. V keineswegs die Ostervigil unmittelbar zum Gegenstande hat. Die fragliche Stelle (V. 125—136) bezieht sich unzweifelhaft auf die Auferstehungsnacht des Herrn selbst; mindestens unentschieden muß es aber bleiben, ob hierneben die einzelnen Worte des Dichters von der jährlich wiederkehrenden Ostervigil verstanden werden können. Auf den ersten Blick scheint freilich das Präsens (sunt) in V. 125 und die Schilderung der kirchlichen Feier (V. 136 f.) für letzteres zu sprechen. Allein wahrscheinlicher versetzt Prudentius nur in lebhafter Schilderung den Eintritt Christi in die Unterwelt nach seinem Tode am Kreuze in die Gegenwart. Hierfür sprechen die Parallelstellen. In Cath. IX, 70 sq. schildert der Dichter dieses Ereigniß also:

> Quin et ipsum, ne salutis inferi expertes forent,
> Tartarum benignus intrat, fracta cedit ianua,
> Vectibus cadit revulsis cardo indissolubilis.
>
> Illa prompta ad irruentes, ad revertentes tenax
> Obice retrorsum repulso porta reddit mortuos,
> Lege versa et limen atrum iam recalcandum patet.
>
> Sed Deus dum luce fulva mortis antra illuminat,
> Dum stupentibus tenebris candidum praestat diem,
> Tristia squalentis aethrae palluerunt sidera.

Daß der Schauplatz der hier beschriebenen Thätigkeit Christi ebenso wie in Cath. V, 125 sq. die Unterwelt, der Aufenthalt der Verdammten sei, ist durch die Worte an sich klar. Zugleich ist aber aus der letztern Stelle ersichtlich, daß dem Dichter der sogen. limbus patrum dem Orte nach mit der eigentlichen Hölle identisch ist. „Die Todten, welche die Pforte der Unterwelt zurückgibt" (V. 74), sind nämlich keine andern als „die Väter und die vielen Heiligen", die (V. 97 f.) den auferstandenen Erlöser begleiten[1]. Einen etwaigen Zweifel hierüber beseitigt Apoth. 633 sq.:

> „Hunc ego non venerer, qui coelo visus humique
> Inventus rex atque Deus moderatur utrumque
> Naturae speciem tumuloque *inferna refringens*
> *Regna, resurgentes secum iubet ire sepultos?*
> *Coelum habitat, terris intervenit, abdita rumpit*
> *Tartara.*"

Hier sind „die auferstehenden Begrabenen, die der Herr, das Reich der Unterwelt gewaltsam öffnend, mit sich gehen läßt", wieder die in Cath. IX, 97 erwähnten „Väter und Heiligen". Andererseits ist der Aufenthalt derselben durch den bloßen Namen „abdita tartara" als die

---

[1] Prudentius hat den Bericht des hl. Matthäus (27, 52) im Auge, dessen Dunkelheit eine bedeutende Mannigfaltigkeit der Auslegung veranlaßt hat. Vgl. Malbonat und Schanz zu dieser Stelle.

Unterwelt im eigentlichen Sinne bezeichnet. Mit der dem Prudentius eigenen constanten Ausdrucksweise kehrt derselbe Gedanke in der schon citirten Stelle Cath. III, 198 sq. wieder [1]. Nach dem Gesagten enthält die Stelle Cath. V, 125 sq. zunächst nichts als eine Umschreibung der Worte im apostolischen Symbolum: Descendit ad inferos. Prudentius versteht unter „den Unterirdischen" unterschiedslos die Verdammten wie die Gerechten des alten Bundes, beschreibt aber an unserer Stelle zunächst nur die Einwirkung, welche der Eintritt des Herrn in die Unterwelt auf die Verdammten im eigentlichen Sinne hervorbrachte. Die Herausführung der Gerechten ist schon vorher in B. 109 f. beschrieben. In dieser Auf=fassung bestärkt uns die Liturgie. Konnten wir bei der Untersuchung über die Zweckbeziehung und die Anlage von Cath. V oben die alt=spanische Liturgie zur Beseitigung mancher Dunkelheit herbeiziehen, so auch hier. Das Missale mixtum enthält im Gebete post Sanctus in feria IV Pasche [2] folgende Stelle: „Viderunt te inferi Deum . . . dicentes: Absorpta est mors in victoria . . . Propter quod *attonita paululum stetere supplicia miserorum.* (Cfr. Cath. V, 133; IX, 77.) Nec habeant cruentum tormenta sic vicisse cernentia crucifixum: et iudicem suum ipsa etiam pena contremuit [3]. Quia natura horribilium tene-brarum presentia sui fulgoris et vetata iam tunc timuit iudicari (Cath. IX, 76). Exultaverunt sancti in gloria letantes in cubilibus suis, quod auctorem promisse sibi lucis agnoscerent: quorum tu Dominus stipatus agminibus et tu tanto noti splendoris candoris perfusus sacrificia per te instituta sanctifica . . . ut cunctis rite perfunctis salvatore nostro ab inferis iam regresso et mors se lugeat victam et vita tripudiet restitutam." Die unmittelbar darauf folgende oratio post Pridie beginnt: „Resurgente Christo resolutis *inferni doloribus* etiam nos Deus Pater omnipotens solutis peccatorum delectationibus et resurgere concede propicius, ut mortificationis nostre sacrificium tibi principaliter offeramus . . . (Vgl. Cath. V, 137 sq. mit der Erklärung oben Kap. 7. S. 442) Haec est hostia, que pependit in ligno; hec est caro, que surrexit de sepulcro."

---

[1]   „. . . corporeum memini
          De Phlegethonte gradu facili
          Ad superos remeasse Deum."
Vergeblich hat sich Chamillard bemüht, in dieser Stelle „Phlegethon" als „limbus patrum" zu erweisen, wie Obbarius (Dressel) richtig bemerkt. Die Stellen Ham. 827 und c. Symm. I, 381 allein sind hierbei ein unübersteigbares Hinderniß.

[2] Migne t. 85. col. 501.

[3] Hierzu bemerkt Lesley richtig: „Eodem spectat illud Prudentii Cath. V, 125 sq. canentis." Im Missale Gallo-Gothicum lauten die obigen kaum verständ=lichen Worte: „Nec habuer(u)ent tormenta cruciatum."

Die inhaltliche Uebereinstimmung dieser Stelle mit Prudentius in Cath. V und den Parallelstellen ist offenbar. Wie hier, so wird bei Prudentius die Wirkung der Auferstehung nach den drei Reichen: des Himmels, der Unterwelt und der Erde, besonders geschildert. In der Beschreibung des Eintrittes Christi in die Unterwelt erstreckt sich die Uebereinstimmung bis auf die Worte, in die der eigenthümliche Gedanke eingekleidet ist, daß die Strafen der Verdammten, gleichsam erstaunt über das ganz einzige Ereigniß, damals eine Unterbrechung erfahren hätten. Hiernach ist es offenbar wahrscheinlicher, daß Prudentius die Ereignisse der historischen Auferstehungsnacht in der Unterwelt lebendig schildernd in die Gegenwart versetzt hat, als daß er eine alljährlich sich wiederholende Milderung der Höllenstrafen lehrt.

Aus der vorstehenden Untersuchung ging als zweifellos hervor, daß Prudentius keinen Unterschied in der Unterwelt macht zwischen dem Aufenthaltsorte der Gerechten des alten Bundes und dem der Ver= dammten. Er kennt überhaupt nur einen Ort der Unterwelt, den er unterschiedslos mit den Namen barathrum[1], Avernus[2], Gehenna[3], Phlegethon[4], Styx[5], Tartarus bezeichnet. Diese Ansicht ist wichtig zur Erklärung einer andern Stelle, des Gebetes nämlich am Schlusse der Hamartigenie (V. 931—966), das man ob seines Inhaltes dem Dichter abgesprochen hat oder, da dieß unmöglich ist, wenigstens als des Dichters für unwürdig erklärt[6]. Damit wir jedoch an die Erörterung desselben gehen können, müssen wir vorher den Dichter die Frage beantworten lassen, die er Cath. X, 149 sq. an Gott richtet:

> „Aber bis du den Körper zurückrufst,
> Den vergänglichen, ihn zu erneuen,
> Sag, wo denn nach deinem Geheiße
> Die gereinigte Seele sich ausruht?".

Die Antwort hierauf lautet:

> „In dem Schooße des heiligen Greises,
> So wie Lazarus, dort wird sie ruhen,
> Den von Blumen allseitig umgeben
> Jener brennende Reiche von fern schaut."

---

[1] Apoth. 785.		[2] Ham. 825.		[3] Apoth. 785.		[4] Cath. XI, 112.

[5] Cath. V, 126. — Ueber diese dem alten Testamente unzweifelhaft eigene Lehre (vgl. Bautz, Die Hölle. S. 22) heißt es in der Summa theol. S. Thomae III. suppl. qu. 59. a. 5: „Si considerantur (limbus patrum et infernus) quantum ad situm loci, probabile est, quod idem locus vel quasi continuus sit infernus et limbus."

[6] Obbarius zu V. 933, dessen Worte Dressel, wie gewöhnlich, wörtlich wiedergibt: „Cum multa in his vv. homine maxime pio indigna insint, Guil. Cave, Flacius Illyr. hanc orationem a Prudentio abiudicaverunt."

Der Schooß Abrahams, den Prudentius hier den abgeschiedenen reinen Seelen der Gerechten [1] bis zur Auferstehung des Leibes anweist, wird gleich darauf als „das weite Paradies" und „jener Hain, den die Schlange dem Menschen geraubt hatte", bezeichnet. Man hat hieraus dem Dichter die Ansicht zugeschrieben, als habe er den Genuß der seligen Anschauung Gottes für alle Gerechten erst nach der Auferstehung eintreten lassen. Bis dahin habe er einen Mittelzustand angenommen [2]. Hiergegen müssen wir behaupten: Nach der Lehre des Prudentius gelangt die Seele, falls sie von jeder Makel frei ist, sogleich nach der Trennung vom Körper zur Anschauung Gottes, sowie die Seelen der Verworfenen sogleich in den Ort der ewigen Strafe verbannt werden. Dieß ergibt sich zunächst aus den Worten, die Prudentius unmittelbar auf die obige fragliche Stelle folgen läßt (Cath. X, 165 sq.). „Dort, im Paradiese," sagt er, „laß, ich bitte dich, deine Dienerin, die Seele, in ihrer Heimath dir geheiligt ewig wohnen (famulam tibi praecipe mentem genitali in sede sacrari). Die „genitalis sedes", welche hier mit dem Paradiese identificirt wird, ist aber Gott selbst (vgl. oben S. 386), bezw. der Ort, wo die Seele Gott unmittelbar schaut [3]. Jeden Zweifel hierüber schließen die Parallelstellen aus. Die vorzüglichste ist der Schluß der Hamartigenie, wo der Dichter ex professo das doppelte Geschick der Seelen beim Eintritt in die Ewigkeit beschreibt. Mit einer Schaar weißer Tauben, die sich auf ein Ackerfeld niederlassen, vergleicht dort (V. 804 f.) der Dichter

---

[1] Prudentius betet für die Seele eines Abgeschiedenen (V. 165), die er sich im idealen, d. h. im sündelosen Zustande denkt. „Pura anima" (v. 152) bedeutet sowohl die vom Körper befreite als die sündenreine Seele.

[2] In dem Index librorum prohibitorum, den Arevalo in den Proleg. n. 184 zu Cath. V, 125 citirt, findet sich die Vorschrift, zu den Versen Cath. X, 149 sq. die Randbemerkung zu machen: „Caute lege: nam videtur docere animas piorum quae nihil purgandum deferunt, egressas a corpore detineri in paradiso terrestri illo, unde expulsus fuit Adam. Fortasse Prudentius per paradisum voluptatis et sinum Abrahae nihil aliud intelligit, quam essentialem animae gloriam ante glorificationem corporis." Die letztere Vermuthung enthält mit Weglassung des „fortasse" als Behauptung die allein richtige Ansicht über die Meinung des Dichters. Maldonat in Matth. 27, 43 citirt diese Verse des Prudentius, um nachzuweisen, daß der Herr am Kreuze in seiner Verheißung an den reumüthigen Schächer unter „Paradies" den „limbus patrum" verstanden habe. Nach dem oben Gesagten ist diese Berufung auf Prudentius unmöglich.

[3] Cfr. Cath. III, 186 sq. Hier heißt es von der Seele:

Oris opus vigor igneolus
Non moritur, quia stante Deo
Compositus *superoque fluens*
De solio Patris artificis
Vim liquidae rationis habet.

die vom Himmel stammenden Seelen. Ein Vogelsteller hat hier seine mit
Leim bestrichenen Ruthen hingelegt. Ein Theil der Tauben läßt sich durch
blinde Freßgier fangen; ein anderer vermeidet vorsichtig die verdächtige
Lockspeise. Nur die letzteren kehren daher zum Aether zurück. „So,"
heißt es Vers 819 f., „gießt auch die Natur die Seelen einfarbig aus
des Himmels Quellen der Erde ein [1]. Hier aber werden sie, von den
süßen Lockungen gefesselt, zurückgehalten und wenige erheben sich zurück-
kehrend in den Aether; viele ködert die klebrige Speise und läßt sie
nicht in die Oberwelt (ad superas auras) gelangen". Das ist nun der
Grund, warum Gott für die letzteren die Unterwelt (tartara) mit ihren
ewigen Qualen geschaffen hat. Nachdem Prudentius letztere in den unmittelbar folgenden Versen (824—838) beschrieben hat, gibt er eine
Schilderung „der verschiedenen Belohnungen, welche die der Zukunft
kundige (göttliche) Majestät in den Wohnungen des Paradieses (in
regionibus paradisi) für die reinen und von jedem Flecken freien Geister
gegründet hat. Alsbald [2] begeben sie sich im leichten Fluge zu den
Sternen zurück". Die Beschreibung der Freuden im Schooße der „cana
fides", wie er Abraham hier nennt, stimmt nun bis auf die Worte mit
Cath. V, 111 sq. überein, wo er zweifelsohne die ewigen Freuden der
Seligkeit beschreibt. Daß er aber genau denselben Ort im Sinne hat,
welchen er in Cath. X der gerechten Seele gleich nach dem Tode von
Gott anweisen läßt, zeigt gleichfalls die constante Ausdrucksweise [3]. „Die
Blumen, welche den Lazarus (Cath. X, 155) von allen Seiten umgeben,"
werden (Ham. 857) „ewig" genannt. Auf das Purpurbett hingestreckt,
trinkt dort die Seele ambrosischen Thau, der ihr Rosenlager bedeckt,
während (Cath. V, 113 sq.) der ganze Boden von purpurnen Rosen-
hecken bedeckt buftet. Kurz, Prudentius schildert unter dem Bilde des

---

[1]   Animas coeli de fontibus unicoloras
          Infundit natura solo.

„Unicolorae" werden die Seelen des Vergleiches wegen mit der „lactea nubes
columbarum" genannt, um ihre ursprünglich gleiche Beschaffenheit und Bestimmung
zu bezeichnen. Selbstverständlich darf aus dieser Bezeichnung nicht ein Widerspruch
des Dichters mit seiner Lehre von der Erbsünde hergeleitet werden. Das „infundere
solo" bedeutet die Verbindung mit dem irdischen Leibe.

[2] „Ac primum", alsbald nach der Trennung vom Körper. Zu „ad astra"
vgl. Cath. III, 205.

[3] Abgesehen von den gleichen Namen „paradisus", „gremium" (Cath. X, 153.
162; Ham. 839. 853), zeigt sich dieß besonders in der Bezeichnung der Seele.
Cath. X, 167 heißt es von ihr: „genitalem sedem liquerat exul et errans";
Ham. 849 wird ihr Heimgang beschrieben:

          Concretum celeri relegens secat aera lapsu
          Exsuperatque polum fervens scintilla remensum
          Carcereos exosa situs, quibus haeserat exul.

Paradieſesgartens die ewigen Freuden, in welche die reine Seele beim
Verlaſſen der irbiſchen Hülle eingeht. Womöglich noch klarer wird unſere
Anſicht durch eine andere Bezeichnung der himmliſchen Freude bewieſen.
Der hl. Laurentius redet (Perist. 265 sq.) den Richter unter dem Hin=
weis auf die verſammelten Armen alſo an:

> Hi, quos superbus despicis,
> Quos execrandos iudicis
> *Brevi* ulcerosos exuent
> Artus et incolumes erunt.
>
> Quin *carne corruptissima*
> *Tandem soluti et liberi*
> Pulcerrimo vitae statu
> *In arce lucebunt patris.*

Nun nennt der Dichter aber (Cath. IX, 107) Chriſtus in ſeiner
Herrlichkeit gleichfalls „dexter in parentis arce“. Wäre alſo der ſogen.
Mittelzuſtand oder gar die Pſychopannychie für alle Gerechten bis zur Aufer=
ſtehung die Lehre des Dichters, dann müßten wir dieſen Zuſtand auch
auf Chriſtus ausdehnen. Beſtimmter noch ſpricht der hl. Romanus im
Angeſichte des Todes[1] (Perist. X, 521 sq.):

> Hoc perdo solum, quod peribit omnibus . . .
> Sic vernularum, sic senatorum caro
> Tabescit, imo cum sepulcro condita est.
> Sed:
> Coelo refusus subvolabit spiritus,
> *Dei parentis perfruetur lumine*
> *Regnante Christo stans in arce regia[2].*

Was vom Eingange in die Freuden des Himmels gilt, muß auch
vom Antritte der ewigen Strafen der Hölle wahr ſein. Denſelben heiligen
Romanus läßt der Dichter (V. 472) von der den Körper verlaſſenden
Seele ſagen:

> . . . iuge durans dispares casus subit
> Aut luce fulget aut tenebris mergitur.
> Christum secuta Patris intrat gloriam,
> Disiuncta Christo mancipatur tartaro.   (Vgl. oben S. 452.)

---

[1] Man kann nicht einwenden, Prudentius laſſe mit Tertullian nur die Mar=
tyrer ſogleich in den Himmel eingehen. Vgl. Schwane, Dogmengeſchichte. I.
S. 408. n. 3. Die oben mitgetheilten Stellen aus Cath. X, und aus der Hamarti=
genie beziehen ſich auf alle Gerechten ohne Unterſchied.

[2] Vgl. die vollkommene Uebereinſtimmung des Dichters mit dem hl. Pacian
(Ep. III. n. 21): „Nulla in vestris mentibus macula est? (Ham. 841) nulla in
oculis festuca? . . . Intrate iam coelum; paradisi aditus romphaea cedente
penetrate; tot nostrorum populis Deum unicum confitentibus dona vestra
praecludite.“ Die gleichfalls übereinſtimmende Lehre des hl. Hilarius ſiehe bei
Laemmer, Coelestis urbs Ierusalem. p. 139 sq.

Daß die Hauptqual der Verworfenen nach Prudentius in jenem Feuer bestehe, das in Folge der Allmacht Gottes wunderbar sogar auf die Seele einwirkt, ist aus der oben (Seite 452) mitgetheilten Stelle (c. Symm. II, 184 sq.) schon ersichtlich. Auch am Schlusse der Hamarti= genie tritt bei der Schilderung der Höllenstrafen die Feuerpein in den Vordergrund. Der Dichter ist hierbei ganz von der biblischen Parabel (Luc. Kap. 16) beherrscht.

„Zweifellos glaub', daß verzehrende Schlünde des Feuers
Kochen in unterirdischer Nacht die bemakelte Seele
Durch Jahrhunderte lang im ewigen Feuer; doch sichtbar
Sind sie den Augen des Armen [1], der weit durch den Abgrund entfernt ist.
Ebenso werden jedoch der Gerechten gold'ne Geschenke
Sammt ihren strahlenden Kränzen durch's Chaos hindurch aus der Ferne
Denen gezeigt, die im Kerker der Pein auf ewig versenkt sind." (Ham. 921.)

Die Beschreibung des Höllenfeuers schließt den Gedanken aus, als habe der Dichter dasselbe als Bild geistiger Qualen aufgefaßt. Er stimmt mit den abendländischen Vätern in der Ansicht von einem wirklichen Feuer am Orte der Strafe durchaus überein [2]. Einen neuen Gesichtspunkt aber

---

[1] Luc. 16, 20.

[2] Die Worte:

Nec mihi (sc. Deo) difficile est liquidam circumdare flammis
Naturam (animae), quamvis perflabilis illa feratur
More noti; capiam tamen et tormenta adhibebo
Ipse incorporeus ac spirituum sator unus   (c. Symm. II, 187 sq.)

erinnern unwillkürlich an die Stelle aus S. August., De civ. Dei l. XXII. c. 10: „Cur non dicamus quamvis miris tamen veris modis etiam spiritus incorporeos posse poena corporalis ignis affligi." Unrichtig behauptet Förster, daß vom hl. Ambrosius „die Höllenstrafen nicht in materieller Weise als leibliche Qualen dar= gestellt, sondern geistiger gefaßt werden, während sonst der realistische Zug der occi= dentalischen Kirche auf eine stark sinnliche Auffassung der jenseitigen Qualen hin= drängte" (Ambrosius S. 114. 175; vgl. Schwane, Dogmengeschichte. II. S. 778). Die hierfür angerufene Stelle Expos. evang. sec. Luc. l. VII. n. 204 sq. (Migne t. 15. col. 1754) spricht nur scheinbar hierfür. Der hl. Bischof bezieht nämlich die Parabel vom Gastmahle (Luc. 14, 21) auf die Kirche hienieden, „in welche nach Christi Willen alle eintreten sollen": „Iubet bonos et malos introire, ut bonos augeat, malorum *affectum in meliora commutet* (n. 202). Nec hoc tamen plenum est, ut aliquis vocatus adveniat nisi vestem habeat, hoc est, fidem habeat et charitatem. Et ideo qui pacem et charitatem non *detulerit ad Christi altaria*, tolletur ligatis pedibus" etc. Somit ist, wie Bautz (Die Hölle. S. 106. Anm.) sagt, „nach einer vernünftigen Exegese hier gar nicht einmal von der Hölle selbst die Rede". Das Feuer, welches der Heilige, wie die anderen Strafen, aller= dings im übertragenen Sinne versteht und verstehen muß, bedeutet also den glühen= den Reueschmerz der Büßer, der zur Vereinigung mit Christus in der Kirche hie= nieden nöthig ist. „Ignis est, quem generat moestitia delictorum." Schon n. 197 ist diese Erklärung als allein richtig vorbereitet, wo der hl. Ambrosius sagt: „Non refugimus opinionem, quam sequuntur plerique, ut tria genera hominum a

über die Feuerpein der Unterwelt eröffnen und zunächst die Aeußerungen
des Dichters über die Zahl der unmittelbar in den Himmel eingehenden
Seelen einerseits und die der ewig verlorenen andererseits. „Wenige
Seelen," hörten wir von Prudentius (Ham. 821, cfr. 841 sq.), „kehren
zum Aether zurück, während viele die Lockspeise der Erde ködert, welche
zur Strafe dafür dem Feuer übergeben werden." Bei der Schilderung
des letzten Gerichtes aber sagt Prudentius (Cath. VI, 93 sq.) von
Christus:

> Idem tamen benignus
> Ultor retundit iram,
> *Paucosque non piorum*
> *Patitur perire in aevum.*

Da wir keinen Grund haben, den Dichter eines gedankenlosen Widerspruches zu beschuldigen in einer Frage, die sein ganzes Denken in Anspruch nimmt, so müssen wir zu erklären suchen, wie Prudentius die
vielen Seelen im Tartarus mit den wenigen, die ewig verloren gehen,
vereinigt habe. Arevalo unterscheidet von den „non pii" (Cath. VI, 95)
die „impii"[1]. Die große Masse der Gottlosen (impii), namentlich der
Ungläubigen und Häretiker, würde dann in Ham. 822 (multas pastus
inescat) gemeint sein. Neben diesen würden von denen, die weder zu
den ganz Gerechten noch zu den Gottlosen gehören, sondern leichtsinnig
das fromme Leben vernachlässigt hätten (non pii), nur wenige dem ewigen
Tode übergeben werden. Die Zahl der Verworfenen überhaupt würde
also auch nach diesen Worten des Dichters, bezw. trotz derselben bei
Weitem die größere sein. Man kann diese Erklärung nicht unberechtigt
nennen, da jene Unterscheidung den Vätern bekannt ist[2]. Indeß wird

---

consortio magnae illius coenae aestimemus excludi gentilium, Iudaeorum, haereticorum." Hierzu kommt, daß unsere Stelle in der widerlegten Auffassung mit
·der constanten gegentheiligen Lehre des Heiligen an zahlreichen anderen Stellen im
Widerspruche stehen würde. Vgl. Bautz a. a. O. und desselben „Das Fegfeuer"
S. 139. An letzterer Stelle wird freilich auf den unächten Commentar zu 1 Cor.
3, 11 verwiesen.

[1] Proleg. n. 175. 179.

[2] *S. Hilarius*, Tractat. in ps. 1 (ed. Maur. 1696 p. 25): „Sunt enim aliqui
inter impios piosque, qui medii sint, ex utroque admixti, neutri tamen proprie,
quia in id ipsum constiterint ex utroque: nec fidei admiscendi, quia sit illis
aliquid infidelitatis insertum, nec infidelitati deputandi, quia aliquid habeant
et fidei. Plures namque Dei metus in ecclesia continet, sed eosdem tamen
ad saecularia vitia saeculi blandimenta sollicitant. Orant, quia timent; peccant,
quia volunt ... *Impii non manent*, quia his Dei nomen in honore est; *pii
non sunt*, quia quae pietati sunt aliena, sectantur ... In eis ergo iudicium
est, quod iam in incredulos actum est, et in credentes non necessarium est ...
Hi ergo iudicabuntur, qui neque ut pii non iudicabuntur, neque iam fuerint
ut impii iudicati, in quos ex praelata potius dilectione iudicium."

man sie auch nicht als die allein richtige bezeichnen dürfen. Dem milden Charakter des Dichters, der Strenge nur gegen sich zu kennen scheint, entspricht die Ansicht, daß die Mehrzahl der Menschen überhaupt gerettet werde, nur zu sehr. Bestärkt werden wir hierin dadurch, daß der Dichter sich selbst zu den „non pii" rechnet, und deßhalb von sich sagt: „Alles Uebel habe ich verdient" (Ham. 938), wobei er unter „omne malum" zweifelsohne die ewige Verwerfung versteht. Alsdann löst sich die Schwierigkeit dadurch, daß Prudentius für den größern Theil der vielen, die beim Tode in den Tartarus hinabsteigen, noch eine Rettung durch dieses Feuer (vgl. 1 Cor. 3, 15) annimmt. Indeß hängt die letztere Ansicht des Dichters mit der Frage nach der Zahl der Auserwählten nicht nothwendig zusammen. Auch wenn Arevalo's Erklärung den Vorzug erhält, bleibt bestehen, daß Prudentius den Feuerqualen der Unterwelt für einen Theil der Abgeschiedenen einen reinigenden Charakter zuschreibt und diese Pein als Mittel, zur Herrlichkeit zu gelangen, betrachtet. Hätten wir hierfür keine ausdrücklichen Aussprüche, so fordert das consequente Denken streng, diese Ansicht beim Dichter anzunehmen. Läßt er nämlich nur die ganz reinen Seelen (ab omni labe remotae) beim Tode in's Paradies gelangen; kennt er dagegen für alle anderen, also jedenfalls auch für die „nicht Frommen", nur die Unterwelt als Aufenthaltsort, und läßt er gleichwohl die letzteren im Unterschiede von den ewig Verworfenen schließlich ein gnädiges Gericht finden, so muß er eine reinigende, vorübergehende Strafe im Jenseits annehmen. Prudentius baut aber ausdrücklich seine eigene Hoffnung des einstigen Heiles auf diese Reinigung. Dieß geschieht in dem Gebete, welches die Hamartigenie abschließt. Nach der Schilderung des doppelten Zustandes im Jenseits denkt nämlich Prudentius an sein eigenes Geschick und wendet sich deßhalb an Gott mit den Worten:

I. 931—939.

„Mein Gott, Schöpfer des Alls, der die Seele mir gab, Gott Christus,
Von dessen Mund der eine göttliche Geist sein Sein hat,
Du bist's, der mich leitet, mein Leben beständig regieret.
Wenn du als Richter erscheinest, erzittr' ich erbleichend, doch hoff' ich,
Daß, weil du mich richtest[1], mein Thun mit gänzlich verzieh'n wird,
Sei mein Wort wie mein Werk der Verzeihung noch so unwürdig;
Ja, ich bekenn', o vergib doch gern und schone den Büßer:
Jegliches Uebel verdient' ich; du aber, gütiger Richter,
Tilg' meine Schuld, hör' huldvoll mein Fleh'n und gewähre mir Gutes!

---

[1]   Iudice te pallens trepido, te iudice eodem
         Spem capio.

So kurz und so schön läßt sich die Vereinigung der strengsten Gerechtigkeit mit der mildesten Barmherzigkeit in der Person des göttlichen Richters in der Uebersetzung nicht geben.

II. 940—951.

Wenn meine Seele dereinst dieses Leibes Gezelt wird verlassen,
Auferbaut aus Nerven und Haut, Blut, Galle und Knochen,
Das die Bewohnerin, ach, von Weltsucht zu sehr verdorben [1],
Jetzt noch liebend besitzt; wenn dann die Stunde der Thränen
Diese Augen verschließt und der Leichnam regungslos daliegt,
Und mein Geist ohne Leib sich erfreut seiner eigenen Sehkraft:
Gib, daß dann meine Seele nicht schaut jener grimmigen Räuber
Einen, grausam und wild, durch drohende Stimm' und Geberde
Furchtbar, der mich im Schmutze der Sünden hinab in den Abgrund
Zieht wie ein Dieb und mich tief in die finsteren Höhlen dort einsenkt,
Jegliche Schuld des verschwendeten Lebens strengstens zu fordern [2].

III. 952—966.

Wohnung in Menge bewahrt, o Christus, dein väterlich Schatzhaus,
Mannigfach da und dort. Nicht fordr' ich im seligen Lande
Mir ein Haus. Dort mögen sich freu'n die Schaaren der Männer
Rein und keusch, die, verschmähend den Schatz dieses Staubes, erstrebten
Deinen Reichthum. Glänzende Jungfrau'n mögen dort weilen
Ewig, mit Blumen geschmückt, die ihr Herz entsagend bewahret.

Wohl es sei: weil so des Leibes Vergehen es fordern,
Mag in des Abgrunds Höhlen das traurige Feuer mich fassen [3];
Wenigstens hauche ein schwacher Brand nur gemilderte Flammen,
Und in gemäßigter Gluth vermindr'e sich mählich die Hitze.
Licht ohne Maß und des Kranzes Schmuck um das Haupt sei der Antheil
Andb'rer; mich mag mild eine leichte Strafe versengen.“

Dieß ist nun jenes „des Dichters unwürdige Gebet“ [4], dessen Erklärung und Vertheidigung Arevalo (Proleg. c. XVII) mit den Worten

---

[1]   (Hospitium) corrupta, quod incola luxu
        Heu nimium complexa fovet.

Indem wir „luxus“, womit der Dichter seine Jugendverirrungen bezeichnet, mit
„Weltsucht“ wiedergeben, dürften wir dem Sinne am meisten gerecht werden.

[2]   Qui me maculosum aspergine morum
        In praeceps ut praedo trahat, nigrisque ruentem
        Immergat specubus, cuncta exacturus adusque
        Quadrantem minimum dampnosae debita vitae.

[3]   Esto: cavernoso, quia sic pro labe necesse est
        Corporea, tristis me sorbeat ignis averno.

Das proleptische „labes corporea“ bedeutet die Sündenflecken, welche sich die Seele
in der Vereinigung mit dem Leibe zugezogen hat.

[4] Vgl. oben S. 458. Giselinus drückt seine Entrüstung über Prudentius
in der Anmerkung zu Vers 963 also aus: „Itane, o Prudenti, tam abiecto quem-
quam esse animo? Allud certe nobis spondent suaves evangelii voces. Siquidem propositi divinae gratiae obtinendae instrumentis stricte imperant,
vocationem nostram certam faciamus, certoque et indubitato aeternae vitae
gloriam exspectemus docentque e contrario infernum ignem aut gravius supplicium deprecari servorum esse semper metuentium ac pene desperantium,

einleitet: „Plerique catholici in hac oratione exagitanda acerbiores sunt quam nonnulli heterodoxi." Prudentius kann mit Recht klagen, daß die Erklärer aus seinen Worten ein unlösbares Räthsel gemacht haben. Es empfiehlt sich daher, einzig und allein bei den Worten des Dichters stehen zu bleiben. Das Gebet läßt sich in drei deutlich hervor=tretende Abschnitte zerlegen, die in der obigen Uebersetzung angegeben sind. Im ersten Abschnitt (931—939) steht der Dichter vor seinem ewigen Richter. Er hofft auf vollkommene Verzeihung von der Barm=herzigkeit des Richters. Die ewige Verwerfung habe ich zwar verdient, sagt er Vers 938, aber gib mir, indem du meine Schuld wegnimmst, ein besseres Geschick (meliora), als ich nämlich verdient habe. Prudentius kann unmöglich unter dem „meliora" eine mildere ewige Strafe verstehen. Die sichere Hoffnung auf vollkommene Verzeihung läßt sich mit einer ewigen Strafe ohne Widersinn nicht vereinigen, zumal Prudentius das Verhältniß zwischen Gesetzesübertretung und Strafe so klar entwickelt (c. Symm. II, 140—195). Es fragt sich aber zunächst, wann Pru=dentius die gänzliche Begnadigung erwartet. Ueberall, wo er von dem Gerichte Christi spricht, hat er zunächst das Weltgericht im Sinne[1]. Wir müssen dieß auch von dieser Stelle annehmen. Ausdrücklich verlegt er auch die Gewährung der erhofften Verzeihung auf diesen Zeitpunkt. Am Schlusse von Perist. X schildert er nämlich den Lohn des hl. Romanus beim Weltgerichte. Indem er hofft, der heilige Martyrer werde auch für ihn Fürsprache einlegen, singt er (V. 1136 f.):

> „O daß, wenn einst ich bei der Böcke Heerde steh'
> Zur linken Seite, ich doch würd' von fern erkannt,
> Und auf sein Bitten dann der beste König spräch':
> ‚Romanus bittet, bring herüber diesen Bock!
> Als Lamm steh' rechts er, angethan werd' ihm das Vließ'."[2]

___

cum nulla nunc sit condemnatio his, qui in Iesu Christo permanent." Cfr. *Arevalo*, Proleg. n. 178. Die beste Vertheidigung des Dichters gegen dergleichen Anschuldigungen „übertriebener Demuth" ist wohl die Thatsache, daß er diese Ehre u. a. mit dem hl. Martyrerbischofe Ignatius theilt. Die Briefe dieses apostolischen Vaters bekämpft Baur als unächt; denn sie enthalten, meint er, ein übertriebenes Verlangen nach dem Martyrium und eine abstoßende Vermischung von demüthiger Bescheidenheit mit hochmüthiger Ruhmsucht. Der Verfasser habe demnach auch nicht die Spur eines apostolischen Mannes an sich, und man erkenne leicht, daß man eine erdichtete Person vor sich hat. Cfr. *Hefele*, Patres apostol. Proleg. XLIII, 3 (ed. II). Die Aechtheit der Ignatiusbriefe gleicht gegenüber dieser Declamation Baurs dem Felsen im Meere, an dem die Wogen machtlos zerschellen. Allgemein anerkannt ist auch die Machtlosigkeit der subjectiven Einwendungen gegen die Aechtheit unseres Gebetes in der Hamartigenie.

[1] Cath. VI, 89 sq.; IX, 104; X, 111 sq.; Perist. VI, 157 sq.; X, 1136 sq.

[2] Die drastische Darstellung des Dichters begegnet uns ebenso in der Ma=lerei. Auf dem Gerichtsbilde von Cornelius in der Ludwigskirche zu München

Aus diesen Worten erhellt: 1) daß Prudentius die Seligkeit des
Himmels hofft; denn mit den Lämmern auf die rechte Seite des Richters
gestellt werden heißt nach biblischem Sprachgebrauche: in die Freuden
des Himmels eingehen; 2) daß er seine Beseligung erst am Gerichtstage
erhofft[1]. Was soll nun bis dahin sein Antheil sein? Die Antwort
finden wir in der ganz parallelen Bitte, die er als Hoffnung am Schlusse
des Lobgesanges auf den heiligen Patron von Tarraco, Fructuosus, ausspricht (Perist. VI, 157 sq.):

droht der Engel einen Bittenden auf die linke Seite zu weisen, läßt aber doch
im milden Blicke Schonung erhoffen. Noch drastischer sieht man häufig auf älteren
Darstellungen des jüngsten Gerichtes Engel und Teufel um Seelen streiten.

[1] Voreilig ist dagegen die Erklärung, Prudentius habe nach diesen Worten
geglaubt, sein endliches Geschick werde bis zum letzten Gerichtstage ungewiß bleiben.
Der Wortlaut allein für sich dürfte für diese Auffassung freilich sprechen, aber nur
dann, wenn man die Parallelstellen und den Sprachgebrauch der Väter unberücksichtigt läßt. Die Worte:

Vellem sinister inter hoedorum greges
Ut sum futurus,

sagen dasselbe, was der Dichter (Ham. 938) also ausdrückt: „Omne malum
merui". Die Entscheidung erfolgt, wie die weitere Erklärung unseres Gebetes
zeigen wird, vielmehr beim Tode, wonach den einen die Seligkeit, den anderen
die Verdammniß unwiderruflich zuerkannt wird. Der Eintritt in die Seligkeit
bei den ersteren kann aber durch die nothwendige Reinigung aufgehalten werden.
Der Dichter war nun von der Existenz eines Reinigungsortes im Jenseits fest überzeugt, wie wir sogleich nachweisen werden. Ebenso fest glaubte er, daß ihm das
reinigende Feuer an diesem Orte nöthig sein würde. Wer nun, wie die protestantischen Erklärer des Prudentius, von dem Vorurtheile befangen ist, Prudentius
könne an das Fegfeuer nicht geglaubt haben, der muß freilich nach Erklärungen
suchen, die ebenso dem Dichter Unrecht thun, wie sie mit den Gesetzen der unbefangenen historischen Forschung im Widerspruch stehen. Nicht dann erst, am
Gerichtstage, wünscht sich Prudentius die Fürbitte der heiligen Martyrer, sondern
er hofft, daß die Wirkung ihres Gebetes sich dann an ihm zeigen werde. Was
die Kirche im Sinne von Matth. 25, 33 heute noch betet:

Inter oves locum praesta
Et ab hoedis me sequestra
Statuens in parte dextra,

und was der hl. Cyprian (de lapsis. ed. Maran. p. 445) bekennt: „Credimus
quidem posse apud iudicem plurimum martyrum merita et opera iustorum,
sed quum iudicii dies venerit, cum post occasum saeculi huius et mundi ante
tribunal Christi populus eius astiterit" — das ist auch der Sinn der prudentianischen Worte. Die Aehnlichkeit derselben mit denen des hl. Cyprian ist übrigens
unverkennbar. Vgl. die anderen treffenden Parallelstellen bei *Arevalo*, Prolegom.
c. XIX: „Cur Prud. in extremi iudicii die ad dexterum iudicis latus trans-
ferri oraverit?"

30*

„Einst wird kommen die Zeit beim Sturz des Weltalls,
Da dich, Tarraco, Fructuosus schützt vor
Feuersspein und erlöst von scharfer Strafe.
Vielleicht würdigt er sich, dann meinen Peinen
Stillung auch zu gewähr'n, falls Christus beistimmt [1],
Mein elfsilbiges [2] süßes Lied erwägend."

Der Dichter glaubt also trotz seiner zuversichtlichen Hoffnung auf
die Seligkeit, letztere werde ihm erst zu Theil werden, nachdem er im
Jenseits Qualen (tormenta) erduldet habe. Ja diese Art, in „die Woh=
nungen des Vaters" zu gelangen, bezeichnet er eben in Ham. 939 als
seine Hoffnung (meliora), die er im zweiten und dritten Abschnitte des
Gebetes dem Richter als Bitte vorträgt. Der zweite Abschnitt (B. 940
bis 951) enthält den Gegenstand der Bitte negativ, insofern der Dichter
um Abwendung der ewigen Verwerfung bittet. „In der Todesstunde,"
fleht er, „übergib mich nicht einem der grausamen höllischen Räuber (gens
latronum, tartareus minister), der mich in die finsteren Höhlen ein=
kerkert [3], bis ich den letzten Heller der Schuld gezahlt habe." Die Stelle,
auf die der Dichter anspielt (Matth. 5, 26), ist nach der übereins=
stimmenden Lehre der Väter von der Hölle zu verstehen, aus der keine
Erlösung möglich ist [4]. Schon hier machen wir auf die Uebereinstimmung
des betenden Dichters mit den Worten der uralten kirchlichen Commendatio
animae aufmerksam. „Cedat tibi," heißt es hier, i. e. „egredienti animae de corpore" (Ham. 940 sq.), „teterrimus satanas cum satelliti-
bus suis . . . Confundantur igitur et erubescant omnes tartareae
legiones et ministri satanae, iter tuum impedire non audeant."

---

[1]   . . . meis medelam
Tormentis dare prosperante Christo.
Daß Christus die Fürbitte des hl. Fructuosus gnädig annimmt, ist conditio sine
qua non für den Erfolg derselben. Unter dieser Bedingung schreibt Prudentius „das
Heilmittel", d. h. das Aufhören seiner Qualen, dem hl. Fructuosus zu. So versteht
der Katholik heute noch Ausdrucksweisen, wie: „Die allerseligste Jungfrau hat mich
gesund gemacht."

[2] „Dulces hendecasyllabos revolvens." Der Hymnus Perist. VI ist im
Versmaß des Hendekasyllabus (carmen Phalaecium) geschrieben.

[3] v. 950: „Immergat nigris specubus." Die Verdammten werden v. 927
„carcere mersi" genannt.

[4] „Der Verurtheilte," sagt Schanz (Commentar. 1879. S. 188), „kann gar
nicht mehr frei werden, da das Tilgen der Sündenschuld in diesem Zustande eine
Unmöglichkeit ist. . . . Die Stelle kann also weder für das Purgatorium (wenig=
stens nicht direct) noch für eine ἀποκατάστασις πάντων angerufen werden. Mit Un=
recht schreibt aber Keil den katholischen Eregeten überhaupt erstere Auslegung
zu. Denn schon Malbonat beruft sich auf den hl. Augustinus für den Satz:
‚Nos non exituros postea, sed nunquam exituros, quia qui in inferno sunt,
cum semper debitas poenas solvant . . . nunquam persolvunt.'"

Prudentius sagt: „At mihi tartarei satis est si nulla ministri occurrat facies."[1]

Hat Prudentius in seiner bisherigen Bitte erklärt, was mit seiner Hoffnung durchaus unvereinbar ist, so fleht er im dritten Abschnitte, V. 952 bis 966, positiv um das Loos, welches er bei seinem Tode wünscht. Gerade letzteren Umstand, daß der Dichter ausdrücklich von seiner Seele beim Scheiden von hinnen redet (V. 940), haben die Erklärer zu wenig beachtet. Zunächst erinnert er Christus an das Wort (Joh. 14, 2), wonach es viele und zwar verschiedene Wohnungen im Hause des Vaters[2] gibt. Darauf gründet sich seine Hoffnung. Es gibt eine glückselige Gegend (regio beata) in jenem Reiche, wohin die Männer, durch Herzens=reinheit und Armuth im Geiste ausgezeichnet, sowie die gottgeweihten jungfräulichen Seelen unmittelbar beim Austritte aus diesem Leben gelangen. Die Anspielung in den Worten „candida virginitas animum *castrata* recisum" (v. 957) auf Matth. 19, 12 ist offenbar. Dieses Loos, das

---

[1] Middelborpf (l. c. p. 186) sagt zwar richtig: „Prudentius aperte de poenis sibi sustinendis loquitur"; die weiteren Worte aber: „et quidem a diabolo infligendis", stehen mit dem Wortlaute des Prudentius im geraden Wider= spruche.

[2] „In *thesauris* Patris." Welche Absicht den Dichter bei der Wahl gerade dieses Wortes geleitet hat, dürfte aus dem Epiloge klar werden. Dort kleidet er seine Hoffnung auf den Himmel in den paulinischen Gedanken 2 Tim. 2, 20 ein (v. 13 sq.):

> Multa divitis domo
> Sita est per omnes angulos suppellex.
> Fulget *aureus scyphus*
> Nec aere defit expolita pelvis.
> Est et olla fictilis
> Gravisque et ampla argentea est parabasis. . . .
> Me paterno in atrio,
> Ut obsoletum vasculum caducis
> Christus aptat usibus
> Sinitque parte in anguli manere.
> *Munus esse fictile*
> *Inimus intra regiam salutis.*

Diese Worte zeigen auf's Neue, wie innig die Gedichte des Prudentius nach Wort und Inhalt zusammenhängen und gleichsam ein Werk aus Einem Gusse darstellen. Wichtiger noch ist, daß die letzteren Worte jeden Zweifel abschneiden, ob der Dichter wirklich den Eintritt in's himmlische Reich zum Gegenstande seiner Hoffnung und Bitte gemacht habe. Brockhaus konnte in dem Gebete der Hamartigenie nur deßhalb eine „räthselhafte Begnügung des Dichters mit einem, wenn auch milderen Grade der Verdammniß" (a. a. O. S. 196) finden, weil er diese Worte unbeachtet ließ. Die „regia salutis" (cfr. Cath. IX, 107), das „paternum atrium" und „die Verdammniß" sind ein contradictorischer Gegensatz. Merkwürdig ist, daß auch Arevalo den Epilog nicht beachtet hat.

dem Dichter als der Höhepunkt des Glückes gilt, darf er für sich nicht in Anspruch nehmen. Seine Sündenflecken (labes corporea) fordern eine Reinigung durch's Feuer (V. 961); deßhalb bittet er nur, daß seine Seele vom Körper scheidend nicht versenkt werde tief unten in die Feuerschlünde der Hölle, aus denen es keine Befreiung gibt, sondern, ohne mit den Verworfenen in Berührung zu kommen, von mildem Feuer versengt werde. Nach dem Gesagten kann er dieses Feuer nur als Mittel zum Zweck betrachten. Daß diese Qual einst aufhören werde, sagt er nicht und braucht es hier nicht zu sagen. Im ersten Abschnitte und in den Parallelstellen hat er es deutlich ausgesprochen. Die Wohnung im Hause des Vaters, welche der Dichter zu hoffen wagt, ist nun einmal erst nach vorausgehenden Feuersqualen erreichbar. Indem Christus ihm die letzteren beim Scheiden von hinnen gewährt, ist ihm auch beim Gerichte der endliche Eintritt in's himmlische Reich gesichert. Da nun der Dichter in den letzten beiden Abschnitten seines Gebetes ausdrücklich nur an das Loos seiner Seele beim Scheiden vom Leibe denkt, so ist selbstverständlich nur das Reinigungsfeuer Gegenstand seiner Bitte, das ja die Gewährung der vollkommenen Verzeihung einschließt. Schließlich fehlt auch die ausdrückliche Bezeichnung dieses Zustandes als Reinigung beim Dichter nicht. Entsprechend den bereits mitgetheilten Bitten an die heiligen Martyrer Romanus und Fructuosus, endigt auch der Hymnus auf die hl. Agnes (Perist. XIV, 130) mit den vertrauensvollen Worten:

Purgabor oris propitiabilis
Fulgore, nostrum si iecur impleas.
Nil non pudicum est, quod pia visere
Dignaris, almo vel pede tangere.

Daß es sich hier um die Reinigung von Sündenflecken, und wahrscheinlich von solchen gegen die Tugend der Reinigkeit, zum Zwecke des Eintritts in den Himmel handelt, ist schon durch den Vergleich mit den übrigen Martyrerhymnen klar. Hiernach haben die obigen Worte den Sinn: „Durch den Tugendglanz, welcher das Antlitz der für mich bittenden hl. Agnes schmückt, werde ich gereinigt werden." Im Lichte des Gebetes in der Hamartigenie erhält diese Hoffnung folgende Erläuterung: „Durch die Fürbitte der Martyrerjungfrau wird Christus mir beim Scheiden jenes Feuer als Antheil anweisen, aus dem ich dereinst gereinigt in die Wohnung des Himmels eingehen werde." Das Gebet der Hamartigenie enthält sonach klar und deutlich folgende Ansicht des Dichters. Der Seele kann beim Sterben sofort ein dreifaches Loos zu Theil werden: sie kann unmittelbar in die ewigen Freuden eingehen; sie kann dem Satan und seinen Dienern zur ewigen Peinigung mitten im Feuer, worin sie versenkt wird, übergeben werden; sie kann endlich das Feuer der Unterwelt milder und leichter als die Verdammten an einem Orte, wo sie von Verdammten selbst getrennt ist, erleiden, um daraus gereinigt hervorzugehen. Daraus, daß der Dichter diesen Reinigungs= zustand für sich bis zum Weltgerichte ausdehnt, kann man nicht folgern, daß er eine frühere Befreiung nicht für möglich gehalten habe. Er er= hofft für sich offenbar den niedrigsten Grad der himmlischen Freuden und den schwierigsten Weg dazu, so daß er in seinem Gebete ein Extrem, die beata regio der Unschuldigen und den unmittelbaren Weg dahin, dem andern, seinem eigenen Loose, gegenüberstellt. Daß der Dichter zwischen den Wegen zum Himmel einen Unterschied macht, ergibt sich klar aus seinen Worten über den Tod des hl. Vincenz (Perist. V, 365 sq.):

> „Sobald er auf das weiche Bett [1]
> Sein Haupt zur Ruhe niederlegt,
> Verläßt der Geist den Leib und eilt
> Zum Himmel auf im Siegeslauf.
>
> Der grade Weg zum Vater hin
> Eröffnet ihm sich, ragend hoch,
> Den Abel selig einst erstieg,
> Da Brudershand ihn hingestreckt.“

Der unmittelbare Eintritt in den Himmel auf der „recta via ad Patrem“ (v. 370) ist derart betont, daß darin der Gegensatz eines un= geraden Weges mit Hindernissen nothwendig eingeschlossen ist. Andern= falls sieht man nicht ein, wie in dieser Art, den Himmel zu erreichen, ein besonderes Lob des Martyrers liegen soll. Den Weg aber, auf dem man nicht eilends, sondern mit Verzögerung im Hause des Vaters (atrium paternum. Epil. 25) anlangt, hat Prudentius in seinem Gebete beschrieben und für sich erbeten: es ist der Weg durch's Feuer. Räthselhaft sind nicht die Worte des Prudentius, sondern räthselhaft ist es, wie so viele Erklärer in diesen einfachen Worten so große Schwierigkeit finden oder gar im offensten Widerspruche mit dem Dichter das Loos der Verdammten mit dem Feuer identificiren konnten, das er für sich als verdient erbittet. Der Hauptgrund für dieses Mißverständniß, soweit es im Texte selbst seinen Anlaß hat [2], liegt wohl darin, daß man den Unterschied zwischen

---

[1] „mollibus aulaeis caput reiecit“. Die Scherben, welche auf den Fußboden im Kerker des Heiligen zur Qual ausgestreut worden waren, hatten sich wunderbar in duftende Blumen verwandelt. Letztere nennt Prudentius „ein weiches Purpurbett“.

[2] Das Argument der protestantischen Erklärer: Prudentius weiß nichts vom Fegfeuer, denn diese Lehre hat erst Augustinus vorgetragen und endlich Gregor d. Gr. zum Dogma erhoben (siehe Obbarius und Dressel zu Ham. 931), hat jene Logik zur Voraussetzung, die oben S. 405 f. beleuchtet wurde. „Bekanntlich,“ schreibt auch Förster (Ambrosius S. 173), „hat Augustin die ältern patristischen Vorstellungen vom Hades zu der Lehre vom ignis purgatorius entwickelt, welches als Zwischen=

dem ersten Abschnitte und den folgenden, sowie ihren Zusammenhang unbeachtet ließ. Während Prudentius im ersten Abschnitte von seiner vollkommenen Verzeihung am Tage des Weltgerichtes redet, erbittet er sich im Folgenden für die Todesstunde als Antheil jenes Feuer, das ihn zur Erlangung jener Begnadigung und Beseligung befähigen soll. Selbstverständlich hängt die Gewährung dieser letztern Bitte von demselben Richter ab, der beim Weltgerichte die Schafe von den Böcken sondern wird. Insofern ist im ersten Abschnitte auch das besondere Gericht in der Todesstunde mit seiner Entscheidung für die Ewigkeit mit eingeschlossen [1]. Brauchen die Worte des Prudentius eine Aufhellung von anderer Seite, so finden wir sie beim hl. Cyprian. Den Unterschied zwischen dem Feuer der Verdammten und dem Feuerantheile des Prudentius, der ganz eigentlich himmelweit ist, hat der heilige Martyrerbischof von Karthago also ausgedrückt [2]: *„Aliud est ad veniam stare* (cfr. Ham. 934 sq.), *aliud ad gloriam pervenire* (v. 953 sq.), *aliud missum in carcerem non exire inde donec solvat novissimum quadrantem* (v. 949) [3]; — aliud *statim* fidei et virtutis accipere mercedem, aliud pro peccatis longo dolore cruciatum emundari et purgari diu igne; aliud peccata omnia passione purgasse, *aliud denique pendere in*

---

zustand zwischen Tod und Weltgericht und als Reinigungsproceß vorgestellt wird." Was das Verhältniß des Prudentius zum hl. Ambrosius bezüglich der Eschatologie betrifft, so dürfte dem Dichter eine größere Klarheit zukommen. Dieß gilt namentlich in der Frage, ob es für alle Abgeschiedenen ausnahmslos einen Mittelzustand bis zum Gerichte gebe. Indeß ist die Darstellung Försters (a. a. O.) mindestens ungenau und voreilig. Die Worte: „Ergo dum exspectatur plenitudo temporis, exspectant animae remunerationem debitam. Alias manet poena, alias gloria" (De bono mortis 10, 47), lassen leicht die von Schwane (Dogmengeschichte II, S. 750) angedeutete Erklärung zu, daß die Auserwählten im Genusse ihrer wesentlichen Seligkeit, der Anschauung Gottes, auf die accidentelle Vermehrung derselben bei der Auferstehung, sowie auf deren Offenbarung warten, wie die Verdammten auf Vermehrung ihrer Qual. Die Worte des hl. Ambrosius über das verschiedene Feuer im Jenseits (De excessu fratris Satyri 80) stimmen mit der von Prudentius gegebenen Unterscheidung völlig überein; ja die Stelle: „Tibi nunc, omnipotens Deus, innoxam commendo animam", läßt uns an Prudentius denken. Die Darstellung, welche Förster vom Reinigungsfeuer beim hl. Ambrosius gibt, leidet unter dem protestantischen Begriffe von Dogmengeschichte derart, daß eine Berichtigung derselben schwer möglich ist.

[1] In den Worten: Iudice te pallens trepido, te iudice eodem
					Spem capio
(v. 934), hat der Dichter dieß selbst ausgesprochen.

[2] Ep. 52. ed. *Maran.* p. 176. Vgl. Probst, Lehre und Gebet. S. 339; Schwane, Dogmengeschichte. I. S. 534 f.

[3] Der bisher beschriebene dreifache Zustand ist genau im Gebete des Prudentius ebenso unterschieden.

diem iudicii ad sententiam domini, aliud statim a Domino coronari." Wir brauchen nicht auf die Controversen einzugehen, welche sich an die Erklärung der citirten Worte i m E i n z e l n e n knüpfen. Ein Reinigungs= feuer muß man schlechterdings nach diesen Worten annehmen [1]; die Ueber= einstimmung zwischen Prudentius und dieser Stelle ist andererseits auch unzweifelhaft. Die letzteren Worte: „pendere in diem iudicii ad sen- tentiam Domini", enthalten das Loos, welches Prudentius als das seinige bezeichnet. Am Gerichtstage hofft er eine gnädige Richtersentenz über sich zu vernehmen. Daß wenigstens bei Prudentius hiermit eine Ungewiß= heit des Heiles bis dahin verbunden sei, können wir nach Obigem nicht annehmen. Besondere Beachtung verdient noch, daß Prudentius ebenso wie Cyprian gerade die Bewahrung der Keuschheit in den Gegensatz zu jenen stellt, die ein Reinigungsfeuer benöthigen. „Floret," sagt der hl. Cyprian unmittelbar vor den angeführten Worten, „ecclesia tot virginibus coronata et castitas ac pudicitia tenorem gloriae suae servat, nec quia adultero poenitentia et venia laxatur, continentiae vigor frangitur." Man vergleiche hiermit Ham. v. 952 sq. Die Aehnlichkeit ist um so auffallender, als man eher die Erwähnung der Martyrer erwarten könnte. Der hl. Cyprian begründet die Behauptung, daß die den Gefallenen gewährte Milde und Verzeihung weder die Ehre der unversehrt bewahrten Reinheit, noch das Tugendstreben beeinträchtige, durch den Hinweis auf die verschiedenen Grade der Herrlichkeit und der dahin führenden Wege im Jenseits. Prudentius sagt: den keuschen und jungfräulichen Seelen mag immerhin der Ehrenplatz vorbehalten bleiben; weil es aber viele Wohnungen im Hause des Vaters gibt, darf ich trotz= dem auch noch auf ein Plätzchen hoffen. Jedenfalls ist diese Aehnlichkeit zwischen Cyprian und Prudentius derart, daß man sie schwerlich dem Zufalle zuschreiben darf.

Die katholische Lehre vom Fegfeuer ist also klar und bestimmt genug durch Prudentius bezeugt. Die Uebereinstimmung desselben mit der kirch= lichen Tradition wird noch deutlicher hervortreten, wenn wir seine Ansicht über den O r t des R e i n i g u n g s f e u e r s darzuthun suchen. Zugleich wird dadurch eine weitere Quelle der Mißdeutung des Dichters verstopft werden. Man hat darin einen scheinbaren Grund zur Läugnung des Fegfeuers bei Prudentius gefunden, daß er dasselbe durch Ort und Namen nicht deutlich von der Hölle unterscheidet. „Es scheint vielmehr · sicher," sagt Brockhaus a. a. O. S. 197, „daß Prudentius eine Ab= stufung in den Höllenstrafen annimmt."

---

[1] Vgl. die Erklärung der Worte des hl. Cyprian, sowie der obigen Stelle (S. 467) aus „de lapsis" bei *Maranus*, Praef. in opera S. Cypr. c. XV. Schwane a. a. O.

Sieht man in den letzteren Worten von der Absicht, das Fegfeuer zu läugnen, ab, so sind sie richtig. Wesentlich und ausdrücklich unter= scheidet nämlich der Dichter die Qualen, welche ihm in Aussicht stehen, von den Höllenqualen nur bezüglich der Dauer. Während er die Ewig= keit der letzteren im strengsten Sinne oft hervorhebt, werden die seinigen, wie er zuversichtlich hofft, ein Ende nehmen. Rücksichtlich der Intensivität und des Ortes dagegen ist das vom Dichter erwartete Feuer thatsächlich nur eine mildere Stufe der Strafe in der Hölle, wenn wir mit „Hölle" nur den Ort bezeichnen. „Avernus" heißt (Ham. 826) der Ort der Verdammten; ebenso nennt Prudentius (B. 962) den Aufenthalt, wo ihn das Reinigungsfeuer erwartet. Wie er zwischen der Vorhölle der Väter und der eigentlichen Hölle in dieser Beziehung keinen Unterschied gemacht hat (oben S. 456), so fehlt derselbe auch hier. Reinigungsfeuer und ewiges Höllenfeuer befinden sich in der einen Unterwelt[1]. Indeß versetzt er deutlich die Verworfenen in die Mitte und in den untersten Raum der Unterwelt. Ihr Feuer heißt „medii ignes" (Ham. 948; c. Symm. I. Praef. 88); ihrer örtlichen Lage entspricht der constant wiederkehrende Ausdruck „immergi" (oben S. 468); sie sind versenkt bis auf den Grund der Höllenöfen (fornacibus imis). Die Flamme der= selben heißt deßhalb die „der gierigen Gehenna" (avidae gehennae). Nach biblischem Sprachgebrauche ist gerade gehenna die eigentliche Be= zeichnung der ewigen Strafe. Die Qual selbst wird ein „Verzehren" (devorare) genannt. Das ihm bestimmte Peinigungsmittel nennt der Dichter dagegen nur „milde Dämpfe, welche der schwache Brand aus= haucht" (B. 963)[2]. Namentlich letzterer Ausdruck läßt uns, im Gegen= satz zu der „Mitte des Feuers" und der Unterwelt, an den Eingang in letztere denken. Absichtlich dürfte Prudentius unter den Bezeichnungen der Unterwelt für den Ort seiner Pein gerade „Avernus" gewählt haben.

---

[1] Dieselbe Ansicht findet sich bei den Vätern insgemein. Danach ist fol= gende Beweisführung Zöckler's (Hieronymus. S. 442) zu beurtheilen. Die Ansicht des hl. Hieronymus wird also dargelegt: „Was am Tage des Herrn einst allen widerfahren wird, das vollzieht sich an jedem einzelnen schon am Tage seines Todes." (Comm. in Ioël 2. ed. Vallarsi p. 188.) Ein Fegfeuer gibt es also nicht, sondern nach dem Tode kommen die von ihren Körpern ge= trennten Seelen in den „Infernus", d. h. je nach ihren Verdiensten in einen Zu= stand der Erquickung (refrigerium) oder der Bestrafung. (Comm. in Osee 13, 14. p. 152.) Aber vorerst ist ja der Begriff von „infernus" zu ermitteln. Derselbe deckt sich mit dem, welchen Prudentius davon hat. Sonach ist obige Beweis= führung eine petitio principii.

[2] c. Symm. II, 186 nennt Prudentius die Strafe der verdammten Seele „ein Umgeben derselben mit Feuer" (circumdare flammis); von seiner Pein sagt er dagegen: „adurat me paena", ganz entsprechend den Flammen, die nach seiner Anschauung aus dem Innern der Hölle herausschlagen.

Nach der Ansicht der Alten war der „lacus Avernus" gerade der Ein=
gang in die Unterwelt[1]. Wenn Prudentius ferner bittet: „es möge ihm
nur kein Diener des Satans begegnen," so kann dieß nur heißen: „Laß
mich nicht bis dorthin in die Unterwelt verstoßen werden, wo der
Satan die eigentlichen Verdammten peinigt." Dasselbe Feuer also,
das ist zweifelsohne die Anschauung des Dichters, welches in der
Mitte der Unterwelt die Verdammten ganz umschließt,
peinigt im Eingange derselben die zur Reinigung be=
stimmten Seelen[2]. Hierin tritt die Uebereinstimmung, bezw. Ab=
hängigkeit des Dichters von der in der kirchlichen Liturgie ausgedrückten
Anschauungen wieder sehr deutlich hervor. Wir können hier zunächst auf
das römische Missale hinweisen. Das Offertorium in den Requiemsmessen
gilt den Erklärern als „überaus schwer verständlich". Es ist das einzige
Offertorium, welches die ursprüngliche Gestalt bewahrt hat: ein Beweis
seines hohen Alters. Die Schwierigkeit der Erklärung liegt in den Aus=
drücken, wonach die Kirche um Erlösung der Seelen aus der Hölle oder
um Bewahrung vor derselben bittet. „Libera animas defunctorum de
poenis inferni et de profundo lacu; libera eas de ore leonis, ne
absorbeat eas tartarus, ne cadant in obscurum; — fac eas de morte
transire ad vitam." Im Sinne des Prudentius, der unter infernus das
örtlich von der Hölle nicht verschiedene Fegfeuer versteht, sind diese Worte
ohne Weiteres verständlich. „Sorbeat," sagt er Ham. 962, „me tristis
ignis", nachdem er vorher Vers 959 gefleht hat: „(ne) avidae flamma
gehennae devoret (= absorbeat) hanc animam." Auch in der posi=
tiven Bitte des Offertoriums: „Sanctus Michaël repraesentet eas in
lucem sanctam", ist die Harmonie mit dem Dichter vorhanden, insofern er
(B. 965) von dem Loose, welches den reinen Seelen unmittelbar beim Tode
zufällt, sagt: „lux immensa alios glorificet." Wie beim Dichter einige

---

[1] Vgl. Lübker, Reallexikon des classischen Alterthums unter „Avernus".

[2] Dieselbe Ansicht läßt sich, da Prudentius mit Cyprian übereinstimmt, von
den ersten Zeiten der Kirche an als beständige Ueberlieferung nachweisen. Was
Beda Venerabilis (Histor. eccles. gentis Anglorum. l. V. c. 12. ed. Giles.
Londini 1843. p. 200 sq.) erzählt und der hl. Bonifacius (Epist. 20. ed. Giles.
Londini 1844. p. 53 sq.) berichtet, stimmt mit Prudentius völlig überein. Mag man
auch in übertriebener Aengstlichkeit vor Leichtgläubigkeit die angezogenen Berichte in
Zweifel ziehen, so enthalten sie doch jedenfalls die Ansicht, welche die genannten
Heiligen über den Ort der Reinigung und der ewigen Strafe hegten. Ganz die=
selbe Meinung finden wir aber auch in der Summa theol. des hl. Thomas
(suppl. append. de purgator. art. II.): „Locus purgatorii est locus inferior
inferno coniunctus; ita quod idem sit ignis, qui damnatos cruciat in inferno,
et qui iustos in purgatorio purgat. . . . Ergo dicendum quod ignis purgatorius
est aeternus quantum ad substantiam, sed temporalis quantum ad effectum
purgationis." Vgl. Oswald, Eschatologie. S. 118.

Ausdrücke dem Anscheine nach das ewige Geschick der Seele bis zum Weltgerichte im Ungewissen lassen, so ist es mit den Worten: „ne absorbeat eas tartarus." Auf die Frage also: Sind die Worte des genannten Offertoriums vom Fegfeuer oder von der Hölle (letztere in der Bedeutung von „ewiger Verwerfung") zu verstehen? kann man im Sinne des Prudentius und damit vom Standpunkte der historischen Kritik wohl nur die Beziehung auf das Fegfeuer zugestehen. Gihr[1] gibt auf eine Reihe wichtiger Autoritäten hin der andern Erklärung den Vorzug, wonach die Kirche in dramatischer Lebendigkeit sich die Seelen der Verstorbenen im Todeskampfe ringend vorstellt. Indem hiernach die Seele im Begriffe, aus dem Leben zu scheiden, erscheint, schwebt sie in wirklicher Gefahr, der Hölle anheimzufallen. Obwohl Bautz[2] letztere Erklärung, in welcher „der hochpoetische Charakter des Textes" in den Vordergrund tritt, „besser und schöner" nennt, so muß die grammatisch-historische Exegese doch vor Allem zu Gunsten unserer Ansicht eintreten. Dabei ist die Beziehung auf die Hölle namentlich für die Worte: „ne absorbeat eas tartarus" nicht ausgeschlossen. Die Kirche macht in der Liturgie hie und da ihre Doppelnatur geltend, wonach sie wie ihr Haupt geschichtlich an die Zeit gebunden und doch auch über die Zeit erhaben in beständiger Gegenwart lebt.

Die Liturgie der Kirche ist aber recht eigentlich die Schule gewesen, in der Prudentius sich seine eschatologischen Ansichten angeeignet hat. Blieb uns bei der Untersuchung über die Bücher Kathemerinon und Peristephanon bezüglich der Abhängigkeit des Dichters von der Liturgie manche Dunkelheit übrig, so können wir hier mit Sicherheit auftreten. Die alten Sacramentarien gehen in ihren Requiemsmessen zweifelsohne mindestens bis zur Zeit des Dichters zurück. Im mozarabischen Missale[3] beginnen alle Messen de functis mit der eigenthümlichen Rubrik: „Presbyter . . . facta confessione ascendat ad altare et dicat alta voce in medium altaris: Erigite vos. Dominus sit semper vobiscum." Diese Rubrik dürfen wir wohl ohne allzu große Kühnheit auf das Gebet zurückführen, welches in den apostolischen Constitutionen (l. VIII c. 41) für die Seele eines Verstorbenen vorgeschrieben wird, und das mit der Aufforderung beginnt: „Lasset uns aufstehen. Uns selbst und gegenseitig wollen wir uns dem ewigen Gott empfehlen." Nach Probst fand dieses Gebet vor der Feier der Eucharistie statt. Weist dieser Umstand auf den Ursprung der altspanischen Liturgie im Oriente hin, so noch mehr die Anwendung des Allelujah in den Todtenofficien. Andererseits läßt die Ausbildung von eigentlichen Requiemsmessen den Einfluß der abendländi-

---

[1] Das heilige Meßopfer. Freiburg 1877. S. 465 f. 2. Aufl. S. 474.
[2] Die Hölle. S. 50.
[3] Missale mixtum (Migne t. 85. col. 1010 sq.).

schen (römischen) Kirche auf den Ritus der spanischen Kirche erkennen[1]. In sehr frühe Zeit, lange vor Prudentius, sind jedenfalls auch die Gebete für die Sterbenden zu versetzen, welche wir in der heute noch üblichen Commendatio animae besitzen. Die merkwürdige Erwähnung der heiligen Thekla in der Bitte: „Et sicut beatissimam Theclam virginem et martyrem tuam de tribus atrocissimis tormentis liberasti, sic liberare digneris animam servi tui et tecum facias in bonis congaudere coelestibus"[2] — diese Worte allein würden dieß barthun, auch wenn nicht die einzelnen Gebete durchweg unwillkürlich zum Mindesten an die Sprache des dritten und vierten Jahrhunderts erinnerten. Nun kann man aber die Anklänge des Prudentius an diese liturgischen Dokumente un= möglich verkennen. Neben den obigen (S. 475) Hinweisungen haben wir besonders noch Folgendes hervorzuheben. Die Freuden des Himmels betrachtet Prudentius stets unter dem Bilde des irdischen Paradieses oder als die Ruhe im Schooße Abrahams. Die Commendatio animae wünscht der scheidenden Seele ihre Wohnung (habitatio; cfr. Ham. 951) mit den Worten: „Constituat te Christus (Ham. 931 sq.) . . . intra paradisi sui semper amoena virentia (Cath. III, 101 vergl. mit Cath. V, 113 sq. Ham. 965), et inter oves suas te verus ille Pastor agnoscat" (Perist. X, 1136). Das „Intercedant pro eo (servo tuo) omnes sancti et electi Dei, qui pro Christi nomine tormenta in hoc saeculo sustinuerunt" in derselben findet lauten Wiederhall in den Anrufungen, womit Prudentius fast gewöhnlich seine Hymnen auf die Martyrer schließt. In Uebereinstimmung mit der Commendatio animae beten sodann die apostolischen Constitutionen a. a. O.: „Versetze (deinen Diener) in den Schooß der Patriarchen, Propheten, Apostel . . . wo nicht ist Trauer, Schmerz, Wehklagen, vielmehr die stille Wohnung der Frommen und zu= gleich das ruhige Land der Gerechten und derjenigen, welche in demselben schauen die Glorie deines Christus." Die auffallendste Aehnlichkeit be= gegnet uns aber wieder zwischen dem Dichter und der altspanischen Liturgie. In der Benedictio missae pro episcopo (l. c. col. 1016) heißt es: „Fruatur paradisi amoenitate quietis opaca, atque amoenis vegetatus in loca nemoribus laureata." Leslei macht auf die ähnlichen Worte des hl. Paulinus aufmerksam, der ep. 32 (Migne t. 61. col. 339) sagt:

> Inter floriferi coeleste nemus paradisi
> Sub cruce sanguinea niveo stat Christus in agno,

---

[1] Vgl. die Anmerkung Leslei's zu „missa defunctorum" im Missale mixtum (l. c. col. 1011) über den Unterschied zwischen den Todtenmessen im Orient und Occident.

[2] Vgl. Probst, Lehre und Gebet. S. 334. Die Acta Pauli et Theclae aus dem Anfange des zweiten Jahrhunderts (*Tischendorf*, Acta apost. apocr. n. 28. p. 53) stehen mit dieser Anrufung im Zusammenhange.

und ebenda den Schüler des hl. Martin als Schäflein Christi weiden läßt im heiligen Haine *(sacro in nemore)*, während er von seinem Söhnchen Celsus singt [1]:

> Aut illum gremio exceptum fovet Abramio
> Et blandus digiti rore Eleazar alit,
> Aut cum Bethlaeis infantibus in paradiso,
> Quos malus Herodes perculit invidia
> Inter odoratum ludit nemus atque coronas
> Texit honorandis praemia martyribus.

Prudentius sagt Cath. X, 161:

> Patet ecce fidelibus ampli
> Via lucida iam paradisi,
> Licet et *nemus* illud adire
> Homini quod ademerat anguis.

Wer sollte an Prudentius nicht erinnert werden, wenn er in der altspanischen Liturgie hört: „Mundatus ab omni crimine diem iudicii cum gaudio mereatur intrepidus"; „diem iudicii fiducia voto glorificationis exspectet" (Ham. 841. 934); „liberare eam (animam) ab inferorum cruciatibus et conlocare inter agmina sanctorum tuorum digneris" (Ham. 954: agmina casta virorum)? „Memores," heißt es in der Illatio missae pro sacerdote def., „eterne salutis non timemus lucis huius sustinere iacturam, quoniam beneficio gratie tue *fidelibus vita non tollitur sed mutatur,* et anime corporeo ergastulo (Perist. V, 358) liberate horrent mortalia, dum immortalia consequuntur." — Prudentius sagt: „Non est paena (mors) nec vitam rapit, sed reformat" (Perist. VI, 94); „mors haec reparatio vitae est" (Cath. X, 120); „legale damnum (mortis) deputemus praemiis" (Perist. X, 530). Die Liturgie betet: „Qui morte sua mortis destruxit imperium, secunde mortis ab eo auferat dominatum", während Prudentius Christus als Sieger über den ersten und zweiten Tod feiert (oben S. 448). „Qui nos," heißt es in der Missa pro diachono, „a morte volens eripere Dominum n. Iesum Chr. mortem fecisti subire, *ut illius usque ad infernum descensus noster esset ad coelum ascensus* (Cath. III, 194 sq.), te suppliciter postulamus, ut spiritum famuli tui . . . universa delictorum concessa remissione (Ham. 935 sq.) *in Abrahe gremio iubeas conlocare"* (Cath. X, 153 sq.) . . . *„Edax* (eum) *non audeat contingere flamma,* et quem unigeniti tui cruor redemit effusus, non sinatur *vermis vorare perpetuus* (Ham. 826 sq.). Sed celici

---

[1] Poëma 34. v. 581 (Migne t. 61. col. 688). Cfr. Missale mixtum. Missa parvulorum def. illatio (l. c. col. 1027): „Animas quoque parvulorum tuorum, quas e seculo a te mundari et vocari iussisti, illorum Bethlehemiticorum consortio iunge, qui pro Iesu Christo . . . occisi eum quocumque ierit sequuntur in albis."

agminis deductione protectus feralia ultricium penarum ergastula transgrediatur inlesus et paradisi tui potiatur suavitate securus." In der Missa de uno def. enthält die Illatio die Worte: „Non eum (famulum t.) torqueat gehennae calamitas (Ham. 959), non includat carcer horrificus inferorum (v. 927), sed ad vicem (ad sinum?) Abrae et Eleazari patriarcharum seniorum receptus (Cath. X, 153), cum ad iudicandum veneris recepto corpore, obviam venienti Domino cum sanctis omnibus glorietur." Während der Gedankenkreis der Liturgie sich mit dem des Dichters vollkommen deckt, ist die Uebereinstimmung in den Worten selbst, wie die angestellte, aber nicht vollständige Vergleichung zeigt, jedenfalls nicht selten. Es ist aber die Heimath des Dichters, welche die angezogenen liturgischen Gebete der Hauptsache nach jedenfalls schon zur Zeit des Prudentius als ihr Eigenthum betrachtete. Steht nun zudem fest, wie im ersten Theile der Arbeit nachgewiesen wurde, daß Prudentius auf's Innigste mit der Kirche seiner Zeit lebte und betete, so kann der Zusammenhang seiner eschatologischen Anschauungen mit der altspanischen Liturgie keinem vernünftigen Zweifel unterliegen.

Wie in diesem, so in allen übrigen Punkten fanden wir den Dichter in vollster Uebereinstimmung mit der Lehre der katholischen Kirche. Indem er seit 14 Jahrhunderten Zeugniß für diese Kirche ablegt, erfüllt er die Pflicht eines dankbaren Kindes gegen seine Mutter. Sein unsterbliches Leben als größter Dichter des christlichen Alterthums und sein Leben bei Christus, das er so zuversichtlich gehofft und so glühend ersehnt hat, verdankt er ja ihr. Wir dürfen so zuversichtlich von seinem Leben bei Christus reden, weil er, im Ofen der Leiden hienieden geprüft, als be= müthiger Büßer in die Ewigkeit eingegangen ist. Was Macaulay als Urtheil der Menschheit über Milton ausgesprochen hat, gilt mit mehr Recht von Prudentius und wird wohl auch von jenem Richter bestätigt worden sein, dessen unabänderliches Urtheil der Dichter so vertrauens= voll erwartet hat. „Es gibt einige wenige Charaktere," sagt Macaulay (Essays), „welche die genaueste Untersuchung und die strengsten Proben bestanden haben; welche in dem Ofen geprüft worden sind und sich rein erwiesen haben; welche auf der Wage gewogen und vollwichtig be= funden; welche durch die allgemeine Einstimmung der Menschheit für ächte Münze erklärt und sichtbar mit dem Bilde und der Umschrift des Allerhöchsten gestempelt worden sind. Wir vertrauen, daß wir wissen, wie diese großen Männer zu schätzen sind, und zu ihnen gehört Milton" — und zu ihnen gehört, sagen 14 christliche Jahrhunderte, Prudentius. Die glühendste Liebe zu Christus und zur katholischen Kirche, der Braut Christi, hat ihm den Stempel der Auserwählung aufgedrückt.

Nachtrag.

Zu S. 9. Anm. 1. Allard (Revue des questions hist. t. XXXV. p. 350 s.) vermehrt noch das Dunkel, welches über dieser Frage schwebt. „On pourrait même," sagt er, „sans invraisemblance pousser plus loin les conjectures et placer entre ses deux gouvernements le voyage, qui'l fit à Rome à une date que nous ignorons, et dont il raconte certains épisodes dans le Peri Stephanon." Die Folge dieser Romreise soll die Erhebung des Dichters zu jener hohen militärischen Stellung gewesen sein. Allein die Hymnen IX. XI. XII des Peristephanonbuches, welche mit der Romreise in engem Zusammenhange stehen, versetzen die Reise selbst in die zweite ascetische Lebensperiode des Prudentius. Der Dichter unterscheidet in seiner Selbstbiographie deutlich die Periode des öffentlichen Lebens von der des zurückgezogenen und schreibt selbst nur der letztern seine religiösen Dichtungen zu. Die Hypothese Allards hebt dagegen die Grenze zwischen den beiden Lebensperioden auf. Um die Vermuthung zu stützen, läßt daher Allard das Peristephanonbuch ganz oder theilweise schon während des öffentlichen Lebens (l'époque militante) des Dichters entstehen (p. 354). Der angeführte Grund — (le receuil d'hymnes en d'honneur des martyrs n'est point un écrit purement contemplatif) — kann aber weder die klaren Angaben des Dichters beseitigen, noch ist er an sich richtig, wie die Besprechung dieser Hymnen zeigt. (S. 146 f. 154.) Das Wahre an der letztern Behauptung besteht darin, daß sich im Buche Peristephanon Reminiscenzen des Dichters aus dem öffentlichen Leben kundgeben. Die Hypothese Allards selbst erweist sich somit als unhaltbar.

Namen- und Sachregister.